Verlag H. Stam GmbH
Fuggerstraße 7 · 5000 Köln 90
Fernruf (0 22 03) 30 29-0

ISBN 3-8237-**5005**-4

Karikaturen (Psycho-Wichtel): Peter Pellati, Ingolstadt

Einführung in das Lehrbuch

Vorliegendes Lehr- und Arbeitsbuch gibt eine umfassende Einführung in die Psychologie für die speziellen Anforderungen und Bedürfnisse der Sekundarstufe II des allgemeinbildenden und beruflichen Schulwesens. Es enthält alle wichtigen Informationen, die für eine Einführung von Bedeutung sind, so daß es für die Unterrichtsvorbereitung und für die Vorbereitung auf Prüfungen eine wertvolle Hilfe sein kann. Zudem ergeben sich zahlreiche Möglichkeiten für einen nutzbringenden Einsatz im Unterricht.

Aufbau des Buches

Durch offene Fragen, ein Fallbeispiel, die Gegenüberstellung von Meinungen und ähnliches wird zum Thema des jeweiligen Kapitels hingeführt. Am Ende dieser **Hinführung** wird durch entsprechende Fragen mitgeteilt, worum es in diesem Kapitel geht, welche Lernziele angestrebt werden.

Das Hauptaugenmerk liegt auf dem **Informationsteil.** Hier wird der eigentliche Lerninhalt verständlich dargestellt. Fachtermini wurden bewußt in den Text aufgenommen und hinreichend geklärt. Beispiele, Übersichten, Fotos und ähnliches machen die Ausführungen anschaulich. Gedichte, Karikaturen und vor allem der Psycho-Wichtel sollen sie etwas auflockern und helfen, den Text besser zu behalten.

Der Psycho-Wichtel stellt sich vor

Die Informationen sind sehr ausführlich gehalten, damit sie besser verstanden und angewendet sowie Zusammenhänge klarer erkannt werden können. Am Ende des Informationsteils folgt eine **Zusammenfassung,** die nochmals den „roten Faden" der wichtigsten Lernergebnisse aufzeigt. Sie ist in einzelne Abschnitte gegliedert, die man sich zur Sicherung der Informationen leicht einprägen kann.

Im **Materialteil** finden sich Möglichkeiten für einen nutzbringenden Einsatz im Unterricht. Texte, Experimente, Untersuchungen, Tabellen und dergleichen können im Unterricht verwendet werden. Zugleich sind sie zur Vertiefung des Wissens gedacht.

Die **Aufgaben und Anregungen** gliedern sich in drei Teile:

- Der Teil **Reproduktion von Informationen** dient der Sicherung der Lernergebnisse. Er gibt Hinweise darauf, ob man den Stoff beherrscht, um ihn dann auch anwenden zu können.
- Die **Anwendungsaufgaben** bieten die Möglichkeit, das Gelernte verarbeiten und anwenden zu können. Sie können auch zur Vorbereitung auf Prüfungsarbeiten dienen. Da das Unterrichtsfach Pädagogik in den meisten Schulformen mit einer Prüfung abschließt, wurden Fragen von Prüfungsarbeiten an bayerischen Fachoberschulen eingefügt; sie sind mit einem * gekennzeichnet. Dadurch ist eine systematische Vorbereitung auf die Abschlußprüfung möglich.
  Die Hinweise in Klammern sowohl bei Reproduktion von Informationen als auch bei Anwendungsaufgaben verweisen auf den entsprechenden Lerninhalt im Informationsteil, der zur Beantwortung der Frage notwendig ist.
- In den **Anregungen** wird der Lernstoff erfahrbar, „erlebbar“ gemacht. Das Gelernte soll hier erfahrungsmäßig nachvollzogen werden können. Damit kann gelernt werden, eine Situation ganzheitlich wahrzunehmen, aus der Sicht anderer zu beurteilen oder gar zu bewältigen.

Ein gut organisiertes **Stichwortverzeichnis** macht das Lehrbuch zu einem unentbehrlichen Nachschlagewerk.

Herausgeber und Autoren des vorliegenden Buches hoffen, daß Lehrer und Schüler mit diesem Lehr- und Arbeitsbuch viel Freude haben und vor allem, daß es ihnen Erfolg bringt. Für Anregungen, Verbesserungsvorschläge und sachliche Kritik wären Herausgeber und Autoren sehr dankbar.

Herausgeber und Autoren

Arbeiter der Stirn

Ein Mensch sitzt kummervoll und stier
Vor einem weißen Blatt Papier.
Jedoch vergeblich ist das Sitzen –
Auch wiederholtes Bleistiftspitzen
Schärft statt des Geistes nur den Stift.
Selbst der Zigarre bittres Gift,
Kaffee gar, kannenvoll geschlürft,
Den Geist nicht aus den Tiefen schürft,
Darinnen er, gemein verbockt,
Höchst unzugänglich einsam hockt.
Dem Menschen kann es nicht gelingen,
Ihn auf das leere Blatt zu bringen.
Der Mensch erkennt, daß es nichts nützt,
Wenn er den Geist an sich besitzt,
Weil Geist uns ja erst Freude macht,
Sobald er zu Papier gebracht.

Eugen Roth

1 Grundfragen und Grundprobleme der Psychologie

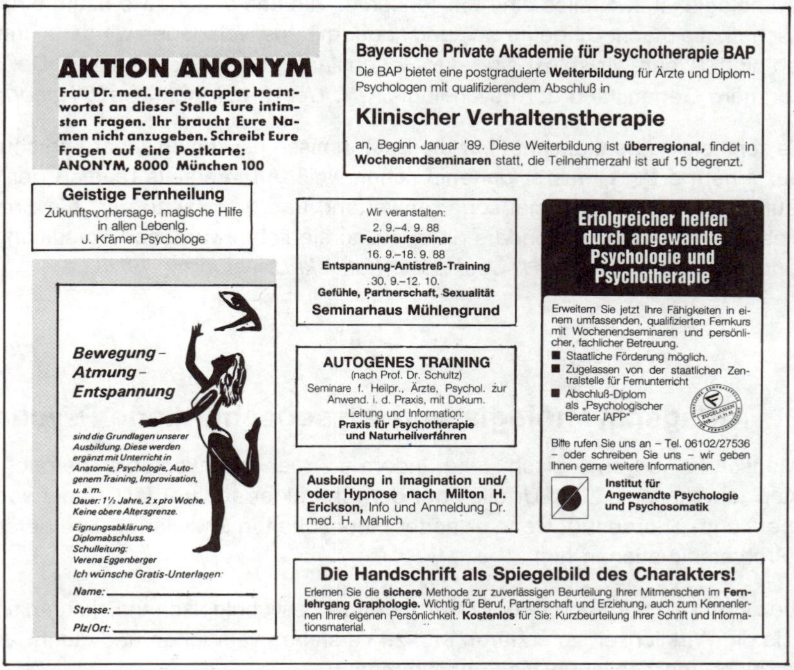

Der Psychologe hat oft das Image des großen Zauberers, der mit Röntgenaugen herumläuft, jeden Menschen durchschaut und sofort weiß, wer dieser Mensch ist und was ihn bewegt.
Diese Vorstellungen haben wenig mit dem zu tun, was Psychologie wirklich ist und was sie will.

Folgende Fragen werden in diesem Kapitel geklärt:

1. Was versteht man unter Psychologie?
   Womit beschäftigt sie sich? Was ist der Gegenstand psychologischer Forschung?
2. Wodurch zeichnet sich die wissenschaftliche Psychologie aus? Welche Ziele verfolgt sie?
3. Welche Fragen stellt sich die Psychologie, um ihren Gegenstand zu erforschen?
4. Welche Strömungen innerhalb der Psychologie gibt es?
5. Wo werden psychologische Erkenntnisse angewendet?

1.1 Die Psychologie als Wissenschaft

Gerade in der letzten Zeit hat die Psychologie einen sehr großen Einfluß auf unser Leben gewonnen. Ohne daß man sich dessen immer bewußt ist, beeinflußt sie uns von Geburt an bis in das hohe Alter.

„Die Psychologie ist zweifellos eine Wissenschaft, die uns angeht wie kaum eine andere Wissenschaft; sie macht Dinge für uns und sogar mit uns, von denen wir ganz unmittelbar betroffen sind.“ Denn wir selbst sind der Gegenstand dieser Wissenschaft: Der Mensch ist der primäre Gegenstand der Psychologie.“ *(H. Ueckert/R. Kakuska/J. Nagorny, 1975)*

Der Laie zeigt sich oft enttäuscht über die Erkenntnisse psychologischer Forschung, weil er oft nur erneut erfährt, was er ohnehin schon weiß. Andererseits reagiert der Mensch sehr häufig betroffen, manchmal sogar abwertend und abweisend auf „die Ergebnisse eben dieser Psychologie, besonders dann, wenn sie liebgewordenen Vorstellungen und Erwartungen zuwiderlaufen.“ *(H. Ueckert/R. Kakuska/J. Nagorny, 1975).*

1.1.1 Alltagspsychologie und wissenschaftliche Psychologie

Jeder Mensch ist „psychologisch“ tätig, indem er „Menschenkenntnis“ betreibt, andere Menschen „durchschaut“ und Urteile über den Charakter anderer fällt. Jeder von uns ist „Ratgeber“ und „Therapeut“, wenn er andere Menschen in Schwierigkeiten berät und ihnen in Problemsituationen hilft.

Menschen kommen aufgrund ihrer Erfahrungen zu „psychologischen Erkenntnissen“, mit denen sie die Wirklichkeit zu erklären und zu verstehen versuchen und die ihr Verhalten in einem nicht unerheblichen Maße bestimmen.

Diese aufgrund persönlicher Erfahrungen gewonnenen Kenntnisse bezeichnen wir als **Alltagspsychologie** im Gegensatz zur **wissenschaftlichen Psychologie,** die ihre Erkenntnisse mit Hilfe wissenschaftlicher Methoden gewinnt.

Jeder Mensch besitzt eine solche Alltagspsychologie.

Unter Alltagspsychologie verstehen wir die aufgrund von persönlichen Lebenserfahrungen gewonnenen psychologischen Kenntnisse.

Dabei orientiert man sich an den eigenen Erfahrungen und an denen anderer, oder auch an Tradition und „Alltagsweisheiten“ (vgl. Victor Sarris, Band 1, 1990).

So zum Beispiel hat Frau Wichtelbaumer auf ihrer letzten Urlaubsreise die Erfahrung gemacht, daß die Franzosen viel gemütlicher und größere Genießer sind als die Deutschen. Frau Wichtelbaumer hat ihre Einsicht aufgrund persönlicher Erfahrungen gewonnen.

„Sage mir, mit wem du umgehst, dann sag' ich dir, wer du bist!“ sagt Herr Wichtelbaumer zu seiner Frau und folgert weiter: „Wenn Alfred mit Sigmund verkehrt, dann kann Alfred auch kein gescheiter Kerl sein.“

Die Alltagspsychologie weist folgende **Merkmale** auf:

- Die Alltagspsychologie ist grundsätzlich **subjektiv,** das heißt, daß verschiedene Personen bei ein und demselben Sachverhalt zu unterschiedlichen Erkenntnissen kommen.

  So findet beispielsweise Frau Wichtelbaumer die Franzosen nett und hilfsbereit, während Frau Dinger aufgrund negativer Erfahrungen die Franzosen als rücksichtslos bezeichnet.

- Die Alltagspsychologie kann **zufällig wahr** sein, das heißt, daß sie mit der Beschaffenheit der Realität übereinstimmen kann, dies aber in den meisten Fällen nicht tut.

- Bei der Alltagspsychologie handelt es sich um **unzulässige Verallgemeinerungen,** das heißt, daß von „einmal auf immer" bzw. von einem bzw. wenigen Fällen auf „alle" geschlossen wird.

  So hat Frau Dinger mit einigen Franzosen negative Erfahrungen gemacht und folgert daraus, daß **die** Franzosen rücksichtslos sind.

- Bei der Alltagspsychologie handelt es sich in der Regel um Aussagen, die **nicht überprüfbar** sind und auch **nicht systematisch** gewonnen wurden.

„Gesunder Menschenverstand ist eine Sammlung von Vorurteilen, die man bis zum achtzehnten Lebensjahr erworben hat." *(Albert Einstein)*

Obwohl die Alltagspsychologie meist nicht mit der Realität übereinstimmt, also gar nicht wahr ist, besitzen sie alle Menschen. Dies liegt daran, daß sie im menschlichen Leben wichtige Funktionen erfüllt (vgl. Uwe Laucken, 1974; Dieter Ulich, 1989).

Funktionen der Alltagspsychologie:

- Die Alltagspsychologie befriedigt das Bedürfnis nach einer Systematisierung unserer Welt wie beispielsweise einer Einteilung in „gut" und „böse".
- Die Alltagspsychologie befriedigt das Bedürfnis nach Orientierung und Ordnung sowie nach rascher Beurteilung von Personen bzw. Personengruppen.
- Die Alltagspsychologie stellt Erklärungen bereit und erlaubt dem Menschen eine Bewältigung lebenspraktischer Situationen und die Lösung von bestimmten Problemen.
- Die Alltagspsychologie gibt dem einzelnen Handlungssicherheit und vermittelt die Überzeugung, sich in bestimmten Situationen richtig und angemessen zu verhalten.

Auf diese Weise können Angst und Unsicherheit verhindert und dem Menschen das **Gefühl der Sicherheit und Überschaubarkeit** gegeben werden.

„Da jeder Mensch über ein gewisses Maß an Menschenkenntnis, den vermeintlich zentralen Inhalt der Psychologie, verfügt, und damit in seinem alltäglichen Leben ganz gut auszukommen glaubt, meint jeder von uns auch immer schon zu wissen, was Psychologie zu sein hat und was von ihr zu erwarten ist." *(H. Ueckert/R. Kakuska/J. Nagorny, 1975)*

Im Gegensatz zur Alltagspsychologie gewinnt die **wissenschaftliche Psychologie** ihre Erkenntnisse mit Hilfe **wissenschaftlicher Methoden,** die in Kapitel 2 dargestellt sind.

Die wissenschaftliche Psychologie unterscheidet sich von der Alltagspsychologie in der Art des methodischen Vorgehens bei der Gewinnung von Erkenntnissen.

Wissenschaftliche Aussagen sind

- **überprüfbar,** das heißt, die Aussage und die Art und Weise, wie der Forscher diese Aussage gewonnen hat, sind in der Realität jederzeit nachvollziehbar und wiederholbar.

  So zum Beispiel muß die Aussage, daß autoritär erzogene Menschen schüchtern und ängstlich sind, in der Realität nachvollziehbar sein, und die Art und Weise, wie der Wissenschaftler zu dieser Erkenntnis gekommen ist, muß wiederholbar sein.

- **allgemeingültig,** das heißt, die Aussage trifft auch tatsächlich auf die in der Aussage angegebenen Personen bzw. -gruppen zu.

  Die Aussage, daß sich autoritär erzogene Menschen schüchtern und ängstlich verhalten, muß mit hoher Wahrscheinlichkeit tatsächlich auf alle Personen zutreffen, die autoritär erzogen worden sind.

  Wissenschaftliche Aussagen treffen also nicht nur auf den Einzelfall zu, sondern besitzen hohen Allgemeinheitsgrad.

  Einer Wissenschaft, in der der Mensch primärer Gegenstand ist, ist es kaum möglich, wahre und absolut gültige Aussagen zu treffen, Aussagen, die in der Realität auch tatsächlich auf *alle* Menschen – ohne Ausnahme – zutreffen. Aussagen von Wissenschaften, die es mit dem Menschen zu tun haben, sind immer **Wahrscheinlichkeitsaussagen,** das heißt, daß im Einzelfall grundsätzlich Abweichungen möglich sind.

- **systematisch gewonnen,** das heißt, Wissen wird systematisiert, geordnet und vereinheitlicht, was auch Eindeutigkeit, Vollständigkeit und bis zu einem gewissen Grad auch Widerspruchsfreiheit der Aussagen einschließt. Dieses Merkmal wird als **Systemcharakter** bezeichnet (vgl. Dieter Ulich, 1989).

„Manche mögen vielleicht bezweifeln, ob sich Psychologie wissenschaftlich betreiben läßt. Aber es ist nicht zu leugnen, daß Tausende von Psychologen Tag für Tag dieselben Forschungsmethoden anwenden, die in anderen Wissenschaften üblich sind. Psychologen sammeln manche ihrer Daten durch Beobachtung von Menschen in Alltagssituationen, aber sie führen auch Experimente (...) durch, bei denen sorgfältige Versuchsanordnungen eingehalten und hochentwickelte statistische Techniken benutzt werden, um herauszufinden, ob Befunde verschiedene Theorien stützen oder ihnen widersprechen."
(D. Krech/R. S. Cruchfield, Band 1, 1985)

Merkmale der wissenschaftlichen Psychologie	Merkmale der Alltagspsychologie
Wissenschaftliche Aussagen sind in der Realität überprüfbar, die Art und Weise, wie wissenschaftliche Aussagen gewonnen werden, ist wiederholbar.	Aussagen der Alltagspsychologie sind nicht überprüfbar und auch nicht wiederholbar.
Wissenschaftliche Aussagen sind allgemeingültig und treffen mit hoher Wahrscheinlichkeit auf die in der Aussage angegebenen Personen zu.	Einmalige und zufällige Ereignisse werden unzulässig verallgemeinert („von einmal auf immer", „von einem auf alle").
Wissenschaftliche Aussagen sind objektiv: Verschiedene Forscher erzielen bei gleichem Sachverhalt die gleichen Ergebnisse.	Die Alltagspsychologie ist subjektiv: Verschiedene Personen kommen bei ein und demselben Sachverhalt zu unterschiedlichen Erkenntnissen.
Wissenschaftliche Aussagen werden systematisch durch wissenschaftliche Methoden gewonnen, das methodische Vorgehen ist geplant und organisiert.	Kenntnisse der Alltagspsychologie ergeben sich durch zufällige Einzelbeobachtungen und Erfahrungen.

„Der gesunde Menschenverstand sagt uns, daß die Erde platt ist." *(Albert Einstein)*

1.1.2 Der Begriff Wissenschaft

Es ist ein großes Bedürfnis der Menschen, über die Welt Bescheid zu wissen, Kenntnisse, Erkenntnisse, Einsichten, Daten und Fakten über die Beschaffenheit der Wirklichkeit zu gewinnen. Diese Aufgabe, Wissen darüber zu gewinnen, wie die Realität beschaffen ist, haben sich die vielen Wissenschaften, die es gibt, gesetzt. Dabei konzentriert sich jede Wissenschaft auf einen ganz bestimmten **Bereich der Wirklichkeit.**

Die Biologie beispielsweise befaßt sich mit den Lebensweisen der Organismen, die Physik erforscht den Aufbau und das Verhalten der unbelebten Materie, die Geschichte beschäftigt sich mit der Entwicklung der Menschheit und ihrer Kulturleistungen und die Soziologie untersucht das regelhafte Zusammenleben und Zusammenwirken von Menschen.

Um Wissen über einen Wirklichkeitsbereich (= Objektbereich) zu gewinnen, benötigen Wissenschaften bestimmte **Methoden**, die je nach dem Gegenstand der jeweiligen Wissenschaft unterschiedlich sind (vgl. Kapitel 2).

Das durch bestimmte Methoden gewonnene Wissen wird in einen **Ordnungszusammenhang (= System)** gebracht. Verschiedene Aussagen werden zu einem geordneten Ganzen gefügt (systematisiert) und in einen größeren Zusammenhang hineingestellt, wodurch sich das Wissen einordnen und einander zuordnen läßt. Dieser Ordnungszusammenhang bzw. dieses System duldet keinen Widerspruch einzelner Erkenntnisse zueinander.

Zu einer **Wissenschaft** gehören (vgl. Herbert Tschamler, 1983²)

ein bestimmter Bereich der Wirklichkeit, der Gegenstand	bestimmte Methoden, um diesen Wirklichkeitsbereich zu erfassen	ein System als Ordnungszusammenhang, in welchem sich das Wissen einordnen läßt
Objekt	**Methode**	**System**

Wissenschaft bedeutet methodisch gewonnenes und in ein System gebrachtes Wissen über einen Bereich der Wirklichkeit.

Wie jede Einzelwissenschaft, so hat auch die Psychologie ihren Objekt-, Methoden- und ihren Systembereich.

1.1.3 Der Gegenstand der Psychologie

Psychologie (griechisch, psyche: die Seele; logos: die Lehre, die Wissenschaft) heißt wörtlich übersetzt, die Wissenschaft von der Seele.

Der Begriff *Seele* ist jedoch wissenschaftlich nicht faßbar und kann deshalb selbst nicht Gegenstand der Psychologie sein. Es wird deshalb oft von der „Psychologie ohne Seele" gesprochen.

Wissenschaftliche Aussagen lassen sich jedoch darüber machen, wie sich das Seelenleben eines Menschen äußert.

Solche Äußerungsformen sind zum Beispiel Denkabläufe eines Menschen, Gefühle wie Freude, Trauer, Ärger, Wut oder Träume, Bewegungen, Aktivitäten, Ausdruck und dergleichen.

Psychologie ist demgemäß die Wissenschaft vom *Seelenleben,* davon, wie sich das Seelenleben eines Menschen äußert.

Das Seelenleben eines Menschen äußert sich einerseits in seinem **Verhalten,** andererseits in seinem **Erleben.**

Während mit Verhalten alle von Außenstehenden beobachtbaren Äußerungen eines Lebewesens gemeint sind, bezeichnet man mit Erleben Vorgänge im Menschen, die nicht „von außen" beobachtet werden können, sondern die der Mensch nur an sich selbst wahrnehmen kann. *Verhaltensweisen* sind etwa Körperbewegungen, beobachtbare Aktivitäten eines Menschen, Ausdrucksformen. *Erlebensweisen* sind zum Beispiel Denkabläufe, Erinnern, Träumen.

Am Beispiel zweier Schachspieler auf einem Turnier kann der Unterschied zwischen Verhalten und Erleben verdeutlicht werden:

Dem Zuschauer wird deren Verhalten sichtbar: Sie richten ihre Blicke auf das Brett, auf den Gegner, machen wechselseitig Züge mit den Figuren, lehnen sich vor und zurück; nach einem Zug schaut der eine auf die neue Spielsituation, zieht in seinem Gesicht Falten, während sich der andere in seinen Stuhl zurücklehnt und lächelt.

Was aber in diesen beiden Spielern innerlich vor sich geht, das Erleben, bleibt den Zuschauern verborgen: Sie wissen nicht, was den einen und den anderen Spieler gerade bewegt, ob sie sich freuen oder Wut haben, was sie denken und überlegen. Diese Zugänglichkeit über ihr Innenleben können uns nur die Personen selbst eröffnen (vgl. Ernst G. Wehner, 1980).

Tierisches Erleben kann durch Beobachtung nicht erschlossen werden, allenfalls durch Glauben, Interpretieren oder Spekulieren. Dabei handelt es sich jedoch um unwissenschaftliche „Methoden". Aus diesem Grund wird in der wissenschaftlichen Psychologie der Begriff „Erleben" auf das *menschliche Leben* eingeengt.

Unter Verhalten versteht man die Gesamtheit aller von außen beobachtbaren Äußerungen eines Lebewesens.

Mit Erleben werden von außen nichtbeobachtbare Vorgänge im Menschen bezeichnet, Vorgänge, die der Mensch nur an sich selbst wahrnehmen kann.

Das Verhalten wird durch **Fremdbeobachtung** erschlossen, das Erleben ist Gegenstand der **Selbstbeobachtung.** Diese beiden grundsätzlich verschiedenen Erfahrungsweisen haben sich heute in der Psychologie durchgesetzt (vgl. Kapitel 2.2.2).

Der Gegenstand (= Objektbereich) der Psychologie ist also das Verhalten und Erleben eines Menschen.

Psychologie ist die Wissenschaft vom Verhalten und Erleben.

Verhalten und Erleben stehen nicht unabhängig nebeneinander, sondern stehen zueinander in Wechselwirkung. Verhalten ist einerseits immer Anzeichen für bestimmte Vorgänge im Menschen, andererseits äußern sich verschiedene Erlebnisweisen im Verhalten eines Menschen.

Wer beispielsweise Magenschmerzen hat (= Erleben), der hält seinen Bauch und krümmt sich (= Verhalten); wer sich freut (= Erleben), springt möglicherweise in die Luft, stößt einen Schrei aus, lacht oder singt (= Verhalten).

Verhalten ←— Wechselwirkung —→ **Erleben**

➡ **Materialien 1.**

1.2 Der schwer erfaßbare Gegenstand der Psychologie

Die Psychologie versucht einen schwer zugänglichen und schwer erfaßbaren Gegenstand zu erforschen. Es wird deshalb von der Komplexität des Forschungsgegenstandes der Psychologie gesprochen.

1.2.1 Bedingungen des Verhaltens und Erlebens

Abgesehen von spontanen Reaktionen wird Verhalten und Erleben durch einen **Reiz** verursacht.

So ist Robert zum Beispiel sehr wütend (= Erlebensweise) und schlägt wild um sich (= Verhalten). Der Grund dafür könnte sein, daß ihn seine Freundin Lea beleidigt hat (= Reiz). Das Beleidigen ist die Ursache für die Wut und das Umherschlagen von Robert.

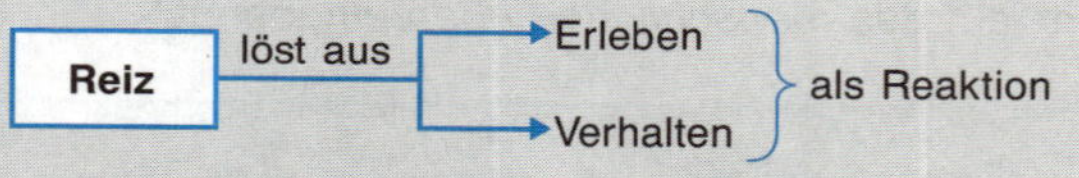

Reiz ist eine umfassende Bezeichnung für eine Energie, die bestimmte Reaktionen auslöst.

Dabei ist zu unterscheiden zwischen einem **äußeren** und einem **inneren Reiz.** Während der äußere Reiz von außen auf den Organismus auftrifft und beobachtbar ist, handelt es sich bei einem inneren Reiz um eine Energie im Organismus, die für Außenstehende nicht beobachtet werden kann.

Ein Grund dafür, daß Robert wütend ist und wild um sich schlägt, könnte sein, daß Lea ihn beleidigt hat. Dieser Reiz, das Beleidigen, liegt außerhalb des Organismus von Robert und ist beobachtbar. Es handelt sich um einen äußeren Reiz, der in diesem Beispiel Ursache für die Wut und das Umherschlagen von Robert ist.

Es könnte aber auch sein, daß sich Robert spät abends erinnert, daß er um 19 Uhr hätte bei Lea sein sollen und er deshalb wütend ist. Das Erinnern ist ein Vorgang im Organismus und „von außen" nicht beobachtbar. Es handelt sich um einen inneren Reiz, der in diesem Fall Ursache für die Wut und das Umherschlagen von Robert ist.

Mit äußerem Reiz wird eine bestimmte Energie bezeichnet, die außerhalb des Organismus auftritt, also von außen beobachtbar ist, und eine bestimmte Reaktion auslöst.

Innerer Reiz ist eine Bezeichnung für eine Energie, die im Organismus auftritt, also einen von außen nicht beobachtbaren Vorgang darstellt, und eine bestimmte Reaktion auslöst.

Folgende Zusammenhänge können auftreten:

Äußerer Reiz Fritz wird geschlagen.	verursacht →	Verhalten Fritz weint.
Äußerer Reiz Hannes wird ausgeschimpft.	verursacht →	Erleben Hannes ist traurig.
Innerer Reiz Ursula hat Schmerzen.	verursacht →	Verhalten Ursula heult.
Innerer Reiz Gisela denkt daran, daß sie ihr Freund verlassen hat.	verursacht →	Erleben Gisela ist sehr traurig.

Unser Verhalten und Erleben ist jedoch nicht nur eine Funktion von inneren und äußeren Reizen, es spielt auch die **Persönlichkeit** des einzelnen eine wichtige Rolle. Persönlichkeit stellt eine einzigartige, unverwechselbare Struktur von relativ gleichbleibenden und länger andauernden Merkmalen, sogenannten **Persönlichkeitsmerkmalen,** dar (vgl. Kapitel 11.1.1). Solche Persönlichkeitsmerkmale sind zum Beispiel Intelligenz, Begabungen, Fähigkeiten und Fertigkeiten, bisherige Erfahrungen, Gefühle und Stimmungen, Interessen, Einstellungen, Werthaltungen, Bedürfnisse u. a. und wirken sich entscheidend auf das Verhalten und Erleben aus.

Andreas wird von seinem Vater ausgeschimpft, daraufhin schreit Andreas und schlägt mit den Fäusten auf den Tisch. Das Schreien und das Schlagen von Andreas (= Verhalten) kann einmal darauf zurückzuführen sein, daß Andreas schon Wut hatte (= bestimmtes Persönlichkeitsmerkmal), und zum anderen auf das Schimpfen von seinem Vater (= äußerer Reiz). Es könnte auch möglich sein, daß Andreas die Erfahrung gemacht hat (= bestimmtes Persönlichkeitsmerkmal), daß Vater mit dem Schimpfen aufhört, wenn er schreit.

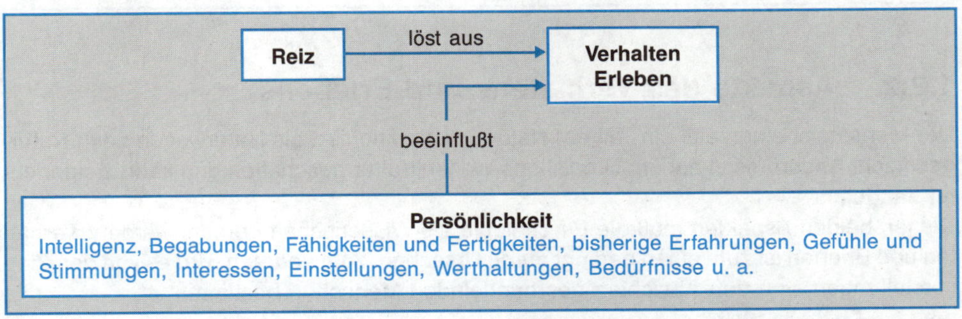

Mit Persönlichkeit wird eine einzigartige, unverwechselbare Struktur von relativ gleichbleibenden und länger andauernden Merkmalen bezeichnet.

Die Persönlichkeit eines Menschen ist Ursache dafür, warum Menschen auf einen Reiz unterschiedlich reagieren.

Andreas wird von seinem Vater ausgeschimpft, daraufhin schreit Andreas und schlägt mit den Fäusten auf den Tisch. Etwas später schimpft die Mutter mit Andreas, Andreas weint daraufhin. Es könnte möglich sein, daß Andreas schon traurig ist oder daß er an seiner Mutter mehr hängt und mit ihr nicht böse sein will. Diese unterschiedlichen Persönlichkeitsmerkmale bewirken die unterschiedlichen Reaktionen von Andreas.

Wenn Kurt beispielsweise von seinen Eltern ausgeschimpft wird, dann geht er auf sein Zimmer, weil er die Erfahrung gemacht hat, daß er dort von seinen Eltern in Ruhe gelassen wird.

Das Verhalten und Erleben wird nicht nur durch äußere und innere Reize in die Persönlichkeit bedingt, Voraussetzung für unser Erleben und Verhalten ist der menschliche **Organismus** mit seiner Funktionsweise, seinem Aufbau und seinen Eigenarten.

So müssen beispielsweise Reize wahrgenommen und verarbeitet werden können, um überhaupt eine Reaktion zu ermöglichen.

Für die Psychologie sind im Hinblick darauf Aufbau, Struktur und Funktionsweise des **Sinnessystems,** des **Nervensystems** und des **Hormonsystems** von großer Bedeutung. Diese drei Organsysteme sind miteinander verbunden und machen menschliches Verhalten und Erleben erst möglich (siehe Kapitel 3.1.1 und 4.1).

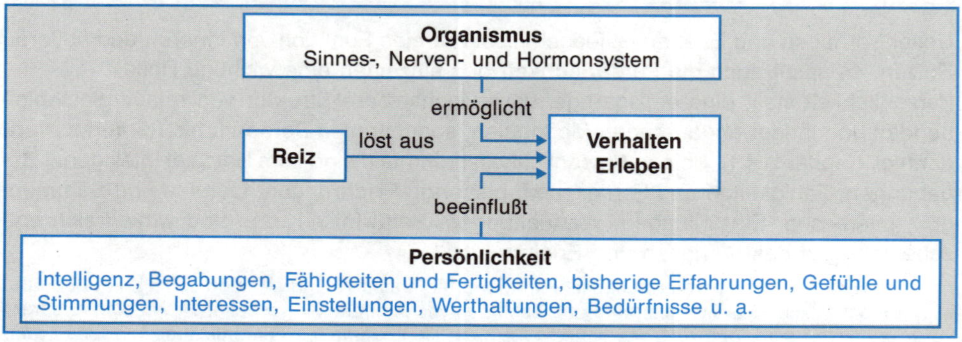

Das Verhalten und Erleben eines Menschen ist abhängig vom Organismus, vom Reiz und von der Persönlichkeit.

1.2.2 Aspekte des Verhaltens und Erlebens

Der Mensch ist einerseits ein Teil der Natur und funktioniert als Naturwesen nach Naturgesetzen. Andererseits hat er als geistiges Wesen Kultur geschaffen und kann zielgerichtet handeln.

Diesen beiden Aspekten muß die Psychologie als Wissenschaft gerecht werden: Verhalten und Erleben ist zum einen bedingt durch Ursachen, zum anderen wird es von den Zielvorstellungen, von den Absichten des handelnden Menschen bestimmt.

Wenn zum Beispiel ein Kind sehr wütend ist, so kann dies einmal daran liegen, daß die Mutter dem Kind etwas verboten hat, das es unbedingt haben will. Die Ursache für das Wütendsein des Kindes liegt im Verhalten der Mutter. Auf der anderen Seite kann es möglich sein, daß das Kind mit seiner Wut erreichen will, daß die Mutter ihr Verbot aufhebt. Das Ziel des Wütendsein des Kindes ist die Änderung des Verhaltens der Mutter.

Otto ist mit Freunden zusammen und verhält sich sehr aggressiv. Die Ursache für dieses Verhalten könnte sein, daß ihn ein Freund dumm angeredet hat. Es könnte aber auch möglich sein, daß Otto durch sein aggressives Verhalten Aufmerksamkeit erregen will, daß er Stärke demonstrieren will oder seine Freunde einschüchtern möchte. In diesem Falle ist das Verhalten von Otto zielgerichtet, er möchte etwas bezwecken.

Aus diesem Grund unterscheidet die Psychologie zwischen **Verhalten** und **Handeln:** Während mit Verhalten die Gesamtheit aller beobachtbaren Äußerungen eines Lebewesens verstanden wird (vgl. Abschnitt 1.1.3), bezeichnet man mit Handeln jedes menschliche Verhalten, mit welchem ein bestimmter *Sinn* verbunden, ein bestimmtes *Ziel* verfolgt wird.

Die Betrachtungsweise, die nach den Ursachen des Verhaltens und Erlebens fragt, nennt man **kausale Betrachtungsweise** (lateinisch; causa: der Grund); sie fragt nach dem *Woher?* des Verhaltens und Erlebens. Diejenige, die nach dem Ziel des Verhaltens und Erlebens fragt, bezeichnet man als **finale Betrachtungsweise** (lateinisch; finis: das Ziel); sie fragt nach dem *Wohin?* des Verhaltens und Erlebens.
Die kausale Betrachtungsweise geht davon aus, daß alles Geschehen in einem ursächlichen Zusammenhang, in einem Verhältnis von Ursache und Wirkung steht. Danach hat jedes Verhalten und Erleben etwas Vorangegangenes als Ursache zur Voraussetzung (vgl. Günter Pössiger, 1982).

Kausalität meint in der Psychologie den Aspekt, daß das Erleben und Verhalten ursächlich bedingt ist.

Die finale Betrachtungsweise geht davon aus, daß alles Geschehen zielgerichtet ist. Mit dem Verhalten und Erleben wird eine bestimmte Absicht, ein bestimmter Zweck, ein Ziel, verfolgt.

Finalität ist in der Psychologie die Bezeichnung für den Aspekt, daß das Verhalten und Erleben durch ein Ziel bestimmt ist.

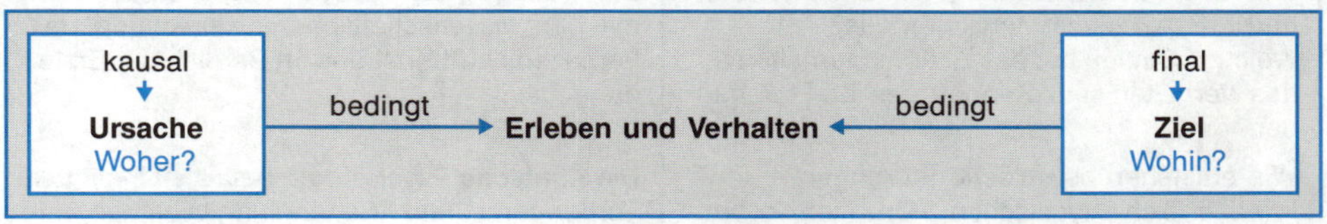

Die Komplexität[1] des Gegenstandes der Psychologie

Die Psychologie hat, wie aus den bisherigen Ausführungen hervorgeht, einen vieles umfassenden und damit schwer zugänglichen und schwer erfaßbaren Objektbereich. Der Mensch als Natur- und Kulturwesen zugleich, die Vielfalt von möglichen Ursachen, die Erleben und Verhalten bedingen, die unterschiedlichen Betrachtungsweisen des Verhaltens und Erlebens (kausal – final), die verschiedenen Situationen, in denen Verhalten und Erleben auftritt, die großen Unterschiede zwischen den Menschen und die Einmaligkeit der Persönlichkeit, die vielfältigen Möglichkeiten des Erlebens und Verhaltens sowie die Anforderungen in verschiedenen Lebensbereichen (zum Beispiel in Familie, Schule, im Betrieb, Verkehr) und die soziale Beeinflussung des Menschen machen eine Erforschung des Gegenstandes sehr schwierig.

1.2.3 Fragestellungen und Disziplinen der Psychologie

Um den Gegenstand der Psychologie in den Griff zu bekommen, müssen viele Fragen beantwortet werden. Diese Fragen lassen sich bestimmten Teilgebieten zuordnen, die als *Disziplin der Psychologie* bezeichnet werden. Ihre Aufgabe besteht in der systematischen Erforschung eines bestimmten Teilbereiches des Verhaltens und Erlebens.

---

[1] komplex bedeutet „vielschichtig“, „vieles umfassend“

Fragestellungen	Disziplinen
Welche grundlegenden und allgemeingültigen Aussagen lassen sich bezüglich des Erlebens und Verhaltens machen? Welche Regelmäßigkeiten und Zusammenhänge lassen sich im Erleben und Verhalten finden?	Die **Allgemeine Psychologie** befaßt sich mit grundlegenden, auf alle Menschen zutreffenden Erscheinungen und Regelmäßigkeiten im Erleben und Verhalten eines Menschen (siehe Kapitel 3, 4 und 5).
Wie ist die Persönlichkeit eines Menschen aufgebaut und strukturiert? Welche Beziehungen bestehen zwischen einzelnen Persönlichkeitsmerkmalen?	Die **Persönlichkeitspsychologie** befaßt sich mit dem Aufbau und der Struktur der Persönlichkeit (siehe Kapitel 11).
Welche Unterschiede bestehen in der Persönlichkeitsstruktur zwischen Menschen und Gruppen von Menschen?	Die **Differentielle Psychologie** befaßt sich mit den Unterschieden zwischen Menschen und Gruppen von Menschen.
Wie entwickelt sich das Erleben und Verhalten? Wie reagiert der Mensch in seinem Erleben und Verhalten auf verschiedenen Altersstufen?	Die **Entwicklungspsychologie** befaßt sich mit der Veränderung des Verhaltens und Erlebens im Laufe der Zeit (siehe Kapitel 6 und 7).
Wie wird das Erleben und Verhalten durch Mitmenschen beeinflußt? Wie erleben und verhalten sich Menschen in sozialen Bereichen wie beispielsweise in der Gruppe?	Die **Sozialpsychologie** erforscht, wie Verhalten und Erleben durch Mitmenschen beeinflußt wird und wie sich der einzelne in sozialen Bereichen verhält (siehe Kapitel 9 und 10).
Wie wirkt sich Erziehung auf das Verhalten und Erleben eines Menschen aus? Welchen Einfluß hat das Erzieherverhalten auf das Verhalten und Erleben des Zu-Erziehenden?	Die **Pädagogische Psychologie** befaßt sich mit der wissenschaftlichen Erforschung des Verhaltens und Erlebens im Bereich der Erziehung.
Wie entstehen psychische Störungen? Wie läßt sich psychischen Störungen vorbeugen? Wie kann unangepaßtes Erleben und Verhalten wieder abgebaut werden?	Die **Klinische Psychologie** befaßt sich mit der Vorbeugung und Behandlung von psychischen Störungen sowie mit Möglichkeiten der Beratung und Therapie (siehe Kapitel 12).

Neben diesen aufgezeigten Disziplinen gibt es noch spezielle Teildisziplinen der Psychologie wie zum Beispiel die **Ökopsychologie,** die nach 50jähriger Vergessenheit angesichts der durch den Menschen erzeugten Umweltkatastrophen und der Bedrohung seines Lebensraumes wieder zum Thema wird. Die Ökopsychologie beschäftigt sich „mit den Beziehungen des Menschen zu seiner natürlichen und selbstgestalteten Lebensumwelt". Menschen passen sich ihrer Umwelt an und verändern sie; auf der anderen Seite wirkt die Umwelt auf die menschliche Lebensweise ein und verändert diese. Die Ökopsychologie hat es sich zur Aufgabe gemacht, diese wechselseitige Beeinflussung von Mensch und Umwelt in seiner ganzen Komplexität zu erforschen (vgl. D. Dörner/H. Selg, 1985).

Seit dem Aufgreifen dieses Themas ist die Diskussion im Gange, welchen Namen man dieser Teildisziplin der Psychologie geben und mit welchen Forschungszielen man sie ausstatten soll. Oft wird in der Literatur die Ökopsychologie auch *Psychologie der Umwelt, Psychologische Ökologie, Ökologische Psychologie* oder auch *Umweltpsychologie* – um nur einige Bezeichnungen aufzuführen – genannt.

➡ **Materialien 2.**

1.3 Ziele der wissenschaftlichen Psychologie

Die Psychologie verfolgt, um ihren Gegenstandsbereich in den „Griff zu bekommen", folgende Ziele: die **Beschreibung** ihres Forschungsgegenstandes, die **Erklärung** und das **Verstehen** von Zusammenhängen, die **Voraussage** und die **Veränderung** des Verhaltens und Erlebens.

1.3.1 Die Beschreibung

Voraussetzung für alle weiteren Ziele ist eine möglichst umfassende und unvoreingenommene Beschreibung des Gegenstandsbereiches.

Beschreiben heißt, Beobachtetes bzw. Gemessenes festzuhalten.

Einer Beschreibung geht eine Beobachtung mit Hilfe der Sinne oder eine Messung mit Hilfe von Instrumenten wie beispielsweise Mikroskop, Test, Thermometer und ähnlichem voraus.

Wissenschaftliche Beschreibung ist möglichst einfach und präzise gehalten und bedient sich eindeutiger Begriffe, die eine unmißverständliche und klare Mitteilung ermöglichen (vgl. Ernst G. Wehner, 1980). Das Entscheidende ist, daß sich die Beschreibung auf **wissenschaftliche Methoden** stützt, um zu wahren, überprüfbaren und allgemeingültigen Aussagen zu kommen (vgl. Kapitel 2). Der Wissenschaftler muß dabei genau unterscheiden zwischen dem, was er tatsächlich wahrnimmt, und dem, was er meint, glaubt, vermutet, interpretiert, daraus schließt.

Wenn zum Beispiel Fritz „beobachtet", daß Hans Angst hat, so sieht er nicht die Angst als solche, diese kann er nur bei sich selber wahrnehmen. Er beobachtet ganz bestimmte Verhaltensweisen wie Zittern, Erröten, erhöhten Blutdruck, Wippen mit den Beinen und dgl., aus denen er *schließt*, daß Hans Angst hat.

Beschreiben heißt nicht, das festhalten, was wir meinen, glauben, vermuten, interpretieren, daraus schließen; beschreiben heißt, das festhalten, was wir sehen, hören, fühlen, also tatsächlich wahrnehmen und messen können.

Die Psychologie beschreibt

- das **Verhalten und Erleben** eines Menschen,
- **Bedingungen** des Verhaltens und Erlebens,
- die Persönlichkeit als eine einzigartige Struktur von relativ gleichbleibenden **Persönlichkeitsmerkmalen** (vgl. Abschnitt 1.2.1).

1.3.2 Die Erklärung

Die Psychologie bleibt bei der Beschreibung nicht stehen, sie versucht Beziehungen und Zusammenhänge zwischen einzelnen beschriebenen Merkmalen herauszufinden.

So beschränken sich zum Beispiel Psychologen nicht auf die Beschreibung, wann, unter welchen Umständen und in welchen Situationen Angst auftritt. Sie versuchen zudem herauszufinden, wodurch in bestimmten Situationen und Lebensbereichen Angst verursacht wird, ob es beispielsweise einen Zusammenhang gibt zwischen dem Schlagen des Kindes in der Erziehung und dem Auftreten von Ängstlichkeit beim Kind.

Das Herstellen von Beziehungen zwischen beschriebenen Merkmalen wird als Erklären bezeichnet. Die Psychologie verwendet den Begriff *Erklärung* nicht wie im Alltagssprachgebrauch – also nicht im Sinne von Offenlegen (Zollerklärung, Liebeserklärung usw.) oder im Sinne von Klarlegen (Texterklärung, Erklärung der Funktionsweise eines bestimmten Gerätes). (Vgl. H. Seiffert/G. Radnitzky, 1989.)

Erklären heißt, Beziehungen zwischen beschriebenen Merkmalen herstellen.

Dabei handelt es sich um *Wenn-Dann-Beziehungen,* um **Ursache-Wirkungs-Zusammenhänge.**

Wenn Kinder geschlagen werden, dann zeigen sie Ängstlichkeit. Das Schlagen ist die Ursache für das Angst-Haben, das die Wirkung darstellt.

Menschen verhalten sich immer dann aggressiv, wenn sie von anderen Menschen frustriert werden: Wenn Frustration (= Ursache) ⟶ dann Aggression (= Wirkung)

Wurde eine Beziehung durch entsprechende wissenschaftliche Untersuchungen bestätigt, so handelt es sich im Sinne der Naturgesetze um ein **Gesetz.**

Bei der Aussage „Wenn ich Gegenstände, die schwerer sind als Luft, loslasse, dann fallen sie nach unten" handelt es sich um ein Gesetz, das immer zutrifft.

Wegen der Komplexität ihres Gegenstandes ist es der Psychologie nicht möglich, Gesetze im Sinne von Naturgesetzen zu formulieren, Gesetze, die immer – ohne jegliche Ausnahme – in der Wirklichkeit zutreffen (vgl. Abschnitt 1.2). Es kann sich nur um **Wahrscheinlichkeitsaussagen** handeln, das heißt, die durch wissenschaftliche Untersuchungen festgestellte Beziehung zwischen zwei Merkmalen besitzt zwar einen relativ hohen Allgemeinheitsgrad, im Einzelfall ist jedoch eine Abweichung möglich. Man spricht in der Psychologie deshalb nicht von einem Gesetz, sondern von einer **Gesetzmäßigkeit.**

Ausnahme

Ein Mensch fällt jäh in eine Grube,
Die ihm gegraben so ein Bube.
Wie? denkt der Mensch, das kann nicht sein:
Wer Gruben gräbt, fällt selbst hinein! –
Das mag vielleicht als Regel gelten:
Ausnahmen aber sind nicht selten.

Eugen Roth

Um bei den beiden oben genannten Beispielen zu bleiben, müßte man genauer sagen:
Wenn Kinder geschlagen werden, dann zeigen sie (sehr) wahrscheinlich Ängstlichkeit.
Menschen verhalten sich (sehr) wahrscheinlich immer dann aggressiv, wenn sie von anderen Menschen frustriert werden.

Gesetzmäßigkeit ist die Bezeichnung für eine Wahrscheinlichkeitsaussage über die durch wissenschaftliche Untersuchungen festgestellte Beziehung zwischen beschriebenen Merkmalen.

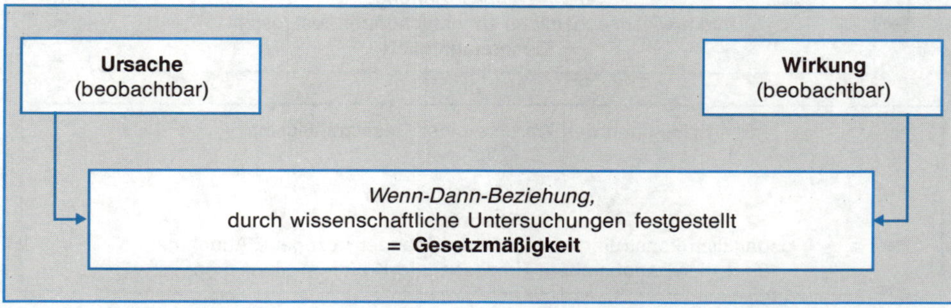

Wissenschaftler geben sich jedoch mit dem Herausfinden von Beziehungen zwischen beschriebenen Merkmalen, also dem Entdecken von Gesetzmäßigkeiten, nicht zufrieden, sie wollen erklären, *warum bestimmte Merkmale (= Ursachen) zu bestimmten Folgen (= Wirkungen) führen.*

Warum zum Beispiel zeigen Kinder wahrscheinlich Ängstlichkeit, wenn sie geschlagen werden?
Warum verhalten sich Menschen wahrscheinlich immer dann aggressiv, wenn sie frustriert werden?

Damit wird die Gesetzmäßigkeit selbst wieder zum erklärungsbedürftigen Gegenstand. Der Wissenschaftler sucht eine Antwort auf das *Warum einer wissenschaftlich festgestellten Gesetzmäßigkeit* (vgl. U. Laucken/A. Schick, 1985[5]).

Diese Art von Warum-Fragen kann nicht in der Realität beobachtet und untersucht werden. Aufgrund des Wissens über Zusammenhänge zwischen Merkmalen stellen Wissenschaftler Annahmen über nichtbeobachtbare Prozesse und Kräfte im Menschen auf. Diese Annahmen sind von Wissenschaftlern gedanklich konstruiert. Ein Gefüge solcher sinnvoll aufeinander bezogenen Annahmen bezeichnen wir als **Theorie** (vgl. W. Schönpflug/U. Schönpflug, 1989[2]).

Theorie ist in der Psychologie die Bezeichnung für gedanklich konstruierte, sinnvoll aufeinander bezogene Annahmen über nichtbeobachtbare Prozesse und Kräfte im Menschen, um eine Gesetzmäßigkeit erklären zu können.

➡ **Materialien 3.**

Das Erklären in der Psychologie:

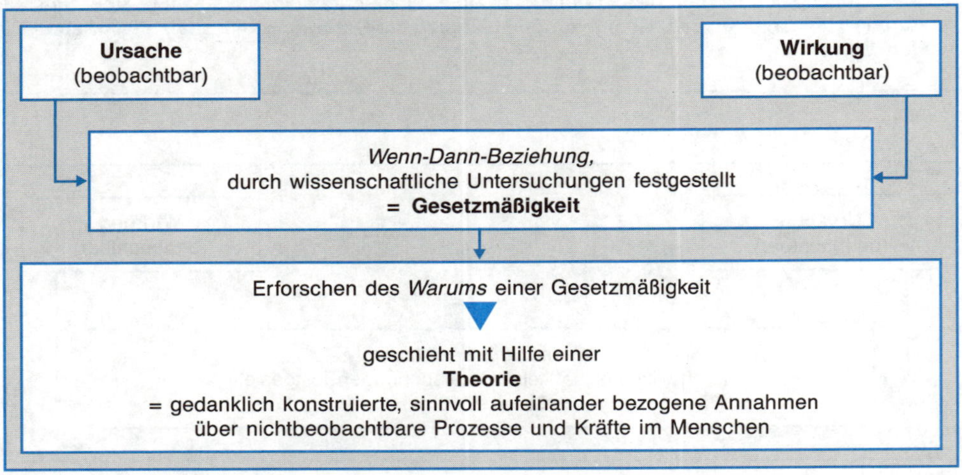

„Wir können nun eine Theorie kurz bezeichnen als eine durch das Denken geschaffene Verknüpfung beobachteter Tatsachen zu einem in sich widerspruchslosen Zusammenhang von Gründen und Folgen. Denn nichts anderes bedeutet das Wort ‚Theorie' im speziellen wissenschaftlichen Sprachgebrauch." *(Werner Traxel, 1974[2])*

Da es sich bei einer Theorie um gedanklich konstruierte Annahmen über nicht beobachtbare Prozesse handelt, gibt es in der Psychologie nicht die eine wahre Theorie, sondern eine Vielzahl von Theorien, mit deren Hilfe Zusammenhänge hergestellt werden können. Theorien haben den Nutzen, daß man mit ihrer Hilfe Zusammenhänge herstellen kann und damit auch **Voraussagen** über die Beziehung zwischen beschriebenen Merkmalen gemacht werden können. Zudem kann man mit Hilfe von Theorien Erleben und Verhalten bewußt und gezielt *ändern* (vgl. Abschnitt 1.3.4).

„Die Theorie ist das Netz, das wir auswerfen, um ‚die Welt' einzufangen, – sie zu rationalisieren, zu erklären und zu beherrschen. Wir arbeiten daran, die Maschen des Netzes immer enger zu machen." *(Karl R. Popper, 1984[8])*

1.3.3 Das Verstehen

Der Mensch ist, wie in Abschnitt 1.2.2 ausgeführt, einerseits ein Teil der Natur und funktioniert als Naturwesen nach Naturgesetzen. Andererseits hat er als geistiges Wesen Kultur geschaffen und ist imstande, zielgerichtet zu handeln. Weil Menschen denken und handeln können, kann man ihr Verhalten nicht immer mit Hilfe von Ursache-Wirkungs-Zusammenhängen, mit Hilfe von Gesetzmäßigkeiten erklären, sondern von den Zielvorstellungen und den Absichten des handelnden Menschen her *verstehen.* Erleben und Verhalten kann durch das Herausfinden des Zieles, durch die Ermittlung von Sinnzusammenhängen nicht erklärt, sondern verstanden werden.

Die Verhaltensweisen eines Kindes beispielsweise, das hastig im Zimmer umherrennt, auf Tisch und Stühle klettert und zu weinen beginnt, bleiben so lange unverständlich, bis man das Ziel des Kindes erkennt. Findet man das Ziel, nämlich daß das Kind seine Puppe sucht, heraus, so kann man das Verhalten des Kindes verstehen. Der Sinn seines Verhaltens wird klar, wenn man sein Ziel kennt.

Verstehen heißt, das Ziel, die Absicht, den Zweck menschlichen Verhaltens und Erlebens und dessen Sinnzusammenhang erfassen.

Um dem Menschen in seiner Ganzheit gerecht zu werden, versucht die Psychologie, einerseits Ursache-Wirkungs-Zusammenhänge mit Hilfe von Gesetzmäßigkeiten und Theorien zu erklären, andererseits durch das Herausfinden von Sinnzusammenhängen Erleben und Verhalten zu verstehen.

„Die Natur erklären wir, das Seelenleben verstehen wir." *(Wilhelm Dilthey)*

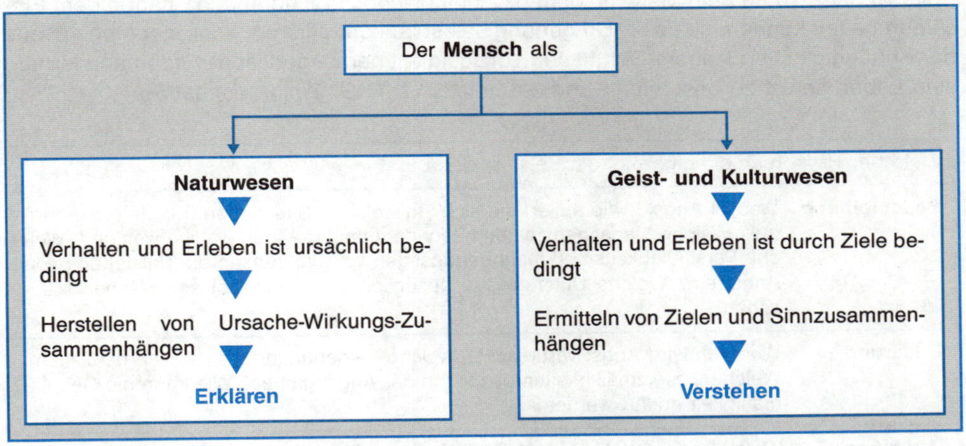

1.3.4 Voraussage und Veränderung des Verhaltens und Erlebens

Beschreibung, Erklärung und Verstehen ermöglichen eine wissenschaftlich fundierte Vorhersage von Erlebens- und Verhaltensweisen.

Hat sich beispielsweise die Aussage „Wenn Kinder geschlagen werden, dann zeigen sie (sehr) wahrscheinlich Ängstlichkeit" durch entsprechende Untersuchungen bestätigt, so erlaubt diese Aussage die Vorhersage, daß Kinder, die geschlagen werden, sehr wahrscheinlich ängstliche Kinder sein werden.
Auch die Aussage „Menschen verhalten sich wahrscheinlich immer dann aggressiv, wenn sie von anderen Menschen frustriert werden" läßt die Prognose zu, daß Menschen aggressiv werden, wenn man sie frustriert.

Solche Vorhersagen haben für die Praxis einen großen Nutzen: Mit Hilfe von wissenschaftlich fundierten Aussagen kann man voraussagen, wie ein Verhalten bewußt und gezielt geändert werden kann und welche Voraussetzungen und Bedingungen erfüllt sein müssen, um ein erwünschtes Verhalten aufzubauen bzw. zu erhalten oder ein unerwünschtes Verhalten zu vermeiden bzw. abzubauen.

Ebenso lassen sich aus den Theorien **Handlungsanweisungen** zur Veränderung des Verhaltens und Erlebens ableiten. Die Psychologie ist damit imstande, Erleben und Verhalten bewußt und gezielt zu *kontrollieren,* zu *beeinflussen* und zu *manipulieren.*

Die Fähigkeit der Psychologie, Verhalten und Erleben zu ändern, bietet viele Möglichkeiten, dem einzelnen zu helfen und soziale Zustände zu verbessern (vgl. Abschnitt 1.3.5). Doch diese Fähigkeit der Vorhersage und Veränderung wirft auch große **Gefahren** auf: Erkenntnisse der Psychologie können mißbraucht werden und werden auch alltäglich mißbraucht. „Gehirnwäsche", „Psycho-Terror" oder „Psychologische Kriegsführung" sind einige Begriffe, die in erschreckender Weise Kontroll- und Manipulationsmöglichkeiten des Menschen zum Negativen hin aufzeigt.

„Unsere Ansicht ist, daß zwar eine äußere Kontrolle des Verhaltens für das Individuum besteht, die zum Guten oder zum Bösen verwendet werden kann, daß aber die wichtigste Aufgabe der Psychologie darin besteht, den Einzelnen möglichst von dieser äußeren Kontrolle zu befreien. In dem Maße, in dem psychologische Forschung und Theorie dem Einzelnen helfen können, seine ... Umgebung selbst zu kontrollieren, kann der Mensch aus der Abhängigkeit und einem Gefühl der Nutzlosigkeit herausgerissen werden und lernen, sein Leben selbst zu bestimmen und zu meistern." *(P. G. Zimbardo, 1983[4])*

Ziele der Psychologie, aufgezeigt am Beispiel der **Angst**	
Beschreibung	Was ist Angst? Wie äußert sie sich? In welchen Situationen tritt sie (vermehrt) auf? Welche Menschen zeigen besonders häufig Angst, welche weniger? Welche Persönlichkeitsmerkmale begünstigen bzw. schränken die Entstehung von Angst ein? Welche Unterschiede bezüglich der Angst gibt es zwischen Menschen?
Erklärung	Wodurch wird Angst verursacht? Welche Beziehungen lassen sich herstellen? Welche Gesetzmäßigkeiten bezüglich der Angst gibt es? Wie kann die Gesetzmäßigkeit erklärt werden?
Verstehen	Welchem Zweck dient die Angst? Welchen Sinn hat sie? Was beabsichtigt der einzelne mit dem Zeigen von Angst? Was will er mit ihr erreichen?
Voraussage	Was läßt sich bezüglich der Angst vorhersagen? Was läßt sich bezüglich des Abbaues von Ängsten vorhersagen?
Veränderung	Wie kann die Entwicklung von Ängsten vermieden werden? Wie können mögliche Ängste abgebaut werden?

1.3.5 Anwendungsgebiete der Psychologie

Die wissenschaftliche Psychologie hat zu Erkenntnissen geführt, die in vielen Bereichen des Lebens zur Anwendung gelangen. Ob in der Familie, in der Schule, in der Erziehung, im Betrieb, im Verkehr oder beim Einkauf, überall wird unser Verhalten und Erleben durch psychologische Erkenntnisse beeinflußt. Die Bereiche, in denen psychologisches Wissen angewendet wird, sind heute so vielfältig, daß an dieser Stelle nur die wichtigsten und bekanntesten dargestellt werden können.

Anwendungsgebiete der Psychologie

Wirtschaftspsychologie

beschäftigt sich mit psychologischen Problemen, die beim Wirken des Menschen in der Wirtschaft auftauchen.

Mensch als Produzent

Organisationspsychologie (im weiteren Sinne)
beschäftigt sich mit dem Erleben und Verhalten des Menschen in wirtschaftlichen Einrichtungen.

▼

Arbeitspsychologie
versucht zur optimalen Gestaltung der Arbeitsbedingungen beizutragen.

Berufspsychologie
beschäftigt sich mit den psychologischen Voraussetzungen und Bedingungen für eine Berufswahl sowie für die Aufnahme und Ausübung einer beruflichen Tätigkeit (zum Beispiel Berufsausbildung, Anlernen, Umschulung).

Betriebspsychologie
(Organisationspsychologie im engeren Sinne)
beschäftigt sich mit den Beziehungen der Arbeitenden untereinander (zum Beispiel betrieblicher Führungsstil, Personalpolitik, Auswahl von Führungskräften).

Mensch als Konsument

Marktpsychologie
untersucht die vielfältigen psychologischen Probleme von Angebot und Nachfrage.

▼

Marktforschung
analysiert die Bedürfnisse und Wünsche des Konsumenten.

Werbepsychologie
will den Verbraucher beeinflussen, seine Kaufentscheidung zugunsten des umworbenen Produkts zu treffen.

Verkaufspsychologie
befaßt sich mit der Wirkung von Waren auf den Verbraucher, mit deren Verpackung und Plazierung sowie mit der Beziehung zwischen Verkäufer und Kunden (zum Beispiel richtige Taktik im Verkaufsgespräch).

Beratung

ist eine Form zwischenmenschlicher Beziehung, in der eine Lösung von persönlichen und sozialen Problemen erarbeitet wird (vgl. Kapitel 12.3).

Erziehungsberatung | **Eheberatung** | **Berufsberatung** | **Schulberatung** | **Drogenberatung**

Klinische Psychologie

beschäftigt sich mit der Vorbeugung, Beratung und Behandlung von Menschen mit psychischen Konflikten (vgl. Kapitel 12).

Forensische Psychologie

befaßt sich mit psychologischen Problemen, die die Praxis der Rechtssprechung betreffen (zum Beispiel Beurteilung der Glaubwürdigkeit von Aussagen der Beschuldigten und Zeugen, Verantwortungs- und Zurechnungsfähigkeit des Beschuldigten).

Politische Psychologie

untersucht den Zusammenhang zwischen psychischen, gesellschaftlichen und politischen Vorgängen.

Verkehrspsychologie beschäftigt sich mit psychologischen Problemen, die sich aus dem motorisierten Straßenverkehr, dem Eisenbahnverkehr und dem Luftverkehr ergeben (zum Beispiel Verkehrserziehung, Fahrzeugkonstruktion, Straßenverlauf, Gestaltung und Aufstellung von Verkehrsschildern, Verkehrsunfallforschung).
Pharmakopsychologie befaßt sich mit den Wirkungen von in den Organismus eingebrachten chemischen Substanzen auf das Erleben und Verhalten eines Menschen.
Kriminalpsychologie beschäftigt sich mit Ursachen, der Vorbeugung und Bekämpfung der Kriminalität.
Wehrpsychologie (Militärpsychologie) befaßt sich mit psychischen Voraussetzungen für Wehrdienst und Kriegsführung.
Schulpsychologie will fachkundige Beratung und Anleitung für Schüler, Eltern und Lehrern bei auftretenden Schwierigkeiten in der Schule geben.

Anmerkung: Der Bereich der Beratung ist in Kapitel 12.3 näher dargestellt; der der Klinischen Psychologie in Kapitel 12.

➡ **Materialien 4.**

Manche Anwendungsgebiete wie beispielsweise die Klinische Psychologie sind zugleich auch Disziplin der Psychologie, da sie einerseits ihren Teilbereich systematisch erforscht, andererseits werden in ihr psychologische Erkenntnisse angewendet.

1.4 Richtungen (Schulen) der Psychologie

Die Psychologie stellt sich nicht als eine einheitliche Wissenschaft dar, sie umfaßt mehrere, zum Teil gegensätzliche Forschungsrichtungen. Diese *Richtungen* bzw. *Schulen* haben ihren Ursprung in der abendländischen Philosophie, aus der sich erst im 19. Jahrhundert die Psychologie als eigenständige Wissenschaft entwickelt hat.

„Es gibt bis heute keine geschlossene Wissenschaft der Psychologie. Was angeboten wird, sind Forschungsprogramme verschiedener Schulen (...). Und doch hat keine Wissenschaft in den letzten 15 Jahren eine so tiefe Wirkung auf die breite Öffentlichkeit, auf die Kunst, ja auf die Gesellschaftsordnung als Ganzes ausgeübt wie die Psychologie. Keine andere Wissenschaft ist so wie sie im Munde aller, und keine wird von so gut wie allen so wenig verstanden.“ *(H. Ueckert/R. Kaskuska/J. Nagorny, 1975)*

➡ **Materialien 5.**

Seit der Jahrhundertwende bis heute haben sich sehr viele verschiedene Auffassungen in der Psychologie entwickelt, die sich jedoch auf drei große Grundrichtungen zurückführen lassen: Die **Tiefenpsychologie,** den **Behaviorismus** und die **Ganzheits- und Gestaltpsychologie.** Als vierte große Richtung sei die **Humanistische Psychologie** genannt, die sich als Gegenbewegung zur Psychoanalyse und zum Behaviorismus versteht.

Dabei handelt es sich um unterschiedliche Ansätze, die keine umfassende Sicht des Menschen darstellen, sondern die jeweils eine bestimmte Sichtweise des Gegenstandes der Psychologie und einen unterschiedlichen methodischen Zugang zu diesem hervorheben.

1.4.1 Die Tiefenpsychologie

Die Tiefenpsychologie geht auf den Wiener Neurologen und Psychiater *Sigmund Freud* (1856–1939) zurück und stellt eine in sich geschlossene Theorie des Erlebens und Verhaltens dar, die die Bedeutung des **Unbewußten** hervorhebt: Nur ein geringer Teil der seelischen Vorgänge, die im Menschen vorgehen, ist bewußt; die meisten Vorgänge gehen unter die Oberfläche des Bewußtseins zurück und spielen sich im Vorbewußten und Unbewußten ab.

„**Sigmund Freud** wurde 1856 in Freiberg (Mähren) geboren. Nach dem Medizinstudium widmete er sich als Nervenarzt besonders der Erforschung psychisch bedingter Erkrankungen. Zu diesem Zweck hatte er unter anderem bei dem Pariser Neurologen Jean-Martin Charcot studiert, der Hysterien mit Hilfe von Hypnose heilte. Freud entwickelte zusammen mit dem Wiener Arzt Josef Breuer ein Verfahren zur Heilung von Neurosen ohne Hypnose und stellte in der Folgezeit eine eigene Theorie zur Entstehung von Neurosen auf. Er begründete das Verfahren der Psychoanalyse und gab der damaligen Psychologie entscheidende Impulse. Seine Einsichten in das ‚Triebleben' und der Begriff des Unbewußten sind bis heute umstritten. Freud, der seit 1902 Titular-Professor in Wien war, wurde nie auf einen Lehrstuhl berufen. 1930 erhielt er den Goethepreis. 1938 emigrierte er nach London und starb dort ein Jahr darauf."

Quelle: H. Ueckert u. a., 1975

Bewußt nennt man seelische Vorgänge, die man bemerkt und über die man Auskunft geben kann.

Mit vorbewußt sind alle seelischen Vorgänge gemeint, um die wir nicht spontan wissen, die jedoch aufgrund einer Bemühung dem Bewußtsein wieder relativ voll zugänglich gemacht werden können.

Seelische Vorgänge, um die wir nicht bzw. nicht mehr wissen, die aber immer wieder in das Bewußtsein drängen und unser Erleben und Verhalten in einem nicht unerheblichen Maße bestimmen, bezeichnen wir als unbewußt.

Grundlegende Annahme der Tiefenpsychologie ist, daß bestimmte seelische Vorgänge und innere Kräfte (zum Beispiel verbotene oder bestrafte Wünsche, unangenehme Erlebnisse oder Probleme) dem Bewußtsein verborgen, also „unbewußt", sind, sich jedoch auf das individuelle Verhalten und die Entwicklung der Persönlichkeit nach ganz bestimmten Gesetzmäßigkeiten auswirken (vgl. Kapitel 11.4.2 und 12.4.1).

Als tiefenpsychologische Richtungen sind heute vor allem bekannt:

- die **Psychoanalyse** (Begründer: Sigmund Freud)
- die **Individualpsychologie** (Begründer: Alfred Adler, 1870–1937)
- die **Komplexe bzw. Analytische Psychologie** (Begründer: Carl Gustav Jung, 1875–1961)
- die **Neopsychoanalyse** (Vertreter: Karen Horney, Erich Fromm, Hermann Schultz-Hencke, Harry Stack Sullivan)

1.4.2 Der Behaviorismus

Der Behaviorismus wurde im Jahre 1913 von *John Broadus Watson* (1878–1958) begründet, doch eigentlich geht er auf den russischen Physiologen *Iwan P. Pawlow* zurück, der 1904 erste Untersuchungen an Hunden über den *bedingten Reflex* veröffentlicht hat. In seiner ursprünglichen Form lehnt der Behaviorismus alle Begriffe ab, die mit Selbstbeobachtung und damit mit subjektiven Erfahrungen oder Erlebnissen zu tun haben.

„**John Broadus Watson** wurde 1878 in Greenville (USA) geboren. Er war der Hauptbegründer des ‚Behaviorismus', der ‚Lehre vom Verhalten'. Das Erscheinen seiner Schrift ‚Psychology as the behaviorist views it' (Psychologie, wie sie der Behaviorist sieht) 1913 bezeichnet einen Wendepunkt dieser Wissenschaft in den USA: Die bislang vorherrschende spekulativ-theoretische Forschung zum menschlichen ‚Bewußtsein' wurde zunehmend abgelöst durch objektive Beobachtung und exakte Messung von Verhaltensvorgängen; ‚Innerseelisches' wird dabei ausgeklammert. Maßgeblichen Einfluß hatte diese Richtung vor allem auf die Lernpsychologie, die das Kernstück der Theorie Watsons, das Reiz-Reaktions-Schema weiterentwickelt hat.
Watson war von 1908 bis 1920 Professor für Psychologie in Baltimore, ging dann aber in die Industrie und arbeitete als Werbefachmann. Er ist 1958 in New York gestorben."

Quelle: H. Ueckert u. a., 1975

„Psychologie, wie sie der Behaviorist sieht, kann nur dann eine objektive, wissenschaftliche Psychologie sein, wenn sie sich ausschließlich auf das äußerlich beobachtbare Verhalten bezieht und Begriffe wie ‚Erleben', ‚Bewußtsein' oder gar ‚Unbewußtes' rigoros als unwissenschaftlich ... ablehnt. Einzig zulässige Methode der Psychologie ist (...) die ‚Fremdbeobachtung' des Verhaltens von Tier und Mensch; Selbstbeobachtung – ‚Introspektion' – ist eine subjektive (...) und damit unwissenschaftliche Methode, die in der Psychologie keinen Platz hat." *(H. Ueckert/R. Kaskuska/J. Nagorny, 1975)*

Gegenstand im Behaviorismus sind ausschließlich objektiv beobachtbare Reizsituationen und die darauf folgenden Reaktionen. Der Behaviorismus geht davon aus, daß **alles Verhalten erlernt** ist und wieder **verlernt** werden kann. Auf den Behaviorismus geht das Wissen über menschliches Lernen und der Verhaltenstherapie (vgl. Kapitel 4.7.2 und 12.4.2) zurück.

Entwicklung

Ein Mensch, der beste Mensch der Welt,
Wird eines Tages angestellt
Und muß – er tuts zuerst nicht gern –
Laut bellen nun für seinen Herrn.
Bald wird er, wie es ihm geheißen,
Die Zähne zeigen, ja, gar beißen.
Er wird sein Amt – im Bild gesprochen –
Wild fletschend, wie der Hund den Knochen,
Den einer ihm mißgönnt, verteidigen –
Ein schiefer Blick kann ihn beleidigen.
Dann wird er milder: Zahn um Zahn
Wird stumpf und fängt zu wackeln an –
Bis schließlich er, als Pensionist,
Fast wieder Mensch geworden ist.

Eugen Roth

1.4.3 Die Ganzheitspsychologie und die Gestaltpsychologie

Die Ganzheitspsychologie, deren Begründer *Felix Krueger* (1874–1948) ist, und die Gestaltpsychologie, die sich in den zwanziger Jahren unter *Max Wertheimer* (1880–1943), *Wolfgang Köhler* (1887–1967) und *Kurt Koffka* (1886–1941) konstituierte, gehen davon aus, daß die Eigenschaften eines Ganzen nicht aus der Summierung seiner einzelnen Teile begriffen werden können.

Das Ganze ist mehr als die Summe seiner Teile.

Die Summe einzelner Noten als solche beispielsweise ergibt noch keinen Sinn, erst die Noten als Ganzes machen eine Melodie.

Eine Ganzheit, die zwar aus unterscheidbaren Einzelelementen zusammengesetzt ist, aber in ihrem ganzheitlichen Zusammenhang Merkmale aufweist, die sich aus dem Ganzen ergeben und nicht den einzelnen Elementen zugeschrieben werden können, wird als **Gestalt** bezeichnet (vgl. Günter Pössiger, 1982).

So werden zum Beispiel einzelne Töne (= Einzelelemente) zu einer Melodie (= Gestalt), einzelne Punkte zu einem Kreis oder einzelne Wörter zu einem Satz.

Die Qualität der Ganzheit bleibt auch dann erhalten, wenn die Einzelteile ausgetauscht werden, solange die **Struktur,** das ist die Beziehung zwischen den Teilen, erhalten bleibt.

So können aus einzelnen Punkten durchaus auch beispielsweise Striche gemacht werden, die Gestalt bleibt ein Kreis, weil die Beziehung zwischen den Teilen, die Struktur, erhalten bleibt.

Das gilt nicht nur für die Wahrnehmung, sondern auch für andere psychische Prozesse wie beispielsweise für Denkverläufe, Handlungen oder Gedächtnisinhalte. Prinzipien, nach denen Gestalten gebildet und organisiert werden, sind die sogenannten **Gestaltgesetze,** die in Kapitel 3.3.1 dargestellt sind.
Ansätze der Gestaltpsychologie finden sich in den *kognitiven Theorien,* die die Bedeutung komplexer innerer Konzepte für psychische Prozesse hervorheben (vgl. Kapitel 10.4.1).

1.4.4 Die Humanistische Psychologie

Gegen die Psychoanalyse und den Behaviorismus wendet sich die in jüngster Zeit entstandene Humanistische Psychologie, die sehr stark von der Individualpsychologie Alfred Adlers und der Ganzheits- bzw. Gestaltpsychologie beeinflußt ist. Der Mensch ist nach humanistischer Ansicht bestrebt, seine eigenen Fähigkeiten und Möglichkeiten zu entfalten. Dabei wird davon ausgegangen, daß er seine Lebensbedingungen und seine Umwelt aktiv selbst gestaltet und bewußt über die Möglichkeiten seines Handelns entscheidet. Der Mensch ist also nicht durch bestimmte Triebe, durch seine Anlagen oder Umwelteinflüsse festgelegt, er wird als **aktives Wesen** gesehen, der sein Verhalten bewußt steuern, beeinflussen und auch ändern kann.
Zwar ist nach Auffassung humanistischer Psychologie menschliches Erleben und Verhalten sehr stark von der Umwelt beeinflußt, doch es kommt in erster Linie darauf an, was der Mensch aus diesen Einflüssen macht. Es sind nicht die objektiven Gegebenheiten der Umwelt für das menschliche Erleben und Verhalten maßgeblich, sondern die Art und Weise, wie diese objektiven Gegebenheiten subjektiv wahrgenommen und interpretiert werden.

Grundannahme der Humanistischen Psychologie ist, daß subjektive Wahrnehmung und subjektive Interpretation der Realität das Erleben und Verhalten bestimmen.

Die humanistische Psychologie ist wie die Tiefenpsychologie keine völlig einheitliche Richtung. Dies ist darauf zurückzuführen, daß die einzelnen Ansätze unabhängig voneinander entstanden sind. Dennoch sind einige gemeinsame **Grundannahmen** vorhanden (vgl. Werner Herkner, 1986):

- **Das Streben nach Autonomie:** Jeder Mensch strebt nach Selbstbestimmung und Freiheit sowie nach Unabhängigkeit.
- **Das Streben nach Selbstverwirklichung:** Jeder Mensch hat das Bedürfnis, seine eigenen Möglichkeiten zu verwirklichen und auszuschöpfen.

- **Der Mensch ist eine Ganzheit:** Jeder Organismus ist eine in sich geschlossene Einheit, die unteilbar ist. Wird diese Einheit zerstört, so entstehen körperliche und seelische Probleme.
- **Menschliches Erleben und Verhalten sind ziel- und sinnorientiert:** Alle Erlebens- und Verhaltensweisen des Menschen, alle Aktivitäten sind auf ein Ziel ausgerichtet sowie sinn- und zweckvoll.

Eine Reihe in der Gegenwart entstandener Psychotherapieverfahren wie beispielsweise die **Gesprächspsychotherapie,** die **Gestalttherapie** oder die **Transaktionsanalyse** beruhen auf der Humanistischen Psychologie. Ihre bekanntesten Vertreter sind *Abraham Maslow,* unter dessen Führung sie sich 1962 in den USA organisierte, und *Carl Rogers.* Die Theorie Rogers und die auf seiner Theorie basierende Gesprächspsychotherapie werden in Kapitel 12.2.2 und 12.4.3 ausführlich dargestellt.
Alle psychologischen Richtungen enthalten etwas „Wahres" bzw. „Brauchbares" und können einzelne Teilaspekte des Psychischen näher erklären.
„Der Vorwurf, Psychologie sei keine bzw. eine höchst zweifelhafte Wissenschaft, weil es so viele unterschiedliche Ansichten, Theorien und Richtungen gab und noch gibt, ist unberechtigt. Der gegenwärtige Wissensstand und die enorme Verbreitung und Anerkennung der Psychologie in einer sehr kurzen Zeit sind zweifellos auf die Anstrengungen einzelner psychologischer Schulen zurückzuführen, deren Erkenntnisse vollständig oder nur teilweise noch heute gültig sind." *(Ch. Michel/F. Novak, 1990)*

Hauptströmungen der Psychologie			
Tiefenpsychologie	**Behaviorismus**	**Ganzheits- und Gestaltpsychologie**	**Humanistische Psychologie**
Bestimmte seelische Vorgänge und innere Kräfte sind dem Bewußtsein verborgen (unbewußt), wirken sich aber auf das Erleben und Verhalten aus.	Alles Verhalten ist erlernt und kann wieder verlernt werden.	Die Eigenschaften eines Ganzen können nicht aus der Summierung seiner einzelnen Teile begriffen werden. „Das Ganze ist mehr als die Summe seiner Teile."	Subjektive Wahrnehmung und Interpretation der Realität bestimmen das Erleben und Verhalten. Der Mensch strebt nach Autonomie und Selbstverwirklichung und stellt eine Ganzheit dar. Menschliches Erleben und Verhalten sind zielorientiert.

Zusammenfassung

- Wir unterscheiden zwischen Alltagspsychologie, die aufgrund persönlicher Lebenserfahrungen gewonnen wurde, und wissenschaftlicher Psychologie, die ihre Erkenntnisse mit Hilfe wissenschaftlicher Methoden gewinnt.
  Obwohl die Alltagspsychologie zufällig wahr, nicht überprüfbar und auch nicht allgemeingültig ist, besitzen sie alle Menschen. Dies liegt daran, daß sie im menschlichen Leben wichtige Funktionen erfüllt. Wissenschaftliche Aussagen dagegen sind überprüfbar und allgemeingültig.
- Unter Wissenschaft versteht man methodisch gewonnenes und in ein System gebrachtes Wissen über einen Bereich der Wirklichkeit. Demnach gehören zu einer Wissenschaft ein bestimmter Objektbereich, bestimmte Methoden und ein System als Ordnungszusammenhang.

- Der Gegenstand der Psychologie ist das Verhalten und Erleben. Unter Verhalten versteht man die Gesamtheit aller von außen beobachtbaren Äußerungen eines Lebewesens. Mit Erleben werden von außen nichtbeobachtbare Vorgänge im Menschen bezeichnet, Vorgänge, die der Mensch nur an sich selbst wahrnehmen kann.

- Verhalten und Erleben werden durch einen äußeren oder inneren Reiz ausgelöst, durch die Persönlichkeit des einzelnen (Intelligenz, Begabungen, Fähigkeiten und Fertigkeiten, bisherige Erfahrungen, Gefühle und Stimmungen, Interessen, Einstellungen, Werthaltungen, Bedürfnisse u. a.) beeinflußt und durch den Organismus (Sinnes-, Nerven- und Hormonsystem) ermöglicht.

- Das Verhalten und Erleben kann unter verschiedenen Aspekten betrachtet werden: zum einen ist es bedingt durch Ursachen, zum anderen wird es von den Zielvorstellungen, von den Absichten des handelnden Menschen bestimmt. Die Betrachtungsweise, die nach den Ursachen des Verhaltens und Erlebens fragt, nennt man kausale Betrachtungsweise und diejenige, die nach dem Ziel des Verhaltens und Erlebens fragt, bezeichnet man als finale Betrachtungsweise.

- Die Psychologie hat einen vieles umfassenden (= komplexen) und damit schwer zugänglichen und schwer erfaßbaren Gegenstand. Es wird deshalb von der Komplexität des Forschungsgegenstandes gesprochen. Um den Gegenstand der Psychologie jedoch in den Griff zu bekommen, müssen viele Fragen beantwortet werden. Diese Fragen lassen sich bestimmten Teilgebieten zuordnen, die als Disziplinen der Psychologie bezeichnet werden. Ihre Aufgabe besteht in der systematischen Erforschung eines bestimmten Teilbereiches des Verhaltens und Erlebens.

- Die Psychologie verfolgt, um ihren Gegenstandsbereich „in den Griff" zu bekommen, folgende Ziele: die Beschreibung ihres Forschungsgegenstandes, die Erklärung und das Verstehen von Zusammenhängen, die Voraussage und die Veränderung des Verhaltens und Erlebens. Die wissenschaftliche Psychologie hat zu Erkenntnissen geführt, die in vielen Bereichen des Lebens zur Anwendung gelangen. Ob in der Familie, in der Schule, in der Erziehung, im Betrieb, im Verkehr oder beim Einkauf, überall wird unser Verhalten und Erleben durch psychologische Erkenntnisse beeinflußt.

- Die Psychologie stellt sich nicht als eine einheitliche Wissenschaft dar, sie umfaßt mehrere, zum Teil gegensätzliche Forschungsrichtungen. Diese Richtungen bzw. Schulen haben ihren Ursprung in der abendländischen Philosophie, aus der sich erst im 19. Jahrhundert die Psychologie als eigenständige Wissenschaft entwickelt hat. Die vielen verschiedenen Auffassungen lassen sich auf drei große Grundrichtungen zurückführen: die Tiefenpsychologie, den Behaviorismus und die Ganzheits- und Gestaltpsychologie. Als vierte große Richtung ist die Humanistische Psychologie zu erwähnen, die sich als Gegenbewegung zur Psychoanalyse und zum Behaviorismus versteht. Dabei handelt es sich um unterschiedliche Ansätze, die keine umfassende Sicht des Menschen darstellen, sondern die jeweils eine bestimmte Sichtweise des Gegenstandes der Psychologie und einen unterschiedlichen methodischen Zugang zu diesem hervorheben.

1. Die Gegenstandsbestimmungen der Psychologie

Die Psychologie versteht sich heute als eine empirische, das heißt auf Erfahrung und Beobachtung aufbauende Wissenschaft. Sie hat sich mit dieser Auffassung jedoch sehr spät erst – gegen Mitte des vorigen Jahrhunderts – von ihrer ‚Mutter-Wissenschaft', der Philosophie, losgelöst und zu einer eigenständigen Wissenschaft entwickelt. Und so bestimmt die Psychologie heute ihren Gegenstand an Beobachtungstatsachen, was im Hinblick auf den Beobachtungsgegenstand ‚Mensch' zu einer dreifachen Charakterisierung führt:

1. Der Mensch ist ein *Lebewesen,* Teil der belebten Natur, und unterliegt damit den Gesetzen dieser Natur. Diese erste Beschränkung auf die Beobachtungstatsache ‚Lebewesen' sichert dem Psychologen die empirische Basis seiner Wissenschaft.

2. Der Mensch ist, als Lebewesen, ein *biologischer Organismus,* der seine Funktionsweise aus dem Zusammenspiel einer Vielzahl physischer (körperlich-materieller) Vorgänge bezieht. Diese weitere Beschränkung garantiert der Psychologie ihre heutige naturwissenschaftliche Grundlage.

3. Der Mensch ist aber, als Lebewesen und biologischer Organismus, stets ein *soziales Wesen,* das sich durch Sprache, Denken und Handeln mit seiner – damit nicht mehr nur naturhaft gegebenen – Umwelt auseinandersetzt. Diese letzte Beschränkung – oder sollte man sagen, Ausweitung über die rein naturwissenschaftliche Betrachtungsweise hinaus? – ermöglicht der heutigen Psychologie ihre notwendige sozialwissenschaftliche und historisch-gesellschaftliche Fundierung.

Welch langen und beschwerlichen Weg die Psychologie gegangen ist, bis sie die grundlegenden Begriffe ihres Gegenstandes zu formulieren verstand, hat der Psychologe Ludwig J. Pongratz in seiner „Problemgeschichte der Psychologie" ausführlich dargestellt. Er schreibt:

„Die Psychologie hat im Laufe ihrer Geschichte sechs Gegenstandsbestimmungen entwickelt: Seelenwesen, Seelenleben, Bewußtsein, Unbewußtes, Erleben und Verhalten. Diese Veränderungsreihe der geschichtlichen Lehrmeinungen über den Gegenstand der Psychologie ist zugleich eine Sequenz psychologischer Grundbegriffe; denn eine Wissenschaft erfaßt ihren Gegenstand nicht als solchen, sondern in Begriffen."

Psychologie heißt, wörtlich übersetzt, ‚Seelenlehre'. Was nun aber diese ‚Seele' sei, die ja – wie jedermann weiß – nicht beobachtbar ist, also wohl auch nichts Materielles sein kann, darüber ist der Streit so alt, wie Philosophie und Religion existieren (...).

Der Psychologe steht nun vor dem Problem, welchen der sechs psychologischen Grundbegriffe ‚Seelenwesen', ‚Seelenleben', ‚Bewußtsein', ‚Unbewußtes', ‚Erleben' und ‚Verhalten' er dem Seelenbegriff als etwas Beobachtbares und damit erst wissenschaftlich Brauchbares zuordnen soll.

Quelle: H. Ueckert/R. Kakuska/J. Nagorny, 1975

2. Die Ökopsychologie als aktuelle Disziplin der Psychologie

In der *allgemeinen Ökologie* gilt die wechselseitige Beeinflussung von Lebewesen (Pflanzen, Tieren, Menschen) untereinander und die Wechselwirkung mit ihrer materiellen Umwelt als vorrangiger Forschungsgegenstand. Die Bereiche, in denen diese Wechselwirkungsprozesse organisiert sind, werden als *Ökosysteme* bezeichnet. Seen, Wälder, Wiesen, Felder, Ameisenhaufen, Korallenriffe usw. sind Beispiele biologischer Ökosysteme. Kulturen, Staaten, Städte, Stadtviertel, Dörfer, Wohngemeinschaften, Familien, Zweierbeziehungen können als materielle, soziale und psychologische Ökosysteme beschrieben werden. Allen Ökosystemen ist gemeinsam, daß die Art der wechselseitigen Beziehungen durch Anpassung der Lebewesen an die natürlichen bzw. vorgegebenen Umweltbedingungen oder durch Veränderung dieser Bedingungen bestimmt ist. (... Mogel 1984)

Ökopsychologie befaßt sich mit den Beziehungen des Menschen zu seiner natürlichen und selbstgestalteten Lebensumwelt. Natürlichkeit meint eine auf Menschen einwirkende, jedoch durch sie unbeeinflußte Umwelt, ferner eine Abgrenzung gegenüber Künstlichkeit, wie sie Menschen etwa in experimentell erzeugten Laborsituationen begegnet. Selbstgestaltetheit bezieht sich auf von Menschen selbst geschaffene Umwelten und auf durch Menschen veränderte ehemals natürliche Umwelten. Hierzu gehören Kultur, Zivilisation und Gesellschaftsstruktur sowie materielle Bezugsgegenstände (z. B. Werkzeuge, Autos, Abgase, Lärm, Umweltverschmutzung).

Forschungsgegenstand der Ökopsychologie ist „die Psyche, sofern sie von ihrer tatsächlichen Umwelt abhängig ist" (Hellpach 1924, S. 119). Dazu gehören alle im Mensch-Umwelt-Verhältnis wirksamen Einflußgrößen. *Tatsächliche Umwelt ist also wirkliche Umwelt, insofern sie auf Menschen einwirkt oder zurückwirkt.* Sie umfaßt materielle wie psychosozial wirksame Umweltbestandteile. Ein Beispiel für materielle Bestandteile, die durch den Menschen entstanden und auf ihn zurückwirken, sind Autos. Als objektive materielle Umweltgegenstände erweitern sie den menschlichen Handlungsspielraum: Fortbewegung, Transport, Erkundung weiterer Umwelten sind möglich. Zugleich engen Menschen durch die Benutzung von Autos ihren Lebensraum ein: Abgase, Lärmbelästigung, Verkehrstote. Ein Beispiel für psychosoziale Umweltbestandteile, die Menschen zur Erhaltung ihrer Kultur und Gesellschaft entwickeln, sind Normen. Als gesellschaftlich idealisierte und psychosozial verbindliche Umwelteinflüsse sichern und begrenzen sie den menschlichen Handlungsspielraum.

Hellpach schlägt vor, drei Ebenen von Umwelt in die wissenschaftliche Analyse einzubeziehen:

(1) *Die natürliche Umwelt,* d. h. die wirksamen Agrar- und klimatischen Bedingungen. Es besteht ein Wechselwirkungsverhältnis von Mensch und natürlicher Umwelt.

(2) *Die soziale Umwelt,* d. h. die Beziehungsverhältnisse zwischen Menschen und Gruppen von Menschen.

(3) *Die kulturelle Umwelt.* Sie ist durch Menschen historisch geschaffen. Sie reicht von Staaten, Städten, Gebäuden, Kunstwerken usw. bis hin zu Normen und Gesetzen, welche Menschen schaffen, um ihren Lebensvollzug zu regulieren.

Gegenstand der Ökopsychologie ist der Mensch als handelndes Individuum und Mitgestalter seiner eigenen Umwelt. Er ist von vornherein eingebunden in seine räumliche Umgebung, in soziale Strukturen, wie sie durch Normen, Regeln, Produktions- und Interaktionsverhältnisse vorgegeben sind, und in die gesellschaftliche Entwicklung: Er ist Betroffener seiner eigenen Lebensverhältnisse. Wenn wir als den Gegenstand der Ökopsychologie die wissenschaftliche Analyse von Ökosystemen, d. h. wechselseitigen Mensch-Umwelt-Regulierungen bezeichnen, bedeutet dies: *Erfassung der Prozesse wechselseitiger Beeinflussung von Individuum und Umwelt sowie ihrer Bedingungen und Auswirkungen.*

Die Beschreibung und Erklärung von Ökosystemen hat alle wirksamen Einflußgrößen zu berücksichtigen. Zu ihnen gehören Lebenslage, Lebenssituation und Lebensbereiche. *Lebenslage* bedeutet die allgemeine Beziehungsstruktur eines Individuums, also seine Beziehungen zu sich selbst, zu anderen, zur natürlichen und kulturellen Umwelt. *Lebenssituation* umfaßt die persönliche Befindlichkeit, welche sich aus der Lebenslage und den gegenwärtig möglichen Handlungen ergibt. *Lebensbereich* meint den individuellen Handlungsspielraum in persönlich bedeutsamen Umwelten, wie z. B. Elternhaus, Kindergarten, Schule, Arbeitsplatz, Freizeit. Lebenslage, -situation und -bereiche machen die *Lebensverhältnisse des Menschen aus.* (...)

Menschen beeinflussen ihre Lebensverhältnisse durch Anpassung an ihre Umwelt und durch Veränderung ihrer Umweltbedingungen. Letztere beeinflussen ihrerseits die menschlichen Lebensbedingungen. Ein solcher Prozeß wechselseitiger Beeinflussung ist das wichtigste Kennzeichen eines Ökosystems.

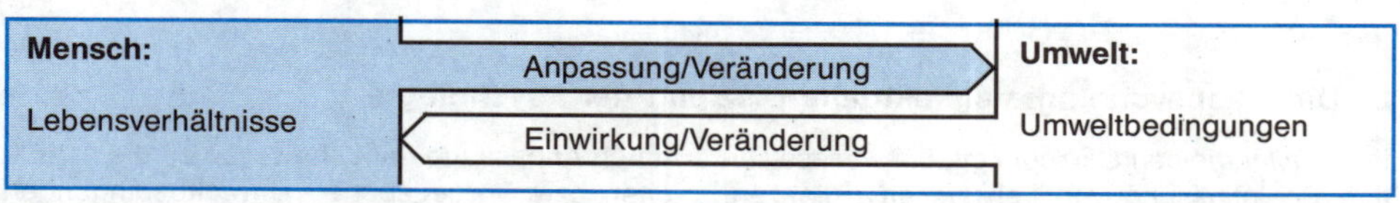

Das Kernproblem der Ökopsychologie besteht in der Aufgabe, das *Wechselwirkungsgefüge Mensch/Umwelt in seiner ganzen Komplexität (ganzheitlich)* nach bestimmten Dimensionen zu analysieren: nach seinen Inhalten und Formen, nach seinen Bedingungen und Auswirkungen und damit nach seiner Beeinflußbarkeit bzw. Nichtbeeinflußbarkeit durch die Systembestandteile. (...)

Das allgemeine Ziel ökopsychologischer Forschung ist es, die wechselseitige Bedingtheit der Systembestandteile von Umwelt und Persönlichkeit zu erklären und vorherzusagen, wie sich bestimmte Bestandteile des Systems verändern, wenn andere Systembestandteile verändert werden. Zur notwendigen Exaktheit eines solchen Vorgehens gehört es, daß jene Ereignisse, welche das System zusätzlich, z. B. von der Umweltseite her beeinflussen, in ihrer Auswirkung auf das System kontrolliert werden. Denn sonst ist der Nachweis, daß Veränderungen bestimmter Bestandteile tatsächlich auf die vermuteten Einflüsse zurückgehen, schwer zu führen. (...)

Ein bedeutsames Ziel ökopsychologischer Forschungsarbeit entsteht durch die Notwendigkeit, wissenschaftlich gesicherte Erklärungen des

Mensch-Umwelt-Verhältnisses zu liefern. Ökopsychologie soll zur Klärung brennender Fragen menschlichen Zusammenlebens in immer enger werdendem Lebensraum und teilweise existentiell bedrohlichen Umwelten beitragen. (...)
Erste ökopsychologische Untersuchungen in Deutschland beziehen sich u. a. auf das Erleben von Umwelteinflüssen (Kaminski 1976). Weitere orientieren sich im pädagogisch-psychologischen Arbeitsfeld: Lehrerarbeitslosigkeit (Ulich et al. 1980), Schulversagen (Seewald 1980) und Konflikte in der Lehrer-Schüler-Interaktion (Wahl 1980), sind hier die hauptsächlichen Themen. Die ökologischen Bedingungen für das Auftreten von Gewalt sind Forschungsgegenstand soziologischer ökopsychologischer Analysen. Die Untersuchung von Stadtstruktur und alltäglicher Gewalt (Klein 1981) sowie von Selbstmordversuchen in städtischen Lebensumwelten (Welz 1979) sind Beispiele hierfür. (...)
Wie die Beispiele zeigen, können ganz verschiedene Ökosysteme Forschungsgegenstand sein. Umfassende, hoch komplex strukturierte und in komplizierten Bedingungsgefügen funktionierende Ökosysteme (wie z. B. Staaten) kommen ebenso in Frage wie ökologische Miniatursituationen (z. B. die Auseinandersetzung eines satten Säuglings mit einer Rassel).
Gemeinsam ist allen ökopsychologischen Problemstellungen die Schwierigkeit, daß die Wechselwirkungen zwischen subjektiven individuellen Größen auf der Individuumsseite mit subjektiven und objektiven Größen auf der Umweltseite adäquat (d. h. in ihren Interdependenzen) berücksichtigt werden.

Bedingungen und Auswirkungen wechselseitiger Individuum-Umwelt-Beeinflussungen

Individuumseite	**Umweltseite**
● **Lebensverhältnisse**	● **Umweltverhältnisse**
– *Lebenslage:* Beziehungen zu sich selbst, zu anderen, zur natürlichen und kulturellen Umwelt	– *Räumliche Umgebung:* physische und materielle Umweltgegenstände natürlicher und künstlicher Art
– *Lebenssituation:* persönliche Befindlichkeit durch momentane Lebenslage und gegenwärtig mögliche Handlungen	– *Soziale Strukturen:* Normen, Regeln, Produktions- und Interaktionsverhältnisse
– *Lebensbereich:* Handlungsspielraum in persönlich bedeutsamen Umwelten	– *Gesellschaftliche Entwicklung:* z. B. ‚Normenverfall', Veränderung von Regeln, Nullwachstum, Rückgang der Kleinfamilie

Quelle: D. Dörner/H. Selg, 1985; darin H. Mogel (Weiterführende und ergänzende Literatur: Hans Mogel: Ökopsychologie. Eine Einführung. Stuttgart 1984; ders.: Persönlichkeitspsychologie. Ein Grundriß. Stuttgart 1985; ders.: Bezugssystem und Erfahrungsorganisation. Göttingen 1990 a; ders.: Umwelt und Persönlichkeit. Bausteine einer psychologischen Umwelttheorie. Göttingen 1990 b)

3. Das „Black-Box-Modell" in der Psychologie

1 Bildhaft könnte man den Stellenwert von Erklärungen (...) folgendermaßen verdeutlichen (...):

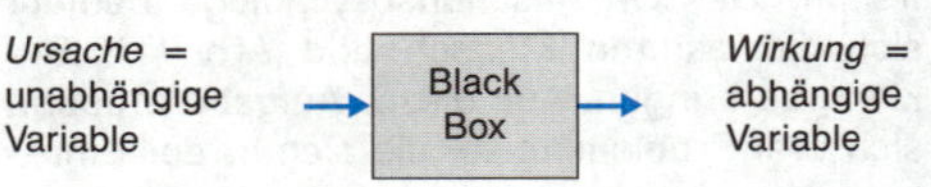

Stellen wir uns vor, der „schwarze Kasten" stelle einen Radioapparat dar. Mögliche unabhängige Variablen könnten sein: Einschaltknopf drücken, Lautstärkeknopf drehen usw. Mögliche abhängige Variablen könnten sein: Aufleuchten des magischen Auges, Hören von Musik oder Sprechen, Variation der gehörten Lautstärke usw. Wir können nun bestimmte Regelhaftigkeiten feststellen, so etwa einen gesetzmäßigen Zusammenhang zwischen dem Drehen am Lautstärkeknopf und der gehörten Lautstärke. Eine Erklärung (...) für die Zunahme der Lautstärke wäre dann:
(a) Es gibt einen gesetzmäßigen Zusammenhang, der da lautet: wenn „Drehen des Lautstärkeknopfes", dann „Anstieg der Lautstärke".
(b) Es wurde am Lautstärkeknopf gedreht.
Es könnte nun aber sein, daß wir uns mit dieser Erklärung nicht zufrieden geben, wir fragen vielmehr: Warum folgt auf das Drehen des Lautstärkeknopfes eine Zunahme der gehörten Lautstärke? Mit anderen Worten: Wir wollen, (...) um es in der Sprache unseres Kastenmodells zu sagen, wir wollen wissen, was in dem Kasten geschieht. Ein Radiogerät kann man nun auseinandernehmen und hineinschauen (und damit erreichen wir einen Punkt, an dem unser Radiomodell zu hinken beginnt), doch nehmen wir einmal an, das Radio wäre uns für immer verschlos-

sen. Was tun, wenn wir trotzdem wissen wollen, warum ein bestimmter Zusammenhang besteht? Wir können *Annahmen* darüber machen, was in dem Kasten drinnen sein *könnte*. Es mag sein, daß wir auf diese Weise zu einem befriedigenden Annahmegefüge gelangen, das uns erklärt (...), warum ein bestimmter Zusammenhang zwischen einer unabhängigen und einer abhängigen Variable besteht. Ein solches Annahmengefüge nun bezeichnet man als eine Theorie. Mit ihr können wir dann *theoretische* Erklärungen liefern.

Quelle: U. Laucken/A. Schick, 1985[5]

4. Die Wirtschaftspsychologie als bedeutendes Anwendungsgebiet der heutigen Psychologie

Nach einer gängigen Definition versteht man unter „Wirtschaft" die Gesamtheit aller Einrichtungen und Maßnahmen zur Deckung des menschlichen Bedarfs an Gütern und Dienstleistungen. Die Wirtschaft hat damit zwei Seiten: auf der einen die Produzenten, die Güter und Leistungen bereitstellen (und der Handel, der sie vertreibt), auf der anderen die Konsumenten, deren Bedürfnisse damit befriedigt werden. Entsprechend dieser Zweiteilung unterscheidet man innerhalb der Wirtschaftspsychologie zwei große Bereiche: Im Blickpunkt der Organisationspsychologie steht der Mensch als Produzent. Mit dem Menschen als Konsumenten befaßt sich die Marktpsychologie.

Man kann Wirtschaftspsychologie als „Angewandte Psychologie im Dienste der Wirtschaft" sehen. Und das trifft auch für die *Marktpsychologie* weitgehend zu:

- Die *Werbepsychologie* hilft, dem Produkt oder der Dienstleistung die für den Absatz günstigste Gestalt und „Verpackung" zu geben, vor allem aber mit Werbemaßnahmen den unentschlossenen Verbraucher zu beeinflussen, seine Kaufentscheidung zugunsten des beworbenen Produkts zu treffen. Die Bedeutung der Werbepsychologie steigt dabei in dem Maß, in dem der Konsument bei gleichartigen Produkten verschiedener Marken seine Entscheidung nicht mehr aufgrund objektiver Unterschiede – beispielsweise verschiedenen Gebrauchsnutzens –, sondern bestimmter sekundärer Versprechungen wie Prestige, Glück, Schönheit trifft, die mit dem Produkt assoziiert werden.
- Die *Verkaufspsychologie* gibt Ratschläge für die optimalen Methoden des Verkaufs, ob es sich dabei um die richtige Taktik im Verkaufsgespräch oder um die verkaufsgünstigste Warenplazierung, beispielsweise im Selbstbedienungsgeschäft, handelt.
- Grundlage für diese beiden praktischen Anwendungsbereiche der Marktpsychologie ist die mehr empirisch orientierte *Verbraucherpsychologie* (oder „Marktforschung"). Sie dient der Ergründung der Bedürfnisse und Motive des Konsumenten, seiner Einstellungen und Verhaltensgewohnheiten. In der „Motivforschung" überschneidet sich die Marktpsychologie mit der Meinungsforschung, bei der angewandte Soziologie und Psychologie zusammenarbeiten.

Gegen die Werbe- und Verkaufspsychologie wurde der Vorwurf der „geheimen Verführung" erhoben. Es ist umstritten, ob dem Verbraucher bei all den massiven Werbeappellen, denen er ausgesetzt ist, die Freiheit der Kaufentscheidung bleibt oder ob in einer Überflußgesellschaft, in der der Konsument mehr Dinge kauft, als er zur Befriedigung seiner unmittelbaren Bedürfnisse braucht, die Psychologie nicht doch Hilfsdienste bei der Ausübung von Konsumzwang oder gar „-terror" leistet.

Aus dem Bemühen, die teilweise unmenschlichen Arbeitsbedingungen um die Jahrhundertwende zu humanisieren, entstand die Wirtschaftspsychologie. Eine Wissenschaft sollte zur Lösung des gespannten Verhältnisses von Mensch und Wirtschaft beitragen. Wirtschaftspsychologie kann von ihrem historischen Anspruch her als „das wissenschaftliche und praktische Bemühen um humane Lösung der in der Wirtschaft entstehenden Probleme" betrachtet werden.

Wenn es auch fraglich sein mag, inwieweit diese Definition heute für die Marktpsychologie gilt – für die *Organisationspsychologie* kann sie zutreffen: Der Organisationspsychologe bemüht sich, die Faktoren „Mensch" und „Arbeit" in Einklang zu bringen. Aus dieser Aufgabe ergeben sich drei Problemkreise, die sich in der Einteilung der Organisationspsychologie widerspiegeln:

Mit der Frage der Anpassung der Arbeit an den Menschen beschäftigt sich die *betriebliche Arbeitspsychologie*. Die moderne Industriegesellschaft hat noch nie dagewesene Arbeitsbedingungen geschaffen: Sie sind vor allem durch Trennung des Arbeitenden von der Familie, durch Arbeitsteilung, Fließbandarbeit und Automation gekennzeichnet. Die Maxime ist der möglichst wirtschaftliche und rationelle Einsatz der menschlichen Arbeitskraft.

Die Psychologie sorgt nun für weitestgehende psychische und physische Schonung. Dazu gibt sie Hinweise, wie man Arbeitsablauf und Arbeitsplatz, Werkzeuge und Maschinen technisch und organisatorisch so einrichtet, daß sie dem Menschen am besten entsprechen. Sie klärt zum Beispiel, ob man bei einer bestimmten Arbeit besser sitzt oder steht.

Der Mensch ist keine Maschine, die – einmal eingeschaltet – konstant die Bestleistung erbringt, für die sie konstruiert ist. Der Mensch ermüdet, leidet unter Monotonie. Seine Leistung ist tageszeit-, wochen- und jahreszeitabhängigen Schwankungen unterworfen. Die Arbeitspsychologie liefert Hinweise für die zeitliche Gestaltung der Arbeit: etwa, wann bei einer bestimmten Arbeit Pausen eingelegt werden sollten. Und der Mensch braucht bei der Arbeit bestimmte Umweltbedingungen. Die Arbeitspsychologie untersucht zum Beispiel auch die Einflüsse, die Klima – Temperatur und Luftfeuchtigkeit –, Lärm, Beleuchtung und Farbgestaltung des Arbeitsplatzes und der Maschinen auf die Arbeit haben. Hinzu kommt noch der Bereich der Unfall-Ursachenforschung, Unfallbekämpfung und Planung von Sicherheitsmaßnahmen.

Die Übergänge zwischen Arbeitspsychologie und ihren Nachbarwissenschaften – zum Beispiel der Arbeitsmedizin, Arbeitsphysiologie und Arbeitspädagogik – sind fließend. Seit einigen Jahren hat sich das umfassende Gebiet der *Ergonomie* („Arbeitswissenschaft") als eigene Disziplin entwickelt.

Der zweite Problemkreis der Organisationspsychologie ergibt sich aus der Forderung, den Menschen an die Arbeit anzupassen: die *betriebliche Berufspsychologie.* Man wird nicht für einen bestimmten Beruf geboren, sondern ausgebildet. Berufsausbildung, Anlernen, Umschulung – das sind Antworten auf die Frage: Was muß man tun, um den Menschen an bestimmte Berufs- und Arbeitsanforderungen so anzupassen, daß ihm die Arbeit optimal gelingt?

Die Berufspsychologie überschneidet sich hier mit den immer stärker im Blickpunkt stehenden Fragen der außerschulischen Pädagogischen Psychologie. Ausgangspunkt ihrer Maßnahmen ist mehr und mehr die Frage der „Lernziele": Bevor man Ausbildungspläne und -inhalte festlegt, müssen von der Berufspsychologie Analysen der Arbeits- und Berufsanforderungen erstellt werden, die Grundlagen für „Berufsbilder" werden.

Analyse der Berufstätigkeiten ist auch Voraussetzung für den anderen großen Bereich der „Anpassung des Menschen an die Arbeit": die betriebliche *Eignungsdiagnostik.* Hier ist die Diagnostische Psychologie Hilfswissenschaft der „Personalauslese" (und im außerbetrieblichen Bereich der Ausbildungs- und Berufsberatung). Sie ermöglicht, unter einem Angebot an Bewerbern diejenigen herauszufinden, die nach ihren Persönlichkeits- und Leistungsmerkmalen für einen bestimmten Ausbildungsgang oder Arbeitsplatz am besten geeignet sind.

Wenn mehrere Menschen gemeinsam an der Erfüllung einer Aufgabe arbeiten, ist eine gewisse Ordnung nötig, der sich die einzelnen einfügen: die betriebliche Organisation. Damit – und das ist der dritte Themenkreis der Organisationspsychologie – ergeben sich Probleme der Anpassung des Menschen an den Mitmenschen, die die *Betriebspsychologie* zu lösen versucht.

Typisch für eine Organisation ist, daß sich ihre Angehörigen nach bestimmten, formell festgelegten Richtlinien verhalten sollen. Der formelle Zwang, etwa zur Über- oder Unterordnung, entspricht meistens nicht den sozialen Bedürfnissen der Menschen im Betrieb: Es bilden sich „informelle" Beziehungen neben dem „Dienstweg" heraus. In jedem Betrieb entsteht dadurch neben der formellen eine informelle Organisation. Informelle Beziehungen zu beachten und in sie einzugreifen, wo sie dem Betriebszweck schaden, ist eine Aufgabe der betrieblichen Sozialpsychologie. Sie muß diese Beziehungen aber fördern, wenn sie zum Wohlbefinden der Menschen im Betrieb beitragen und die Mitarbeiter zufrieden machen will.

Kenntnis und Berücksichtigung der informellen Beziehungen und weiterer sozialpsychologischer Faktoren helfen auch dabei, Arbeitsgruppen so zusammenzustellen, daß eine optimale Leistungsfähigkeit erreicht wird. Ein wichtiges Feld der Betriebspsychologie ist die *Führungspsychologie:* In jeder Organisation entstehen Probleme der Über- und Unterordnung, die man durch Anwendung bestimmter Führungsstile und -techniken durch die Vorgesetzten auf den jeweiligen Stufen der betrieblichen Hierarchie zu lösen versucht.

Der Begriff „Wirtschaftspsychologie" ist manchmal etwas zu eng gefaßt. Zum Beispiel lassen sich werbepsychologische Prinzipien selbstverständlich ebenso auf die Werbung für politische Parteien wie für kirchliche Organisationen übertragen. Fragestellungen und praktische Aufgaben – besonders sozialpsychologischer Art – der Organisationspsychologie gelten weitgehend auch für „außerwirtschaftliche" Bereiche: zum Beispiel für die Wehrpsychologie und für andere öffentliche Organisationen wie Behörden, Schulen, Universitäten.

Quelle: Klaus D. Heil, 1975

5. Anfänge der experimentellen Psychologie

1823	Der Astronom F. W. Bessel stellt individuelle Unterschiede in der Reaktionszeit bei der Beobachtung von Sterndurchgängen im Fernrohr fest: „Persönliche Gleichung“.
1826	Der Physiologe J. Müller stellt die Lehre von den „Spezifischen Sinnesenergien“ auf.
1834	Der Physiologe E. H. Weber zeigt an Untersuchungen des Muskelsinns, daß der „eben merkliche Unterschied“ zweier Gewichte proportional zur Größe der Gewichte ist: Webersche Konstante.
1852	Der Physiologe H. von Helmholtz stellt im Anschluß an T. Young (1802) seine Drei-Farben-Theorie des Farbsehens auf (Young-Helmholtz-Theorie).
1860	G. Th. Fechner („Elemente der Psychophysik“) entwickelt die wichtigsten psychophysischen Methoden (zur Feststellung der erlebten Intensität eines physikalischen Sinnesreizes) und erweitert Webers Befunde zum „Weber-Fechnerschen Gesetz“ (logarithmische Beziehung zwischen physikalischem Reiz und erlebter Intensität).
1872	Ch. Darwin („Der Ausdruck der Emotionen bei Mensch und Tier“) begründet die „Vergleichende Verhaltensforschung“ und betont die Kontinuität zwischen Tier und Mensch.
1879	W. Wundt gründet in Leipzig das erste psychologische Laboratorium.
1883	Der Engländer F. Galton („Untersuchungen über die menschlichen Fähigkeiten und ihre Entwicklung“) führt die Statistik in die Psychologie ein und begründet die empirische Persönlichkeitsforschung aufgrund von Tests und Fragebogen.
1885	H. Ebbinghaus („Über das Gedächtnis“) entwickelt die wichtigsten Methoden der Gedächtnisforschung und stellt aufgrund von Selbstversuchen die „Vergessenskurve“ auf.
1890	Ch. von Ehrenfels („Über Gestaltqualitäten“) zeigt an Melodien, daß die Wahrnehmung komplexer Muster sich nicht additiv aus den Elementen herleiten läßt.
1895	S. Freud veröffentlicht mit J. Breuer die erste Fallstudie einer „psychoanalytisch“ behandelten Patientin („Studien über Hysterie“).
1898	E. L. Thorndike veröffentlicht erste Tierexperimente zum Lernen durch „Versuch und Irrtum“ (Doktorarbeit: „Tierische Intelligenz: Eine experimentelle Studie der assoziativen Prozesse bei Tieren“).
1900	S. Freud („Die Traumdeutung“) stellt die Grundzüge der Psychoanalyse anhand der Analyse seiner eigenen Träume dar.
1904	I. P. Pawlow veröffentlicht erste Untersuchungen an Hunden über den „bedingten Reflex“ („Über die psychische Sekretion der Speicheldrüse“).
1904	C. Spearman („Allgemeine Intelligenz, objektiv bestimmt und gemessen“) leitet aus einer statistischen Analyse von Intelligenzleistungen ab, daß jede Leistung sich aus einem allgemeinen und einem spezifischen Faktor zusammensetzt.
1905	A. Binet gibt zusammen mit T. Simon in Frankreich die erste Intelligenzskala für Kinder heraus („Intelligenzalter“).
1911	W. Stern entwickelt das Konzept des Intelligenz-Quotienten (IQ).
1912	M. Wertheimer („Über das Phi-Phänomen“) begründet mit seiner Untersuchung über Scheinbewegungen die Gestaltpsychologie.
1913	J. B. Watson („Psychologie aus der Sicht des Behavioristen“) stellt programmatisch die methodischen Prinzipien des Behaviorismus auf.

Quelle: H. Legewie/W. Ehlers, 1986

Reproduktion von Informationen:

1. Beschreiben Sie Merkmale und Funktionen der Alltagspsychologie. (Abschnitt 1.1.1)
2. Bestimmen Sie den Begriff Wissenschaft, und erläutern Sie die Kriterien, durch die wissenschaftliche Aussagen gekennzeichnet sind. (Abschnitt 1.1.2 und 1.1.1)
3. Erläutern Sie den Gegenstand der Psychologie. (Abschnitt 1.1.3)
4. Stellen Sie Bedingungen des Verhaltens und Erlebens dar. (Abschnitt 1.2.1)
5. Zeigen Sie verschiedene Aspekte des Verhaltens und Erlebens auf. (Abschnitt 1.2.2)
6. Worin besteht die Komplexität des Forschungsgegenstandes der Psychologie? (Abschnitt 1.2.2)
7. Erläutern Sie Fragestellungen und Disziplinen der Psychologie. (Abschnitt 1.2.3)
8. Beschreiben Sie Ziele der wissenschaftlichen Psychologie. (Abschnitt 1.3.1 bis 1.3.4)
9. Bestimmen Sie die Begriffe Gesetzmäßigkeit und Theorie, und stellen Sie den Nutzen einer Theorie dar. (Abschnitt 1.3.2)
10. Zeigen Sie verschiedene Anwendungsbereiche der Psychologie auf. (Abschnitt 1.3.5)
11. Erläutern Sie die wichtigsten Richtungen bzw. Schulen der Psychologie. (Abschnitt 1.4)

Anwendungsaufgaben:

12. Zeigen Sie an Beispielen den Unterschied zwischen der Alltagspsychologie und der wissenschaftlichen Psychologie auf. (Abschnitt 1.1.1)
13. Erläutern Sie den Gegenstand der Psychologie, und zeigen Sie an Beispielen auf, von welchen Bedingungen dieser Gegenstand abhängig ist. (Abschnitt 1.1.3 und 1.2.1)
14. Stellen Sie an einem Beispiel verschiedene Aspekte des Verhaltens und Erlebens dar. (Abschnitt 1.2.2)

15. Zeigen Sie an Beispielen die Komplexität des Gegenstandes der Psychologie auf. (Abschnitt 1.2.1 und 1.2.2)

16. Stellen Sie am Beispiel der Angst (Aggression, Intelligenz) Fragestellungen der Psychologie dar.
(Abschnitt 1.2.3)

17. Beschreiben Sie wesentliche Fragen, Probleme und Ziele der wissenschaftlichen Psychologie.
(Abschnitt 1.2.1 bis 1.2.3 und 1.3.1 bis 1.3.4)

18. Erläutern Sie an einem Beispiel das Ziel der Erklärung.
(Abschnitt 1.3.2)

19. Zeigen Sie an einem Beispiel den Unterschied zwischen Erklären und Verstehen auf.
(Abschnitt 1.3.2 und 1.3.3)

20. Stellen Sie einen Bereich (zum Beispiel Beratung, Wirtschaftspsychologie) dar, in welchem psychologische Erkenntnisse angewendet werden.
(Abschnitt 1.3.5 oder Kapitel 12.3)

21. Zeigen Sie am Beispiel der Angst (Aggression) die unterschiedlichen Auffassungen der wichtigsten Richtungen bzw. Schulen der Psychologie auf.
(Abschnitt 1.4)

Anregungen:

22. Versuchen Sie folgende Phänomene so zu beschreiben, daß jeder genau versteht, wie Sie es meinen:
    a) „dufte" Party **c)** schöne Reise
    b) hübsches Foto **d)** liebe Menschen

23. Rollenspiel:
Eine Gruppe in Ihrer Klasse will als Wissenschaftler die andere Gruppe der Klasse davon überzeugen, wie gefährlich eine Alltagspsychologie sein kann. Doch die andere Gruppe verteidigt ihre Alltagspsychologie.

24. Besuchen Sie mit der Klasse einen bestimmten Bereich, in welchem psychologische Erkenntnisse angewendet werden (zum Beispiel eine Beratungsstelle, eine Werbeagentur), und führen Sie mit den Leuten dort ein Gespräch über die Anwendung von psychologischem Wissen.

25. Suchen Sie in verschiedenen Lebensbereichen nach Beispielen, wo Ihrer Meinung nach psychologische Erkenntnisse mißbraucht werden. Sprechen Sie in Ihrer Klasse darüber, und entwerfen Sie Möglichkeiten, wie Sie sich vor solchen Mißbräuchen schützen können.

„Da war, in einem nüchtern wirkenden Raum (...) ein Mann im weißen Kittel zu sehen, der sich, etwas mürrisch dreinblickend, als Psychologe vorstellte und sagte, er wolle ein Experiment über die Wirksamkeit von Bestrafungen für das Lernen durchführen[1]. (...) Da war auch noch ein Student, der Versuchsperson sein sollte und in einem kahl aussehenden Nebenraum auf einen seltsamen Stuhl mit vielen Schnüren und Kabeln festgeschnallt wurde. Und da war schließlich ein älterer Mann, ein andermal auch ein jüngerer, dann wieder einer mittleren Alters, doch alles Leute, denen man Böses nicht zutrauen mochte.
Dennoch mußten sie Böses tun, sehr Böses sogar. Sie hatten nämlich als ‚Lehrer' dem Studenten, dem ‚Schüler', für jeden seiner Fehler während des Lernversuches eine Bestrafung zu verabreichen, und zwar für jeden neuen Fehler eine immer härtere Bestrafung. Aber was für Bestrafungen waren das? Elektroschocks von 15 Volt bis 450 Volt, abgestuft in 15-Volt-Abständen (...).
Die Versuchsperson hat eine längere Liste von Wortpaaren (...) einige Male durchzulesen und sich die Wortpaare gut zu merken. (...) Unsere Versuchsperson jedoch, der Student im ‚elektrischen Stuhl', hatte gar nicht allzuviel Zeit zum Lernen, denn er wurde schon gleich nach dem ersten Durchlesen der Wortliste abgefragt und machte entsprechend viele Fehler. Und er wurde (...) für jeden Fehler von seinem ‚Lehrer' – wie von dem alles überwachenden Psychologen befohlen – mit einem Elektroschock bestraft, bei jedem Fehler eine Schockstufe höher, bis der geplagte ‚Schüler' schließlich in laute Schmerzensschreie ausbrach, aus seinem Stuhl heraus wollte und den Versuch abzubrechen forderte.
Aber unser Lehrer-Versuchsleiter ließ sich nicht beirren, er drückte alle 30 Tasten von 15 Volt bis 450 Volt, (...) machte der Versuchsleiter jedoch auch nur Anstalten, die Schocktasten nicht mehr weiter zu drücken, so wurde er von dem Psychologen (...) angewiesen, weiterzumachen (...). Und der ‚Lehrer' gehorchte, drückte die Taste weiter, selbst dann noch, als die Versuchsperson nach einem letzten verzweifelten Schmerzensausbruch bei 300 Volt verstummte und überhaupt nicht mehr reagierte. (...)
Das Experiment (...) ist (...) aus einer Reihe von Experimenten, die der amerikanische Sozialpsychologe Stanley Milgram (...) unternommen hat, aber nicht etwa, wie es den Anschein hat, um das Lernen zu untersuchen. Milgram ging es vielmehr um Gehorsam, Autoritätsgläubigkeit und Konfliktverhalten. Denn die Experimente waren sogenannte Dunkelexperimente. Die Versuchspersonen wurden über die wirkliche Absicht und die tatsächliche Durchführung der Untersuchung nicht informiert. Versuchsperson war nämlich gar nicht der Student, der ‚Schüler' unseres ‚Lernversuchs', sondern der vermeintliche Versuchsleiter, der so gehorsam bestrafende ‚Lehrer'! Die Elektroschocks kamen in Wirklichkeit gar nicht an, die Schmerzensschreie des ‚Schülers' waren alle simuliert, d. h. sie kamen tatsächlich von einem im Nebenraum aufgestellten (...) Tonband.
Untersucht wurde allein das Verhalten des ‚Lehrers'. Würde er wirklich bis 450 Volt gehen, obwohl er doch wissen mußte, daß solche Stromstärken eine tödliche Gefahr sind? Oder würde er den Gehorsam verweigern, und bei welcher Stromstärke würde er das tun?
Ist denn die Autoritätsgläubigkeit (...) so groß, daß man ein Experiment mit derart irrsinnigen Elektroschock-Bestrafungen überhaupt (...) durchstehen kann? Milgrams Experimente haben gezeigt: man kann! Zwei Drittel aller ‚Versuchsleiter' gingen (...) bis zur höchsten Schockstufe, (...) in Deutschland sogar 85 Prozent! Sie (...) gehorchten der wissenschaftlichen Autorität des Psychologen bis zuletzt (...). Dabei hatte der Psychologe doch gar keine Mittel, seine ‚Versuchsleiter' wegen Gehorsamsverweigerung zu bestrafen oder ihren Gehorsam zu belohnen. (...)"

Quelle: H. Ueckert/R. Kakuska/J. Nagorny, 1975

[1] In Wirklichkeit ging es in diesem Experiment nicht um die Wirksamkeit von Bestrafungen für das Lernen, sondern darum, inwieweit Menschen bereit sind, blindlings zu gehorchen und sogar Gewalt anzuwenden, wenn der Befehl von einer bestimmten Autorität gegeben wird.

Menschen zeigen sich oft enttäuscht über Erkenntnisse der wissenschaftlichen Psychologie, weil sie oft nur erneut – in einer „anderen" Sprache – erfahren, was sie ohnehin schon wissen. Andererseits reagiert der Mensch wie in diesem Fall sehr häufig betroffen, manchmal sogar abwertend und abweisend über die Ergebnisse eben dieser Psychologie.

Dabei tauchen folgende Fragen auf:

1. Wie kommen Psychologen zu ihren Erkenntnissen?
   Wie gelangen sie zu wissenschaftlich fundiertem Wissen?
2. Welche Anforderungen werden an wissenschaftliche Aussagen gestellt?
   Welche Prinzipien muß der Wissenschaftler beachten, damit seine Ergebnisse auch richtig sind?
3. Welche Verfahren wendet die Psychologie bei der Erforschung ihres Gegenstandes an?
4. Welche Probleme und Fehler können bei der Erkenntnisgewinnung auftreten?
   Welche Folgen können diese Fehler haben?

2.1 Wissenschaftliche Methoden in der Psychologie

Wie in Kapitel 1.1.2 ausgeführt, gehören zur Wissenschaft ein bestimmter Bereich der Wirklichkeit, der Gegenstand, bestimmte Methoden, um diesen Wirklichkeitsbereich zu erforschen, und ein System als Ordnungszusammenhang, in welchem sich das Wissen einordnen läßt.

2.1.1 Der Begriff wissenschaftliche Methode

Die Art und Weise, wie Menschen zu Erkenntnissen kommen, ist die entscheidendste Frage einer jeden Wissenschaft überhaupt. *Denn das methodische Vorgehen einer Wissenschaft bestimmt, ob ihre Ergebnisse richtig und damit brauchbar sind oder nicht.* Sind die Erkenntnisse einer Wissenschaft falsch, so ist eigentlich ihr methodisches Vorgehen, mit dem diese Erkenntnisse gewonnen wurden, falsch; ist das methodische Vorgehen richtig, so müssen auch ihre Ergebnisse richtig sein.

„Die Ergebnisse der Forschung hängen in jeder Hinsicht von ihren Methoden ab, und es ist klar, daß eine Wissenschaft oder eine einzelne wissenschaftliche Richtung mit der Leistungsfähigkeit ihrer Methoden steht oder fällt." *(Werner Traxel, 1974[2])*

Zwischen Methode und Ergebnis einer Untersuchung besteht also ein Zusammenhang: Die Methode ist der „Schlüssel" zur Antwort auf die Frage des Forschers.

Um zu „richtigen“ Ergebnissen zu kommen, müssen Wissenschaftler **planmäßig, gezielt und systematisch** vorgehen. Systematisch bedeutet in diesem Zusammenhang das Vorgehen nach ganz bestimmten wissenschaftlichen „Regeln“, wie sie beispielsweise in Abschnitt 2.2.1 dargestellt sind.

Wissenschaftliche Methoden sind systematisch geplante Vorgehensweisen oder Verfahren, um Wissen über einen Objektbereich zu gewinnen (vgl. Herbert Tschamler, 1983[2]).

Methode kennzeichnet also einen Prozeß, der auf ein bestimmtes Ziel gerichtet ist, und umfaßt ein System von Regeln, das diesen Prozeß festlegt.

2.1.2 Die Vielfalt von Methoden

Der Mensch ist, wie in Kapitel 1.1.2 ausgeführt, einerseits ein Teil der Natur und funktioniert als Naturwesen nach Naturgesetzen. Andererseits hat er als geistiges Wesen Kultur geschaffen und kann zielgerichtet handeln.
Diejenigen Wissenschaften, die Gesetzmäßigkeiten der Natur erforschen, werden unter dem Begriff **Naturwissenschaften** zusammengefaßt.

Die Physik, Biologie oder die Chemie beispielsweise fallen unter den Begriff Naturwissenschaften, da sie versuchen, Gesetzmäßigkeiten der Natur zu erforschen.

Alle Wissenschaften dagegen, die sich mit Erzeugnissen des menschlichen Geistes und der Kultur beschäftigen, bezeichnet man als **Geisteswissenschaften.**

Geisteswissenschaften sind zum Beispiel die Sprachwissenschaft, die Kunst, die Ethik oder die Philosophie. Sie alle beschäftigen sich mit Erzeugnissen des menschlichen Geistes und der Kultur.

Unter Naturwissenschaften fassen wir alle Wissenschaften zusammen, die Gesetzmäßigkeiten der Natur erforschen.

Unter Geisteswissenschaften verstehen wir alle Wissenschaften, die sich mit Erzeugnissen des menschlichen Geistes und der Kultur beschäftigen.

Die Psychologie ist sowohl Naturwissenschaft, da sie den Menschen als Naturwesen, der den Gesetzen der Natur unterliegt, zum Gegenstand hat, als auch Geisteswissenschaft, da die Psychologie auch den Menschen, der sich durch Sprache, Denken und zielgerichtetes Handeln mit seiner damit nicht mehr nur naturhaft gegebenen Umwelt auseinandersetzt, untersucht.

„Die Wirklichkeit, mit der sich verschiedene Wissenschaftler auseinandersetzen, ist doppelgesichtig: sie besteht aus der Natur, aus dem natürlichen Geschehen, das Naturgesetzen gehorcht, und aus der menschlichen Praxis, aus Produkten menschlichen Geistes, aus den Tätigkeiten und Handlungen der Menschen, die nicht bzw. nur indirekt der Naturgesetzlichkeit unterliegen (...).“ *(Felix Novak, 1981)*

Diese Stellung der Psychologie zwischen Natur- und Geisteswissenschaft sowie die Komplexität ihres Forschungsgegenstandes, wie sie in Kapitel 1.2 dargestellt ist, spiegelt sich in der Vielfalt der Methoden wider, die notwendig sind, um das Erleben und Verhalten hinreichend zu erforschen.

Entsprechend den beiden Arten von Wissenschaften (Natur- und Geisteswissenschaften) unterscheidet man:

- **erfahrungswissenschaftliches (= empirisches) Vorgehen,** das dazu beiträgt, die Wirklichkeit zu beobachten und zu beschreiben, Zusammenhänge zwischen Merkmalen zu erkennen sowie Gesetzmäßigkeiten aufzustellen und zu erklären (vgl. Kapitel 1.3.2), und
- **geisteswissenschaftliches Vorgehen,** das durch das Herausfinden von Wert- und Sinnzusammenhängen dem Verstehen dient. Mit Hilfe geisteswissenschaftlicher Methoden ist es möglich, Ziele des Handelns herauszufinden sowie Wert- und Sinnzusammenhänge menschlichen Erlebens und Verhaltens zu erkennen (vgl. Kapitel 1.3.3).

Objekt der Forschung	**Art der Wissenschaft**	**Ziel**	**Methodisches Vorgehen**
der Mensch als Naturwesen	Naturwissenschaften	Erklären	erfahrungswissenschaftliches (= empirisches) Vorgehen
der Mensch als Geist- und Kulturwesen	Geisteswissenschaften	Verstehen	geisteswissenschaftliches Vorgehen

„Da die Psychologie nicht zum Selbstzweck betrieben wird, sondern mit dem Ziel der Anwendung und weil der Mensch nie allein, sondern immer mit anderen Menschen zusammenlebt, können wir die Psychologie als eine Sozialwissenschaft einstufen, die sich sowohl erfahrungswissenschaftlicher (empirischer) Methoden bedient, um das Verhalten und Erleben der Menschen zu erklären, (...) als auch geisteswissenschaftliche Methoden anwendet, um das Erleben und Verhalten der Menschen zu verstehen, d. h. Einsicht in die Sinnzusammenhänge zu gewinnen." *(Felix Novak, 1981)*

2.2 Erfahrungswissenschaftliches Vorgehen in der Psychologie

Um den Menschen als Naturwesen gerecht zu werden, benötigt die Psychologie Methoden, die dazu beitragen, ihren Forschungsgegenstand genau zu beobachten und zu beschreiben.

Beobachtbar bedeutet grundsätzlich ‚der Erfahrung zugänglich'. Deshalb werden Methoden, die der Beobachtung und Beschreibung eines bestimmten Sachverhaltes dienen, erfahrungswissenschaftliche Methoden oder auch empirische Methoden (griech., empirisch: auf Erfahrung beruhend) genannt.

Methoden, die der planmäßigen Beobachtung und Beschreibung eines bestimmten Bereiches der Wirklichkeit und der Gewinnung von überprüfbaren Daten zum Zwecke der Erklärung dienen, bezeichnen wir als erfahrungswissenschaftliche bzw. empirische Methoden.

Durch die genaue Beschreibung eines bestimmten Wirklichkeitsbereiches können Ursache-Wirkungs-Zusammenhänge hergestellt und erklärt sowie Möglichkeiten der Vorhersage und der praktischen Anwendung („Handlungsanweisungen“ für das praktische Vorgehen) aufgestellt werden (vgl. Kapitel 1.3.2).

Wie in Kapitel 1.1.1 ausgeführt, wird **wissenschaftliches Vorgehen** von folgenden Merkmalen bestimmt:

- **Überprüfbarkeit:** Wissenschaftliche Aussagen und die Art und Weise, wie ein Forscher diese Aussagen gewonnen hat, müssen in der Realität jederzeit nachvollziehbar und wiederholbar sein.
- **Allgemeingültigkeit:** Wissenschaftliche Aussagen müssen mit hoher Wahrscheinlichkeit auf die in diesen Aussagen angegebenen Personen bzw. -gruppen zutreffen. Die Aussagen dürfen also nicht nur den Einzelfall betreffen, sondern müssen einen hohen Allgemeinheitsgrad besitzen.
- **Systemcharakter:** Wissenschaftliche Aussagen werden systematisiert, geordnet und vereinheitlicht, was auch Eindeutigkeit, Vollständigkeit und bis zu einem gewissen Grad auch Widerspruchsfreiheit der Aussagen einschließt.

„Aufgabe wissenschaftlicher Bemühungen ist es, zu systematischen, widerspruchsfreien und möglichst präzisen (...) Aussagen zu kommen, die mit objektiven Verfahren nachprüfbar sind und möglichst viele, dem Anschein nach verschiedenartige Phänomene einheitlich und allgemein gültig erklären.“ *(Hermann Brandstätter, 1983)*

2.2.1 Prinzipien methodischen Vorgehens

Wissenschaftler, die empirisch vorgehen, haben grundlegende Prinzipien zu beachten, wenn sie zu überprüfbaren und allgemeingültigen Aussagen gelangen wollen.

Um zu überprüfbaren Aussagen zu kommen, muß die **Beschreibung möglichst klar, präzise und genau, zentrale Begriffe müssen eindeutig bestimmt sein.**
Wenn zum Beispiel ein Forscher untersuchen will, ob autoritär erzogene Menschen sich sehr aggressiv verhalten, so müssen die zentralen Begriffe eindeutig bestimmt werden: Was heißt autoritäre Erziehung? Was bedeutet sehr aggressiv? Wie äußert sich autoritäre Erziehung, wie Aggressivität?

Dabei müssen Begriffe auf das Beobachtbare zurückgeführt werden: Der Forscher gibt bestimmte Merkmale an, wie er einen bestimmten Sachverhalt beobachtet.
So kann beispielsweise der Begriff „Aggression“ folgendermaßen auf das Beobachtbare zurückgeführt werden:

- Aussage des Untersuchten: „Ich bin aggressiv“ oder „Ich habe keine Aggressionen“,
- beobachtbare Reaktionen wie Erröten, Zittern, Stottern, erhöhter Blutdruck, schnelles Schnaufen, Umherschlagen mit den Armen usw.,
- Ergebnis eines Fragebogens, den der Untersuchte beantwortet.

Das Zurückführen von Begriffen auf das Beobachtbare wird als **Operationalisierung** bezeichnet. Sind die Begriffe auf das Beobachtbare zurückgeführt, so spricht man von einer operationalen Definition.

Operationale Definition ist eine Begriffsbestimmung, in der ein Begriff auf das Beobachtbare zurückgeführt ist.

Hunger bei Tieren zum Beispiel kann durch die Art des Messens operational definiert werden, etwa durch die Futtermenge, die in einer bestimmten Zeit verzehrt wird, oder durch die Angabe der Zeit, in der die Tiere nichts zu essen bekommen. Intelligenz ist durch das, was der Intelligenztest mißt, operational definiert.

Neben einer klaren, präzisen und genauen Beschreibung sowie einer eindeutigen Begriffsbestimmung ist es zur Überprüfung einer wissenschaftlichen Aussage erforderlich, daß der Forscher **genaue Angaben macht, auf welche Art und Weise er zu seinen Erkenntnissen gekommen ist,** wie er also methodisch vorgegangen ist. Nur so ist es möglich, nachzuprüfen, ob der Wissenschaftler methodisch richtig verfahren ist und damit brauchbare Ergebnisse erzielt hat oder ob er Fehler gemacht hat und damit zu unbrauchbaren Ergebnissen gekommen ist.

Um zu Aussagen zu kommen, die tatsächlich der Wirklichkeit entsprechen, muß ein Wissenschaftler **geplant, gezielt, genau und exakt beobachten** und sich auf den Teilbereich der Wirklichkeit konzentrieren, den er erforschen will.

Laien beobachten dagegen meist zufällig und nicht geplant bzw. gezielt, ihre Beobachtung ist meist global und auf das ganze Geschehen gerichtet und nicht auf den zu erforschenden Teilbereich begrenzt. Die Sprache ist in der Regel vieldeutig.

Zudem muß ein Wissenschaftler auch tatsächlich das beobachten bzw. untersuchen, was er zu beobachten und zu untersuchen angibt.

Wenn ein Forscher zum Beispiel die Kreativität eines Menschen beobachten will, so muß er tatsächlich die Kreativität, nicht das logische Denken beobachten.

Dazu benötigt der Wissenschaftler **Beobachtungshilfen** wie zum Beispiel Beobachtungs- oder Fragebögen sowie Meßinstrumente, die zuverlässig und gültig sein müssen. Das in der Psychologie bekannteste Meßinstrument ist der Test.

Zuverlässigkeit eines Meßinstruments heißt, daß es das, was es zu messen angibt, genau und exakt mißt. Das Ergebnis muß von zufälligen Einflüssen weitgehend frei sein.

Mißt man beispielsweise eine bestimmte Wegstrecke mit Schritten, so ist dieses Meßinstrument nicht zuverlässig. Ein Metermaß dagegen ist ein zuverlässiges Meßinstrument.

Die Zuverlässigkeit eines Meßinstruments ist dann gegeben, wenn die Messung bei Wiederholung unter Beachtung der gleichen Bedingungen immer wieder zum gleichen Ergebnis führt.

Messe ich zum Beispiel eine bestimmte Wegstrecke mit Schritten, so wird bei jeder Messung möglicherweise ein anderes Ergebnis erzielt werden, während eine Messung mit dem Meterstab bei Wiederholung unter Beachtung der gleichen Bedingungen zum gleichen Ergebnis führt.

In der wissenschaftlichen Fachsprache wird das Kriterium der Zuverlässigkeit **Reliabilität** genannt.

Reliabilität bedeutet, daß ein Meßinstrument das, was es zu messen angibt, genau und exakt mißt.

Gültigkeit eines Meßinstruments heißt, daß es auch tatsächlich das mißt, was es zu messen angibt.

Eine Schulaufgabe, die beispielsweise als „Meßinstrument" mathematische Fähigkeiten messen soll, hat dann wenig Gültigkeit, wenn sie in Wirklichkeit lediglich feststellt, ob der Schüler gut oder schlecht gelernt hat.

Das Kriterium der Gültigkeit bezeichnet man als **Validität.**

> **Validität bedeutet, daß ein Meßinstrument auch tatsächlich das mißt, was es zu messen angibt.**

Die Kriterien der Zuverlässigkeit und Gültigkeit muß auch ein Forscher erfüllen, doch sie werden meist auf die Meßinstrumente, die der Forscher zu Hilfe nimmt – zum Beispiel einen Test –, bezogen.

Ein sehr entscheidendes Kriterium, um zu Aussagen zu kommen, die der Wirklichkeit entsprechen, ist die **Objektivität:** Verschiedene Wissenschaftler müssen mit demselben methodischen Vorgehen unter gleichen Bedingungen zu gleichen Ergebnissen kommen. Eine psychologische Untersuchung ist dann objektiv, wenn unabhängig von den Personen, die sie durchführen, auswerten und interpretieren, gleiche Ergebnisse erreicht werden. Das Ergebnis einer Untersuchung darf also nicht von der Person des Forschers abhängen.

Eine Prüfung zum Beispiel ist dann objektiv, wenn verschiedene Prüfer und Korrektoren bei der gleichen Prüfungsarbeit bzw. bei dem gleichen Prüfling zu demselben Ergebnis kommen.

> **Objektivität heißt, daß eine Untersuchung in ihrer Durchführung, Auswertung und Interpretation von der Person des Untersuchers (Forschers) unabhängig ist.**

Die „Erkenntnisse" von Laien sind in der Regel subjektiv, das heißt, daß verschiedene Personen bei ein und demselben Sachverhalt zu unterschiedlichen Ergebnissen kommen.

Um zu allgemeingültigen Aussagen zu kommen, müßte man genaugenommen alle Personen bzw. -gruppen, auf die die Aussage zutreffen soll, untersuchen.

Wenn zum Beispiel ein Psychologe untersuchen will, ob Schülerinnen und Schüler, die sehr intelligent sind, bessere Noten schreiben als diejenigen, die weniger intelligent sind, so müßte er alle Schülerinnen und Schüler der Bundesrepublik Deutschland untersuchen.

Wir nennen die Gesamtheit aller Personen, auf die die Aussage zutreffen soll, **Grundgesamtheit bzw. Population.**

Im obigen Beispiel ist die Grundgesamtheit bzw. die Population alle Schülerinnen und Schüler der Bundesrepublik Deutschland; auf sie nämlich soll die Aussage zutreffen: „Besteht ein Zusammenhang zwischen dem Grad der Intelligenz und den schulischen Leistungen?"
Bei der Untersuchung, ob Frauen bessere Autofahrer sind als Männer, ist die Population alle Auto fahrenden Frauen und Männer in der Bundesrepublik Deutschland.

> **Die Gesamtheit aller Personen, für die man aufgrund einer Untersuchung eine Aussage treffen will, bezeichnet man als Grundgesamtheit bzw. Population.**

Es ist aber nicht möglich, alle Personen, auf die die Aussage zutreffen soll, zu untersuchen. Wissenschaftler wählen deshalb aus der Population bestimmte Personen aus. Wird eine Untersuchung nur an einem Teil der Population durchgeführt, so spricht man von einer **Stichprobe.**

Will also ein Psychologe untersuchen, ob ein Zusammenhang besteht zwischen dem Grad der Intelligenz und den schulischen Leistungen, so wählt er sich aus der Population beispielsweise 1000 Schülerinnen und Schüler aus, um an diesen das gefragte Merkmal zu beobachten. Diese 1000 Schülerinnen und Schüler stellen in diesem Beispiel die Stichprobe dar.

Derjenige Teil der Population, an dem eine Untersuchung durchgeführt wird, wird als Stichprobe bezeichnet.

Dabei ist es wichtig, daß sich die Stichprobe in allen Merkmalen, die für das zu untersuchende Verhalten bedeutsam sein könnten, genauso zusammensetzt wie die Population.

So müssen, um beim obigen Beispiel zu bleiben, Merkmale wie Geschlecht, Alter, Interesse, Aufmerksamkeit und Konzentration im Unterricht, Erledigen von Hausaufgaben u. a. in der Stichprobe genau beachtet werden. Sie muß bezüglich dieser Merkmale genauso zusammengesetzt sein wie die Population.

Wir sprechen dann von der **Repräsentativität einer Stichprobe:** Sie setzt sich in ihren Merkmalen genauso zusammen wie die Population, sie stellt gleichsam eine „verkleinerte Population“ dar.

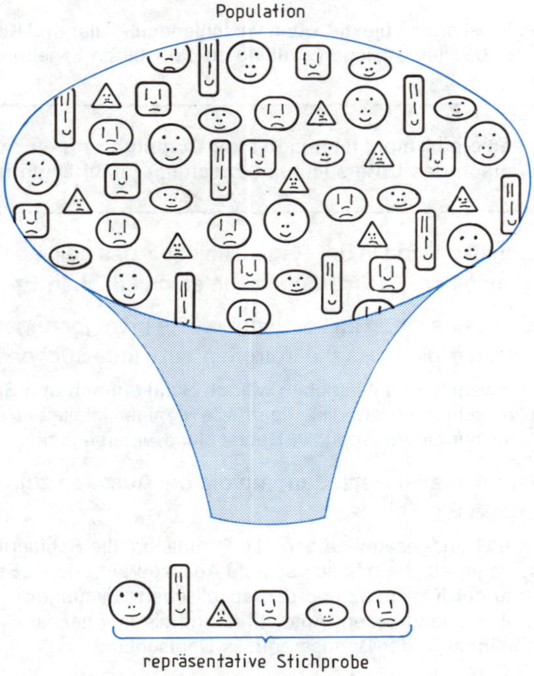

Bei einer genügend großen Stichprobe, bei der jede Person die gleiche Chance hat, in die Stichprobe aufgenommen zu werden, ist in der Regel die Repräsentativität gegeben. Eine Möglichkeit, eine solche Stichprobe auszuwählen, ist die **Zufallsauswahl,** wie dies beispielsweise beim Losverfahren der Fall ist.

Der Wissenschaftler erhält als Ergebnis seiner Untersuchung an der Stichprobe Angaben über die Ausprägung bzw. über die Häufigkeit von bestimmten Verhaltensmerkmalen.

Hat beispielsweise ein Psychologe an einer genügend großen Stichprobe untersucht, ob ein Zusammenhang besteht zwischen dem Grad der Intelligenz und den schulischen Leistungen, so erhält er auf der einen Seite Angaben darüber, wie intelligent die Schülerinnen und Schüler sind. Auf der anderen Seite erfährt er, wie es um die Leistungen dieser Schülerinnen und Schüler, die er durch Noten ermitteln kann, steht.

Diese Angaben bezeichnen wir als **Daten,** die mit Hilfe *statistischer Verfahren* ausgewertet und interpretiert werden.

Statistik ist die Bezeichnung für mathematische Verfahrensweisen, die der Aufbereitung, Auswertung und Interpretation von empirisch gewonnenen Daten dienen.

Dabei können aus den Daten allgemeingültige Schlüsse gezogen werden, die für diejenigen Personen bzw. -gruppen, für die man eine Aussage haben möchte, zutreffen. Das Erzeugen von allgemeingültigen Aussagen aus speziellen Daten, die an Stichproben gewonnen werden, bezeichnen wir als **induktives Schließen.**

Mit Hilfe der Statistik können beispielsweise Durchschnittswerte und Abweichungen vom Durchschnitt errechnet werden.

So läßt sich zum Beispiel der Durchschnitt von aggressiven Verhaltensweisen von Kindern auf Spielplätzen in verschiedenen Städten der Bundesrepublik Deutschland errechnen und miteinander vergleichen. Um nun diesen Mittelwert in seiner Bedeutung und Aussagekraft richtig abzuschätzen, können Abweichungen vom Durchschnitt in den einzelnen Städten festgestellt werden. So kann es möglich sein, daß die Kinder in der Stadt X in etwa alle gleich aggressiv sind, während es in der Stadt Y eine bestimmte Gruppe von Kindern gibt, die durch sehr starke aggressive Handlungen auffallen, während der größte Teil der Kinder wenig Aggression zeigt.

„Wenn jemand mit einem Fuß auf der Herdplatte steht und mit dem anderen im Eiskasten, dann sagt der Statistiker: Im Durchschnitt ist ihm angenehm warm." *(Helmut Swoboda, 1974)*

Entscheidender für die Psychologie ist, daß mit Hilfe der Statistik mathematische Beziehungen zwischen Merkmalen festgestellt werden können.

So kann beispielsweise ein Wissenschaftler mit Hilfe der Statistik berechnen, ob ein Zusammenhang besteht zwischen dem Grad der Intelligenz und den schulischen Leistungen.

Einen solchen statistisch berechneten Zusammenhang zwischen verschiedenen Merkmalen bezeichnet man als **Korrelation.**

Mit Korrelation meint man den statistisch berechneten Zusammenhang zwischen zwei oder mehreren Merkmalen.

Eine Korrelation ist ein mathematischer Wert, der lediglich die *Beziehung* zwischen zwei Merkmalen angibt, aber nicht als Ursache-Wirkungs-Zusammenhang interpretiert werden darf.

Zwischen dem Maß an Geboten, Verboten, Anordnungen und Befehlen in einer Unterrichtsstunde einerseits und der Häufigkeit an Kontrolle und Bestrafung andererseits besteht beispielsweise eine Beziehung, bei dem es sich jedoch nicht um einen Ursache-Wirkungs-Zusammenhang handelt.

Nun kann es möglich sein, daß bestimmte Abweichungen oder Zusammenhänge zufällig auftreten. Dies kann beispielsweise der Fall sein, wenn die Stichprobe sehr klein ist.

Es kann beispielsweise möglich sein, daß sich ein Zusammenhang zwischen dem Grad der Intelligenz und den schulischen Leistungen rein zufällig so ergibt und deshalb das Ergebnis nicht auf die Allgemeinheit übertragen werden darf.

Mit Hilfe von statistischen Verfahren läßt sich angeben, ob Unterschiede oder Zusammenhänge von Merkmalen zufällig sind oder nicht. Sind die Ergebnisse nicht zufällig, so bezeichnet man sie als **signifikant** bzw. **sehr signifikant.** Von einem signifikanten Ergebnis spricht man, wenn die Möglichkeit eines Zufallsergebnisses geringer als 5 % ist, und von einem sehr signifikanten Ergebnis, wenn die „Zufallsmöglichkeit" unter 1 % liegt.

Eine Verallgemeinerung von der Stichprobe auf die Population ist nur dann zulässig, wenn die Daten der Stichprobe signifikant bzw. sehr signifikant sind.

Die mit Hilfe der Statistik gewonnenen Aussagen sind zwar allgemeingültig, entsprechen aber nicht mehr der Realität und lassen im extremsten Falle keinen Rückschluß auf den Einzelfall zu.

Am Beispiel der Noten kann dies aufgezeigt werden: Der Lehrer kommt zu einem Notendurchschnitt, beispielsweise auf 3,27; diese „Note" hat aber kein Schüler. Das gleiche gilt für eine Korrelation: Sie stellt einen mathematischen Wert dar, der den Zusammenhang zwischen zwei Merkmalen angibt, der aber keine absolut sicheren Vorhersagen für den Einzelfall zuläßt.
„Der Zusammenhang zwischen ‚Bildung' und ‚Einkommen' – um (...) ein Beispiel zu nennen – ist zwar positiv, d. h. je höher die Bildung eines Menschen, desto größer ist sein Einkommen, dies trifft aber nicht immer zu, sondern nur ‚in der Regel'. Ausnahmen von dieser Regel gibt es viele (...). Trotz dieser Ausnahmen gilt die Aussage ‚Bildung und Einkommen hängen zusammen', aufs Ganze gesehen, für die Gruppe. Die Aussage stellt eine vorherrschende Tendenz fest, sie läßt nur bedingt Rückschlüsse auf den Einzelfall zu." *(Manfred Hofer, 1976)*

„Allgemeingültige, gesetzmäßige (...) Aussagen, die durch induktives Schließen gewonnen wurden, sind problematisch. Sie dürfen nicht unkritisch zur Erklärung des Einzelfalles herangezogen werden. Sie sind Wahrscheinlichkeitsaussagen, keine Naturgesetze. Sie zeigen uns, wie die Wirklichkeit abstrakt, statistisch beschaffen ist.“ *(Handreichung für Psychologie an Fachoberschulen, 1980)*

„Es gibt drei Arten von Lügen – Lügen, verdammte Lügen und Statistiken. (...) Aber diese so allgemein verbreitete Haltung schließt wunderlicherweise auch gleich ihr Gegenteil mit ein: Statistiken gelten auch als Nonplusultra des Unwiderleglichen, denn von Statistiken geht der magische Zauber mathematischer Präzision aus – und was könnte unbestechlicher sein als eine Operation mit Zahlen?“ *(Helmut Swoboda, 1974)*

➡ **Materialien 1.**

	Wissenschaftliche Aussagen		
Merkmale wissenschaftlicher Aussagen	**überprüfbar** durch	**allgemeingültig** durch	**systematisch gewonnen** durch
Prinzipien methodischen Vorgehens	Klarheit und Genauigkeit in der Beschreibung Eindeutigkeit in der Begriffsbestimmung (operationale Definierung) Angaben, wie der Forscher zu seinen Erkenntnissen gekommen ist	geplante und gezielte sowie genaue und exakte Beobachtung Beobachtung und Untersuchung dessen, was beobachtet bzw. untersucht werden soll Gültigkeit und Zuverlässigkeit von Meßinstrumenten Objektivität in der Durchführung von Untersuchungen sowie in der Auswertung und Interpretation von Daten	Repräsentativität von Stichproben induktives Schließen mit Hilfe statistischer Verfahren signifikante Daten aus der Stichprobe

2.2.2 Erfahrungswissenschaftliche Methoden

Die wichtigsten empirischen Methoden sind

- die Beobachtung,
- das Experiment,
- der Test,
- die Befragung bzw. das Interview.

Die Beobachtung

Als Erfahrungswissenschaft ist die Psychologie zur Gewinnung von Erkenntnissen auf die Beobachtung verwiesen. Jedes erfahrungswissenschaftlich gewonnene Wissen geht auf eine Beobachtung irgendeiner Art zurück. Insofern können alle anderen Methoden als eine besondere Form der Beobachtung gelten.

Beobachtung als wissenschaftliche Methode meint die geplante, gezielte und systematische Wahrnehmung eines bestimmten Teilbereiches der Wirklichkeit mit dem Ziel, diesen Bereich möglichst genau zu erfassen und festzuhalten.

Dabei bedient man sich in der Regel geeigneter technischer Hilfsmittel wie beispielsweise Beobachtungsbögen.

Entsprechend dem Gegenstand der Psychologie, Erleben und Verhalten, ist zu unterscheiden zwischen der **Selbstbeobachtung** und der **Fremdbeobachtung.** Bei der Selbstbeobachtung handelt es sich um eine unmittelbare Wahrnehmung von Vorgängen im Menschen, die nicht „von außen" beobachtet werden können, sondern die der Mensch nur an sich selbst wahrnehmen kann. Die Fremdbeobachtung dagegen bezieht sich auf alle von Außenstehenden wahrnehmbaren Äußerungen eines Lebewesens (vgl. Kapitel 1.1.3).

Verhaltensweisen wie beispielsweise Körperbewegungen oder Ausdrucksformen können durch Fremdbeobachtung, Erlebensweisen wie Denkabläufe, Erinnerungen, Träume dagegen können nur durch Selbstbeobachtung erschlossen werden.

Die Selbstbeobachtung wird oft als wissenschaftliche Methode in Frage gestellt, da die durch sie gewonnenen Daten zum einen nicht überprüfbar sind und diese zum anderen häufig erst aufgezeichnet werden können, nachdem die Vorgänge, die beobachtet werden sollen, abgelaufen sind.

Das Experiment

Das Experiment ist eine bestimmte Form der Beobachtung: Während sich eine Beobachtung auf eine bereits vorhandene Situation beschränkt, wird beim Experiment die Situation absichtlich herbeigeführt.

Wenn ein Forscher beispielsweise in Schulklassen geht und wissen will, wie sich die Lehrer und in Abhängigkeit davon, wie sich die Schüler verhalten, so handelt es sich um eine Beobachtung. Gibt nun der Forscher dem Lehrer genau vor, wie er sich zu verhalten hat, um dann das Schülerverhalten als Reaktion auf das Lehrerverhalten beobachten zu können, so handelt es sich um ein Experiment.

Unter einem Experiment versteht man das absichtliche und planmäßige Herbeiführen eines Vorganges, um ihn gezielt beobachten zu können.

Vorteile des Experiments gegenüber der Beobachtung ergeben sich aus der Möglichkeit, daß der Forscher die Situation selbst bestimmen und ihre Bedingungen verändern, variieren sowie eine experimentelle Untersuchung beliebig oft wiederholen kann.

➡ **Materialien 2.**

Der Test

Mit Hilfe eines Tests will man bestimmte psychische Merkmale erfassen und feststellen, in welchem Maße diese Merkmale bei einem Menschen ausgeprägt sind.

So will zum Beispiel ein Intelligenztest die Intelligenz (= psychisches Merkmal) eines Menschen erfassen und feststellen, wie ausgeprägt sie bei einem Menschen ist. Ein Intelligenztest mißt also die Intelligenz eines Menschen.

> **Test ist die Bezeichnung für ein Meßverfahren, mit dessen Hilfe die individuelle Ausprägung eines oder mehrerer psychischer Merkmale eines Menschen festgestellt werden kann.**

Für den Test als Meßinstrument müssen die Kriterien der *Reliabilität, Validität* und der *Objektivität* in besonderem Maße zutreffen (vgl. Abschnitt 2.2.1).
Die wichtigsten Testarten sind **Leistungstests** wie zum Beispiel Intelligenz-, Reaktions-, Konzentrations-, Begabungs- oder Eignungstests, **Reife- und Entwicklungstests** wie zum Beispiel der Schulreifetest und **Persönlichkeitstests** wie beispielsweise Persönlichkeitsfragebögen oder projektive Tests (vgl. Kapitel 11.5).

Test-Sucht

Ein Mensch weiß, von Verstand gesund,
Längst, wo begraben liegt der Hund.
Ja, selbst die dümmsten Menschen haben
Seit je gewußt, wo er begraben.
Und alle Welt kennt das Ergebnis
Von dieses Hundes Erdbegräbnis.
Doch jetzt erst wird, was lang erhärtet,
Streng wissenschaftlich ausgewertet
Und jeder Zweifel dran besiegt,
Daß hier der Hund begraben liegt.

Eugen Roth

Die Befragung bzw. das Interview

Die Befragung ist eine sehr weitverbreitete Technik zur Gewinnung von bestimmten Daten. Dabei werden an bestimmte Personen bzw. -gruppen Fragen gestellt, die diese beantworten.

> **Die Befragung ist eine Technik zur Erfassung von Daten mit Hilfe der Beantwortung von Fragen, die einem bestimmten Personenkreis gestellt werden.**

Eine Befragung kann schriftlich mit Hilfe eines Fragebogens oder aber auch mündlich stattfinden. Eine mündliche Befragung wird gewöhnlich Interview genannt.

Interview ist eine mündliche zweckgerichtete Befragung, um bestimmte Daten zu erhalten.

Sehr häufig wird eine Befragung in der Klinischen Psychologie eingesetzt, wo sie meist als **Exploration** bezeichnet wird. Es handelt sich dabei um ein Gespräch, in welchem versucht wird, persönliche Probleme eines Menschen zu erhellen (vgl. Kapitel 12.3 und 12.4).

2.2.3 Vorgehensweise bei empirischen Untersuchungen

Im folgenden wird dargestellt, wie Wissenschaftler aus erfahrungswissenschaftlicher Sicht zu bestimmten Erkenntnissen kommen.
Jeder Wissenschaftler, der eine Untersuchung startet, geht von einer bestimmten Fragestellung aus, er legt fest, welchen Sachverhalt er untersuchen will. Am Anfang einer wissenschaftlichen Untersuchung steht also immer eine **wissenschaftliche Fragestellung.**

Eine wissenschaftliche Fragestellung ist eine Mitteilung darüber, welcher Sachverhalt untersucht werden soll.

Sobald ein Forscher festgelegt hat, welchen Sachverhalt er untersuchen will, formuliert er seine Erwartung über den Ausgang seiner erst zu unternehmenden Untersuchung.

Wenn ein Psychologe beispielsweise untersuchen will, ob ein Zusammenhang besteht zwischen dem Grad der Intelligenz und den schulischen Leistungen, so formuliert er, um die Untersuchung organisieren zu können, die Erwartung über den Ausgang seiner Untersuchung: „Es besteht ein Zusammenhang zwischen dem Grad der Intelligenz und den schulischen Leistungen."

Die Wissenschaft spricht hier von einer **Hypothese,** die der Organisation einer Untersuchung dient.

Eine Hypothese ist „die formulierte Erwartung über den Ausgang einer erst zu unternehmenden Untersuchung". (Werner Traxel, 1974[2])

Eine Hypothese muß so formuliert sein, daß sie durch die Untersuchung entweder **bestätigt (= verifiziert)** oder nicht bestätigt, **verworfen (= falsifiziert)** werden kann.

Die Aussage „Welche Wirkung die Intelligenz auf schulische Leistungen hat, ist ungewiß", ist als Hypothese unzulässig, weil sie weder verifiziert noch fasifiziert werden kann. Dagegen ist die Erwartung „Zwischen dem Grad der Intelligenz und den schulischen Leistungen besteht ein Zusammenhang" als Hypothese zulässig. Sie kann durch die Untersuchung bestätigt oder verworfen werden.

Sodann erfolgt die Operationalisierung der zentralen Begriffe, das heißt die Merkmale, die untersucht werden sollen, müssen eindeutig bestimmt und auf das Beobachtbare zurückgeführt werden (vgl. Abschnitt 2.2.1).

In unserem Beispiel muß der Forscher nun genau festlegen, wie er die Intelligenz und die schulischen Leistungen beobachten und feststellen will.

Neben der Operationalisierung muß sich ein Wissenschaftler Gedanken machen, wie er mögliche Merkmale, die sein Ergebnis beeinflussen und damit verfälschen könnten, in den Griff bekommen bzw. ausschalten kann.

So könnte es, um bei obigem Beispiel zu bleiben, möglich sein, daß der Lehrer gerade ein Thema behandelt, das die Schüler ganz besonders interessiert oder daß die Lehrkraft in einem ganz besonderen Maße die Schüler fasziniert und dadurch gute Noten erzielt werden.

Nun ist ein Wissenschaftler soweit, daß er eine Stichprobe bestimmen und die Untersuchung an dieser Stichprobe durchführen kann (vgl. Abschnitt 2.2.1). Dabei kann es sich je nachdem, was erforscht bzw. untersucht werden soll, beispielsweise um eine Beobachtung, ein Experiment, um einen Test oder um eine Befragung bzw. ein Interview handeln (vgl. Abschnitt 2.2.2).

In unserem Beispiel handelt es sich um eine Beobachtung: Der Psychologe will einen ganz bestimmten Teilbereich, nämlich den Grad der Intelligenz und die schulischen Leistungen der Schüler, möglichst genau erfassen und festhalten.

Ist die Untersuchung durchgeführt, so werden die Daten, die ein Wissenschaftler durch die Untersuchung erhalten hat, mit Hilfe statistischer Verfahren ausgewertet, dargestellt und interpretiert (vgl. Abschnitt 2.2.1). Dabei stellt sich heraus, ob es sich um signifikante Ergebnisse oder Zufallsergebnisse handelt und ob sich die Hypothese bestätigt oder nicht.
Mit Hilfe statistischer Verfahren ist es nun durch induktives Schließen möglich, *allgemeingültige Aussagen* (Gesetzmäßigkeiten, Theorien) zu formulieren.

Nach der Untersuchung, der Auswertung und Darstellung der Daten sowie der Interpretation ist es nun dem Psychologen möglich, durch induktives Schließen mit Hilfe der Statistik die allgemeingültige Aussage zu formulieren: „Zwischen dem Grad der Intelligenz und den schulischen Leistungen besteht ein Zusammenhang" oder „Zwischen dem Grad der Intelligenz und den schulischen Leistungen besteht kein Zusammenhang."

Vorgehensweise bei einer empirischen Untersuchung

Formulierung einer wissenschaftlichen Fragestellung

▼

Bildung einer Hypothese

▼

Operationalisierung der zentralen Begriffe

▼

Ausschalten von Merkmalen, die das Ergebnis verfälschen könnten

▼

Bestimmung der Stichprobe

▼

Durchführung der Untersuchung (Beobachtung, Experiment, Test, Befragung bzw. Interview)

▼

Auswertung und Darstellung der Daten

▼

Interpretation der Ergebnisse

▼

Verifizierung oder Falsifizierung der Hypothese

▼

Formulierung von allgemeingültigen Aussagen (Gesetzmäßigkeiten, Theorien)

➡ **Materialien 3.**

2.3 Geisteswissenschaftliches Vorgehen in der Psychologie

Erfahrungswissenschaftlichem Vorgehen sind dort Grenzen gesetzt, wo Ereignisse und Sachverhalte nicht mehr beobachtbar sind. Dies ist beispielsweise der Fall, wenn es um Ziel, Zweck und Sinn oder um die historische Bedingtheit des Erlebens und Verhaltens geht.

Dabei geht es um das Herausfinden von Wert- und Sinnzusammenhängen, um ein **Verstehen:** Erleben und Verhalten kann durch das Herausfinden des Zieles, durch die Ermittlung von Sinnzusammenhängen nicht erklärt, sondern „verstanden" werden. Verstehen in diesem Sinne betrifft Schöpfungen und Produkte des menschlichen Geistes, insbesondere Inhalte der Kultur sowie vergangenes und gegenwärtiges menschliches Handeln, und ist das Ziel geisteswissenschaftlicher Methoden.

Methoden, die durch das Herausfinden von Wert- und Sinnzusammenhängen dem Verstehen dienen, werden als geisteswissenschaftliche Methoden bezeichnet.

Die bedeutendsten geisteswissenschaftlichen Methoden sind die **Hermeneutik,** die **Phänomenologie** und die **Dialektik.**

2.3.1 Die Hermeneutik

Wissenschaftler beginnen, wenn sie etwas erforschen wollen, nicht beim „Nullpunkt", sie treffen bereits auf eine Realität, die von Meinungen, Auffassungen, Wertungen, Theorien und dergleichen bestimmt ist. Sie haben also eine Realität vor sich, der von vorneherein **Sinn und Bedeutung** zugesprochen ist. Entsprechend sind auch alle psychologischen Sachverhalte von der Art, daß sie von Menschen aus irgendeinem Interesse und mit irgendeiner Zielsetzung hervorgebracht wurden und werden, und daß Menschen zu diesen Sachverhalten aus einem bestimmten Interesse heraus und mit einer bestimmten Zielsetzung Stellung beziehen (vgl. Wolfgang Klafki u. a., 1986).

Dies geschieht in der Regel über die Sprache, und in den meisten Fällen liegen solche Auffassungen, Meinungen, Theorien u. ä. in schriftlicher Form vor, generell gesagt, in **Texten.** Solche Texte können aus der Gegenwart oder auch aus der Vergangenheit stammen.

Ein wissenschaftliches Verfahren, das auf eine rationale und überprüfbare Auslegung und Interpretation von Texten abzielt, wird hermeneutisches Verfahren genannt (griechisch, hermeneuein: auslegen, aussagen). Dabei ist mit Interpretation und Auslegung das methodische Vorgehen gemeint, in welchem der Wissenschaftler zur Erkenntnis dessen kommt, was der Text meint. Hermeneutische Verfahren dienen also dazu, die Bedeutung, den Sinn von menschlichen Dokumenten, insbesondere von Texten, zu erfassen und verstehen (Wolfgang Klafki u. a., 1986).

Hermeneutik ist die Bezeichnung für alle methodischen Verfahren, die auf eine rationale und überprüfbare Auslegung und Interpretation von Dokumenten abzielen mit dem Ziel, Sinn- und Bedeutungszusammenhänge dieser Dokumente zu erfassen und zu verstehen.

➡ **Materialien 4.**

2.3.2 Die Phänomenologie

Mit *Phänomen* ist in diesem Zusammenhang das Vorfindbare, das Gegebene gemeint. Das kann beispielsweise ein Gegenstand, ein Begriff, ein Gedanke, eine Vorstellung und ähnliches sein. Dabei ist es nicht unbedingt notwendig, daß das Gegebene „von außen" sinnlich beobachtet werden kann, es kann zwar in der Wahrnehmung gegeben sein, aber auch in einer Vorstellung, Erinnerung, in einem Wunsch usw. Streng genommen hat es die Phänomenologie nicht mit konkreten, „anfaßbaren" Dingen zu tun, sondern mit Gegebenheiten des erkennenden Denkens, mit **Bewußtseins-Gegebenheiten.**

Damit können auch Bereiche wie Einmaligkeit, Individualität, Ganzheit, Struktur, Geistiges überhaupt erfaßt werden, Phänomene, die bei einseitiger empirischer Betrachtungsweise verlorengehen würden.

Die oberste Maxime der Phänomenologie lautet: **Zu den Sachen selbst!** Die verschiedensten Gegebenheiten des menschlichen Lebens sollen möglichst vorurteils- und voraussetzungslos gesehen und beschrieben werden, so wie sie sind und nicht, wie sie aufgrund unserer Meinungen, Auffassungen, Wertungen, Theorien und dergleichen erscheinen.

Spricht man beispielsweise über antiautoritäre Erziehung, so diskutiert man in der Regel darüber, ob man sie befürwortet oder ablehnt. Phänomenologen bemühen sich jedoch, genau zu erläutern, was sie denn mit antiautoritärer Erziehung meinten; jeder versucht zu beschreiben, worauf er diesen Begriff bezieht und worauf seine Ablehnung bzw. Befürwortung. Auf diese Art und Weise wird auf die Sache selbst geschaut.

Es geht also nicht um ein Wissen über eine Sache, sondern um diese selbst.

„Denn wissenschaftlich bei dem anzusetzen, was tatsächlich gegeben ist und nicht bei dem, was Tradition, Ideologie, Lehrmeinung usw. vorgeben – darin liegt ein Moment der Befreiung durch die phänomenologische Methode: Man kann bei einem neuen Anfang beginnen, kann Ursprüngliches in den Blick bekommen; Verengungen und Sackgassen können sich zu neuen Wegen öffnen." *(Helmut Danner, 1989[2])*

In der Phänomenologie geht es darum, Tatsachen zu erheben und zwar so, wie sie *sind*, und nicht, wie sie aufgrund vorgegebener Meinungen, Auffassungen usw. *erscheinen*. Dadurch ist es möglich, zu dem Wesen des jeweils Gegebenen vorzudringen, dessen Wesen zu erfassen. In diesem Sinne ist Phänomenologie auf eine umfassende **Wesensschau** von Bewußtseins-Gegebenheiten ausgerichtet.

So besuchen beispielsweise in den Vereinigten Staaten von Amerika die Fünfjährigen nicht mehr den Kindergarten, sondern die *school*. Würde man nun bei dem Begriff *school* stehenbleiben mit alldem, was sich nach deutschen Verhältnissen damit verbindet, so würde man ein falsches Bild bekommen. Denn eine genaue, vorurteilslose Beschreibung dessen, was Kinder dieses Alters in dieser Einrichtung machen, zeigt, daß es sich auch dort um einen Kindergarten nach deutschem Verständnis handelt.

„Die Phänomenologie nimmt also ihre Aufgabe (…) dadurch wahr, daß sie darauf zurückgeht, *wie* unsere ‚Welt' in unserem Bewußtsein (…) *gegeben* ist und zwar im Hinblick auf *Wesensstrukturen.„ (Helmut Danner, 1989[2])*

Verstehen setzt erst ein, wenn der Sachverhalt in seinem Wesen genau erfaßt ist. Dies gilt auch für historische Gegebenheiten.

So können wir zum Beispiel wenig damit anfangen, wenn Pestalozzi von „Wohnstubenerziehung" spricht. Erst wenn wir durch die Beschreibung Pestalozzis zum Wesen dessen vordringen, was Wohnstubenerziehung meint, ist ein Verstehen möglich.

Phänomenologie ist eine geisteswissenschaftliche Methode, die darauf gerichtet ist, Bewußtseins-Gegebenheiten – so wie sie tatsächlich gegeben sind – zu beschreiben und dadurch in ihrem Wesen zu erfassen.

Erste Aufgabe phänomenologischen Vorgehens ist deshalb, zu einer möglichst vorurteilsfreien Einstellung zu dem Gegebenen, das erfaßt werden soll, zu gelangen, sich von vorgegebenen Meinungen, Auffassungen und dergleichen zu befreien, sie von der „Sache selbst" loszulösen.

So werden wir zum Beispiel in der Regel einen trotzigen und störrischen Dreijährigen schnell mit der Schablone des „Trotzalters" versehen. Es kann aber auch möglich sein, daß sein Verhalten gar nicht entwicklungsbedingt ist, sondern durch eine gestörte Beziehung zur Mutter verursacht ist. Eine Loslösung von einer „theoretischen" Einstellung bedeutet hier also, das Schema des Trotzalters beiseite zu legen und sich in dieser Weise unvoreingenommen mit dem Kind zu befassen.

Dieser Schritt, von einer vorurteilsbeladenen und voreingenommenen Einstellung zu einer möglichst vorurteilsfreien und unvoreingenommenen zu kommen, wird als **Enthaltung des Urteils** bezeichnet. „Es geht prinzipiell darum, von einer Welt ‚aus zweiter Hand' auf eine Welt ‚aus erster Hand' zurückzugehen." *(Helmut Danner, 1989[2])*

Der zweite Schritt phänomenologischen Vorgehens ist die genaue und umfassende **Beschreibung,** die als Ziel die Erfassung des Wesens des Phänomens hat. Sie ist die eigentliche Tätigkeit des Phänomenologen; seine vorurteilsfreie Einstellung sowie das Ziel der Beschreibung, die Wesenserfassung, müssen durch sie verwirklicht werden.

Phänomenologisches Beschreiben erschöpft sich nicht im Sammeln von Daten, sondern zielt auf Wesenserfassung. Das bedeutet, daß der Gegenstand von möglichst vielen Seiten her betrachtet und unter verschiedenen Aspekten beschrieben werden muß. Nur so ist es möglich, zum Wesen des untersuchten Gegenstandes vorzudringen.

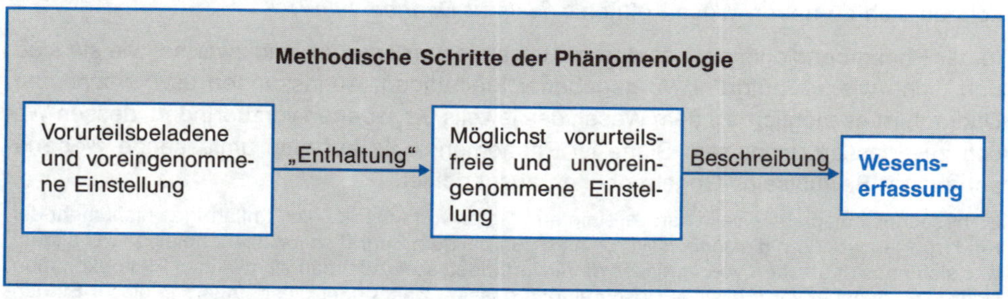

➡ **Materialien 5.**

2.3.3 Die Dialektik

Die Dialektik als geisteswissenschaftliche Methode dient der Erkenntnisgewinnung durch das Aufdecken von Widersprüchen und Gegensätzen. Widerspruch und Gegensatz drängen nach einer Auflösung. Diese besteht in der **Aufhebung des Gegensatzes.** Aufheben besagt einmal ein Beseitigen des Gegensätzlichen und Widersprüchlichen und zum anderen ein Festhalten am Gemeinsamen, Übereinstimmenden. Auf diese Weise ist es möglich, das Wesen der Dinge zu erhellen und zu Erkenntnissen zu kommen.

Dialektik ist eine geisteswissenschaftliche Methode der Erkenntnisgewinnung durch das Aufdecken und Aufheben von Widersprüchen und Gegensätzen.

Der erste methodische Schritt der Dialektik besteht im Setzen einer **These,** die durch eine **Antithese** verneint wird. Diese Verneinung kann ein Widerspruch oder ein Gegensatz sein und ist inhaltlich an die These gebunden, die sie „aufzuheben" versucht.

Der zweite Schritt will die Aufhebung des Gegensatzes in der **Synthese,** die ein Beseitigen des Gegensätzlichen und Widersprüchlichen und ein Bewahren des Übereinstimmenden darstellt und einen neuen, der Erkenntnisgewinnung näheren Zusammenhang eröffnet.

Der Prozeß setzt sich fort, indem die Synthese zu einer neuen These wird, die wiederum durch eine Antithese verneint wird und in einer erneuten Synthese endet. Auf diese Weise kommt man der Erkenntnisgewinnung immer näher.

„Dialektik hat ihren Ursprung im Dialog, d. h. im Hin und Her von Rede und Gegenrede, von Argument und Gegenargument, bis (...) beide Partner sich schließlich bei einer gemeinsam akzeptierten Ansicht treffen, die als wahr anerkannt werden muß, insofern sich kein Widerspruch mehr erhebt." *(H. Seiffert/G. Radnitzky, 1989)*

Eine isolierte Betrachtung des Menschen entweder nur aus empirischer oder nur aus geisteswissenschaftlicher Sicht würde dem Menschen in seiner Ganzheit nicht gerecht werden. Von vorneherein bedarf empirische Forschung der Ergänzung durch geisteswissenschaftliche Methoden. Umgekehrt ist geisteswissenschaftliches Vorgehen auf empirische Erkenntnisse angewiesen. Einseitig naturwissenschaftliche oder geisteswissenschaftliche Betrachtungsweisen würden versagen, weil der Forschungsgegenstand der Psychologie, das Erleben und Verhalten, eine ganzheitliche, umfassende Sicht erfordert. Dieser ganzheitlichen Erfassung des Psychischen muß sich die Psychologie in besonderem Maße verpflichtet fühlen.

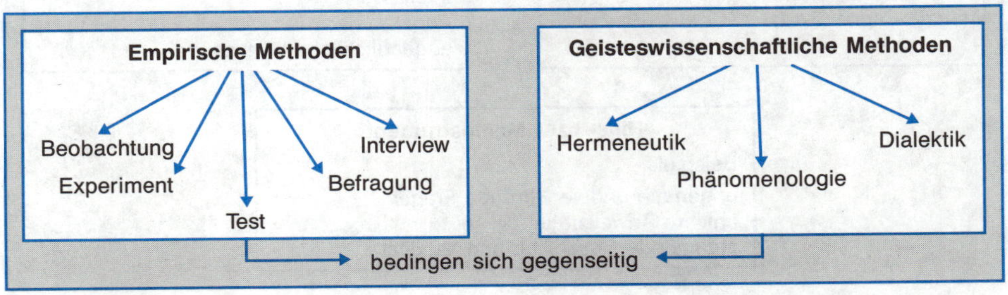

2.4 Methodische Fehler und ihre Folgen

Wie in Abschnitt 2.1.1 ausgeführt, ist die Art und Weise, wie Menschen zu Erkenntnissen kommen, die entscheidenste Frage einer jeden Wissenschaft überhaupt: Das methodische Vorgehen einer Wissenschaft bestimmt, ob ihre Ergebnisse richtig und damit brauchbar sind oder nicht. Falsche und nicht brauchbare Ergebnisse einer „wissenschaftlichen" Forschung lassen sich auf Fehler im methodischen Vorgehen zurückführen, deren Fehlerquellen beim **Forscher** selbst, bei den **Untersuchten** oder beim **Hilfs- bzw. Meßinstrument** liegen können.

Der Forscher kann beispielsweise wissenschaftlich vereinbarte Regeln und Prinzipien methodischen Vorgehens nicht einhalten (vgl. Abschnitt 2.2.1) oder bestimmten Wahrnehmungsfehlern unterliegen, wie sie in Kapitel 3.4.1 ausführlich dargestellt sind.

Allein die Tatsache, daß sich der Untersuchte beobachtet oder getestet fühlt, kann die Ergebnisse verzerren. Angst beispielsweise kann die Reaktionen des Untersuchten erheblich verändern. Zudem kann er den Sachverhalt – zum Beispiel eine Frage im Test, in der Befragung oder im Interview – falsch aufnehmen bzw. falsch verstehen. Ebenso spielt das Interesse des Untersuchten und seine augenblickliche Verfassung eine wichtige Rolle.

Interesselosigkeit oder Müdigkeit und Abgespanntheit bei einem Intelligenztest läßt ein anderes Ergebnis erwarten als beispielsweise sehr hohes Interesse und Ausgeschlafensein.

Eine Fehlerquelle kann auch das Hilfs- bzw. Meßinstrument darstellen. Ungenaue und verwirrende Fragen in einem Fragebogen, Test oder einer Befragung oder unklare Anweisungen bei einem Beobachtungsbogen zum Beispiel können die Ergebnisse verfälschen. Mangelnde Objektivität, Reliabilität und Validität des Meßinstrumentes sind häufig Fehlerquelle methodischen Vorgehens (vgl. Abschnitt 2.2.1).

Zudem können bestimmte **situative Faktoren** wie beispielsweise starker Lärm während des Absolvierens eines Intelligenztestes, Wettersituation oder Licht- und Raumverhältnisse Ergebnisse einer Untersuchung verzerren oder gar verfälschen.

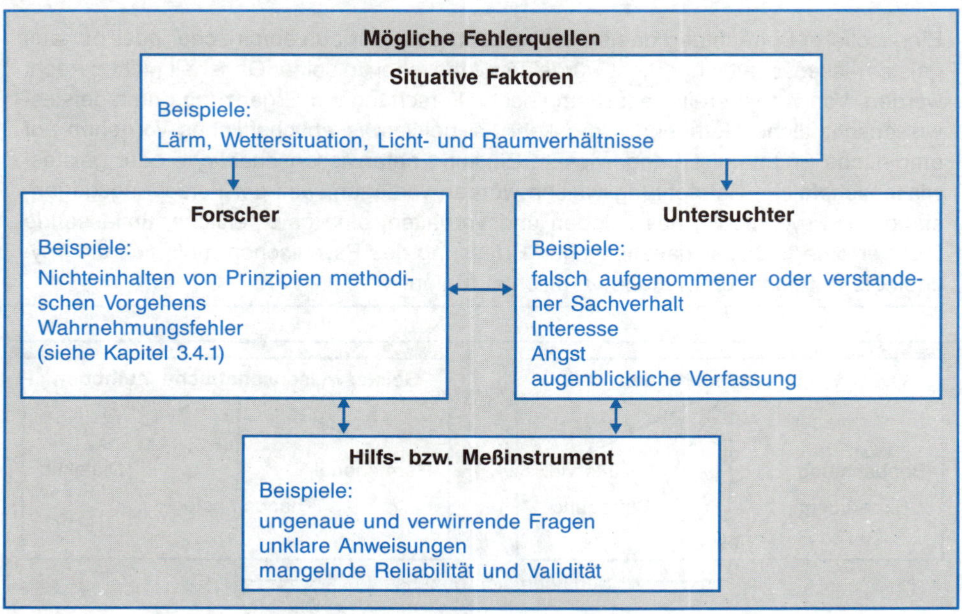

Folgen von solchen methodischen Unzulänglichkeiten sind verzerrte und verfälschte Ergebnisse, die nicht mit der Wirklichkeit übereinstimmen, falsche Interpretationen über das Erleben und Verhalten sowie unzutreffende Gesetzmäßigkeiten und Theorien. Methodische Fehler können Unzulänglichkeiten in der Praxis verursachen, beispielsweise im Erziehungsbereich, wenn sich Erzieher nach nicht zutreffenden Handlungsanweisungen für die Erziehung richten, oder im therapeutischen Bereich, wenn bestimmte Maßnahmen nicht wirksam werden, weil die grundgelegten Gesetzmäßigkeiten und Theorien nicht zutreffend sind (vgl. Kapitel 1.3.5).

Wissenschaftliches Vorgehen beinhaltet zwingend die Beachtung geeigneter Methoden und deren sachgemäße Anwendung nach wissenschaftlichen Regeln und Prinzipien (vgl. Abschnitt 2.2.1). Nur dann sind Fehler und deren Folgen für das Beschreiben, Erklären, Verstehen und Anwenden vermeidbar und die Aussagen wahr, überprüfbar und allgemeingültig.

„Sechs weise Männer aus Indien trafen auf einen Elefanten. Sie tasteten sorgfältig seine Gestalt ab, denn sie waren blind.

Der Erste befühlte den Stoßzahn und sagte: „Mir scheint, daß dieses Prachtstück von einem Tier einem Speer gleicht."

Der Zweite tastete die Flanke der Kreatur ab und meinte: „Ich weiß schon, was wir alle vor uns haben: hoch und flach, das ist wie eine Wand."

Der Dritte meinte, nachdem er ein Bein ergriffen hatte: „Dieses Geschöpf ist wie ein Baum."

Der Vierte bekam den Rüssel zu fassen und sprach: „Dieses Wesen ist in Wirklichkeit eine Schlange."

Der Fünfte bekam ein Ohr zu fassen. Er ließ seine Finger darübergleiten und rief: „Dieses Tier ist wie ein Fächer."

Der Sechste stieß auf den Schwanz bei seinem Suchen und tastete ihn ab: „Hört meine Entscheidung: dieses Tier ist wie ein Seil."

Und so stritten die sechs Männer fort, lange und unerbittlich über die Gestalt des Elefanten. Und obwohl jeder teilweise recht hatte, irrten sie alle."

Quelle: Liliane Juchli, 1985

Zusammenfassung

- Wissenschaftliche Methoden sind systematisch geplante Vorgehensweisen oder Verfahren, um Wissen über einen Objektbereich zu gewinnen. Methode ist gekennzeichnet durch einen Prozeß, der auf ein bestimmtes Ziel gerichtet ist, und umfaßt ein System von Regeln, das diesen Prozeß festlegt.
  Die Methode ist der Schlüssel zur Antwort auf die Frage eines Forschers. Jede wissenschaftliche Erkenntnis hängt in jeder Hinsicht von der Methode ab, mit der sie gewonnen wurde.
- Die Stellung der Psychologie zwischen Natur- und Geisteswissenschaft sowie die Komplexität ihres Forschungsgegenstandes spiegelt sich in der Vielfalt der Methoden wider, die notwendig sind, um das Erleben und Verhalten hinreichend

zu erforschen. Grundsätzlich kann man unterscheiden zwischen erfahrungswissenschaftlichem (= empirischen) Vorgehen, das dazu beiträgt, die Wirklichkeit zu beschreiben, Zusammenhänge zwischen Merkmalen zu erkennen sowie Gesetzmäßigkeiten aufzustellen und zu erklären, und geisteswissenschaftlichem Vorgehen, das durch das Herausfinden von Wert- und Sinnzusammenhängen dem Verstehen dient.

- Wissenschaftler haben grundlegende Prinzipien zu beachten, wenn sie zu wahren, überprüfbaren und allgemeingültigen Aussagen gelangen wollen: Klarheit und Genauigkeit in der Beschreibung, Eindeutigkeit in der Begriffsbestimmung, Angaben darüber, wie der Forscher zu seinen Erkenntnissen kommt, geplante, gezielte, genaue und exakte Beobachtung, Beobachtung und Untersuchung dessen, was beobachtet bzw. untersucht werden soll, Gültigkeit (Validität) und Zuverlässigkeit (Reliabilität) von Meßinstrumenten, Objektivität in der Durchführung von Untersuchungen sowie in der Auswertung und Interpretation von Daten, Repräsentativität von Stichproben, induktives Schließen mit Hilfe statistischer Verfahren und Signifikanz der Daten aus der Stichprobe.
  Induktiv gewonnene Aussagen sind zwar allgemeingültig, stimmen aber meist nicht mehr mit der Realität überein und treffen häufig in keinem Einzelfall mehr zu.

- Die wichtigsten empirischen Methoden sind die Beobachtung, das Experiment, der Test und die Befragung bzw. das Interview. Die bedeutendsten geisteswissenschaftlichen Verfahren sind die Hermeneutik, die auf eine Auslegung und Interpretation von Dokumenten abzielt, die Phänomenologie, die darauf gerichtet ist, Bewußtseins-Gegebenheiten, so wie sie tatsächlich sind, in ihrem Wesen zu erfassen, und die Dialektik, die durch das Aufdecken und das Aufheben von Widersprüchen und Gegensätzen zu Erkenntnissen gelangt.

- Von vorneherein bedarf empirische Forschung der Ergänzung durch geisteswissenschaftliche Methoden, so wie auch geisteswissenschaftliches Vorgehen auf empirische Erkenntnisse angewiesen ist. Eine isolierte Betrachtung des Menschen entweder nur aus empirischer oder nur aus geisteswissenschaftlicher Sicht würde dem Menschen in seiner Ganzheit nicht gerecht werden.

- Falsche und nicht brauchbare Ergebnisse einer wissenschaftlichen Untersuchung lassen sich grundsätzlich auf Fehler im methodischen Vorgehen zurückführen, deren Fehlerquellen beim Forscher (zum Beispiel Nichteinhalten der Prinzipien methodischen Vorgehens, Wahrnehmungsfehler), beim Untersuchten (zum Beispiel falsch aufgenommener oder verstandener Sachverhalt, Angst, Interesse, augenblickliche Verfassung) oder bei dem Hilfs- bzw. Meßinstrument (zum Beispiel mangelnde Reliabilität und Validität) liegen können. Zudem können sich bestimmte situative Faktoren wie beispielsweise starker Lärm, Licht- und Raumverhältnisse auf das Untersuchungsergebnis negativ auswirken.
  Folgen methodischer Fehler sind verzerrte und verfälschte Ergebnisse, die nicht mit der Wirklichkeit übereinstimmen. Methodische Fehler verursachen falsche Interpretationen des Erlebens und Verhaltens, unzutreffende Gesetzmäßigkeiten und Theorien sowie Unzulänglichkeiten in den Anwendungsbereichen der Psychologie.

1. Die Bedeutung der Statistik für die Erforschung psychologischer Gesetzmäßigkeiten

Der pädagogische Praktiker, der sich dem Studium der Pädagogischen Psychologie als Wissenschaft zuwendet, schöpft seine Motivation vor allem aus den Problemen, die sich ihm im Verlaufe seiner erzieherischen oder unterrichtlichen Tätigkeit stellen. Dem beruflich engagierten Pädagogen ist vor allem anderen daran gelegen, einen Zugang zu diesen Problemen und Fragen zu finden, einen Zugang, der einen größeren Grad an Verbindlichkeit besitzt, als er durch eigene Überlegungen oder durch Gespräche mit anderen Praktikern selbst gewonnen werden kann.

Nicht ohne weiteres einsichtig ist dabei die Rolle, die methodische und statistische Überlegungen spielen. Es ist häufig schwierig zu sehen, inwieweit die Auseinandersetzung mit Zahlen eine unumgängliche Notwendigkeit bei der Beantwortung von Fragen darstellt, die ihren Ursprung zumeist in individuellen Problemsituationen haben, etwa in bestimmten Erfahrungen mit einem einzelnen Kind.

So mag ein Lehrer der Schwierigkeit gegenüberstehen, daß ein bestimmter Schüler seiner Klasse trotz ausreichender Fähigkeiten eine weit unterdurchschnittliche Leistung – sagen wir in Mathematik – erbringt. Für den betreffenden Lehrer ist dies ein individuelles Problem; er sieht es bezogen auf den Schüler X. Um dieses Problem zu lösen, kann er die individuellen psychologischen und sozialen Hintergründe des betreffenden Schülers untersuchen. Vielleicht – so mag sich herausstellen – liegt das Versagen des Schülers darin begründet, daß er sich so intensiv mit Hobbies beschäftigt, daß er seine schulische Fähigkeit nicht voll ausnutzen kann.

Die Lösung eines solchen Einzelproblems erfordert keine statistischen Verfahren und keine Auseinandersetzung mit Zahlen. Jedoch stellt eine individuelle Lösung keine Antwort auf eine wissenschaftliche Frage dar. Es mag für den betreffenden Lehrer wichtig sein, einen Einblick in die Hintergründe des Versagens des Schülers X zu besitzen. Aber sobald er vor einem neuen Problem derselben Art steht, muß er sich neu damit auseinandersetzen. Er weiß nicht, inwieweit sich der eine Fall auf andere Fälle übertragen läßt. Es ist aber eine Eigenschaft einer wissenschaftlichen Fragestellung, daß ihre Beantwortung gleichzeitig eine Antwort auf die Gesamtheit der denkbaren Fälle gibt. Und es wäre unredlich, von der besonderen Situation des Schülers X auf alle anderen Schüler der gleichen Problemlage zu schließen.

Dies führt zur **ersten Folgerung:** Die Erforschung einer wissenschaftlichen Frage kann nicht auf die Untersuchung von individuellen Fällen beschränkt bleiben. Sondern: sie muß eine Antwort anstreben, die für die Gesamtheit aller Fälle mit gleichen Charakteristika Gültigkeit besitzt.

Wie sieht – bezogen auf unser Beispiel – eine *wissenschaftliche Fragestellung* aus? Sie könnte etwa lauten: „Besteht ein Zusammenhang zwischen dem individuellen Versagen in der Mathematikleistung bei ausreichender Fähigkeit und dem Ausmaß der Freizeitaktivität?" Eine Antwort auf diese Frage ließe sich auf alle Fälle des Mathematikversagens anwenden. Sie hätte eine generellere Gültigkeit als die Feststellung, die sich lediglich auf den Schüler X bezieht.

Nehmen wir einmal an, Sie wollten eine *Untersuchung* durchführen mit dem Ziel, diese Frage zu beantworten. Sie würden eine notwendigerweise begrenzte Zahl von Schülern einer bestimmten Klassenstufe heranziehen und sich zum Beispiel auf fünfzig Schüler der Oberprima festlegen. Sie würden sich dann fragen müssen, wie das Versagen in der Mathematikleistung und die Fähigkeit zu messen und auf welche Weise das Ausmaß der Freizeittätigkeit zu erfassen sei. Nehmen wir an, dieses Problem sei gelöst, und Sie hätten für jeden Schüler eine Entscheidung „Versagen" oder „kein Versagen" getroffen. Ebenso sei als Maß für die Intensität der Freizeittätigkeit die für außerschulische Aktivitäten durchschnittlich aufgewendete Zeit pro Woche – als eine Möglichkeit von vielen – angesetzt. Es war also notwendig geworden, die interessierenden Aspekte der Fragestellung so zu definieren, daß sie zahlenmäßig erfaßbar sind.

Die **zweite Folgerung** lautet daher: Die Erforschung einer wissenschaftlichen Frage bringt es mit sich, daß an den zu untersuchenden Fällen Messungen vorgenommen werden, die zu Zahlen führen.

Eine Aufstellung dieser Zahlen in Tabellen stellt den Ausgangspunkt für eine *Auswertung* der Untersuchungsergebnisse dar. Diese Auswertung muß die besondere Art der Fragestellung berücksichtigen und so angelegt sein, daß sie in Bezug auf Ihre Fragestellung Schlußfolgerungen zuläßt. Sie werden versuchen, diese Zahlen zusammenzufassen. Vielleicht ist es nützlich, Häu-

figkeiten, Prozente oder Mittelwerte zu berechnen. Sie werden außerdem versuchen, eine geeignete Form der graphischen Darstellung zu wählen. In unserem Fall sollte vor allem die Enge des Zusammenhangs zwischen dem Mathematikversagen und dem Ausmaß der Freizeitaktivität festgestellt und in einer Maßzahl ausgedrückt werden.
Das führt zur **dritten Folgerung:** Im Verlaufe einer Untersuchung ist es notwendig, die erhobenen Zahlen durch geeignete Methoden zusammenzufassen und zu beschreiben.
Als letzter Punkt muß noch bedacht werden, daß Sie in Ihrer Untersuchung der Frage nach dem Zusammenhang zwischen Versagen und Freizeittätigkeit schwerlich *alle* Schüler einschließen können. Da aber über die Gesamtheit der Schüler eine Aussage gemacht werden soll, sind Sie gezwungen, aus den Ergebnissen der erfaßten fünfzig eine *Verallgemeinerung* vorzunehmen. Der Schluß von den untersuchten Schülern auf ihre Gesamtheit kann in einwandfreier Weise nur unter Zuhilfenahme statistischer Methoden geführt werden.
Die **vierte Folgerung** lautet deshalb: Eine wissenschaftliche Untersuchung erfordert die Anwendung statistischer Methoden, damit von der begrenzten Zahl der untersuchten Fälle auf alle interessierenden Fälle in einwandfreier und kontrollierter Weise geschlossen werden kann.

Quelle: Manfred Hofer u. a., 1976

2. Das Experiment in der Psychologie

Was das Experiment anbelangt, so pflegt man seit Wilhelm Wundt drei Bestimmungs-, Definitionsstücke zu nennen: Willkürlichkeit, Variierbarkeit, Wiederholbarkeit.
Es mag selten anmuten, wenn da in Zusammenhang mit Wissenschaft von Willkürlichkeit die Rede ist, wo doch wissenschaftliches Vorgehen durch methodische Disziplinierung gekennzeichnet ist. Aber gerade letztere ist mit der oben genannten Willkürlichkeit angesprochen. Es ist damit gemeint, daß der Experimentator, der Versuchsleiter, die Bedingungen setzt, festlegt, unter denen Erleben/Verhalten statthaben. Dazu Wundt (...) wörtlich: „Das Experiment besteht in einer Beobachtung, die sich mit der willkürlichen Einwirkung des Beobachters auf die Entstehung und den Verlauf der zu beobachtenden Erscheinungen verbindet."
Was die Variierbarkeit anbelangt, so empfiehlt es sich, an dieser Stelle die Begriffe der unabhängigen und der abhängigen Variablen über ein (fingiertes) Beispiel einzuführen:

Nehmen wir an, wir wollten überprüfen, ob das in der Werbung vielgepriesene Präparat „BCA" bei angehenden Abiturienten tatsächlich bessere Abiturleistungen möglich macht, wobei uns einmal alle Abiturienten des Freistaates Bayern in ihrem letzten Schuljahr als Versuchspersonen (Vpn) zur Verfügung stünden.
Alle Schüler der Abiturklassen wären damit unsere sog. Population. Nun wäre es sehr aufwendig, alle diese Schüler in die Untersuchung mit einzubeziehen. Wir könnten uns aufgrund sowohl theoretischer Erwägungen als auch praktischer Erfahrungen auf eine Stichprobe beschränken. Wichtig wäre, daß diese Stichprobe für die Population repräsentativ ist, sie gewissermaßen widerspiegelt. Dies läßt sich auf verschiedenen Wegen erreichen. Eine Möglichkeit ist, eine Zufallsstichprobe zu entnehmen. Dies kann mittels eines Losverfahrens geschehen; wir können aber auch auf tabellarisierte Zufallszahlenfolgen zurückgreifen.
Auf einem der angezeigten Wege haben wir nun eine solche Zufallsstichprobe von 500 Vpn[1] gebildet. Wiederum nach Zufall unterteilen wir diese Stichprobe in eine sog. Experimental- und eine sog. Kontrollgruppe. Unsere Experimentalgruppe wird der experimentellen Bedingung unterworfen, nämlich der Verabreichung des Präparats „BCA", bei der Kontrollgruppe unterbleibt dies. Damit ist exemplarisch und als Begriff die sog. unabhängige Variable (UV) eingeführt, die wir variieren, manipulieren (in unserem Falle Verabreichung von „BCA" vs. Nichtverabreichung), um die Auswirkung auf die unabhängige Variable (AV) – womit auch diese eingeführt ist – zu registrieren (in unserem Fall eine evtl. Änderung der Schulleistung.
Verbleibt uns noch zu überprüfen, ob sich tatsächlich unser „Wundermittel BCA" förderlich auf die Schulleistung ausgewirkt hat. Dies könnte geschehen, indem man die Abiturnoten von Experimental- und Kontrollgruppe – als Maß für die abhängige Variable Schulleistung – gegenüberstellt und auf statistische Signifikanz (Bedeutsamkeit) überprüft. Die im (fingierten) Beispiel erläuterte experimentelle Vorgehensweise zur Beantwortung einer bestimmten Fragestellung ist in Abbildung 3 schematisch dargestellt. Das Schema gibt einen sog. Kontrollgruppen-Versuchsplan als eine Möglichkeit unter anderen experimentellen Versuchsplänen (designs) wieder.

---

1 Vpn = Versuchspersonen

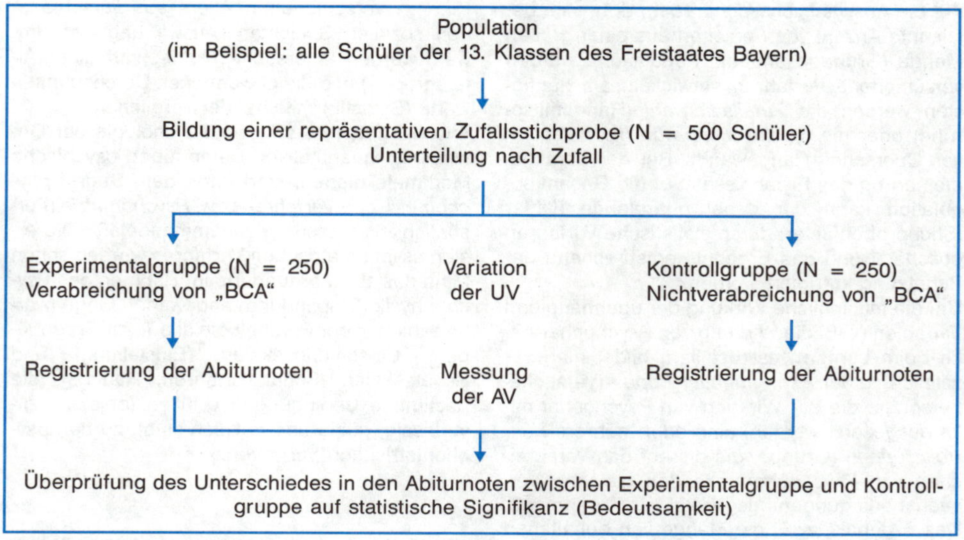

Quelle: Ernst G. Wehner, 1980

3. Grundsätze empirischen Vorgehens

I. Wissenschaftliche Fragestellung.

Das komplexe menschliche Verhalten, z. B. das Versagen in der Schule, muß in einzelne Teilaspekte unterteilt werden:

1. In welchen Verhaltensmerkmalen zeigt sich das Versagen des Schülers (Verhalten bei Schulaufgaben, mündlichen Prüfungen, d. h. bei jeder Art der Leistungskontrolle; das Versagen muß systematisch beobachtbar sein)? In welchen Verhaltensbereichen versagt der Schüler nicht?

2. Wodurch wird das Versagen verursacht? Mögliche Ursachen sind: Erwartungen und Erziehungsstile der Eltern, des Lehrers, Verhalten der Mitschüler, Fähigkeiten, Krankheiten und Motivationen des Schülers, Darbietung und didaktische Aufbereitung des Lernstoffes usw.

3. Nach welchen Kriterien kann man das Versagen bzw. die Leistungen des Schülers objektiv und zutreffend feststellen bzw. beurteilen? Als wissenschaftliche Frage zum Problem des Schulversagens muß die Frage nun so formuliert sein, daß sie auch lösbar ist, d. h. daß sowohl zu den Bedingungen (Ursachen, z. B. Verhalten des Lehrers) als auch zu Folgen (Verhalten des Schülers) des Versagens viele Einzeldaten durch die Beobachtung gesammelt werden können. Beispiel: Welche Beziehung besteht zwischen der Strenge der Eltern bei der Kontrolle von Hausaufgaben und der Anzahl der Fehler in den Prüfungsaufgaben? Wissenschaftliches Vorgehen erfordert, daß die Strenge der Eltern und die Fehler nach einheitlich festgelegten *(standardisierten)* Kriterien (Methoden) beobachtet bzw. registriert werden.

II. Methodisches Vorgehen bei der Datengewinnung.

Die Untersuchung des Problems Versagen in der Prüfung erfordert es, daß alle *zufälligen* Fehler (z. B. plötzlicher Lärm, Gewitter, Brechreiz usw.) und alle *systematischen* Fehler (attraktive Lehrerin, schlechtes Licht, gleichbleibender Lärm usw.) bei der Durchführung der schriftlichen Arbeit ausgeschaltet sind bzw. die systematischen Fehler in jeder Untersuchung gleich bleiben oder systematisch kontrolliert werden. Dieselben zufälligen und systematischen Fehler müssen auch beim Beobachten des Verhaltens der Eltern ausgeschaltet oder kontrolliert werden. Je nach Art der Datengewinnung wurden verschiedene Regeln entwickelt, um die Fehler zu vermeiden. In *Laboruntersuchungen* (Experiment, Durchführung von Tests) müssen folgende Kontrollen angewandt werden:

1. Kontrolle der Umgebung (Zimmertemperatur, Licht, Lärm, usw.).

2. Kontrolle des Verfahrens (gleiche Instruktion, gleiche Reize, die Beobachtung, Messung muß immer gleich, standardisiert sein usw.);

3. Kontrolle von Versuchspersonen, Auswahl der Stichprobe (Intelligenz der Schüler, Geschlecht, Alter, Dauer des Schulbesuchs usw.).

Für die Auswahl von *Stichproben,* d. h. eine bestimmte Anzahl von Personen aus einer großen Menge (Grundgesamtheit, Population), wurden verschiedene Verfahren entwickelt: am häufigsten werden die *Zufallsauswahl* (Randomisierung) oder die *Quotenstichprobe* (repräsentativer Querschnitt) angewandt. Bei der Verallgemeinerung des Ergebnisses auf die Gesamtpopulation kann der dabei auftretende Fehler (Stichprobenfehler) durch statistische Verfahren geschätzt und das Ergebnis entsprechend der Schätzung korrigiert werden.

Um die tatsächliche Wirkung der unabhängigen Variablen (z. B. die Wirkung von Psychopharmaka beim Lernen) festzustellen, bildet man zusätzlich zu der *Experimentiergruppe* (Versuchspersonen, die der Wirkung von Psychopharmaka ausgesetzt werden) eine oder mehrere *Kontrollgruppen* (Gruppe, die bis auf das Verabreichen von Psychopharmaka den gleichen Versuchsbedingungen ausgesetzt ist, Experiment). Das Ergebnis, z. B. die Menge von behaltenen Informationen bei Experimental und Kontrollgruppe, kann mit statistischen Verfahren verglichen und auf den Zufallscharakter der gefundenen Ergebnisse hin ausgewertet werden.

In den sogenannten *Felduntersuchungen* (Befragung, Meinungsforschung, Interview, Messung von Einstellungen, Marktpsychologie) kann weder die Umgebung noch das Verfahren so zuverlässig wie in Laboruntersuchungen kontrolliert werden. Die methodische Kontrolle bezieht sich hier hauptsächlich auf die Meßinstrumente (Fragebögen, Einstellungsskalen, Interview) und auf die Stichprobenauswahl. Es kommt darauf an, daß durch die Meßinstrumente, mit deren Hilfe z. B. bestimmte Einstellungen erfaßt werden, systematische Fehler vermieden werden. Solche Meßinstrumente müssen daher nach bestimmten methodischen Regeln entwickelt und die Fehler, die auf das Verfahren zurückzuführen sind, bei der Interpretation der Ergebnisse berücksichtigt werden.

Die Klärung verschiedener psychologischer Probleme, z. b. Entwicklung von Eigenschaften und Fähigkeiten, Auswirkung der Anlage und Umwelt (Anlage-Umwelt-Problem), erfordert Beobachtungen über längere Zeiträume. Solche *Längsschnittuntersuchungen* erfordern großen Arbeitsaufwand (z. b. Beobachtungen über 20 Jahre) und sind methodisch problematisch, weil man auf verschiedenen Altersstufen mit verschiedenen Meßinstrumenten dasselbe Merkmal erfassen muß. Besonderer Fall: Auswertung biographischer Daten als eine Art Fallstudie. Die Auswirkung der Umwelt auf die Entwicklung von psychischen Merkmalen kann man jedoch auch mit sogenannten *Querschnittsuntersuchungen* feststellen. Ein Beispiel: Große Gruppen von Kindern verschiedenen Alters aus verschiedenen sozialen Schichten (Auswirkung der Umwelt) werden untersucht (Querschnitt einer Altersgruppe) und die gewonnenen Durchschnittswerte (Statistik) miteinander verglichen.

Alle Methoden, die in der Psychologie der Gewinnung quantitativer Daten über psychische Merkmale dienen, sind unter dem Begriff *psychometrische Verfahren* bzw. *Psychometrie* (Persönlichkeitsmessung) zusammengefaßt. Die ersten psychometrischen Verfahren wurden schon Mitte des 19. Jahrhunderts im Rahmen des Psychophysik (Empfindung) angewandt. Gegenwärtig zählen in der Psychologie alle Tests, Fragebögen, Einstellungsskalen (Einstellung) und Schätzskalen (Schätzverfahren, Ratings), die bestimmte Bedingungen erfüllen (objektiv, zuverlässig, gültig und nützlich sind), zu den psychometrischen Verfahren.

III. Methodisches Vorgehen bei der Datenauswertung und Darstellung von Ergebnissen.

Im allgemeinen will man durch psychologische Untersuchungen solche Daten gewinnen, die statistisch ausgewertet und verarbeitet werden können.

(...) Neben der zahlenmäßigen Beschreibung und Auswertung sind auch graphische Darstellungen möglich (Säulen für Häufigkeiten und Prozentangaben, graphische Kurven für die Verteilung von Daten usw.).

IV. Methodisches Vorgehen bei der Interpretation und Beweisführung.

Die meisten Fehler werden bei der Interpretation (Auslegung, Erklärung) der Ergebnisse bzw. der gemachten Beobachtungen, bei der Einführung von „Erklärungsbegriffen" (hypothetisches Konstrukt) und bei der „Theorienbildung" begangen. Eine *Theorie* wird als ein Gedankengebilde (Hypothesengeflecht) zur Erklärung der Wirklichkeit, als Erklärung des Zusammenhangs zwischen beobachteten Merkmalen (zwischen der unabhängigen und der abhängigen Variablen) und auch als Zusammenfassung der entdeckten Gesetzmäßigkeiten definiert. Als Gedankengebilde ist die Theorie subjektiv und kann nur durch die „Bewährungsprobe" objektiviert werden, d. h. durch die empirische (auf Erfahrungen, Beobachtungen beruhende) Nachprüfung, wieviel der beobachteten Wirklichkeit sie zu erklären vermag und welche Voraussagen sich mit Hilfe der Theorie tatsächlich bestätigen. Ein weiteres Problem stellen die „Erklärungsbegriffe" dar, die in das Theoriengebäude aufgenommen wurden. Die Erklärungsbegriffe wie Instinkt, Rolle, Einstellung, Motivation, Intelligenz, Normen, Unbewußtes, Libido usw., werden rein subjektiv gewählt, und es ist fraglich, ob mit ihnen die beobachtete Wirklichkeit oder etwas anderes bezeichnet wird.

Um die Subjektivität soweit wie möglich auszuschließen, müssen die Theorien so formuliert sein, daß sie objektiv nachprüfbar sind; die eingeführten *Erklärungsbegriffe* sollten zumindest operational definiert sein. Durch die *operationale Definition* werden Begriffe auf das Beobachtbare zurückgeführt (so kann man auch die Elektrizität definieren), wobei sich zwei Möglichkeiten ergeben: Einmal wird das Messen, Beobachten des mit dem Begriff Bezeichneten angegeben, z. B. Intelligenz ist das, was der Intelligenztest mißt, oder mit „Angst“ werden bestimmte beobachtbare körperliche Veränderungen und Verhaltensweisen bezeichnet und als operative Definition für Angst genommen; zum zweiten kann man die experimentelle Manipulation angeben, z. B. der Begriff „Hunger“ wird durch die Angabe der zeit, während der eine Vp nichts zu essen bekam, definiert.

Da durch die Theorie aber auch die Wichtigkeit eines beobachteten Merkmals herausgestellt wird, z. B. die Betonung der Umwelt bei der psychischen Entwicklung (Milieutheoretiker), spielt die Theorie auch bei der Auswahl und Formulierung der Fragestellung eine wichtige Rolle. Auch in diesem Punkt ist die Subjektivität der wissenschaftlichen Forschung erkennbar. Die meisten Fehler werden durch die Verwendung von unpassenden Analogien (z. B. zwischen Mensch–Tier), bei der doppelten Schlußfolgerung (Fehler 1: Schluß von Mensch auf Tier; Fehler 2: Rückschluß aus diesen Ergebnissen von Tier auf Mensch; Verhaltensforschung) und durch den Gebrauch von sogenannten „leeren Begriffen“ (z. B. die „psychische Substanz“ des Menschen), die alles und nichts bezeichnen und von den Autoren nie definiert werden, gemacht.

Um solche Fehler zu vermeiden, müssen neben den schon aufgeführten Regeln bei der Theorienbildung (nachprüfbar) und Begriffserklärung (operational definiert) bei der Interpretation von Ergebnissen noch weitere methodische Regeln beachtet werden. Schon bei der Versuchsplanung müssen *Hypothesen* (Annahmen, Vermutungen) über das zu erwartende Ergebnis der Untersuchung und über die zu erwartende Beziehung zwischen der unabhängigen und der abhängigen Variable formuliert werden. Die Hypothesen, d. h. die möglichen Antworten im Sinne gedanklicher Konstruktion auf die Fragestellung, müssen präzise formuliert und empirisch überprüfbar sein. Sollte eine Beweisführung durch die unterschiedlichen Merkmale bei der Experimental- und Kontrollgruppe (siehe II.) angestrebt werden, dann muß neben der *„Arbeitshypothese“* (H_1) auch die *„Null-Hypothese“* (H_0), die besagt, daß die beobachteten Unterschiede zwischen den Gruppen rein zufällig sind, formuliert werden. Alle Untersuchungen, die sich mit der Ursache einer Erscheinung befassen (in unserem Beispiel: Ursache des Versagens in der Schule), beginnen mit mehreren *„Alternativ-Hypothesen“*, wobei dann aufgrund objektiver Daten entschieden wird, welche beibehalten wird. Die Interpretation der Ergebnisse beschränkt sich nur auf das Bestätigen *(Verifizieren)* oder Verwerfen *(Falsifizieren)* der Arbeitshypothese. Die statistischen Tests (Statistik), die zur Prüfung von Hypothesen angewandt werden, liefern nur Wahrscheinlichkeitsangaben darüber, ob die Beziehung zwischen Ursache–Wirkung oder der festgestellte Unterschied zwischen Kontroll- und Experimentalgruppe durch Zufall hätte zustande kommen können. Die Ergebnisse werden nur dann als beweiskräftig bzw. *signifikant* angesehen, wenn die Zufallswahrscheinlichkeit geringer ist als *5 %*, d. h., wenn die festgestellte Regel weniger als *5 %* Ausnahmen zuläßt. Da das Verhalten von sehr vielen Faktoren beeinflußt wird, die nicht alle erfaßt werden können, können Psychologen nur Wahrscheinlichkeiten darüber aufstellen, daß in einer bestimmten Situation eine bestimmte Verhaltensweise auftritt. Gewisse methodische Regeln müssen auch bei der Verallgemeinerung der Ergebnisse auf die Gesamtpopulation eingehalten werden.

V. Methodisches Vorgehen bei der Mitteilung von Ergebnissen.

Auch die schriftliche oder mündliche Mitteilung von wissenschaftlichen Erkenntnissen unterliegt in der Psychologie ebenso wie in anderen Wissenschaften der methodischen Sorgfalt. Wissenschaftliche Arbeiten unterscheiden sich von den nichtwissenschaftlichen dadurch, daß nicht nur die Erkenntnisse, sondern auch das methodische Vorgehen, z. B. die Experimente, mit deren Hilfe sie gewonnen wurden, genau beschrieben und alle Quellen genau zitiert werden, so daß der Leser in den Originalarbeiten nachlesen bzw. die Untersuchung zur Nachprüfung wiederholen kann.

Quelle: Ch. Michel/F. Novak, 1990

4. Die Grundregeln der Hermeneutik

1. Wer einen Text auslegt, hat eine bestimmte Fragestellung. Ihr wiederum liegt ein bestimmtes Vorverständnis des zu analysierenden Gegenstandes zugrunde. Um eine unreflektierte Vermischung beider Bereiche zu vermeiden, muß sich der Untersuchende seiner Fragestellung und seines Vorverständnisses bewußt sein und beides festhalten.
2. Fragestellung und Vorverständnis müssen anhand des Textes immer wieder überprüft werden, da die Analyse Informationen vermittelt, die bei der Formulierung der Ausgangsposition noch nicht bedacht werden konnten.
3. Die Auseinandersetzung mit Texten hat möglichst anhand der Fassung zu erfolgen, die der Autor ursprünglich vorgelegt hat, zumindest aber anhand einer sog. kritischen Ausgabe[1]. Das gilt besonders für ältere Quellen. Die Text- und Quellenkritik bezieht sich auch auf die Quellen, auf die sich der zu analysierende Autor selbst beruft.
4. Bei der Interpretation eines Textes ist seine Entstehungsgeschichte und der mögliche Adressatenkreis zu berücksichtigen.
5. Der Interpret muß den sog. semantischen Aspekt, d. h. die Bedeutung der Wörter innerhalb des Textes, wie der Autor sie versteht, beachten.
6. Der Interpret hat die Syntax eines Textes (Satzbau, Satzverbindungen usw.) zu analysieren; sie sagt nicht nur etwas über den Grad der Sprachbeherrschung (im Sinne grammatikalischer Richtigkeit) des Autors aus, sondern läßt u. U. auch Schlüsse auf seine Mitteilungsfähigkeit und -willigkeit zu bzw. weist auf einen bestimmten Adressatenkreis hin.
7. Der Interpret hat den Gedankengang des Verfassers deutlich herauszuarbeiten (Behauptungen, Begründungen, Beispiele, Abweichungen vom Thema) und wenn möglich zu formulieren.
8. Der Analysierende hat weitere Quellen heranzuziehen. Erklärungen, die aus dem Text stammen und Erklärungen, die von außen kommen, erhellen sich gegenseitig.
9. Der Interpret hat seine Vorlage auf innere Widerspruchsfreiheit hin zu prüfen.
10. Das Textganze ist immer wieder im Lichte der einzelnen Aussagen zu befragen, wie umgekehrt die Einsichten in das Ganze ständig auf die Interpretation der Einzelheiten anzuwenden sind.
11. Der Interpret muß danach fragen, ob und in welcher Weise der Text ein (vielleicht unreflektiertes) gesellschaftliches Interesse des Verfassers zum Ausdruck bringt (ideologiekritische Fragestellung).

Quelle: Helmwart Hierdeis, 1981[2]

5. Beispiel einer phänomenologischen Studie

„Das Erziehungsverhältnis der Eltern zum Kinde"

„[1] ... Es handelt sich ... [bei der psychoanalytischen Darstellung des Eltern-Kind-Verhältnisses] um eine unmittelbare Deutung quasi induktiver Art, es fehlt die Analyse des Erziehers als solche. Es fehlt vollkommen die phänomenologische Vorbereitung, wohingegen aprioristische methaphysische Thesen über die Sexualität die Deutung bestimmen. [2] Es erscheint mir deshalb am praktischsten, daß wir das Erziehersein als solches, die Erziehersituation im Leben, phänomenologisch betrachten. [3] Ich wähle als Prototypus aller Erzieher die Eltern, weil sie die einzigen sind, die primär zu ihrem Kinde gehören, rein ontisch, nicht moralisch. Sie haben das Kind gezeugt und geboren. Das Kind steht im Seinszusammenhang mit ihnen. Es gibt kein anderes gleichartiges Verhältnis. [4] Das Kind ist ein Neues, man sieht es bei seiner Geburt zum ersten Mal, man begegnet ihm, wie man einem Fremdling begegnet, der bisher unbekannt war und jetzt neu auftritt. Dieses neue Wesen tritt als Dritter ins Leben zweier Menschen hinein. Das Kind ist nicht nur *unbekannt* und *neu,* es ist auch der *‚Dritte'* ... [5] Es kommt aber phänomenologisch noch etwas ... hinzu: dieser unbekannte Eindringling in unser Leben ist das von *uns* gezeugte und geborene Kind. [6] Was bedeutet *diese* Beziehung des leiblichen Von-mir-Seins in dem Leben dieses Mannes und dieser Frau? So wie man seinen eigenen Körper hat, so hat man sein Kind. Der narzistische Mensch hat sein Kind wie ein Schmuckstück; es ist im Modus des Schmuckhaften. Wer die eigene Vitalität als beschädigt erlebt, hat auch ein Kind auf dieselbe Weise: es wird von ihm nie als vital unbeschädigt erlebt, weil die vitale Ganzheit in seiner Welt

---

1 Textausgaben, die auf einer Quellenkritik beruhen, werden ‚Kritische Ausgaben' genannt.

nie unbeschädigt besteht … [7] Entscheidend ist, wie man das Eigene fühlt: das ‚Ich lebe' und das ‚Ich bin jener'. Denn wie man das Eigene und die eigene Identität erlebt, so hat man korrelativ seine Welt und ganz spezifisch das eigene Kind.

[8] Es sieht wohl tatsächlich so aus, als ob wir *auf diese Weise* vom Erzieher im wesentlichen Sinne reden. Und – zweitens – es scheint wohl wirklich so zu sein, daß dieser Gesichtspunkt und diese Auffassung der Analyse und der Problematik bis jetzt fast völlig fehlten. [9] Fahren wir nun mit unseren … so ganz auf der Hand liegenden Überlegungen fort, so kehren wir zu unserem Dritten im Bunde zurück. Es kam also dieser Dritte hinzu. [10] Psychologisch wirft das die Frage auf, wie die Menschen in ihrer tiefsten Intimität sich dazu stellen, einen dritten hinzuzubekommen. Ist er ‚le facheux troisième', ‚l'enfant terrible', ‚der Dritte im Bunde', bedeutet er Verlust oder Bereicherung, Last oder Aufgabe, Furcht oder freudige Neugier?

[11] Es kommt nun – phänomenologisch – noch etwas hinzu: dieser Neuling *ist* da und *bleibt* da, und wenn es ihm nicht gut geht, *schreit* er laut. ‚Man hat ihn auf dem Halse!' Und wie man nun mit ihm belastet ist …, so ist dieses Wesen doch zu gleicher Zeit das uns Eigene, das von uns Gezeugte und Geborene! *Es geht nicht fort.* Wie setzen sich die Erzieher mit dieser Tatsache auseinander? …

[12] Dieser unbekannte Neuling, der als Dritter in den Bund eintritt und erst einmal dableibt, ist dazu buchstäblich in jedem Sinne von uns abhängig. Es kommt hinzu, daß er diese Abhängigkeit nicht passiv und in aller Stille erleidet, sondern er *schreit,* er meldet sich als daseiend an …

[13] Die Sorge für das Kind ist ein rein phänomenal Ablesbares. Man ernährt das Kind, man trägt das Kind, man birgt es in den Armen usw. … [14] Die Fürsorge hat nun aber noch ein höchst wesentliches Merkmal: sie schafft den Lebensraum des anderen, hier des Kindes. Nur wo Fürsorge ist, ist Raum, in dem das Versorgte gedeihen, d. h. es selbst werden kann. Die persönliche Fürsorge des Erziehers schafft einen *gestalteten* Raum für das neue Leben.

[15] Nur in diesem ‚Warteraum' wird dem Kinde die Zeit gelassen, sich zu entwickeln, d. h. klein zu *sein* und groß zu *werden.* Nur wo es einen solchen Raum gibt, kann das Kind *persönliche* Gestalt annehmen, kann es sich uns zur Begegnung gegenüberstellen, kann es zu *uns* kommen, indem es zu sich *selbst* kommt und kann es sich auch *von* uns wenden, weil es *selbst* jemand geworden ist …

[16] Wir beobachten noch eine andere Seite der Sache, wenn wir uns folgendes überlegen. Innerhalb der Erziehungssituation treffen wir das Neugeborene, im allgemeinen das Kind, als ein in sich abgerundetes Ganzes an. Dieses Ganze zeigt nun aber zwei treffende Merkmale: es ruht *in* sich, aber es *überschreitet* sich selbst, indem es z. B. schreit, ruft, greift, etwas umwirft usw. … [17] Wir sagten, das Kind sei in der Erziehungssituation als ein in sich abgerundetes Ganzes – ich sage nicht: abgeschlossenes – anzutreffen.

[18]Welche Bedeutung nimmt nun diese Tatsache innerhalb der Erziehungssituation ein? Das Kind ruht in sich selbst, es spielt in seiner eigenen Sphäre. [19] Was geschieht nun in *dieser* Beziehung mit dem Erzieher?

1. Es kann sein, daß dieser Modus des kindlichen Seins dem Erzieher die Freiheit gibt, in seiner eigenen Welt, der Welt der Erwachsenen zu verweilen. Der Erwachsene aktualisiert sich in diesem Falle nicht als Erzieher.
2. Es kann sein, daß der Erzieher das Kind, als wäre es durch eine Glaswand von ihm getrennt – durch die Glaswand des Unterschiedes zwischen dem Erwachsenen und dem Kind –, beobachtet. Das Kind wird im Modus des Anderen, des Fremden, wenn auch Bekannten, be-ob-achtet.
3. Es kann sein, daß der Erzieher dem Kinde liebevoll zusieht, und in diesem Zuschauen ist er mit dem Kinde vereinigt.
4. Es kann auch sein, daß der Erzieher in die Sphäre des Kindes eintritt, indem er es liebkost, indem er irgendeine liebe Überflüssigkeit tut – er verschiebt eine Decke ein wenig, er legt etwas von links nach rechts, um es später wieder von rechts nach links zu legen –, oder, indem er seine Ruhe zerstört …

[20] In der Fürsorge verarbeiten wir unser Verhältnis zu der vorüberfließenden Zeit. Die Fürsorge wird flüchtig und hastig, wenn wir ‚keine' Zeit haben … [21] Schon in der ersten Pflege des Säuglings trägt die Mutter eine Zeitgestalt in das Leben des Kindes hinein, die zwar den vitalen Rhythmus schont, sich aber nicht daran ausliefert. [22] Bald muß das Kind sich der gegebenen Zeitordnung fügen. Mit zunehmendem Alter des Kindes trägt die Fürsorge ein bestimmtes Zeitmaß in sein Leben hinein, und schließlich hat das Kind ‚Stunden' in der Schule und auch eine ‚Erholungsviertelstunde' zum Spielen. [23] An der Art und Weise, wie ein Zeitmaß das Leben der Eltern durchzieht, kann man ablesen, wie sie es in das Leben ihrer Kinder hineintragen werden. In diesem Licht muß man auch die soziale Funktion des Zeitmaßes sehen. Es ist nicht möglich, mit anderen Menschen zusammenzuleben, ohne ein Zeitmaß innezuhalten. [24] Indem die Eltern ihr Zeitmaß in das Leben ihrer Kinder hineinbringen, denken sie manchmal schon weit in

die Zukunft voraus. [25] Schon phänomenologisch wird deutlich, daß der Erzieher und die Erziehungssituation ohne einen Bezug auf das Nicht-Heutige nicht zu verstehen sind. Anscheinend verhält man sich in dieser Situation nicht richtig, wenn man sich allein an innerhalb der Situation Gegebenes hält. Das kindliche Dasein ist zeitlich bipolar. Es soll einerseits in seiner Hier-und-nun gegebenen Kindlichkeit anerkannt werden, und es soll andererseits auch schon im Lichte seiner zukünftigen Lebensstadien gesehen werden ..."

Was soll nun dieser Text von *Langeveld* mit der phänomenologischen Methode zu tun haben? Um diese Frage zu beantworten, halten wir uns an unser Schema der methodischen Schritte, wie sie in einer pädagogischen Phänomenologie angeblich vollzogen werden. Können wir sie hier feststellen?

(a) Worin besteht eine *Enthaltung* von einer theoretischen Einstellung im Hinblick auf eine möglichst vorurteilsfreie?

(b) Wie *beschreibt Langeveld*?

(c) Worin zeigt sich die *Wesenserfassung*?

(a) Eine *Enthaltung* von zumindest einer wissenschaftlichen Vorentscheidung bringt *Langeveld* gleich zu Beginn unseres Textes zum Ausdruck [1]: Er will die „metaphysischen Thesen über die Sexualität" der psychoanalytischen Betrachtung des Eltern-Kind-Verhältnisses nicht mitmachen, vielmehr „die Erziehersituation im Leben phänomenologisch betrachten" [2]. Im Verlauf seiner Studie bezieht dann *Langeveld* keine anderen Theorien ein. Zumindest ist dies nicht offenkundig. Inwieweit aber eventuell doch Bedingungen in seine Beschreibung eingehen, müßte durch eine kritische Auseinandersetzung mit dem folgenden Inhalt aufgezeigt werden. Diese Kritik müßte sich jedoch die Gegenfrage gefallen lassen, ob sie selbst „vorurteilsfrei" ist.

(b) Es geht um das „Erziehungsverhältnis der Eltern zum Kinde". Hierfür trägt nun *Langeveld* eine ganze Reihe von Aspekten zusammen, die er jeweils mehr oder weniger ausführlich darstellt; am breitesten geht er (in unserer Textauswahl) auf das Vermitteln eines Zeitmaßes ein [20–25]. In dem Aufreihen mehrerer Aspekte haben wir das *beschreibende* Vorgehen *Langevelds* zu sehen. Wir zählen die einzelnen Momente, die sich erkennen lassen, im einzelnen auf, um sie deutlich sichtbar zu machen: 1. Das Kind ist der neue, unbekannte Dritte für seine Eltern [4]. – 2. Das Verhältnis zum Kind wird auch vom Leib-Erleben her bestimmt [5–7]. In diesem Zusammenhang sagt *Langeveld* einmal: „So wie man seinen eigenen Körper hat, so hat man sein Kind". Dieser Satz ist für sich allein mißverständlich; er muß durch das Folgende ergänzt werden. Es geht um das gelebte Verhältnis zur Welt und zu sich selbst, so wie es die Mutter und der Vater leben; dieses Welt- und Selbst-Verhältnis bestimmt das Verhältnis zum Kind. – 3. Das Kind bleibt da und schreit; es befindet sich in seiner fordernden Abhängigkeit von den Eltern [11, 12]. – 4. Das Verhältnis wird von einer „phänomenal ablesbaren" Fürsorge bestimmt [13]. – 5. Fürsorge zeigt sich als Raum-Gestalten für das Kind [14, 15]. – 6. Das Kind ruht in sich, und es geht aus sich heraus [16–18]. – 7. Vom In-sich-Ruhen des Kindes aus wird die Haltung der Eltern bestimmt [19]. Hier macht *Langeveld* keine positive, eindeutige Aussage, sondern er zählt nur Möglichkeiten auf. – 8. Das Verhältnis der Eltern zum Kind besteht auch in einem Vermitteln eines Zeitmaßes [20–25, siehe auch 15].

(c) Wer nun im Hinblick auf die *Wesenserfassung* nach einem großartigen Ergebnis der Studie fragt, wird wohl enttäuscht sein. Wir finden kein Resümee von der Art: „Wesen des Erziehungsverhältnisses = ...". Nur an zwei Stellen scheint so etwas wie ein Wesenhaftes direkt angesprochen zu sein [7, 8], und im Hinblick auf den Aspekt des Zeitmaß-Vermittelns heißt es als Schlußfolgerung: „Das kindliche Dasein ist zeitlich bi-polar" [25]. Ansonsten werden lauter unauffällige Dinge benannt, „die auf der Hand liegen" [9]: Das Kind als der neue, unbekannte Dritte, die leibliche Verbundenheit mit den Eltern, die fordernde Abhängigkeit usw. Sind das aber nicht Selbstverständlichkeiten, die in einer Wissenschaft nichts zu suchen haben? Dieser Einwurf müßte der Gegenfrage standhalten: Darf man diese selbstverständlich scheinenden Fakten *vernachlässigen*?

Langeveld fragt an vielen Stellen intensiv nach den praktischen *Folgen* seiner „banalen“ phänomenologischen Feststellungen; so fragt er beispielsweise, was denn jenes leibliche Von-mir-Sein für die Eltern bedeute: Sehen sie das Kind etwa als ein zu ihnen gehöriges Schmuckhaftes oder aus einer gebrochenen Vitalität heraus [6]? Oder wie beantworten die Eltern das Eindringen des Kindes in ihre „tiefste Intimität“ [10]? Wie stellen sie sich zu seinem fordernden Dableiben [11] oder zu seinem In-sich-Ruhen und seinem Aus-sich-Herausgehen [18]? Die schlichten Dienge, die *Langeveld* aufzeigt, haben weitreichende Konsequenzen. Indem er nach ihnen fragt, variiert er das angesprochene Moment; dieses wird dadurch „verifiziert“. Variierende Wesenserfassung im Hinblick auf den untersuchten Gesamtgegenstand erfolgt dadurch, daß *Langeveld* eine Reihe verschiedener Aspekte beschreibt, auch wenn er „nur einige Streiflichter“ geben kann.

Quelle: Helmut Danner, 1989[2]

AUFGABEN UND ANREGUNGEN — Kapitel II

Reproduktion von Informationen:

1. Bestimmen Sie den Begriff „wissenschaftliche Methode“, und zeigen Sie die Bedeutung methodischen Vorgehens in der Psychologie auf.
(Abschnitt 2.1.1)

2. Erläutern Sie die Vielfalt von Methoden in der Psychologie.
(Abschnitt 2.1.2)

3. Beschreiben Sie wesentliche Prinzipien methodischen Vorgehens.
(Abschnitt 2.2.1)

4. Wie kommt ein psychologischer Forscher zu wahren und überprüfbaren Aussagen?
(Abschnitt 2.2.1)

5. Was muß ein Wissenschaftler beachten, um zu allgemeingültigen Aussagen zu kommen?
(Abschnitt 2.2.1)

6. Zeigen Sie Probleme auf, die sich beim induktiven Schließen ergeben können.
(Abschnitt 2.2.1)

7. Stellen Sie wichtige empirische Methoden dar.
(Abschnitt 2.2.2)

8. Beschreiben Sie die Gütekriterien eines Tests.
(Abschnitt 2.2.2 und 2.2.1)

9. Erläutern Sie die Vorgehensweise bei empirischen Untersuchungen.
(Abschnitt 2.2.3)

10. Stellen Sie dar, worum es dem geisteswissenschaftlichen Vorgehen in der Psychologie geht.
(Abschnitt 2.3)

11. Beschreiben Sie die Hermeneutik als wissenschaftliches Verfahren.
(Abschnitt 2.3.1)

12. Erläutern Sie die Phänomenologie als wissenschaftliche Methode.
(Abschnitt 2.3.2)

13. Stellen Sie die Dialektik als geisteswissenschaftliche Methode dar.
(Abschnitt 2.3.3)

14. Zeigen Sie Fehlerquellen methodischen Vorgehens und ihre Folgen auf.
(Abschnitt 2.4)

Anwendungsaufgaben:

15. Erläutern Sie die Bedeutung methodischen Vorgehens für die Gewinnung wissenschaftlicher Erkenntnisse.
(Abschnitt 2.1.1)

16. Zeigen Sie an Beispielen die Stellung der Psychologie zwischen Natur- und Geisteswissenschaften auf.
(Abschnitt 2.1.2)

17. Begründen Sie, warum die Psychologie auf eine Vielfalt von Methoden angewiesen ist.
(Abschnitt 2.1.2 und Kapitel 1.1.2)

18. Stellen Sie an Beispielen dar, wie man Untersuchungsergebnisse auf ihre wissenschaftliche Aussagekraft hin beurteilen kann.
(Abschnitt 2.2.1)

19. *Zeigen Sie auf, welche Prinzipien methodischen Vorgehens man beachten muß, wenn man Ergebnisse psychologischer Einstellungsforschung auf ihre wissenschaftliche Aussagekraft hin beurteilen will.
(Abschnitt 2.2.1 und Kapitel 10)

20. Erläutern Sie an verschiedenen Beispielen die Problematik induktiven Schließens.
(Abschnitt 2.2.1)

21. Zeigen Sie an einem Beispiel den Unterschied zwischen einer Beobachtung und einem Experiment auf.
(Abschnitt 2.2.2)

22. Erläutern Sie, warum ein Test nicht valide sein kann, wenn er nicht reliabel ist, und warum er nicht reliabel sein kann, wenn er nicht objektiv ist?
(Abschnitt 2.2.2 und 2.2.1)

23. Prüfen Sie, ob der folgende Test den Kriterien der Validität, Reliabilität und Objektivität entspricht.
(Abschnitt 2.2.2 und 2.2.1)

Können Sie Ihre Zeit richtig einteilen?

Franz Beckenbauer

1 Welcher Begriff paßt wohl am besten zu diesem Bild des „Kaisers"?

a Erfolg
b Ehrgeiz
c Streß

2 Ob der vielbeschäftigte Mann wohl noch Zeit für sein Privatleben hat?

a Ja – er nimmt sich die Zeit
b Ja – er konzentriert sich im Beruf nur auf das Wichtigste
c Nein

Hildegard Knef

3 Sängerin, Schauspielerin, Autorin – was war für den Erfolg dieser Frau wohl entscheidend?

a Ihre Talente
b Ihr Fleiß
c Ihre Fähigkeit, keine Sekunde zu vertrödeln

4 Glauben Sie, daß der Termindruck für sie ein Alptraum ist?

a Bestimmt
b Eher ein notwendiges Übel
c Im Gegenteil: eher eine Hilfe

André Heller

5 Dieser Mann verwirklicht seine Träume. Was ist er in Ihren Augen vor allem?

a Ein großer Künstler
b Ein hervorragender Organisator
c Ein bewundernswerter Geschäftsmann

6 Welche wesentliche Gemeinsamkeit haben Sie wohl mit ihm?

a Die Phantasie
b Den starken Willen
c Die Empfindsamkeit

Zählen Sie die Testpunkte zusammen

Antwort	Frage 1	2	3	4	5	6
a	8	5	4	0	8	3
b	5	8	8	8	4	8
c	0	0	0	5	0	0

TEST-Auswertung

0–16 Punkte
Sie leben mit der Zeit ein bißchen auf Kriegsfuß. Immer nehmen Sie sich vor, nicht gar so verschwenderisch damit umzugehen. Denn mit einer beachtlichen Betriebsamkeit, mit Schwung und Elan nehmen Sie Ihre Aufgaben und Pflichten in Angriff. Sie möchten halt möglichst immer Klarschiff in Ihrem Leben haben. Aber gerade weil Sie so spontan sind, fehlt Ihnen etwas Systematik. Und so zerrinnt Ihnen – trotz Ihres Eifers – häufig die Zeit wie Sand zwischen den Fingern. Ein kleiner Tip: erst denken und planen, dann handeln! Sie werden sehen, daß Ihnen bei einer genaueren Planung Ihres Alltags viel mehr Freizeit übrig bleibt, als Sie glauben.

17–34 Punkte
Wenn es sein muß, können Sie Ihre Zeit durchaus richtig einteilen. Indes: Viel lieber handeln Sie spontan, fassen Ihre Entschlüsse aus dem Augenblick heraus und lassen auch mal fünf gerade sein. So verplaudern Sie sich schon mal am Telefon oder vertiefen sich in irgendwelche Nebensächlichkeiten, obwohl Sie eigentlich viel Wichtigeres zu tun hätten. Dennoch gerät Ihr Tagesablauf durch solche Mußeminuten nur selten in Unordnung. Sie können halt improvisieren und zum guten Schluß noch „einen Zahn zulegen" – so daß Sie letztlich im Rennen gegen die Zeit Sieger bleiben.

35–48 Punkte
Für Sie ist die Uhr kein Schreckgespenst. Im Gegenteil! Mit der Uhr in der Hand gehen Sie durchs Leben – so zielsicher wie auf einer schnurgeraden Straße. Da gibt es keine noch so verlockenden Abweichungen: Was in Ihrem Zeitplan nicht vorgesehen ist, findet auch nicht statt. Ein wohlgeordnetes Leben, in dem es weder Hektik noch Versäumnisse gibt! Aber natürlich auch nicht soviel Überraschungen – für die gerade bei so exakter Planung eigentlich Zeit genug wäre ...

24. Stellen Sie die Vorgehensweise einer wissenschaftlichen Untersuchung zu folgenden Fragestellungen dar:
(Abschnitt 2.2.3)
a) Beeinträchtigt Angst vor Schulaufgaben die Leistungsfähigkeit von Schülerinnen und Schülern?
b) Fördert Mathematikunterricht das logische Denken?

25. Zeigen Sie an einem Beispiel den Unterschied zwischen empirischem und geisteswissenschaftlichem Vorgehen auf.
(Abschnitt 2.1.3, 2.2 und 2.3)

26. Stellen Sie an dem Begriff „Psychologie" methodische Schritte der Phänomenologie dar.
(Abschnitt 2.3.2)

27. Beschreiben Sie an Beispielen Fehlerquellen methodischen Vorgehens und ihre Folgen.
(Abschnitt 2.4)

Anregungen:

28. Suchen Sie in Zeitschriften nach psychologischen Untersuchungen, und sprechen Sie in Ihrer Klasse darüber, inwieweit Prinzipien methodischen Vorgehens eingehalten wurden.

29. Nehmen Sie aus einer Ihnen bekannten Zeitschrift einen Test und untersuchen Sie ihn hinsichtlich wissenschaftlicher methodischer Anforderungen. Diskutieren Sie in Ihrer Klasse darüber.

30. Überlegen Sie sich in Gruppen, warum man selbst wissenschaftliche Forschungsergebnisse kritisch prüfen soll.

31. Suchen Sie einen (historischen) Text aus der Psychologie, und versuchen Sie ihn mit Hilfe der Grundregeln hermeneutischen Verfahrens zu analysieren.

32. Diskutieren Sie in der Klasse über mögliche Probleme und Gefahren einseitigen empirischen Vorgehens.

3 Wahrnehmung und Verhalten

Was sehen Sie:
Eine junge Frau oder eine alte Dame?
Punkte und Kleckse oder einen Hund?

Diese unterschiedlichen Wahrnehmungsmöglichkeiten werfen einige Fragen auf:

1. Was verstehen wir unter Wahrnehmung?
   Wie verläuft der Prozeß der Wahrnehmung?
2. Wie ist unsere Wahrnehmung organisiert?
   Von welchen Faktoren wird unsere Wahrnehmung beeinflußt?
3. Welchen Fehlern unterliegt die Wahrnehmung?
   Wie kommen sie zustande?
4. Was sind die wichtigsten Störungen der Wahrnehmung?
   Was sind ihre Ursachen?

Jeder Mensch ist mit **psychischen Fähigkeiten** wie beispielsweise der Intelligenz oder dem Gedächtnis, **psychischen Funktionen** wie zum Beispiel der Wahrnehmung, dem Denken oder dem Behalten, und **psychischen Kräften** wie Gefühlen, Trieben, Bedürfnissen oder Interessen ausgestattet, die grundsätzlich nach demselben Muster funktionieren.

Eine psychische Funktion ist eine auf einen bestimmten Zweck ausgerichtete Aktivität des Organismus; Voraussetzung für die Durchführung einer solchen zweckgerichteten Aktivität ist eine psychische Fähigkeit.

So ist zum Beispiel die Fähigkeit der Intelligenz Voraussetzung für die Aktivität des Denkens (= Funktion), die Fähigkeit des Gedächtnisses für das Behalten (= Funktion).

Mit psychischer Fähigkeit ist eine bestimmte Voraussetzung für die Durchführung einer Handlung, Tätigkeit oder einer Leistung gemeint.
Unter **psychischen Funktionen** werden Aktivitäten eines Organismus verstanden, die auf einen bestimmten Zweck ausgerichtet sind.

Psychische Kräfte sind Antriebsformen des Menschen, die Erleben und Verhalten aktivieren und steuern, wie dies beispielsweise bei Gefühlen, Trieben oder Bedürfnissen der Fall ist.

Psychische Kräfte bezeichnen alle Antriebsformen des Menschen, die Erleben und Verhalten aktivieren und steuern.

Psychische Fähigkeiten und Funktionen sowie Kräfte werden häufig als **psychische Phänomene** bezeichnet (vgl. zum Beispiel D. Dörner/H. Selg, 1985); sie bilden die **Grundlagen des Verhaltens und Erlebens.** Sie sind bei allen Menschen in irgendeiner Form vorhanden, von Individuum zu Individuum jedoch unterschiedlich stark ausgeprägt. Die Begegnung mit der Wirklichkeit, Reaktionen auf sie und ihre Bewältigung vollziehen sich im Zusammenspiel dieser psychischen Funktionen, Fähigkeiten und Kräfte.

Auseinandersetzung des Menschen mit seiner Umwelt und sich selbst		Aspekt des Verhaltens und Erlebens
Menschen *begegnen* der Wirklichkeit	→	Empfindung und Wahrnehmung
Menschen *reagieren* auf die Wirklichkeit	→	Psychische Kräfte wie Gefühle, Triebe, Bedürfnisse, Interessen
Menschen *bewältigen* die Wirklichkeit	→	Psychische Funktionen und Fähigkeiten wie Intelligenz, Denken, Gedächtnis, Sprache

„Die *Wahrnehmung* ermöglicht uns die Orientierung, das Denken hilft uns bei der Handlungsplanung, das *Lernen* ermöglicht den Erwerb notwendiger Fertigkeiten, die *Gefühle* erlauben uns eine Bewertung, die Motivation steuert die Handlungen, mit Hilfe der *Handlungen* selbst können wir unsere Bedürfnisse befriedigen und die uns angemessene Umwelt schaffen, und die *Sprache* brauchen wir, um uns mit Hilfe von Symbolen untereinander zu verständigen." *(Dieter Ulich, 1989)*

Diese psychischen Fähigkeiten, Funktionen und Kräfte wirken zusammen und lassen den Menschen als ein **System** verstehen: Die verschiedenen psychischen Phänomene sind in geordnetem Zusammenhang und Zueinanderordnung zu sehen, und deren Zusammenwirken bezieht sich auf etwas *Ganzes*, auf die Person.

„Die Gesamtheit der psychischen Vorgänge und Zustände, Erlebnis- und Verhaltensweisen hat man sich als ein geordnetes, zusammengesetztes Ganzes vorzustellen, das gegebenenfalls vor einer bestimmten Dynamik in Richtung eines Ziels bewegt wird." *(Dieter Ulich, 1989)*

In diesem Kapitel wird zunächst auf die Wahrnehmung eingegangen. Psychische Funktionen und Fähigkeiten werden in Kapitel 4 und psychischen Kräfte in Kapitel 5 dargestellt.

3.1 Der Prozeß der Wahrnehmung

Die Wahrnehmung spielt eine entscheidende Rolle: Ohne sie wäre Erleben und Verhalten, ja menschliches Leben überhaupt nicht möglich. Um der Wirklichkeit begegnen und sich mit ihr auseinandersetzen zu können, muß sie der Mensch wahrnehmen können. Die Wahrnehmung dient dem Menschen dazu, Informationen zu gewinnen, um sich in seiner Umwelt orientieren und angemessen verhalten zu können.

Die Psychologie faßt mit dem Begriff Wahrnehmung alle **Prozesse der Informationsgewinnung und -verarbeitung** von Sinneseindrücken zusammen. Diese Informationen können aus der Umwelt stammen – zum Beispiel die Wahrnehmung von Mitmenschen, Tieren, Dingen, Objekten (= Umweltreize) – oder aus dem Körperinneren wie beispielsweise die Wahrnehmung eines Schmerzes, eines Gefühls (= Körperreize).

Mit Wahrnehmung wird jedoch nicht nur der Prozeß, sondern auch das **Ergebnis der Informationsgewinnung und -verarbeitung** bezeichnet.

So kann sich zum Beispiel beim Wahrnehmen des Reizes „Notenbuch“ der Pulsschlag und die Gefäßdurchblutung verändern (= Ergebnis). Das Heranbrausen eines schnellen Autos (= Reiz) kann als Ergebnis Fluchtverhalten hervorrufen (= Reaktion).

Wahrnehmung ist der Prozeß und das Ergebnis der Informationsgewinnung und -verarbeitung von Reizen aus der Umwelt und dem Körperinneren.

Die Frage, wie Informationen gewonnen und verarbeitet werden, führt zu den physiologischen Grundlagen.

3.1.1 Physiologische Grundlagen der Wahrnehmung

Die Verarbeitung von Reizen aus der Umwelt und dem Körperinneren findet im **Nervensystem** statt. Mit seinen rund hundert Milliarden Nervenzellen bildet es die stoffliche Grundlage alle psychischen Prozesse, steuert die Lebensvorgänge und stellt den Vermittler zur Umwelt dar, indem es bestimmte Reize aufnimmt, auswertet und zum Teil speichert sowie als Antwort darauf eine Reaktion in Form eines bestimmten Erlebens und Verhaltens ermöglicht.

An der Aufnahme, Weiterleitung und Verarbeitung von Informationen sind zahlreiche Teilsysteme unseres Nervensystems beteiligt:

Das Nervensystem besteht aus dem

- **Zentralnervensystem** (ZNS), das das Gehirn und das Rückenmark umfaßt und Verbindungs- und Schaltstelle sowie Koordinations- und Integrationszentrum aller ankommenden Informationen und der darauf folgenden Reaktionen ist, und aus dem
- **peripheren Nervensystem,** das einmal alle zum ZNS hinführenden Nervenbahnen umfaßt, die Reize aufnehmen und zum ZNS weiterleiten (= **Rezeptoren**), und zum anderen alle vom ZNS wegführenden Nervenbahnen beinhaltet, die die Verbindung zu den Muskeln und Drüsen herstellen und diese versorgen (= **Effektoren**).

Das periphere Nervensystem läßt sich in das *animalische,* oft auch *somatisches* System genannt, und in das *vegetative,* auch *autonome* System aufteilen. Während der animalische Anteil der Regelung der Beziehungen des Organismus zur Außenwelt dient, steuert der vegetative Teil die inneren Lebensfunktionen wie Atmung, Verdauung, Stoffwechsel, Drüsenfunktion. Dabei sorgt der *Sympathikus* für Aktivität, Spannung und Erregung und der *Parasympathikus* für Entspannung, Erholung und Schlaf. Beide, Sympathikus und Parasympathikus, sind Teile des vegetativen Nervensystems.

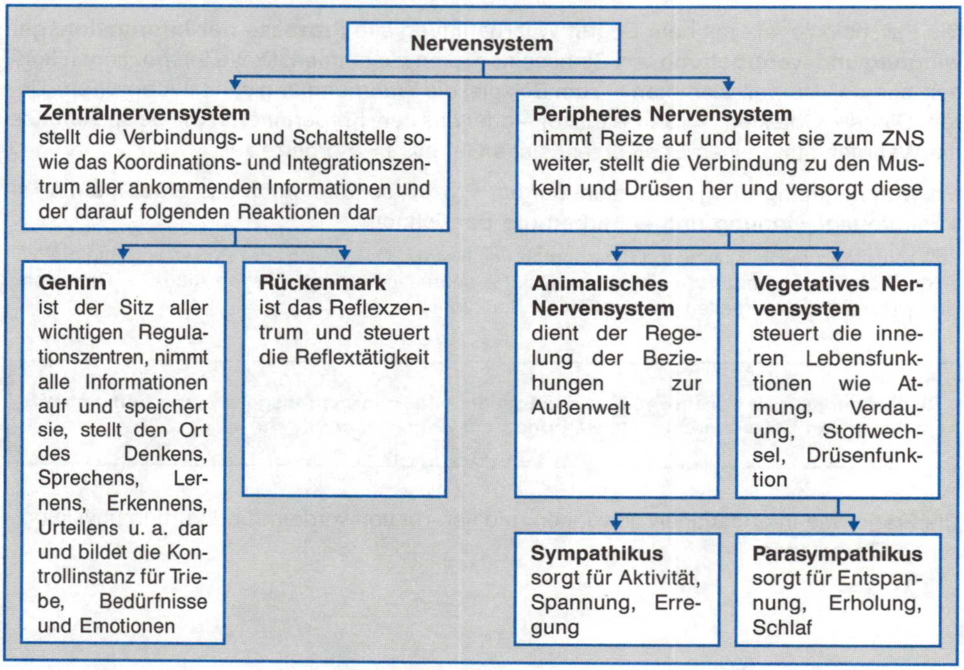

Pro Sekunde treffen etwa einige Millionen Informationen auf die Rezeptoren. Der größte Teil dieser Reize wird auf physiologischem Weg als unwichtig herausgefiltert. Nur die wichtigen Informationen gelangen bis in höhere Zentren der Hirnrinde und werden dort zu bewußten Wahrnehmungen verarbeitet.

3.1.2 Reizaufnahme und Empfindung

Informationen über unsere Umwelt und uns selbst erhalten wir über die **Sinnesorgane** wie Seh-, Gehör-, Geschmacks-, Geruchssinn und Hautsinne. Sie sind nur begrenzt leistungsfähig und können nur einen Teil von dem, was in der Realität tatsächlich existiert, aufnehmen.

Auf unsere Sinnesorgane treffen bestimmte **Reize,** beispielsweise in Form von elektromagnetischen Wellen, mechanischen Schwingungen, chemischen Veränderungen und dergleichen.

Reize sind Energien aus der Umwelt oder dem Körperinneren, die auf unsere Sinnesorgane einwirken.

Reize, die auf unsere Sinnesorgane einwirken, lösen eine bestimmte **Empfindung** aus.

Als Empfindung bezeichnet man die Folge der Einwirkung eines Reizes auf ein Sinnesorgan.

Empfindungen entstehen also durch die Reizung der Sinnesorgane und hängen in ihrer Intensität von der Reizstärke und in ihrer Qualität von der Art des Sinnesorgans ab. Die Art eines Reizes muß der Beschaffenheit eines bestimmten Sinnesorganes entsprechen, damit überhaupt eine Wahrnehmung zustande kommen kann.

Wir nehmen nicht Schwingungen, Wellen und Moleküle wahr, sondern Farben, Töne, Berührung, Gerüche und dergleichen.

Die Rezeptoren und ihre Wahrnehmung			
Pysikalischer Reiz	**Organ**	**Rezeptoren**	**Ergebnis**
Lichtwellen (elektromagnetische Wellen von 0,7–0,4μ)	Auge	Netzhaut (Retina)	Helligkeit, Farben; Gegenstände, Raum, Bewegung
Schallwellen (Luftdruckschwankungen 16–20 000/Sek)	Innenohr	Schnecke (Cochlea)	Töne, Geräusche; Sprache, Musik; Lokalisation von Tonquellen im Raum
Schwerkraft Körperbeschleunigung	Innenohr	Sacculus, Utriculus	Körperposition bezügl. Erdanziehung; Körperbeschleunigung
Kopfrotation	Innenohr	Bogengänge (Labyrinth)	Kopfbewegungen
Moleküle im Gaszustand	Nase	Riechepithel sensible Nerven in Nasenschleimhaut	Gerüche allgemeine Reizirritation (z. B. durch Rauch)
Moleküle in Lösung	Zunge, Mund-, Rachenschleimhaut	Geschmacksknospen	Geschmacksrichtungen (süß, salzig, sauer, bitter)
Druck, Temperatur, Gewalteinwirkung	Haut	verschiedene Endorgane und Nervenendigungen	Berührung, Druck, Temperatur, Schmerz, Kitzel, Vibration
Druck, Temperatur, chemische Veränderungen	Genitalschleimhaut	verschiedene Endorgane	sexuelle Erregung, Orgasmus
	innere Organe	Nervenendigungen in Muskulatur, Schleimhaut, Bindegewebe	Dehnungsschmerz, z. T. Berührung, Temperatur, Druck (Gefühle)
Druck, Zug	Muskeln, Sehnen, Gelenke	Muskelspindeln (Muskeldehnung) Sehnenspindeln (Muskelkontraktion) Druckrezeptoren	Position und Bewegung der Körperteile
„Inneres Milieu", Aktivitätszustand u. a.	Gehirn	zahlreiche Zentren	Wachheitsgrad, Gefühls- und Motivationszustände, Bewußtsein

Quelle: H. Legewie/ W. Ehlers, 1986

Reize können zu „schwach“ sein, um eine Empfindung hervorzurufen. Es gibt also eine **absolute Schwelle** der Wahrnehmung: Reize müssen eine bestimmte „Stärke“ aufweisen, damit eine Wahrnehmung stattfinden kann.

Ultraviolettes Licht beispielsweise oder Ultraschall können vom Menschen nicht mehr wahrgenommen werden.
Wenn das Licht zu schwach ist, so sehen wir nichts mehr; wenn ein Ton zu hoch oder zu tief ist, dann können wir ihn nicht mehr hören; einen Teelöffel Zucker aufgelöst in 10 l Tee können wir nicht mehr schmecken.

Von den Reizen, die auf unsere Sinnesorgane treffen, werden nur die wahrgenommen, die eine bestimmte Reizschwelle überschreiten.

Beispiele für absolute Schwellen (aus Werner Herkner, 1986):

Sehen	Kerzenlicht in klarer dunkler Nacht in ca. 45 km Entfernung
Hören	Ticken einer Armbanduhr in ca. 6 m Entfernung
Schmecken	Ein Teelöffel Zucker in ca. sieben Liter Wasser
Riechen	Ein Parfümtropfen in einer Sechs-Zimmer-Wohnung verteilt
Berührung	Ein Sandkorn aus 1 cm Höhe auf die Wange fallend

> Wir nehmen nur einen Bruchteil von dem, was objektiv an Reizen auf uns einströmt, wirklich wahr.

Zudem gibt es auch eine Schmerzschwelle, die die obere Grenze der Wahrnehmung darstellt.

Zu starkes Licht oder zu großer Lärm zum Beispiel können Schmerzempfindungen hervorrufen.

Beim erwachsenen Menschen ist es kaum mehr möglich, daß er reine Empfindungen erlebt. Empfindungen werden mit Erfahrungen gekoppelt und nicht mehr losgelöst von diesen wahrgenommen.

Wir nehmen beispielsweise nicht nur den Lehrer als solchen wahr, sondern verbinden mit ihm zugleich die Erfahrungen, die wir mit diesem oder mit anderen Lehrern gemacht haben, und nehmen ihn als „gut“, „gerecht“, „sympathisch“ oder als „schlecht“, „ungerecht“, „unsympathisch“ wahr.

> Wahrnehmung setzt sich aus Empfindungen, die von bestimmten Reizen durch das Auftreffen auf bestimmte Sinnesorgane verursacht werden, und durch die Bewertung dieser Empfindungen aufgrund bisheriger Erfahrungen zusammen.

Allein das Auslösen von Empfindungen kann noch nicht als Wahrnehmung bezeichnet werden. Erst durch das Bewerten der Empfindungen aufgrund bisheriger Erfahrungen kann man von Wahrnehmung sprechen. Dieser Prozeß läuft jedoch im Individuum nicht immer bewußt ab.

➡ **Materialien 1.**

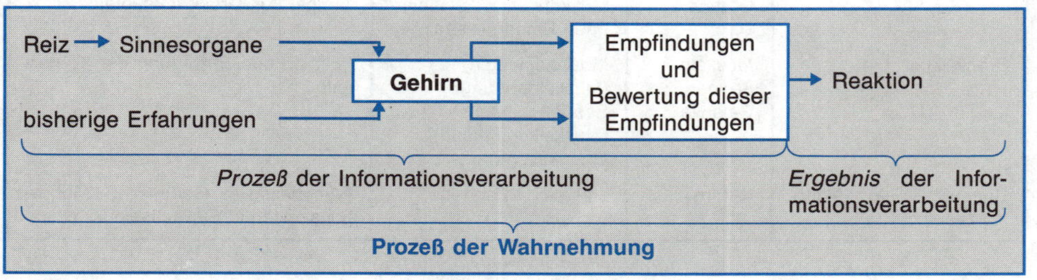

3.1.3 Die Subjektivität der Wahrnehmung

Die meisten Menschen sind der Meinung, die Wirklichkeit so wahrzunehmen, wie sie tatsächlich ist. Zahlreiche Experimente zeigen jedoch, daß das Ergebnis der Wahrnehmung nur zum Teil der tatsächlich existierenden Wirklichkeit entspricht. Aus der Flut von Informationen, die auf unsere Sinnesorgane auftreffen, wählen wir nur ganz bestimmte aus. Was wir sehen, hören, riechen oder schmecken, ist kein einfaches Abbild der Realität, die Wahrnehmung ist vielen Faktoren ausgesetzt, die sie verzerren, ja sogar verfälschen.

Wenn man zum Beispiel an einem heißen Sommertag mit 38 ° Celsius Temperatur in ein Zimmer geht, das etwa 20 ° Celsius hat, so wird man diese Zimmertemperatur als „angenehm kühl" wahrnehmen. Betritt man jedoch das Zimmer, nachdem man draußen in der Kälte bei -20 ° Celsius stand, so nimmt man dieses Zimmer mit +20 ° Celsius als „warm" wahrnehmen.

Unsere Wahrnehmung stellt also keinen einfachen Reiz-Reaktions-Vorgang dar; eine Vielzahl von Faktoren bestimmt, ob wir überhaupt diesen oder jenen Reiz wahrnehmen, und wenn ja, wie wir ihn wahrnehmen und darauf reagieren.

Unsere Wahrnehmung wird

- durch die Beschaffenheit unserer Sinnesorgane eingeschränkt (vgl. Abschnitt 3.1.2),
- von anderen Wahrnehmungen mitgestaltet,
- durch bestimmte Gesetze strukturiert (siehe Abschnitt 3.3.1),
- von bestimmten Wert- und Normvorstellungen sowie von anderen Personen bzw. Personengruppen (= *soziale Faktoren*) beeinflußt (siehe Abschnitt 3.2.2) und
- von Persönlichkeitsmerkmalen wie Bedürfnissen und Trieben, Gefühlen und Stimmungen, bisherigen Erfahrungen, Einstellungen, Wertvorstellungen, Interessen und dergleichen (= *individuelle Faktoren*) verändert (Abschnitt 3.2.1).

„Aus dem bisher Gesagten folgt, daß zwischen Reizen und der äußeren Wirklichkeit und dem Ergebnis der Wahrnehmung keine Beziehung im Sinne einer Entsprechung besteht, sondern daß die Wahrnehmung dem *Prinzip der Subjektivität* gehorcht und daß es keine objektive, sondern nur eine subjektive Wirklichkeit gibt." *(J. A. Keller/F. Novak, 1988*[6]*)*

„Die Katze kann einem leid tun, wie sie von der Maus gehetzt wird."

3.2 Individuelle und soziale Faktoren der Wahrnehmung

Die Wahrnehmung wird immer von individuellen und sozialen Faktoren beeinflußt und bestimmt. Diese Faktoren können sie in einem nicht unerheblichen Maße verzerren, verändern und verfälschen, was sich in der Wahrnehmung von anderen Personen bzw. Gruppen schicksalshaft auswirken kann.

3.2.1 Individuelle Faktoren

Persönlichkeitsmerkmale wie Bedürfnisse und Triebe, Gefühle und Stimmungen, bisherige Erfahrungen, Einstellungen, Wertvorstellungen, Interessen und dergleichen verändern unsere Wahrnehmung.

Beispiel, wie **Erfahrungen** die Wahrnehmung beeinflussen können:
Wenn wir auf der Straße einem Menschen begegnen und uns wird gesagt, daß dieser Mann ein Lehrer ist, so werden wir all die Erfahrungen, die wir mit Lehrern gemacht haben, in unsere Wahrnehmung dieses Menschen einfließen lassen.

Beispiele, wie **Bedürfnisse und Triebe** unsere Wahrnehmung bestimmen können:
Wer großen Hunger hat, sieht Nahrungsmittel anders als derjenige, der sich gerade satt gegessen hat. Wer auf eine Party geht, weil er eine Freundin sucht, betrachtet die Gäste unter einem ganz anderen Aspekt als derjenige, der lediglich Unterhaltung will.

Beispiele, wie **Gefühle und Stimmungen** die Wahrnehmung verändern können:
Wer verliebt und glücklich ist, nimmt seine Umwelt mit anderen Augen wahr, als der Enttäuschte, Unglückliche.
Wer Angst hat, deutet die Geräusche nachts in einem einsamen Haus anders als der Furchtlose. Der Ängstliche sieht und hört in der Dämmerung häufig bedrohliche Gestalten.
In Kinderzeichnungen wird vor dem Weihnachtsfest der Weihnachtsmann größer gezeichnet als nach der Bescherung.
Man sagt, Menschen können „blind“ sein vor Wut, aber auch: „Liebe macht blind“.

> **Umgekehrt**
> Ein Mensch wird „Pessimist“ geschmäht,
> Der düster in die Zukunft späht.
> Doch scheint dies Urteil wohl zu hart:
> Die Zukunft ists, die düster starrt!
>
> *Eugen Roth*

Eine besondere Rolle in diesem Zusammenhang spielen *Einstellungen,* die auch häufig zu den sozialen Faktoren gezählt werden (vgl. Abschnitt 3.2.2).

> Bisherige Erfahrungen, Einstellungen, Interessen und Wertvorstellungen, Intelligenz, Fähigkeiten und Fertigkeiten, Gefühle und Stimmungen sowie Triebe und Bedürfnisse verändern die Wahrnehmung.

➡ **Materialien 2.**

3.2.2 Soziale Faktoren

Auch soziale Faktoren spielen in der Gestaltung des Wahrnehmungsprozesses eine große Rolle, von denen die wichtigsten aufgeführt werden:
Die Wahrnehmung ist einmal in einem entscheidenden Maße von den **Wert- und Normvorstellungen** der betreffenden Gesellschaft bzw. einer ihrer Gruppen abhängig. Zum anderen wird sie von **Einstellungen und Vorurteilen** mitbestimmt.

Wer beispielsweise sparen muß, dürfte eine andere Einstellung zum Geld haben, als derjenige, der im Überfluß lebt. Zum anderen gilt Geld in unserer Gesellschaft als ein hoher Wert.

Die beiden Psychologen Jerome Bruner und C. Goodmann teilten in einem Experiment zehnjährige Kinder in zwei Gruppen ein, und zwar entsprechend ihrer Herkunft in eine „arme“ und in eine „reiche“ Gruppe. Sie bekamen verschiedene Geldmünzen vorgelegt, deren Größe sie schätzen sollten. Alle Kinder überschätzten die Größen der Münzen, die Kinder aus „armen“ Familien jedoch deutlich stärker als die aus einem „reichen“ Elternhaus.

Quelle: H. Legewie/ W. Ehlers, 1986

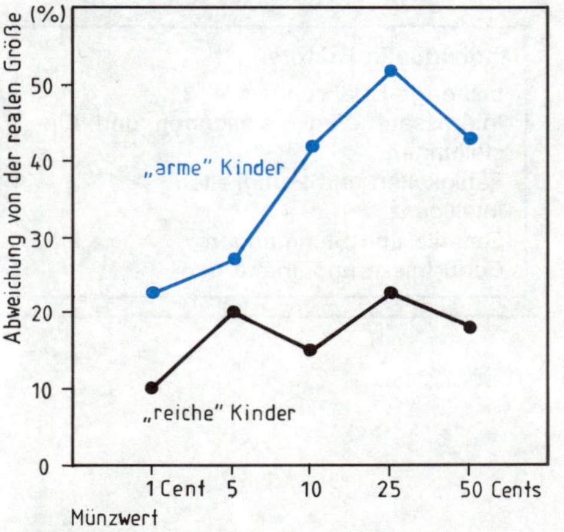

Die Verfälschung der Wahrnehmung durch Einstellungen kann schicksalshafte Auswirkungen haben, wenn sie zur Bestätigung von Vorurteilen oder Stereotypen[1] beiträgt.

➡ **Materialien 3.**

Schließlich wird unsere Wahrnehmung durch andere **Personen bzw. Gruppen** beeinflußt.

Das aufsehenerregendste Experiment, wie andere Personen unsere Wahrnehmung verändern können, stammt von dem amerikanischen Psychologen Salomon Asch:

Versuchspersonen sollten in einer Gruppe von mehreren Personen angeben, welche der drei Vergleichslinien auf der Vergleichskarte die gleiche Länge hat wie die Linie auf der Standardkarte. Einige „Versuchspersonen“ waren jedoch in Wirklichkeit keine Versuchspersonen, sondern Mitgestalter des Versuches. Sie mußten bei der Schätzung sagen, daß die Linie 1 so lang ist wie die Standardlinie. Die wirklichen Versuchspersonen waren nicht eingeweiht.

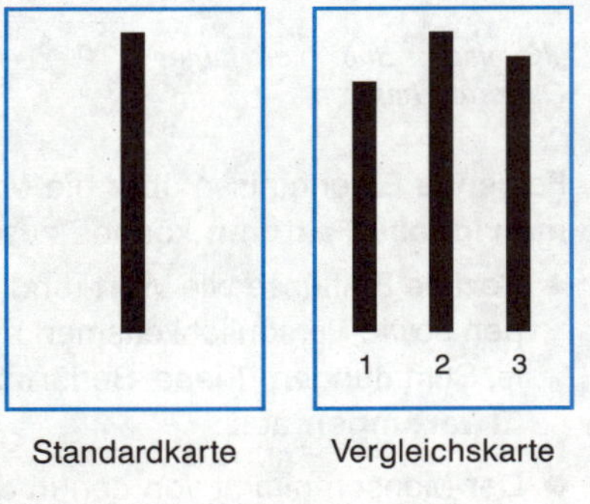

Die meisten (wirklichen) Versuchspersonen paßten sich dem Urteil der anderen Personen an und nahmen in ihren Augen tatsächlich die Standardlinie als gleich groß mit der Linie 1 auf der Vergleichskarte an. „Sie vertrauten offenbar mehr dem Urteil der Mehrheit der anwesenden Personen als ihren eigenen Wahrnehmungsleistungen und schlossen sich häufig den fingierten Beurteilungen der anderen an.“ *(Manfred Bornewasser u. a., 1986[3])*

---

1 Während man unter Vorurteil eine wertende, der Wahrheit nicht entsprechende Meinung über andere Personen bzw. -gruppen versteht, die durch hinzukommende Informationen kaum geändert wird, meint man mit Stereotypen schablonenhafte Beurteilungen, vereinfachte Verallgemeinerungen bzw. Klischeevorstellungen, wie zum Beispiel „Franzosen lieben den Wein und die Liebe“, „Neger sind dümmer als Weiße“ oder „Araber sind fauler als Europäer“ (vgl. Kapitel 10.1.1).

In dem Moment, in welchem sich ein Mensch in einer Gruppe befindet, paßt sich seine Wahrnehmung dem Einfluß der Gruppe an.

Die Wahrnehmung wird verändert
durch

individuelle Faktoren
bisherige Erfahrungen
Interessen, Wertvorstellungen und Einstellungen
Fähigkeiten und Fertigkeiten
Intelligenz
Gefühle und Stimmungen
Bedürfnisse und Triebe u. a.

soziale Faktoren
Wert- und Normvorstellungen der jeweiligen Gesellschaft bzw. einer ihrer Gruppen
Einstellungen, Vorurteile und Stereotype
andere Personen und Personengruppen
u. a.

„Komisch, daß hier lauter Quadrate hängen."

Folgende Erkenntnisse über die **Mitbedingtheit der Wahrnehmung durch soziale und individuelle Faktoren** können zusammengefaßt werden:

- Soziale Einflüsse wie Wert- und Normvorstellungen oder andere Personen bzw. -gruppen sowie Persönlichkeitsmerkmale wie bisherige Erfahrungen, Einstellungen, Gefühle, Stimmungen, Triebe, Bedürfnisse und dergleichen lösen beim Menschen bestimmte **Erwartungen** aus.
- Der Mensch nimmt von den in der Wirklichkeit objektiv gegebenen Reize nur diejenigen wahr, die diesen Erwartungen entsprechen. Reize, die diesen Erwartungen widersprechen, werden abgewehrt, umgedeutet, verzerrt, verfälscht, unterdrückt oder als nicht bedeutend gewertet.
- Die Wahrnehmung stellt demnach einen Kompromiß zwischen den objektiv gegebenen Reizen aus der Umwelt und dem Körperinneren und diesen Erwartungen dar.
- Die Stärke dieser Erwartungen gegenüber den Reizen hängt von verschiedenen Faktoren ab und ist individuell unterschiedlich.

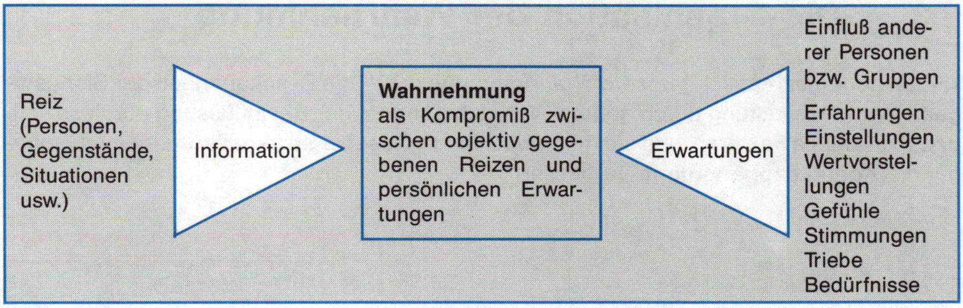

Das Sprichwort „Es kann nicht sein, was nicht sein darf" ist ein Beispiel für eine sehr starke Beeinflussung der Wahrnehmung durch bestimmte persönliche Erwartungen.

„Die Wahrnehmung vermittelt keine objektive Wirklichkeit, sondern eine subjektive Welt; wir nehmen das wahr, was unseren Bedürfnissen, Erfahrungen, Erwartungen entspricht und nicht die objektiv gegebenen Reize." *(Ch. Michel/ F. Novak, 1990)*

Man kann demnach sagen, daß Wahrnehmung der **Prozeß** und das **Ergebnis** der unter dem Einfluß von individuellen und sozialen Faktoren erfolgenden Informationsverarbeitung von Reizen aus der Umwelt und dem Körperinneren ist.

Besonders prägnante Beispiele für die Verkennung der Realität sind die sogenannten **geometrisch-optischen Täuschungen.**

➡ **Materialien 4.**

„Erfahrungen werden nicht einfach einverleibt, sondern sie werden gemacht. Es handelt sich also beim Menschen nicht um ein einfaches Apperzipieren[1], sondern um eine durch die Meinung bedingte, in ganz bestimmter Weise funktionierende Filtration aller Eindrücke und Erlebnisse. Die Aufnahme, die Verarbeitung aller Eindrücke und Erlebnisse, die Stellungnahme dazu (...) – alles das geschieht unter der Einwirkung einer ganz bestimmten Tendenz." *(Oskar Spiel, 1979)*

Optische Täuschung

Ein Mensch sitzt stumm und liebeskrank
Mit einem Weib auf einer Bank;
Er nimmt die bittre Wahrheit hin,
Daß sie zwar liebe, doch nicht ihn.
Ein andrer Mensch geht still vorbei
Und denkt, wie glücklich sind die zwei,
Die – in der Dämmrung kann das täuschen –
Hier schwelgen süß in Liebesräuschen.
Der Mensch in seiner Not und Schmach
Schaut trüb dem andern Menschen nach
Und denkt, wie glücklich könnt ich sein,
Wär ich so unbeweibt allein.
Darin besteht ein Teil der Welt,
Daß andre man für glücklich hält.

Eugen Roth

1 apperzipieren: etwas Gegebenes aktiv in das Bewußtsein aufnehmen

3.3 Die Organisation der Wahrnehmung

Neben der Einschränkung unserer Wahrnehmung durch die Beschaffenheit der Sinnesorgane, der Mitgestaltung durch andere Wahrnehmungen, der Beeinflussung durch soziale und individuelle Faktoren wird sie durch bestimmte **Gesetze strukturiert** und durch sogenannte **Konstanzphänomene** verbessert.

3.3.1 Gesetze der Wahrnehmung

Die Gestaltpsychologen[1] haben einige Gesetzmäßigkeiten herausgefunden, nach denen die Realität strukturiert wird. Grundprinzip ist dabei, daß mit Hilfe der Wahrnehmung Sinn und Ordnung in die Reize der Umwelt gebracht werden. Es werden vollkommene, bedeutungsvolle Gestalten und Figuren nach ganz bestimmten Gesetzen, den sogenannten **Gestaltgesetzen**, gebildet.

Die Gestaltpsychologie geht davon aus, daß der Mensch gar nicht anders „kann", als Gestalten zu sehen, und daß einzelne Reize grundsätzlich in einem Gesamtzusammenhang eingebettet sind. Die meisten geometrischen Täuschungen machen diese Tatsache augenfällig.

➡ **Materialien 4.**

Die wichtigsten Gestaltgesetze sind:

- Das **Gesetz der Ähnlichkeit:** Ähnliche Reize werden als zusammengehörig wahrgenommen.

  In der folgenden Anordnung werden Spalten und nicht Zeilen gesehen: Ähnliche Reize werden als zusammengehörig wahrgenommen.

  O N O N O N O N O
  O N O N O N O N O
  O N O N O N O N O
  O N O N O N O N O
  O N O N O N O N O
  O N O N O N O N O

  Die Tatsache, daß Angehörigen einer bestimmten Gruppe wie beispielsweise Homosexuellen, ausländischen Arbeitnehmern, einer bestimmten Schicht, Nation oder Rasse gleiche Eigenschaften zugeschrieben werden, kann mit dem Gesetz der Ähnlichkeit erklärt werden.

- Das **Gesetz der Nähe:** Reize, die nahe beieinanderliegen, werden als zusammengehörig wahrgenommen.

  In der folgenden Anordnung sieht man nicht N und O als zusammengehörig, sondern O und N:

  ON ON ON ON ON ON ON ON
  ON ON ON ON ON ON ON ON
  ON ON ON ON ON ON ON ON
  ON ON ON ON ON ON ON ON

[1] Die Grundannahmen der Gestaltpsychologie sind in Kapitel 1.4.3 dargestellt.

Die Nähe kann auch Dinge einander ähnlicher erscheinen lassen als sie es in Wirklichkeit sind. Die gleiche Figur, die unter Antilopen wie eine Antilope aussieht, sieht in der Gesellschaft von Vögeln wie ein Vogel aus.

Quelle: Philip G. Zimbardo, 1983[4]

Zwei Menschen, die wir miteinander des öfteren sehen, werden als Paar wahrgenommen, die möglicherweise miteinander „gehen".
Das Sprichwort „Sagst du mir, mit wem du umgehst, sage ich dir, wer du bist" beruht ebenfalls auf dem Gesetz der Nähe.

- Das **Gesetz der Geschlossenheit:** Unvollendete Reize werden als vollendet wahrgenommen.

Wir sehen im folgenden keine Punkte, sondern einen Kreis, und die unregelmäßigen Fragmente als ein Pferd:

Quelle: Philip G. Zimbardo, 1983[4]

Der auf der ersten Seite des Kapitels dargestellte Hund ist ebenfalls ein anschauliches Beispiel für die Geschlossenheit.

In vielen Karikaturen, Witzzeichnungen, auf Gebots- und Verbotsschildern, Plakaten oder im Straßenverkehr finden wir das Prinzip der Geschlossenheit wieder.

- Das **Gesetz der Kontinuität:** Reize, die eine Fortsetzung vorausgehender Reize zu sein scheinen, werden als zusammengehörig wahrgenommen.

Im folgenden wird die Kurvenlinie als eine, und die rechteckige Linie als eine andere Figur wahrgenommen:

- Das **Gesetz der gemeinsamen Bewegung:** Reize, die sich in dieselbe Richtung bewegen, werden als zusammengehörig wahrgenommen.

Wenn beispielsweise Tänzer abwechselnd aus der Ballettgruppe hervortreten und die gleichen Bewegungen machen, werden sie als eine Einheit wahrgenommen:

Quelle: Handreichung für Psychologie an Fachoberschulen, 1980

- Das **Gesetz der Prägnanz:** Unsere Wahrnehmung bevorzugt „Gestalten“, die sich von anderen durch ein bestimmtes Merkmal abheben.

Wenn beispielsweise ein Mensch 5012 DM verdient, wird man sagen: „Er verdient 5000 Mark.“ Die Zahl „Fünftausend“ hebt sich von den anderen Zahlen ab. Würde dieser Mensch 5000 DM verdienen, so käme niemand auf die Idee zu sagen: „Er verdient fast 5012 DM.“

Dieses Gesetz wird auch an der nebenstehenden Täuschung sehr deutlich: Wir sehen die sieben Linien deshalb nicht als parallel, weil wir versuchen, aus den vielen nicht rechten Winkeln rechte Winkel zu „machen“. Der rechte Winkel hebt sich nämlich durch eine bestimmte Prägnanz von den anderen Winkeln ab.

Auch in der Erinnerung spielt das Prägnanzgesetz eine große Rolle: Wir merken uns auf Dauer nur solche Inhalte, die sich besonders von den anderen abheben. Nur „Prägnantes“ prägt sich besonders gut ein. Auch Werbeslogans und Wahlkampfparolen orientieren sich an diesem Prinzip.

Die Gestaltpsychologen haben insbesondere die **Tendenz des Menschen zur Prägnanz** hervorgehoben: Reize und Bewußtseinsinhalte werden auf eine „gute Gestalt“ hin organisiert. Eine „gute Gestalt“ zeichnet sich durch Klarheit, Strukturiertheit, Regelmäßigkeit, Einfachheit und andere Merkmale aus. So werden Formen, Farben, Figuren und anderes nach der Ähnlichkeit, der Nähe, der Geschlossenheit, der Kontinuität, der Bewegung strukturiert und zu Gestalten geformt. Diese Gestalten werden als bedeutungs- und sinnvoll erlebt und im Gedächtnis behalten (vgl. Handreichung für Psychologie an Fachoberschulen, 1980).

Allgemein gilt, daß der Mensch ungeordnete, unvollständige und ihm sinnlos erscheinende Reize zu bedeutungs- und sinnvollen Gestalten ordnet und vervollständigt.

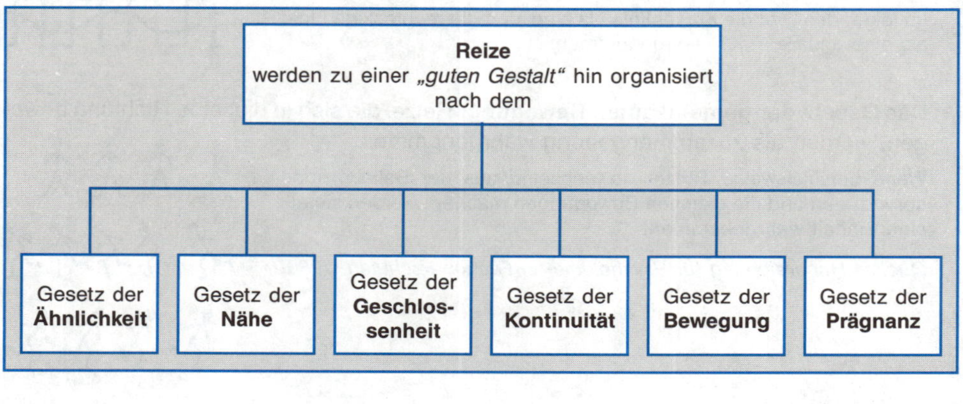

3.3.2 Wahrnehmungskonstanzen

Personen und Objekte werden trotz unterschiedlicher Entfernung, Beleuchtung oder Betrachtungsperspektive immer als dieselben wahrgenommen und wiedererkannt.

Ein Kind beispielsweise erscheint uns in drei Meter Entfernung nicht größer als in sechs Meter Entfernung, obwohl es, wenn es weiter weg ist, auf der Netzhaut kleiner abgebildet wird.

Solche unveränderte (= konstante) Wahrnehmungen bei unterschiedlichen Gegebenheiten nennt die Psychologie **Konstanzphänomene.**

Mit Konstanzphänomenen wird eine gleichbleibende, unveränderte Wahrnehmung trotz unterschiedlicher Gegebenheiten bezeichnet.

Am bekanntesten sind:

- Die **Größenkonstanz:** Personen und Gegenstände werden trotz unterschiedlicher Entfernung als gleich groß wahrgenommen.

  Ein LKW beispielsweise wird in hundert Meter Entfernung in gleicher Größe wahrgenommen wie bei einer Distanz von zwanzig Metern, obwohl er sich auf der Netzhaut um das fünffache verkleinert abbildet.

- Die **Form- bzw. Dingkonstanz:** Personen und Gegenstände werden trotz unterschiedlicher Perspektive in ihrer Form als gleich wahrgenommen.

  Ein Teller wird zum Beispiel bei der Betrachtung aus verschiedenen Perspektiven auch aus einem sehr steilen Blickwinkel – trotz veränderter Abbildung auf der Netzhaut immer als rund erkannt.

- Die **Farb- bzw. Helligkeitskonstanz:** Personen und Gegenstände werden trotz unterschiedlicher Beleuchtung in ihrer Farbe als gleich wahrgenommen.

  Der Schnee bleibt in unserer Wahrnehmung weiß, auch wenn die Dämmerung hereinbricht und er auf der Netzhaut dunkler abgebildet wird.

Die Wahrnehmungskonstanzen entwickeln sich beim Menschen erst im Laufe der Zeit und sind notwendig, um eine gewisse Ordnung und Beständigkeit in die vielen Informationen, denen wir täglich ausgesetzt sind, zu bringen.

Die Organisation der Wahrnehmung im Überblick:

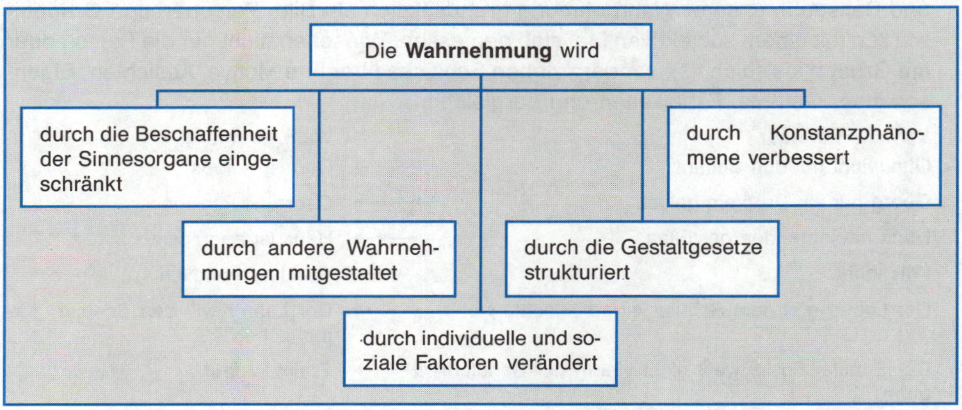

3.4 Fehler und Störungen in der Wahrnehmung

Die Verfälschung und Verzerrung der objektiven Wirklichkeit durch unsere Wahrnehmung wird vor allem in der Wahrnehmung von anderen Personen, Personengruppen und ganzen Nationen besonders deutlich. Die Ergebnisse unserer Wahrnehmung unterliegen besonders in diesem Bereich vielen Fehlern, die sich oft schicksalshaft auswirken können.

3.4.1 Fehler in der Wahrnehmung von anderen Personen und Gruppen

Die Beeinflussung der Wahrnehmung durch soziale Faktoren, wie sie in Abschnitt 3.2.2 aufgeführt sind, als auch die Wahrnehmung sozialer Bereiche, wie zum Beispiel anderer Personen, Gruppen, Minderheiten, Nationen, wird in der Sozialpsychologie als **soziale Wahrnehmung** bezeichnet.

Unter sozialer Wahrnehmung wird sowohl die Mitbedingtheit der Wahrnehmung durch soziale Faktoren als auch die Wahrnehmung sozialer Bereiche verstanden (vgl. E. F. Mueller/A. Thomas, 1976[2]).

Als Teilgebiet der sozialen Wahrnehmung gilt die **Personenwahrnehmung,** die sich von der Wahrnehmung von Objekten unterscheidet.

Die Verzerrung und Verfälschung der Wirklichkeit aufgrund der Subjektivität der Wahrnehmung führt zu **Wahrnehmungsfehlern,** von denen die wichtigsten aufgeführt werden:

- Es werden nicht die beobachtbaren Verhaltensweisen, die eine Person zeigt, wahrgenommen, sondern es wird ein bestimmtes **Bild,** das man sich von der (den) Person(en) bzw. der Gruppe macht, gesehen.

  Wir machen uns von Menschen, Gruppen von Menschen oder von ganzen Nationen und Rassen in unserer Wahrnehmung grundsätzlich ein Bild. Personen und Gruppen werden mit einem subjektiven Maßstab gemessen. Wir sehen nicht nur die Person oder die Gruppe als solche(s), sondern ziehen Schlüsse über ihre Motive, Absichten, Eigenschaften, Gefühle, Fähigkeiten und dergleichen.

Verhaltensweise:		Wahrnehmung:
Otto wippt mit den Beinen.	→	Otto ist nervös.
Georg hat ein Problem gelöst.	→	Georg ist intelligent.
Hans hat jemanden gestoßen.	→	Hans ist aggressiv.
Willi lacht.	→	Willi ist freundlich.
Der Lehrer gibt dem Schüler eine schlechte Note.	→	Der Lehrer will den Schüler „fertigmachen“.
Der Schüler Foslix weiß nicht viel in der Schulaufgabe.	→	Foslix ist faul.

- Die Wahrnehmung von Personen wird von dem **sozialen Zusammenhang,** in welchem die wahrgenommene Person steht, bestimmt.

  Menschen werden immer entsprechend dem sozialen Zusammenhang, in welchem sie stehen, wahrgenommen.

  Wenn wir beispielsweise eine Person sehen und wissen, diese Person ist ein Lehrer, so nehmen wir zugleich die bestimmten Merkmale, die wir mit dem Wort „Lehrer“ verbinden, wahr. Mit einer Frau verbinden wir die Merkmale, die unserer Meinung nach eine Frau zur Frau machen. Einen Jugendlichen nehmen wir mit den Merkmalen wahr, die typisch für die Jugend sind, einem Katholiken schreiben wir zu, was typisch für Katholiken, einem Franzosen, was typisch für Franzosen ist.

  Je nachdem, ob eine Person einer bestimmten Schicht, Partei, Konfession, einem bestimmten Verein oder Club angehört, nehmen wir sie entsprechend ihrer Zugehörigkeit im sozialen Zusammenhang wahr.

- Bei Wissen um die **Rolle,** die ein Mensch innehat, wird diese wahrgenommen.

  Wenn wir beispielsweise einen Mann mit einer grünen Uniform sehen, so nehmen wir ihn als „Polizisten“ wahr.

> Wir sehen keinen Menschen, sondern Lehrer, Schüler, Fußballer, Bankbeamte, Politiker, Frauen, Franzosen, Deutsche, Juden, Neger.

- Mit einer bestimmten Persönlichkeitseigenschaft werden zugleich weitere Eigenschaften wahrgenommen.

  Bei allen Menschen besteht die Tendenz, bestimmten Einzeleigenschaften, die wir wahrnehmen, weitere Eigenschaften zuzuordnen, die man dann tatsächlich auch wahrzunehmen glaubt.

  Ein „starker“ Junge ist zugleich auch ein „aktiver“ Junge, ein ehrliches Mädchen ist zugleich „brav“, „aufrichtig“ und „fleißig“, und wer lügt, der stiehlt auch.

  Die Tatsache, daß mit einer Einzeleigenschaft mehrere Eigenschaften wahrgenommen werden, wird in der Psychologie als **logischer Fehler** bezeichnet.

- Es werden bei einer Person bzw. Personengruppe häufig solche Persönlichkeitseigenschaften wahrgenommen, die man entweder selber nicht hat oder die einem sehr vertraut sind. Hermann-Josef Fisseni (1990) spricht im ersten Fall von einem **Kontrastfehler,** im zweiten von einem **Ähnlichkeitsfehler.**

- Man sieht bei anderen Menschen oft die Eigenschaften, die man an sich selber nicht wahrhaben kann oder will.

  Ein Schüler zum Beispiel, der mit seinen Klassenkameraden nicht zurechtkommt und sich seine eigene Unfähigkeit nicht eingestehen will, sieht seine Mitschüler und Mitschülerinnen als „gemeinschaftsunfähig“ an.

- Das Bild einer Person richtet sich sehr stark nach dem ersten Eindruck.

  Eine große Rolle spielt der erste Eindruck, den man von einer Person bzw. Gruppe hat. Wie entsprechende Untersuchungen zeigen, stellt der erste Eindruck einen Bezugsrahmen von großer Dauerhaftigkeit und Stabilität für die weitere Wahrnehmung dar.

  Hat man beispielsweise von einer Person einen ersten positiven Eindruck, ist man geneigt, diese Person auch weiterhin positiv wahrzunehmen. Ebenso verhält es sich umgekehrt, was fatale Auswirkungen haben kann.

  Die Tatsache, daß sich das Bild einer Person sehr stark nach dem ersten Eindruck richtet, wird **Primacy-effect** genannt.

  Der Primacy-effect ist deshalb sehr problematisch, weil man ein Urteil über andere Menschen bzw. -gruppen fällt, das nicht auf Tatsachen beruht – man kennt ja den Menschen noch nicht –, sondern auf Vermutungen, subjektiven Verallgemeinerungen, Alltagsweisheiten und dergleichen. Oft aber entscheidet der erste Eindruck wie zum Beispiel bei einem Vorstellungsgespräch über die weitere Laufbahn eines Menschen.

- Die Wahrnehmung orientiert sich häufig an einer hervorstechenden Einzeleigenschaft einer Person, die immer wieder gesehen und als besonders charakteristisch für sie betrachtet wird.

  Die Wahrnehmung wird dadurch verfälscht, daß sich eine bestimmte, meist hervorstechende Eigenschaft oder ein bestimmtes Merkmal auf die zukünftige Wahrnehmung dergestalt auswirkt, daß man sie immer wieder bestätigt bekommt. Andere Eigenschaften, die sich mit dieser nicht vereinbaren lassen, werden „übersehen".

  So werden zum Beispiel bei einem Schüler, der in Schulleistungen versagt, auch in anderen Bereichen überwiegend negative Eigenschaften vermutet. Zeigt ein Kind einmal eine intelligente Leistung, so neigt man dazu, dieses Kind in jeder Situation als intelligent wahrzunehmen. Ist ein Lehrer einmal sehr ungerecht oder als ungerecht bekannt, so werden den Schülern die ungerechten Verhaltensweisen dieses Lehrers sofort ins Auge stechen, während sie die gerechten kaum sehen werden.

  Die Orientierung an einer Einzeleigenschaft, die bei einer Person immer wieder wahrgenommen und für sie als charakteristisch betrachtet wird, nennt man **Halo-Effekt** (Hof-Effekt).

Diese genannten Fehler in der Wahrnehmung von Personen und Gruppen sind dem Wahrnehmenden oft nicht bewußt. Er glaubt, daß die Realität genauso beschaffen ist, wie er sie sieht. Dies führt oft zu Mißverständnissen und Konflikten, zu unangepaßtem Verhalten und hat nicht selten Brandmarkung, Abstempelung, Herabsetzung und Verurteilung von Menschen, Gruppen, Nationen und ganzen Rassen zur Folge.

„Wie der Mensch sich verhält, hängt zum großen Teil davon ab, wie er die ihn umgebende Welt wahrnimmt." *(D. Krech/ R. S. Crutchfield, Band 1, 1985)*

Die wichtigsten **Fehler**
bei der Wahrnehmung von Personen und Gruppen

- Es werden nicht die beobachtbaren Verhaltensweisen gesehen, sondern man macht sich ein Bild.
- Die Wahrnehmung wird vom sozialen Zusammenhang bestimmt.
- Der Mensch wird als „Rollenträger" wahrgenommen.
- Einer bestimmten Persönlichkeitseigenschaft werden andere Eigenschaften zugeordnet (= logischer Fehler).
- Es werden solche Persönlichkeitseigenschaften wahrgenommen, die man selber nicht hat (= Kontrastfehler) oder die einem sehr vertraut sind (= Ähnlichkeitsfehler).
- Man sieht bei anderen Menschen die Persönlichkeitseigenschaften, die man an sich selber nicht wahrhaben kann oder will.
- Die Wahrnehmung richtet sich sehr stark nach dem ersten Eindruck (= Primacy-effect).
- Die Wahrnehmung orientiert sich an einer Eigenschaft, die als charakteristisch betrachtet wird (= Halo-Effekt).

➡ **Materialien 5.**

3.4.2 Störungen in der Wahrnehmung

Neben der Tatsache, daß unsere Wahrnehmung dem Prinzip der Subjektivität gehorcht und es dadurch zu Wahrnehmungsfehlern kommt, kann unsere Wahrnehmungsfähigkeit auf irgendeinem Gebiet *eingeschränkt* sein. Ein Mensch zum Beispiel kann schlecht hören und dadurch in seiner Wahrnehmung gehemmt sein. Man spricht in einem solchen Falle von **Wahrnehmungsstörungen.**

Von Wahrnehmungsstörungen spricht man, wenn die Wahrnehmungsfähigkeit eines Menschen eingeschränkt ist.

Wahrnehmungsstörungen können kurzzeitig auftreten, wie zum Beispiel eine eingeschränkte Wahrnehmung aufgrund von Drogeneinfluß, sie können aber auch ein Leben lang vorhanden sein, wie beispielsweise beim Blindgeborenen aufgrund einer Verletzung eines bestimmten Bereiches der Hirnrinde.
Zu Wahrnehmungsstörungen kommt es, wenn die Sinnesorgane nur bedingt bzw. gar nicht funktionieren. Dies ist beispielsweise bei Kurz- oder Weitsichtigkeit, schlechtem Sehen oder Blindheit, bei Schwerhörigkeit oder Taubheit der Fall.
Wesentlich häufiger als gemeinhin angenommen taucht **Farbenblindheit** auf. Eine totale Farbenblindheit kommt selten vor, häufig jedoch treten die sogenannte „Rot-Grün-Blindheit", die „Rot-Blindheit" und die „Blau-Gelb-Blindheit" auf. Der Farbenblinde behilft sich meist dadurch, daß er Farben an ihrer Helligkeit bzw. Sättigung unterscheidet und sich dadurch in seiner Umwelt orientieren kann.

Dies erleben wir beispielsweise an einem Schwarzweißfilm, bei dem man sich trotz fehlender Farbe relativ gut orientieren kann.

Es ist möglich, daß ein bereits bekannter Gegenstand trotz intaktem Funktionieren der Sinnesorgane nicht wiedererkannt wird. In einem solchen Falle spricht man von einer **Agnosie.**

Mit Agnosie bezeichnet man die Unfähigkeit eines Menschen, bereits bekannte Objekte und Personen zu erkennen, obwohl die Sinnesorgane funktionstüchtig sind.

Ergebnisse einer gestörten Wahrnehmung können auch **Halluzinationen** sein.

Von einer Halluzination spricht man, wenn ein Reiz wahrgenommen wird, obwohl dieser in der Realität gar nicht existiert.

Es handelt sich also um eine „Trugwahrnehmung". Der Betroffene ist jedoch von deren Realität überzeugt. Halluzinationen kommen in allen Sinnesbereichen vor.

Wahnvorstellungen sind ebenfalls eine bestimmte Art von Wahrnehmungsstörungen.

Von einer Wahnvorstellung spricht man, wenn bei intaktem Wahrnehmungsvermögen das Bewußtsein die Wahrnehmung derartig verfälscht, daß die Realität, so wie sie ist, verkannt wird.

Es handelt sich hierbei also um eine krankhafte Verkennung der Wirklichkeit.

Häufig kommt es auch in der Wahrnehmung zu einem **Verlust des Realitätsbezuges** wie beispielsweise Orientierungslosigkeit oder Verlorengehen von räumlichen Beziehungen.

Oft wird auch die **Legasthenie** (Lese-Rechtschreib-Schwäche) als Wahrnehmungsstörung angesehen. Mit Legasthenie werden Schwierigkeiten im Erlernen und Durchführen des Lesens und/ oder des fehlerfreien Schreibens bei durchschnittlicher oder sogar überdurchschnittlicher Intelligenz und schulischer bzw. Allgemeinbegabung bezeichnet. Ihre Ursachen sind bis heute noch heftig umstritten.

Störungen in der Wahrnehmung können Orientierungsschwierigkeiten und Leistungsmängel hervorrufen, eine stark hemmende Wirkung auf die sprachliche und geistige Entwicklung sowie auf das Gefühlsleben eines Menschen haben und eine Beeinträchtigung im sozialen Leben bedeuten. Im Extremfall können Wahrnehmungsstörungen zu Verhaltensstörungen führen.

Mögliche **Ursachen für Wahrnehmungsstörungen**:

- **Organische Schäden:** Schäden an Sinnesorganen, Schädigungen des Nervensystems oder von Bereichen des Gehirns beispielsweise können Wahrnehmungsstörungen hervorrufen.
- **Extremer Reizmangel:** Länger andauernder Reizentzug kann psychische Veränderungen und Wahrnehmungsstörungen zur Folge haben.

- **Drogeneinfluß:** Medikamente, Nikotin, Alkohol und Rauschmittel können die Wahrnehmung eines Menschen einschränken.
- **Besondere Zustände,** in denen sich ein Mensch befindet: Ausnahmezustände wie extreme Freude, Euphorie, erhöhte Angst, starke Erwartungsspannung oder Belastungssituation, große Enttäuschung oder tiefe Trauer können zu Störungen in der Wahrnehmung führen.

Es ist in erster Linie Aufgabe der Eltern und der anderen Erzieher, dem Kind zu einer differenzierten Wahrnehmung zu verhelfen. Hierzu benötigt das Kind ausreichend Reize und Möglichkeiten des selbständigen Erfahrungssammelns (vgl. Kapitel 7.2.2).

> Der Mensch wurde zu dem, was er ist, dank dem, was er in der Vergangenheit wahrgenommen hat.

Zusammenfassung

- Wahrnehmung ist der Prozeß und das Ergebnis der Informationsgewinnung und -verarbeitung von Reizen aus der Umwelt und dem Körperinneren. Die Verarbeitung von Reizen aus der Umwelt und dem Körperinneren findet im Nervensystem statt, welches aus dem Zentralnervensystem (ZNS) und aus dem peripheren Nervensystem besteht. Das periphere Nervensystem läßt sich in das animalische und in das vegetative System aufteilen. Der Sympathikus sorgt im vegetativen Nervensystem für Aktivität, Spannung und Erregung, und der Parasympathikus für Entspannung, Erholung und Schlaf.
- Wahrnehmung setzt sich aus Empfindungen, die von bestimmten Reizen durch das Auftreffen auf bestimmte Sinnesorgane verursacht werden, und durch die Bewertung dieser Empfindungen aufgrund bisheriger Erfahrungen zusammen. Allein das Auslösen von Empfindungen kann noch nicht als Wahrnehmung bezeichnet werden. Erst durch das Bewerten der Empfindungen aufgrund bisheriger Erfahrungen kann man von Wahrnehmung sprechen.
- Eine Vielzahl von Faktoren bestimmt, ob wir überhaupt diesen oder jenen Reiz wahrnehmen, und wenn ja, wie wir ihn wahrnehmen. Die Wahrnehmung vermittelt uns keine objektive Wirklichkeit, sondern eine subjektive Welt. Unsere Wahrnehmung wird
  - durch die Beschaffenheit unserer Sinnesorgane eingeschränkt,
  - von anderen Wahrnehmungen mitgestaltet,
  - durch die Gestaltgesetze strukturiert,
  - von bestimmten Wert- und Normvorstellungen sowie von anderen Personen bzw. Personengruppen (= soziale Faktoren) beeinflußt und
  - von Persönlichkeitsmerkmalen wie Bedürfnissen und Trieben, Gefühlen und Stimmungen, bisherigen Erfahrungen, Einstellungen, Wertvorstellungen, Interessen und dergleichen (= individuelle Faktoren) verändert.

- Die Wahrnehmung wird nach bestimmten Gesetzen strukturiert. Grundprinzip ist dabei, daß mit Hilfe der Wahrnehmung Sinn und Ordnung in die Reize der Umwelt gebracht werden. Es werden vollkommene, bedeutungsvolle Gestalten und Figuren nach den sogenannten Gestaltgesetzen (Ähnlichkeit, Nähe, Geschlossenheit, Kontinuität, Bewegung, Prägnanz) gebildet.
- Konstanzphänomene verbessern die Wahrnehmung. Mit Konstanzphänomen wird eine gleichbleibende, unveränderte Wahrnehmung trotz unterschiedlicher Gegebenheiten bezeichnet. Am bekanntesten sind die Größenkonstanz, die Form- bzw. Dingkonstanz und die Farb- bzw. Helligkeitskonstanz.
- Die Verzerrung und Verfälschung der Wirklichkeit aufgrund der Subjektivität der Wahrnehmung führt zu Wahrnehmungsfehlern vor allem in der Wahrnehmung von Personen und Gruppen. Diese Wahrnehmungsfehler können für die weitere Entwicklung eines Menschen schicksalshafte Auswirkungen nach sich ziehen.
- Von Wahrnehmungsstörungen spricht man, wenn die Wahrnehmungsfähigkeit eines Menschen eingeschränkt ist. Störungen der Wahrnehmung treten auf, wenn die Sinnesorgane nicht oder nur eingeschränkt funktionieren, bei Farbenblindheit, Agnosien, Halluzinationen, Wahnvorstellungen und Verlust des Realitätsbezugs, und werden durch organische Schäden, extremen Reizmangel, Drogeneinfluß und Ausnahmezustände ausgelöst.

1. Beispiel für die Mitgestaltung der Wahrnehmung durch Erfahrungen

Quelle: Klaus D. Heil, 1975

2. Ich sehe was, was Du nicht siehst

Welche Umweltreize man wahrnimmt, bestimmt die aktuelle Motivstruktur. Die drei Beispiele zeigen, wie sich die Realität einer Straße je nach der Situation des Betrachters verändern kann.

1. Wer auf der Flucht ist, sieht vor allem die Möglichkeiten, sich zu verstecken.
2. Wer eine Bekanntschaft sucht, wird vom Anblick junger Mädchen gereizt.
3. Wer Durst hat, bemerkt zuerst die Wirtshausschilder.

Quelle: nach Klaus Dietrich, 1976

3. Wahrnehmungsverfälschung durch Vorurteile

Die Wahrnehmungsverfälschung durch Einstellungen wird gefährlich, wenn sie zur Bestätigung sozialer Vorurteile oder „Stereotype“ beiträgt. Ein Beispiel gibt das nebenstehende Bild (aus Gordon W. Allport und Leo Postmann: „Psychologie des Gerüchts“ 1947). Nach kurzer Darbietung des Bildes gaben Vpn mit negativem Vorurteil gegenüber Negern Beschreibungen wie: „Eine Frau und ein Neger, der ein Rasiermesser in der Hand hat.“ Wir tendieren also nicht nur dazu, Unangenehmes zu übersehen, sondern ebenso, zu sehen, was wir *erwarten* oder was wir sehen *möchten.* Selbst bei der Prüfung wissenschaftlicher Theorien läßt sich dieser Einfluß nachweisen.

Quelle: H. Legewie/ W. Ehlers, 1986

4. Wahrnehmungstäuschungen

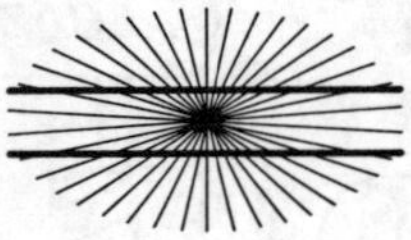

Heringsche Täuschung:
Die waagrechten Parallelen erscheinen gekrümmt.

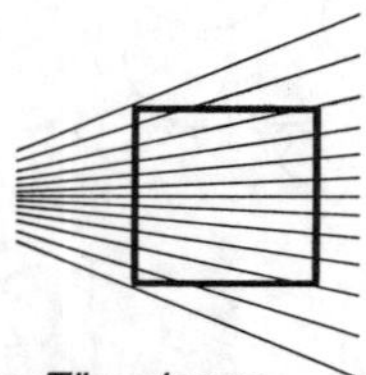

Ehrensteinsche Täuschung:
Das Quadrat erscheint zum Trapez verzerrt.

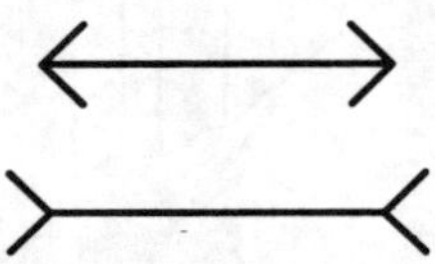

Müller-Lyersche Täuschung:
Die Strecke mit den nach außen zeigenden Pfeilspitzen erscheint kürzer als die mit den nach innen weisenden Pfeilen.

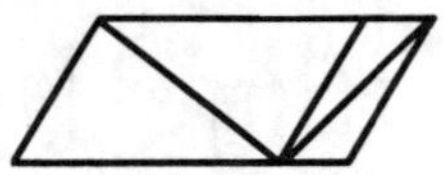

Sandersche Täuschung:
Die Diagonale im größeren Parallelogramm erscheint länger als die im kleineren.

Reizmuster können so organisiert sein, daß sie mehrere Wahrnehmungen ermöglichen. Diese mehrdeutigen Reizmuster werden in der Psychologie als **Figur-Grund-Prinzip** bezeichnet: Je nachdem, was man als Grund und als Figur sieht, fällt die Wahrnehmung unterschiedlich aus.

Das Machsche Buch
Aufgeschlagenes Buch oder Buchrücken nach vorne

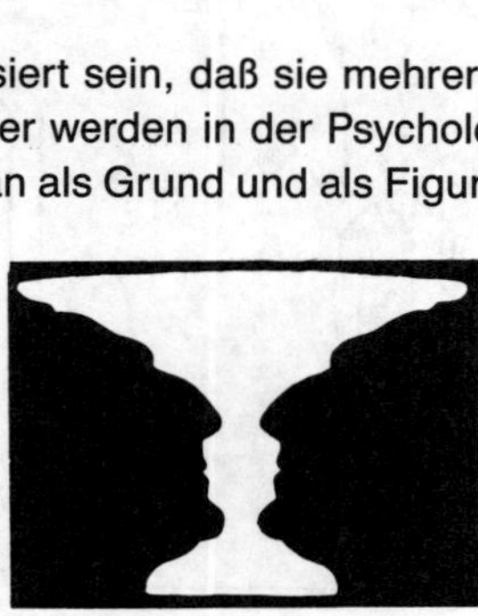

Becher mit Randprofilen

Maus oder Kopf

Quelle: Psychologie heute, 11/75

Konturen, wo keine sind: Dreieck

Schräge Streifen bringen die – exakt senkrechten – Buchstaben ins Wanken

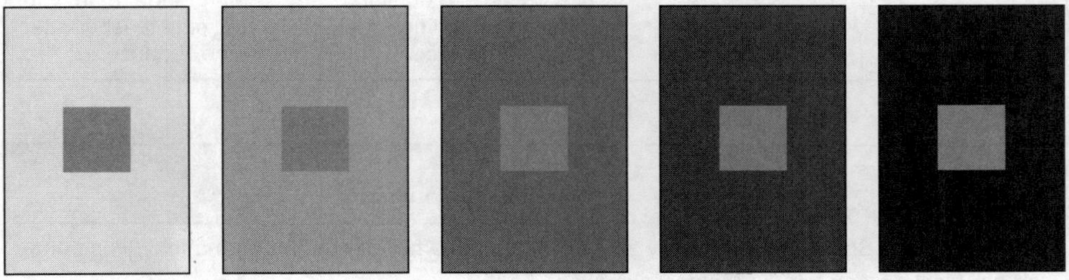

Das gleichbleibend graue Quadrat wirkt um so heller, je dunkler seine Umgebung wird

Spiel mit der „Müller-Lyer-Täuschung“: Die beiden dicken Balken sind in Wirklichkeit gleich lang

5. Rollenstereotypen

(zusammengestellt von den US-Psychologen Stevens und Hershberger)

Männer	Frauen	Männer	Frauen
konkurrierend	passiv	logisch	launisch
stark	abhängig	viril	romantisch
kontrolliert	emotional	Familienernährer	verführerisch
verantwortungsvoll	unlogisch	initiativ im Sex	künstlerisch
fasziniert von Großtaten	natürlich	unabhängig	psychisch nicht belastbar
intelligent	arglos	Autorität	physisch schwach
gefühlsreduziert	schön	sportlich	Sex = Liebe
weint nicht	sensibel	Sex = Leistung	
technisch veranlagt	fürsorglich	Wenn ein Mann so nicht ist, dann ist er ein Weichling, ein Sonderling oder ein Schwuler.	Wenn eine Frau so nicht ist, dann ist sie eine Ziege, eine Nutte, eine Lesbe oder eine Emanze.
dominant	gepflegt		
beschützend	geduldig		
kompetent	gute Mütter		
	sanft, warm		

Typisch männliche Einstellungen zu sich selbst	zu anderen
Ich muß an der Spitze sein, um okay zu sein.	Gefühle für Männer hat man nicht (Homophobie).
Ich bin nichts, wenn ich die Meinen nicht versorge.	Homosexuelle mag man nicht (Homosexismus).
Nichts klappt, wenn ich es nicht selbst in die Hand nehme.	Andere werden ins Unrecht gesetzt, damit man recht hat.
Ich muß recht haben.	Man zeigt vor anderen keine Schwächen.
Ich muß mich und mein Umfeld im Griff haben.	Menschliche Beziehungen sind zweitrangig.
Meine Ziele in der Zukunft sind wichtiger als meine gegenwärtigen Bedürfnisse.	Beziehungen sind nützlich, um etwas zu erreichen.
	Frauen sind zweitklassig (Misogynie).

Quelle: Der Spiegel 40/1989 vom 2. 10 89

Reproduktion von Informationen:

1. Bestimmen Sie die Begriffe Wahrnehmung, Reiz und Empfindung.
(Abschnitt 3.1 und 3.1.2)

2. Stellen Sie die physiologischen Grundlagen der Wahrnehmung dar.
(Abschnitt 3.1.1)

3. Beschreiben Sie den Prozeß der Wahrnehmung.
(Abschnitt 3.1.2)

4. Zeigen Sie auf, wodurch die Wahrnehmung beeinflußt wird.
(Abschnitt 3.1.3)

5. Erläutern Sie individuelle Faktoren, die die Wahrnehmung verändern.
(Abschnitt 3.2.1)

6. Stellen Sie soziale Faktoren, die unsere Wahrnehmung bestimmen, dar.
(Abschnitt 3.2.2)

7. Fassen Sie die wichtigsten Erkenntnisse über die Mitbedingtheit der Wahrnehmung durch individuelle und soziale Faktoren zusammen.
(Abschnitt 3.2.2)

8. Erläutern Sie Ihnen bekannte Gestaltgesetze.
(Abschnitt 3.3.1)

9. Bestimmen Sie den Begriff Konstanzphänomen, und beschreiben Sie die wichtigsten Konstanzphänomene.
(Abschnitt 3.3.2)

10. Bestimmen Sie den Begriff soziale Wahrnehmung, und zeigen Sie wichtige Wahrnehmungsfehler in der Wahrnehmung von Personen und Gruppen auf.
(Abschnitt 3.4.1)

11. Bestimmen Sie den Begriff Wahrnehmungsstörung, und grenzen Sie ihn von dem Begriff Wahrnehmungsfehler ab.
(Abschnitt 3.4.1 und 3.4.2)

12. Erläutern Sie verschiedene Wahrnehmungsstörungen und deren Ursachen.
(Abschnitt 3.4.2)

Anwendungsaufgaben:

13. Stellen Sie an Beispielen dar, daß wir nur einen Bruchteil von dem, was an Reizen auf uns einströmt, tatsächlich wahrnehmen.
(Abschnitt 3.1.2)

14. *Zeigen Sie am Beispiel der Wahrnehmung, wie sich der Mensch über die Umwelt informiert, und erörtern Sie die Bedeutung der Wahrnehmung für das Verhalten.
(Abschnitt 3.1)

15. Zeigen Sie an einem Beispiel auf, daß die Wahrnehmung eine Funktion der Reize und der Bewertung dieser ist.
(Abschnitt 3.1.2)

16. Erläutern Sie an verschiedenen Beispielen, daß uns die Wahrnehmung eine subjektive Welt vermittelt.
(Abschnitt 3.1.3)

17. Zeigen Sie an Beispielen auf, wie individuelle und soziale Faktoren die Wahrnehmung verändern können.
(Abschnitt 3.2.1 und 3.2.2)

18. *Bestimmen Sie den Begriff „Wahrnehmung" und zeigen Sie an ausgewählten Beispielen, wie unsere Wahrnehmung durch verschiedene Bedingungen beeinflußt wird.
(Abschnitt 3.2.1, 3.2.2, 3.3.1 und 3.3.2)

19. Sehr häufig erleben wir, daß etwas nicht sein kann, was nicht sein darf.
Erklären Sie diese Tatsache mit Hilfe wahrnehmungstheoretischer Erkenntnisse.
(Abschnitt 3.1.3, 3.2.1 und 3.2.2)

20. Verdeutlichen Sie mit Hilfe wahrnehmungstheoretischer Erkenntnisse, warum der Verliebte die Umwelt anders wahrnimmt als der Enttäuschte.
(Abschnitt 3.2.1 und 3.2.2)

21. Für den Pessimisten erscheint die Mitwelt meist schlecht, er sieht sie „dunkel" und „trübe". Überall wittert er Fallen und Gefahren: „Was da wohl wieder dahintersteckt ..."
Wie können Sie die Haltung eines Pessimisten mit Hilfe von wahrnehmungstheoretischen Erkenntnissen erklären?
(Abschnitt 3.2.1 und 3.2.2)

22. Man hört oft die Aussagen „Blind vor Wut" oder „Liebe macht blind".
Wie können Sie diese beiden Aussagen mit Hilfe von Erkenntnissen über die Wahrnehmung erklären?
(Abschnitt 3.2.1 und 3.2.2)

23. *Ein Mädchen, das auf der Straße geht, hat das Gefühl, daß die Männer sie mit aufdringlichen Blicken ansehen, obwohl die Passanten ihr höchstens flüchtige Blicke zuwerfen.*
Wie können Sie diesen Sachverhalt mit Hilfe von Erkenntnissen über die Wahrnehmung erklären?
(Abschnitt 3.2.1 und 3.2.2)

24. Zeigen Sie an verschiedenen Beispielen auf, wie unsere Wahrnehmung durch Gestaltgesetze strukturiert und organisiert wird.
(Abschnitt 3.3.1)

25. Veranschaulichen Sie die Ihnen bekannten Gestaltgesetze mit Beispielen aus dem eigenen Lebensbereich.
(Abschnitt 3.3.1)

26. Zeigen Sie auf, wie im Straßenverkehr gestaltpsychologische Erkenntnisse angewendet werden.
(Abschnitt 3.3.1)

27. Man kann sehr oft beobachten, daß eine Mitteilung, die durch Erzählen weitergegeben wird, am Ende ganz anders ankommt als sie ursprünglich lautete.
Wie könne sie diesen Sachverhalt mit Hilfe gestaltpsychologischer Erkenntnisse erklären?
(Abschnitt 3.3.1)

28. Beschreiben Sie an verschiedenen Beispielen, wie unsere Wahrnehmung durch Konstanzphänomene verbessert wird.
(Abschnitt 3.3.2)

29. Ein Kind aus der Arbeiterschicht wird oft für weniger intelligent gehalten als das Kind eines Professors.
Wie können Sie diese Tatsache erklären?
(Abschnitt 3.4.1)

30. Ausländische Arbeitnehmer werden häufig als schmutzig, faul und frech wahrgenommen.
Erklären Sie mit Hilfe wahrnehmungstheoretischer Erkenntnisse, wie Menschen zu einem solchen Urteil kommen können.
(Abschnitt 3.4.1)

31. *„Wer einmal lügt, dem glaubt man nicht, auch wenn er dann die Wahrheit spricht."*
Wie können Sie die Aussage dieses Sprichwortes erklären?
(Abschnitt 3.4.1)

32. Erläutern Sie an verschiedenen Beispielen mögliche Wahrnehmungsstörungen und deren Ursachen.
(Abschnitt 3.4.2)

Anregungen:

33. Entwerfen Sie in Ihrer Klasse auf der Grundlage von Erkenntnissen der Gestaltpsychologie Hinweise über die Gestaltung des Straßenverkehrs (Zeichnen und Aufstellen von Schildern, Markierungen usw.)

34. Suchen Sie nach Werbeaussagen und Reklameblättern, und diskutieren Sie in der Klasse darüber, inwieweit diese die Anwendung wahrnehmungs-, insbesondere gestaltpsychologischer Erkenntnisse erkennen lassen.

35. Fehler in der Wahrnehmung von Personen und Gruppen können oft schicksalshafte Auswirkungen haben.
Suchen Sie nach Personen und Gruppen, die von Wahrnehmungsfehlern in besonderem Maße betroffen sind. Versuchen Sie zu erklären, wie es zu diesen Fehlern gekommen sein könnte, und diskutieren Sie Maßnahmen, wie man diesen begegnen könnte.

36. Welche Rolle spielen Verfälschungstendenzen der sozialen Wahrnehmung in der Beziehung zwischen Lehrer und Schüler?
Sprechen Sie mit Ihrem Lehrer in der Klasse darüber, und entwerfen Sie zusammen Möglichkeiten, wie diese abgebaut bzw. vermieden werden können.

4 Psychische Funktionen und Fähigkeiten

Der Fall „Maximilian", zwölf Jahre alt:

Die Eltern des Schülers Maximilian sind außer sich vor Besorgnis um die berufliche Karriere ihres Sohnes und wenden sich deshalb an einen Schulpsychologen. Maximilian, der auf jeden Fall Abitur machen soll, hat in der letzten Zeit in der Schule sehr schlechte Noten und ist wiederholt versetzungsgefährdet, obwohl er stundenlang in seinem Zimmer sitzt und lernt.

Nach ein paar Tests und Gesprächen mit Maximilian erklärt der Psychologe den Eltern:

Maximilians kognitive Fähigkeiten seien in Ordnung, sein IQ liege um die 90, sein Gedächtnis funktioniere jedoch recht gut, seine Lernstrategien können unter Umständen falsch sein, die Eltern sollten etwas mehr auf die Sprache des Jungen achten, Maximilian sei in handwerklichen Aktivitäten recht talentiert und mache diese auch sehr gerne, er habe einen Hörfehler.

Maximilians Eltern werden nicht so ganz klug aus den Aussagen des Psychologen. Sie schämen sich auf alle Fälle wegen ihres dummen Jungen.

Aus diesem Fallbeispiel ergeben sich folgende Fragen:

1. Was sind kognitive Fähigkeiten und Funktionen?
   Wie funktionieren kognitive Fähigkeiten und Funktionen?
2. Inwieweit und wie werden diese Fähigkeiten und Funktionen von körperlichen Faktoren beeinflußt?
3. Welche Bedeutung haben diese kognitiven Fähigkeiten und Funktionen?
   Welche Zusammenhänge gibt es zwischen den einzelnen Kognitionen?
4. Wie kann man die Leistung einzelner Funktionen und Fähigkeiten verbessern?

Psychische Fähigkeiten und Funktionen bilden – wie in Kapitel 3 ausgeführt – zusammen mit den psychischen Kräften die Grundlagen des Erlebens und Verhaltens. Sie sind bei allen Menschen vorhanden, sind aber von Individuum zu Individuum unterschiedlich stark ausgeprägt.
Während die psychischen Kräfte in Kapitel 5 dargestellt sind, werden im folgenden **kognitive Fähigkeiten und Funktionen** eines Menschen thematisiert.
Das Wort „kognitiv" kommt aus dem Lateinischen (cognoscere) und heißt „erkennen".

Der Begriff „kognitiv" meint jeden psychischen Vorgang, durch den der Mensch Kenntnis von sich selbst oder seiner Umwelt erhält bzw. sich seiner selbst oder seiner Umwelt bewußt wird.

Dazu gehören die Intelligenz, das Gedächtnis, die Sprach- und Lernfähigkeit als Fähigkeiten sowie die Wahrnehmung, das Denken, Urteilen, Erkennen, Vorstellen, Behalten als Funktionen oder Prozesse.
Im folgenden werden als kognitive Fähigkeiten die Sprache, die Intelligenz, das Gedächtnis und das Lernen (als psychische und kognitive Fähigkeit) sowie die Funktion des Denkens dargestellt.

4.1 Physiologische Grundlagen der kognitiven Fähigkeiten und Funktionen

Für das Funktionieren der kognitiven Fähigkeiten und Funktionen sind bestimmte anatomische (= den Bau des menschlichen Körpers betreffende) und physiologische (= die Lebensvorgänge im Organismus betreffende) Grundlagen Voraussetzung:

- Voraussetzung ist ein intaktes **Sinnessystem,** womit die für die Sprache, die Intelligenz, das Denken, die Kreativität, das Gedächtnis und das Lernen wichtigen Reize aus der Umwelt aufgenommen werden können.

  Man denke beispielsweise an die Schwierigkeiten, die taube Kinder beim Sprechenlernen haben, an die Denkanstöße, die sich durch das in der Schule Gesehene oder Gehörte ergeben, oder an die geistige Beeinträchtigung, die bei blinden oder tauben Menschen manchmal festzustellen ist.

  Zur **Reizaufnahme** sind folgende Bereiche von Bedeutung:
  - die Nervenzellen, welche die Energie der Reize aufnehmen und umwandeln,
  - die Nervenzellen und -fasern, die die Erregung weiterleiten, und
  - die Zentren der Hirnrinde, in denen die Erregung ankommt und als Empfindung registriert wird.

- Voraussetzung ist ein intaktes **Nervensystem,** welches aufgeteilt wird in zentrales und peripheres Nervensystem (siehe Kapitel 3.1.1).

Zentrales und peripheres **Animalisches Nervensystem**	Zentrales und peripheres **Vegetatives** (VNS) oder **Autonomes** (ANS) **Nervensystem**
a) *Sensorisches System:* Reizaufnahme und -verarbeitung (Empfindung, Wahrnehmung) b) *Motorisches System:* Steuerung der Willkürmotorik (Bewegung), Reizbeantwortung c) An *höheren psychischen Funktionen* (z. B. Sprache, Denken) sind beide Systeme beteiligt (animalisches und vegetatives System)	a) Alle motorischen und sensorischen Fasern, die nicht zu quergestreiften Muskeln ziehen (Unwillkürmotorik) b) Steuerung aller inneren Organe (Herz, Atmung, Darm usw.) c) Steuerung körperlicher Veränderungen, die organische Grundlage für Gefühle und Triebe darstellen.
Animalisches Nervensystem: Großhirn mit Hirnrinde, Zwischenhirn mit seinen Abschnitten (Thalamus, Hypothalamus und Hypophyse), Kleinhirn (Cerebellum). Mittelhirn mit formatio reticularis, Nachhirn (medulla oblongata) und Rückenmark	*Vegetatives Nervensystem:* Zentrale vegetative Zentren im Thalamus, Hypothalamus und Hypophyse, vegetative Reflexzentren (z. B. für Husten) im Nachhirn und Rückenmark und die Teilsysteme: Sympathicus und Parasympathicus.

Quelle: Ch. Michel/F. Novak, 1990

Die Lage der Gehirnteile
(Längsschnitt)

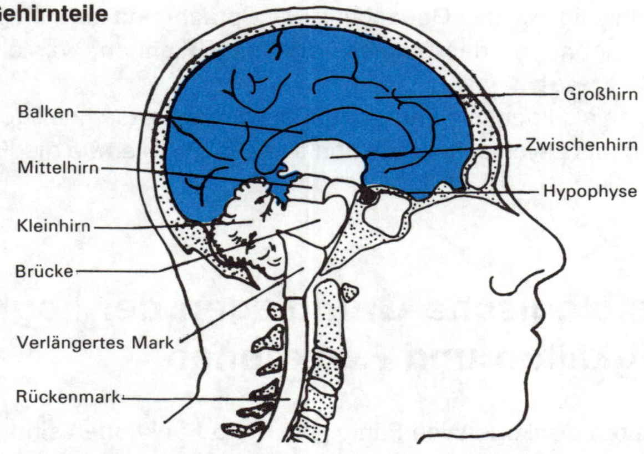

Reizaufnahme und Verarbeitung sind vom animalischen Nervensystem abhängig, Sprache und Denken werden von beiden Systemen, vom animalischen und vegetativen gesteuert, die Hirnrinde birgt die Zentren für Sprache und Gedächtnis. Die Fähigkeit, sprechen zu lernen, hängt zum Beispiel stark von der Gehirnstruktur, vom Ausreifungsgrad des Gehirns ab. So kann ein Kind vor dem 1. Lebensjahr nicht sprechen lernen, weil die Gehirnstruktur noch nicht so weit ausgereift ist.
Werden Teile des Nervensystems beispielsweise durch einen Unfall, durch einen Tumor, durch übermäßigen Alkoholgenuß usw. geschädigt oder verletzt, so äußert sich dies im Nachlassen der Konzentration, des Gedächtnisses, in Denkstörungen bis hin zur geistigen Behinderung (vgl. Kapitel 7.2).

- Voraussetzung ist ein funktionierendes **Hormonsystem,** welches einen großen Einfluß auf kognitive Vorgänge ausübt.

Hormone sind mineralstoffhaltige Eiweißstoffe, die von Drüsen an das Blut in winzigen Mengen abgegeben werden und sich mit dem Blutstrom im Körper verbreiten.

Die wichtigsten Drüsen im menschlichen Körper

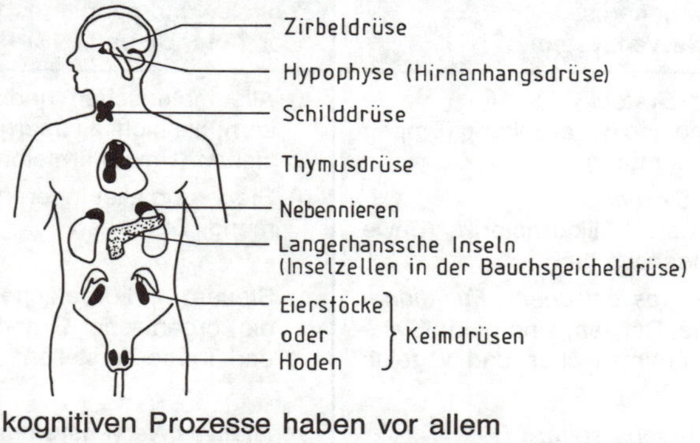

Einfluß auf die kognitiven Prozesse haben vor allem
– die **Keimdrüsen,** die unter anderem die geistige Reifung regeln,
– die **Inselzellen,** die bei Überfunktion zu Konzentrationsmangel oder gar Bewußtlosigkeit führen können,
– die **Schilddrüse,** die die Erregbarkeit der Nerven steuern und bei einer Unterfunktion eine Intelligenzstörung verursachen können.
(Siehe auch Kapitel 7.2.4.)

4.2 Die Sprache

Um bestimmte Sachverhalte beschreiben und sich miteinanderr verständigen zu können, einigten sich Menschen auf ein System von Lauten und Zeichen, die nach ganz bestimmten Regeln miteinander verbunden werden. Diesem System liegt eine geistige Leistung zugrunde (vgl. Erwin Richter, 1989[2]).

> **Die Sprache ist ein System von Lauten und Zeichen sowie von Regeln über die Verbindung dieser Zeichen.**

Die Sprachfähigkeit ist Voraussetzung für die psychische Funktion des **Sprechens,** eine ausführende Tätigkeit unter Inanspruchnahme eines Muskelsystems (vgl. Erwin Richter, 1989[2]).

4.2.1 Funktionen der Sprache

Die Sprache erfüllt folgende Funktionen:

- **Kommunikationsfunktion:** Die Sprache dient dem Austausch von Informationen.
- **Verständigungsfunktion:** Die Sprache dient der Verständigung von Menschen untereinander.
- **Beschreibungsfunktion:** Die Sprache dient der Beschreibung von Dingen und Sachverhalten.
- **Ausdrucksfunktion:** Mit Hilfe der Sprache ist es möglich, Empfindungen und Gedanken auszudrücken.
- **Appellfunktion:** Mit Hilfe der Sprache läßt sich das Verhalten des anderen beeinflussen.

  So will zum Beispiel Kurt, daß Margret heute abend zu ihm kommt. Kurt ruft sie an und bittet sie zu kommen. Margret nimmt sich die Zeit und besucht Kurt.
- **Handlungsfunktion:** Sprache gibt „Handlungsanweisungen“ und kann somit das Handeln des anderen steuern.

  Der Fahrlehrer beispielsweise gibt dem Fahrschüler die Anweisung, nach links abzubiegen.
- **Denkfunktion:** Die Sprache unterstützt das Denken und ist aktiv an Überlegungen und an der Lösung von Problemen beteiligt. Manche Psychologen wie zum Beispiel die Behavioristen sind sogar der Meinung, daß das Denken nichts anderes als ein „inneres Sprechen“ sei (vgl. Abschnitt 4.4.4).
- **Bewertungsfunktion:** Die Sprache bewertet und beurteilt eigenes Verhalten und das anderer Personen sowie Objekte und Situationen.

  So kann man mit Hilfe der Sprache das Verhalten eines betrunkenen Autofahrers als verantwortungslos bewerten.
- **Kulturtradierungsfunktion:** Mit Hilfe der Sprache werden kulturelle Lebensweise und Inhalte an die nachfolgenden Generationen überliefert. Auf diese Weise ist es möglich, daß nicht jede einzelne Generation wieder beim Nullpunkt beginnen muß, sondern aufbauen kann auf den kulturellen Errungenschaften ihrer Vorfahren.

4.2.2 Die Bedeutung der Sprache

Diese Funktionen verdeutlichen die entscheidende Bedeutung, die die Sprache im menschlichen Leben hat:

- Wie in Abschnitt 4.4.4 noch genauer dargestellt wird, steht die Sprache in einem engen Zusammenhang mit dem Denken. Von manchen Psychologen wird die Auffassung vertreten, daß die Sprache erheblichen Einfluß auf das Denken ausübt. Entsprechende Untersuchungen bei Kindern ab dem 2. Lebensjahr haben ergeben, daß Kinder, die in der Sprachentwicklung zurückbleiben, auch Verzögerungen in ihrer geistigen Entwicklung zeigen (vgl. A. R. Luria/F. J. Judowitsch, 1973). Dieter Dörner kommt in seinen Ausführungen zu dem Ergebnis, daß die Rolle der Sprache für das Denken sehr beachtlich ist.

- Der **schulische und berufliche Erfolg** wird zum Teil von den sprachlichen Fähigkeiten bestimmt.

- Auch die **Speicherkapazität des Gedächtnisses** wird durch die Sprache beeinflußt. Je größer der Wortschatz und je weitgefächerter die Ausdrucksmöglichkeiten, desto größer ist die Speicherkapazität. Durch jedes Erlernen einer neuen Sprache wird das Gedächtnis trainiert.

- Die Sprache ermöglicht dem Menschen, seine **Gefühle und Bedürfnisse auszudrücken** und damit auch, sie angemessener auszuleben bzw. deren Befriedigung zu erreichen.

- Zudem wird der Mensch mit Hilfe der Sprache über die Gegebenheiten seiner Umwelt, über die Natur und über die Kultur **informiert,** erwünschtes Verhalten, Gedanken, Einstellungen werden ihm erklärt, nahegebracht und von ihm gefordert.
  Mit Hilfe der Sprache gelingt es dem Menschen, sich immer mehr in das Leben mit anderen, in Gruppen einzugliedern, mit anderen Menschen zu kommunizieren, Erfahrungen zu sammeln.

- Sprache entscheidet mit über den Anteil eines Menschen am **gesellschaftlichen Leben.** Deutlich wird dies, wenn man die Situation eines Ausländers bedenkt, der die Sprache des Landes, in dem er sich befindet, nicht oder nur unzureichend spricht. Er ist isoliert, weil er die anderen nicht verstehen kann, weil er seinen Wünsche, Bedürfnisse, Erkenntnisse oder Probleme nicht verbalisieren kann. Sprachgewandte Menschen beispielsweise finden meist leichter Kontakt und nehmen eher eine Art Führerposition ein als Menschen, die Sprachschwierigkeiten haben.

Funktionen der Sprache	Bedeutung der Sprache
Kommunikationsfunktion Verständigungsfunktion Beschreibungsfunktion Ausdruckfunktion Appellfunktion Handlungsfunktion Denkfunktion Bewertungsfunktion Kulturtradierungsfunktion	Sie übt erheblichen Einfluß auf das Denken aus. Sie bestimmt schulischen und beruflichen Erfolg. Sie beeinflußt die Speicherkapazität des Gedächtnisses. Sie ermöglicht, Gefühle und Bedürfnisse auszudrücken. Sie informiert und sozialisiert. Sie entscheidet über den Anteil des Menschen am gesellschaftlichen Leben.

4.3 Die Intelligenz

Der Begriff *Intelligenz* wird sehr häufig verwendet, er ist jedoch nach wie vor nicht eindeutig bestimmt.

4.3.1 Der Begriff Intelligenz

Intelligenz wird in der Literatur recht unterschiedlich definiert. Aufgrund von Untersuchungen ist man heute jedoch zu dem Ergebnis gekommen, daß man von einer Intelligenzleistung erst dann sprechen kann, wenn man ein bestimmtes Problem, eine bestimmte Schwierigkeit oder eine bestimmte Situation erfolgreich bewältigen kann, ohne auf gemachte Erfahrungen alleine zurückgreifen zu müssen. Intelligenz zeichnet sich also dadurch aus, daß man den Anforderungen einer neuen Situation entspricht, ohne daß man in entsprechenden Situationen geübt hat.

Löst zum Beispiel der Lehrling ein Problem dadurch, daß er genau das nachmacht, was ihm der Meister zeigt, so handelt es sich kaum um eine Intelligenzleistung. Bewältigt er jedoch eine Schwierigkeit, die ihm unbekannt ist und deren Lösung er nicht gelernt hat, so spricht man von einer intelligenten Handlung.

Intelligenz ist die Fähigkeit, Schwierigkeiten bzw. Probleme in neuen Situationen erfolgreich zu bewältigen, die aufgrund vorausgegangener Erfahrungen allein nicht gelöst werden können.

Intelligenz stellt eine Fähigkeit dar, eine Voraussetzung für eine auf einen bestimmten Zweck ausgerichtete Tätigkeit. Diese Tätigkeit, die Funktion, bezeichnen wir – wie zu Beginn von Kapitel 3 ausgeführt – mit dem Begriff *Denken.* **Die Fähigkeit der Intelligenz ist also Voraussetzung für die Funktion des Denkens.**

Intelligenz kann nicht direkt beobachtet werden, sie kann lediglich aus dem Verhalten des Menschen geschlossen werden.

Wir können beispielsweise beobachten, wie der Lehrling das aufgetretene Problem löst, und wir schließen aufgrund dieser Beobachtungen darauf, ob es sich um eine intelligente Leistung handelt oder nicht.

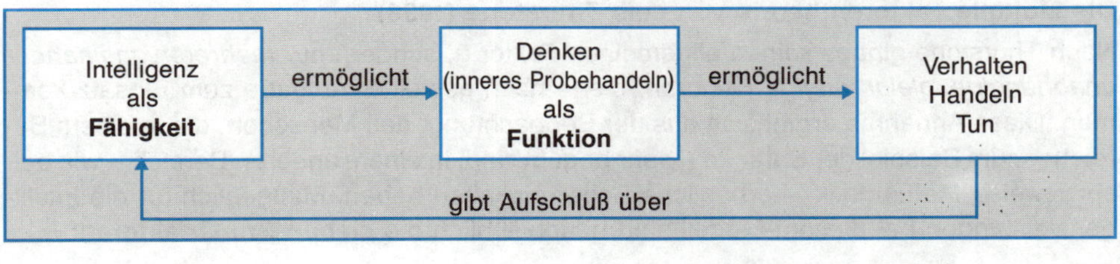

4.3.2 Modelle der Intelligenzstruktur

Da „die Intelligenz" nicht beobachtbar, sondern nur aus dem Verhalten erschließbar ist, konnte man bislang auch noch nicht eindeutig bestimmen, wie die Intelligenz strukturiert ist, ob es sich bei der Intelligenz um eine einheitliche Fähigkeit oder um mehrere nebeneinander existierende Einzelfähigkeiten handelt.

Zu diesen Fragen gibt es in der Intelligenzforschung verschiedene **Intelligenzmodelle,** die zu beschreiben versuchen, ob Intelligenz eine einheitliche Fähigkeit ist oder ob sie sich aus mehreren Fähigkeiten, sogenannten **Intelligenzfaktoren** zusammensetzt.

Die Zweifaktorentheorie von Charles Spearman (1927)

Spearman kam aufgrund seiner Beobachtung, daß intelligente Menschen auf vielen Gebieten intelligentes Verhalten zeigen, zu dem Schluß, daß Intelligenz aus einer einheitlichen Grundfähigkeit, die er **allgemeinen Intelliganzfaktor g** nennt, und speziellen Einzelfähigkeiten, die er als **spezielle Faktoren s** bezeichnet, besteht.

Ist beispielsweise eine Rechenaufgabe zu lösen, so ermöglichen Bereiche des allgemeinen Faktors g und ein spezieller Faktor s – in diesem Beispiel der Faktor „Rechenfähigkeit" – die Lösung der Aufgabe.
Ist eine Leistung im sprachlichen Bereich gefordert, so werden wiederum Bereiche des generellen (allgemeinen) Faktors g und der spezielle Faktor „Sprachbegabung" aktiviert.

Das Modell soll an folgender Abbildung verdeutlicht werden:

Wirkweise des g-Faktors und der s-Faktoren

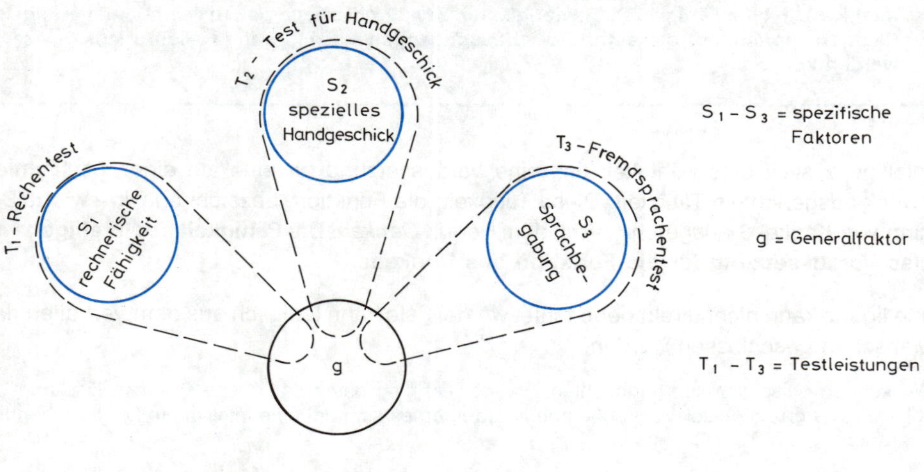

Die Multiple Faktorentheorie von Luis Thurstone (1938)

Nach Thurstone gibt es keinen allgemeinen Faktor g, sondern nur *mehrere voneinander unabhängige, gleichrangige Faktoren,* die je nach gestellter Aufgabe zum Einsatz kommen. Diese Annahme ergibt sich aus der Beobachtung, daß Menschen, die in einem Bereich – zum Beispiel der Sprache – sehr begabt sind, in einem anderen Bereich – wie beispielsweise Mathematik – erhebliche Schwierigkeiten haben. Maßgeblich für die Intelligenzleistungen bei diesem Modell sind hauptsächlich die **sieben Primärfaktoren:**

- Sprachverständnis/Sprachbeherrschung
- Wortflüssigkeit
- Rechengewandtheit/Rechenfähigkeit
- Raumvorstellung/räumliches Vorstellungsvermögen
- Gedächtnis
- Wahrnehmungsgeschwindigkeit/Auffassungsgeschwindigkeit
- schlußfolgerndes, logisches Denken

Thurstone's Vorstellung von der Intelligenz soll an folgender Abbildung verdeutlicht werden:

Wirkweise der 7 Primärfaktoren

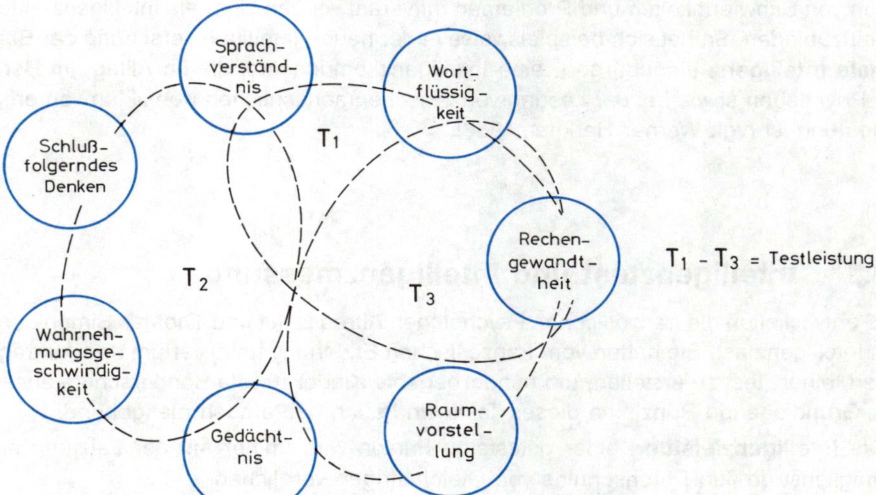

Die Intelligenztheorie von A. O. Jäger (1967, 1984)

A. O. Jäger kam in seinen Untersuchungen auf **sechs Hauptfaktoren der Intelligenz:**

1. Anschauungsgebundenes Denken,
2. Einfallsreichtum und Produktivität,
3. Konzentrationskraft und Tempomotivation (= rasche Auffassung),
4. Verarbeitungskapazität, formal-logisches Denken und Urteilsfähigkeit,
5. zahlengebundenes Denken und
6. sprachgebundenes Denken.

Zudem hat Jäger einen allgemeinen Intelligenzfaktor g gefunden, was Spearmans Annahme, daß es eine allgemeine Grundlage für Intelligenzleistungen gibt, bestätigt. Im Gegensatz zu Spearman sieht Jäger neben dem Grundfaktor g nicht nur Spezialfaktoren s, sondern eine Anzahl ziemlich einflußreicher Hauptfaktoren.

Die heutige Intelligenzforschung geht nicht von *der* Intelligenz im Sinne einer *einheitlichen* Fähigkeit aus, sondern von einer Anzahl unterschiedlicher Einzelfaktoren, deren Durchschnittswert Auskunft über das Intelligenzniveau eines Menschen gibt.

Deshalb ist es notwendig, einen Menschen nicht hinsichtlich „seiner Intelligenz", sondern auf mehrere verschiedene Fähigkeiten hin zu testen bzw. zu beurteilen.

Vor allem der Psychologe *Howard Gardner* wandte sich gegen diese Intelligenzmodelle, da sie körperliche, seelische und soziale Fähigkeiten außer acht lassen. So zum Beispiel werden die Fähigkeit, das eigene Gefühlsleben zu erfassen, die eigenen Gefühle zu verstehen und sie auch ausdrücken zu können, oder die Fähigkeit, Unterschiede im Verhalten und in den Gefühlen anderer Menschen erkennen zu können, ihre Absichten und Ziele zu verstehen und darauf angemessen zu reagieren, überhaupt nicht berücksichtigt (vgl. Howard Gardner, 1985).

Die heutige Psychologie versucht auch emotionale und soziale Fähigkeiten, die für das Lösen von Schwierigkeiten und Problemen mitverantwortlich sind, als Intelligenzfaktoren mit einzubinden. So hat sich beispielsweise in der neuen Intelligenzforschung der Begriff **soziale Intelligenz** eingebürgert, eine Intelligenzkomponente, die im Alltag, im Berufs- und Privatleben sowie bei der Lösung von zwischenmenschlichen Konflikten von größter Bedeutung ist (vgl. Werner Herkner, 1986).

4.3.3 Intelligenztest und Intelligenzmessung

1905 entwickelten die französischen Psychologen Alfred Binet und Thomas Simon den ersten Intelligenztest. Sie hatten vom französischen Erziehungsministerium den Auftrag erhalten, einen Test zu erstellen, um minderbegabte Kinder für die Sonderschule auszulesen. Grundlegende Prinzipien dieses Tests sind auch heute noch maßgebend:

- Die **Intelligenzleistung** einer getesteten Person wird immer mit der Leistung eines möglichst großen Durchschnitts von Gleichaltrigen verglichen.
- Der Begriff des **Intelligenzalters:** Dieser ist eine Leistungsangabe, die durch die Untersuchung einer großen Gruppe Gleichaltriger ermittelt wird. Ein durchschnittlich intelligenter Siebenjähriger hat ein Intelligenzalter von 7, ein durchschnittlich intelligenter Zehnjähriger ein Intelligenzalter von 10.

  Hat nun ein Zehnjähriger ein Intelligenzalter von 8, so weist dies auf einen Entwicklungsrückstand in der Intelligenz von zwei Jahren hin. Dieser Zehnjährige ist demgemäß unterdurchschnittlich intelligent.

> Die Aussage über eine über- oder unterdurchschnittliche Intelligenzleistung ergibt sich aus der Differenz von Intelligenzalter minus Lebensalter.

Das Intelligenzalter orientiert sich dabei immer an der Altersnorm, an dem, was der große Durchschnitt der Dreijährigen, der Vierjährigen usw. kann.

Nachdem der direkte Vergleich von Intelligenzalter und Lebensalter nicht berücksichtigt, daß ein Entwicklungsrückstand von zwei Jahren bei einem Dreijährigen weit mehr ausmacht als bei einem 15jährigen, kam der Psychologe William Stern zu dem altersunabhängigen Begriff *IQ (Intelligenzquotient)* und folgender Formel:

$$IQ = \frac{\text{IA (Intelligenzalter)}}{\text{LA (Lebensalter)}} \cdot 100 \text{ (um Kommastellen zu vermeiden)}$$

Der IQ ist somit kein absolutes Maß, sondern eine Vergleichszahl, die lediglich besagt, daß jemand in einem Test besser oder schlechter ist als der Durchschnitt seiner Gleichaltrigen.

Sehr häufig verwendete Intelligenztests sind heute der HAWIE (Hamburg-Wechsler-Intelligenztest für Erwachsene) und der HAWIK (Hamburg-Wechsler- Intelligenztest für Kinder), die von David Wechsler in Amerika entwickelt und in den 50er Jahren in Hamburg für deutsche Verhältnisse übersetzt wurden.

➡ **Materialien 1.**

Kritik an den Intelligenztests

Unterschichtangehörige werden in den Tests benachteiligt,

- da in den Tests sprachliche Aufgaben dominieren, deren Sprachniveau der Mittelschicht entstammt und die die Sprachform der Unterschichtangehörigen außer acht lassen,
- da die durchschnittlichen Intelligenzwerte in der Mittelschicht erhoben werden und dadurch die Aufgaben und Normen dem Erfahrungsbereich der Mittelschicht entstammen,
- da der Tester in der Regel der Mittelschicht entstammt und deshalb Unterschichtangehörigen (zum Beispiel bei Schulreifetests) in seiner Ausdrucksweise fremdartig ist.

Intelligenztests untersuchen kaum Fähigkeiten wie „das eigene Gefühlsleben zu erfassen, die eigenen Gefühle zu verstehen und sie zu benennen, sie schließlich auch ausdrücken zu können“ (Howard Gardner, 1985), Kontaktfähigkeit oder die Fähigkeit, das soziale Leben zu meistern und soziale Konflikte lösen zu können – Fähigkeiten, die zu einer effektiven Lebensbewältigung notwendig sind. Ebenso bleiben viele Fähigkeiten, die für Leistungen in Schule und vor allem in der Arbeitswelt erforderlich sind, in den Tests unberücksichtigt.

Zudem sind viele Intelligenztests so aufgebaut, daß lediglich eine Aufgabenlösung im Sinne von richtig oder falsch möglich ist. Kreatives Denken wird dabei zu wenig beachtet (siehe Abschnitt 4.4.2).

➡ **Materialien 2.**

4.3.4 Die Bedeutung und Bewertung der Intelligenz für die Persönlichkeit

Die Intelligenz ist ein Bestandteil der Persönlichkeit und hat als solcher einen beträchtlichen Einfluß auf die gesamte Entwicklung der Menschen.

Vor allem in unserer „verkopften Gesellschaft“ ist die Fähigkeit zu denken und Intelligenzleistungen zu erbringen sehr wichtig. Diese Fähigkeiten bestimmen den schulischen und beruflichen Erfolg, der darüber hinaus auch von den Intelligenzfaktoren Sprachverständnis, Sprachbeherrschung, Wortflüssigkeit, Rechengewandtheit, Rechenfähigkeit, Raumvorstellung, Gedächtnis, Wahrnehmungsgeschwindigkeit, Auffassungsgeschwindigkeit und logisches, schlußfolgerndes Denken (vgl. Abschnitt 4.3.2) in hohem Maße abhängig ist. Die Intelligenz ist dadurch mitverantwortlich für das **Prestige** und die **Anerkennung,** die man von der Gesellschaft erhält, und damit für das Selbstvertrauen und das Selbstbewußtsein, das man dadurch aufbauen kann. Das **Selbstbewußtsein** wiederum beeinflußt in entscheidender Weise das Gefühlsleben und den Umgang mit den Gefühlen. Selbstsichere Menschen haben ein sicheres Auftreten in der Gesellschaft und nehmen nicht selten eine Führungsposition ein, bekommen dadurch verstärkt Anerkennung und Erfolg vermittelt, wodurch wieder ihr Selbstvertrauen gestärkt wird.

> Die Intelligenz bestimmt nicht nur die Fähigkeit zu denken und sich sprachlich auszudrücken, sondern sie hat auch einen großen Einfluß auf das emotionale und soziale Leben des Menschen.

In der Literatur wird von der „Verkopfung der Gesellschaft" gesprochen und darauf hingewiesen, daß in unserer hochtechnisierten und -spezialisierten sowie von Massenmedien beherrschten Leistungsgesellschaft den kognitiven, den geistigen Fähigkeiten eines Menschen ein sehr großer, ja beinah zu großer Wert beigemessen wird. Diese Überbewertung zeigt sich beispielsweise in der **Testmanie,** das heißt in der Besessenheit, die Intelligenz des Menschen mit Tests zu messen und danach auszuwählen, oder in den Diskussionen um Vererbbarkeit oder Umweltbedingtheit kognitiver Fähigkeiten. Die Intelligenztests messen keine sozialen oder emotionalen Fähigkeiten, sondern kognitive, und davon in erster Linie diejenigen, welche für Schule und Beruf wichtig sind.

> Der logisch denkende, vernunftbegabte, rationelle Mensch ist weit mehr gefragt als der emotionale, phantasievolle oder soziale.

4.4 Das Denken

Der Begriff *Denken* ist ähnlich schwer zu definieren wie der Begriff *Intelligenz*. Dies hat seinen Grund darin, daß auch das Denken – wie die Intelligenz – nicht beobachtbar ist. Denken stellt einen psychischen Vorgang, einen geistigen Prozeß, ein **inneres Probehandeln** dar, in dessen Verlauf eine Situation bzw. ein Problem erfaßt und erarbeitet wird und bestimmte Zusammenhänge erkannt werden. Auf diese Weise kommt man der Lösung des Problems näher.

> **Mit Denken wird ein von Außenstehenden nicht beobachtbarer psychischer Vorgang bezeichnet, in dessen Verlauf eine Situation bzw. ein Problem erfaßt und verarbeitet wird.**

Denken ist – wie in Abschnitt 4.3.1 ausgeführt – eine Funktion, deren Voraussetzung die Fähigkeit Intelligenz darstellt.

4.4.1 Der Prozeß des Denkens

Denkprozesse werden durch ein Problem, vor dem der Mensch steht bzw. das er als solches erkennt oder empfindet, ausgelöst. Diese Denkprozesse werden in der Psychologie als **Denkoperationen** bezeichnet.

Der Denkprozeß verläuft zunächst nach dem **Prinzip von Versuch und Irrtum.** Steht der Mensch vor einem Problem, so setzt sein Denken ein: Er produziert eine Reihe von Einfällen und Lösungsvorschlägen, probiert diese in Gedanken durch (= *inneres Probehandeln*) und sondert die falschen Einfälle, die nicht zum richtigen Ergebnis führen, solange aus, bis er den richtigen Einfall hat. Dabei spielen bisherige Erfahrungen eine große Rolle, denn man versucht zunächst, das Problem mit solchen Möglichkeiten zu lösen, die man gelernt hat und die schon in früheren Situationen erfolgreich waren. Erst wenn sich erkennen läßt, daß keine von diesen Möglichkeiten zum Erfolg führt, wird man das Problem gleichsam nach dem Prinzip von Versuch und Irrtum lösen.

Der Mensch geht jedoch nicht nur nach dem Prinzip des „Versuchs und Irrtums" vor, sondern strukturiert nach jedem neuen Versuch das Problem um. Es setzt das **Prinzip der Umstrukturierung** ein:

Wenn der Mensch vor einem Problem steht und verschiedene Einfälle zur Lösung des Problems hat, so verändert jeder dieser Einfälle – egal ob er richtig oder falsch ist – die Problemsituation so, daß man jedesmal das Problem unter einem neuen Gesichtswinkel betrachtet. Dies verändert wiederum die Problemsituation, und es entstehen neue Bedingungen für das Auftreten neuer Lösungsmöglichkeiten. Nach jedem Einfall wird das Problem neu strukturiert oder umstrukturiert, und dadurch kommt der Denkende der richtigen Lösung immer näher (vgl. Klaus D. Heil, 1975).

Ein Beispiel für die Umstrukturierung: Kann man zehn Bäume in fünf Reihen zu je vier Bäumen pflanzen?
Diese Aufgabe ist solange unlösbar, bis man eine Umstrukturierung vornimmt, die zu einer plötzlichen Einsicht führt. Die Aufgabe läßt sich erst klären, wenn man erkennt, daß diese Reihen nicht parallel verlaufen müssen (vgl. R. J. Sternberg/J. E. Davidson, 1983).

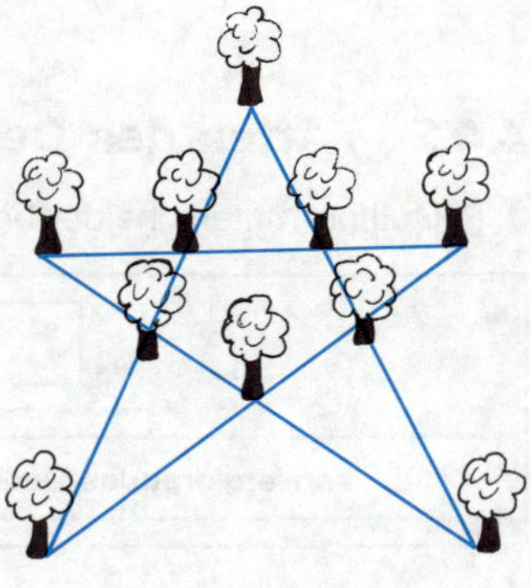

Ein weiteres Beispiel: Wie können zwei Männer fünf Partien DAME spielen und – ohne ein Unentschieden – beide gleich oft gewinnen?
Auch diese Aufgabe kann solange nicht gelöst werden, bis sie dahingehend umstrukturiert ist, daß die beiden Männer nicht unbedingt gegeneinander spielen müssen (a.a.O.).

Diese erfolgreiche Umstrukturierung wird vom Menschen meist als sehr eindrucksvoll, oft sogar als lustbetont erlebt. Karl Bühler, der sehr wichtige Beiträge zur Denkpsychologie leistete, nannte ein derartiges befriedigendes Erlebnis bei plötzlicher Einsicht **Aha-Erlebnis.**

„Denkoperationen werden umschrieben als Bilden von Assoziationen, als Umstrukturieren, Umorganisieren, als inneres Probehandeln, als Bilden von Gestalten und Ganzheiten, Klassifizieren, als Analysieren, Schlußfolgern usw.“ (J. A. Keller/F. Novak, 1988[6])

Einsicht

Ein Mensch drückt gegen eine Türe,
wild stemmt er sich, daß sie sich rühre!
Die Schwere Türe, erzgegossen,
bleibt ungerührt und fest verschlossen.
Dann strukturiert er neu und denkt ganz klug,
sieht's anders und probiert's mit Zug.
Und Schau! der Mensch steht ganz betroffen,
schon ist die schwere Türe offen!
So gehts auch sonst in vielen Stücken:
Dort, wo's zu ziehn gilt, hilft kein Drücken!

frei nach Eugen Roth

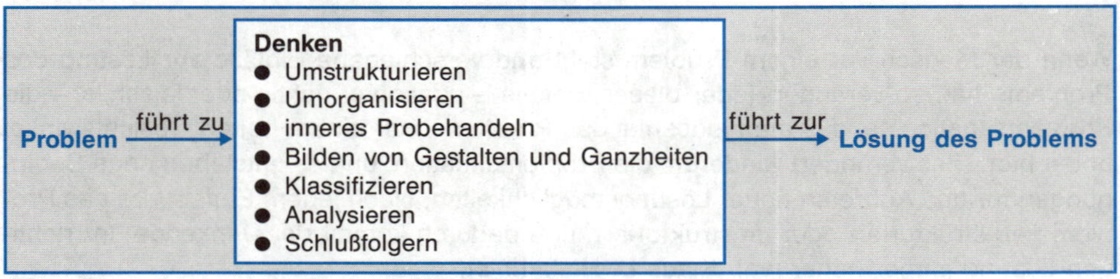

4.4.2 Arten des Denkens

J. P. Guilford unterscheidet beim problemlösenden Denken zwei verschiedene Arten:

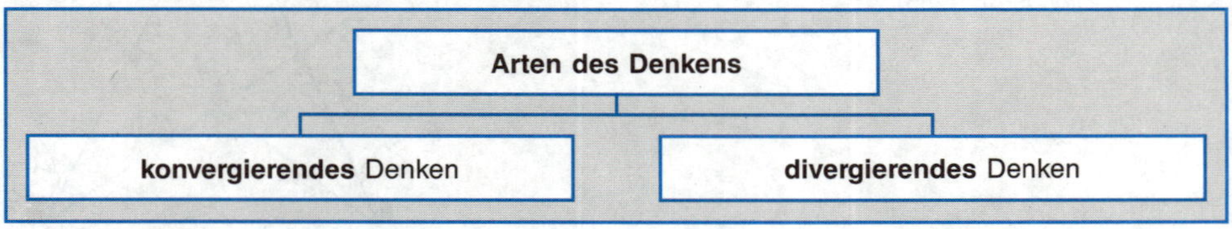

- **Das konvergierende Denken**

  Das konvergierende Denken erfolgt unter Anwendung bestimmter Regeln und Gesetzmäßigkeiten, die man bereits kennt bzw. gelernt hat, und führt zu einer einzig richtigen Lösung. Diese Denkart wird auch als *logisches bzw. schlußfolgerndes Denken* bezeichnet. Es wird angewandt, wenn das Problem klar und konkret gestellt ist und nur eine richtige Lösung möglich ist.

  So löst man zum Beispiel eine Mathematikaufgabe, indem man durch Anwendung der richtigen Formel zum einzig richtigen Ergebnis kommt.

- **Das divergierende Denken**
  Ausgehend von einem meist nicht klaren Problem ist das Denken flexibel, kreativ und schöpferisch, das bisher Gelernte wird zum Produzieren neuer Lösungsmöglichkeiten eingesetzt. Als Ergebnis werden mehrere, zum Teil neue, vielleicht ungewöhnliche Lösungen gefunden. Man nennt diese Denkart auch schöpferisches, kreatives Denken.

  Betrachtet man beispielsweise die unterschiedlichen Modelle, die bei der Erfindung des Flugzeugs entstanden sind, so wird deutlich, daß die Erfinder schöpferisch, kreativ, divergierend gedacht haben.

4.4.3 Die Bedeutung des Denkens

Als Persönlichkeitsmerkmal steht das Denken mit anderen psychischen Fähigkeiten und Funktionen sowie psychischen Kräften in einer Wechselwirkung und übt einen nicht unerheblichen Einfluß auf alle anderen Persönlichkeitsmerkmale aus.
So etwa wird die **Motorik** durch das Denken gesteuert. Dies wird beispielsweise sichtbar, wenn ein Mensch bewußt Sport betreibt, um fit zu bleiben.
Die **Sprache,** die Fähigkeit zu sprechen und sich auszudrücken, ist vom Denken abhängig. Wie in Abschnitt 4.4.4 ausgeführt, wird die Sprache durch das Denken beeinflußt. Sprechen und Denken sind aufeinander angewiesen und stehen miteinander in einer engen Wechselwirkung.
Ebenso besteht eine enge Beziehung zwischen dem Denken und dem **Gedächtnis.**

Das Behalten von Informationen beispielsweise ist Voraussetzung, um Denkprozesse in Gang setzen zu können. Andererseits setzt der Mensch bewußt Gedächtnisstrategien ein, um seine Gedächtnisleistungen zu verbessern (vgl. 4.6.4).

Denken steuert auch die **Wahrnehmung** und führt zu einer Selektion (Auslese) des Wahrnehmenden bzw. des Wahrgenommenen.

Der Erwartungseffekt beispielsweise zeigt, daß man eine Person genau den Erwartungen entsprechend wahrnimmt, die man sich aufgrund gewisser Vorinformationen „zurechtgedacht" hat (vgl. Kapitel 3.4.1).

➡ **Materialien 3.**

Das Denken bestimmt zudem den Umgang mit den **Bedürfnissen und Gefühlen.** Wie in Kapitel 5.5.1 ausgeführt, können Emotionen keinesfalls isoliert betrachtet werden, sondern immer nur im Zusammenhang mit kognitiven Funktionen und Fähigkeiten.
Schließlich wird das **Sozialverhalten** durch Denkleistungen beeinflußt.

Dies zeigt beispielsweise das oftmals gestörte Sozialverhalten bei geistig Behinderten, die wegen ihrer nur geringfügig ausgeprägten rationellen Denkleistungen wenig imstande sind, ihr Sozialverhalten zu „regulieren".

Das Denken
- steuert und „kommandiert" die Motorik,
- beeinflußt die Sprache,
- ist das Produkt der Intelligenz,
- basiert auf und steuert Gedächtnisleistungen,
- steuert die Wahrnehmung,
- regelt den Umgang mit Gefühlen und Bedürfnissen,
- bestimmt das Sozialverhalten.

Die Bedeutung des Denkens verstärkt sich darüber hinaus in unserer „verkopften Gesellschaft", da – wie bereits in Abschnitt 4.3.4 erwähnt – den geistigen Fähigkeiten und damit den Denkleistungen eines Menschen großes Augenmerk geschenkt wird und er zum Großteil nach seinen Denkleistungen bewertet und dementsprechend behandelt wird.

4.4.4 Der Zusammenhang zwischen Sprache und Denken

Zum Verhältnis zwischen Sprache und Denken gibt es unterschiedliche Auffassungen. Der Behaviorismus sieht im Denken lediglich ein inneres Sprechen. Entsprechende Untersuchungen haben jedoch ergeben, daß das Denken nicht nur inneres Sprechen ist, sondern wirklich eine innere, nicht motorische Aktivität (vgl. John R. Anderson, 1988).

Wenn auch die Ansichten auseinandergehen, ob sich Sprache und Denken von Anfang an gemeinsam entwickeln oder ob Sprechen und Denken jeweils einen eigenen Ursprung haben – also sich zunächst getrennt entwickeln –, so sind sich die psychologischen Forscher darin einig, daß ab der frühen Kindheit Sprache und Denken eng miteinander zusammenhängen, daß *das Denken auf die Sprache und die Sprache auf das Denken einwirkt.*

Das Denken beeinflußt die Sprache: Forschungen haben gezeigt, daß die Gestalt der Sprache zu einem großen Teil durch das Denken bestimmt wird. Menschliche Sprache ist also auf das Denken angewiesen. Es erscheint „nur natürlich anzunehmen, daß Sprache ein Werkzeug ist, dessen Funktion darin besteht, Gedanken mitzuteilen. Werkzeuge werden im allgemeinen den Werkstücken angepaßt, an denen man sie einsetzen will. Man kann sogar behaupten, daß Sprache viel enger mit dem Denken verbunden ist als ein Werkzeug mit seinem Werkstück." (John R. Anderson, 1988)

Die Sprache beeinflußt das Denken: Wie bereits in Abschnitt 4.2.2 dargestellt, haben A. R. Luria und F. J. Judowisch (1973) eindrucksvoll nachgewiesen, daß Kinder, die in der sprachlichen Entwicklung zurückbleiben, auch Verzögerungen in der geistigen Entwicklung zeigen. Das Denken wird also in einem nicht unerheblichen Maße vom aktiven Gebrauch der Sprache bestimmt.

Dietrich Dörner stellt fest, daß der Mensch zum Denken bestimmte Vorstellungsbilder benötigt. Die Sprache erlaubt nun ein problemloses und schnelles Wiederaufrufen dieser Bilder. Damit beeinflußt sie den mit den Vorstellungen arbeitenden Denkprozeß in entscheidender Weise (vgl. D. Dörner/H. Selg, 1985).

Einerseits wird also die Sprache durch das Denken, andererseits das Denken durch die Sprache in einem nicht unerheblichen Maße beeinflußt. Sprache und Denken sind aufeinander angewiesen, und das eine ist ohne das andere kaum denkbar.

Sprache und Denken stehen in einer engen Beziehung zueinander und beeinflussen sich wechselseitig.

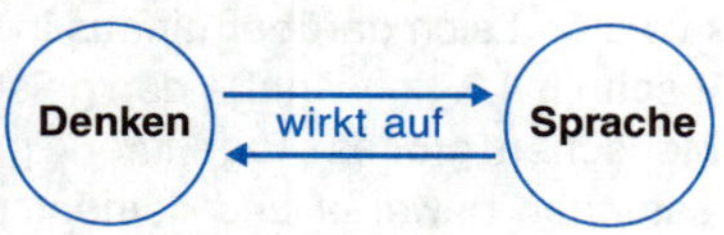

4.5 Die Kreativität

Obwohl die Kreativität eine in allen Gesellschaften wichtige Fähigkeit ist, wurde sie in der Forschung lange Zeit sehr vernachlässigt. Erst seit etwa 30 Jahren gibt es eine umfangreiche Kreativitätsforschung. Auch im Alltag wird in der Regel der Intelligenz mehr Bedeutung beigemessen als kreativen Leistungen.

4.5.1 Der Begriff Kreativität

Von Kreativität spricht man, wenn Neues geschaffen sowie neuartige Einfälle und originelle Lösungen produziert werden.

Bedeutende Erfindungen wie das Flugzeug, wissenschaftliche Entdeckungen, künstlerische Werke in Musik, Malerei, Architektur oder Literatur sowie soziale und wirtschaftliche Neuerungen sind Beispiele für kreative Leistungen.

Kreativität bezeichnet die Fähigkeit, Neues zu schaffen sowie neuartige Einfälle und originelle Lösungen zu produzieren.

Es wird angenommen, daß an schöpferischen Leistungen in erster Linie **divergierende Denkprozesse** beteiligt sind (vgl. Abschnitt 4.4.2). Losgelöst von einem starren Regel- und Ordnungsdenken, sucht der Kreative zur Bewältigung eines Problems nach mehreren, zum Teil neuen, vielleicht ungewöhnlichen Lösungen. Kreative Menschen besitzen dann auch meist Persönlichkeitseigenschaften wie beispielsweise Originalität, Flexibilität, Nonkonformismus und Einfallsreichtum.

Kreativität darf nicht mit Intelligenz gleichgesetzt werden. Beide Fähigkeiten erfordern unterschiedliche Eigenschaften. Untersuchungen haben ergeben, daß sehr kreative Personen zwar meistens auch sehr intelligent sind, doch umgekehrt muß hohe Intelligenz nicht unbedingt mit großartigen kreativen Leistungen verbunden sein. (vgl. Werner Herkner, 1986).

4.5.2 Die Bedeutung und Bewertung der Kreativität

Obwohl Kreativität den Menschen in die günstige Lage versetzt, mit Neuartigem und Ungewohntem besser zurechtzukommen, ist sie in unserer Gesellschaft nicht immer erwünscht. Kreativität bedeutet zwar immer Produktion von Neuem, dieses Neue oder Fremdartige wird jedoch oft als unangenehm, störend, aus der Reihe fallend oder beängstigend empfunden. Ein kreativer Mensch wird oft als verrückt, als ungezogen, als jemand, der aus der Reihe tanzt, bezeichnet.

Ein junger Mensch beispielsweise wird oftmals als verrückt bezeichnet oder als ungezogen getadelt, wenn er sich nicht genauso kleidet wie es üblich ist, sondern sich etwas Phantasievolles einfallen läßt.

Andererseits gibt es jedoch gerade in den letzten Jahren Bestrebungen, die Kreativität zu fördern – beispielsweise im Kindergarten –, etwa durch mehr Toleranz gegenüber unangepaßtem und andersartigem Verhalten der Kinder, durch mehr Ansporn zu vielseitigem Experimentieren, durch Unterstützung der Neugierde der Kinder. Man hat erkannt, daß gesellschaftlicher Fortschritt und die Verbesserung der Lebensqualität eben auch von der Produktion neuer und andersartiger Ideen abhängt.

4.6 Das Gedächtnis

Mit Gedächtnis bezeichnet man einmal die Fähigkeit eines Organismus, bestimmte Informationen zu **speichern.** Solche Informationen umfassen nicht nur sachliche Inhalte wie beispielsweise den Stoff, den man in der Schule gelernt hat, sondern auch Gefühle, Empfindungen, Erlebnisse und ähnliches. In der Psychologie spricht man, wenn es um das Speichern von Informationen geht, von *Behalten*.

Zum anderen können wir diese Informationen, wenn wir sie benötigen, **abrufen.** Dieses Abrufen kann in Form des *Reproduzierens* oder des *Wiedererkennens* geschehen.

Wenn man beispielsweise eine Liste von Wörtern sieht und die Bedeutung dieser Wörter sagen kann, so handelt es sich um ein Wiedererkennen. Lernt man nun diese Liste von Wörtern auswendig und versucht, sie zu einem späteren Zeitpunkt wiederzugeben, so spricht man von Reproduzieren. Bei Wörtern, die wir täglich gebrauchen (= aktiver Wortschatz) handelt es sich um ein Reproduzieren, Begriffe dagegen, die wir selbst nicht gebrauchen, deren Bedeutung wir aber wissen (= passiver Wortschatz), erkennen wir wieder.

Gedächtnis ist die Fähigkeit eines Organismus, Informationen zu speichern und abrufen zu können.

Oft taucht in diesem Zusammenhang auch der Begriff **Erinnerung** auf. Damit bezeichnet man eine gespeicherte Information, die gewollt oder ungewollt in das Bewußtsein tritt.

4.6.1 Arten des Gedächtnisses

Gegenwärtig werden in der Psychologie zwei Gedächtnismodelle unterschieden, das **Mehr-Speicher-Modell** und das **Ein-Speicher-Modell.** Das Mehr-Speicher-Modell nimmt drei verschiedene „Arten“ von Gedächtnissen als *separate Speicher* an, zwischen denen Kontrollprozesse zur Regelung des Informationsflusses stattfinden. Das Ein-Speicher-Modell nimmt keine separaten Speicher an, sondern lediglich *verschiedene Ebenen innerhalb einer einzigen großen Einheit,* dem Langzeitgedächtnis. Zwischen diesen Ebenen werden neben automatischen Prozessen der Kodierung – ähnlich wie im Mehr-Speicher-Modell – Kontrollprozesse der Verarbeitung von Informationen bei Gedächtnisleistungen angenommen (vgl. Rainer H. Kluwe; in: Hans Spada, 1990).

Das Mehr-Speicher-Modell unterscheidet drei Arten von Gedächtnissen:

- **Das sensorische Gedächtnis:**

  Informationen, denen der Organismus ausgesetzt ist, werden zunächst vom sensorischen Gedächtnis *(SG)* registriert. Die Dauer der Speicherung, die *bioelektrischer* Art ist, beträgt nur einen Bruchteil von Sekunden, maximal 1,5 Sekunden.

  Wenn wir beim Lesen von einem Buchstaben zum anderen springen, bleiben die zuletzt wahrgenommenen Buchstaben für einen Bruchteil gespeichert. Wir können uns nicht an die einzelnen Buchstaben erinnern, nehmen aber aufgrund der sehr kurzen Speicherung die Buchstaben zusammenhängend als Wörter auf.

  Während dieser Zeitspanne wird über verschiedene *Kontrollprozesse* entschieden, ob eine Information weitergeleitet wird oder nicht.

  Man muß sich das vorstellen wie die Eingangsstelle eines großen und gut durchorganisierten Betriebes: „Diese Eingangsstelle erreichen ständig neue Informationen, von denen nur einige weitergeleitet und andere abgewiesen werden. Sie werden kurzfristig auf ihre Bedeutung hin überprüft, und wenn sie wichtig sind, werden sie mit verschiedenen Organisationsstellen des Betriebes bekannt gemacht. Unwichtige Informationen werden nur kurzfristig behalten (...)“ *(Ch. Michel/F. Novak, 1990)*

- **Das Kurzzeitgedächtnis**

  Bestimmte Informationen, die sich im SG befinden, dringen in das Kurzzeitgedächtnis *(KZG)* vor. Es handelt sich dabei um einen nur geringen Teil von dem, was das SG aufnimmt. Im Gegensatz zum SG reicht hier die Speicherung etwa bis zu einer Minute. Ihre Art ist ebenfalls *bioelektrischer* Art.

  Ähnlich wie das SG ermöglicht uns das KZG, beispielsweise dem Inhalt eines Gespräches kontinuierlich zu folgen. Wir sind imstande, Sätze zu verstehen, weil wir beim Hören des Satzendes noch den Satzanfang im KZG haben.

  „Mit Hilfe des KZG besteht unser bewußtes Erleben nicht aus einer Folge isolierter ‚abgehackter‘ Einzelheiten, sondern ist ein kontinuierlich fließender Erlebnisstrom.“ *(Werner Herkner, 1986)*

  Sind die ausgewählten Informationen im KZG angelangt, so wird aufgrund bestimmter Kontrollprozesse wiederum entschieden, ob sie weitergeleitet werden oder nicht.

- **Das Langzeitgedächtnis**

  Nur sehr wenige Informationen des KZG werden in das Langzeitgedächtnis *(LZG)* vorgelassen. Gelingt es jedoch einer bestimmten Information, in das LZG zu gelangen, so wird sie dort dauerhaft gespeichert.

  Das LZG gilt als das eigentliche Gedächtnis, dessen Umfang unbekannt ist. Die Prozesse, die im LZG zur unbegrenzten Speicherung führen, sind nicht mehr bioelektrischer, sondern *biochemischer* Art: Es finden sich hier keine kurzzeitigen Erregungsströme mehr, sondern es werden dauerhafte chemische Verbindungen geschaffen. Das meiste jedoch, das sich im LZG befindet, ist nicht ständig parat, es muß im Bedarfsfall erst hervorgeholt werden. Seine Inhalte gelten also als *passiv,* das heißt, das gespeicherte Wissen muß erst „aufgerufen" werden.

  „Unser Gedächtnisrepertoire ähnelt dem Repertoire eines Schauspielers. Auch wir brauchen manchmal eine Art Souffleuse, die uns die Stichwörter liefert, die unser Gedächtnis aktivieren." *(Hellmuth Benesch, 1989[2])*

Die Gedächtnisarten unterscheiden sich hinsichtlich
- der Dauer der Speicherung und
- der Art der Speicherung.

Das Mehr-Speicher-Modell des Gedächtnisses

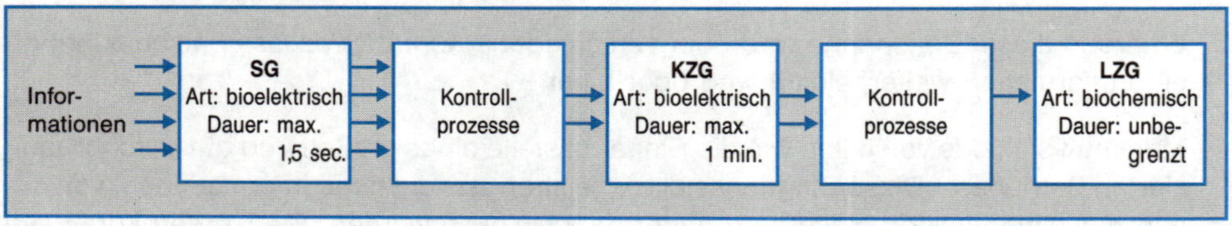

Beim Ein-Speicher-Modell stellen diese drei Arten von Gedächtnis keine separaten Speicher dar; SG und KZG sind verschiedene Ebenen innerhalb des LZG (vgl. Rainer A. Kluwe, in: Hans Spada, 1990).

4.6.2 Das Vergessen und Behalten

Die Gedächtnisforschung liefert wichtige Erkenntnisse über das Speichern, Behalten und Vergessen von Informationen:

- **Emotional gefärbte Informationen** werden leichter behalten als „neutrale", angenehme besser als unangenehme (vgl. Kapitel 5.5.2).

- **Schockerlebnisse** führen oft dazu, daß man Informationen zum Teil vergißt oder falsch in Erinnerung hat.

  Menschen zum Beispiel, die einen Autounfall hatten, wissen nach dem Unfall oft nicht mehr, wie er passierte.

- **Angst** kann das Gedächtnis blockieren.

  So vergißt man beim Autofahren in angstauslösenden Situationen häufig, wie man richtig reagieren soll.

- An **unerledigte Aufgaben** erinnert man sich kurzfristig eher als an erledigte. Diese Tatsache wird in der Psychologie als *Zeigarnik-Effekt* bezeichnet. Man erinnert sich ständig an Aufgaben, die man noch erledigen muß. Sie sitzen gewissermaßen wie ein „schlechtes Gewissen im Nacken", während man Aufgaben, die man erledigt hat, schnell vergißt.

- Einsichtiger und sinnvoller sowie gut gegliederter und strukturierter **Lernstoff** wird leichter behalten als uneinsichtiger, sinnloser, kaum gegliederter und unstrukturierter.

Der typische Verlauf der Vergessenskurve für sinnlose und sinnvolle Inhalte (nach H. Maddox, 1965)

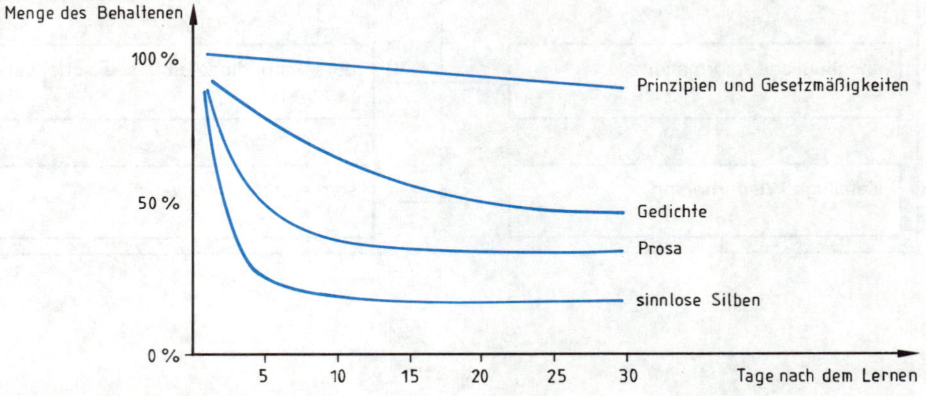

Quelle: Ch. Michel/F. Novak, 1990

- **Sich abhebende Informationen** wie zum Beispiel fettgedruckte oder farbig hervorgehobene Aussagen kann man sich eher und besser merken. Dies trifft umso mehr zu, wenn sie am Beginn oder am Ende gegeben werden (= *Positionseffekt* – siehe Kapitel 10.3.2).

- **Anschauliche Informationen** werden besser behalten als abstrakte.

- Vielfältige **Wiederholung** des Lernstoffes (Übung): Eine Information hat nur dann eine Chance, in das Langzeitgedächtnis zu kommen, wenn man sie nicht nur einmal lernt, sondern immer wieder wiederholt bzw. übt.

- Eine starke innere **Motivation:** Sachverhalte, an denen man sehr interessiert ist, werden länger und leichter behalten als Sachverhalte, die weniger interessieren.

- Eine gute **körperliche und seelische Verfassung** des Lernenden bzw. Aufnehmenden, Gefühle, Bedürfnisse und Wohlbefinden haben eine starke Auswirkung auf das Vergessen bzw. Behalten.

- Eine ruhige **Arbeitsumgebung,** so daß man nicht durch Lärm, Geräusche, Musik oder Hektik abgelenkt wird, wirkt positiv auf das Behalten.

- Einen entscheidenden Einfluß auf das Behalten und auf Reproduktionsleistungen hat der bewußte Einsatz von **Gedächtnisstrategien.** Wie die neuere Gedächtnisforschung ergeben hat, spielen sie in unserem Leben eine so entscheidende Rolle, daß auf sie in einem eigenen Abschnitt eingegangen wird (vg. Abschnitt 4.6.4).

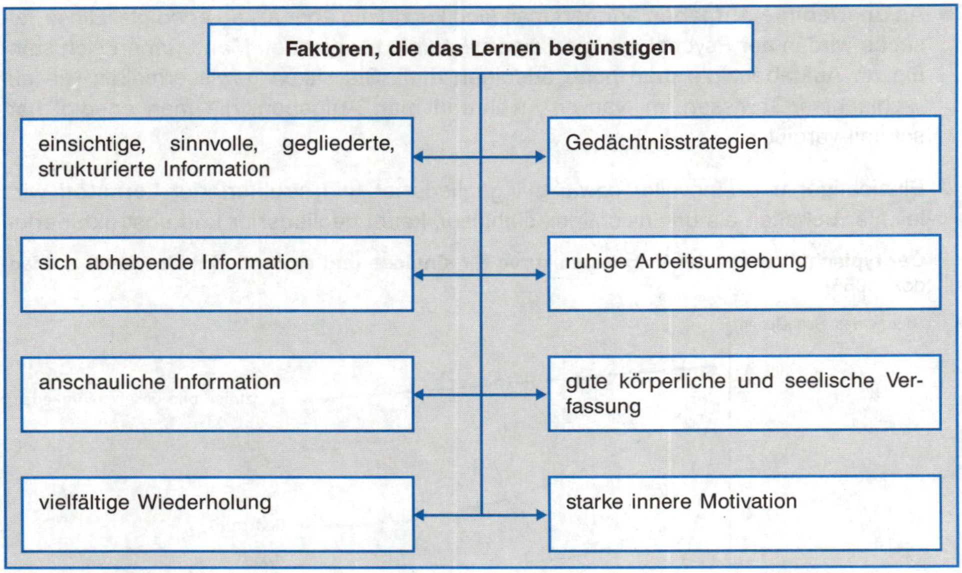

4.6.3 Gedächtnishemmungen

Es gibt verschiedene Bedingungen, die sich hemmend auf das Behalten von Informationen auswirken. Solche Bedingungen nennen wir *Gedächtnishemmungen.*
Man unterscheidet in der Regel drei verschiedene Arten von Gedächtnishemmungen, die auftreten können:

- **Proaktive (= vorauswirkende) Hemmung**

  Die Erinnerung an einen gerade gelernten Sachverhalt beeinflußt auf negative Weise das unmittelbar darauffolgende Lernen eines neuen Sachverhaltes.

  Wenn man beispielsweise gerade Englisch gelernt hat und sofort darauf Mathematik lernt, so wirkt sich die Erinnerung an das Englisch hemmend auf das Mathematik-Lernen aus.

- **Retroaktive (= rückwirkende) Hemmung**

  Lernt man nach einem gerade gelernten Sachverhalt einen weiteren, so kann sich das Lernen dieses zweiten Sachverhaltes negativ auf das Behalten des vorausgegangenen auswirken.

  Wenn man beispielsweise gerade Englisch gelernt hat und sofort darauf Mathematik lernt, so kann sich das Lernen von Mathematik hemmend auf das Behalten von Englisch auswirken.

proaktive Hemmung — Lernen von Englisch-Wörtern hemmt das Lernen von Mathematik-Formeln

retroaktive Hemmung — Lernen von Mathematik-Formeln hemmt das Lernen von Englisch-Wörtern

- **Ähnlichkeitshemmung**

  Lernt man nach einem eben gelernten Sachverhalt einen neuen hinzu, der dem ersten sehr ähnlich ist, so vermischen sich die Elemente der beiden Sachverhalte miteinander und können das Lernen und Behalten hemmen.

  Lernt man beispielsweise zuerst Pädagogik, dann sofort darauf Psychologie, so vermischen sich diese beiden Lerninhalte, was sich auf das Behalten dieser Lerninhalte ungünstig auswirken kann.

Treten diese Hemmungen miteinander auf, so verstärkt sich die hemmende Wirkung, das heißt, eine pro- oder retroaktive Hemmung ist dann am stärksten, wenn es sich um ähnliche Sachverhalte handelt.

Konsequenzen aus diesen Hemmungen zur Verbesserung der Gedächtnisleistungen:

- Zwischen dem Erlernen von zwei Sachverhalten ist es sinnvoll, eine Pause einzulegen.
- Ähnliche Lerninhalte sollten nicht aufeinander folgen.
- Die Methoden zweier aufeinander folgender Lernaktivitäten sollten möglichst verschieden gestaltet werden.

> Je passiver ein Mensch nach dem Lernen ist, um so größer ist seine Fähigkeit des Behaltens.

4.6.4 Gedächtnisstrategien

Die Fähigkeit, bestimmte Informationen zu speichern und sie auf Wunsch hin wieder abrufen zu können, ist von Mensch zu Mensch sehr unterschiedlich. Einige Personen haben kaum Schwierigkeiten, sich Informationen zu merken und sie zu irgendeinem beliebigen Zeitpunkt wieder hervorzuholen, anderen dagegen fällt dies sehr schwer. Häufig wird dieser Sachverhalt damit begründet, daß man eben ein „schlechtes" bzw. „gutes" Gedächtnis hat.

Untersuchungen haben jedoch ergeben, daß schlechtes Behalten und Abrufen nicht daran liegt, daß die Kapazität – das Fassungsvermögen – des Gedächtnisses gering ist, sondern daß Menschen, die sich „schlecht etwas merken können", ihr Gedächtnis nicht optimal nützen können, weil sie über zu wenige Gedächtnisstrategien verfügen.

Gedächtnisstrategien sind zielführende Maßnahmen zur Verbesserung von Gedächtnisleistungen.

Wenn Gedächtnisleistungen „gut" oder „schlecht" sind, so hängt dies in erster Linie von den zum Zweck des Behaltens erlernten und verwendeten Strategien ab. Dies setzt voraus, daß man etwas über den eigenen Beitrag zum Erwerb von Gedächtnisinhalten weiß (vgl. Kapitel 7.2.5).

„Die Gedächtniskapazität und -leistung (...) bleiben zeitlebens unverändert. Hingegen ist die Nutzung und Verbesserung von Gedächtnisstrategien einem beträchtlichen Wandel in der menschlichen Entwicklung unterworfen." *(R. Oerter/L. Montada, 1987[2])*

➡ **Materialien 4. und 5.**

4.6.5 Die Bedeutung des Gedächtnisses

Das Gedächtnis hat für alle psychischen Funktionen, Fähigkeiten und psychischen Kräfte und damit für das gesamte Erleben und Verhalten eine zentrale Bedeutung.

Die Speicherung von bisherigem Wissen, von Informationen und Erfahrungen etwa, ermöglicht dem Menschen, motorische Bewegungsabläufe zu lernen.
Der Sportler zum Beispiel merkt sich die Schrittabfolge beim Hochsprung.

Die Speicherungsfähigkeit ist Voraussetzung für das Erlernen von Sprache: Man muß sich die einzelnen Buchstaben und Wörter sowie deren Bedeutung und sinnvolle Zusammensetzung merken.
Man muß sich beispielsweise stets an die Bedeutung des Wortes „Psychologie" erinnern können, um richtig darüber sprechen zu können.

Das Behalten-Können von Informationen ist Grundlage eines jeden Denkprozesses: Jegliche Informationsverarbeitung, jegliches innere Handeln knüpft an gespeicherte Informationen an (vgl. Abschnitt 4.4.1).

Es verbessert auch Intelligenzleistungen: Der Mensch kann neue Situationen um so besser bewältigen, je mehr Informationen und Erfahrungen er gespeichert hat.
Ein Schüler kann eine Prüfungsaufgabe, für die er sich nicht vorbereitet hat, um so besser beantworten, je mehr Allgemein- oder Basiswissen er hat, an das er anknüpfen kann.

Die Speicherung von bisherigem Wissen bildet zudem die Basis für Kreativität (vgl. Abschnitt 4.5.1): Ein Mensch wird viel leichter neue, ungewöhnliche Ideen haben, wenn er sich an ähnliche Projekte erinnern kann, die er schon einmal gesehen oder gemacht hat.

Sie veranlaßt den Menschen, selektiv wahrzunehmen bzw. steuert seine Wahrnehmung.
Ein Lehrer hat die Information gespeichert, daß ein bestimmter Schüler sehr geschwätzig ist. Dies führt dazu, daß der Lehrer den Schüler vor allem dann wahrnimmt, wenn dieser den Unterricht stört (vgl. Kapitel 3.4.1)

Ebenso beeinflußt sie auch die Art und Weise, wie ein Mensch mit seinen Gefühlen und Bedürfnissen umgeht.

Ein Mensch hat die Erfahrung gemacht, daß es im Freundes- und Bekanntenkreis als verwerflich gilt, wenn jemand seine Gefühle recht impulsiv auslebt und ungezügelt der Befriedigung seiner Bedürfnisse nachgeht. Dieses Wissen veranlaßt ihn, gewisse Gefühle und Bedürfnisse nur bedingt auszuleben bzw. sie ganz zu unterdrücken.

Schließlich regelt das Behalten-Können von Informationen das Sozialverhalten, den Umgang mit anderen Menschen. Die Übernahme sozialer Rollen und Normen im zwischenmenschlichen Zusammenleben wäre ohne ein funktionierendes Gedächtnis unmöglich.

Man kann Höflichkeitsregeln nur dann einhalten, wenn man sie nicht vergessen hat.

Das Gedächtnis

- beeinflußt die Motorik,
- stellt eine Vorraussetzung für die Sprach- und Denkfähigkeit dar,
- steuert die Wahrnehmung (Selektion durch Erfahrungen),
- hilft, Gefühle und Bedürfnisse einzuordnen,
- beeinträchtigt oder begünstigt das Sozialverhalten.

4.7 Das Lernen

Der Begriff Lernen steht im Mittelpunkt zahlreicher Forschungsarbeiten. Dies ist nicht verwunderlich, wenn man bedenkt, daß der Mensch von Natur aus auf das Lernen angewiesen ist und erst durch das Lernen zum Menschen im humanen Sinn wird.

4.7.1 Der Begriff Lernen

In der Psychologie wird der Lernbegriff relativ weit gefaßt: Man versteht darunter den **Erwerb neuer und/oder die Änderung bestehender Verhaltensweisen** als Folge von Erfahrung und Übung.

Dieses veränderte Verhalten darf nicht nur einmal gelingen, zum Beispiel nicht nur zufällig zustande kommen, es muß den Augenblick überdauern, also **relativ beständig** sein. Wenn ein Kind beispielsweise zufällig einmal den Löffel in die rechte Hand nimmt, so spricht man hier nicht von Lernen.

Die Verhaltensänderung ist grundsätzlich **Folge von Übung und Erfahrung.** Man spricht also nur dann von Lernen, wenn die Verhaltensänderung primär durch die Auseinandersetzung mit bestimmten Umweltsituationen zustande kommt. Damit wird der Begriff Lernen abgegrenzt von Reifungsvorgängen, die primär organisch bedingt sind, und von vorübergehenden oder andauernden Zuständen des Organismus wie Ermüdung, Streß, Rausch, Drogen, Krankheit oder ähnliches (vgl. Kapitel 6.3).

Das Lernen selbst ist ein Prozeß, der **nicht beobachtbar** ist. Unmittelbar beobachtbar ist die Ursache, die diesen Prozeß ausgelöst hat, und die neue bzw. geänderte Verhaltensweise als Ergebnis des Lernvorganges. Wir können beobachten, wie sich ein Mensch in einer früheren Situation A und in einer späteren Situation B verhält. Daraus schließen wir auf dazwischenliegende Lernprozesse, die mit Hilfe von verschiedenen Lerntheorien erklärt werden können (vgl. Abschnitte 4.7.2 und 4.7.3).

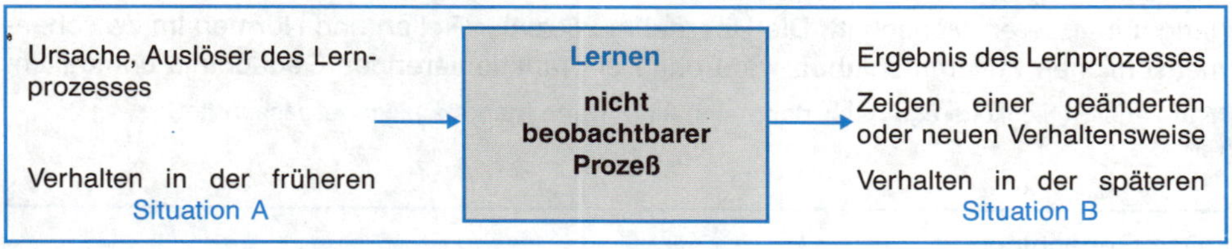

Lernen bezeichet man deshalb als ein **hypothetisches Konstrukt für nicht beobachtbare Prozesse.**

Lernen ist ein nicht beobachtbarer Prozeß, der durch Erfahrung und Übung zustandekommt und durch den Verhalten relativ dauerhaft entsteht oder verändert wird.

Die von der Psychologie entwickelten Theorien zur systematischen Erklärung von nicht beobachtbaren Lernprozessen werden **Lerntheorien** genannt. Die wichtigsten Lerntheorien sollen im folgenden Abschnitt zusammengefaßt werden.

4.7.2 Theorien des Lernens[1]

Es gibt verschiedene Theorien, die versuchen, die Entstehung und Veränderung menschlichen Verhaltens zu erklären, vorherzusagen und zu beeinflussen. Die bedeutendsten Theorieansätze sind:

- das klassische Konditionieren,
- das operante Konditionieren,
- das Lernen am Modell.

Das Klassische Konditionieren

Aus einem Reiz, der zunächst keine bestimmte Reaktion zeigt, wird ein Reiz, der ein bestimmtes Verhalten auslöst, wenn dieser mehrmals mit einem anderen Stimulus, der bereits dieses Verhalten zur Folge hat, gekoppelt wird.

[1] Die Lerntheorien werden in Anlehnung an Hermann Hobmair (1989) dargestellt.

Anschreien und Schlagen löst bei Kindern Angst aus. ‚Schlagen' und ‚Schreien' sind also ein Reiz, der als Reaktion ‚Angst' zur Folge hat. Nehmen wir an, es ist der Vater, der das Kind anbrüllt und schlägt. Der Vater, dessen Anblick zunächst beim Kind zu noch keiner Reaktion führt, löst, da er immer dann auftritt, wenn gebrüllt oder geschlagen wird, allmählich die gleiche Reaktion aus wie das Schlagen selbst, nämlich unangenehme Gefühle. Schon wenn man den Vater sieht, können unangenehme Gefühle geweckt werden.

Vater ⟶ keine bestimmte Reaktion
Schreien, Schlagen ⟶ Angst
Vater + Schreien, Schlagen ⟶ Angst
↓ nach mehreren Wiederholungen
Vater ⟶ Angst

Einen Reiz, der zu keiner bestimmten Reaktion führt, bezeichnen wir als neutralen Reiz (= neutral stimulus: *NS*).

Einen Reiz, der ohne vorangegangenes Lernen eine Reaktion auslöst, bezeichnen wir als unbedingten Reiz (= unconditioned stimulus: *UCS*), die Reaktion, die auf diesen Reiz folgt, als unbedingte Reaktion (= unconditioned response: *UCR*).

Einen Reiz, der aufgrund einer mehrmaligen Koppelung mit einem unbedingten Reiz die gleiche Reaktion auslöst wie dieser unbedingte Reiz, nennen wir bedingten Reiz (= conditioned stimulus: *CS*), die Reaktion auf den bedingten Reiz bedingte Reaktion (= conditioned response: *CR*).

NS / Vater —führt zu⟶ keiner bestimmten Reaktion
UCS / Schreien, Schlagen —führt zu⟶ UCR / Angst
NS + UCS / Vater + Schreien, Schlagen —führt zu⟶ UCR / Angst
↓ nach mehreren Wiederholungen
CS / Vater —führt zu⟶ CR / Angst

Der neutrale Reiz (NS) verknüpft sich nur dann mit dem unbedingten Reiz (UCS), wenn beide Reize *mehrmals miteinander oder in einem zeitlich kurzen Abstand nacheinander in der gleichen Situation* auftreffen. Wir bezeichnen diese Voraussetzung als **Gesetz der Kontiguität.**

Mit Kontiguität ist die Tatsache gemeint, daß erst durch ein mehrmaliges, räumlich und zeitlich unmittelbares Aufeinandertreffen von neutralem und unbedingten Reiz eine Verknüpfung dieser beiden Reize erfolgt.

Ein solcher Lernvorgang muß nicht unbedingt mit Hilfe eines angeborenen Reiz-Reaktions-Schema stattfinden, es ist möglich, daß er auf eine bereits gelernte Reiz-Reaktions-Verbindung aufbaut.

So hat zum Beispiel ein Schüler in seiner Schulzeit schon erfahren, daß das Geprüftwerden und das Benoten unangenehme Gefühle auslöst. ‚Geprüftwerden' ist also ein bereits erlernter Reiz, der als Reaktion ‚unangenehme Gefühle' zur Folge hat. Es ist grundsätzlich der Lehrer, der die Schüler/innen prüft. Die Lehrkraft, die zunächst beim Schüler zu noch keiner Reaktion führt, löst, da sie immer dann auftritt, wenn geprüft wird, allmählich die gleiche Reaktion aus wie das Prüfen selbst, nämlich unangenehme Gefühle. Schon wenn man den Lehrer sieht, können unangenehme Gefühle geweckt werden. Die Konditionierung hat auf einen bereits gelernten Reiz, also auf einen bedingten Reiz, aufgebaut.

NS
Lehrkraft — führt zu → keiner bestimmten Reaktion

CS_1
Geprüftwerden — führt zu → CR_1
unangenehme Gefühle

NS + CS_1
Lehrkraft + Geprüftwerden — führt zu → CR_1
unangenehme Gefühle

↓ nach mehreren Wiederholungen

CS_2
Lehrkraft — führt zu → CR_2
unangenehme Gefühle

Einen Lernvorgang, der mit Hilfe eines unbedingten Reizes (UCS) stattfindet, bezeichnet man als **Konditionierung 1. Ordnung,** eine Konditionierung, die auf einen schon gelernten, also auf einen bedingten Reiz (CS) aufbaut, nennt man **Konditionierung 2. Ordnung.**

Man kann beobachten, daß Kinder den gelernten Reiz zunächst auf andere Reize übertragen, die dem gelernten Reiz ähnlich sind. Diesen Vorgang bezeichnen wir als **Reizgeneralisierung.** Allmählich aber lernt das Kind je nach seinen Erfahrungen zu unterscheiden zwischen ähnlichen Reizen, die unterschiedliche Reaktionen hervorrufen. Wir sprechen hier von **Reizdifferenzierung.**

Wird beispielsweise ein Kind von seinem Vater angebrüllt und geschlagen, so wird es zunächst in Zukunft nicht nur Angst vor dem eigenen Vater haben, sondern möglicherweise vor allen erwachsenen männlichen Personen (= Reizgeneralisierung). Erst allmählich wird es unterscheiden zwischen dem Vater, der brüllt und schlägt, und anderen erwachsenen Personen, die das nicht tun (= Reizdifferenzierung).

Mit Reizgeneralisierung bezeichnet man die Tatsache, daß ein Reiz, der dem gelernten Reiz ähnlich ist, ebenfalls die gelernte Reaktion auslöst.

Von Reizdifferenzierung spricht man, wenn der Organismus zwischen belanglosen Reizen und dem bedingten Reiz unterscheidet.

Ein durch das Klassische Konditionieren gelerntes Verhalten kann wieder verlernt werden, wenn der UCS längere Zeit ohne den CS auftritt. Auf diese Weise wird aus dem gelernten Reiz wieder ein neutraler Reiz.

Prüft der Lehrer nun längere Zeit nicht mehr, so wird er auch im Laufe der Zeit keine unangenehmen Gefühle mehr auslösen.

Diesen Vorgang nennt man in der Psychologie **Löschung** bzw. **Extinktion.**

Mit Löschung bzw. Extinktion wird der Abbau einer bereits gelernten Reaktion bezeichnet. Tritt der UCS längere Zeit ohne den CS auf, dann wird die bedingte Reaktion verlernt.

Das operante Konditionieren

Folgende Aussagen des operanten Konditionierens lassen sich zusammenfassen:

- **Gesetz der Bereitschaft**

  Gelernt wird nur, wenn eine Bereitschaft zum Lernen vorhanden ist. Dies ist in der Regel der Fall, wenn ein Bedürfnis vorliegt, das im Individuum eine bestimmte Spannung erzeugt bzw. wenn ein angenehmer Zustand hergestellt und aufrechterhalten oder ein unangenehmer Zustand vermieden, beseitigt oder vermindert werden kann.

  So wird ein Kind, dem es kein Bedürfnis ist, Wörter zu lernen, oder das mit dem Lernen von Begriffen weder einen angenehmen Zustand herbeiführen und aufrechterhalten noch einen unangenehmen Zustand vermeiden, beseitigen oder vermindern kann, keinen Wortschatz erlernen.

  Liegt eine Bedürfnisspannung vor, so geht der Mensch zunächst probierend vor.

- **Effektgesetz**

  Verhaltensweisen, die zum Erfolg führen, werden wieder gezeigt, Verhaltensweisen, die nicht zum Erfolg führen, werden nicht wieder gezeigt.

  Wird ein Kind beispielsweise gelobt und bekommt es Zuwendung, wenn es sich selbständig anzieht, so wird es auch in Zukunft versuchen, sich selbst anzuziehen. Würde dagegen das Kind mit dem selbständigen Anziehen nicht zum Erfolg kommen, so würde es diese Verhaltensweise nicht mehr zeigen.

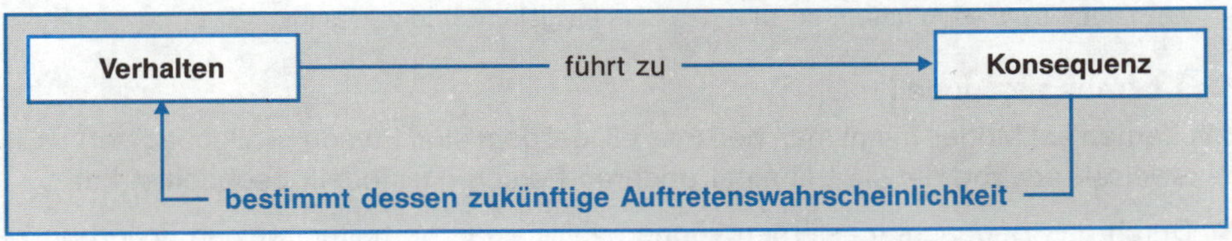

- **Prinzip der Verstärkung**

  Eine Verhaltensweise wird häufiger auftreten und erlernt, wenn durch sie ein angenehmer Zustand herbeigeführt und aufrechterhalten bzw. ein unangenehmer Zustand beseitigt, vermieden oder vermindert werden kann.

  So kann beispielsweise das Schreien eines Kindes erlernt werden, wenn es dadurch die Zuwendung seiner Eltern (= angenehmer Zustand) herbeiführen und aufrechterhalten kann, oder aber, wenn es damit dem für ihn unangenehmen Zustand entgehen kann, alleine sein zu müssen (= unangenehmer Zustand).

Läßt sich durch eine bestimmte Verhaltensweise ein angenehmer Zustand herbeiführen und aufrechterhalten und erhöht sich dadurch die Auftretenswahrscheinlichkeit dieser Verhaltensweise, so sprich man von *positiver Verstärkung.*

Kann man jedoch einen unangenehmen Zustand beseitigen, vermeiden oder vermindern und erhöht sich dadurch die Auftretenswahrscheinlichkeit dieser Verhaltensweise, so handelt es sich um *negative Verstärkung.*

Die Zuwendung der Eltern ist im obigen Beispiel ein positiver Verstärker: Das Kind kann durch sein Schreien einen angenehmen Zustand herbeiführen und aufrechterhalten. Beim Alleine-Sein-Müssen handelt es sich um einen negativen Verstärker: Durch das Schreien kann es das Alleinsein vermeiden bzw. beseitigen. Gelernt wird in beiden Fällen das Schreien.

Das Prinzip der Verstärkung meint den Vorgang, bei dem ein Verhalten, das angenehme Konsequenzen herbeiführt oder unangenehme Konsequenzen vermeidet, beseitigt oder vermindert, vermehrt auftritt.

Gelernt wird	durch positive Verstärkung	durch negative Verstärkung
das Schreien	Das Kind bekommt Zuwendung, wenn es schreit.	Durch Schreien kann das Kind das Alleinsein vermeiden.
das Lächeln	Durch das Lächeln kommt das Kind bei seinen Eltern gut an.	Durch das Lächeln kann das Kind andere Menschen „entwaffnen“.
das Schule-schwänzen	Durch das Schwänzen ist es mir möglich, im Cafe einige nette Freunde zu treffen.	Durch das Schwänzen kann ich der unangenehmen Situation des Geprüftwerdens entgehen.

- **Frequenzgesetz**

  Eine Verhaltensweise wird durch Wiederholung und Übung aufgebaut und erhalten, durch mangelnde Wiederholung und Übung wird sie abgebaut bzw. verlernt.

  Kommt ein Mensch mit seinem Lachen *mehrmals* zum Erfolg, kann er dadurch mehrmals einen angenehmen Zustand herbeiführen und erhalten oder einen unangenehmen Zustand beseitigen, vermeiden bzw. vermindern, so wird das Lachen gelernt und verfestigt.

Das Lernen am Modell

Mit Lernen am Modell meint man den Prozeß, bei dem eine Person (= Beobachter) Verhaltensweisen erwirbt, die sie bei einer anderen Person (= Modell) beobachtet hat.

- Durch das Beobachtungslernen können völlig neue Verhaltensweisen erworben werden, oder bereits im Verhaltensrepertoire vorhandene Verhaltensweisen können enthemmt bzw. gehemmt werden. Ob ein Verhalten nachgeahmt wird, hängt vom Modell, vom Beobachter und von der Situation ab.

  Beim Erlernen von sozialen Verhaltensweisen wie zum Beispiel Regeln einhalten, Konflikte gewaltfrei lösen oder von motorischen Fähigkeiten wie etwa das Fahrradfahren handelt es sich um die Übernahme völlig neuer Verhaltensweisen. Sieht ein Jugendlicher in einem Film Gewaltszenen, so kann diese Beobachtung dazu führen, daß seine Aggressivität enthemmt wird und er auch Gewalt anwendet. Ebenso kann es möglich sein, daß bei einem Jugendlichen, der sich in seiner Freundesgruppe aggressiv verhält, diese Verhaltensweise gehemmt wird, wenn sich seine Freunde recht friedlich verhalten.

- Verhalten wird eher übernommen, wenn das Modell
  - soziale Macht besitzt,
  - Ansehen genießt,
  - attraktiv erscheint,
  - eine positive Beziehung zum Beobachter hat,
  - dem Beobachter Wertschätzung und Verständnis entgegenbringt,
  - Bedürfnisse des Beobachters befriedigt und
  - mit seinem Verhalten Erfolg hat, wenn die Verhaltensweise des Modells zum Erfolg führt (= *stellvertretende Verstärkung*).

  Kinder beispielsweise ahmen ihre Eltern sehr leicht nach, wenn sie soziale Macht besitzen und für das Kind Ansehen haben, wenn sie zum Kind eine positive Beziehung pflegen und ihm Wertschätzung und Verständnis entgegenbringen sowie seine Bedürfnisse wie Nahrung, Zuwendung, Anerkennung, Geborgenheit, Sicherheit befriedigen. Das Kind übernimmt das Verhalten seiner Eltern sehr schnell, wenn sie mit ihren Verhaltensweisen Erfolg haben.

- Persönlichkeitseigenschaften beim Beobachter wie Unsicherheit, Angst, geringes Selbstwertgefühl, Gefühl der Ohnmacht und Abhängigkeit begünstigen die Bereitschaft zur Nachahmung.

Ein bestimmtes Verhalten wird in der Regel nicht allein durch die eine oder andere Lerntheorie erklärt. In Wirklichkeit spielen alle diese Theorieansätze zusammen, wenn es darum geht, menschliches Verhalten systematisch zu erklären.

4.7.3 Lernen als kognitive Fähigkeit

Menschen lernen auch durch Einsicht: Sie lösen ihre Probleme und Schwierigkeiten durch Nachdenken und Erfassen der Ganzheit einer Struktur.

„Lernen wird in den kognitiven Lerntheorien als Lernen durch Einsicht erklärt; d. h. Lernen besteht in dem Erkennen der Beziehungen zwischen den Umweltbedingungen und der Kombination dieser Beziehungen, um in erfolgsversprechender Weise zu einem Ziel, einer Lösung zu gelangen.“ *(Ernst G. Wehner, 1980)*

Voraussetzung für das Lernen durch Einsicht ist, daß der Mensch einen bestimmten Sachverhalt als **Problem** erlebt. Für ein Lebewesen entsteht dann ein Problem, wenn es ein Ziel hat, aber nicht weiß, wie es dieses Ziel erreichen kann. Die Gestaltpsychologen sprechen in diesem Zusammenhang von einer *schlechten Gestalt* (vgl. Kapitel 1.4.3 und 3.3.1). Dieses Problem läßt im Individuum einen Spannungszustand entstehen, der die Suche nach einer Lösung auslöst.

Ein Kind will seine Puppe haben, die auf dem Tisch liegt. Der Tisch ist jedoch zu hoch, so daß es die Puppe nicht erreichen kann (= schlechte Gestalt). Das Kind steht nun vor dem Problem: Wie kann ich mir die Puppe holen?

Zunächst kann das Individuum noch keine Beziehung zwischen den einzelnen Elementen des Problems herstellen. Mit der Beschäftigung des Problems gelingt es ihm jedoch, diese einzelnen Elemente zueinander in Beziehung zu setzen.

Das Kind kann beispielsweise den Zusammenhang zwischen den einzelnen Gegenständen im Zimmer (Tisch, Stuhl) noch nicht erkennen. Erst wenn Stuhl, Tisch und Puppe zueinander in Beziehung gesetzt werden, ist eine Lösung des Problems möglich.

Dieses Zueinander-in-Beziehung-Setzen nennt die Psychologie **Umstrukturierung** (vgl. Abschnitt 4.4.1). Die einzelnen Elemente werden zueinander in Beziehung gesetzt, miteinander kombiniert, wieder auseinandergelegt und neu kombiniert, bis durch einen plötzlichen Einfall sich die zunächst beziehungslosen Elemente zu einem sinnvollen Ganzen, zu einer *guten Gestalt* zusammenfügen.

Das Erkennen, das Erfassen von sinnvollen Beziehungen der verschiedenen Elemente in einer bestimmten Situation bezeichnen wir mit dem Begriff **Einsicht.**

Einsicht bezeichnet das Erkennen und Erfassen von Beziehungen zwischen einzelnen Elementen einer Situation.

Dieses plötzliche Erkennen einer sinnvollen Beziehung zwischen den einzelnen Elementen einer Problemsituation stellt zugleich deren Lösung dar.

Hat das Kind die Beziehung zwischen dem Stuhl, dem Tisch und der Puppe erfaßt, so kann es sein Problem lösen und die Puppe mit Hilfe des Stuhles vom Tisch herunterholen.

„Die präziseste Fassung des Problems ist zugleich seine Lösung.“ *(Rolf Oerter, 1987*[21]*)*

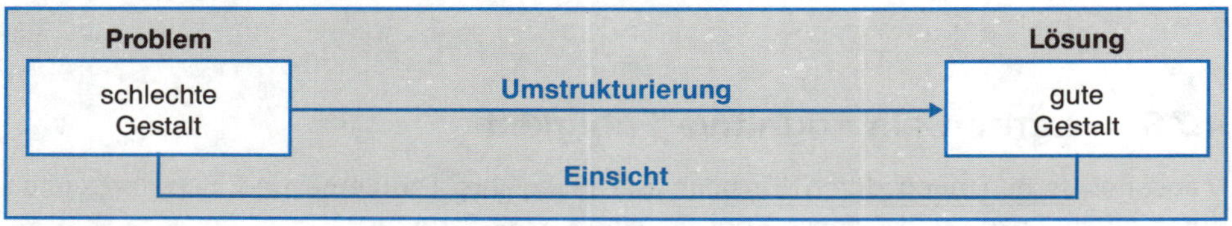

Das Zusammenwirken der einzelnen kognitiven Fähigkeiten und Funktionen

All diese kognitiven Fähigkeiten und Funktionen, von denen hier das Urteilen, Erkennen, Vorstellen, Behalten und die Wahrnehmung nicht dargestellt wurden, stehen nicht unabhängig nebeneinander, sondern wirken zusammen und beeinflussen sich gegenseitig. Jede Erweiterung der Sprachfähigkeit bedeutet zugleich eine Erweiterung der Denkfähigkeit, wobei gleichzeitig die Intelligenz gefördert wird. Umgekehrt ermöglicht ein hohes Intelligenzniveau bessere Denk- und damit auch Sprachleistungen. Eine hohe Denkkapazität ermöglicht gute Gedächtnisleistungen, umgekehrt basiert die Denkfähigkeit auf einem funktionierenden Gedächtnis. Das kognitive Lernen wiederum ist abhängig von den Denk- und Gedächtnisleistungen und kann durch sie gehemmt oder gefördert werden. Lernt man viel, so wird dadurch die Denkfähigkeit verbessert bzw. erweitert und damit meist auch die Sprache verbessert.

Festzustellen ist dieses Wechselspiel zum Beispiel bei einer gezielten schulischen Förderung von Kindern: Spezielle Sprachtrainings, die gezielte Anwendung von Lern- und Gedächtnisstrategien und Vermeidung von Gedächtishemmungen verbessern die Denk-, Gedächtnis- und Lernleistungen der Schüler und erhöhen damit auch deren Intelligenzniveau.

Zusammenfassung

- Kognitive Funktionen und Fähigkeiten sind Vorgänge, durch die der Mensch Kenntnis von sich und seiner Umwelt erhält bzw. sich seiner selbst und seiner Umwelt bewußt wird. Fähigkeiten sind beispielsweise das Lernen, die Intelligenz, die Sprache und das Gedächtnis; Funktionen sind zum Beispiel das Denken, die Wahrnehmung, das Urteilen, das Erkennen, das Vorstellen sowie das Behalten.
  Für das Funktionieren dieser Funktionen und Fähigkeiten sind als physiologische Grundlagen ein intaktes Sinnessystem, ein intaktes Nervensystem und ein intaktes Hormonsystem Voraussetzung.

- Die Sprache ist ein System von Zeichen und Lauten, mit denen Dinge, Ereignisse und Vorgänge beschrieben werden und das folgende Funktionen hat: eine Kommunikationsfunktion, eine Verständigungsfunktion, eine Beschreibungsfunktion, eine Ausdrucksfunktion, eine Appellfunktion, eine Handlungsfunktion, eine Denkfunktion, eine Bewertungsfunktion sowie eine Kulturtradierungsfunktion.
  Die Bedeutung der Sprache liegt in ihrem Einfluß auf das Denken, die Intelligenzleistungen, das Gedächtnis, den schulischen und beruflichen Erfolg, den Umgang mit Gefühlen und Bedürfnissen, die Weitergabe von kulturellen Normen und Werten, den Anteil des Menschen am gesellschaftlichen Leben und damit auf das Sozialverhalten des Menschen. Sprache und Denken stehen in enger Beziehung und beeinflussen sich wechselseitig.

- Intelligenz ist die Fähigkeit, Schwierigkeiten in neuartigen Situationen zu überwinden und Situationen zu bewältigen, die aufgrund vorausgegangener Erfahrungen allein nicht gemeistert werden könnten.
  Zur Struktur der Intelligenz gibt es verschiedene Intelligenzmodelle wie zum Beispiel die Zweifaktorentheorie von C. Spearman oder die Multiple Faktorentheorie von L. Thurstone. Die heutige Intelligenzforschung geht von einer multiplen Faktorentheorie aus.
  Zur Messung der Intelligenz hat man verschiedene Intelligenztests entwickelt, die zum Teil noch einige Mängel aufweisen und keine Auskunft über das tatsächliche Maß an Intelligenz geben können, sondern lediglich den Getesteten mit Gleichaltrigen vergleichen.
  Intelligenz ist vor allem für die Fähigkeit, zu denken und sich sprachlich ausdrücken zu können, bedeutend und wird deshalb in unserer „verkopften Gesellschaft" sehr hoch, um nicht zu sagen „zu hoch" bewertet. Es wird vielfach von einem „Intelligenzkult" gesprochen.

- Unter Denken versteht man einen nicht beobachtbaren, psychischen Vorgang, in dessen Verlauf eine Situation bzw. ein Problem erfaßt und verarbeitet wird. Die Denkoperationen verlaufen meist nach dem Prinzip von Versuch-und-Irrtum und dem Prinzip der Umstrukturierung.
  Bei den Denkarten unterscheidet man konvergierendes und divergierendes Denken. Letzteres ermöglicht Kreativität, die in unserer Gesellschaft oft mehr negativ als positiv bewertet wird.

Unter Kreativität oder schöpferischem Denken versteht man die Fähigkeit, neuartige Einfälle und originelle Lösungen zu produzieren.
Die Bedeutung des Denkens liegt in seinem Einfluß auf die Motorik, die Sprache, das Gedächtnis, Intelligenzleistungen, die Wahrnehmung, den Umgang mit Gefühlen und Bedürfnissen sowie das Sozialverhalten.

▶ Gedächtnis ist die Fähigkeit eines Organismus, Informationen zu speichern und abrufen zu können.

Man unterscheidet drei Gedächtnisarten:

- das Kurzzeitgedächtnis,
- das mittelfristige Gedächtnis,
- das Langzeitgedächtnis.

Man unterscheidet drei Arten von Gedächtishemmungen:

- die proaktive Hemmung,
- die retroaktive Hemmung,
- die Ähnlichkeitshemmung.

▶ Um das Vergessen, das heißt den aktiven psychischen Prozeß, der den Zugang zu bestimmten Gedächtnisinhalten versperrt, in Grenzen zu halten, hat die Gedächtnisforschung auf folgende, den Lernprozeß unterstützende Punkte hingewiesen:

- einen gegliederten, sinnvollen, sich abhebenden und oft wiederholten Lernstoff,
- eine anschaulich dargebotene, abwechselnde und einsichtige Lernmethode,
- bewußtes und motiviertes Lernen.

Das Gedächtnis ist von großer Bedeutung, da es die Basis für alle Denkprozesse, einschließlich der Kreativität, und alle Lernprozesse, ob im motorischen oder sprachlichen Bereich, darstellt, dadurch die Intelligenzleistungen verbessert und Einfluß nimmt auf die Wahrnehmung, das Sozialverhalten sowie den Umgang mit den Bedürfnissen und Gefühlen.

▶ Mit Lernen bezeichnet man einen nicht beobachtbaren Prozeß, der durch Erfahrung und Übung zustandekommt und durch den Verhalten relativ dauerhaft entsteht oder verändert wird. Lernen stellt ein hypothetisches Konstrukt für nicht beobachtbare Prozesse dar, die mit Hilfe von verschiedenen Lerntheorien erklärt werden. Solche Lerntheorien sind zum Beispiel das klassische und das operante Konditionieren, das Lernen am Modell und das Lernen durch Einsicht.

▶ All diese kognitiven Funktionen und Fähigkeiten funktionieren nicht unabhängig voneinander, sondern stehen in einem engen Zusammenhang und beeinflussen sich gegenseitig.

1. Der Hamburg-Wechsler-Intelligenztest für Erwachsene (HAWIE)

Der Hamburg-Wechsler-Intelligenztest für Erwachsene (HAWIE)

Der HAWIE besteht aus 11 Untertests:

„Verbalteil“:

1. Allgemeines Wissen (Beispiel: „Wer ist der Präsident der Vereinigten Staaten?“ [leichteste Frage] – „Wer schrieb ‚Faust‘?“ [mittelschwer] – „Was sind Apokryphen?“ [schwerste Frage])
2. Allgemeines Verständnis (Beispiel: „Warum sollen wir uns von schlechter Gesellschaft fernhalten?“ Bewertung der Antwort: „Eine 2-Punkte-Antwort muß das Erkennen des moralischen Einflusses der schlechten Gesellschaft auf Charakter und Persönlichkeit ausdrücken“, z. B. „sie färbt ab“. – Bei Strafgefangenen empfehlen die Autoren hierfür eine Ersatzfrage: „Warum soll man Geld sparen?“)
3. Zahlennachsprechen (vorwärts und rückwärts, maximal 9 Zahlen, z. B. 2 7 5 8 6 2 6 8 4)
4. Rechnerisches Denken („Wieviel sind 4 Mark und 5 Mark“ als leichteste Aufgabe)
5. Gemeinsamkeiten („Was ist das Gemeinsame bei Fliege und Baum?“ als schwerste Frage)

„Handlungsteil“:

7. Zahlen-Symbol-Test (Zuordnung von Symbolen [–, N, I, ...] zu Zahlen)
8. Bilderordnen (3 bis 6 Bildchen müssen in eine sinnvolle Reihenfolge gebracht werden)
9. Bilderergänzen (z. B.: Es fehlt auf einem Bild die Krawatte!)
10. Mosaik-Test
11. Figurenlegen (die üblichen „Puzzles“)

Quelle: H. Legewie/W. Ehlers, 1986

2. Aufgabenbeispiel aus einem unterschicht-fairen Intelligenztest

Aufgrund ihrer Untersuchung über die Schichtabhängigkeit des IQ haben A. Davis und K. Eells 1953 einen schichtunabhängigen Intelligenztest entwickelt. Der Test wird zur Ausschaltung der schichtabhängigen Leistungsmotivation in spielerischer Form durchgeführt, die Instruktionen sind sehr einfach, die Aufgaben entstammen dem Erfahrungsbereich der Unterschichtkinder.

Der Test erfaßt vorwiegend die Fähigkeit zum Problemlösen. Seine Korrelation mit den üblichen Intelligenztests ist ziemlich niedrig ($r \approx 0{,}40$). Zur Vorhersage des Schulerfolges ist der Test weniger gut geeignet; verständlich, wenn man bedenkt, daß die Schule ja deutlich die Kinder der Mittelschicht begünstigt.

Aufgabenbeispiel aus dem unterschicht-fairen Intelligenztest (Davis-Eells-Games). Frage: „Welcher Junge schafft es, alle 3 Pakete auf einmal mitzukriegen?“

Quelle: H. Legewie/W. Ehlers, 1986

3. Der „Rosenthal-Effekt“ in der Schule

Wie empirische Untersuchungen ergaben (...), fördern Lehrer diejenigen Schüler in besonderer Weise, die sie für besonders intelligent halten (abgesehen von der ebenfalls gesicherten Bevorzugung der Schüler aus „gutem Hause“.) Bedingt durch die Lehrererwartung steigt der IQ dieser Kinder tatsächlich schon im Laufe eines Jahres merklich an! Der IQ beeinflußt den Schul- und Berufserfolg in Richtung der Testvorhersage („sich selbst erfüllende Prophezeiung“).
Rosenthal testete zum Beispiel in einer Schule zu Beginn eines Schuljahres alle Kinder der 18 Schulklassen. Dann gab er den Lehrern die Namen einzelner Schüler, die nach dem Testergebnis angeblich eine „ungewöhnlich gute schulische Entwicklung“ nehmen würden (insgesamt 20% der Schüler). Die Namen der „Hochbegabten“ waren aber wiederum streng nach dem Zufall ausgewählt. In den höheren Schulklassen hatte die Lehrererwartung nur einen geringen Einfluß auf die Leistung der Schüler, in den unteren Klassen war der Effekt jedoch dramatisch: Am Ende des Schuljahres hatten die vermeintlich „Hochbegabten“ nach dem Ergebnis eines Schulleistungstests einen großen Vorsprung gegenüber den anderen Schülern.

Quelle: H. Legewie/W. Ehlers, 1986

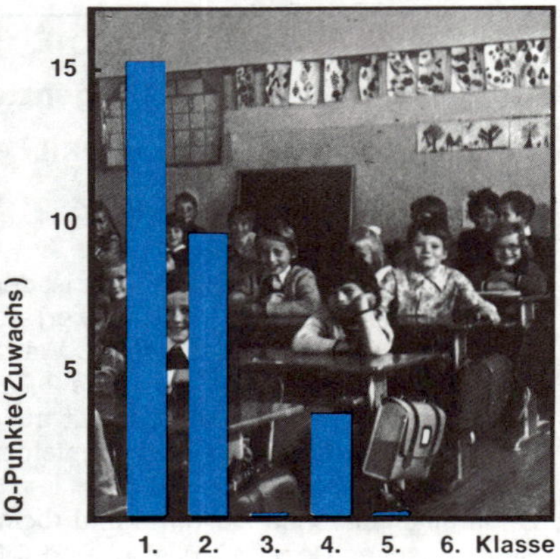

Der „Rosenthal-Effekt“ in der Schule: Kinder, die der Lehrer fälschlicherweise für besonders intelligent hielt, zeigten am Ende des Schuljahres einen meßbaren Zuwachs des Intelligenz-Quotienten (...). Die Säulen geben den durchschnittlichen Zuwachs pro Jahrgang an (6 Jahrgänge zu je 3 Parallelklassen). Wie man sieht, wirkt sich die Lehrererwartung bei den Jüngsten am stärksten aus.

4. Übersicht über einige Gedächtnisstrategien

1. Wiederholen (rehearsal). Eine einfache, bereits mehrfach erläuterte Strategie ist das laute oder leise Wiederholen der Elemente, die man sich einprägen soll. Sie hat nur Erfolg, wenn es sich um wenige Gedächtniseinheiten handelt.

2. Gruppieren (clustering) und Organisieren. Eine wichtige Methode des Einprägens und Wiederfindens besteht in der Umstrukturierung des Materials nach logischen oder anderen Prinzipien der Zusammengehörigkeit. Wenn es sich um viele Elemente handelt, ist eine hierarchische Gruppierung vorteilhaft. So entwickelt der Lernende ganze *hierarchische Rekonstruktionspläne.* Bower et al. (1969) konnten beispielsweise zeigen, daß sich die Gedächtnisleistung um 40% verbessert, wenn das Material nach einem hierarchischen Schema gordnet wird.

3. Kodieren (encoding). Die Art und Weise, wie Gedächtniselemente im Speicher festgehalten werden, umfaßt viele Möglichkeiten. In jedem Falle aber muß es Etikette geben, mit denen das Material gekennzeichnet ist. Die wichtigsten sind (...) offenbar lautsprachliche und semantische (nach Bedeutungsfeldern vorgenommene) Kodierungen. Je nach Kodierungsaufwand braucht man mehr oder weniger Zeit zum Einprägen und auch zum Wiedergeben. So lassen sich „gut“, „groß“ und „lang“ leichter und somit schneller kodieren als „schlecht“, „klein“ und „kurz“. Im ersten Falle muß man nämlich nur die Dimension festhalten (Güte, Größe, Länge). Im zweiten Falle muß ein zusätzliches Kodierungselement verwendet werden, nämlich die Dimension plus ihre negative Ausprägung. Der hier beschriebene Zusammenhang konnte experimentell nachgewiesen werden (...). Das Kodieren ist die zentrale Leistung für das Festhalten im Gedächtnis. Die bisher genannten und folgenden Strategien beinhalten allesamt zugleich Kodierungsprozesse.).

4. Nutzung von verfügbarer Zeit beim Einprägen. Wenn man das Material gut verankern will, braucht man Zeit. Untersuchungen zeigen, daß Kinder mit fortschreitendem Alter verstehen, die zur Verfügung gestellte Zeit zum besseren Einprägen zu nutzen. Brown und Smiley (1977) gaben Schülern verschiedener Altersstufen Texte zum Einprägen, wobei sie die zur Verfügung stehende Zeit dreimal so lang ansetzten als man zum Lesen der Texte benötigte. Von der siebten Klasse an verbesserte sich die Wiedergabeleistung der Schüler beträchtlich, wenn sie diese zusätzliche Zeit zur Verfügung hatten. Schüler früherer Klassen nutzten die Zeit spontan kaum, ihre Leistungen stiegen bei Vergrößerung der Zeitspanne nicht an.

5. Um- und Weiterverarbeitung der Information. Bei semantischen Gedächtnisleistungen produziert das Gedächtnis interessanterweise mehr als überhaupt dargeboten wurde. Wie das oben beschriebene Experiment von Paris und Lindauer (1976) gezeigt hat, speichert der Lernende auch Elemente, die erst aus dem Text gefolgert werden müssen und nicht schon explizit mitgeteilt werden. Dies gilt auch für episodische Gedächtnisleistungen. Wenn man das *Prinzip* speichert, nach dem Gedächtniselemente zu gliedern sind, so lassen sich beliebig viele weitere Elemente, die nicht dargeboten wurden, bei der Wiedergabe reproduzieren. Wer etwa bei der Reihe 2 – 6 – 18 – 54 das Prinzip der Reihe und das Anfangsglied (Faktor 3) speichert, kann später beliebig viele Elemente produzieren. Umstrukturierungen erfolgen auch noch nach dem Einprägen, so daß es im Langzeitspeicher fortwährend Veränderungen des Gedächtnismaterials gibt. Wahrscheinlich werden sie bei Verarbeitungsprozessen ausgelöst, die neue Informationen aufnehmen und einspeichern oder die überhaupt neue Erfahrungen bewältigen.

6. Nutzung von Prinzipien. Wie eben angedeutet kann man viel effektiver einprägen, wenn man das Prinzip der Ordnung von Elementen kennt und nutzt. Piaget und Inhelder (1974) zeigten Kindern verschiedenen Alters eine geordnete Reihe von Stäben. Die Kinder wurden nach ein paar Tagen bzw. nach mehreren Monaten aufgefordert, die Ordnung der Stäbe aus dem Gedächtnis nachzuzeichnen. Jüngere Kinder im präoperativen Stadium (...) waren nicht in der Lage, die Ordnung der Stäbe wiederzugeben, während ältere Kinder dies sehr wohl vermochten. Die Erklärung für den Entwicklungsfortschritt bilden Längsschnittdaten. Kinder, die im Laufe von Monaten nach der Darbietung ins operative Stadium gelangt waren, zeichneten die Ordnung besser als unmittelbar nach der Darbietung. Diese „Gedächtnisverbesserung" ist auf die in der Zwischenzeit aufgebaute Erkenntnis des Ordnungsprinzips der Stäbe (logische Reihung) zurückzuführen. Das Prinzip ließ die Kinder rückwirkend erkennen, wie die Stäbe damals angeordnet waren.

7. Herausfiltern und Speichern der Hauptidee. Herauszufinden, was das Wesentliche an einer Geschichte ist, bildet eine ökonomische Strategie für das Einprägen, denn dann muß man sich nicht alle Details merken, sondern benötigt wenig Speicherplatz und wenig Aufwand zum Einspeichern. Kleine Kinder (Vorschulalter) haben größere Schwierigkeiten, den Kern einer Geschichte oder Aussage zu erfassen, sie hängen oft an Details. Beim Erzählen von Märchen, die sie oft gehört haben, kritisieren sie häufig jede kleine Abweichung, weil sie darin eine Veränderung der Geschichte sehen. Mit wachsendem Alter verbessert sich die Herausarbeitung des Kerngedankens. Wahrscheinlich hängt die Verbesserung aber nicht mit dem Aufbau einer Strategie zusammen, die zunächst nicht da war, sondern mit dem wachsenden Wissen und Verständnis über Zusammenhänge in der Umwelt. Brown und Smiley (1977) untersuchten eine breite Altersspanne von drei Jahren bis zum Erwachsenenalter (College-Studenten). Alle Gruppen neigten dazu, die wesentliche Handlungssequenz der dargebotenen Geschichte wiederzugeben und Nebensächlichkeiten wegzulassen. Vorschulkinder erinnerten sich an wenige Details, erfaßten aber, sofern die Geschichte für sie verständlich war, den Kern der Handlung. Wenn man viele Einzelheiten bietet und die Erzählung verwickelter wird, haben allerdings jüngere Kinder Schwierigkeiten, die irrelevanten Inhalte zu vernachlässigen. Dies gilt übrigens auch bei der Wahrnehmung von komplexen Reizmustern (...).

8. Nutzung von Hinweisen (cues) beim Reproduzieren. Analog zum Einspeichern von Gedächtnisinhalten gibt es Strategien des Abrufens. Prinzipiell kann man das Schema, das man beim Einspeichern benutzt hat, auch beim Abrufen verwenden. Vorteilhaft sind aber zusätzliche Hinweise auf die Kodierungsmerkmale, die im Speicher für die Gedächtnisinhalte vorgesehen sind. Bevor Kinder solche Hinweise beim Suchen im eigenen Gedächtnis nutzen können, haben sie gelernt, Hinweise (cues) beim Suchen in der Umwelt zu verwenden (...). Das weiter oben beschriebene Experiment von Kobasigawa (1974) zeigt ebenfalls, daß die Nutzung einer Abrufungsstrategie spontan von älteren Kindern verwendet wird, während jüngere erst nach ausdrücklicher Hilfe und Steuerung auf sie zurückgreifen.

9. Elaboration. Elemente, die zunächst sinnlos sind und mechanisch erworben werden müssen, können leichter eingeprägt werden, wenn man sie mit vertrauten Begriffen verknüpft, wobei letztere sachlich überhaupt nichts mit den neuen Elementen zu tun haben müssen. In einem Gedächtnisexperiment von Carmichael (...) wurde einer Schulklasse eine Tafel mit Zeichnungen vorgelegt (mittlere Spalte in Abbildung). Die Kinder sollten die dargebotenen Reizfiguren aus dem Gedächtnis nachzeichnen. Manche Kinder versuchten sie als sinnlos abstrakte Figuren wiederzugeben. Die meisten jedoch reproduzierten Figuren mit einem konkreten Sinn (s. Abb. Spalte 1 und 3).

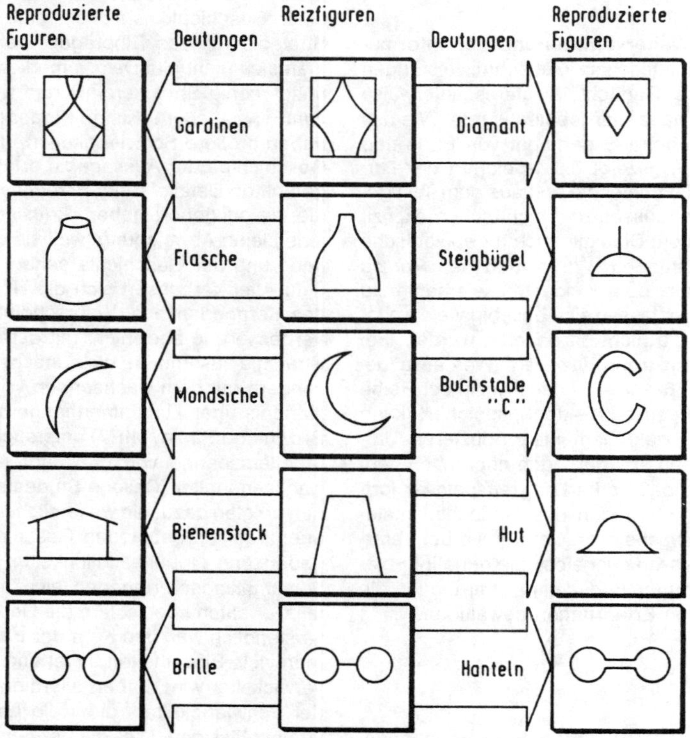

Reproduktion abstrakter Figuren nach Angleichung an sprachlich codierte Deutungen, die während der Darbietung der Reizfiguren gegeben wurden (...).

Im Alltag verwendet man vielerlei Formen von Gedächtnisstützen (mnemotechnische Hilfsmittel). Seit altersher nimmt man die Hände zuhilfe, wenn man sich die Monate mit 30 und 31 Tagen in ihrer Aufeinanderfolge vergegenwärtigen will. Grammatikalische Regeln werden manchmal durch gereimte Sätze besser eingeprägt („Männer, Völker, Flüsse, Wind und Monat Maskulina sind" – „Esse plus Adverbium ist dumm"). Spontane Elaboration liegt vor, wenn der Lernende sich selbst solche Gedächtnisstützen aufbaut oder Einzelelemente, die zusammengehören, durch Bilder vereinigt.

10. Bildung von Superzeichen (chunking). Im Kurzzeitspeicher, zugleich Arbeitsspeicher beim Einprägen und Abrufen, müssen die einzuprägenden Gedächtniselemente zunächst aufgenommen und für die Kodierung im Langzeitspeicher gehandhabt werden. Nun hat der Kurzzeitspeicher aber nur wenig Speicherplatz. Nur 7 ± 2 Informationseinheiten vermag er gleichzeitig aufzunehmen. Daher kommt es sehr darauf an, mit dem vorhandenen Speicher- und Arbeitsplatz sparsam umzugehen. Die wichtigste Methode ist dabei die Zusammengruppierung von Einzeldaten zu einer umfangreicheren Informationseinheit. Was nämlich in einer Einheit untergebracht werden kann, ist recht unterschiedlich, wie man aus folgendem Beispiel ersehen kann.

Wer Buchstaben kennt, kann sie als chunk zusammenfassen, dann sind vier Elemente im Kurzzeitspeicher besetzt.

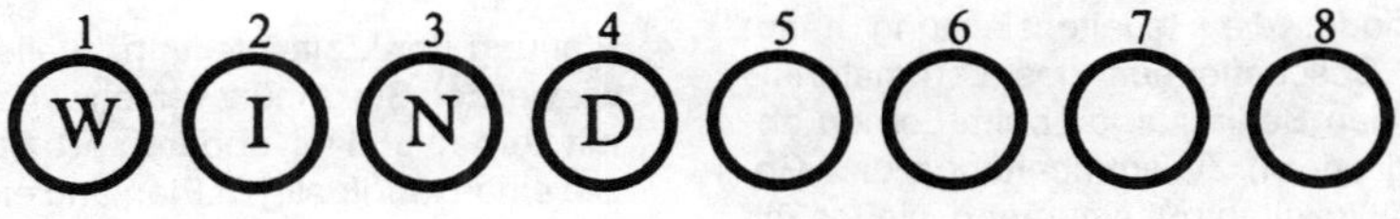

Wer die deutsche Sprache und die Buchstaben kennt, kann das Wort Wind zu einem einzigen chunk zusammenfassen. Je mehr Elemente man zu sinnvollen Einheiten vereinigen kann, umso mehr Informationen kann der Kurzzeitspeicher aufnehmen.

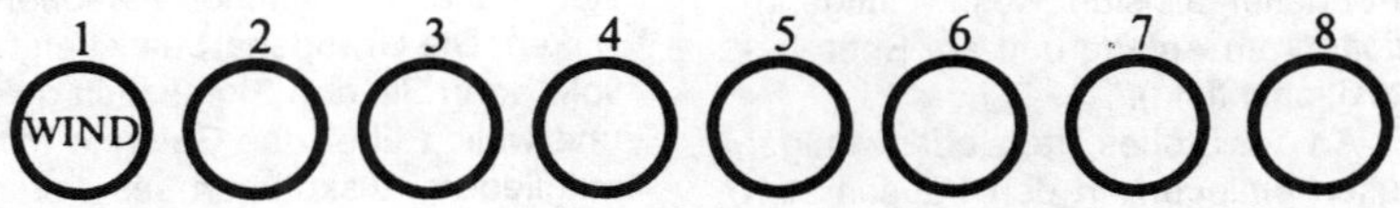

Im Kurzzeitspeicher werden also ca. sieben sinnvolle Einheiten gespeichert. Die Zeichenfolge W I N D würde ein Analphabet vielleicht als Gruppe von Strichen lernen müssen, wobei bis zum N bereits acht Informationseinheiten im Kurzzeitspeicher wären, noch ohne Berücksichtigung des Tatbestandes, daß er die Abstände zwischen den Strichen eigentlich auch repräsentieren müßte.

Quelle: R. Oerter/L. Montada, 1987[2]

5. Strategien des Lernens nach Regula Naef

1. Beim Lesen gehen Sie nach der 5-Punkt-Methode vor, die das Aufnehmen und Behalten erhöht.
- Überblick gewinnen; durch das Lesen von Zusammenfassungen, des Inhaltsverzeichnisses, von Titeln und Untertiteln usw. gewinnt man einen Überblick über das Wesentliche, man macht sich mit dem Text vertraut und weiß, worauf es ankommt.
- Hat man sich den Überblick verschafft, sollte man sich Fragen stellen, was man von dem Text erwartet.
- Die Fragen und der Überblick dienen dem kritischen Lesen, man liest gezielt und sucht Antworten auf die gestellten Fragen; keine Zeit mit Unwichtigem verlieren, aber stets darauf achten, daß das Gelesene verstanden wird (z. B. Fachausdrücke).
- Wichtige Aussagen sich immer wieder vergegenwärtigen, in Erinnerung rufen, rekapitulieren; die wesentlichen Aussagen aus der Erinnerung in Stichpunkten aufschreiben (nicht abschreiben!).
- Wiederholen, nochmals die Überschriften überfliegen, das Wissen auffrischen – aber nicht erst kurz vor einer Prüfung.

2. Lernmethode; die Behaltensleistung hängt von der Beschaffenheit des Lernmaterials und von den Bedingungen beim Lernen ab.
- Stoff gliedern, Zusammenhänge und Gesetzmäßigkeiten gut einprägen, Neues mit schon Bekanntem in Beziehung setzen (Eselsbrücken, mnemotechnische Hilfen, Gedächtnisstützen), neue Informationen an schon bekannten verankern.
- Stoff verstehen; sinnvolles Material wird besser behalten als sinnloses; wichtige Informationen am Anfang und am Ende lernen (Positionseffekt).
- Je nach Art des Stoffes öfters oder weniger oft Pausen einlegen, in den Pausen sich entspannen. Verteiltes Lernen (Stoff wird auf mehrere Tage oder Wochen verteilt) ist vorteilhafter als massiertes Lernen (umfangreicher Stoff wird hintereinander gelernt). Gedächtnishemmungen, Unlustgefühle und Ermüdung werden dadurch vermieden.
- Mit allen Sinnesorganen lernen, d. h. das Gelesene laut sprechen und Stichworte gleichzeitig notieren, verbessert die Behaltensleistung.

3. Die Behaltensleistung hängt sehr stark von der Motivation ab.
- Über die Motive, warum man lernt, sollte man sich Klarheit verschaffen.
- Motivationskonflikte vermeiden; nicht dann lernen, wenn alle anderen beim Sport, im Kino oder bei einer anderen angenehmen Beschäftigung sind.
- Sich Aufgaben selbst stellen; über die erzielten Erfolge nachdenken, sie aufzeichnen. Erfolg motiviert!
- Aus den Fächern, die einem schwerfallen, Teilgebiete wählen, die noch am interessantesten erscheinen, und versuchen, mit anderen darüber zu diskutieren.
- Über Probleme sprechen, sich nicht mit selbstquälerischen Gedanken beschäftigen, nicht an die unbewältigte Arbeit denken, sondern anfangen, anderen zu helfen, und nicht zu kritisieren.

4. Planung und Zeiteinteilung. Stellen Sie fest, wieviel Zeit Sie unnütz verschwenden, wieviel mit Lernen und mit anderen Arbeiten. Stellen Sie einen langfristigen Plan und einen Tagesablaufplan auf! Kontrollieren Sie, ob Sie die aufgestellten Teilziele erreicht haben.

5. Umgebung und Gruppenarbeit. Plötzliche Geräusche, Nachrichten im Radio lenken ab; gleichmäßige Musik kann bei geringer Lautstärke und bei manchen Personen anregend wirken. Die Gruppenarbeit ist erst dann sinnvoll, wenn Sie den Stoff schon gelernt haben und wollen über das Gelernte mit Gruppenmitgliedern diskutieren, es verarbeiten. In der Gruppe ist die Motivation größer, sie steigert Zufriedenheit und Produktivität, wenn die Arbeit gut verteilt ist.

Quelle: Ch. Michel/F. Novak, 1990

Reproduktion von Informationen:

1. Bestimmen Sie den Begriff „kognitiv".
(Abschnitt 4.0)
2. Stellen Sie die physiologischen Grundlagen dar, von denen die kognitiven Funktionen und Fähigkeiten abhängig sind.
(Abschnitt 4.1)
3. Erläutern Sie die kognitive Fähigkeit „Sprache", und zeigen Sie deren Funktionen und Bedeutung auf.
(Abschnitt 4.2)
4. Bestimmen Sie die beiden Begriffe „Intelligenz" und „Denken", und stellen Sie deren Zusammenhang dar.
(Abschnitt 4.3.1 und 4.4)
5. Erläutern Sie verschiedene Intelligenzmodelle.
(Abschnitt 4.3.2)
6. Stellen Sie die Bedeutung der Intelligenz und des Denkens für die Persönlichkeit eines Menschen dar.
(Abschnitt 4.3.4 und 4.4.3)
7. Beschreiben Sie den Prozeß des Denkens.
(Abschnitt 4.4.1)
8. Zeigen Sie verschiedene Arten des Denkens auf.
(Abschnitt 4.4.2)
9. Erläutern Sie den Zusammenhang zwischen Sprache und Denken.
(Abschnitt 4.4.4)
10. Bestimmen Sie den Begriff „Kreativität", und erläutern Sie die Bedeutung der Kreativität.
(Abschnitt 4.5.1 und 4.5.2)
11. Bestimmen Sie den Begriff „Gedächtnis", und beschreiben Sie verschiedene Arten des Gedächtnisses.
(Abschnitt 4.6 und 4.6.1)
12. Stellen Sie wichtige Faktoren dar, die das Behalten begünstigen.
(Abschnitt 4.6.2)
13. Beschreiben Sie verschiedene Gedächtnishemmungen.
(Abschnitt 4.6.3)
14. Erläutern Sie die Bedeutung von Gedächtnisstrategien für das Behalten von Informationen.
(Abschnitt 4.6.4)
15. Zeigen Sie die Bedeutung des Gedächtnisses auf.
(Abschnitt 4.6.5)

16. Bestimmen Sie den Begriff „Lernen", und stellen Sie wichtige Theorien des Lernens dar.
(Abschnitt 4.7.1, 4.7.2 und 4.7.3)

17. Beschreiben Sie Lernen als kognitive Fähigkeit.
(Abschnitt 4.0 und 4.7.3)

Anwendungsaufgaben:

18. Bestimmen Sie die Funktionen der Sprache, die durch folgende Beispiele dargestellt werden:

Beispiel 1

Hans und Lisel treffen sich nach der Schule. Hans: „Ich würde gerne mit Dir ins Kino gehen, hast Du Lust dazu?" Lisel: „Ja, nur habe ich um halb sechs Uhr noch Jazzgymnastik, so daß wir uns erst um acht Uhr am Kino treffen können."

Beispiel 2

„Was ist mit den Kindern los?" fragte Neill seine Freunde. „Sie sehen aus, als bedrücke sie etwas. Was kann das sein?"
„Es bedrückt sie, daß sie hier sind", sagte Robert. „Sie brauchen Abwechslung!"

Beispiel 3

Mutter: „Tobt nicht im Wohnzimmer herum, geht lieber mit eurem Fußball auf den Spielplatz."

Beispiel 4

„Werner rannte erschrocken davon. Er zwängte sich durch die vielen Menschen, die es um diese Mittagsstunde meistens eilig hatten, flitzte um die nächste Straßenecke, rempelte einen behäbigen Herrn an, stieß hastig die angelehnte Haustür auf und hetzte atemlos die Kellertreppe hinunter."

(Abschnitt 4.2.1)

19. Welcher Zusammenhang zwischen Sprache, Denken und Intelligenz sowie zwischen Kognitionen und Körper wird durch folgende Aussagen offenkundig?

a) Blinde Kinder sind geistig weniger beeinträchtigt als Gehörlose.

b) Die Leistungen Taubstummer weisen bei sprachfreien Intelligenzaufgaben kaum einen Entwicklungsrückstand auf gegenüber organisch nicht beeinträchtigten Personen.

c) Erst ab ca. dem 5. Lebensjahr werden Unterschiede hinsichtlich des Denkvermögens bei Kindern aus verschiedenen Schichten relevant.

(Abschnitt 4.1, 4.2.2 und 4.3.1)

20. Erläutern Sie die These: „Sprachtraining bedeutet Denktraining und damit Ausweitung der Intelligenz."
(Abschnitt 4.2.2)

21. Verdeutlichen Sie verschiedene Intelligenzmodelle an konkreten Beispielen.
(Abschnitt 4.3.2)

22. Erläutern Sie die verschiedenen Denkoperationen an einem konkreten Beispiel. (Abschnitt 4.4.1)

23. Nehmen Sie Stellung zu der Aussage. „Mit einem schlechten Gedächtnis muß man sich abfinden."
(Abschnitt 4.6.2 und 4.6.4)

24. *Definieren Sie den Begriff „Kognition", und erläutern Sie die Bedeutung kognitiver Funktionen und Fähigkeiten für das Erleben und Verhalten.
(Abschnitt 4.0, 4.2.1, 4.2.2, 4.3.1, 4.3.4, 4.4.2, 4.4, 4.4.3, 4.5.1, 4.5.2, 4.6 und 4.6.5)

25. *Beschreiben Sie zwei kognitive Funktionen oder Fähigkeiten. Erläutern Sie die Bedeutung dieser kognitiven Funktionen und Fähigkeiten für das Erleben und Verhalten in einem bestimmten Lebensbereich (zum Beispiel Schule).
(Abschnitt 4.2, 4.3, 4.4, 4.5 und/oder 4.6)

26. Wenn ein Schüler in der Schule versagt, können mehrere Ursachen im Bereich seiner kognitiven Fähigkeiten und Funktionen ausschlaggebend sein. Stellen Sie einige Möglichkeiten dar.
(Abschnitt 4.2, 4.3, 4.4, 4.5 und 4.6)

27. Erläutern Sie an einem Beispiel das Lernen als kognitive Fähigkeit.
(Abschnitt 4.7.3)

28. Ein Kind hat gelernt, „anständig" zu essen: Es nimmt Löffel, Gabel und Messer in die richtige Hand und bleibt während des Essens auch am Tisch sitzen.
Wie können Sie das Erlernen dieser Verhaltensweisen mit Hilfe verschiedener Theorien des Lernens erklären?
(Abschnitt 4.7.2 und 4.7.3)

29. Erklären Sie mit Hilfe verschiedener Theorien des Lernens, wie Kinder im Laufe ihrer Entwicklung sauber werden.
(Abschnitt 4.7.2 und 4.7.3)

30. Oft werden auch unerwünschte Verhaltensweisen erlernt, wie etwa das Trinken von Alkohol oder das Rauchen.
Wie können Sie das Erlernen von solchen unerwünschten Verhaltensweisen erklären?
(Abschnitt 4.7.2)

Anregungen:

31. Nehmen Sie Stellung zum „Intelligenzkult" in unserer Gesellschaft, und diskutieren Sie mit Ihren Mitschülern.

32. Suchen Sie verschiedene Denkaufgaben, die einmal konvergierendes, zum anderen divergierendes Denken erfordern.

33. Stellen Sie für sich selbst einen Arbeitsplan bzw. Lernplan zusammen, um Ihre Lern- und Gedächtnisleistungen zu verbessern.

34. Überprüfen Sie Ihr eigenes Lernverhalten hinsichtlich möglicher Gedächtnishemmungen, vergessensbegünstigender Faktoren und uneffektiver Lernstrategien.

5 Psychische Kräfte

Die Bilder zeigen typisch menschliches Verhalten:

- Lachen, Ausdruck der Freude und des Glücks,
- die Sportler, Ausdruck des Leistungswillens.

Das Verhalten des Menschen wird in hohem Maße von seinen Emotionen und seiner Motivation bestimmt.

In diesem Kapitel werden eine Reihe von Fragen über Emotion und Motivation beantwortet:

1. Was versteht man unter Emotion und Motivation?
   Wie entstehen sie?
   Welche Bedeutung haben sie für zwischenmenschliche Beziehungen und für die Gesundheit?
2. Was meint man mit Angst und mit Aggression?
   Wie entstehen Angst und Aggression? Welche Funktionen erfüllen sie?
   Worin liegen ihre Gefahren?
   Wie kann man ängstliches bzw. aggressives Verhalten bewältigen?
3. Was bedeutet Leistungsmotivation?
4. Wie werden Gefühle und Bedürfnisse durch die Gesellschaft bewertet und tabuisiert?
5. Welche Beziehung besteht zwischen kognitivem Verhalten und Emotion bzw. Motivation?

Die Beschäftigung mit psychischen Funktionen, wie dies in Kapitel 3 und 4 geschehen ist, konzentriert sich vorwiegend auf *Wie-Fragen:* Wie erhalten wir Informationen über unsere Umgebung und uns selbst? Wie speichern wir Informationen? Wie lösen wir Probleme? Wie ändert sich unser Verhalten?

Das Befassen mit psychischen Kräften bringt uns auf einen ganz anderen Fragentyp, auf *Warum-Fragen:* Warum zeigt der Mensch ein ganz bestimmtes Verhalten? Warum treten bestimmte Handlungen auf? Warum verhält er sich in einer ganz bestimmten Situation so und nicht anders?

Wie-Fragen	——— führen zu ——→	**Psychischen Funktionen**
Warum-Fragen	——— führen zu ——→	**Psychischen Kräften**

Viele Psychologen unterscheiden zwei Arten von psychischen Kräften: **Emotion und Motivation.**

5.1 Emotion und Motivation als psychische Kräfte

Abdruck mit freundlicher Genehmigung von „Psychologie heute", Weinheim.

Bei der Interpretation der Stimmungen dieser Bilder kommt man recht eindeutig zu dem Ergebnis, daß es sich um Wut oder Zorn, bzw. um Neugier oder Interesse handelt. Damit sind bereits wesentliche psychische Kräfte des Menschen beschrieben, nämlich das **Gefühl** des Zornes und das **Motiv** des Interesses.

5.1.1 Der Begriff Emotion

Der Begriff *Emotion* wird gleichbedeutend mit dem Wort *Gefühl* verwendet.
Emotionen umfassen einerseits körperliche Zustände, andererseits erstrecken sie sich darüber hinaus auch auf seelische Befindlichkeiten eines Menschen. Gefühle besitzen also sowohl eine **körperliche** als auch eine **psychische Komponente** (vgl. J. A. Keller/F. Novak, 1988[6]):

- Gefühle bewirken zum einen organismische Veränderungen wie beispielsweise erhöhten Hautwiderstand, Muskelanspannung, Verkrampfung, Erweiterung oder Verengung der Pupille, Zittern, Schweißausbruch, Magen- und Darmtätigkeit wie zum Beispiel Durchfall, schnelle Atmung und erhöhte Herzfrequenz. Die durch innere oder äußere Reize hervorgerufenen körperlichen Vorgänge können unterschiedlich **intensiv** sein und als *Erregung bzw. Spannung* oder als *Beruhigung bzw. Entspannung* erlebt werden.

  Markus, 12 Jahre alt, schreibt nach der Pause eine Prüfungsarbeit. Er hat deshalb „aus Angst" leichte Magenkrämpfe und feuchte Hände, zittert etwas, atmet schneller als sonst und seine Herzfrequenz ist erhöht. Kurz, er ist erregt, und entspannt sich erst, als er während der Anfertigung der Prüfungsarbeit merkt, daß er die Aufgaben lösen kann.

- Gefühle bewirken zum anderen psychische Vorgänge: Man wird sich des Ich-Zustandes wie beispielsweise des Herausgerissenseins aus dem Normalzustand, aus dem Gleichgewicht, und der körperlichen Veränderungen bewußt, die Wahrnehmung und das Denken ändern sich. Die körperliche Erregung wird zum Beispiel als Freude, als Trauer, Ärger, Angst oder Zorn interpretiert. Die durch bestimmte Reize hervorgerufenen Befindlichkeiten werden **qualitativ** unterschiedlich erlebt und jeweils mehr oder minder deutlich als *angenehm bzw. unangenehm* bewertet, von *Lust bzw. Unlust* begleitet.

  Markus ist sich bewußt, daß er wegen der Prüfungsarbeit „aufgeregt" ist; er merkt die körperlichen Veränderungen und spürt, daß ihn seine Erregtheit in seinem Denken blockiert. Er interpretiert diese körperliche Erregung als Angst und bewertet diese als sehr unangenehm.
  Sabine hat auch leichte Magenkrämpfe, feuchte Hände und zittert etwas. Doch sie interpretiert ihre Erregung als Verliebtsein und bewertet diesen körperlichen Zustand als sehr angenehm.

Von entscheidender Bedeutung für das Verständnis des Emotionsbegriffes ist, daß Emotionen nicht nur ein Ich-Zustand sind, sondern auch **Verhalten beeinflussen.** Gefühle können ein bestimmtes Verhalten aktivieren und es steuern, aber auch lähmen; Gefühle können zu Passivität verleiten oder ein Annäherungs- bzw. Vermeidungsverhalten auslösen.

Der achtjährige Michael begegnet auf dem Heimweg von der Schule einem großen Schäferhund. Der Hund tut ihm zwar nichts, läuft aber eine zeitlang bellend neben ihm her. Michael hat große Angst und läuft so schnell er kann nach Hause. Am nächsten Tag bittet er seine Mutter, ob sie ihn nicht von der Schule abholen kann, da er sich immer noch vor dem Hund fürchtet. Da die Mutter keine Zeit hat, beschließt er, einen anderen Weg zu gehen, um dem Schäferhund nicht noch einmal zu begegnen.

> Emotionen beeinflussen und steuern das Verhalten des Menschen.

Emotionen (Gefühle) sind also Befindlichkeiten, Ich-Zustände, die sich sowohl auf den Körper (= organische Komponente), die Psyche (= psychische Komponente) als auch auf das Verhalten des Menschen auswirken.

„Gefühle sind Ich-Zustände, sind Befindlichkeiten und Erlebnisse, die den Körper, die Psyche und das Verhalten des Menschen umfassen.“ *(J. A. Keller/F. Novak, 1988[6])*

Übersicht über die verhaltensaktivierenden und -steuernden Komponenten von Gefühlen

Gefühle (Ich-Zustände)

organismische, körperliche Vorgänge, Veränderungen wie schnellere Atmung, Schweißausbruch, Zittern, Muskelanspannung, Verkrampfung, erhöhter Hautwiderstand, Erweiterung oder Verengung der Pupille, Magen- und Darmtätigkeit (z. B. Durchfall vor einer Prüfung)	bewußtes Erleben (psychische Komponente) Erleben einer Veränderung, Herausgerissensein aus dem Gleichgewicht, aus dem Normalzustand, Veränderung der Wahrnehmung und des Denkens, Bewertung der körperlichen Erregung, Wohl- oder Unwohlsein; Gefühle wie Freude, Angst, Zorn, Ärger
= ↓	= ↓
Aktivierung verschiedener Intensität und wird bewertet als Spannung – Lösung Erregung – Beruhigung	Erleben verschiedener Qualität und wird bewertet als angenehm – unangenehm Lust – Unlust

Beeinflussung des Verhaltens, Antrieb, Vermeidungsverhalten oder Annäherungsverhalten, Aktivität oder Passivität

Quelle: J. A. Keller/F. Novak, 1988[6]

Werner Herkner (1986) faßt die Erkenntnisse über Gefühle folgendermaßen zusammen:

- Die Stärke eines Gefühls hängt von der Stärke der körperlichen Erregung ab.

  Je stärker und heftiger beispielsweise das Herz klopft, desto mehr Freude, Angst oder Ärger empfindet man.

- Die Art des erlebten Gefühls hängt von der subjektiven Erklärung für die Erregung ab. Diese Erklärung ist von der jeweiligen Situation, in der die Erregung auftritt, abhängig (vgl. Abschnitt 5.5.1).

  Ob man die Erregung als Freude, Angst oder Ärger erlebt, hängt davon ab, welche Erklärung man sich selbst für diese Erregung gibt. Ein Schüler, der gerade eine gute Note erhalten hat, wird seine Erregung als ‚Freude‘ interpretieren, ein anderer, der gerade eine Auseinandersetzung mit einem Mitschüler hatte, wird sie als ‚Ärger‘ sehen.

- Nicht jede physiologische (= körperliche) Erregung wird als Gefühl gesehen. Hat man eine andere Erklärung für diese Erregung, so wird sie nicht als Gefühl interpretiert.

  Wenn jemand eine schwere Tasche in den siebten Stock getragen hat, wird das Herzklopfen und das mögliche Zittern der Hände nicht als Gefühl empfunden.

➡ **Materialien 1.**

5.1.2 Der Begriff Motivation

Die Psychologie hat es schon immer interessiert, *warum* der Mensch ein ganz bestimmtes Verhalten zeigt, warum er sich in einer ganz bestimmten Situation so und nicht anders verhält, was sein Verhalten und Handeln veranlaßt bzw. verursacht. Die Psychologie will – wie in Kapitel 1.3 dargestellt – nicht nur das bloße Verhalten beschreiben, sondern auch seine Ursachen erforschen sowie es erklären.

In kaum einem Fall lassen sich alle Ursachen für eine bestimmte Verhaltensweise beobachten und damit auch beschreiben. Das Zustandekommen eines bestimmten Verhaltens läßt sich nicht nur als Folge wahrnehmbarer Reize begreifen, es sind vielmehr Einwirkungen „am Werk", die nicht konkret beobachtbar und nachprüfbar sind.

Eine ehemalige Krankenschwester spritzte in einem Zeitraum von etwa zwei Jahren 17 Patienten, die im Alter zwischen 53 und 70 Jahre waren, ein bestimmtes Präparat, um sie sicher und schnell zu töten. Der Staatsanwalt bezeichnete sie als eiskalte Mörderin, die sich als „Herrin über Leben und Tod" aufspielte.
In diesem Fall ist kein konkreter Grund sichtbar und kein beobachtbarer Reiz erkennbar und nachprüfbar, der verständlich macht, was die Krankenschwester tatsächlich zu dieser Tat bewegt haben könnte.

Solche von außen nicht erkennbaren Beweggründe, die menschliches Verhalten und Handeln aktivieren und dieses auf ein bestimmtes Ziel hin steuern, werden als **Motive** bezeichnet. Wie der Kriminalist, so fragt auch der Psychologe nach dem „Motiv" der „Tat" (vgl. Klaus D. Heil, 1975).

Hunger zum Beispiel ist ein solches Motiv. Er ist als solches nicht beobachtbar, es kann lediglich aufgrund der Menge und der Schnelligkeit des Essens auf „Hunger-Haben" geschlossen werden. Dieses Motiv treibt nun den einzelnen an, aktiv zu werden, und steuert ihn auf ein bestimmtes Ziel hin – etwa zum Brotkasten und zum Kühlschrank, aus denen er sich Brot bzw. Wurst holt.

Unter Motiv wird ein von außen nicht erkennbarer Beweggrund bezeichnet, der menschliches Verhalten aktiviert und auf ein bestimmtes Ziel hin steuert.

Motive sind nicht beobachtbar, sie stellen – wie es Gerd Mietzel (1987[3]) ausdrückt – eine „Antriebskraft" dar, von der angenommen wird, daß sie zielgerichteten Verhaltensweisen zugrundeliegt. Sie wollen auch Verhalten nicht beschreiben, sondern erklären.

„Motiv ist kein Begriff, der etwas beschreiben, sondern einer, der etwas erklären soll." *(H. D. Schmalt/H. Heckhausen; in Hans Spada, 1990)*

In der Regel ist es nicht nur *ein* Grund, der menschliches Verhalten aktiviert und steuert, sondern mehrere Gründe.

So sind auch im Fall der Krankenschwester mehrere Gründe dafür verantwortlich, warum sie 17 Patienten tötete. Mit nur einem Grund wäre sicherlich ihre Tat nicht hinreichend erklärbar.

Motive sind psychische Kräfte. Sie bewegen uns, sie setzen etwas in Gang. Wahrnehmung, Gedächtnis, Sprache und Denken sind psychische Funktionen. Sie sind nicht Selbstzweck, sondern stehen immer im Dienst von Motiven. Motive bestimmen, worauf wir unsere Aufmerksamkeit richten, welche Informationen wir im Gedächtnis suchen, welche Denkprobleme wir lösen wollen, welche Verhaltensweisen wir ausführen usw." *(Werner Herkner, 1986)*

Treten nun Motive in Kraft, so organisieren sie einen Prozeß, in welchem Verhalten in Bewegung gesetzt und auf ein bestimmtes Ziel hin gesteuert wird. Diesen Prozeß bezeichnen wir als **Motivation.** Motivation ist also ein von Motiven gesteuerter Prozeß des Angetriebenseins, der in der Regel so lange anhält, bis das Ziel erreicht ist.

Durch folgende Merkmale ist der Begriff Motivation gekennzeichnet:

- **Aktivierung:** Motivation bedeutet immer einen Prozeß, in welchem Verhalten in Bewegung gesetzt wird.

- **Richtung:** Die Aktivität wird auf ein bestimmtes Ziel hin gesteuert und bleibt in der Regel so lange bestehen, bis dieses Ziel erreicht ist oder auch bis ein anderes Motiv vorrangig wird.

  Wenn beispielsweise jemand sehr hungrig ist, dann wird er etwas unternehmen, um den Hunger zu stillen (= Aktivierung). Er wird vermutlich andere Tätigkeiten unterbrechen – zum Beispiel für eine Prüfungsarbeit lernen – und wird solche Verhaltensweisen in Bewegung setzen, die geeignet sind, sein Nahrungsbedürfnis zu befriedigen. Er wird etwa zum Brotkasten und Kühlschrank gehen, aus denen er sich Brot und Wurst holt (= Zielgerichtetheit). Ist sein Hunger gestillt, so wird er seine diesbezügliche Aktivität einstellen und sich möglicherweise wieder seinen anderen Tätigkeiten zuwenden.

- **Intensität:** Die Aktivität kann mehr oder weniger stark, kräftig oder gründlich – kurz: mehr oder weniger intensiv – ausgeführt werden.

  So kann der Hunger beispielsweise sehr stark sein, und man kann das Wurstbrot sehr hastig und mit großen Bissen verspeisen oder auch nur gelegentlich daran beißen und wenig Interesse an dem Wurstbrot zeigen.

- **Ausdauer:** Zielstrebiges Verhalten kann mehr oder weniger Beständigkeit aufweisen. In der Regel wird die Aktivität aufrechterhalten, auch wenn sich Schwierigkeiten in den Weg stellen.

  So kann es möglich sein – um beim obigen Beispiel zu bleiben –, daß im Brotkasten kein Brot und der Kühlschrank leer ist. Man wird vielleicht in ein Lebensmittelgeschäft gehen. Wenn dieses geschlossen hat, sucht man möglicherweise ein Gasthaus auf oder besucht Bekannte.

  Gerd Mietzel (1987[3]) schreibt dazu folgendes Beispiel: „Dieses Merkmal offenbart sich auch bei jenem jungen Mann, der von seiner Angebeteten immer wieder zurückgewiesen wird, aber trotzdem sein Werbungsverhalten fortsetzt, indem er Briefe schreibt, Einladungen ausspricht, Blumen schickt und sogar das Rauchen aufgibt."

Motivation ist nicht direkt beobachtbar, sondern kann nur aus dem beobachtbaren Verhalten erschlossen werden. Somit ist sie ein **gedankliches Konstrukt** zur Erklärung der Beweggründe des beobachteten Verhaltens.

„Niemand hat je Motivation ‚gesehen', genau wie nie jemand Lernen ‚gesehen' hat. Was wir sehen (...) sind Veränderungen im Verhalten. Um diese beobachtbaren Veränderungen zu erklären (...), ziehen wir indirekte Schlüsse über die ihnen zugrundeliegenden psychischen und physiologischen Prozesse, Schlüsse, die unter dem Begriff ‚Motivation' zusammengefaßt werden." *(Philip G. Zimbardo, 1983[4])*

Motivation ist ein gedankliches Konstrukt für Prozesse, die Verhalten aktivieren sowie dieses hinsichtlich seiner Richtung, Ausdauer und Intensität steuern.

Im Zusammenhang mit dem Motivationsbegriff scheint es sinnvoll, weitere Begriffe zu klären, die oft im Zusammenhang mit diesem Begriff gebraucht werden. Dazu zählen folgende Begriffe:

- Trieb
- Bedürfnis
- Antrieb
- Interesse

Hier eine Übersicht über die wichtigsten Begriffe:

Trieb	Generelle angeborene Energie, die eine auslösende Funktion besitzt. Diese Energie dient der Befriedigung primärer Bedürfnisse wie zum Beispiel Hunger, Durst oder Schlaf.
Antrieb	Unklarer und ungenau bestimmter Begriff, der in der Regel das Maß für das Tempo und die Intensität seelischer Aktivitäten bezeichnet.
Bedürfnis	Bezeichnung für einen physischen (= körperlichen) und psychischen Mangelzustand. Das bedeutet, daß ein Bedarf – zum Beispiel nach Essen, Trinken, nach Zuwendung, Liebe vorhanden ist.
Interesse	Bezeichnung für die Bereitschaft, „sich mit bestimmten Gegenständen, Zielen, Tätigkeiten und Aufgaben zu beschäftigen, die subjektiv als besonders wichtig empfunden werden." *Meyers kleines Lexikon: Psychologie, 1986)*

Bedürfnisse und Gefühle sind sehr eng miteinander verbunden. Das liegt einerseits daran, daß Bedürfnisse Gefühle verursachen: Bedürfnisbefriedigung wird immer als angenehm erlebt, werden Bedürfnisse nicht befriedigt, so wird dies als unangenehm erlebt. Andererseits können auch Gefühle selbst motivierend wirken, das heißt, Handlungen in Gang setzen (vgl. Werner Herkner, 1986).

Emotion und Motivation als psychische Kräfte	
Emotion Ich-Zustände, Befindlichkeiten und Erlebnisse, die Körper, Psyche und Verhalten beeinflussen.	**Motivation** Gedankliches Konstrukt für Prozesse, die Verhalten aktivieren sowie dieses hinsichtlich seiner Richtung, Ausdauer und Intensität steuern. Im Zusammenhang mit Motivation gibt es die Begriffe Motiv, Trieb, Antrieb, Bedürfnis und Interesse.
Emotion und Motivation haben immer einen physiologischen und einen psychologischen Aspekt: *Physiologisch:* körperliche Reaktion, zum Beispiel Magenkrämpfe oder Hunger *Psychologisch:* seelische Reaktion, zum Beispiel Freude oder Ehrgeiz	

➡ **Materialien 2.**

5.2 Entstehung und Erklärungsansätze von Emotion und Motivation

Für die Psychologie ist die Entstehung von Emotion und Motivation und deren Erklärung von besonderer Bedeutung.

5.2.1 Die Entstehung von Gefühlen

Bei der Entstehung von Emotionen werden verschiedene Ansätze unterschieden.

„Die einen nehmen an, daß sich die einzelnen Emotionen aus einem undifferenzierten unspezifischen Erregungszustand des Säuglings allmählich herausentwickeln so wie die Äste und Zweige aus einem Baumstamm (z. B. Bridges 1932). (...) Andere wie z. B. Izard nehmen an, daß die ‚grundlegenden' Emotionen als angeborene neurale Mechanismen[1] von Geburt an als qualitativ unterschiedliche Erlebnisweisen vorhanden sind." *(Dieter Ulich, 1989[2])*

Entstehung der Gefühle als Ergebnis von Wahrnehmung und Lernen

Aus einer undifferenzierten Erregung entwickeln sich im Verlauf der Zeit spezifische Gefühlsregungen.

Ein Säugling reagiert auf jede Art des Unwohlseins mit Weinen. Das acht Monate alte Kind reagiert zwar immer noch häufig mit Weinen, die Mutter ist aber schon in der Lage zu unterscheiden, ob es die Windeln voll hat oder Hunger oder Angst. So wird aus dem Weinen zu jeder Gelegenheit eine gezielte Willensäußerung, die entsprechend eingesetzt wird.

Die amerikanische Psychologin Katherine M. Bridges hat diese Theorie bereits in den dreißiger Jahren unseres Jahrhunderts entwickelt (vgl. dazu Kapitel 7.3.1).
Bridges Theorie zeigt die Entstehung von Gefühlen bis zum zweiten Lebensjahr. Damit ist der Entstehungsprozeß allerdings nicht beendet, selbst ein Erwachsener kann noch neue Gefühle empfinden und erleben.

Gefühle als angeborene Mechanismen

„Nach der zweiten Auffassung ist das Gefühlsleben in erster Linie durch die angeborenen neuralen Mechanismen für den Gefühlsausdruck determiniert. (...) Denn das bewußte subjektive Erleben von Gefühlen kommt vor allem dadurch zustande, daß Veränderungen in der Gesichtsmuskulatur vom Gehirn rückgemeldet werden. Lernen und Erfahrung seien erst in zweiter Linie wichtig für die Ontogenese[2] der ‚grundlegenden' Emotionen." *(Dieter Ulich, 1989[2])*

Nach Ansicht der Psychologin Carole Izard, einer Vertreterin dieser Theorie, existieren zehn unterschiedliche Gefühle, die auf der ganzen Welt, in jeder Kultur vorkommen. Diese zehn Gefühle sind:

Interesse,	Leid,	Widerwillen,	Freude,	Zorn,
Überraschung,	Scham,	Furcht,	Verachtung,	Schuldgefühl.

Materialien 3.

[1] neural: vom Nervensystem ausgehend, die Nerven betreffend
[2] Ontogenese: Individualentwicklung

Grundsätzlich läßt sich nicht klären, welche Gefühle angeboren und welche erworben oder erlernt sind. Nach Izards Ansicht gibt es aber universelle (= umfassende, weitgespannte) Gefühle, die

- In jeder Kultur und zu allen Zeiten existieren,
- immer an bestimmte neurale Prozesse gebunden sind,
- immer zum gleichen Zeitpunkt auftreten und
- immer die gleichen biologischen Rückmeldungsmuster verwenden, das heißt, die körperlichen Empfindungen sind immer dieselben wie zum Beispiel die Erhöhung des Hautwiderstandes.

Bei der Untersuchung dieser **universellen Emotionen** geht man davon aus, daß es zwischen einem bestimmten Gefühl und dem dazugehörigen Gesichtsausdruck eine enge Beziehung geben muß. „So sei z. B. ‚Zorn' immer und überall gekoppelt mit einem Senken und Zusammenziehen der Augenbrauen, schlitzförmigen Augen und einem zusammengepreßten Mund." *(Dieter Ulich, 1989[2])*

Die Untersuchung in unterschiedlichen Kulturen erbrachte ähnliche Ergebnisse. Auf die Vorlage von Photographien, die bestimmte Gesichtsausdrücke zeigten, reagierten die Versuchspersonen in allen Kulturen gleichartig.

Übersicht über verschiedene Forschungsergebnisse

Die Entwicklung von Emotionen anhand des Auftretenszeitpunktes der entsprechenden mimischen Gefühlsausdrücke (in Monaten; 0 = Geburt)

	Forscher				
Gefühlsausdruck	Darwin	Bridges	Emde	Sroute	Izard
Interesse					0
angeborenes Lächeln			0	0	0
soziales Lächeln	2 1/2	2 1/2	2 1/2	3	1 1/2–3
Lachen	3 3/4			4	4–5
Schreck	0			0	0
Überraschung					2–3
Kummer / Schmerz	0	3	0	0	0
Ekel		3 1/2			0
Wut				3	3–5
Ärger	3 3/4	3 1/4 / 6		7	3–5
Scham				18	4–5
Schüchternheit	27				12–18
Vorsicht				4 1/2	
Furcht	0–5	6	9	9	5–9
Schuld	13			36	12–15
Verachtung					15–18

Quelle: Dieter Ulich, 1989[2]

Einfluß der Kultur auf die Entstehung von Emotionen

Trotz der Annahme universeller und angeborener Gefühlsregungen ist doch der Großteil der Gefühle kulturspezifisch überformt, das heißt, daß jede Kultur andere Ausdrucksformen oder Anlässe für Gefühle entwickelt hat.
Gefühlsregungen universeller Art sind deshalb am besten bei Säuglingen zu beobachten. Bereits im Kleinkindalter sind Kinder in der Lage, Gefühle zu verbergen oder zu unterdrücken und damit einen Beobachter zu falschen Ergebnissen zu führen.

In den asiatischen Ländern gilt das Lächeln als eine Form der Höflichkeit. In den Ländern der westlichen Welt gilt Lächeln als Form der Freude und als Ausdruck von Glück.
„Er lächelt vor Glückseligkeit." Dieser Satz kann nur für Bewohner der westlichen Welt einen Sinn ergeben, nicht aber für einen Japaner.

Das Lernen von Emotionen verläuft in jeder Gesellschaft unterschiedlich. Das Gefühl als solches jedoch wird nicht erlernt, sondern die *Art und Weise, es zu äußern,* und der *Zeitpunkt, es zu zeigen.*

Jede Kultur hat andere soziokulturelle Normen, die bei der Entstehung der Gefühle eine bedeutende Rolle spielen. Dabei unterscheiden sich nicht so sehr die Gefühle selbst voneinander, sondern vor allem die auslösenden Situationen, die „Darstellung" und das auf die Gefühlsregung folgende Verhalten.

Modelle zur Entstehung der Emotionen

Gefühle sind angeboren.
(C. Izard)

- Die Existenz universeller angeborener Gefühle wird angenommen.
- Universelle Emotionen sind in jeder Kultur vorhanden.

Gefühle sind das Ergebnis von Wahrnehmung und Lernen.
(K. M. Bridges)

- Emotionen entwickeln sich aufgrund von Erfahrungen.
- Aus einer undifferenzierten Erregung entstehen verschiedene Gefühle durch zunehmend differenzierte Wahrnehmung und Lernprozesse.

Vermutlich ist dem Menschen die Disposition (= Anlage) zur Entwicklung von Gefühlen angeboren, deren Ausprägung aber kulturspezifisch erlernt. Es ist nachgewiesen, daß eine Kultur entscheidenden Einfluß auf die Entwicklung und Ausformung von Emotionen hat.

5.2.2 Die Entstehung von Motivation

Eine sehr allgemeine und einfache Motivationstheorie ist die des **Regelkreises:** Der Körper besitzt Vorrichtungen, die laufend einen Ist-Zustand mit einem Soll-Zustand vergleichen. Falls nun ein Unterschied zwischen diesen beiden Zuständen festgestellt wird, wird das Individuum aktiv, um den Ist-Zustand zu korrigieren, bis der Unterschied wieder beseitigt ist.

Werner Herkner (1986) vergleicht die Theorie des Regelkreises mit einem Raumthermostat: Er vergleicht ständig die tatsächliche Zimmertemperatur (= Ist-Zustand) mit der gewünschten Temperatur (= Soll-Zustand). Falls nun die tatsächliche Temperatur mit der gewünschten nicht mehr übereinstimmt, wird der Thermostat „aktiv", indem er die Heizung einschaltet. Sobald die gewünschte Temperatur erreicht ist – also der Unterschied zwischen dem Ist- Zustand und dem Soll-Zustand wieder beseitigt ist – wird die Heizung wieder ausgeschaltet. Durch diese Vorgänge bleibt die Raumtemperatur ziemlich konstant.

Der Begriff Regelkreis bezeichnet Vorrichtungen des Organismus, die einen Ist-Zustand mit einem Soll-Zustand vergleichen und bei Differenz Aktivitäten einleiten, um diese Differenz wieder zu beseitigen (vgl. Werner Herkner, 1986)

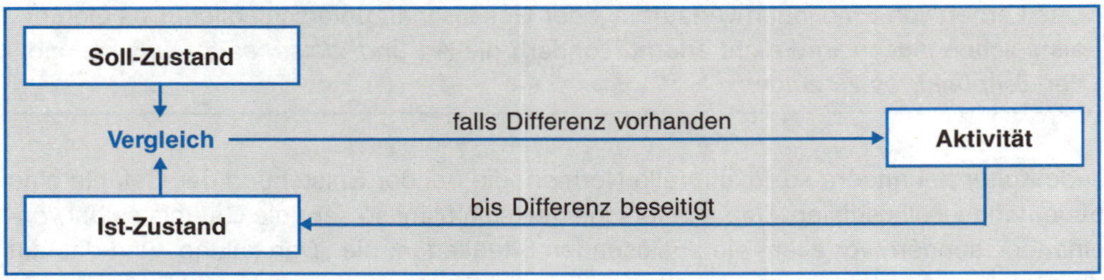

Man kann davon ausgehen, daß es für alle Bedürfnisse – sowohl für die biologischen wie Hunger, Durst, Schlaf als auch für nicht biologische wie das Bedürfnis nach Anerkennung, Macht oder Geld – einen solchen Regelkreis gibt.

So sind zum Beispiel im Körper bestimmte Stoffe in bestimmten Mengen vorhanden. Wird dieser Wert unterschritten, so wird das als Hunger erlebt. Das Individuum wird aktiv, um den Hunger zu stillen. Das gilt auch für nicht biologische Bedürfnisse wie zum Beispiel den Wunsch nach Kontakt. Wenn ein Mensch weniger Kontakte mit seinen Mitmenschen hat (= Ist-Zustand) als er sich wünscht (= Soll-Zustand), ist er unzufrieden. Er wird aktiv, um diese Differenz wieder zu beseitigen, indem er beispielsweise Freunde einlädt, ausgeht oder eine Tanzveranstaltung besucht.

Wie nun diese Vorrichtungen des Organismus aussehen, darüber gibt es unterschiedliche Vorstellungen. Dabei zeigt sich eine kontinuierliche Entwicklung von den rein **biologischen Modellen** hin zu sogenannten **psychologischen Theorien.**

Biologische Modelle

Biologische Modelle gehen davon aus, daß der Organismus bestimmte angeborene Mechanismen besitzt, die Aktivität entstehen und steuern lassen.
Vertreter von biologischen Modellen sind die Trieb- und Instinkttheoretiker, wie zum Beispiel Konrad Lorenz *(Vergleichende Verhaltensforschung)* oder Sigmund Freud *(Psychoanalyse).*
Die **Psychoanalyse** vertritt die Auffassung, daß menschliches Verhalten durch bestimmte Triebe bestimmt wird. Bei mangelnder Befriedigung der Triebe entsteht eine Triebspannung, die dann das Streben nach Triebreduktion und damit eine Lösung der Spannung hervorruft.
Die **Verhaltensforscher** sind der Meinung, daß Verhalten vor allem durch Instinkte ausgelöst und gesteuert wird: Der Mensch besitzt sogenannte angeborene Auslösemechanismen (AAM), die von Natur aus bestimmte Reaktionen hervorrufen.
Den Verhaltensforschern muß allerdings vorgehalten werden, daß sie ihre Theorien meist in unzulässiger Weise von der Tierwelt auf den Menschen übertragen.

„Problematisch erscheint bei Instinkt- oder Triebtheorien vor allem die Zirkelschluß-Gefahr: Instinkte oder Triebe werden aus bestimmten beobachteten Verhaltensweisen erschlossen; diese Verhaltensweisen werden wiederum durch jene Instinkte oder Triebe verursacht. Ein solcher Zirkelschluß führt leicht zu der irrigen Annahme, man hätte die Entstehung des Verhaltens hinreichend erklärt, und verhindert die Suche nach weiteren oder anderen Verhaltensbedingungen.“ *(J. A. Keller/F. Novak, 1988[6])*

Psychologische Theorien

Bei den Vertretern der psychologischen Theorien wird die Entstehung der Motivation als das Ergebnis von **Lernprozessen** angesehen.

Dabei werden biologische Bedürfnisse wie Hunger, Durst oder Schlaf durchaus anerkannt, allerdings anders benannt. Solche Bedürfnisse, die dem Menschen angeboren sind, bezeichnet man als **primäre Bedürfnisse.**

Daneben wird das Verhalten des Menschen aber auch von einer Vielzahl von verschiedensten Bedürfnissen beeinflußt, die nicht zu seiner biologischen Ausstattung gehören.

Der Wunsch, Geld zu sparen, in den Urlaub zu fahren, nach Geselligkeit oder nach dem Besuch eines Kinofilms – um einige Beispiele herauszugreifen – ist dem Menschen nicht angeboren, beeinflußt ihn aber trotzdem in seinem Verhalten:
Herr Fahrtens spart zielstrebig, um sich möglichst bald ein neues Auto kaufen zu können.
Frau Reisig plant bereits in den Weihnachtsferien ihre nächste Urlaubsreise.
Herr Gemütlich geht jeden freien Abend aus, um möglichst viel und oft mit anderen zusammenzusein.
Frau Müller hat am Wochenende nichts Eiligeres zu tun, als sich das neueste Kinoprogramm zu besorgen.

Der Mensch wird von einer Vielzahl unterschiedlicher Bedürfnisse beeinflußt, die im Lauf des Lebens erworben oder gelernt werden. Solche erworbenen Bedürfnisse bezeichnet man als **sekundäre Bedürfnisse.**

Erklärt werden kann die Entstehung von sekundären Bedürfnissen mit Hilfe der *Lerntheorien*, wie sie in Kapitel 4.7.2 und 4.7.3 ausgeführt sind.

Sekundäre Bedürfnisse müssen nicht bei jedem Menschen vorhanden oder gleich sein; sie können verlernt werden oder ganz verschwinden.

Im einzelnen lassen sich folgende psychologische Modelle unterscheiden:

- **Antriebs- und Anreiz-Modelle**

  Die Aktivierung von Verhalten wird einerseits auf bestimmte allgemeine Antriebe wie zum Beispiel Hunger oder Durst zurückgeführt. Doch dieser Antrieb allein genügt nicht, es spielt auch der dargebotene Reiz eine wichtige Rolle.

  So ist für eine bestimmte Aktivität nicht nur der Hunger als Antrieb von Bedeutung, sondern auch die Nahrung, mit der der Hunger gestillt werden soll (= Anreiz). Allein die Sexualität als Antrieb genügt noch nicht, eine wichtige Rolle, um sexuell aktiv zu werden, spielt auch der Sexualpartner.

  Diese Auffassung wird von den Lerntheoretikern vertreten.

- **Kognitive Modelle**

  Sowohl nach den biologischen Theorien als auch nach dem Antriebs- und Anreizmodell der Lerntheoretiker hat das Individuum selbst keinen freien Entscheidungsraum. Demgegenüber stehen die kognitiven Modelle, nach denen der Mensch in der Lage ist, die aufgenommenen Reize kognitiv zu „überprüfen“: Er beurteilt die jeweilige Situation und wägt ab, gleichzeitig werden aber auch die Triebenergien bewertet. Diese Sichtweise der Motivation räumt dem Menschen einen Entscheidungsspielraum für eine bestimmte Aktivität ein.

  Nach dem kognitiven Modell der Motivation ist der Mensch also in der Lage, frei zu entscheiden, welches Verhalten er ergreifen will. Kognitive Modelle erklären deshalb eher das menschliche Verhalten, da sie differenzierter sind.

Modelle zur Entstehung von Motivation

Menschliche Motivation funktioniert nach dem System des Regelkreises.

Biologische Theorien

- Menschliches Verhalten wird durch Instinkte gesteuert (Verhaltensforschung).
- Menschliches Verhalten wird durch Triebe gesteuert (Psychoanalyse).

Psychologische Theorien

- Die Aktivitäten des Menschen gehen auf Lernprozesse zurück.
- Antriebs- und Anreiz-Modelle: Allgemeine Antriebe zusammen mit dem dargebotenen Reiz führen zu Aktivität.
- Kognitive Modelle: Aktivität entsteht durch kognitive Vergleichs-, Bewertungs- und Interpretationsvorgänge.

5.3 Angst und Aggression als Beispiel für Emotion und Motivation

Zur Verdeutlichung der Gefühle und der Motivation werden im folgenden zwei unterschiedliche emotional-motivationale Verhaltensweisen und Befindlichkeiten beschrieben, die von allgemeinem Interesse sind. Es handelt sich dabei um die Angst als eine Form der Emotion und die Aggression als eine Form der Motivation.

5.3.1 Beispiel für ein Gefühl: Die Angst

Angst stellt einen Ich-Zustand dar, der als beklemmend, bedrückend und als unangenehm empfunden wird. Dieser Ich-Zustand wird in der Regel durch die gedankliche Vorwegnahme der Nicht-Bewältigung einer bestimmten Situation ausgelöst und deshalb als bedrohlich erlebt.

So hat Max zum Beispiel große Angst vor der bevorstehenden Prüfungsarbeit, weil er der Meinung ist, er könnte sie möglicherweise nicht oder nur schlecht schaffen.

Es handelt sich dabei grundsätzlich um ein subjektives Erleben einer bestimmten Situation. Die Bedrohung kann wirklich existent, aber auch vermeintlich sein.

Frau Furchtsam beispielsweise hat große Angst vor dem Autofahren in der Großstadt. Diese Angst ist real. Es könnte aber auch möglich sein, daß sich Frau Furchtsam „einbildet“, sie werde jedesmal am Abend, wenn sie nach Hause geht, von einem Mann verfolgt, obwohl diese Einbildung keine Entsprechung in der Realität hat. In diesem Fall handelt es sich um eine vermeintliche Bedrohung.

Das Erleben einer Angst ist grundsätzlich mit physiologischen Vorgängen, wie zum Beispiel Schweißabsonderung, Atembeschleunigung, Herzklopfen, Magendrücken, Zittern, Muskelanspannung, Erröten oder Erbleichen, gesträubte Haare, verbunden.

Jeder kennt die Angst vor dem Zahnarzt: Wenn man auf dem Behandlungsstuhl sitzt, fängt man zu schwitzen an, verkrampft sich, atmet schneller, und auch das Herzklopfen wird intensiver.

Angst beeinflußt – wie jedes Gefühl – unser Verhalten: Sie kann unser Verhalten aktivieren, aber auch lähmen; sie kann zu Passivität verleiten oder auch ein Vermeidungsverhalten auslösen (vgl. Abschnitt 5.1.1).

Angst ist ein als beklemmend, bedrückend und als unangenehm erlebter Ich-Zustand, der für das Individuum eine Bedrohung darstellt, mit physiologischen Vorgängen verbunden ist und das Verhalten beeinflußt.

Angst ist immer auf einen bestimmten Sachverhalt bezogen, der real oder nur vermeintlich real sein kann. Man kann Angst haben vor Personen bzw. Personengruppen, vor Einrichtungen wie zum Beispiel vor der Schule, vor Gegenständen wie Autos oder Waffen; man kann Angst haben vor einer Prüfungsarbeit, vor der Zukunft, vor einer Naturkatastrophe, vor der Umweltvernichtung, vor einem Krieg, vor einer Krankheit, vor dem Tod.

Eine besondere Form der Angst ist die **Phobie,** die in Kapitel 12.1.3 näher dargestellt wird. Bekannte Phobien sind zum Beispiel die *Klaustrophobie* (Angst vor dem Aufenthalt in engen Räumen) oder *Tierphobien* wie Angst vor Hunden, Spinnen, Schlangen u. ä.

An einem Beispiel soll noch einmal dargestellt werden, wie Angst als Ich-Zustand den Körper (= körperliche Komponente), die Psyche (= psychische Komponente) und das Verhalten des Menschen umfaßt (vgl. Abschnitt 5.1.1):

Die dreijährige Luise schläft, seit sie ein ganz kleines Mädchen war, alleine in ihrem Zimmer. Eines Tages wacht sie mitten in der Nacht auf, sie ruft nach ihrer Mutter, doch die kommt nicht. Luise beginnt, sich zu ängstigen. In der Dunkelheit des Zimmers nimmt sie plötzlich Gegenstände und Wesen wahr, die ihr nie zuvor aufgefallen sind. Sie fängt an zu weinen und zu zittern und verläßt schließlich fluchtartig das Bett, um ins Schlafzimmer der Eltern zu laufen. Luise erlebt das Fehlen der Mutter als sehr beängstigend, da es für sie ein neuer Zustand ist, den sie noch nicht kennt. Bisher war es üblich, daß die Eltern rechtzeitig zur Stelle waren, wenn sie mitten in der Nacht aufgewacht ist.

Das Gefühl des Alleinseins führt bei Luise zur Auslösung körperlicher Reaktionen, wie Zittern und Weinen. Ebenso verändert sich ihre Wahrnehmung und damit die Bewertung der Situation. Aus dem Stuhl mit den übergeworfenen Kleidern wird ein „Monster“, vor dem man sich fürchtet. Alltägliche Geräusche, wie das Knarren von Dielen, werden als äußerst bedrohlich empfunden. Luise befindet sich deshalb in einem Zustand höchster Erregung und Anspannung. Sie erlebt die Situation als sehr unangenehm. Dies hat zur Folge, daß sie fluchtartig ihr Bett verläßt und zu den Eltern ins Schlafzimmer läuft, um dort den Rest der Nacht zu verbringen. Damit hat das Gefühl der Angst eine Beeinflussung des Verhaltens bewirkt, in unserem Beispiel zu sogenanntem Fluchtverhalten geführt.

Angstauslösende Situationen nach Lebensalter

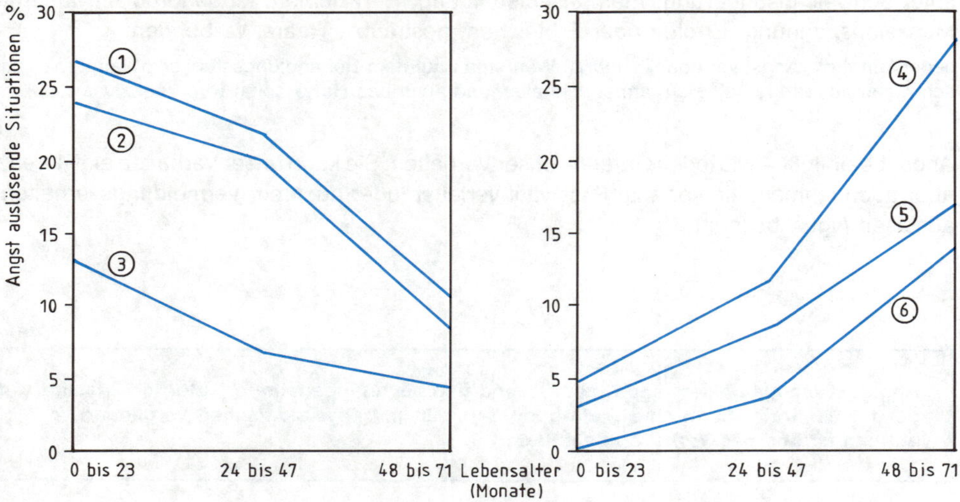

Angst auslösende Umweltbedingungen: Laute Geräusche (1), fremde Personen (2) und plötzlicher Gleichgewichtsverlust (3) nehmen mit fortschreitendem Lebensalter immer mehr an Bedeutung ab. Phantasierte Angstsituationen, die denen der Erwachsenen recht ähnlich sind, treten dagegen immer mehr in den Vordergrund: Angstträume, Räuber und Tod (4); Dunkelheit und Alleinsein (5); Verletzungen, Unfälle, Feuer und Gefängnis (6).

Quelle: H. Legewie/W. Ehlers, 1986

Erklärung der Entstehung von Angst

Die Erklärungsversuche für die Entstehung von Angst sind unterschiedlich. Die häufigsten Theorien, mit denen die Entstehung von Angst erklärt wird, sind die **tiefenpsychologischen Theorien,** wie zum Beispiel die Psychoanalyse (siehe Kapitel 11.4.2) oder die Individualpsychologie (siehe Kapitel 6.4.2) und die **Lerntheorien,** wie sie in Kapitel 4.7.2 und 4.7.3 ausgeführt sind.

Aus der Sicht der **Psychoanalyse** entsteht Angst, wenn die Befriedigung von bestimmten Trieben, Wünschen oder Bedürfnissen beispielsweise mit der Angst vor Strafe verbunden ist oder wenn der Mensch bei der Realisierung eines Bedürfnisses Gewissensbisse bzw. Schuldgefühle erwartet. Die Psychoanalyse unterscheidet dabei drei Arten von Angst (vgl. auch Kapitel 11.4.2):

- die Real-Angst, die dann auftritt, wenn eine Bestrafung der Triebwünsche durch die Umwelt droht;
- die moralische Angst, die entsteht, wenn die Triebwünsche gegen übermächtige Gebote und Verbote des ÜBER-ICH verstoßen;
- die neurotische Angst, die auftritt, wenn das ICH Angst hat, von der Stärke des Triebanspruches aus dem ES überwältigt oder zerstört zu werden.

Um Angst zu vermeiden, zu beseitigen oder zu verringern, setzt das Individuum bestimmte Schutzmaßnahmen ein, die die nicht zugelassenen Wünsche und Bedürfnisse abwehren, unbewußt machen und somit drohende Konflikte vermeiden sollen. Diese werden als *Abwehrmechanismen* bezeichnet (vgl. Materialien 3. in Kapitel 11).

Die **Individualpsychologie** sieht den Ursprung jeder Angst in einem verstärkten Minderwertigkeitsgefühl, welches in der frühen Kindheit grundgelegt wird. Dieses verstärkte Minderwertigkeitsgefühl führt dazu, daß das Individuum seine sozialen Fähigkeiten nicht entfalten kann. Es ist nicht fähig, die Realität, die sozial ist, zu beantworten, und kann dadurch nicht die Lösung für seine Probleme finden. Damit kann der Mensch auch seine Ziele, die er anstrebt, nicht erreichen und kein Selbstwertgefühl aufbauen.
Die Angst bildet aus individualpsychologischer Sicht den eigentlichen Grund, daß sich das Individuum vor den Anforderungen des Zusammenlebens zurückzieht und *Sicherungen* aufbaut, die sein ICH vor Bedrohungen durch Anforderungen der Außenwelt schützen sollen (vgl. Kapitel 6.4.2).

Aus der Sicht der **Lerntheoretiker** ist Angst das Ergebnis von Lernprozessen, die auch wieder verlernt werden können.

Die dreijährige Anna beobachtet ihre Mutter beim Staubwischen. Plötzlich springt die Mutter mit einem kleinen Aufschrei zur Seite. Anna sieht eine Spinne über den Schrank laufen und fängt ebenfalls zu schreien an. Es ist anzunehmen, daß sich das Verhalten der Mutter auf Anna überträgt (Lernen am Modell) und die Angst vor Spinnen gelernt wird.

Die Lerntheorien erklären jedoch nicht nur, wie Ängste entstehen, sie zeigen auch auf, daß bestimmte Verhaltensweisen gelernt werden, um angstauslösende Situationen zu vermeiden, zu beseitigen oder zu verringern.

So wird zum Beispiel das Schuleschwänzen erlernt, um der angstauslösenden Situation des Prüfens zu entgehen; das kleine Kind schwindelt die Eltern an und lernt damit das Lügen, um eine Strafe zu vermeiden.

Ein Erklärungsversuch von Phobien mit Hilfe von tiefenpsychologischen Theorien und der Lerntheorie wird in Kapitel 12.2.3 gegeben.

In neuerer Zeit werden häufig auch **kognitive Theorien** zur Erklärung der Entstehung von Angst angewandt. Bei diesen Theorien steht die kognitive Beurteilung des Erlebten im Mittelpunkt.

„Das Individuum ist weder äußeren Situationen noch eigenen ‚Trieben' hilflos ausgeliefert, sondern fähig zur rationalen und zugleich reflexiven Zielsetzung und Entscheidung, zur aktiv-selbsttätigen Informationsverarbeitung, zur Zukunftsplanung und Selbststeuerung. Zentral in dieser Selbststeuerung sei die ‚Selbstbewertung' (...)." *(Dieter Ulich 1989[2])*

Angst ist keine objektiv nachvollziehbare Größe, sondern lediglich das, was vom einzelnen so erlebt wird.

Der Fünfjährige hat Angst vor einem Hund, nicht, weil der Hund an sich schon bedrohlich ist, sondern weil er ihn als bedrohlich bewertet und erlebt.
Der Bergsteiger hat Angst vor der nächsten Etappe seiner Bergtour, nicht, weil der Weg sehr gefährlich ist, sondern weil er ihn als gefährlich bewertet und erlebt.

Angst entsteht folglich nicht dadurch, daß ein Gegenstand, eine Situation oder eine Person bedrohlich oder gefährlich sind, sondern erst durch die *kognitive Bewertung* dieses Gegenstandes, dieser Situation oder dieser Person durch den Menschen. Genausogut wäre eine entgegengesetzte Bewertung möglich.

Für den Bergsteiger A ist die nächste Etappe der Bergtour sehr gefährlich, weil er schon häufiger von Unfällen gehört hat. Seine kognitive Bewertung fällt negativ aus, er hat folglich Angst vor dieser Etappe.
Für den Bergsteiger B, aus der gleichen Gruppe, ist die nächste Etappe der Bergtour dagegen der aufregendste und abenteuerlichste Teil der gesamten Wanderung. Gerade darauf hat er sich schon lange gefreut. Für ihn bedeutet die Gefahr eine Herausforderung, seine kognitive Bewertung fällt positiv aus, er ist neugierig und gespannt.

Erklärungsmodelle zur Entstehung der Angst			
tiefenpsychologische Theorien		**Lerntheorien**	**kognitive Theorien**
Psychoanalyse: Angst entsteht, wenn bestimmte Wünsche oder Bedürfnisse nicht zugelassen werden können. Zur Vermeidung von Angst werden Abwehrmechanismen eingesetzt.	*Individualpsychologie:* Der Ursprung der Angst liegt im verstärkten Minderwertigkeitsgefühl, das dem Menschen am Aufbau eines gesunden Selbstwertgefühls hindert. Zur Vermeidung von Angst werden Sicherungen eingesetzt.	Angst ist das Ergebnis von Lernprozessen und wird erlernt durch – Lernen am Modell, – klassisches und operantes Konditionieren. Bestimmte Verhaltensweisen werden gelernt, um angstauslösende Situationen zu vermeiden, zu beenden oder zu verringern.	Im Mittelpunkt steht die kognitive Beurteilung des Erlebten: Angst entsteht durch die kognitive Bewertung einer bestimmten Person, eines Gegenstandes oder einer Situation.

Funktion und Folgen der Angst

Die dreijährige Manuela spielt im Garten mit ihren Puppen. Dann beschließt sie, mit dem Puppenwagen einen kleinen Ausflug zu unternehmen, so wie sie es mit Papa und Mama gewohnt ist. Nachdem sie unbemerkt den Garten verlassen konnte, geht sie am Gehweg entlang bis zur nächsten Straßenkreuzung. Dort wird sie kurze Zeit später weinend von ihrer Mutter gefunden. Sie erzählt, daß sie die Straße überqueren wollte, sich aber vor den Autos gefürchtet hat.

Das Beispiel zeigt eine wesentliche Funktion der Angst, die **Schutzfunktion** für den Organismus. Diese Funktion zeigt sich nicht nur in der Angst vor großen Autos, die ja später wieder verschwinden wird, sondern vor allem in typischen Angstreaktionen, die meist in der Flucht bestehen. Man geht davon aus, daß deshalb bestimmte Ängste seit Urzeiten im genetischen Code des Menschen „programmiert" sind, da sie lebenserhaltende Funktionen besitzen.

Angst kann sich auf das Verhalten des Menschen folgendermaßen auswirken:

- Angst kann beim Menschen entweder eine gesteigerte Reaktion hervorrufen und damit beispielsweise seine Leistung steigern.

  So zum Beispiel springt ein Mensch in einer Notsituation über einen vier Meter breiten Graben.

  Berühmte Schauspieler und Sänger gestehen, daß sie vor einer Aufführung „Lampenfieber" haben – nichts anderes als Angst vor dem Auftritt. Trotzdem gehört diese Angst dazu, da sie den Künstlern hilft, Höchstleistungen zu erbringen.

  Angst kann aber auch das Gegenteil bewirken und den Menschen lähmen.

  Ein Schüler beispielsweise, der für die Prüfung gut gelernt hat, ist so aufgeregt, daß ihm in der Prüfung nichts mehr einfällt.

- Angst kann dazu führen, daß Menschen kontaktarm werden und sich mehr und mehr vor ihrer Umwelt und ihren Mitmenschen zurückziehen. Die Psychologie bezeichnet solches Verhalten als *Vermeidungshaltung.*

- Psychosomatische Erkrankungen[1] können eine Folge der Angst sein. Unruhe, Nervosität, körperliche Beschwerden und Schlafstörungen beispielsweise können erste Anzeichen für eine psychosomatische Krankheit sein.

  Jemand, der jahrelang unter einem „nervösen Magen" leidet, weil er die täglichen Anforderungen seines Berufes als bedrohlich empfindet, bekommt früher oder später ein Magengeschwür und zeigt damit konkrete Krankheitssymptome.

- Angst vermindert die Entfaltungsmöglichkeiten des Kindes wie zum Beispiel kreatives Denken, Leistungen in der Schule, Entwicklung zur Selbständigkeit u. ä. Ein Kind, das sich in der Schule vor seinem Lehrer fürchtet, wird Schwierigkeiten haben, dem Unterricht und damit dem Lernstoff zu folgen. Die Angst bei einer Abfrage durch den Lehrer kann dazu führen, daß es so gehemmt ist, daß es kein Wort herausbringt.

➡ **Materialien 4.**

Angst und Erzieherverhalten

Untersuchungen mit Kindern zeigen, daß unter ihnen viele Ängste verbreitet sind. Kinder zeigen meist Angst bei neuen oder fremdartigen Dingen wie zum Beispiel bei einer Begegnung mit einem fremden Hund. Sie reagieren mit Angst bei Erlebnissen, bei denen sie nicht entfliehen können, wie beispielsweise bei einem Gewitter.

Erzieher greifen häufig zu Erziehungsmaßnahmen, die beim Zu-Erziehenden Angst erzeugen.

Beispiele hierfür sind die Drohung, („Wenn du nicht folgst, kommst du in den dunklen Keller!", „Wenn du nicht heimgehst, holt der Schwarze Mann die Mädchen, die nicht hören wollen!"), die Strafe, die Verachtung oder der Liebesentzug („Wenn du das nicht tust, mag dich die Mutter nicht mehr!").

Wie aus dem vorhergehenden Abschnitt (Folgen der Angst) hervorgeht, schränkt Angst die Entfaltungsmöglichkeiten des Kindes ein und hemmt es in seiner gesunden Entwicklung. Zudem unterdrücken angstmachende Erziehungsmaßnahmen lediglich das Verhalten, ändern es aber nicht, wie entsprechende Untersuchungen zeigen. Aus diesem Grunde sollte in der Erziehung auf angsterzeugende Erziehungsmaßnahmen verzichtet werden.

Nie Erziehungsmittel einsetzen, die Angst erzeugen!

Auf der anderen Seite entstehen Ängste bei Kindern auch ohne Zutun der Erwachsenen. In solchen Fällen sollten sich die Erzieher bemühen, dazu beizutragen, Kinderängste wieder abzubauen oder zumindest nicht zu verstärken.

---

[1] Mit psychosomatischen Erkrankungen sind körperliche Krankheiten gemeint, die durch psychische Vorgänge verursacht sind (vgl. Materialien 1. in Kapitel 11).

Pädagogische Folgerungen:

- Eltern und Erzieher sollen die Ängste des Kindes nicht auf die leichte Schulter nehmen und es nicht wegen seiner Angst auslachen oder gar bestrafen.
- In den ersten Lebensjahren sollen Erzieher ihrem Kind in jeder Weise ein Vorbild sein. Die Mutter, die sich bei einem Gewitter, vor dem sie sich selbst ängstigt, ihrem Kind gegenüber ruhig verhält, wird ihm helfen, seine Angst vor Gewittern abzubauen oder Angst gar nicht erst entstehen zu lassen.
- Eltern sollen mit ihrem Kind die stufenweise Annäherung an Angstvolles üben und ihm damit helfen, seine Angst abzubauen. Der Vater, der seine Tochter an die Hand nimmt, um mit ihr gemeinsam noch einmal zu dem großen Hund hinzugehen, hilft ihr, ihre Angst gegenüber Hunden abzubauen (vgl. Kapitel 12.4.2).
- Die Erzieher sollen angsterzeugende Erziehungsmaßnahmen vermeiden. Sie verändern Verhalten nicht, sondern hemmen das Kind in seiner gesunden Entwicklung.

„Es ist Aufgabe der Eltern, der ganzen Familie und der Gesellschaft, Kinder auf den verschiedenen Stufen ihrer Welterfahrung zu begleiten und ihnen zu helfen, sich die Welt vertraut zu machen. Sicher liegt in einer kontinuierlichen und emotional tragenden, haltgebenden Beziehung in den ersten Lebensjahren eine wichtige Mitgift. (...) Es wäre aber eine Illusion, zu meinen, daß auch die beste Mutter eine Angstimmunität für das ganze Leben und ein sicheres Urvertrauen als festen und dauernden Besitz garantieren kann." *(W. Bräutigam/S. Zettl, 1987)*

Da die Entwicklung von Gefühlen, zu denen die Angst zählt, ein lebenslanger Prozeß ist, kann in der Kindheit bestenfalls der Grundstein zu einer sicheren emotionalen Fundierung gelegt werden.

Bewältigung der Angst

„Offenbar versuchen die meisten Betroffenen, selbst mit ihren Ängsten fertig zu werden. Ein wichtiger Grund dafür ist sicher, daß Angst ein Gefühl ist, für das sich viele schämen. Wer will schon ein ‚Feigling' sein? Also wird die Angst verleugnet, verdrängt, gedämpft, bekämpft mit Alkohol, Tabletten und anderen Suchtmitteln." *(Michaela Huber, 1987)*

Der Versuch, die Angst mit Hilfe von Medikamenten wie Beruhigungsmitteln oder von Drogen wie Alkohol zu „bewältigen", ist sicherlich die falsche Methode, um damit fertig zu werden. Die Folge einer dauernden Medikamenteneinnahme oder von Alkoholmißbrauch ist die Abhängigkeit und die daraus resultierende immer höher werdende Dosierung.

Möglichkeiten der Angstbewältigung:

- *Über die Angst sprechen:* Wenn man über seine Ängste mit anderen Menschen spricht, erlebt man häufig, daß es ihnen ähnlich ergeht und die eigene Angst dann an Schrecken verliert.
- *Sich bewußt machen, wovor man Angst hat:* In vielen Fällen verliert man die Angst, wenn man weiß, wovor man Angst hat.

- *Konfrontation mit der Angst:* Angstauslösenden Situationen sollte man nicht aus dem Weg gehen, sondern versuchen, durch die bewußte Konfrontation mit ihnen eine Bewältigung zu erreichen.

  Beteiligte an einem Verkehrsunfall zum Beispiel haben häufig Angst, sich wieder in ein Auto zu setzen. Einer derartigen Angst kann man dadurch begegnen, daß man sich so schnell wie möglich wieder am Straßenverkehr beteiligt. Untersuchungen zeigen, daß die Ängste um so größer und unwirklicher werden, je länger man sich den angstauslösenden Situationen nicht mehr stellt.

- *Gezielte Entspannung:* Angst kann verringert und unter Umständen bewältigt werden, wenn man gezielte Entspannungsübungen (zum Beispiel Autogenes Training oder Yoga) einsetzt. Mit Hilfe des Autogenen Trainings kann beispielsweise die Angst vor Prüfungen und damit das Versagen in Prüfungen stark vermindert werden.

- *Selbstinstruktion:* Ein recht wirksames Mittel gegen Angst ist auch die Möglichkeit, sich selbst gut zuzureden. Viele Menschen begehen allerdings den Fehler, daß sie sich einreden, sie würden eine Situation nicht bewältigen können. Zur Bewältigung der Angst ist es aber notwendig, daß man sich selbst positiv „instruiert".

Es gibt aber auch Ängste, die nicht auf eine einfache Art und Weise bewältigt werden können. In solchen Fällen ist oft eine psychotherapeutische Behandlung notwendig. Dabei muß zwischen den unterschiedlichen Ängsten unterschieden werden.

Eine mögliche Therapieform bei Phobien ist die **Verhaltenstherapie.** Mit Hilfe der *systematischen Desensibilisierung* gelingt es, den ängstlichen Menschen von seiner Phobie zu heilen (vgl. Kapitel 12.4)

Funktion der Angst:	• im Wesentlichen Schutz vor konkreten Gefahren aus der Umwelt
Folgen der Angst:	• Steigerung oder Lähmung der Leistungsfähigkeit und Reaktion • Aufbau einer Vermeidungshaltung, die zu Kontaktarmut führen kann • Auslöser für psychosomatische Krankheiten • Verminderung der kreativen Entfaltungsmöglichkeiten des Kindes, Hemmung seiner Entwicklung
Angst und Erzieherverhalten:	• Angsterzeugende Erziehungsmaßnahmen unterdrücken Verhalten, ändern es aber nicht. • Der Erzieher sollte kindliche Ängste ernst nehmen, das Kind nicht für seine Ängste bestrafen, die Ängste stufenweise abbauen. • Der Erzieher wirkt als Modell, er sollte deshalb immer Vorbild sein. • Der Erzieher sollte keine angsterzeugenden Erziehungsmittel einsetzen.
Bewältigung der Angst:	• über die Angst sprechen • sich bewußt machen, wovor man Angst hat • Konfrontation mit angstauslösenden Situationen nicht vermeiden • mit Hilfe von Entspannungstechniken wie Yoga oder autogenem Training • durch Selbstinstruktion • bei schwerwiegenden, das Leben stark beeinträchtigenden Ängsten (vgl. Kapitel 12.4) mit Hilfe einer Psychotherapie.

5.3.2 Beispiel für Motivation: Die Aggression

Aggression ist ein alltägliches Phänomen unserer Gesellschaft. Die Psychologie ist deshalb daran interessiert, die Ursachen der Aggression zu erforschen und zu erklären, um aggressives Verhalten verändern zu können.

Aggression ist immer mit einer **Schädigung von Organismen oder Gegenständen** verbunden. Schädigen meint in diesem Zusammenhang: beschädigen, verletzen, zerstören, vernichten, Schmerz zufügen, stören, Ärger erregen, beleidigen. Verhaltensweisen werden nicht nur dann als aggressiv eingestuft, wenn sie sich gegen Organismen (Menschen, Tiere, Pflanzen) richten, sondern auch gegen Gegenstände, wie etwa die Zerstörung eines Telefonhäuschens. Sie können sich aber auch auf die eigene Person beziehen *(= Autoaggression).*

Die Schädigung von Organismen kann *direkt* oder auch *indirekt* geschehen. Von einer direkten Schädigung spricht man, wenn das Objekt, auf das sich die aggressive Verhaltensweise richtet, selbst Gegenstand der Schädigung ist, von einer indirekten Schädigung, wenn das Objekt nicht selbst Gegenstand der Schädigung ist.

Fritz hat eine große Wut auf Hans. Er schlägt ihn deshalb. Es handelt sich hier um eine direkte Schädigung, da sich die aggressive Verhaltensweise auf den Gegenstand selbst – in diesem Fall auf Hans – richtet. Schlägt nun Fritz die Tür zu, so spricht man von einer indirekten Schädigung, da sich die aggressive Verhaltensweise nicht auf das Objekt selbst – auf Hans –, sondern auf die Türe bezieht.

Unter Aggression versteht man alle Verhaltensweisen, die eine direkte oder indirekte Schädigung von Organismen und/oder Gegenständen beabsichtigen.

Entstehung von Aggression

Ähnlich wie bei der Entstehung der Angst, hat die Psychologie auch für die Entstehung der Aggression unterschiedliche Modelle und Ansätze entwickelt. Im Verlauf der Entwicklung haben sich drei bedeutende Modelle oder Theorien herausgebildet:

- Trieb- oder Instinkttheorien (psychoanalytische oder ethologische[1] Theorien),
- Frustrations-Aggressions-Theorie und
- Aggression als erlerntes Verhalten (Lerntheorien).

Die psychoanalytische Theorie

Die Psychoanalyse nimmt neben dem Lebenstrieb einen **Todestrieb** (Thanatos) an, der zum Ziel die Auflösung bzw. Zurückführung des Lebens in den anorganischen Zustand hat und somit dessen Vernichtung bedeutet. Aggression ist eine Äußerungsform dieses Todestriebes.

Die ethologische (= Verhaltens-) Theorie

Einer der Hauptvertreter der verhaltenstheoretischen Theorie ist der Verhaltensforscher *Konrad Lorenz* (1903–1989). Nach der von ihm entwickelten Instinktlehre gibt es vier große Instinkte. Er geht davon aus, daß Aggression eine **Instinktäußerung** ist, die verschiedene biologisch nützliche Aufgaben erfüllt. So müssen zum Beispiel Tiere aufgrund der Aggressivität ihren Lebensraum so aufteilen, daß immer ausreichend Nahrung vorhanden

[1] Ethologie: Verhaltensforschung

ist. Die Energie des Aggressionspotentials wird ständig neu gebildet, die Energieabfuhr hängt von auslösenden Reizen aus der Umwelt ab. Bleiben sie aus, kommt es zu Leerlaufhandlungen, das bedeutet, daß Aggressionen ohne erkennbaren Reiz ausgelöst werden. Lorenz überträgt seine Beobachtungsergebnisse, die er bei Fischen und Vögeln gewonnen hatte, auf den Menschen, was nicht ganz unproblematisch ist.

„Die neuzeitliche Zivilisation erlaube ihm (dem Menschen, Anmerkung des Autors) nicht genug sinnvolle Entladungen; es soll deshalb zu Störungen in der physischen und psychischen Gesundheit kommen. (...) Den Tieren sind Hemmungen der Aggressionsneigungen (...) angeboren. (...) Beim Menschen versagen die Hemmungen, weil sie sich nicht auf Waffen erstrecken." *(Herbert Selg, 1974)*

Nach Lorenz' Ansicht ist es daher notwendig, das Aggressionspotential in irgendeiner Form zu regulieren und zu kanalisieren. Er schlägt zum Beispiel vor, aggressive Energien in Ersatzhandlungen abzubauen. Als Ersatzhandlungen können beispielsweise sportlicher, geistiger oder künstlerischer Wettstreit gelten.

Kritik an Freud und Lorenz

Der Psychologe Herbert Selg meint zu den Theorien Freuds und Lorenz': „Genau besehen erklären jedoch Triebtheorien menschliches Verhalten gar nicht; (...) Etwas vereinfacht: man sieht eine Schlägerei, abstrahiert daraus einen Aggressionstrieb, sieht ängstliches Verhalten und erschließt einen Fluchttrieb (...) Wie umfangreich müssen Trieblisten sein, um menschliches Verhalten insgesamt zu ‚erklären'?" (Herbert Selg, 1974). Selg verwendet lediglich den Begriff „Triebtheorien", meint aber sowohl die Theorie Freuds wie auch die Lorenz'.

Während Lorenz der Vorwurf gemacht wird, seine Tierbeobachtungen in unzulässiger Weise auf den Menschen übertragen zu haben, besteht die Kritik an dem von der Psychoanalyse postulierten Aggressionstrieb darin, daß dieser Trieb nicht nachgewiesen werden kann.

Die Frustrations-Aggressions-Theorie

Kernaussage dieser Theorie, die vor allem auf den Psychologen *John Dollard* zurückgeht, ist die Annahme, daß auf jede Frustration eine Aggression folgt.

Unter Frustration versteht man die Störung einer zielgerichteten Handlung, Enttäuschungen und Versagungen.

Experiment von Robert S. Sears

Sears und seine Mitarbeiter luden Studenten an einem Abend ein, um angeblich herauszufinden, wie sie ermüden. In Wirklichkeit wollte man aber die Teilnehmer dabei beobachten, wie sie Frustrationen erleben. Sie durften weder rauchen noch sprechen. Außerdem mußten sie Spiele, die sie begonnen hatten, plötzlich abbrechen, und ein warmes Frühstück, das ihnen der Versuchsleiter versprochen hatte, kam nie an. Dabei zeigte sich, daß die Versuchspersonen im Lauf der Nacht zunehmend Aggressionen zeigten.
Sie äußerten sich negativ über das Experiment und den Geisteszustand des Versuchsleiters.

Das Experiment zeigt, wie Aggression als Folge von Frustration entstehen kann. Obwohl damit eine recht logische Theorie bewiesen scheint, kann man keineswegs daraus schließen, daß aus jeder Frustration immer, sozusagen automatisch, eine Aggression entsteht.

Kritik der Frustrations-Aggressions-Theorie

Die Frustrations-Aggressions-Theorie vernachlässigt die Fähigkeit des Menschen, Frustrationen kognitiv bewältigen zu können.

Herr X. begibt sich am Abend in die Stadt, um ins Kino zu gehen. Es läuft ein Film, auf den er sich schon lange gefreut hat. Da der Film sehr begehrt ist, steht bereits eine lange Menschenschlange vor der Kinokasse. Als Herr X. endlich an der Kasse ist, kann er nur noch das Schild „ausverkauft" lesen.

Nach der Frustrations-Aggressions-Theorie müßte Herr X. nun vollkommen frustriert sein. Seine Frustration müßte sich in Aggression umwandeln. Dies geschieht aber nicht. Herr X. beschließt, am nächsten Tag noch einmal zum Kino zu gehen und heute stattdessen gut essen zu gehen. Er war in der Lage, seine Frustration kognitiv zu bewältigen.

Wegen der Mängel, die die Triebtheorien aufweisen, bevorzugt die Psychologie die Theorie, nach der Aggressionen vor allem das *Ergebnis von Lernprozessen* sind.

Aggression als erlerntes Verhalten (Lerntheorien)

Die lernpsychologischen Theorien gehen davon aus, daß Aggressionen, wie alle anderen Verhaltensmuster (zum Beispiel Schreiben oder Sprechen), erlernt sind. Klassische Versuche und Experimente der Lernpsychologie belegen die Annahme dieser Theorien. Die Lerntheorien, mit deren Hilfe wir aggressives Verhalten erklären können, sind in Kapitel 4.7.2 und 4.7.3 dargestellt. Zur lerntheoretischen Erklärung der Aggression spielt die Theorie des **Lernens am Modell,** auch **soziales Lernen** genannt, eine wichtige Rolle.

Das klassische Experiment von Hicks zeigt, wie Aggression durch Beobachtung eines Modells erlernt werden kann:

„Hicks ließ Kindern, die durchschnittlich etwa 5 Jahre alt waren, einzeln einen 8 Minuten dauernden Film mit aggressiven Inhalten vorführen. Die Filmhelden (Modelle) zeigten 4 körperliche und 4 verbale Aggressionen, von denen man annehmen durfte, daß sie den Kindern noch unbekannt waren (...). Als Modell agierte (...) 1. ein männlicher oder 2. ein weiblicher Erwachsener bzw. 3. ein männliches oder 4. ein weibliches Kind. (...) Bei Kindern, die den Aggressionen zugesehen hatten, kam es zu einer großen Zahl imitativer Aggressionen (...). *(Herbert Selg, 1974)*

Durch die Beobachtung von Modellen werden aggressive Verhaltensweisen nachgeahmt und gelernt. Dabei hat sich gezeigt, daß Modellpersonen vor allem dann imitiert werden, wenn sie mit ihren ausgeführten aggressiven Verhaltensweisen Erfolg haben.

„Vor allem Filme, die einen sympathischen Aggressor zeigen (z. B. einen smarten Agenten oder einen ‚gerechten Rächer', dem früher großes Unrecht zugefügt wurde), der noch dazu (...) belohnt wird (durch viel Geld, schöne Frauen usw.), reizen zur Nachahmung. Durch die Nachahmung solcher Modelle kann auch selbstverstärkende Aggression entstehen (z. b. weil man stolz darauf ist, sich so zu benehmen wie das bewunderte Modell)." *(Werner Herkner, 1986)*

Aber auch die Lerntheoretiker vernachlässigen die Fähigkeit des Menschen, kognitive Schlüsse zu ziehen. Nach ihrer Annahme ist der Mensch „gezwungen", sich so zu verhalten, wie er es gelernt hat.

Eine weitere Theorie, die die Entstehung von Aggression erklärt, sich aber nicht eindeutig den drei genannten Modellen zuordnen läßt, ist die **Individualpsychologie.** Aus ihrer Sicht sind aggressive Verhaltensweisen vom Individuum konstruierte *Sicherungen,* die das Selbstwertgefühl schützen sollen. Diesem Sicherungsverhalten liegt ein verstärktes Minderwertigkeitsgefühl zugrunde, das den einzelnen dazu antreibt, enorme Anstrengungen zu unternehmen, um es auszugleichen, zu kompensieren. Die Sicherung besteht darin, aggressive Verhaltensweisen zu arrangieren, um das Ich vor Bedrohungen von außen zu schützen, sowie Anerkennungs-, Macht-, Geltungs- oder Überlegenheitsansprüche zu bewahren bzw. durchzusetzen (vgl. Kapitel 6.4.2).

Schlußfolgerung

Beim Menschen ist die ererbte Voraussetzung gegeben, wütend zu sein und aggressiv zu reagieren. Ob und in welcher Situation er sich aggressiv verhält, hängt wesentlich von seiner Wahrnehmung und der kognitiven Bewertung dieser Wahrnehmung ab.
Dazu kommen die Erfahrungen, die er mit aggressivem Verhalten gemacht hat. Den Eltern und Erziehern kommt dabei eine wichtige Modellfunktion zu. Wenn Kinder bei Erwachsenen erleben, wie man mit Konflikten konstruktiv umgeht, dann ist dies die beste Voraussetzung, daß die Kinder diese „nicht-aggressive“ Verhaltensweise übernehmen und nachahmen.

Agression als Beispiel für Motivation	
Begriff Aggression: schädigende Verhaltensweisen, die gegen einen Organismus oder gegen Gegenstände gerichtet sind.	
Aggressionstheorien	
Trieb-/Instinkttheorien: (Freud/Lorenz)	Aggression ist ein angeborener Trieb/Instinkt des Menschen.
Frustrations-Aggressions-Theorie:	Aggression ist die Folge von Frustrationen.
Lerntheorien:	Aggressionen sind nicht angeboren, sondern erlernt; der Einfluß der Erziehung ist groß.
Individualpsychologie:	Aggression stellt ein Sicherungsverhalten dar als Folge eines verstärkten Minderwertigkeitsgefühls.

5.4 Die Bedeutung von Emotion und Motivation

Sehr häufig ist menschliches Verhalten Ergebnis seiner Emotionen und Motivation. Beide Kräfte sind deshalb bedeutend für das menschliche Zusammenleben.

5.4.1 Die Bedeutung der Emotionen für zwischenmenschliche Beziehungen

Gefühle sind wesentlich für die Entstehung, Steuerung und Gestaltung von menschlichen Beziehungen. Dabei sind hier alle Arten zwischenmenschlicher Beziehungen gemeint. Bei der Beziehung zwischen Eltern und Kind sind die wechselseitigen Gefühle von großer Bedeutung; positive Gefühle wie Zuneigung, Wärme oder Sympathie sind Voraussetzung für Bindungen in der Familie oder einer familienähnlichen Gemeinschaft. Freundschaften und Partnerschaften entstehen, weil wir andere Menschen anziehend finden, sie bei uns ein Gefühl der Sympathie auslösen. Wir brauchen ein Netz emotionaler Beziehungen, um uns **geborgen und sicher** zu fühlen. Wenn andere Menschen Ärger, Neid oder Haß durch ihr Verhalten bei uns hervorrufen, distanzieren wir uns von ihnen – wir beenden die Beziehung.
Untersuchungen zeigen, daß in unserer heutigen Gesellschaft persönliches Glücksempfinden ein wichtiger Maßstab für das Fortbestehen von Partnerschaften ist.

Gefühle steuern und regulieren unser Verhalten: Wir werden aktiv, um angenehme Zustände herbeizuführen und aufrechtzuerhalten bzw. um unangenehme Zustände zu vermeiden, zu beseitigen oder zu verringern.

So hält sich zum Beispiel das Kind an die Gebote und Verbote seiner Eltern, weil es Angst vor Strafe oder Liebesentzug hat. Ein Konflikt mit einem lieben Menschen bedeutet für uns einen sehr unangenehmen Zustand, und wir tun alles, um diesen Konflikt zu lösen.

5.4.2 Die Bedeutung der Gefühle und Bedürfnisse für die psychische Gesundheit

Ausreichende emotionale Zuwendung bildet die Basis für die spätere Entwicklung des Kindes: Die psychologische Forschung geht davon aus, daß eine intensive emotionale Zuwendung nicht nur für die Ausbildung der Beziehungsfähigkeit des Kindes bedeutsam ist, die **gesamte Entwicklung bleibt beeinträchtigt,** wenn sie fehlt (vgl. Kapitel 8.2.1 und 8.2.2). Muß ein Kind während seiner Entwicklung starke seelische Erschütterungen und Schocks (= Traumata) verdrängen, so kann dies zur Entstehung von **Neurosen und Psychosen** (siehe Kapitel 12.1.1) führen.
Traumata und die Verdrängung von Gefühlen können sich auch auf die Entstehung **psychosomatischer Erkrankungen** der Haut (Neurodermitis), der Atemorgane (Asthma), des Herz- und Kreislaufsystems (Bluthochdruck), des Magen- und Darmsystems (Magengeschwüre) und des Uro-Genitalsystems (Menstruationsbeschwerden) auswirken. Jede starke Gefühlsregung löst im körperlichen Bereich eine spezifische Erregung des autonomen Nervensystems aus. Bei psychosomatischen Erkrankungen geht man davon aus, daß bei den Betroffenen Erregungszustände, die von Belastung und Streß hervorgerufen werden, zu lange anhalten und damit langfristig eine körperliche Schädigung hervorgerufen wird (vgl. Materialien 1. in Kapitel 11).

5.4.3 Die Bedeutung der Motivation für das Lernen

Wie entsprechende Untersuchungen ergeben haben, kann ohne Motivation kein Lernen stattfinden. Aus diesem Grund spielt die Motivation für das Lernen in unserem Leben eine sehr entscheidende Rolle.
Jeder Mensch stellt an seine Leistung einen *Gütemaßstab,* der von Individuum zu Individuum unterschiedlich und der Ergebnis von vorhergegangenen Lernprozessen ist.

Ludwig hat in der Prüfungsarbeit die Note 3 erhalten. Er ist darüber sehr enttäuscht und traurig und macht sich Sorgen, in der nächsten Arbeit wieder die Note 3 zu bekommen.
Maria hat in der gleichen Arbeit ebenfalls die Note 3 erreicht. Sie strahlt über das ganze Gesicht und freut sich über diese Note. Sie ist guter Dinge, daß sie auch in der kommenden Arbeit wieder eine 3 erreichen kann.

Beide Schüler messen ihre Leistungen mit einem unterschiedlichen Gütemaßstab, beide haben an ihre Arbeit unterschiedliche Erwartungen gesetzt. Heinz Heckhausen (in C. F. Graumann/H. Heckhausen, 1973) spricht in diesem Zusammenhang von **Anspruchsniveau.**

Unter Anspruchsniveau versteht man die Gesamtheit aller aufgrund vorausgegangener Erfahrungen bestehenden Erwartungen an die zukünftige eigene Leistung.

Dem individuellen Anspruchsniveau gemäß kann nun die erbrachte Leistung der erwarteten entsprechen oder sie sogar übertreffen, sie kann die erwartete Leistung aber auch verfehlen. Übertrifft die erbrachte Leistung die erwartete oder entspricht sie ihr, so hat das Individuum *Erfolg,* verfehlt sie sie, so ist *Mißerfolg* die Folge.

Für Ludwig war das Ergebnis seiner Leistung ein Mißerfolg, für Maria dagegen ein Erfolg.

Solche vorausgegangenen Erfolgs- oder Mißerfolgserfahrungen schlagen sich nun hinsichtlich der Erwartungen bei zukünftigen Aufgaben nieder: Sie sind entweder durch **Hoffnung auf Erfolg,** oder durch **Furcht vor Mißerfolg** charakterisiert.

Ludwig ist durch *Furcht vor Mißerfolg* motiviert: Er macht sich Sorgen, in der nächsten Arbeit wieder die Note 3 zu bekommen. Maria dagegen ist guter Dinge, daß sie auch in der kommenden Arbeit wieder eine 3 erreichen kann; sie ist durch *Hoffnung auf Erfolg* motiviert.

Diese Erwartungen *Hoffnung auf Erfolg* und *Furcht vor Mißerfolg* bestimmen nach Heinz Heckhausen das künftige Leistungsverhalten. Er spricht dabei von **Leistungsmotivation.**

Leistungsmotivation ist „das Bestreben, die persönliche Tüchtigkeit in allen jenen Tätigkeiten zu steigern oder möglichst hochzuhalten, in denen man einen Gütemaßstab für verbindlich hält und deren Ausführung deshalb gelingen oder mißlingen kann.“ *(Heinz Heckhausen; in: C. F. Graumann/H. Heckhausen, 1973).*

Das Bestreben, gute Leistungen zu erbringen, ist am größten, wenn das Individuum selbst nicht beurteilen kann, wie es bei der Lösung der Aufgaben abschneiden wird, wenn sich also Hoffnung auf Erfolg und Furcht vor Mißerfolg die Waage halten.

„So bildet das Leistungsmotiv den Prototyp eines aus dem Konfliktpaar ‚Hoffnung auf Erfolg – Furcht vor Mißerfolg‘ zusammengesetzten Systems. Nur wo sich beide die Waage halten, wird die Anspruchsniveausetzung interessant. Bei zu leichten Aufgaben ist der Erfolg gewiß, bei zu schweren muß man von vorneherein mit einem Mißerfolg rechnen.“ *(R. Oerter/L. Montada, 1987²)*

Wie stark ein Mensch seine Leistungsmotivation entwickelt, hängt also von dem gewählten Anspruchsniveau ab. Jeder Mensch sucht nach Erfolg und versucht Mißerfolg zu vermeiden. Aus dem Spannungsverhältnis dieser beiden Tendenzen ergibt sich die Leistungsmotivation.

5.4.4 Gefühle und Bedürfnisse in der Bewertung durch die Gesellschaft

In unserer Gesellschaft wird den kognitiven Fähigkeiten und Funktionen weit größere Bedeutung beigemessen als den Gefühlen und Bedürfnissen. Häufig bedeutet Emotionalität sogar etwas Negatives.

So kann man bei Diskussionen oft hören, daß die Gegner einander vorwerfen, „emotional“ zu werden, was gleichbedeutend ist mit unsachlich, unvernünftig oder unberechenbar.

„Wer erkennbar ‚Gefühle‘ hat, wer ‚zuviele‘ hat bzw. wer sie zu offen zeigt, der gilt leicht als kopflos und labil. Emotionalität wird in westlichen Industriegesellschaften häufig als Schwäche, als Unreife oder als Luxus angesehen, den man sich nur in besonderen, dafür vorgesehenen ‚Freiräumen‘ wie zum Beispiel der Familie erlauben sollte.“ *(Dieter Ulich, 1989²)*

Dabei wird auch in der heutigen Zeit – wie neuere Untersuchungen ergeben haben – der Frau mehr Emotionalität zuerkannt als dem Mann.

Bestimmte Gefühle und Bedürfnisse werden oft nicht akzeptiert und zugelassen, sie werden unterdrückt. Dabei handelt es sich meist um Gefühle bzw. Bedürfnisse, die gesellschaftlich negativ bewertet werden, und um solche, die das Individuum selbst als negativ erlebt.

„Wir akzeptieren nicht, daß wir fröhlich sind, wenn wir meinen, daß hierfür kein Grund vorhanden ist. Wir akzeptieren nicht unsere Traurigkeit, wenn wir meinen, wir dürften nicht traurig sein. Wir akzeptieren nicht unseren Ärger, wenn wir meinen, wir dürften nicht ärgerlich sein. Wir versuchen dann, diese Gefühle zu unterdrücken und nicht wahrzunehmen.“ *(L. Schwäbisch/M. Siems, 1974)*

Gefühle und Bedürfnisse, die der Mensch nicht wahrhaben will oder kann, werden als unbedeutend eingestuft, abgewehrt, gezielt unterdrückt oder gar nicht zugelassen; sie werden nicht offen geäußert, sondern finden ihren Ausdruck nur indirekt bzw. versteckt (vgl. Kapitel 9.2.3).

Gefühle und Bedürfnisse sind in ihrer Bewertung von den jeweiligen Wert- und Normvorstellungen einer Gesellschaft abhängig.

Das Leistungsmotiv zum Beispiel wird je nach Kultur unterschiedlich bewertet. In der Bundesrepublik Deutschland gilt Leistung als etwas Erstrebenswertes. Bereits bei Schulkindern beginnt die Bewertung der Leistung. Der daraus resultierende Wettbewerb wird von Erziehern oder Eltern unterstützt. Dagegen hat man in Ländern des Orients unter Umständen ganz andere Auffassungen von Leistung. So kann es sein, daß beispielsweise nicht der Akkord im Mittelpunkt der Fabrikarbeit steht, sondern daß es viel wichtiger ist, das tägliche Gebet regelmäßig zu erfüllen.

Die Bewertung von Gefühlen und Bedürfnissen unterscheidet sich von Kultur zu Kultur bzw. von Gesellschaft zu Gesellschaft.

Die Bedeutung von Emotion und Motivation

Das Verhalten des Menschen wird in einem nicht unerheblichen Maße von seinen emotional-motivationalen Bedingungen beeinflußt.
Emotion und Motivation sind bedeutsam für:

- zwischenmenschliche Beziehungen (Freundschaft, Liebe, Zuneigung, Haß),
- psychische und physische Gesundheit (Hospitalismus, psychosomatische Erkrankungen, Neurosen und Psychosen).

Leistungsmotivation:

Sie ist das Bestreben des Menschen, die persönliche Tüchtigkeit in allen jenen Tätigkeiten zu steigern oder möglichst hochzuhalten, in denen man einen Gütemaßstab für verbindlich hält und deren Ausführung deshalb gelingen oder mißlingen kann.

Merkmale der Leistungsmotivation:

- individuelles Anspruchsniveau,
- Erwartungshaltung: Hoffnung auf Erfolg – Furcht vor Mißerfolg,
- Schwierigkeitsgrad der Aufgabe.

Das Bestreben, gute Leistungen zu erbringen, ist am größten, wenn sich Hoffnung auf Erfolg und Furcht vor Mißerfolg die Waage halten.

Gefühle und Bedürfnisse unterliegen der **Bewertung durch die Gesellschaft:**

- Emotionalität bedeutet häufig etwas Negatives.
- Bestimmte Gefühle und Bedürfnisse werden nicht akzeptiert, sondern als unbedeutend eingestuft, abgewehrt, gezielt unterdrückt oder gar nicht zugelassen.
- Nicht akzeptierte Gefühle finden ihren Ausdruck meist indirekt bzw. versteckt.
- Die Bewertung von Gefühlen und Bedürfnissen ist je nach den jeweiligen Wert- und Normvorstellungen von Kultur zu Kultur unterschiedlich.

5.5 Die Wechselwirkung von Emotion und Kognition

Zwischen Emotion und Kognition besteht eine wechselseitige Beziehung: Kognitive Funktionen und Fähigkeiten beeinflussen das emotional-motivationale Verhalten, und Emotionen beeinflussen die Kognition.

5.5.1 Der Einfluß der Kognition auf das emotional-motivationale Verhalten

Experiment von Singer und Schachter

Versuchspersonen wurden bestimmte Mengen an Adrenalin gespritzt, von dem man weiß, daß es eine innere Erregungssteigerung zur Folge hat (erhöhte Pulsfrequenz, gesteigerte Atmung u. ä.). Die Versuchspersonen wußten nicht, um welches Präparat es sich handelte.
Anschließend wurden sie gebeten, noch ein paar Minuten im Wartezimmer Platz zu nehmen. Die Wirkung stellte sich bald ein.
Im Wartezimmer trafen die Versuchspersonen einen anderen Menschen, der offensichtlich auch an dem Experiment teilnahm, in Wirklichkeit aber Assistent des Versuchsleiters war.
Der Assistent verhielt sich jeweils unterschiedlich. In einigen Fällen stellte er Papierflugzeuge her oder warf mit Papierkugeln. Auf die Einladung hin mitzumachen, reagierten die Versuchspersonen meist positiv und wurden bald von einer fröhlichen Stimmung ergriffen.
In anderen Fällen reagierte der Assistent ärgerlich auf die lange Warterei. Er empfand es als Zumutung, auch noch einen Fragebogen ausfüllen zu müssen. Die Versuchspersonen zeigten sehr bald ein ähnliches Verhalten und reagierten ebenfalls ärgerlich und aggressiv.
Einer Kontrollgruppe wurde kein Adrenalin verabreicht, sie reagierte nicht auf die Stimmungen des Assistenten.

Die Untersuchungen von Singer und Schachter belegen, daß die Wahrnehmung der Emotionen immer von der **kognitiven Bewertung** des physiologischen Erregungszustandes abhängt. Jede emotionale Erregung wird kognitiv bewertet, und je nach Bewertung wird eine emotionale Erregung als „Freude", „Ärger", „Sehnsucht", „Enttäuschung", „Trauer" usw. erlebt.
Sobald also ein physiologischer Erregungsprozeß auftritt, sucht man eine ‚Erklärung' für diesen. Von dieser Erklärung hängt es dann ab, *welches* Gefühl man empfindet:

Hat beispielsweise jemand Herzklopfen und zittert, nachdem er erfahren hat, daß er eine schwierige Prüfung mit ‚sehr gut' bestanden hat, so wird er seine Erregung als ‚Freude' bewerten. Wenn jedoch genau die gleichen Erregungsprozesse während der Prüfung auftreten, wird er sie vielleicht als Angst (vor Versagen in der Prüfung) interpretieren (vgl. Werner Herkner, 1986).

Emotionen kann man also keineswegs isoliert betrachten, sondern immer im Zusammenhang mit kognitionen Funktionen und Fähigkeiten (vgl. Abschnitt 5.1.1).

5.5.2 Der Einfluß der Emotionen auf kognitive Funktionen und Fähigkeiten

Emotionen, aber auch Bedürfnisse und Triebe beeinflussen in einem erheblichen Maße kognitive Funktionen und Prozesse. Bereits auf der Ebene der Wahrnehmung kann man emotional-motivationale und kognitive Anteile unterscheiden.

Herr M. läuft durch die Einkaufsstraße. Er hat sich gerade frisch verliebt. Er nimmt bei seinem Gang durch die Geschäftsstraße die zwitschernden Vögel wahr und die vielen Blumen und Sträucher, die überall wachsen.

Frau N. kommt um Mitternacht nach einem Kinobesuch durch die gleiche Einkaufsstraße. Plötzlich hört sie hinter sich Schritte. Sie dreht sich um und sieht einen Mann, der ihr folgt. Frau N. läuft schneller und versucht die nächste Bushaltestelle zu erreichen. Sie beachtet die Geschäfte nicht mehr, sondern sucht nur noch nach der Haltestelle.

Herr M. läuft durch die Einkaufsstraße und hat Lust auf ein Eis. Er registriert die Auslagen und Geschäfte nur noch am Rande. Sein Hauptaugenmerk ist aber auf die Suche einer Eisdiele gerichtet.

Die Beispiele zeigen, wie sich die Wahrnehmung durch den Einfluß der Emotionen und der Bedürfnisse verändert: Herr M. nimmt im verliebten Zustand von seiner Umwelt nur die schönen und angenehmen Seiten wahr; Frau N. dagegen hat um Mitternacht keinen Blick für die Sträucher und Bäume, wegen ihrer Angst nimmt sie die Straße nur unter dem Gesichtspunkt der Fluchtmöglichkeiten wahr; und Herr M. konzentriert sich nur noch auf die Suche nach einer Eisdiele, die Sträucher und Bäume, die er als Verliebter sah, sind nun nebensächlich (vgl. Kapitel 3.2.1).

➡ **Materialien 5.**

Kognitive Prozesse bleiben von Emotionen, Bedürfnissen und Trieben nicht unbehelligt. Angenehme Gefühle und Bedürfnisse fördern kognitive Prozesse, die diese Gefühle und Bedürfnisse unterstützen.

Wer zum Beispiel in einen Menschen verliebt ist, wird viel an ihn denken und nachdenken, wie er ihn treffen oder ihm eine Freude machen kann.

Unangenehme Emotionen dagegen hemmen kognitive Prozesse, die solche Emotionen verstärken würden, und fördern kognitive Vorgänge, die ihnen entgegenarbeiten.

Wer einen Menschen haßt, wird sich möglicherweise überlegen, wie er ihm eins „auswischen" kann. Viele Menschen tragen beim Autofahren nur ungern einen Gurt, weil er sie an die Gefahr eines Unfalls erinnert.

„Der Wunsch lenkt die Gedanken." *(R. Oerter/E. Weber, 1976²)*

Auch auf Gedächtnisinhalte üben Emotionen einen Einfluß aus. Bekannt ist die **Erinnerungsverklärung,** die besagt, daß man längerfristig angenehme Ereignisse besser behält als unangenehme. Hier haben Gefühle dazu beigetragen, die Sichtweise und die Bewertung vergangener Zeiten zu verändern.

Mit Erinnerungsverklärung ist die Tatsache gemeint, daß angenehme Ereignisse besser behalten werden als unangenehme (vgl. R. Oerter/E. Weber, 1976²).

Diese Tatsache hat oft zur Folge, daß man vergangene Zeiten gerne als schön in Erinnerung hat.

Bei vielen alten Menschen kann man feststellen, daß sie von der *„guten alten Zeit"* sprechen. Darauf angesprochen, erzählen sie dann, wie schön früher alles war. Aber auch bei jüngeren Menschen kann man erleben, daß sie sich zum Beispiel nach ihrer Schulzeit sehr positiv über diese äußern, obwohl sie während ihrer Schulzeit sehr auf Lehrer und Schule schimpften.

Insgesamt kann festgestellt werden, daß affektiv getönte Ereignisse besser behalten werden als nicht affektiv getönte.

Das Wechselverhältnis von kognitiven und emotionalen Prozessen besteht einerseits in der steuernden und bewertenden Leistung des Erkennens und Ordnens, andererseits in der Selektion, Aktivierung oder Hemmung von kognitiven Vorgängen durch Emotionen (vgl. R. Oerter/E. Weber, 1976²).

Zusammenfassung

- Emotionen sind Ich-Zustände, Befindlichkeiten und Erlebnisse, die den Körper, die Psyche und das Verhalten des Menschen umfassen. Die Stärke eines Gefühls hängt von der Stärke der körperlichen Erregung ab, die Art des erlebten Gefühls von der subjektiven Interpretation der Erregung. Emotionen können Verhalten auslösen oder hemmen.
- Motivation ist ein gedankliches Konstrukt für Prozesse, die Verhalten aktivieren sowie dieses hinsichtlich seiner Richtung, Ausdauer und Intensität steuern. Auch Motivation hat sowohl einen psychischen wie einen physischen Aspekt.
- Über die Entstehung von Emotionen gibt es verschiedene Modelle. Eine Auffassung ist, daß Emotionen das Ergebnis von Lernprozessen sind, eine andere geht davon aus, daß sie angeboren sind. Entscheidend ist die Annahme, daß der Mensch eine angeborene Disposition zum Erleben von Gefühlen hat; diese entwickeln sich durch Lernprozesse zu den eigentlichen Gefühlen.
- Menschliche Motivation funktioniert nach dem System des Regelkreises. Nach Auffassung von biologischen Modellen wird menschliches Verhalten durch Instinkte (Verhaltensforschung) bzw. durch Triebe (Psychoanalyse) gesteuert. Psychologische Theorien gehen davon aus, daß die Motivation das Ergebnis von Lernprozessen und der kognitiven Bewertung von Vorgängen ist. Wie bei der Emotion liefert die Mischung der verschiedenen Ansätze die umfassendste Erklärung über die Entstehung.
- Angst ist ein als beklemmend, bedrückend und als unangenehm erlebter Ich-Zustand, der für das Individuum eine Bedrohung darstellt, mit physiologischen Vorgängen verbunden ist und das Verhalten beeinflußt. Die Entstehung der Angst wird am häufigsten mit Hilfe der tiefenpsychologischen Theorien, von Lerntheorien oder kognitiven Theorien erklärt.
- Mit Aggression meint man alle Verhaltensweisen, die eine direkte oder indirekte Schädigung von Organismen und/oder Gegenständen beabsichtigen. Die bekanntesten Aggressionstheorien sind Trieb- und Instinktmodelle, die Frustrations-Aggressions-Theorie, die Lerntheorien sowie die Individualpsychologie.
- Emotionen beeinflussen die Entstehung, Steuerung und Gestaltung der zwischenmenschlichen Beziehungen. Dabei sind alle Arten zwischenmenschlicher Beziehungen gemeint. Emotionale Zuwendung gilt als Basis für eine gesunde Entwicklung eines Menschen. Untersuchungen über psychosomatische Erkrankungen zeigen, daß Gefühle und Bedürfnisse für die psychische Gesundheit von großer Bedeutung sind. Unterdrückt man sie, können sie die unterschiedlichsten Formen von Krankheiten auslösen.
- Leistungsmotivation ist ein zentraler Aspekt des Lernens. Sie wird bestimmt durch die eigene Erwartungshaltung „Hoffnung auf Erfolg“ bzw. „Furcht vor Mißerfolg“ sowie von dem gewählten Anspruchsniveau.
- Gefühle und Bedürfnisse unterliegen der Bewertung und Tabuisierung durch die Gesellschaft. Gefühle werden oft nicht akzeptiert und zugelassen, sie werden unterdrückt.
- Emotion und Kognition sind keine Gegensätze, die sich ausschließen, sie können auch nicht isoliert voneinander betrachtet werden. Kognitive Fähigkeiten und Funktionen beeinflussen von vorneherein emotional- motivationales Verhalten, Emotionen und Bedürfnisse wirken auf die Kognition.

1. Die Qualität und Intensität am Beispiel des Gesichtsausdrucks

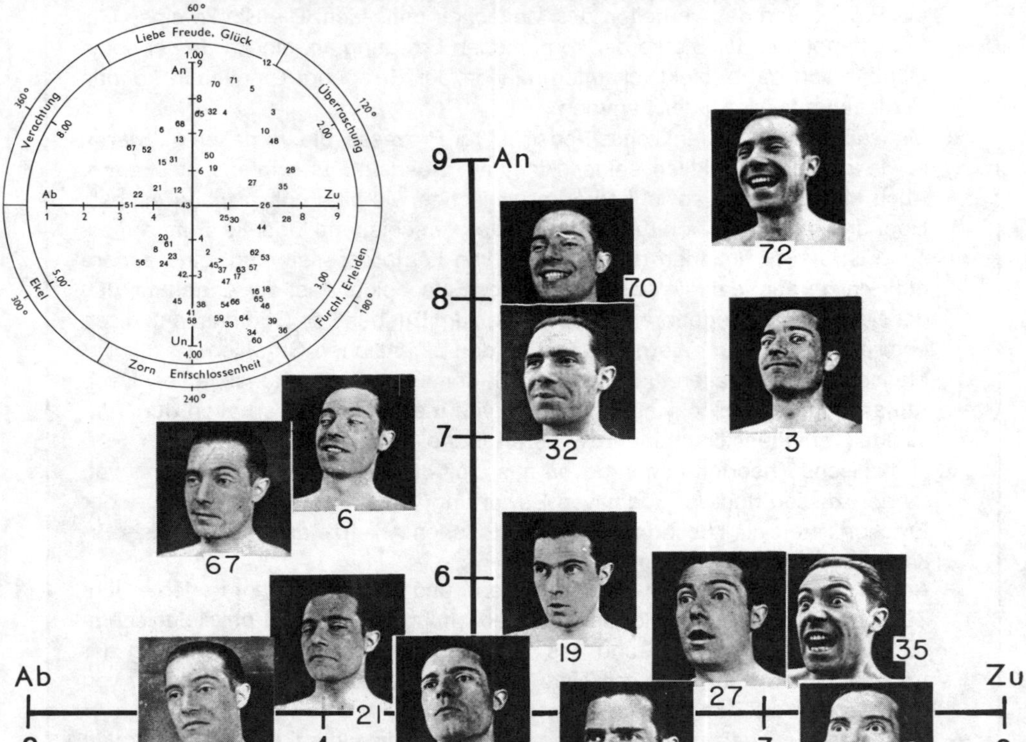

Bildanordnung. Dies sind einige der von Schlosberg benützten Bilder, die nach den zwei Achsen Angenehmheit-Unangenehmheit und Ablehnung-Zugewandtheit angeordnet wurden. Diagramm oben links: Mit Hilfe der beiden Achsen und der peripheren Kreisanordnung kann jedes Bild in bezug auf die beiden Dimensionen der Qualität und der Intensität des Gesichtsausdrucks lokalisiert werden. Intensive Emotionen werden mehr zur Peripherie, neutralere mehr zur Mitte hin angeordnet.

Quelle: Philip G. Zimbardo, 1983[4]

2. Die menschlichen Motive

	Selbsterhaltung und Sicherheit (Defizitmotive)	**Befriedigung und Anregung** (Abundanzmotive)
Den Körper betreffend	Vermeidung von Hunger, Durst, Sauerstoffmangel, starker Hitze und Kälte, Schmerz, Überfüllung von Blase und Dickdarm, Müdigkeit, überanspannten Muskeln, Krankheit und anderen unangenehmen körperlichen Zuständen, etc.	Suche nach lustbetonten sinnlichen Erlebnissen; Geschmacksreize, Gerüche, Schallreize etc.; sexueller Genuß; körperliches Behagen; Betätigung der Muskeln, rhythmische Körperbewegungen, etc.
Die Beziehungen zur Umwelt betreffen	Vermeidung gefährlicher und erschreckender, häßlicher und ekelerregender Objekte; Suche nach Objekten, die für das künftige Überleben und die Sicherheit nötig sind; Erhaltung einer stabilen, klaren, gewissen Umgebung etc.	Erwerb erfreulicher Besitztümer; Objekte bauen und erfinden; die Umwelt verstehen; Probleme lösen; Spiele spielen; Suche nach Neuheit und Veränderung der Umwelt, etc.
Die Beziehungen zu anderen Menschen betreffend	Vermeidung von interpersonalen Konflikten und Feindseligkeiten; Aufrechterhaltung von Gruppenzugehörigkeit, Prestige und Status; Umsorgtwerden durch andere; Anpassung an Gruppenmaßstäbe und -werte.	Streben nach Liebe und positiven Identifizierungen mit einzelnen und Gruppen; Freude an der Gesellschaft anderer Menschen; anderen helfen und sie verstehen; Unabhängigkeit; die Bewunderung oder Unterwerfung anderer gewinnen.
Das Selbst betreffen	Vermeidung von Gefühlen der Minderwertigkeit und des Versagens beim Vergleich des Selbst mit anderen oder mit dem idealen Selbst; Vermeidung von Identitätsverlust; Vermeidung von Gefühlen der Scham, Schuld, Furcht, Angst, etc.	Streben nach Gefühlen der Selbstachtung und des Selbstvertrauens; Äußerung der eigenen Persönlichkeit; Gefühl der eigenen Leistung; Gefühl der Herausforderung; Festlegung moralischer und anderer Wertvorstellungen; Entdeckung eines sinnvollen Platzes für das Selbst im Universum.

Quelle: D. Krech/R. S. Cruchfield, Band 5, 1985

3. Kleinkinder zeigen noch ihre Gefühle

Die Forschungsarbeit von Izard entstand, wie ein großer Teil der Wissenschaft des 20. Jahrhunderts, aus Beobachtungen von Charles Darwin. 1872 veröffentlichte Darwin „The Expression of Emotion in Man and Animals" (Der Ausdruck der Gefühle bei Mensch und Tieren). Darin stellte er die Behauptung auf, es gäbe einige emotionale Ausdrucksformen wie Lächeln, Stirnrunzeln und Blicke des Mißfallens, die angeboren und universell seien. Darwin hatte diese und andere Ausdrucksformen auf der ganzen Welt gesehen und festgestellt, daß sie sowohl in primitiven als auch in entwickelten Gesellschaften die gleiche Bedeutung hatten. Daraus schloß er, daß bestimmte Emotionen und die Art, in der sie ausgedrückt werden, Teil unseres biologischen Erbes sein müssen.

Diese Ansicht wurde in der ersten Hälfte unseres Jahrhunderts fast völlig ignoriert. Man war der Meinung, daß „das, was auf dem Gesicht steht, von der Kultur dorthin geschrieben wurde." Außerdem hatte der strikte Behaviorismus, wie er heute noch von B. F. Skinner vertreten wird, die Emotionen im wesentlichen aus den Verhaltenswissenschaften ausgeklammert. „Skinner akzeptiert die Bedeutung innerer Empfindungen bis zum heutigen Tage nicht – außer in seinen privaten Momenten und in kleinen Randbemerkungen", erklärt Carroll Izard. Er begann bei seiner Arbeit als Klinischer Psychologe in den frühen sechziger Jahren die Bedeutung der Emotionen zu erkennen. „Alle persönlichen Probleme der Menschen, die ich behandelte, waren irgendwie mit ihren Gefühlen verknüpft", sagt er,

„aber damals wußte man wenig über spezielle Emotionen und ihre Wirkung auf das Denken und Verhalten."
Diese Beobachtung wurde richtungsweisend für Izards berufliche Laufbahn. Sein erstes Problem als Leiter der Klinischen Ausbildung und Direktor des Psychologischen Zentrums der Vanderbuilt Universität in Nashville, Tennessee, bestand darin, spezifische Emotionen zu identifizieren und objektive Beweise für ihre Existenz zu finden. Er argumentierte wie Darwin: Wenn ein bestimmter Gesichtsausdruck von Menschen aller Kulturen zuverlässig als Ausdruck einer bestimmten Emotion interpretiert werden kann, dann darf man diese Emotion auch als einheitlich und universell bezeichnen.
Izard ging mit einer Fotosammlung von mimischen Ausdrucksformen nach Europa und ließ seine Mitarbeiter die gleichen Fotos Menschen in Afrika, Indien, der Türkei und Japan vorzeigen. Etwa zur selben Zeit stellte Paul Ekman, Professor für Psychologie an der *California Medical School* in San Franzisco, ähnliche kulturübergreifende Forschungen in vorschriftlichen Gesellschaften an. (Siehe Paul Ekman: Ein Lächeln ist ein Lächeln, ist ein Lächeln ... PSYCHOLOGIE HEUTE 6/76.)
Die Ergebnisse der Studien von Ekman und Izard bestätigten Darwin. Heute kann Carroll Izard für sich in Anspruch nehmen, zehn einzelne Emotionen isoliert zu haben: INTERESSE, LEID, WIDERWILLEN, FREUDE, ZORN, ÜBERRASCHUNG, SCHAM, FURCHT, VERACHTUNG UND SCHULDGEFÜHL.
Wir sind alle bis zu einem gewissen Grad emotionale Geschöpfe, und wenn Darwin und Izard Recht haben, dann ist der Ausdruck eines Gefühls – das Lächeln, das Stirnrunzeln des Ärgers oder das furchtsame Gesicht – Teil eines höchst komplexen Reflexes. Doch wir lernen sehr früh im Leben, unsere Gefühle zu verbergen oder zu unterdrücken. Wir können lächeln, wenn wir deprimiert sind, ruhig blicken, wenn wir wütend sind, und wir können angesichts von Gefahr Tapferkeit mimen. „Ältere Menschen haben gelernt, ihre Gefühle zu verstecken oder zu verdrängen – je nach kulturellen Normen oder individuellen Erfahrungen." Kleinkinder haben diese Erfahrungen noch nicht gemacht. Sie fühlen, was sie zeigen.

Quelle: Robert J. Trotter, 1984

4. Folgen der Angst

Hierfür das Beispiel einer 34jährigen Frau: Sie bekam eines Tages plötzlich Herzrasen beim Spazierengehen, lief nach Hause, nahm Baldrian zur Beruhigung. „Es ging dann immer weiter", erzählt sie. „Ich bekam regelrecht Angst vorm Spazierengehen." Im Volksmund würde man das eine „Platzangst" nennen. Doch es blieb nicht dabei. Die Herzbeschwerden wurden stärker, die Situationen, in denen sie auftraten, häufiger: „Das Herz hat noch nicht angefangen zu rasen, da war schon die Angst da. Irgendwie hat's im Bauch angefangen. Ich war verkrampft, bekam kalte, nasse Hände, dachte: ‚O je, hoffentlich kriegst du kein Herzrasen.' Das ist dann fast täglich aufgetreten. Ich habe dann das EKG gemacht gekriegt, manchmal zwei-, dreimal die Woche, keiner hat was rausgefunden. Ich hab mich dann nicht mehr rausgetraut unter Menschen und hab immer gedacht: ‚Ach Gott, wenn du jetzt umfällst, dann sehen das alle.' Ich hab Angst gehabt vorm Umfallen, obwohl ich noch nie in meinem Leben umgefallen bin." Die Ärzte hatten Rezepte mit Beruhigungsmitteln parat: „Adumbran, Librium, Valium, und dann Lexotanil" zählt sie auf. „Lexotanil war der Höhepunkt. Momentan hab' ich gedacht: ‚O, die sind gut.' Aber dann kam die Angst immer öfter und immer stärker. Je mehr ich Tabletten geschluckt hab', desto stärker kam die Angst. Ich bin manchmal auf der Couch gelegen, zugedeckt mit einer Decke. Die Zähne haben mir geklappert vor lauter Angst."
Drei Jahre kämpfte die junge Frau mit ihren Beschwerden, ohne ihre Tabletten konnte sie nicht mehr sein. Ein befreundeter junger Arzt schließlich riet ihr, in die Psychosomatische Klinik nach Heidelberg zu gehen. Doch sie sträubte sich. Wer „so etwas" nötig habe, müsse doch „verrückt" sein, dachte sie. Und verrückt war sie nicht, das wußte sie genau. Doch die Ängste und Schmerzen breiteten sich weiter aus. „Eines Tages war die Angst so groß, die Anfälle so stark – ich konnte nicht mal mehr einkaufen, nicht mehr aus dem Haus gehen, nicht mal mehr die Treppe runtergehen! Da habe ich ihn angerufen und gesagt: ‚Ich bin soweit.' "
Allen Bemühungen psychotherapeutischer Instanzen zum Trotz: In der Bevölkerung herrscht nach wie vor die Ansicht, jede psychologische Behandlung von Beschwerden sei eine Bankrotterklärung der Persönlichkeit – und auch ein Zeichen geistiger Schwierigkeiten („verrückt").

Das ist verhängnisvoll, denn es verführt sowohl die Ratsuchenden wie die Ärzte dazu, immer weiter körperlich zu behandeln – bis die Symptome in einer handfesten körperliche Erkrankung münden (Magengeschwüre, Herzinsuffizienz ...) und im Extremfall eine chirurgische Lösung gesucht wird. Oder bis die seelischen Probleme Krankheitswert bekommen und so unübersehbar werden (etwa durch Berufsunfähigkeit), daß die Betroffenen in der Psychiatrie landen. In die Psychosomatische Klinik nach Heidelberg kommen Patienten, deren „Chronifizierung" (Dauer der Symptome) im Durchschnitt siebeneinhalb Jahre beträgt. Die Heidelberger Therapeuten fangen solche Menschen auf, die auf dem besten Weg sind, psychiatrisiert zu werden, die aber durchaus einer rein psychotherapeutischen (nicht medikamentösen) Therapie zugänglich sind. MIt Erbitterung bis Resignation stellen die dort arbeitenden Psychoanalytiker fest, daß es den meisten Patienten schon sehr lange sehr schlecht gehen muß, bevor sie selbst oder ihr Hausarzt auf den Gedanken kommen, in der Ambulanz der Psychosomatischen Klinik Hilfe zu suchen.

Wolfgang Senf war bis vor kurzem Oberarzt der Ambulanz. Eindringlich schildert er, in welchem Zustand die Menschen häufig sind, die sich in der psychosomatischen Ambulanz vorstellen: „Da sind Leute dabei, die immer wieder Herzanfälle bekommen, mit dem Gefühl leben, daß sie daran sterben werden. Sie müssen immer wieder den Notarzt holen, kommen ins Krankenhaus, fehlen häufig am Arbeitsplatz. Manche dieser Angstpatienten verarbeiten das kontraphobisch, das heißt, sie werden erst recht aktiv. Viele aber verfallen in eine grOße Passivität, meinen, das Herz schonen zu müssen. Viele lassen sich monatelang krankschreiben. Manche – auch junge Leute sind darunter – stehen kurz vor der Berentung. Die meisten haben unzählige Arztkontakte hinter sich und sind unzufrieden, weil ihnen nicht geholfen wurde. Sie haben sich über lange Zeiten daran gewöhnt, immer wieder neue Hoffnung in einen neuen Arzt zu setzen – aber der hilft auch nicht."

Es ist die Spitze des Eisberges, die hier sichtbar wird. Menschen, die am Ende eines qualvollen Weges noch einmal einen letzten Versuch unternehmen, ihre Angst und ihr psychosomatisches Leiden loszuwerden. Viele von ihnen haben zu diesem Zeitpunkt schon ernsthaft daran gedacht, sich umzubringen, weil ihr Zustand für sie so unerträglich ist.

Quelle: Michaela Huber, 1987

5. Ein Beispiel für das Zusammenwirken der psychischen „Vermögen"

Nun das (schon einmal strapazierte) Beispiel: *Ich stelle mir vor, ich begegne im Wald einem Bären.* Welche Komponenten bewußten Erlebens lassen sich nun im Verlaufe dieser Begegnung voneinander unterscheiden?

1. **Emotion:** Ich erstarre vor Schreck, ich habe Angst, ich werde von Panik erfaßt. Diese Gefühle geben mir „Antwort" auf die Frage: Was bin ich in bezug auf den Bären? Man könnte also von einem *„Was-bin-ich-Modus"* der Person-Gegenstands-Beziehung sprechen. In diesem Modus drückt sich ein unmittelbares oder auch kognitiv vermitteltes Angemutetwerden und gleichzeitig eine Stellungnahme oder ein intuitives Urteil aus, wobei ich selbst Ausgangspunkt und Mittelpunkt des Erlebens bleibe. Das Erleben der Emotion „Angst" signalisiert mir selbst mein eigenes So-Sein, weshalb *Wundt* eine Emotion als *„Zustand-Bewußtsein"* bezeichnete.
2. **Motiv:** Was will ich tun in bezug auf den Gegenstand? Wenn ich überhaupt etwas tun wollen kann und nicht vor Angst gelähmt bin! Wie werde ich mit dem Gegenstand umgehen? Hier ist ein stärkerer Zukunftsbezug gegeben als bei Emotionen. Denke ich nur: „Verflucht" oder „Wie entsetzlich" beim Anblick des Bären, so folgt daraus noch keine Ziel-Handlungs- Orientierung, sondern es liegt nur eine wertende Stellungnahme im Sinne einer Äußerung über die eigene Zuständlichkeit vor. Motive hingegen meinen auf die Zukunft gerichtete Handlungsorientierungen (im weitesten Sinne); in ihnen drückt sich der *„Was-will-ich-tun-Modus"* der Person-Umwelt- Beziehung aus, der auf der Bewußtseinsebene als *„Impuls-Bewußtsein"* erlebt wird: Ich erlebe den Impuls, auf den nächsten Baum zu klettern, schnell zu meinem Auto zurück zu laufen, um Hilfe zu rufen, ein Gewehr in Anschlag zu bringen usw. (Natürlich haben auch Emotionen wie z. B. Angst und Hoffnung einen Zukunftsbezug. Aus der Angst z. B. können jedoch viele unterschiedliche Handlungsimpulse folgen.)

3. **Kognition:** Welche Kenntnisse habe ich über den Gegenstand, wie kann ich Kenntnisse erwerben, wie aktiviere ich meine Kenntnisse, und wie setze ich sie ein? Im engeren Sinne meint Kognition den *„Was-weiß-ich- Modus“* der Person-Umwelt-Beziehung, wobei natürlich aktive Handlungen des Erwerbs, der Verarbeitung und des Einsatzes von Informationen miteingeschlossen sind. Es geht also hier um den „Was-weiß-ich-Modus“ des Person-Umwelt-Bezuges, der als *„Gegenstands-Bewußtsein“* erlebt wird. – Aufgrund meiner Kenntnis der Gattung Bär und meiner unmittelbaren Wahrnehmungen der situativen Umstände, der Größe des Bären usw. komme ich zu einer (intuitiven oder überlegten) Einschätzung meiner eigenen Möglichkeiten: Was kann ich tun? Die Antwort ist im *„Kompetenz-Bewußtsein“* gegeben (...). Aus Gegenstands-Bewußtsein und Kompetenz-Bewußtsein ergibt sich z. B. die Einschätzung: Ich erreiche mein Auto nicht mehr, weil der Bär zu schnell ist; oder: Der Bär kann mir auf den Baum nachklettern; oder: Ich sollte lieber beruhigend auf ihn einreden, weil Bären gerne menschliche Stimmen hören.

4. **Handlung:** Was tue ich tatsächlich? Hier geht es nun um den *„Tun-Modus“* der Person-Umwelt-Beziehung und entsprechend um *Handlungs-Bewußtsein.* Gerade Handlungen sind jedoch nicht immer im Bewußtsein repräsentiert, z. B. bei Schreck-, Panik- oder Wut-Reaktionen oder z. B. auch dann, wenn Handlungen routinemäßig-automatisiert, also gewohnheitsmäßig ablaufen. Dennoch stellt das Handeln als absichtsvolles Einwirken auf die Umwelt einen Modus dar, der von den anderen klar zu unterscheiden ist. Denn meist sind es ja die ausgeführten Handlungen, die eine Situation oder einen Zustand wirklich verändern (indem ich also wirklich auf einen Baum klettere). Handlungen liegen auch dann vor, wenn ich meine Einschätzung der Situation verändere oder wenn ich sonstwie durch kognitive Vorgänge eine Änderung der Person-Umwelt-Beziehung herbeiführe: Ich sehe oder rede mir ein, daß der Bär ja ein zahmer Bär aus dem Zirkus ist, ich „überzeuge“ mich davon, daß Bären kein Menschenfleisch mögen, oder ich rufe mir ins Gedächtnis, daß ich ja bewaffnet bin usw.

Quelle: Dieter Ulich, 1989[2]

Aufgaben und Anregungen — Kapitel V

Reproduktion von Informationen:

1. Bestimmen Sie den Begriff Emotion.
(Abschnitt 5.1.1)

2. Geben Sie eine Begriffsbestimmung von Motivation.
(Abschnitt 5.1.2)

3. Beschreiben Sie psychologische und physiologische Gesichtspunkte von Emotion und Motivation.
(Abschnitt 5.1.3)

4. Geben Sie einen Überblick über wesentliche Entwicklungstheorien der Emotion.
(Abschnitt 5.2.1)

5. Stellen Sie verschiedene Theorien dar, die die Entwicklung der Motivation erklären. (Abschnitt 5.2.2)

6. Bestimmen Sie den Begriff Angst, und zeigen Sie wesentliche Bestimmungsmerkmale der Angst auf.
(Abschnitt 5.3.1)

7. Beschreiben Sie die wesentlichen Theorien zur Entstehung der Angst. (Abschnitt 5.3.1)

8. Erläutern Sie mögliche Funktionen und Folgen der Angst. (Abschnitt 5.3.1)

9. Stellen Sie verschiedene Möglichkeiten dar, wie Ängste bewältigt werden können. (Abschnitt 5.3.1)

10. Bestimmen Sie den Begriff Aggression. (Abschnitt 5.3.2)

11. Beschreiben Sie wesentliche Entstehungstheorien der Aggression. (Abschnitt 5.3.2)

12. Welche Bedeutung haben Emotionen für zwischenmenschliche Beziehungen? (Abschnitt 5.4.1)

13. Welche Bedeutung haben Gefühle und Bedürfnisse für die psychische Gesundheit? (Abschnitt 5.4.2)

14. Beschreiben Sie, was man unter Leistungsmotivation versteht. (Abschnitt 5.4.3)

15. Wie werden Gefühle und Bedürfnisse in der Gesellschaft bewertet? (Abschnitt 5.4.4)

16. Erläutern Sie die Wechselwirkung zwischen Emotion und Kognition. (Abschnitt 5.5)

Anwendungsaufgaben:

17. Verdeutlichen Sie mit Hilfe eines Beispiels die psychischen und physischen Komponenten von Emotion und Motivation.
(Abschnitt 5.1.1, 5.1.2 und 5.1.3)

18. Verdeutlichen Sie die Entstehung menschlicher Gefühle mit Hilfe der Theorie von K. M. Bridges.
(Abschnitt 5.2.1)

19. Beschreiben Sie an einem Beispiel die Bedeutung des kulturellen Einflusses bei der Entstehung von Gefühlen.
(Abschnitt 5.2.1)

20. *Bestimmen Sie die Begriffe „Emotion“ und „Motivation“, und erläutern Sie das Zusammenspiel von physiologischen, psychischen und situationsspezifischen Faktoren bei der Entstehung **eines** Gefühls (zum Beispiel Angst).
(Abschnitt 5.2.1)

21. Beschreiben Sie die Entstehung von Motivation mit Hilfe von wesentlichen Entwicklungstheorien.
(Abschnitt 5.2.2)

22. Erklären Sie mit Hilfe einer Lerntheorie die Entstehung sekundärer Bedürfnisse.
(Abschnitt 5.2.2 und Kapitel 4.7.2)

23. Erläutern Sie mit Hilfe von zwei Beispielen den Angstbegriff.
(Abschnitt 5.3.1)

24. Erläutern Sie die Entstehung der Aggression mit Hilfe Ihnen bekannter Aggressionstheorien.
(Abschnitt 5.3.2)

25. *Beschreiben Sie ein Persönlichkeitsmerkmal (zum Beispiel Ängstlichkeit, Aggressivität), und erklären Sie die Entstehung bzw. Entwicklung dieses Persönlichkeitsmerkmales mit Hilfe einer Ihnen bekannten Theorie.
(Abschnitt 5.3.1 und 5.3.2)

26. *Emotionen haben eine zentrale Bedeutung für die zwischenmenschlichen Beziehungen.*
Verdeutlichen Sie diese Aussage mit Hilfe von drei Beispielen.
(Abschnitt 5.4.1)

27. *Zeigen Sie an einem Beispiel, daß zwischen psychischen Funktionen und psychischen Kräften eine enge Wechselwirkung besteht.
(Abschnitt 5.5)

Anregungen:

28. Versuchen Sie in einem pantomimischen Rollenspiel verschiedene Gefühle, wie zum Beispiel Angst, Freude, Trauer, Glück u. ä., darzustellen.

29. Welche Motivation ist in der Schule vorherrschend? Überlegen Sie, welche Möglichkeiten es gäbe, den Unterricht interessanter und motivierender zu gestalten. Notieren Sie Ihre Vorschläge, und reden Sie in Ihrer Klasse darüber.

30. Spielen Sie im Rollenspiel „typisches“ Erzieherverhalten, das angstfördernd und -hemmend wirkt.

31. Notieren Sie Beispiele für Bewertungen und Tabuisierungen von Gefühlen und Bedürfnissen in unserer Gesellschaft.
Überlegen Sie, ob diese Bewertungen und Tabuisierungen sinnvoll sind.

32. Verbalisieren Sie die möglichen Empfindungen eines Menschen bei Angst bzw. bei Aggression.

6 Entwicklungspsychologie I: Allgemeines

Was wird aus dem drei Tage alten Ludwig einmal werden?

Wird er einmal ein reicher Mann oder ein Bettler, ein Arzt oder vielleicht ein Dieb?

Kurz, wie entwickelt sich Ludwig zu dem Menschen, der er in seinem späteren Leben einmal sein wird?

Quelle: Willy Breinholst, 1986

Diese Fragestellung ist zwar sehr umfassend, sie beinhaltet aber gewissermaßen alle grundsätzlichen Themen der Entwicklungspsychologie:

1. Was versteht man unter Entwicklung?
   Womit beschäftigt sich die Entwicklungspsychologie?
2. Was hält Entwicklung in Gang?
   Was sind die Ursachen der Entwicklung?
3. Wie verläuft die Entwicklung?
   Welche Gesetzmäßigkeiten lassen sich beim Verlauf der Entwicklung beobachten?
4. Wie lassen sich Entwicklungsveränderungen erklären?
   Welche Voraussagen über Entwicklungveränderungen lassen sich machen?

Als wissenschaftliche Disziplin ist die Entwicklungspsychologie noch relativ jung, sie entstand erst im 19. Jahrhundert. Aber schon lange davor machten sich zahlreiche Philosophen Gedanken über die Entwicklung des Menschen und schrieben über die Eigenarten von Kindern und über die Ursachen, die ihre Entwicklung beeinflussen.

6.1 Gegenstand und Methoden der Entwicklungspsychologie

Die wissenschaftliche Entwicklungspsychologie nahm ihren Ursprung in erster Linie mit der von *Charles R. Darwin* (1809–1882) begründeten Evolutionstheorie, die auch das Interesse für die psychische Entwicklung eines Menschen anregte. Heute bietet die Entwicklungspsychologie entsprechend den verschiedenen Richtungen und Schulen der Psychologie ein sehr vielfältiges Erscheinungsbild.

6.1.1 Der Begriff Entwicklung

Entwicklung wird in der Psychologie sehr unterschiedlich bestimmt. Übereinstimmung in allen Definitionen besteht jedoch darüber, daß Entwicklung **Veränderungen eines Organismus** bedeutet. Diese Veränderungen treten jedoch nicht unabhängig voneinander auf, sondern bilden untereinander einen Zusammenhang.

Ein Beispiel von Herbert Selg soll verdeutlichen, was mit ‚miteinander zusammenhängenden Veränderungen' gemeint ist: „Die Grobmotorik des Kindes entwickelt sich im ersten Jahr unter anderem vom Strampeln zum Kriechen und Gehen. Diese Bewegungsmöglichkeiten treten in der Regel nacheinander auf; sie hängen ‚miteinander zusammen'." *(D. Dörner/H. Selg, 1985)*

Mit Entwicklung ist also eine Reihe von miteinander zusammenhängenden Veränderungen eines Organismus gemeint.

> Ein Mann, der Herrn K. lange nicht gesehen hatte, begrüßte ihn mit den Worten: „Sie haben sich gar nicht verändert!" „Oh!", sagte Herr K. und erbleichte.
>
> *Berthold Brecht*

Charakteristisch für den **Entwicklungsbegriff** ist,

- daß die Veränderungen auf ein Ziel hin gerichtet sind (man spricht deshalb von einer gerichteten Reihe von Veränderungen),
- daß die Veränderungen immer in einer bestimmten Reihenfolge, die nicht umkehrbar ist, ablaufen (siehe Abschnitt 6.5.1), und
- daß die Veränderungen einzelnen Altersstufen zugeordnet werden können (siehe Abschnitt 6.5.1).

Da sich die Psychologie mit dem Erleben und Verhalten eines Menschen beschäftigt (vgl. Kapitel 1.1.3), wird der Begriff „Entwicklung" in der Entwicklungspsychologie auf das *Erleben und Verhalten* eingeschränkt.

> **Entwicklung ist eine gerichtete, zeitlich geordnete Reihe von miteinander zusammenhängenden Veränderungen des Erlebens und Verhaltens.**

Die Entwicklungspsychologie beschäftigt sich mit den Veränderungen des Erlebens und Verhaltens im Laufe der Zeit.

6.1.2 Ziele der Entwicklungspsychologie

Menschliche Entwicklung beginnt mit der Zeugung eines Lebewesens und endet mit dessen Tod. Entwicklungspsychologie erstreckt sich demnach nicht nur auf das Kindes- und Jugendalter, sondern auf das gesamte Leben eines Menschen.
Dasjenige Teilgebiet der Entwicklungspsychologie, das sich mit den Veränderungen des Erlebens und Verhaltens im Kindes- und Jugendalter beschäftigt, bezeichnen wir mit **Kindes- und Jugendpsychologie.** Veränderungen des Erlebens und Verhaltens im Erwachsenenalter werden von der **Erwachsenenpsychologie** untersucht und erforscht.

Die Entwicklungspsychologie verfolgt vier Ziele:

1. Die **Beschreibung des Entwicklungsverlaufs,** der sich nach ganz bestimmten Gesetzmäßigkeiten vollzieht (siehe Abschnitt 6.5). Hierher gehören zum Beispiel die Entwicklung der Motorik, der Wahrnehmung, der Sprache, der Intelligenz und des Denkens, des Gedächtnisses, der Emotionen und Bedürfnisse oder des Sozialverhaltens. Diese Veränderungen spiegeln sich im Erleben und Verhalten wider. Die Entwicklung dieser psychischen Phänomene bzw. Persönlichkeitsmerkmale ist in Kapitel 7 dargestellt.
2. Die **Beschreibung der Ursachen und Bedingungen,** die Entwicklung auslösen und in Gang halten. Was beispielsweise verursacht die Entwicklung der Intelligenz und hält sie in Gang? (siehe Abschnitt 6.2).
3. Die **Erklärung der beobachteten Zusammenhänge** mit Hilfe von Gesetzmäßigkeiten und theoretischen Aussagen (siehe Abschnitt 6.4).
4. Die **Anwendung entwicklungspsychologischer Erkenntnisse,** um beispielsweise Entwicklung und mögliche Entwicklungsstörungen vorherzusehen oder um kindliche Entwicklung zu fördern und Entwicklungsstörungen vorzubeugen (vgl. Kapitel 8).

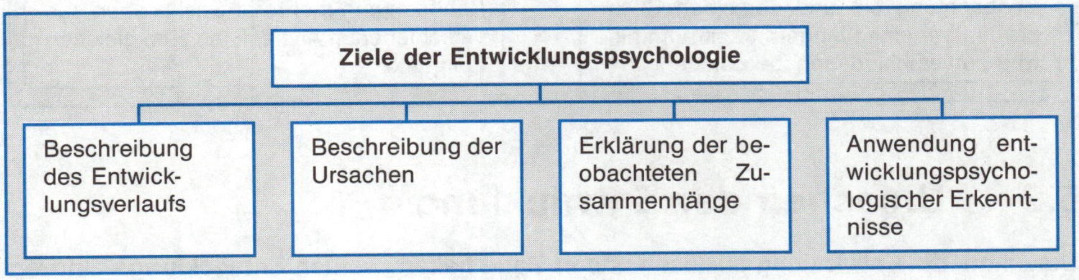

Lauf der Zeit

Ein Mensch geht freudig mit der Zeit
Doch kommt er bald in Schwierigkeit:
Die Weltuhr rascher perpendikelt
Als er sich hin- und herentwickelt.
Kaum kommt er also aus dem Takt,
Hat ihn der Pendel schon gepackt.
Ein Unmensch aber, der indessen
Weltuhrenabseits still gesessen
Auf unerschüttertem Gesäß
Spricht mild: „Es war nicht zeitgemäß!“

Eugen Roth

6.1.3 Methoden der Entwicklungspsychologie

Die Entwicklungspsychologie ergänzt die Methoden der wissenschaftlichen Psychologie, wie sie in Kapitel 2 dargestellt sind, um einen wesentlichen Aspekt: Um den Verlauf des Entwicklungsgeschehens über einen längeren Zeitraum hinweg zu erfassen, bedient sich die Entwicklungspsychologie der **Längsschnitt-** und der **Querschnittmethode.**
Im Falle der *Längsschnittmethode* wird ein und dieselbe Stichprobe, zum Beispiel Kinder einer Altersstufe, hinsichtlich ihrer Entwicklung über einen längeren Zeitraum hinweg immer wieder zu verschiedenen Zeitpunkten – beispielsweise alle Monate – beobachtet. Bei der *Querschnittmethode* nimmt man insgesamt mehrere Stichproben, jedoch aus jeweils verschiedenen Altersstufen, beispielsweise eine von Vierjährigen, eine von Fünfjährigen, eine von Siebenjährigen usw. Diese werden zum gleichen Zeitpunkt auf ihren Entwicklungsstand untersucht.
Die Querschnittsmethode läßt sich relativ leicht anwenden und führt schnell zu Ergebnissen. Es ist dabei aber nicht möglich, Aussagen über den Entwicklungsverlauf zu machen, wie dies bei Längsschnitten der Fall ist. Die Längsschnittmethode ermöglicht es, den Entwicklungsverlauf viel genauer zu erfassen als bei Querschnittuntersuchungen. Als Nachteil muß jedoch zum einen der extreme Zeitaufwand einer solchen Vorgehensweise gesehen werden, – ihre Ergebnisse liegen erst nach vielen Jahren vor. Zum anderen läßt sich in den langen Untersuchungszeiträumen ein Ausscheiden von Personen aus der Stichprobe (aufgrund von Krankheit, Wegzug in eine andere Stadt, Todesfällen ...) nicht vermeiden.

Methoden der Entwicklungspsychologie

Längsschnittmethode
Beobachtung ein und derselben Stichprobe über einen längeren Zeitraum hinweg zu verschiedenen Zeitpunkten

Querschnittmethode
Beobachtung mehrerer Stichproben aus verschiedenen Altersstufen zum gleichen Zeitpunkt

6.2 Ursachen der Entwicklung

Ursachen, die Entwicklung auslösen und in Gang halten, werden **Entwicklungsfaktoren** genannt.

Entwicklungsfaktoren sind verschiedene Bedingungen, die Entwicklung auslösen und in Gang halten.

Alle Bedingungen, die Entwicklung verursachen, lassen sich drei Gruppen von Faktoren zuordnen:

- die **endogenen Faktoren** (= von „innen" verursacht, aus den Anlagen entstanden),
- die **exogenen Faktoren** (= von „außen" verursacht, aus Umwelteinflüssen entstanden) und
- die **autogenen Faktoren** (= von „sich selbst" verursacht, aus eigener Kraft des Individuums entstanden).

Ursachen,
die Entwicklung auslösen und in Gang halten

endogene Faktoren | **exogene** Faktoren | **autogene** Faktoren

6.2.1 Endogene Faktoren

Eine normale Entwicklung kann nur zustandekommen, wenn bestimmte genetische Bedingungen erfüllt sind. Eine Schädigung oder Zerstörung des genetischen Materials macht Entwicklung unmöglich oder hemmt das Entwicklungsgeschehen schwer. Endogene Faktoren stellen das *Programm der Entwicklung* dar (vgl. Eduard W. Kleber, 1978[2]).

Mit endogenen Faktoren werden die bei der Geburt vorhandenen, innerhalb des Organismus liegenden Kräfte bezeichnet, die Entwicklungsprozesse auslösen und Entwicklung in Gang halten.

Endogene Faktoren stellen das Wachstums- und Entwicklungspotential eines Menschen dar, das in seiner Entfaltung auf Umwelteinflüsse angewiesen ist. Sie setzen bestimmte Prozesse des Organismus in Gang, wie zum Beispiel Zell- und Organaufbau, Stoffwechsel, Wachstum, Bewegung, Reizbarkeit oder Fortpflanzung, und bedingen die Entwicklung von Organen, des Nervensystems, der Sinnesorgane und der Muskeln.
Endogene Faktoren bewirken zudem, daß die Veränderungen immer in einer bestimmten Reihenfolge, die nicht umkehrbar ist, ablaufen (siehe Abschnitt 6.5.1).

Jedes Kind beispielsweise sitzt, bevor es stehen kann, lallt, bevor es einzelne Wörter spricht, zeichnet Kreise, bevor es ein Rechteck zeichnen kann.

Sie schaffen auch zu jeweils bestimmten Zeitpunkten optimale Lernbedingungen für die Entstehung von bestimmten Verhaltensweisen und Persönlichkeitsmerkmalen. Es handelt sich um bestimmte, begrenzte Zeitabschnitte in der Entwicklung, in denen bestimmte Verhaltensweisen oder Persönlichkeitsmerkmale erworben werden können (vgl. Abschnitt 6.2.5).

6.2.2 Exogene Faktoren

Wenn nicht extreme Anlagebedingungen vorliegen und man selbst die Entwicklung nicht hemmt, so geben exogene Faktoren den Ausschlag für die Entwicklung der Persönlichkeit. Meist sind es die Umwelteinflüsse, die eine gesunde Entwicklung ermöglichen bzw. Entwicklungsstörungen hervorrufen. Exogene Faktoren stellen den *Schrittmacher der Entwicklung* dar.

Mit exogenen Faktoren werden alle Einflüsse auf das Individuum bezeichnet, die außerhalb des Individuums, also in der Umwelt liegen, die aber Entwicklungsprozesse auslösen bzw. Entwicklung in Gang halten.

Exogene Faktoren sind in ihrer Wirkung auf endogene Faktoren angewiesen; andererseits können sie die Wirkung endogener Faktoren unterstützen oder auch beeinträchtigen. Sie legen zudem fest, was, wann, in welchem Umfang und auf welche Art und Weise gelernt wird.

Dies kann vor allem am Beispiel der Sprachentwicklung deutlich gemacht werden: Umwelteinflüsse legen fest, welche Sprache erlernt wird, in welchem Alter das Kind etwa mit bestimmten Begriffen konfrontiert wird, ob es eine bestimmte Sprache sehr differenziert lernt oder ob es sich die Sprache durch Nachahmung, mehr durch Lob und Anerkennung oder aufgrund von Tadel und Strafe aneignet.

Zudem können exogene Faktoren die Selbststeuerung eines Individuums fördern oder auch weitgehend verhindern.

„Eine Erkenntnis, die aus den Forschungsergebnissen der letzten Jahrzehnte resultiert, bringt eine weitere Verpflichtung für Lehrer und Erzieher: Das Kind entwickelt sich nicht nur, es wird vor allem entwickelt. Alle Bezugspersonen des Kindes (...) werden deshalb ‚Entwicklungshelfer' sein." *(Eduard W. Kleber, 1978[2])*

6.2.3 Autogene Faktoren

Das Kind setzt sich von vorneherein aktiv mit seiner Umwelt auseinander, es erforscht „von sich aus" die Umwelt. Als nicht nur reaktives, sondern insbesondere als **aktives Wesen** führt der Mensch bestimmte Entwicklungsprozesse herbei und nimmt somit Einfluß auf seine Entwicklung.

Mit autogene Faktoren werden alle Kräfte bezeichnet, mit denen das Individuum als aktives Wesen „von sich aus" Entwicklungsprozesse herbeiführt und seine Entwicklung beeinflußt.

Autogene Faktoren dienen der Befriedigung von Bedürfnissen, der schöpferischen Expansion (zum Beispiel Neugierdeverhalten) und der Anpassung an vorgegebene Lebensbedingungen.

„Ohne Expansionstendenzen können keine neuen Lebensräume erobert werden, gibt es keine Möglichkeit, Probleme des von außen eingeengten Lebensraumes zu überwinden; im weitestem Sinne unterbleibt jede Evolution, eine Art, die hier versagt, stirbt aus." *(Eduard W. Kleber, 1978[2])*

Autogene Faktoren sind auch verantwortlich für die Herstellung eines Gleichgewichtzustandes. Dieser ist vorhanden, wenn der Mensch mit sich selbst und mit seiner Umwelt stimmig ist und in Harmonie lebt. Gerät das Individuum in ein Ungleichgewicht, so wird es von sich aus aktiv, um dieses zu beseitigen.

Autogene Faktoren können zudem die Wirkung endogener und exogener Faktoren verstärken oder aber auch beeinträchtigen, sie können auch die eigene Entwicklung sowohl fördern als auch hemmen.

6.2.4 Das Zusammenwirken von endogenen, exogenen und autogenen Faktoren

Erbanlagen, Umwelt und aktive Selbststeuerung des Individuums bedingen und beeinflussen sich wechselseitig; endogene, exogene und autogene Faktoren sind voneinander abhängig und lassen gleichwertig miteinander im Zusammenspiel die Entwicklung des Menschen voranschreiten.

Gleiche genetische Ausstattung hat unter der Einwirking verschiedener exogener Faktoren unterschiedliche Wirkung, ebenso wie gleiche Umwelteinflüsse bei unterschiedlichen endogenen Voraussetzungen verschiedene Wirkungen hervorrufen.

So führt zum Beispiel die Anlage zur Entstehung der Selbständigkeit bei einer sehr autoritären Erziehung mehr zur Gefügigkeitshaltung, bei einem partnerschaftlichen Erzieherverhalten eher zu einem gesunden Selbstwertgefühl, Eigenwillen und Durchsetzungsvermögen. Andererseits kann sehr autoritäre Erziehung bei einer Anlage zur Sensibilität Erlebensweisen wie Ängstlichkeit und völlige Gehemmtheit bewirken, sie kann aber auch bei einer Anlage zur Vitalität eher Machtstreben und Herrschsucht hervorrufen.

Die Auswirkung exogener Faktoren ist von der genetischen Ausstattung abhängig, ebenso wie die Auswirkung der endogenen von exogenen Faktoren.

Bemühungen einer Mutter beispielsweise, das Kind schon vor dem 18. Monat zur Reinlichkeit zu bringen, bleiben erfolglos, weil es von seinen endogenen Voraussetzungen her noch nicht fähig dazu ist. Auf der anderen Seite wird ein Kind, das von seinen Eltern wenig gefördert wird und kaum Anregungen erhält, seine Anlage zur Intelligenz kaum entwickeln können.

Gleiche endogene Voraussetzungen und gleiche exogene Bedingungen wirken aufgrund von autogenen Faktoren in unterschiedlicher Weise, ebenso wie die Art und Weise der Selbststeuerung von den endogenen und exogenen Einwirkungen abhängig ist.

So können eineiige Zwillinge, die bekanntlich gleiche endogene Voraussetzungen haben und beide sehr streng erzogen werden, aufgrund der Selbststeuerung durchaus verschiedene Persönlichkeitsmerkmale entwickeln. Andererseits kann eine stark autoritäre Erziehung ein schwaches Ich erzeugen, während ein partnerschaftliches, wohlwollendes Erzieherverhalten ein starkes Ich zur Folge haben kann mit dem Ergebnis, daß der Zögling „sein Leben selbst in die Hand nimmt".

Materialien 1.

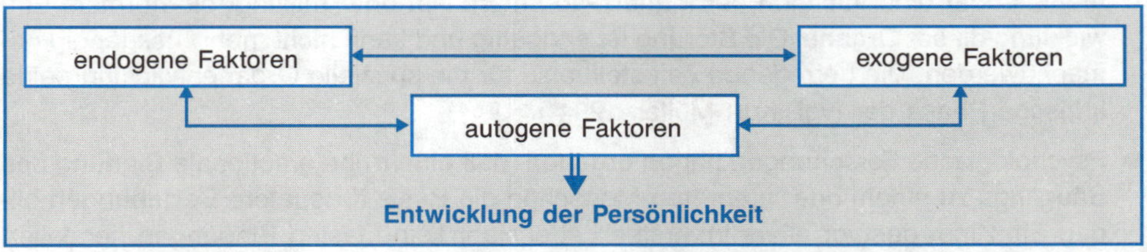

Im individuellen Leben kann die eine oder die andere Faktorengruppe stärker wirksam werden. Individuell-genetische Anlagen werden dort entscheidend sein, wo beispielsweise eine sehr hohe Intelligenz oder eine sehr hohe Musikalität zum Vorschein kommt. Fehlen andererseits in den ersten Lebensjahren emotionale Zuwendung und eine Beziehungsperson, so führt dies zu nicht wiedergutzumachenden Schädigungen insbesondere in der emotionalen und sozialen Entwicklung eines Menschen (vgl. Kapitel 8.2.1). In anderen Fällen machen sich sehr starke Tendenzen der aktiven Selbststeuerung bemerkbar, die es zum Beispiel ermöglichen, gesellschaftliche Barrieren zu durchbrechen, Vorurteile abzustreifen oder neue und originelle Ziele anzustreben (vgl. Lotte Schenk-Danzinger, 1988[20]).

6.2.5 Kritische und sensible Phasen in der Entwicklung

Es gibt in der Entwicklung eines Lebewesens bestimmte Zeiträume, in denen bestimmte Verhaltensweisen dauerhaft festgelegt werden. Außerhalb dieses Zeitraumes können diese Verhaltensweisen nicht mehr geändert werden.

Wenn man beispielsweise Hunde bestimmter Rassen unmittelbar nach der Geburt völlig von anderen Hunden und von Menschen isoliert und wenn diese Trennung vierzehn Wochen bestehen bleibt, so ist es nach Ablauf dieses Zeitraumes nicht mehr möglich, die Tiere zu sozialem Verhalten zu erziehen. Sie verhalten sich scheu und ängstlich und können auch nicht mehr zu Hütehunden oder Blindenhunden abgerichtet werden (vgl. Kurt Müller, 1984[2]).

In dem Zeitraum der ersten vierzehn Wochen eines Hundes wird also das soziale Verhalten eines Hundes festgelegt, welches nach diesem Zeitraum nicht mehr geändert werden kann.

Einen solchen Zeitraum, in welchem bestimmte Verhaltensweisen festgelegt werden, bezeichnet man als **kritische Phase.**

Eine kritische Phase ist ein bestimmter Zeitraum in der Entwicklung eines Lebewesens, in welchem bestimmte Verhaltensweisen dauerhaft festgelegt werden (beziehungsweise bestimmte Entwicklungen sich grundlegend vollziehen) und deshalb außerhalb dieses Zeitraums nicht mehr geändert werden können.

Auch beim Menschen gibt es solche kritische Phasen. Hier einige **Beispiele für kritische Phasen in der menschlichen Entwicklung:**

- Der Zeitraum in der embryonalen Entwicklung, in welchem sich die Ausbildung und das Wachstum der Organe wie Arme und Beine, Nervensystem und Sinnesorgane vollzieht, gilt als kritische Phase. Erfolgt gerade in den Stunden oder Tagen, in denen sich Arme und Beine entwickeln, eine Störung in der Entwicklung (Einnahme eines Medikamentes oder eine Infektion der Mutter), so unterbleibt oder mißlingt die normale Entwicklung dieser Organe. Die Störung ist endgültig und kann nicht mehr rückgängig gemacht werden. Die betreffende Zeit stellt also für die spezielle Organentwicklung eine kritische Phase dar (vgl. Kurt Müller, 1984[7]).
- Psychologische Forschungen haben ergeben, daß eine frühe emotionale Bindung des Säuglings zu einem oder mehreren Menschen die Basis für spätere Beziehungen bildet: Ein Kind, das vor allem im ersten Lebensjahr keine festen Bindungen herstellen konnte, wird auch später in sozialer Hinsicht erheblich benachteiligt sein. Man kann davon ausgehen, daß eine intensive emotionale Beziehung nicht nur für die Ausbildung der Beziehungsfähigkeit bedeutsam ist, die gesamte Entwicklung des Kindes wird beeinträchtigt, wenn sie fehlt (vgl. Kapitel 8.2.1 und 8.2.2). Die ersten Lebensjahre stellen also eine kritische Phase für die Grundlegung der zwischenmenschlichen Bindungsfähigkeit als Basis für den gesamten Lern- und Anpassungsprozeß dar.
- Nach vorliegenden Berichten über sogenannte „verwilderte Kinder“ (Kinder, die in der Wildnis oder ohne mitmenschliche Kontakte aufwuchsen), soll es nicht mehr möglich sein, nach dem 12. Lebensjahr menschliche Sprache zu erwerben. Die kritische Phase für das Erlernen der Sprache läge also demnach in den ersten zwölf Lebensjahren.

Die Existenz von kritischen Phasen in der *menschlichen* Entwicklung wird in der heutigen Wissenschaft in Frage gestellt. Dabei wird die Tatsache bestritten, daß Entwicklungserscheinungen, die in einer kritischen Phase entstanden sind, nicht mehr rückgängig zu machen sind. In der menschlichen Entwicklung sei nichts endgültig festgelegt, dies gelte allenfalls für die embryonale Entwicklung. Aus diesem Grunde bevorzugt man heute den Begriff der **sensiblen Phase.** Damit sind bestimmte Zeiträume gemeint, in welchen bestimmte Verhaltensweisen *nachhaltig beeinflußt* werden, die außerhalb dieses Zeitraumes zwar schwierig, aber bis zu einem gewissen Grad wieder verändert werden können.

Eine sensible Phase ist ein bestimmter Zeitraum in der Entwicklung, in welchem das Lebewesen für den Erwerb von bestimmten Verhaltensweisen besonders empfänglich ist, die außerhalb dieses Zeitraumes zwar schwierig, aber bis zu einem gewissen Grad wieder verändert werden können.

Die Bedeutung des Begriffes sensible Phase ist umfassender als die der kritischen Phase. Während nach einer kritischen Phase das in dieser Phase festgelegte Verhalten nicht mehr geändert werden kann, ist bei sensiblen Phasen eine Einwirkung auf die in diesem Zeitabschnitt erworbene Verhaltensweise auch außerhalb dieser Phase möglich. In einer sensiblen Phase ist der sich entwickelnde Organismus lediglich besonders empfänglich gegenüber Einflüssen bestimmter Art (vgl. Kurt Müller, 1984[7]).

<table>
<tr><th>Kritische Phase:</th><th>Sensible Phase:</th></tr>
<tr><td colspan="2">Bestimmter Zeitraum in der Entwicklung eines Lebewesens, in welchem bestimmte Verhaltensweisen</td></tr>
<tr><td>dauerhaft festgelegt werden,</td><td>nachhaltig beeinflußt werden,</td></tr>
<tr><td colspan="2">die außerhalb dieses Zeitraumes</td></tr>
<tr><td>nicht mehr geändert</td><td>nur schwierig geändert</td></tr>
<tr><td colspan="2">werden können.</td></tr>
</table>

Beispiele für sensible Phasen in der menschlichen Entwicklung:

- Die Zeit der Reinlichkeitserziehung beeinflußt nachhaltig die Einstellung des Kindes zu sich selbst und zu seinem Körper sowie zu dem, was ihm gehört. Je nachdem, wie die Reinlichkeitserziehung verläuft, werden unterschiedliche Persönlichkeitsmerkmale grundgelegt (siehe Kapitel 8.3.1).
- Das zweite und dritte Lebensjahr (Autonomiealter, im Volksmund „Trotzalter“ genannt) kann als sensible Phase für Selbständigkeit und Autonomie gelten (vgl. Kapitel 8.3.2).
- Aus der Sicht der Psychoanalyse stellt das vierte und fünfte Lebensjahr eine sensible Phase dar, in der die Einstellung des Kindes zur Sexualität nachhaltig beeinflußt wird.
- Auch für bestimmte Begabungen wie beispielsweise Intelligenz, Lernfähigkeit oder Musikalität soll es in der frühen Kindheit sensible Phasen geben, die jedoch erst noch genauer erforscht werden müssen.

Kritische und sensible Phasen haben eine wichtige Bedeutung für die Erziehung: Der Erzieher muß um kritische und sensible Phasen in der Entwicklung des Kindes wissen und die optimalen Lernbedingungen für die Entstehung von bestimmten Verhaltensweisen und Persönlichkeitsmerkmalen in diesen Zeitabschnitten nützen. Fälle, in denen ein Lernprozeß noch nicht bzw. nicht mehr vollzogen werden kann, sollten vermieden werden.

6.3 Prozesse der Entwicklung

Durch das Zusammenwirken von endogenen, exogenen und autogenen Faktoren werden bestimmte Entwicklungsprozesse in Gang gesetzt. Mit Hilfe der beiden Prozesse **Reifung** und **Lernen** können Wirkungen dieser genannten Faktoren *erklärt* werden.

6.3.1 Der Begriff Reifung

In der Entwicklungspsychologie wird mit Reifung der Prozeß der Änderung des Erlebens und Verhaltens bezeichnet, der von **endogenen Faktoren** bestimmt und gesteuert wird. Diese Veränderungen sind immer auf ein Ziel hin gerichtet.
Zudem ist die Reifung selbst ein Prozeß, der nicht beobachtbar ist. Mit dem Begriff Reifung will man Veränderungen aufgrund von endogenen Faktoren erklären.

Mit Reifung wird in der Entwicklungspsychologie der nicht beobachtbare Prozeß der gerichteten Änderung des Erlebens und Verhaltens aufgrund von endogenen Faktoren bezeichnet.

Es handelt sich also um einen genetisch gesteuerten Entwicklungsvorgang, der nach inneren Gesetzmäßigkeiten verläuft. Jedoch ist kein Reifungsvorgang völlig unabhängig von Umwelteinflüssen (vgl. Abschnitt 6.3.3).

Reifung darf nicht mit **Wachstum** gleichgesetzt werden: Mit Wachstum meint man eine rein **quantitative** Zunahme, Vergrößerung oder Vermehrung eines Lebewesens, wie zum Beispiel die Zellteilung, die Zunahme der Körpergröße oder des Gewichtes eines Kindes oder die Vermehrung des Wortschatzes beim Erlernen der Sprache (vgl. Kurt Müller, 1984[7]).

➡ **Materialien 2.**

6.3.2 Der Begriff Lernen

Wie in Kapitel 4.7.1 ausgeführt, meint man mit Lernen den Erwerb neuer und/oder die Änderung bestehender Verhaltensweisen als Folge von Erfahrung und Übung, also aufgrund **exogener Faktoren.**
Das Lernen selbst ist ein Prozeß, der nicht beobachtbar ist. Unmittelbar beobachtbar ist die Ursache, die diesen Prozeß ausgelöst hat, und die neue bzw. geänderte Verhaltensweise als Ergebnis des Lernvorganges. Mit dem Begriff Lernen will man Veränderungen aufgrund von exogenen Faktoren erklären.

Lernen ist ein nicht beobachtbarer Prozeß, der durch Erfahrung und Übung zustande kommt und durch den Verhalten relativ dauerhaft entsteht oder verändert wird.

Neuere Ansätze der Entwicklungspsychologie vertreten mehr die Auffassung, daß Entwicklung in erster Linie einen Lernprozeß darstellt, und beschreiben Verhalten in seinem aktuellen Ausprägungsgrad als erworben.

Entwicklungsprozesse

Reifung	**Lernen**
▼ nicht beobachtbarer Prozeß der Änderung des Verhaltens aufgrund von **endogenen Faktoren**	▼ nicht beobachtbarer Prozeß der Änderung des Verhaltens aufgrund von **exogenen Faktoren**

Lebensgefühl

Ein Mensch weiß aus sich selbst nicht gleich,
Was heiß und kalt, was hart und weich.
Doch schon bei einiger Bejahrung
Hat er die nötige Erfahrung.
Er lernt dann oft mit Hilfe Dritter,
Daß Hoffnung süß, Enttäuschung bitter,
Daß Arbeit sauer, Alltag fade,
Kurz, des Geschmackes höhere Grade.
Doch wie schlechthin das Leben schmeckt,
Hat bis zum Tod er nicht entdeckt.

Eugen Roth

6.3.3 Die Wechselwirkung von Reifung und Lernen

Vor noch nicht allzu langer Zeit wurde Entwicklung vorwiegend als ein Reifungsgeschehen betrachtet, das nach einem in der Genstruktur festgelegten Programm abläuft.
In letzter Zeit hat sich die Vorstellung von der Entwicklung gewandelt. Man hat erkannt, daß es nur wenige Veränderungen gibt, die auf reine Reifungsprozesse zurückzuführen sind. Reifung vollzieht sich vielmehr in enger Verknüpfung mit Lernprozessen, die ihrerseits auf bestimmte Reifungsprozesse angewiesen sind.
Reifung und Lernen bedingen sich gegenseitig und sind voneinander abhängig: Für bestimmte Lernvorgänge ist eine bestimmte Funktionsreife Voraussetzung. Lernprozesse, die nun einsetzen, bewirken ein Voranschreiten des Reifungsgeschehens. Dies hat zur Folge, daß die vorangeschrittenen Reifungsvorgänge neue, differenziertere Lernprozesse ermöglichen, was wiederum das Reifungsgeschehen beeinflußt.

Am Beispiel der Sprachentwicklung läßt sich die Wechselwirkung von Reifung und Lernen aufzeigen: Voraussetzung für den Spracherwerb ist die Funktionsreife (Nervengewebe in den Sprachzentren des Gehirns, Sprachmuskulatur usw.), ohne die Sprechenlernen nicht möglich ist. Ist diese vorhanden, so ist das Kind auf Anreize von außen angewiesen. Bleiben sie aus oder sind sie zu undifferenziert, so entwickelt sich das Sprachzentrum nicht mehr weiter. Andererseits lösen sprachliche Reize Lernprozesse aus, die das Reifungsgeschehen voranschreiten lassen. Diese Gegebenheit hat zur Folge, daß differenziertere Sprachreize möglich werden, die wiederum das Reifungsgeschehen beeinflussen. Auf diese Art lassen Reifung und Lernen in Wechselwirkung die Sprachentwicklung voranschreiten.

Wo keine Funktionsreife vorhanden ist, kann kein Lernprozeß wirksam werden; wo kein Lernvorgang vorhanden ist, bleiben Reifungsvorgänge zurück.

Für den Erzieher bedeutet dies, daß Lernen dann am erfolgreichsten ist, wenn die Reifung es zuläßt. Zu früh beginnende Lernprozesse zeigen keine Wirkung, sie überfordern eher das Kind. Zu spät beginnende Förderung kann bewirken, daß der Zeitraum, in welchem das Kind für den Erwerb von bestimmten Verhaltensweisen besonders empfänglich ist, bereits verstrichen und eine optimale Förderung deshalb nicht mehr möglich ist (vgl. Abschnitt 6.2.5).

Weitere Entwicklungsprozesse neben Reifung und Lernen sind **Assimilation** (= Prozeß der Anpassung der Umwelt an den Organismus) und **Akkomodation** (= Prozeß der Anpassung des Organismus an die Umwelt), die in Abschnitt 6.4.4 ausführlich dargestellt sind.

6.4 Theorien der Entwicklung

Der Entwicklungspsychologie der Vergangenheit ging es vornehmlich um eine genaue *Beschreibung* der Veränderung von psychischen Fähigkeiten, Funktionen und Kräften sowie deren Ursachen. Ein weiteres, erst sehr viel später entwickeltes Ziel der Entwicklungspsychologie besteht in der *Erklärung* der beobachteten Ursache-Wirkungs-Zusammenhänge.

Entwicklungsbedingte Veränderungen des Erlebens und Verhaltens können mit Hilfe von verschiedenen Theorien erklärt werden. Von Bedeutung sind dabei die **Lerntheorien,** die **tiefenpsychologischen Theorien** wie beispielsweise die *Psychoanalyse* bzw. die *Individualpsychologie* und **kognitive Theorien** wie zum Beispiel das *Lernen durch Einsicht,* die *Feldtheorie* von Kurt Lewin oder die *Theorie der kognitiven Entwicklung* von Jean Piaget.

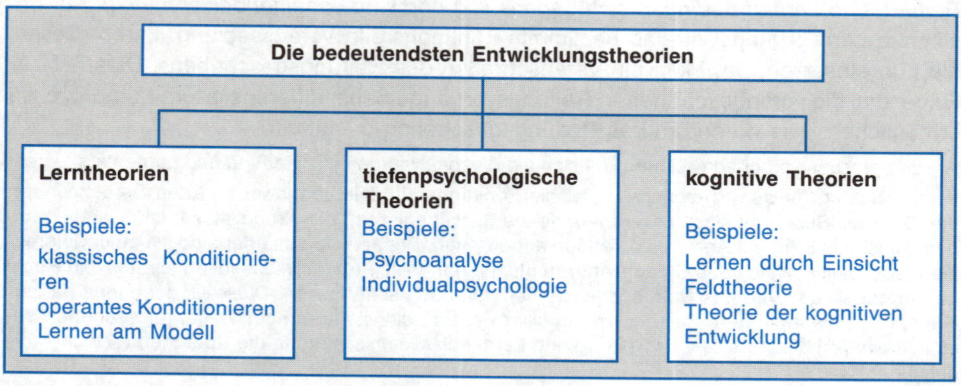

Die Trennung in Lerntheorien, tiefenpsychologische Theorien und kognitive Theorien darf nicht absolut gesehen werden, es gibt Überschneidungen. So stellt zum Beispiel das Lernen durch Einsicht sowohl eine Lerntheorie als auch eine kognitive Theorie dar. Auch das Lernen am Modell wird häufig zu den kognitiven Theorien, bei denen „innere" Prozesse wie beispielsweise Denken, Wahrnehmen, Strukturieren oder Urteilen im Vordergrund stehen, gezählt (vgl. Kapitel 10.4.1).

Die Lerntheorien sind in Kapitel 4.7.2 und 4.7.3 und die Psychoanalyse ist in Kapitel 11.4.2 ausgeführt. Im folgenden werden in Abschnitt 6.4.1 die Lerntheorien an Entwicklungsbeispielen veranschaulicht und in Abschnitt 6.4.2 die wichtigsten Aussagen der Individualpsychologie als weitere bedeutende Schule innerhalb der Tiefenpsychologie zusammengefaßt. In Abschnitt 6.4.3 wird die Theorie der kognitiven Entwicklung von Jean Piaget dargestellt.

➡ **Materialien 3.**

6.4.1 Die Lerntheorien als Theorie der Entwicklung

Die wichtigsten Aussagen der Lerntheorien:

- Aus einem neutralen Reiz wird ein bedingter Reiz, der eine bestimmte Reaktion auslöst, wenn dieser neutrale Reiz mehrmals zur gleichen Zeit und in der gleichen Situation mit einem unbedingten oder bereits erlernten Reiz, der bereits eine bestimmte Verhaltensweise auslöst, gekoppelt wird.

Die Befriedigung von Bedürfnissen löst beim Menschen angenehme Gefühle aus. ‚Befriedigung von Bedürfnissen' ist also ein Reiz, der als Reaktion ‚angenehme Gefühle' zur Folge hat. Beim Kind ist es seine Bezugsperson, die seine Bedürfnisse befriedigt. Die Bezugsperson, die zunächst beim Kind zu noch keiner Reaktion führt, löst, da sie immer dann auftritt, wenn Bedürfnisse befriedigt werden, allmählich die gleiche Reaktion aus wie die Befriedigung von Bedürfnissen, nämlich angenehme Gefühle. Schon beim Anblick der Bezugsperson werden angenehme Gefühle geweckt.

NS Bezugsperson	führt zu →	keiner bestimmten Reaktion
UCS Befriedigung von Bedürfnissen	führt zu →	UCR angenehmen Gefühlen
NS + UCS Bezugsperson + Befriedigung von Bedürfnissen	führt zu →	UCR angenehmen Gefühlen
↓ wird nach mehreren Wiederholungen zu		
CS Bezugsperson	führt zu →	CR angenehmen Gefühlen

Ein dem bedingten ähnlicher Reiz löst die gleiche Reaktion aus wie der bedingte Reiz selbst *(= Reizgeneralisierung)*. Erst später unterscheidet das Kind zwischen ähnlichen Reizen *(= Reizdifferenzierung)*.

Zunächst wird das Kleinkind angenehme Gefühle bei allen Personen, die der Bezugsperson ähnlich sind, empfinden. Erst später differenziert es zwischen Bezugsperson und anderen Personen.

Ein solcher Lernvorgang muß nicht unbedingt ein angeborenes Reiz- Reaktions-Schema zur Grundlage haben *(= Konditionierung 1. Ordnung);* es ist möglich, daß er auf eine bereits gelernte Reiz- Reaktions-Verbindung aufbaut *(= Konditionierung 2. Ordnung).*

So hat das Kind zum Beispiel erfahren, was man mit einem Stuhl alles anfangen kann, welche Bedeutung ein Stuhl hat. Wird nun der Gegenstand Stuhl mehrmals zur gleichen Zeit und in der gleichen Situation *(= Gesetz der Kontiguität)* mit dem Wort ‚Stuhl' gekoppelt, so löst der Begriff ‚Stuhl' die gleiche Reaktion aus wie der Gegenstand Stuhl.

NS Begriff ‚Stuhl'	führt zu →	keiner bestimmten Reaktion
CS_1 Gegenstand Stuhl	führt zu →	CR_1 Wissen um die Bedeutung des Stuhls
NS + CS_1 Begriff + Gegenstand ‚Stuhl' Stuhl	führt zu →	CR_1 Wissen um die Bedeutung des Stuhls
↓ wird nach mehreren Wiederholungen zu		
CS_2 Begriff ‚Stuhl'	führt zu →	CR_2 Wissen um die Bedeutung des Stuhls

- Ein Lernvorgang findet nur dann statt, wenn im Individuum ein Spannungszustand vorliegt, der durch Lernen beseitigt werden kann.

So wird ein Kind, dem es kein Bedürfnis ist, sich außer der Mutter anderen Personen zuzuwenden, oder das mit der Kontaktaufnahme mit fremden Personen weder einen angenehmen Zustand herbeiführen und aufrechterhalten noch einen unangenehmen Zustand vermeiden, beseitigen oder vermindern kann, kaum einen Kontakt zu anderen Personen erlernen.

- Verhaltensweisen, die des öfteren zum Erfolg führen, werden wieder gezeigt und erlernt; Verhaltensweisen, die des öfteren nicht zum Erfolg führen, werden nicht wieder gezeigt und damit nicht erlernt oder verlernt.

Hat ein Kind beispielsweise mehrmals Erfolg, wenn es sich fremden Personen zuwendet, so wird es diese Verhaltensweise wiederholen und erlernen. Würde dagegen das Kind mit der Kontaktaufnahme nicht zum Erfolg kommen, so würde es dieses Verhalten nicht mehr zeigen und auch nicht erlernen.

- Eine Verhaltensweise wird häufiger auftreten und erlernt, wenn durch sie mehrmals ein angenehmer Zustand herbeigeführt und aufrechterhalten oder ein unangenehmer Zustand beseitigt, vermieden bzw. verringert werden kann.

So kann beispielsweise die Kontaktaufnahme eines Kindes zu anderen Personen erlernt werden, wenn es dadurch mehrmals einen angenehmen Zustand, etwa die Zuwendung von diesen Personen, herbeiführen und aufrechterhalten kann, oder aber, wenn es damit mehrmals den für ihn unangenehmen Zustand entgehen kann, alleine zu Hause sitzen zu müssen (= unangenehmer Zustand). Die Zuwendung der anderen Personen ist ein positiver Verstärker: Das Kind kann durch die Kontaktaufnahme einen angenehmen Zustand herbeiführen und aufrechterhalten. Beim Alleinsein-Müssen handelt es sich um einen negativen Verstärker: Durch die Kontaktaufnahme kann es das Alleinsein vermeiden bzw. beseitigen. Gelernt wird in beiden Fällen die Kontaktaufnahme des Kindes zu fremden Personen.

- Nachahmung eines an einer anderen Person (= Modell) in der Realität, im Film oder im Spiel beobachteten Verhaltens kann zum Erwerb neuer Verhaltensweisen, zu einem Hemmungs- oder Enthemmungseffekt führen. Ob ein Verhalten nachgeahmt wird oder nicht, hängt vom Modell, vom Beobachter und von der Situation ab.

  So ahmt das Kind zum Beispiel die Sprache seiner Eltern nach, weil diese in der Regel soziale Macht besitzen und Ansehen genießen, weil sie zu ihm eine positive Beziehung haben, ihm Wertschätzung und Verständnis entgegenbringen und seine Bedürnisse wie Nahrung, Zuwendung, Anerkennung, Geborgenheit, Sicherheit befriedigen und weil sie mit ihrer Sprache Erfolg haben. Das Kind imitiert auch deshalb bereitwilliger die Sprache seiner Eltern, weil es Persönlichkeitseigenschaften wie Unsicherheit, Angst, geringes Selbstwertgefühl, Gefühl der Ohnmacht und Abhängigkeit besitzt. Durch die Beobachtung seiner Eltern, von anderen Personen oder eines Filmes können bestimmte Begriffe völlig neu erworben, enthemmt, aber auch gehemmt werden.

- Der Erwerb neuer bzw. die Änderung bereits bestehender Verhaltensweisen kann auch durch Einsicht erfolgen, wenn das Individuum einen bestimmten Sachverhalt als Problem erlebt und die einzelnen Elemente dieses Problems sinnvoll zueinander in Beziehung setzen kann.

  So kann das Kind bald den Zusammenhang zwischen dem Gegenstand ‚Stuhl‘ und dem Wort ‚Stuhl‘ herstellen und mit diesem Begriff etwas anfangen.

6.4.2 Die wichtigsten Aussagen der Individualpsychologie

Die grundlegenden Voraussetzungen und Annahmen der Individualpsychologie im Überblick (vgl. H. Hobmair/G. Treffer, 1979):

- Die Individualpsychologie vertritt die **finale Betrachtungsweise:** Jeder Mensch strebt einem bestimmten Ziel zu, und das Verhalten eines Menschen kann nur vom Ziel her verstanden werden. Die Finalität drückt auch aus, daß der Ursprung des Zieles nicht auf objektive Ursachen zurückzuführen ist und die Zukunft, so wie sie in der Gegenwart erfahren wird, subjektiv ist. Ebenso stellt das Ziel eine Schöpfung des Individuums dar, ist ihm weitgehend unbewußt und wird als Basis für die Orientierung in der Welt genommen.

- Die Zielstrebigkeit des Menschen beinhaltet die **Einheit der Persönlichkeit:** Jeder Organismus ist als Individuum eine in sich geschlossene Einheit, die unteilbar ist. Die Meinung des Individuums von sich und der Welt sowie die Art und Weise, wie es in seiner besonderen Situation nach einem Ziel strebt, nennt die Adlerschule **Lebensstil.** Er formt sich weitgehend in der frühen Kindheit und stellt ein Produkt der schöpferischen Persönlichkeit dar.

- Der Ursprung des Strebens nach einem Ziel liegt im **Minderwertigkeitsgefühl,** welches als unangenehmes Erleben der eigenen Unzulänglichkeit und Unterlegenheit definiert werden kann. Als Gefühl ist es immer subjektiv und von bestimmten Wertauffassungen abhängig. Es handelt sich dabei um eine kultur- und zivilisationsbedingte frühkindliche Entmutigung für den Menschen, die durch die Aufgabe bedingt ist, das soziale Leben zu bewältigen. Das Minderwertigkeitsgefühl stellt eine Gefühlslage dar, die entsteht, wo Angestrebtes noch nicht mit eigenen Kräften erreichbar zu sein scheint, aber Aussicht bzw. Hoffnung besteht, dieses Angestrebte in Zukunft zu erreichen (= hoffnungsvolles Gefühl des „Noch-Nicht-Könnens“).

- Ungünstige Bedingungen, vor allem die Art und Weise, wie dem Kind die Bewältigung der sozialen Wirklichkeit vermittelt wird, können das Minderwertigkeitsgefühl verstärken. Dieses verstärkte Minderwertigkeitsgefühl – in der Individualpsychologie des öfteren auch **Minderwertigkeitskomplex** genannt – stellt eine Gefühlslage dar, die entsteht, wo Angestrebtes mit eigenen Kräften erreicht werden muß, obwohl man es nicht kann, bzw. wo Angestrebtes nicht mit eigenen Kräften erreicht werden darf (= Gefühl des grundsätzlichen „Nicht-Könnens“ bzw. „Nicht- Dürfens“).

- Sich minderwertig zu fühlen und „unten“ zu sein, ist schwer zu ertragen, und das Individuum versucht, über dieses Gefühl Herr zu werden, es auszugleichen, es zu **kompensieren.** Damit ist es der Ursprung für jegliches Verhalten und Handeln und treibt den Menschen dazu an, das soziale Leben zu bewältigen und seine Probleme zu lösen.

- Das Kriterium, ob nun der Mensch das soziale Leben meistern kann oder nicht, bildet das **Gemeinschaftsgefühl,** welches die entfaltete Fähigkeit und Bereitschaft andeutet, den Anforderungen des Zusammenlebens zu entsprechen. Wird nun das Kind in seinem hoffnungsvollen Streben, das soziale Leben zu meistern, nicht behindert, sondern unterstützt und ermutigt, so wird sich die Bereitschaft und die Fähigkeit, den Anforderungen des Zusammenlebens zu entsprechen, entwickeln (= entfaltetes Gemeinschaftsgefühl). Es wird somit die Wirklichkeit, die in erster Linie aus der sozialen Situation besteht, beantworten und die Lösung für seine Probleme finden können. Das bedeutet: Das Kind wird sein Ziel erreichen, Mut ausbilden und ein gesundes Selbstwertgefühl aufbauen können.

- Wird nun das Kind in seinem Streben, das soziale Leben zu bewältigen, behindert, kann ein **verstärktes Minderwertigkeitsgefühl** entstehen. Das führt dazu, daß es seine sozialen Fähigkeiten nicht entfalten, damit aber die Realität, die sozial ist, nicht beantworten und so auch nicht die Lösung für seine Probleme finden kann. Damit kann der Mensch auch seine Ziele nicht erreichen und kein Selbstwertgefühl aufbauen.

- Das Individuum mit einem verstärkten Minderwertigkeitsgefühl baut sich seine eigene „Logik“, ein Phantasiegebilde auf, das nicht der Wirklichkeit entspricht, sondern von ihr abweicht, und das ein Streben nach einem Ziel beinhaltet, das mehr den eigenen Interessen und weniger denen des Allgemeinwohls entspricht (= „private Logik“). Es ist bestrebt, enorme Anstrengungen zu unternehmen, um sein Selbstwertgefühl zu sichern; es baut **Sicherungen** auf , um das Ich vor Bedrohungen von außen zu schützen und seine private Logik zu bewahren und durchzusetzen. Eine solche Sicherung wäre z. B. die Entwertung eines Zieles, das sich das Individuum gesetzt, aber schließlich doch nicht erreicht hat. Das Arrangieren von Sicherungen ist ihm weitgehend unbewußt.

- Der Aufbau und die Sicherung einer „privaten Logik“ führen jedoch zur Leugnung und Verfälschung der Realität, so daß es zu einem der Realität nicht angepaßten Verhalten kommt, was der Ausgangspunkt für seelische Fehlentwicklungen ist.

6.4.3 Die Theorie der kognitiven Entwicklung

Jean Piaget hat sich vor allem um die kognitive[1] Entwicklung des Kindes große Verdienste gemacht.

Jean **Piaget** wurde 1896 in der französischen Schweiz geboren. Er war zunächst Professor für Psychologie an den Universitäten Genf und Lausanne und an der Sorbonne, später war er Leiter des Internationalen Erziehungsbüros und stellvertretender Direktor am Institut des sciences de l'éducation in Genf. Im Alter von knapp 84 Jahren starb er in Genf. In zahlreichen Arbeiten hat er die kindliche Gedankenwelt untersucht und damit sowohl der Entwicklungspsychologie als auch der Pädagogik wichtige Grundlagen gegeben.

Piaget hat die Theorie der kognitiven Entwicklung entworfen, die im folgenden dargestellt wird:

- Alle lebenden Organismen haben die angeborene Tendenz, einerseits Umweltgegebenheiten an ihren Organismus und andererseits den Organismus an die Erfordernisse der Umwelt anzugleichen.

  So wird zum Beispiel vom Kleinkind ein Karton als Auto verwendet, was eine Angleichung von Gegebenheiten der Umwelt an die eigenen Handlungsmöglichkeiten bedeutet; bei der Differenzierung aller Vierbeiner in verschiedene Tierarten – nicht alle Vierbeiner sind „Wau-Wau" – gleicht sich das Kind den Umwelterfordernissen an.

  Diese gegenseitige Anpassung zwischen Organismus und Umwelt bezeichnet Piaget als **Adaptation.**

- Ebenso besitzen lebende Organismen die angeborene Tendenz zur **Organisation,** wie beispielsweise die Fähigkeit zu strukturieren, Ganzheiten zu bilden, zu ordnen, zu systematisieren.

[1] Der Begriff kognitiv ist in Kapitel 4.0 erläutert.

- Eine Form der Organisation ist die Einordnung und Verarbeitung von Umwelteindrücken, die nach Piaget mit Hilfe von **kognitiven Schemata** geschieht.

  Ludwig, zweieinhalb Jahre alt, sieht einen Hund. Die Mutter sagt zu ihm: „Schau, das ist ein Wau-Wau!". Nun kann es möglich sein, daß Ludwig das Schema bildet: „Alle Vierbeiner sind Wau-Wau."

  Weitere Beispiele für kognitive Schemata:
  „Löffel fallen lassen bedeutet Geräusche erzeugen."
  „Auf die heiße Herdplatte greifen erzeugt Schmerz."
  „Uniformierte Menschen sind Polizisten."

Kognitive Schemata sind Einrichtungen des Organismus, die eine Einordnung von Umwelteindrücken ermöglichen und mit deren Hilfe das Individuum Erfahrungen systematisieren kann (vgl. Rolf Oerter, 1987[21]).

- Das Individuum verbindet verschiedene Schemata miteinander, wodurch ein befriedigender Austausch mit der Umwelt möglich wird.

  So ermöglicht zum Beispiel die Verbindung der Schemata ‚fragen', ‚zuhören', ‚antworten', ‚mitteilen' usw. eine Konversation.

  Organisierte Verbindungen von Schemata bezeichnet Piaget als **Strukturen.**

  „Mit einem einzigen Schema kann ein Individuum nicht viel zustande bringen, und mit einer unverbundenen Menge von einzelnen Schemata ist nur wirre Aktivität möglich. Erst die geordnete Verbindung von verschiedenen Schemata ermöglicht einen befriedigenden Austausch mit der Welt." *(August Flammer, 1988)*

- Die gegenseitige Anpassung zwischen Organismus und Umwelt besteht nach Piaget in der Herstellung eines Gleichgewichtszustandes zwischen Individuum und Außenwelt. Das Individuum möchte sich in Einklang mit der Umwelt empfinden. Dieses **Streben nach Gleichgewicht** ist ein biologisches Prinzip der Entwicklung.
  Die Herstellung eines Gleichgewichtszustandes ist dann erforderlich, wenn der Mensch in ein Ungleichgewicht gerät. Dies kann grundsätzlich eintreten, wenn sich die Anforderungen und Bedingungen der Außenwelt verändern und die Umwelt mit den vorhandenen kognitiven Schemata nicht mehr bewältigt bzw. eingeordnet werden kann.

  Ludwig, der das Schema gebildet hat: „Alle Vierbeiner sind Wau-Wau", kommt nun mit seiner Mutter auf die Wiese hinaus, wo eine Kuh weidet. Aufgrund seines Schemas deutet Ludwig auf die Kuh und sagt: „Wau-Wau!". Die Mutter verneint jedoch. Das Kind gerät in einen Ungleichgewichtszustand, weil sich die Anforderungen der Außenwelt verändert haben und die Umwelt mit den vorhandenen kognitiven Schemata nicht mehr bewältigt werden kann.

  Ein Ungleichgewichtszustand kann auch zwischen verschiedenen Schemata sowie zwischen Schema und Struktur auftreten. Doch auch dieser wird durch Begegnungen und Erfahrungen mit der Außenwelt verursacht.

  Ein Beispiel für ein Ungleichgewicht zwischen verschiedenen Schemata ist, wenn ein Kind die zwei Schemata gebildet hat „Alle Gegenstände fallen nach unten" und „Eine Feder fliegt nach oben". August Flammer (1988) führt als Beispiel für ein Gleichgewicht zwischen Schema und Struktur an, wenn jemand im Zug zurück zum Speisewagen geht und kein Problem darin sieht, daß er sich im fahrenden Zug dennoch insgesamt vorwärts bewegt.

- Die Anpassung an die Veränderungen der Außenwelt geschieht nach Piaget mit Hilfe zweier verschiedener gegenläufiger Prozesse, der *Assimilation* und der *Akkomodation*.

Assimilation

Das Kind verarbeitet seine Umwelteindrücke mit Hilfe der schon vorhandenen kognitiven Schemata. Dabei paßt es seine Umwelteindrücke seinen schon vorhandenen Schemata an. Diesen Vorgang bezeichnet Piaget als Assimilation.

Assimilation ist ein Prozeß der Anpassung der Umwelt an den Organismus, an bereits bestehende kognitive Schemata.

Dieser Prozeß findet immer dann statt, wenn das Kind auf Personen, Objekte oder Sachverhalte aus der Umwelt mit früher gebildeten Schemata reagiert.

Ludwig paßt die Umwelt seinem Schema an, indem er auf die Kuh deutet und meint: „Wau-Wau“. Er paßt alle Vierbeiner seinem Schema an.

Akkomodation

Fällt nun das Kind aufgrund neuer Erfahrungen in ein Ungleichgewicht, so ist es gezwungen, vorhandene Schemata zu korrigieren, abzulegen bzw. neue hinzuzunehmen.

Ludwig kann mit seinem Schema „Alle Vierbeiner sind Wau-Wau“ seiner Umwelt nicht mehr gerecht werden, er fällt in ein Ungleichgewicht. Um wieder einen Gleichgewichtszustand herzustellen, ändert er sein Schema (zum Beispiel „Alle kleinen Vierbeiner sind Wau-Wau, alle großen Vierbeiner sind Muh-Muh“), er paßt sich der Umwelt an.

Diesen Angleichungsprozeß des Individuums an die Umweltbedingungen nennt Piaget *Akkomodation*.

Akkomodation ist ein Prozeß der Anpassung des Organismus an die Umwelt.

Dieser Vorgang findet immer dann statt, wenn sich ein Mensch aufgrund neuer Erfahrungen in einem Ungleichgewichtszustand befindet und die Umwelt mit den vorhandenen Schemata nicht mehr eingeordnet werden kann.

- Assimilation und Akkomodation sind zwei gegenläufige Prozesse, die von vorneherein zusammenspielen, einander ergänzen und die Entwicklung voranschreiten lassen. Bei Auftauchen einer neuen Situation wird erst versucht, die neuen Informationen an sich, an bereits vorhandene Lösungsmöglichkeiten anzupassen. Da jedoch auf diese Weise die Situation nicht bewältigt werden kann und das Individuum deshalb in einen Ungleichgewichtszustand fällt, werden die Lösungsmöglichkeiten verändert, abgelegt bzw. neue hinzugenommen. Auf diese Weise kann wieder ein Gleichgewicht hergestellt werden. Nun kann ein nächster Assimilationsvorgang unternommen werden, der wiederum einen Akkomodationsprozeß erforderlich macht, sobald das Individuum in ein neues Ungleichgewicht fällt (vgl. Rolf Oerter, 1987[21]).

Ludwig, zweieinhalb Jahre alt, sieht einen Hund. Die Mutter sagt zu ihm: „Schau, das ist ein Wau-Wau!". Ludwig bildet das Schema: „Alle Vierbeiner sind Wau-Wau." Nach diesem Schema handelt Ludwig in Zukunft, er hat die Information assimiliert. Auf der Weide sagt nun plötzlich die Mutter, als Ludwig eine Kuh sieht, auf sie deutet und „Wau-Wau!" schreit, „Nein, nein, das ist eine Muh!" Ludwig kann nun aufgrund seiner vorhandenen Schemata die Situation nicht mehr bewältigen, er fällt in einen Ungleichgewichtszustand. Um wieder ins Gleichgewicht zu kommen, paßt er seine Schemata der Umwelt an: „Alle kleinen Vierbeiner sind Wau-Wau, alle großen Vierbeiner sind Muh-Muh".

Dieses neue bzw. geänderte Schema kann Ludwig nun auf alle Kühe und Hunde erfolgreich anwenden. Bezeichnet er aber ein Pferd als „Muh-Muh", und wird er daraufhin von seiner Mutter entsprechend korrigiert, so entsteht erneut ein Ungleichgewicht, das wiederum durch eine Akkomodation beseitigt werden kann.

- Das Wechselspiel von Assimilation und Akkomodation wird so lange fortgesetzt, bis durch ihr Zusammenspiel ein **Gleichgewichtszustand** erreicht werden kann.

Herr Huber hat das Schema gebildet, daß alle Neger weniger intelligent sind als Weiße. Macht nun Herr Huber die Erfahrung, daß ein Neger eine sehr intelligente Leistung vollbringt, so entsteht eine Diskrepanz zwischen seinem bisherigen Schema und seiner konkreten Erfahrung. Er fällt in einen Ungleichgewichtszustand. Um wieder ein Gleichgewicht herzustellen, wird er möglicherweise versuchen, eine Erklärung für das intelligente Verhalten dieses einen Schwarzen zu finden, beispielsweise: „Mit geringen Ausnahmen sind Neger unintelligenter als Weiße". Es kann nun möglich sein, daß Herr Huber häufig Erfahrungen mit Schwarzen macht und sich deshalb das Wechselspiel von Assimilation und Akkomodation bis zu der logischen Erklärung fortsetzt, daß Hautfarbe und Intelligenzniveau unabhängig voneinander sind. Da nun Realität und Schemata übereinstimmen, ist hier die höchste Gleichgewichtsform erreicht.

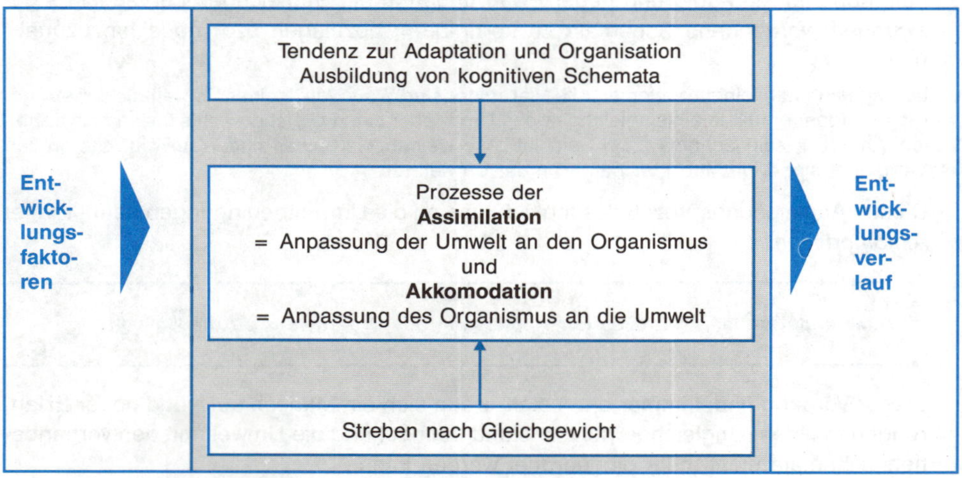

6.5 Merkmale der Entwicklung

Vor noch nicht allzu langer Zeit wurde Entwicklung vorwiegend als ein Reifungsgeschehen betrachtet, das in ganz bestimmten Stufen und Phasen abläuft.

Die heutigen Entwicklungspsychologen beschreiben Entwicklung als **kontinuierlichen Verlauf,** das heißt, Entwicklung erfolgt nicht schubweise in bestimmten Stufen oder Phasen und auch nicht sprunghaft, sondern stetig und fortlaufend, wenn auch ihr Verlauf nicht immer gleichmäßig ist. Selbst den plötzlich auftauchenden Verhaltensweisen wie beispielsweise dem Laufen-Können liegen kontinuierlich ablaufende Reifungs- und Lernprozesse zugrunde.

Der kontinuierliche Verlauf der Entwicklung weist bestimmte Merkmale auf, die häufig auch als **Entwicklungsgesetze** bezeichnet werden. Entwicklung bedeutet Veränderung, aber mit diesem Begriff sind nicht alle Veränderungen gemeint, sondern nur solche, die die folgenden Merkmale aufweisen:

- Die logische Reihenfolge und die Lebensalterbezogenheit
- Das Entwicklungstempo
- Die Differenzierung und Integration
- Die Zentralisation
- Die Kanalisierung und Stabilisierung

6.5.1 Die logische Reihenfolge und die Lebensalterbezogenheit

Entwicklungsveränderungen treten immer in einer ganz bestimmten Reihenfolge auf, die nicht umkehrbar (= irreversibel) ist.

Jedes Kind zum Beispiel krabbelt, bevor es gehen kann, spricht ein Wort, bevor es ganze Sätze sagen kann, schreit, bevor es lachen kann, und zeichnet Kreise, bevor es ein Rechteck zeichnen kann.

Diese nicht umkehrbare Abfolge von Veränderungen finden wir in der Entwicklung aller Persönlichkeitsmerkmale, sie wird als **logische Reihenfolge,** manchmal auch als **Irreversibilität** bezeichnet.

> **Mit logischer Reihenfolge bzw. Irreversibilität als Merkmal der Entwicklung meint man die nicht umkehrbare Abfolge von Veränderungen in der Entwicklung.**

Die in einer bestimmten Reihenfolge ablaufenden Veränderungen des Erlebens und Verhaltens können einzelnen Altersspannen zugeordnet werden.

So spricht das Kind zum Beispiel gegen Ende des ersten Lebensjahres in der Regel sein erstes Wort, mit 24 Monaten werden einzelne Wörter durch Sätze abgelöst, mit zweieinhalb Jahren beginnt das erste sogenannte Fragealter („Was-Fragen“) und mit ca. dreieinhalb Jahren entdeckt es Zusammenhänge, es folgen die „Warum-Fragen“ (sogenanntes zweites Fragealter).

Die Entwicklungspsychologie nennt dieses Merkmal **Lebensalterbezogenheit.**

> **Lebensalterbezogenheit bedeutet in der Entwicklungspsychologie die Möglichkeit des Zuordnens von Veränderungen zu den einzelnen Altersspannen.**

Die miteinander zusammenhängenden Veränderungen, die einzelnen Altersspannen zugeordnet werden können, bilden den *individuellen Entwicklungsverlauf.*

6.5.2 Das Entwicklungstempo

Die Entwicklung psychischer Fähigkeiten wie Intelligenz und Gedächtnis, psychischer Funktionen wie Wahrnehmen und Denken oder die Entwicklung psychischer Kräfte wie Emotionen und Bedürfnisse läuft in verschiedenen Altersspannen unterschiedlich schnell ab. Diese Gegebenheit bezeichnet die Entwicklungspsychologie als *Entwicklungstempo,* das zwischen einzelnen Individuen unterschiedlich ist.

> **Entwicklungstempo meint, daß die Entwicklung einzelner Persönlichkeitsmerkmale in verschiedenen Altersspannen unterschiedlich schnell verläuft.**

Diese Unterschiedlichkeit betrifft die **Verlaufsform,** den **Verlaufsbeginn** sowie die **Zeitdauer** der Veränderungen (vgl. Kurt Müller, 1984[7]).

Verlaufsform der Entwicklung

Mit Verlaufsform meint man die Beziehung von Veränderungen zum Lebensalter. Dabei kann man – grob gesehen – drei Verlaufsformen unterscheiden:

a) Die **geradlinige** Verlaufsform

Die Entwicklung eines Persönlichkeitsmerkmales beginnt und verläuft im gleichmäßigen Tempo. Sie weist daher weder Abschnitte einer beschleunigten noch einer gebremsten Entwicklung auf. Diese Verlaufsform kommt jedoch in der Wirklichkeit so gut wie nie vor.

Das Wachstum des Wortschatzes zum Beispiel verläuft in der frühen Kindheit immer gleichmäßig, das Kind lernt im zweiten Lebensjahr genausoviele Wörter wie im dritten und im vierten Lebensjahr, was aber in der Praxis nicht vorkommt.

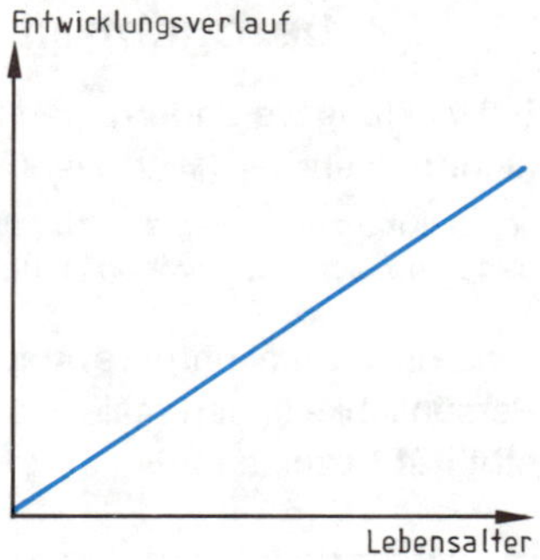

b) Die **beschleunigte** Verlaufsform

Beschleunigung besagt, daß die Entwicklung zunächst sehr langsam beginnt, dann immer schneller wird und ab einem bestimmten Zeitpunkt wieder gebremst wird.

So kann beispielsweise das Wachstum des Wortschatzes in den ersten Lebensjahren bei einem Kind sehr langsam beginnen, ab einem bestimmten Zeitpunkt aber dann sehr schnell verlaufen.

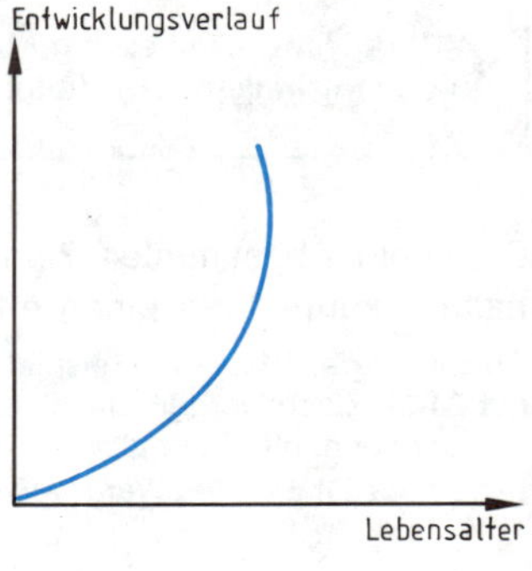

c) Die **verlangsamte** Verlaufsform

Verlangsamt besagt, daß die Entwicklung zunächst sehr schnell verläuft, dann aber immer langsamer wird. Diese Verlaufsform ist sehr häufig anzutreffen.

Die Wortschatzerweiterung eines Kindes kann, um beim gleichen Beispiel zu bleiben, in den ersten Jahren ungewöhnlich schnell verlaufen, und später wird dann die Wachstumsgeschwindigkeit wieder abgebremst.

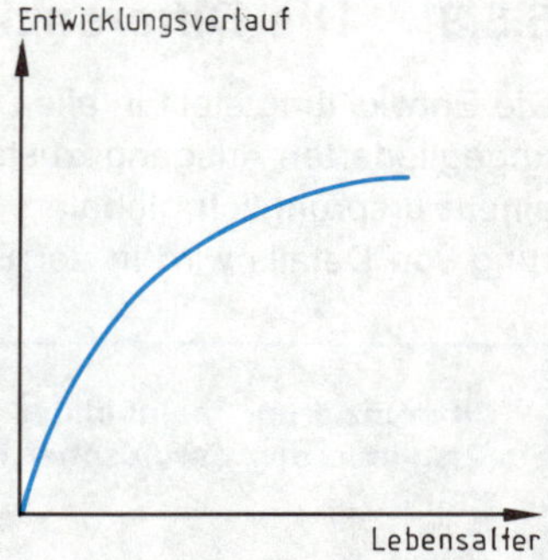

„Geradlinige, beschleunigte und gebremste Entwicklungsverläufe gelten nur für bestimmte Zeitabschnitte. Alle Verlaufsformen werden von einem bestimmten Lebensalter an gebremst; die Kurven verlaufen horizontal weiter oder fallen (...) mehr oder weniger stark ab." *(Kurt Müller, 1984[7])*

Verlaufsbeginn der Entwicklung

Unabhängig von der Verlaufsform unterscheiden sich Entwicklungsverläufe auch durch den Zeitpunkt ihres Beginns. So zum Beispiel beginnt die Pubertät bei manchen Jungen schon mit elf Jahren, während sie bei anderen erst mit dreizehn Jahren einsetzt. Der Zeitpunkt des Verlaufsbeginns kann verfrüht, normal oder verspätet sein.

Zeitdauer der Entwicklung

Neben der Verlaufsform und dem -beginn kann eine Entwicklung sehr schnell oder auch sehr langsam verlaufen. Die Dauer der Entwicklung kann sich auf einen kurzen, normalen oder langen Zeitraum erstrecken.

Bei dem einem Jungen beispielsweise dauert die Pubertät zwei Jahre, während sie sich bei einem anderen über drei Jahre hinwegziehen kann.
Unabhängig von der Zeitdauer – also ob beispielsweise bei einem Jungen die Pubertät zwei oder drei Jahre dauert – kann die Pubertät innerhalb dieses Zeitraumes verschiedene Verlaufsformen haben: Die Pubertät kann zunächst sehr rasch, dann aber etwas langsamer verlaufen.

Die Kombination von Verlaufsform, Zeitpunkt des Verlaufsbeginns und Verlaufsgeschwindigkeit kennzeichnet die Entwicklung eines bestimmten Teilbereiches der Persönlichkeit bzw. eines Persönlichkeitsmerkmales wie beispielsweise der Sprach- oder der Intelligenzentwicklung.

„Die Pubertät setzt bei Knaben mit einem sehr kräftigen Wachstumsschub ein. Dieser Schub hat zunächst eine geradlinige, später jedoch gebremste Verlaufsform. Der Beginn des Schubes ist von Kind zu Kind sehr verschieden. Bei einigen Knaben setzt er mit zehn Jahren, bei anderen erst mit dreizehn Jahren ein. Unabhängig von seinem Beginn verläuft der Wachstumsschub beim einen Knaben sehr schnell, beim anderen langsam. Später Beginn kann (...) durchaus durch schnelleren Verlauf ausgeglichen werden. Allerdings sind solche Kompensationen[1] nicht die Regel, denn allgemein schließen Knaben, bei denen der Wachstumsschub früh einsetzt, ihr Größenwachstum auch früher ab." (Kurt Müller, 1984[7])

➡ **Materialien 4.**

---

[1] Kompensation bedeutet Ausgleich.

6.5.3 Die Differenzierung und die Integration

Die Entwicklung stellt in allen Bereichen eine Ausgliederung der Details dar: Aus einem ungegliederten Ausgangszustand entstehen immer mehr Einzelteile und Funktionen, aus einem ursprünglich globalen Ganzen wird ein vielgestaltiges Gebilde. Diese Ausgliederung von Details wird in der Entwicklungspsychologie als **Differenzierung** bezeichnet.

Differenzierung meint in der Entwicklungspsychologie den Vorgang einer zunehmenden Ausgliederung psychischer Merkmale aus einem globalen, ungegliederten Anfangszustand.

So treten beispielsweise aus den unkontrollierten, globalen Bewegungen des Säuglings im Laufe der Zeit gezielte und bewußt gesteuerte Bewegungsabfolgen hervor.
Bei der Sprachentwicklung entstehen aus den unklaren Lallmonologen immer feinere Lautgebilde und schließlich Wörter und sauber ausgegliederte Sätze.
Die Entwicklung der Intelligenz geht zunächst von einer Art ‚Globalintelligenz' aus, die sich im Laufe der Zeit immer mehr spezialisiert.
Aus dem Lust-Unlust-Erleben des Säuglings ergibt sich die vielschichtige Gefühlswelt des Erwachsenen, und aus den wenigen beim Säugling vorhandenen Grundbedürfnissen wie Nahrung, Schlaf, Wärme entstehen zahlreiche Bedürfnisse (vgl. Abbildung in Kapitel 7.3.1).

Lebensleiter

Ein Mensch gelangt, mit Müh und Not,
Vom Nichts zum ersten Stückchen Brot.
Vom Brot zur Wurst gehts dann schon besser;
Der Mensch entwickelt sich zum Fresser
und sitzt nun, scheinbar ohne Kummer,
Als reicher Mann bei Sekt und Hummer.
Doch sieh, zu Ende ist die Leiter:
Vom Hummer aus gehts nicht mehr weiter.
Beim Brot, so meint er, war das Glück. –
Doch findet er nicht mehr zurück.

Eugen Roth

Zunächst kann das Kind die aus einem ungegliederten Anfangszustand hervorgetretenen Einzelteile und Funktionen nicht zueinander in Beziehung setzen. Das Kind erlebt sie als zusammenhanglose Einzelheiten, ohne Wesentliches zu erfassen und bestimmte Teile anderen über- bzw. unterordnen zu können. Erst im Laufe der Zeit entsteht die Fähigkeit, die vorher isoliert erlebten Einzelteile und Funktionen im Zusammenhang zu sehen, zueinander in Beziehung zu setzen und in komplexen Einheiten zu verstehen. Diesen Vorgang nennen wir **Integration,** er stellt einen gegenläufigen Prozeß zur Differenzierung dar.

Mit Integration bezeichnet man in der Entwicklungspsychologie den Vorgang, vorher isoliert erlebte Einzelteile und Funktionen zueinander in Beziehung zu setzen und im Zusammenhang zu sehen.

Das Kind reiht nicht mehr nur einzelne Lallmonologe ohne Zusammenhang aneinander, sondern setzt Wörter zueinander in Beziehung. Motorische Bewegungen und Sinnesleistungen laufen zunächst getrennt nebeneinander, bewirken aber bald ein sinnvolles Zusammenwirken, was beispielsweise ein gezieltes Greifen ermöglicht.

➡ **Materialien 5.**

6.5.4 Die Zentralisation

In zunehmendem Maße verlieren die Handlungen des Kindes ihre Zufälligkeit und werden von bewußten Überlegungen, Plänen, Zielsetzungen und Wertordnungen gesteuert. Dieser Vorgang wird **Zentralisation** genannt (vgl. Lotte Schenk-Danzinger, 1988[20]).

Zentralisation wird der Vorgang genannt, in welchem menschliche Handlungen ihre Zufälligkeiten und ihren vorwiegend reaktiven Charakter verlieren und von bewußten Überlegungen, Plänen, Zielsetzungen und Wertordnungen gesteuert werden.

So ahmt zum Beispiel das Kind zunächst mehr zufällig nur die Wörter nach, die es hört, später versucht es, seine Sprache bewußt zu gestalten. Kurz nach der Geburt können wir rein zufällige Massenbewegungen und Reflexe beobachten, die von bewußt gesteuerten Bewegungen abgelöst werden. Der Mensch entwickelt sich vom hilflosen Säugling, der von seinen Bedürfnissen gelenkt wird, zum bewußt handelnden Wesen, vom nur Reagierenden zum zielgerichteten Gestalter der Kultur.

6.5.5 Die Kanalisierung und die Stabilisierung

Die Umwelt, insbesondere die Erziehung, läßt nicht alle Verhaltensweisen zu, die ein Säugling bzw. ein Kleinkind zeigt. Dadurch werden die Möglichkeiten der Entwicklung in bestimmte Bahnen gelenkt. Aus der Vielfalt von Verhaltensweisen werden mit zunehmendem Alter ganz bestimmte Verhaltensweisen herausgebildet und gelernt. Diesen Vorgang nennt die Entwicklungspsychologie **Kanalisierung.**

Mit Kanalisierung ist der Vorgang gemeint, in welchem sich bestimmte Verhaltensweisen aus der Gesamtheit menschlicher Verhaltensmöglichkeiten herausbilden.

Aus der Vielzahl von Wörtern, mit denen ein Kind im Laufe seiner Entwicklung konfrontiert wird, benützt es im späteren Leben nur ganz bestimmte. Von den vielen Interessen, die Menschen haben können, schält sich bei dem einen ein Interesse für Autos, bei dem anderen ein Interesse für Musik heraus. Menschen entwickeln auch unterschiedliche Einstellungen: So entwickelt der eine eine positive Einstellung zu ausländischen Arbeitnehmern, ein anderer eine negative.

Die Verhaltensweisen, die in der Entwicklung aussortiert werden, werden im Laufe der Zeit verfestigt. So werden kanalisierte Verhaltensweisen zu Gewohnheiten, zu Fertigkeiten und Fähigkeiten, zu Einstellungen und Werthaltungen, zu festen Meinungen oder zu Vorurteilen. Dieser Vorgang der Verfestigung wird **Stabilisierung** genannt.

Mit Stabilisierung ist die Verfestigung von Verhaltensweisen im Laufe der Entwicklung gemeint.

Als Beispiele von den vielen Verfestigungen im Laufe der menschlichen Entwicklung seien das Erlernen der Schrift, des Lesens oder des Rechnens, später des Autofahrens erwähnt. Bekannt ist auch die Starrheit der Eßgewohnheiten. Auch verfestigen sich beim Menschen in der Regel ganz bestimmte Denkarten und Einstellungen, die oft zu Vorurteilen werden können. Nicht unerwähnt bleiben soll ebenfalls die Festlegung von ganz bestimmten Gefühlen oder auch der Geschlechtsrolle.

Merkmale der Entwicklung

Logische Reihenfolge
Die nicht umkehrbare Abfolge von Veränderungen.

Lebensalterbezogenheit
Die Möglichkeit des Zuordnens von Veränderungen zu einzelnen Altersspannen.

Entwicklungstempo
Der unterschiedlich schnelle Verlauf der Entwicklung einzelner Persönlichkeitsmerkmale in verschiedenen Altersspannen.

Differenzierung
Der Vorgang einer zunehmenden Ausgliederung psychischer Merkmale aus einem globalen, ungegliederten Anfangszustand.

Integration
Der Vorgang, vorher isoliert erlebte Einzelteile und Funktionen zueinander in Beziehung zu setzen und im Zusammenhang zu sehen.

Zentralisation
Der Vorgang, in welchem menschliche Handlungen ihre Zufälligkeiten verlieren und von bewußten Überlegungen gesteuert werden.

Kanalisierung
Der Vorgang, in welchem sich bestimmte Verhaltensweisen aus der Gesamtheit menschlichen Verhaltens herausbilden.

Stabilisierung
Die Verfestigung von Verhaltensweisen im Laufe der Entwicklung.

Übersicht über die wichtigsten Fragen der Entwicklungspsychologie

Frage	Was löst die Entwicklung aus und hält sie in Gang?	Wie läßt sich der Zusammenhang zwischen Ursache und Wirkung herstellen?	Wie verläuft die Entwicklung?
Antwort	**Entwicklungsfaktoren** ▼ endogene Faktoren exogene Faktoren autogene Faktoren	**Entwicklungsprozesse:** Reifung und Lernen, Assimilation und Akkomodation ▼ *Theorien:* Lerntheorien tiefenpsychologische Theorien kognitive Theorien u. a.	**Entwicklungsverlauf** ▼ *Merkmale:* Logische Reihenfolge Lebensalterbezogenheit Entwicklungstempo Differenzierung Integration Zentralisation Kanalisierung Stabilisierung
angestrebtes Ziel	**Beschreibung der Ursachen der Entwicklung**	**Erklärung des Zusammenhanges zwischen Ursache und Wirkung**	**Beschreibung der Wirkung** (des Entwicklungsverlaufs)

Zusammenfassung

- Mit Entwicklung ist eine gerichtete, zeitlich geordnete Reihe von miteinander zusammenhängenden Veränderungen des Erlebens und Verhaltens gemeint. Die Entwicklungspsychologie beschäftigt sich mit den Veränderungen des Erlebens und Verhaltens im Laufe der Zeit und hat als Ziele die Beschreibung des Entwicklungsverlaufs und dessen Ursachen, die Erklärung der beobachteten Zusammenhänge und die Anwendung entwicklungspsychologischer Erkenntnisse.
  Um den Verlauf des Entwicklungsgeschehens über einen längeren Zeitraum hinweg zu erfassen, benützt die Entwicklungspsychologie die Längsschnitt- und die Querschnittmethode.

- Alle Bedingungen, die Entwicklung verursachen, lassen sich drei Gruppen von Faktoren zuordnen, den endogenen, den exogenen und den autogenen Faktoren. Diese drei Faktorengruppen sind voneinander abhängig und lassen gleichwertig miteinander im Zusammenspiel die Entwicklung des Menschen voranschreiten.

- Mit Reifung wird in der Entwicklungspsychologie der nicht beobachtbare Prozeß der gerichteten Änderung des Erlebens und Verhaltens aufgrund von endogenen Faktoren bezeichnet. Lernen dagegen ist ein nicht beobachtbarer Prozeß, der durch Erfahrung und Übung, also aufgrund von exogenen Faktoren zustandekommt und durch den Verhalten relativ dauerhaft entsteht oder verändert wird. Reifung und Lernen bedingen sich gegenseitig und sind voneinander abhängig.
  Entwicklungsprozesse stellen auch die Vorgänge der Assimilation (= Anpassung der Umwelt an den Organismus) und der Akkomodation (= Anpassung des Organismus an die Umwelt) dar.

- Veränderungen des Erlebens und Verhaltens werden mit Hilfe von verschiedenen Theorien wie Lerntheorien (Lernen am Modell, klassisches und operantes Konditionieren), tiefenpsychologischen Theorien (zum Beispiel Psychoanalyse und Individualpsychologie) oder kognitiven Theorien (Lernen durch Einsicht, Feldtheorie) erklärt. Als sehr nützlich hat sich die Theorie der kognitiven Entwicklung von Jean Piaget gezeigt.

- Die heutigen Entwicklungspsychologen beschreiben Entwicklung als kontinuierlichen Verlauf, das heißt, Entwicklung erfolgt stetig und fortlaufend, wenn auch nicht immer gleichmäßig. Der kontinuierliche Verlauf der Entwicklung weist bestimmte Merkmale auf, die häufig auch als Entwicklungsgesetze bezeichnet werden:
  - Logische Reihenfolge (Irreversibilität) und Lebensalterbezogenheit,
  - Entwicklungstempo (Verlaufsform, Zeitpunkt des Verlaufsbeginns und Verlaufsgeschwindigkeit),
  - Differenzierung und Integration,
  - Zentralisation,
  - Kanalisierung und Stabilisierung.

1. Das Bedingungsdreieck der Entwicklung

Die Erbtheoretiker behaupten, daß menschliche Entwicklung (E) genetisch vorprogrammiert ist, daß die Erbanlagen (A) bestimmen, wie sich der Mensch im Laufe seines Lebens entwickelt.

$$E = f(A)$$

Die Milieutheoretiker sehen allein die Umweltfaktoren (U) als bedeutsam für das Entwicklungsgeschehen an. Das, was aus einem Menschen wird, ist allein das Produkt seiner Erfahrungen.

$$E = f(U)$$

Die Interaktionstheoretiker (Interaktion: wechselseitige Beeinflussung) betonen, daß Anlage und Umwelt in enger Wechselwirkung stehen. Wofür keine Anlage vorhanden ist, dafür kann auch kein Umwelteinfluß wirksam werden; andererseits ist die Entfaltung einer Anlage nur durch Umwelteinflüsse möglich.

$$E = f(A \cdot U)$$

Der Mensch ist aber nicht nur ein reaktives, sondern auch ein aktives Wesen, das seine Entwicklung mitgestaltet. Diese aktive Selbststeuerung (S), die bereits in der frühen Kindheit zu beobachten ist, führt das Kind aus der passiven Haltung der Umwelt gegenüber heraus in den Bereich der aktiven Auseinandersetzung mit ihr. Das Individuum selbst kann seine Entwicklung fördern und hemmen, im Extremfall sogar unmöglich machen.

$$E = f(A \cdot U \cdot S)$$

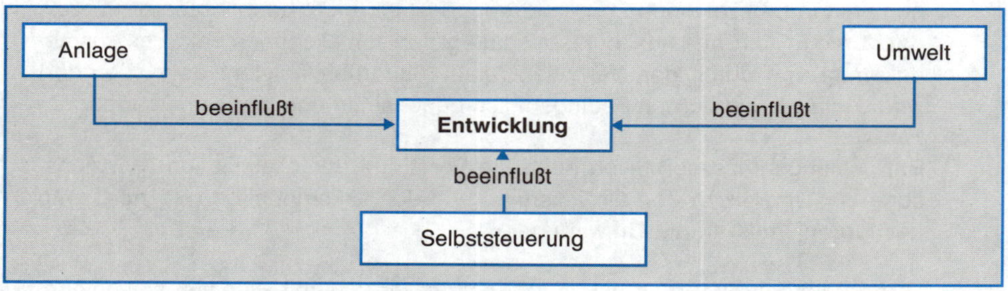

Quelle: Eduard W. Kleber, 1978[2] (abgeändert)

2. Der Prozeß der Reifung

Speziell im motorischen Bereich zeigt sich Entwicklung auf Grund von endogenen Reifevorgängen am deutlichsten. Neurophysiologische und neuromuskuläre Reifungsschritte führen zu immer neuen Verhaltensformen beim Kleinkind. (...)

Von *Carmichaels* (1954) stammt der klassische Versuch, in dem eine Verhaltensreifung klar nachgewiesen wurde. *Carmichaels* beobachtete, daß Salamanderlarven allmählich ein immer besseres Schwimmverhalten zeigen. Wenn dieses Schwimmverhalten ein Reifungs- und kein Lernprodukt ist, müßte es ohne jede Lerngelegenheit zur bestimmten Zeit, nämlich wenn „die Zeit" reif ist, in seinem vollen Ausprägungsgrad hervortreten. Zu der Zeit, als sich bei einer größeren Gruppe von Salamanderlarven erste Schwimmbewegungen zeigten, teilte *Carmichaels* diese Gruppe in zwei Untergruppen, von denen er die eine in Wasser brachte, das eine anästhesierende Substanz enthielt, die andere blieb in normalem Wasser. Nachdem die letztere Gruppe kräftige ausdauernde Schwimmbewegungen zeigte, wurden die eingeschläferten Tiere ebenfalls wieder in normales Wasser gebracht. Es zeigte sich, daß sie nach dem Erwachen innerhalb einer Minute Schwimmbewegungen durchführten. Innerhalb einer halben Stunde waren sie nicht mehr von den Tieren der Kontrollgruppe zu unterscheiden.

Ähnliche Versuche im Humanbereich führten *Gesell* und *Thompson* (1929) sowie *McGraw* (1940) durch. Sie machten Versuche mit eineiigen Zwillingen bei sensumotorischen Leistungen wie Treppensteigen, Schneiden mit Scheren, Einknöpfen von Knöpfen u. a. m. Sie gaben z. B. einem der Zwillinge früh ausgiebig Gelegenheit, das Treppensteigen zu üben, während der Bruder ausschließlich in einer niveaugleichen Wohnung spielte und aufwuchs. Zu dem Zeitpunkt, in dem das Treppensteigen im allgemeinen von Kindern als kontinuierliche Fortbewegung beherrscht wird und der erste Zwillingsbruder entsprechend eine Treppe begehen konnte, wurde der zweite Zwillingsbruder, der bisher keinerlei Übungsmöglichkeiten hatte, zum Treppensteigen veranlaßt. Es zeigte sich, daß dieser nun nicht unmittelbar eine Treppe kontinuierlich begehen konnte, daß er allerdings jetzt, nachdem „die Zeit reif war", nur einen Bruchteil der Übungen benötigte, um es seinem Bruder gleichzutun. Es war hier keine perfekte Verhaltensreifung wie bei *Carmichaels* nachzuweisen, aber die Reifevorgänge stellten einen erheblichen Erleichterungsfaktor für die entsprechenden Lernvorgänge dar. Verhaltensreifung bei sprachlichem oder kognitiven Verhalten konnte bisher nicht gleich deutlich nachgewiesen werden. Es ist aber zu vermuten, daß auch in diesen Bereichen Reifevorgänge die Lernvorgänge erleichtern. Hier wäre an das Phänomen der sog. sensiblen Phasen zu erinnern. (...) Neben der intensiven Verschränkung von endogener Reifung und der Wirkung von Außenreizen von Reifen und Lernen fällt im Verhaltensbereich ein jeweils gleichbleibender (...) Ablauf der Verhaltensveränderungsreihe, die man Entwicklung nennt, auf. Kein Kind wird laufen lernen, bevor es stehen kann, kein Kind wird rennen lernen, bevor es gehen kann. Eine solche aus der Sache selbst ableitbare notwendige Aufeinanderfolge nennt *Heckhausen* (1964) „sachimmanente Entfaltungslogik". „Die Fähigkeit zu addieren macht erst das Multiplizieren möglich und letztere erst das Dividieren. Diese Implikationen eines Entwicklungsganges liegen offensichtlich in der Natur der Sache, sie sind sachlogisch." Solche Implikations-Verschachtelungen, Sequenzen sachimmanenter Logik, hat *Piaget* zuerst sorgfältig analysiert.

Quelle: Eduard W. Kleber, 1978[2]

3. Die Feldtheorie von Kurt Lewin

Lewin (1936, 1963) übertrug die Theorien der deutschen Gestaltpsychologie *(Wertheimer, Köhler, Koffka)* auf die menschliche Handlung. Das zentrale Ergebnis der Gestaltpsychologie war, daß die Art und Weise, in der jemand einen Reiz wahrnimmt, von der gesamten Situation abhängt, in welcher der Reiz dargeboten wird. Die Gestalt ist stets mehr als die Summe der einzelnen Reize (Beispiel: optische Täuschungen der Wahrnehmung).

Der Feldbegriff wird von *Lewin* aus der Physik entnommen. Dort dient er zur anschaulichen Darstellung z. B. von Kraftlinien im Feld des Magneten. Der Mensch bewegt sich für *Lewin* nun in einem subjektiven Feld, in einem „Raum, der an jedem Punkt eine bestimmte Charakteristik hat" (1963, S. 216).

Ziel der *Lewin*schen Theorie war die Voraussage des konkreten Verhaltens einer Person in einer bestimmten Situation. Die Situation, in der das Individuum erlebt und handelt, ist ein dynamisches Feld, der *„Lebensraum"*, den er folgendermaßen definiert (1936, S. 216): „... Gesamtheit der Tatsachen, die das Verhalten (V) eines Individuums in einem gegebenen Augenblick determinieren ... Der Lebensraum (L) schließt die Person (P) und die Umgebung (U) ein ... Er kann repräsentiert werden durch einen endlich strukturierten Raum."

Diesen Lebensraum illustriert er mit folgender Abbildung in seiner einfachsten Form (aus *Roth* 1969, S. 125):

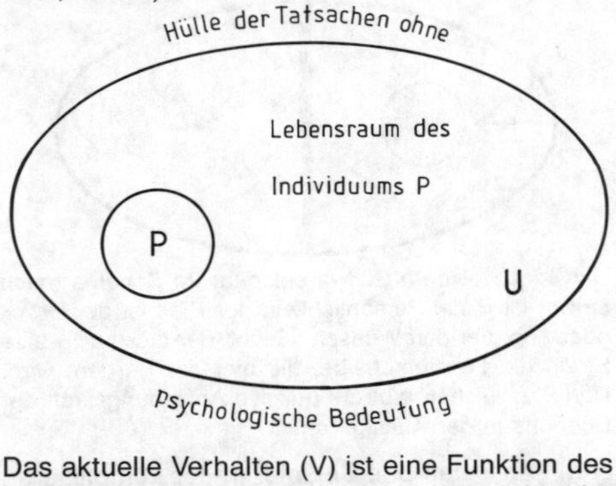

Das aktuelle Verhalten (V) ist eine Funktion des Lebensraumes (L) und dieser eine Funktion der äußeren Situation / Umwelt (U) und der betreffenden Person (P) oder als Gleichung:

$$V = f_{(L)} = f_{(U)} + f_{(P)}$$

Die Umwelt (U) des Lebensraumes ist nun keinesfalls die objektive Realität, sondern die subjektive Welt, wie sie für das Individuum existiert. Diese Umwelt kann in weitere *Regionen* (psychologische Gegebenheiten) eingeteilt werden. Die Umwelt ist voll von Objekten, die für das Individuum einen Aufforderungscharakter haben, d. h. daß sie entweder anziehend oder absto-

ßend auf das Individuum wirken. Dazu ein Beispiel für das Verhalten eines Kindes in einer Region seines Lebensraumes:
Ein Kind geht an einer Konditorei vorbei und sieht im Schaufenster eine Tüte Bonbons. Die Bonbons üben auf das Kind eine Anziehungskraft (positive *Valenz*) aus, d. h. es entsteht bei ihm ein Bedürfnis. Dieses Bedürfnis löst eine Energie aus, durch die Spannungen im Inneren des Kindes entstehen (d. h. in dem sich Bonbons wünschenden System). Die Anziehungskraft der Bonbons zieht das Kind in ihre Richtung; sie ist eine gerichtete Kraft in diesem Feld und wird als *Vektor* bezeichnet. Das Kind möchte in den Laden gehen, hat aber kein Geld. Dadurch entsteht eine Grenze zwischen ihm und dem Laden, eine *Barriere*. Schematisch kann man die Situation wie folgt darstellen (aus *Bühler* 1962, S. 233):

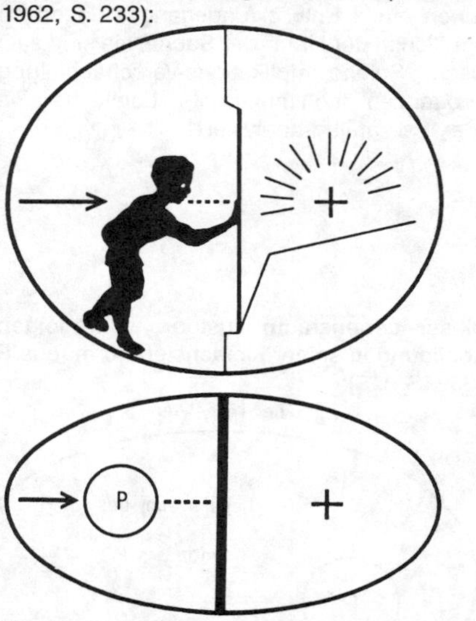

Das Kind vor dem Süßwarenladen: Im Schema (nach *Lewin*) ist P die Persönlichkeit, der Pfeil ist der Druck oder Zug, der den Wunsch ausübt, der dicke schwarze Strich die Fensterscheibe, die hier zur Barriere wird. Das Pluszeichen gibt die positive Anziehungskraft der Bonbons in der Auslage an.

Nun kann man das Beispiel weiter komplizieren und annehmen, daß unser Kind nun sich das benötigte Geld von seiner Mutter holen möchte. Dieses Bedürfnis bezeichnet *Lewin* als *Quasi-Bedürfnis*. Nehmen wir weiter an, daß sich die Mutter weigert, dem Kind Geld zu geben, dann wird sie zu einer weiteren Barriere, und bei dem Kind besteht nun möglicherweise der Wunsch, sich das Geld bei einem Freund zu borgen. Auch dieses Kraftfeld soll schematisch dargestellt werden (übersetzt aus *Hall & Lindzey*, 1970, S. 233):

Quelle: Peter R. Wellhöfer, 1977

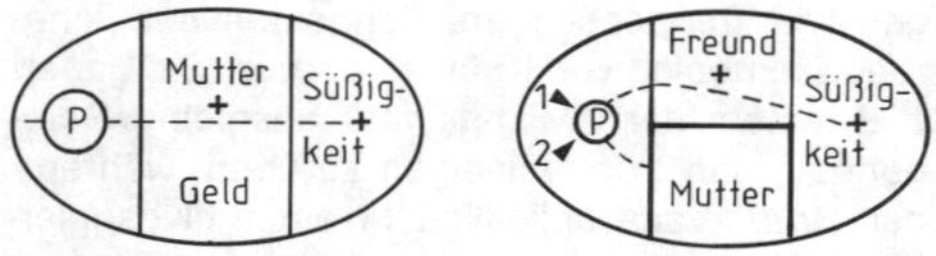

Lewin entwickelt aus diesen Grundzügen seine topologische oder Vektorpsychologie, bei der er auch die *Struktur der Persönlichkeit* topologisch beschreibt. Er unterscheidet verschiedene, miteinander verflochtene Persönlichkeitsschichten. Dies soll ebenfalls wieder mit einer Abbildung verdeutlicht werden (nach *Neel* 1974, S. 361):

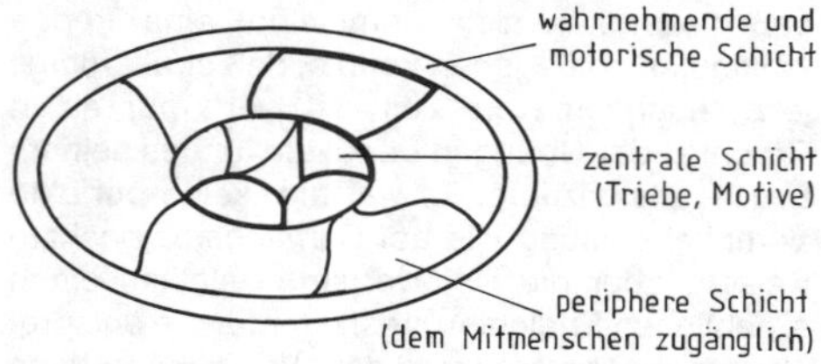

Er unterscheidet eine äußere, motorische und wahrnehmende Region (äußerer Kreis), die mit dem Lebensraum in enger Beziehung steht. Die innere Region unterteilt er in periphere und zentrale Bereiche. Einige dieser Bereiche liegen mehr an der Oberfläche und sind für den Mitmenschen leichter zugänglich (Gedanken, Einstellungen u. ä.). Andere Schichten liegen zentraler und beinhalten die Bedürfnisse und Triebe. In den verschiedenen psychischen Situationen sind die Hauptgrenzen zwischen den Regionen verschieden scharf. Im Affektzustand verschwimmen die Grenzen und mit ihr die internen Gliederungen der einzelnen Regionen. Der Aufbau der Persönlichkeitsstruktur unterscheidet sich zwischen den einzelnen Personen hinsichtlich der Differenziertheit und Abgrenzung der einzelnen Regionen.
Beim Kind finden sich nur wenige, einfach strukturierte Regionen, die sich mit wachsender Erfahrung zu einer komplexen und differenzierten Struktur ausbilden, d. h. es sind nun beim Individuum entsprechend mehr Bedürfnisse, Einstellungen und Überzeugungen vorhanden.
Lewin hat versucht durch interessante Experimente sein Modell zu untermauern. Dies ist ihm aber nur teilweise gelungen, und wenn, dann bei kleinen Kindern als Versuchspersonen, da man bei ihnen das Kraftfeld am ehesten noch experimentell variieren konnte. Bei Erwachsenen ist es schwer, die aktuellen Valenzen im Lebensraum vorherzusagen, um das Verhalten in der gegebenen Situation zu prognostizieren. Hierzu hätte man auch die individuelle Vergangenheit der Person (seine Lerngeschichte) erfassen müssen, was von *Lewin* aber vernachlässigt wurde.

4. Akzeleration und Retardierung

Die Begriffe Akzeleration und Retardierung sind für die Entwicklungspsychologie sehr wichtig. Leider werden sie aber nicht immer eindeutig verwendet.

Bei dem Begriff Akzeleration wird oft nicht genügend unterschieden zwischen Akzeleration im Sinne der *zeitlichen Vorverlegung* eines Verlaufsbeginnes und Akzeleration im Sinne der *Erhöhung des Entwicklungstempos.*

Was ist Akzeleration?

- Unter Akzeleration versteht man die Abweichung des Beginns einer Entwicklung von einer Norm im Sinne einer zeitlichen Vorverlegung und bzw. oder die Erhöhung der Geschwindigkeit einer Entwicklung gegenüber einer Norm.

  Beispiele

  Ein Mädchen, bei dem bereits mit acht Jahren die Menarche[1] eintritt, ist in seiner Pubertätsentwicklung akzeleriert, denn der Pubertätsbeginn, der durch die Menarche angezeigt wird, ist bei ihm um etwa 2,5 Jahre gegenüber der Norm verfrüht.
  Ein Mädchen, bei dem die Pubertät mit 10,5 Jahren (also ganz normal) beginnt, und das mit 12 Jahren in allen seinen Geschlechtsmerkmalen ausgereift ist, hat bei normalem Beginn, die Pubertät sehr schnell durchlaufen. Es kann mit 12 Jahren als akzeleriert in Bezug auf seine Pubertätsentwicklung betrachtet werden.
  In beiden Fällen handelt es sich um individuelle Akzelerationen.

Die verschiedenen Teilbereiche der Entwicklung (wie Körperwachstum, Intelligenzentwicklung, Sprachentwicklung usw.) können gemeinsam akzelerieren oder aber es tritt eine Spaltung in den Verlaufsgeschwindigkeiten ein, d. h. die Akzeleration betrifft nur einen bestimmten Teilbereich, während die anderen sich normal entwickeln. Die gemeinsame Akzeleration aller Teilbereiche wird auch als synchrone, gelegentlich als harmonische Akzeleration bezeichnet.
Verlaufen dagegen die verschiedenen Teilbereiche der Entwicklung bei einem bestimmten Kind oder Jugendlichen in – gegenüber der Norm – jeweils unterschiedlichem Entwicklungstempo, so spricht man von asynchroner bzw. von disharmonischer Akzeleration.
Bei Jugendlichen in und nach der Pubertät findet man immer wieder auffallende „Asynchronien" in der Entwicklung. Jugendliche sind z. B. übernormal groß für ihr Alter, zeigen aber nicht die entsprechende Entwicklung in anderen Teilbereichen, wie etwa der Geschlechtsmerkmale, der Intelligenz, des sozialen Verhaltens usw. Für den Erzieher ist die genaue Kenntnis solcher asynchroner Entwicklungen sehr wichtig. Nur zu oft werden Kinder und Jugendliche nach den auffallenden Entwicklungsmerkmalen, wie Körpergröße u. ä., beurteilt und auf ihr Leistungsvermögen hin eingeschätzt. Asynchron akzelerierte Jugendliche scheinen stärker zu Verhaltensstörungen und zur Kriminalität zu neigen als harmonisch akzelerierte.

Interessant ist nun, daß sich die Entwicklungsnormen selbst im Laufe größerer Zeitabschnitte (Epochen) verändern. Viele Kriterien des Entwicklungsstandes für bestimmte Lebensalter haben sich in den letzten 100 Jahren zeitlich vorverlagert.

Man nennt dies „Epochale Akzeleration".
Schon bei der Geburt sind die Kinder größer und schwerer als vor 100 Jahren, der Zahnwechsel erfolgt früher, und die Merkmale der geschlechtlichen Reifung zeigen sich früher. Die Jugendlichen schließen heute früher die Entwicklung ab; insgesamt werden sie deutlich größer als in früheren Zeiten. Innerhalb der letzten 50 Jahre haben sich ganz erstaunliche Veränderungen im Größenwachstum ergeben.
(...)
Die Frage nach den Ursachen der epochalen Akzeleration ist, so wichtig und interessant sie scheint, bisher noch wenig befriedigend beantwortet worden. Wahrscheinlich sind es sehr viele Faktoren, die eine Verfrühung der Entwicklungsnormwerte bedingen. Da man in den Großstädten eine stärkere Akzeleration vorfindet als auf dem Lande, macht man die typischen Großstadtbedingungen (Lärm, grelles Licht, Verkehrshektik, Anregung durch Kino und Theater usw.) für die Vorverlegungen der Entwicklungsnormen verantwortlich. Die Faktoren wirken insgesamt stimulierend und aktivierend auf den unreifen Organismus. Vielleicht kann die Akzeleration als Anpassungsvorgang an neue Lebensbedingungen aufgefaßt werden. Auch die bessere Ernährung wird als Ursache angesehen, und schließlich muß man auch an erbbiologische Faktoren denken. Man glaubt, die bessere Durchmischung der Gesamtbevölkerung trüge zur Entwicklungsbeschleunigung bei. (...)

---

1 Menarche: Der Zeitraum des ersten Eintritts der Menstruation

Was ist Retardierung?

● Unter Retardierung versteht man die Abweichung des Beginns einer Entwicklung von einer Norm im Sinne einer Verspätung und bzw. oder die Verlangsamung der Geschwindigkeit eines Entwicklungsverlaufes gegenüber einer Norm.

Beispiele

Ein Kind, das erst mit drei Jahren richtig zu sprechen beginnt, ist hinsichtlich seiner Sprachentwicklung retardiert.

Aber auch dann spricht man von Retardierung, wenn das Kind normal mit 1,5 Jahren zu sprechen anfängt, aber seine weitere Sprachentwicklung sehr langsam verläuft.

Leider werden diese beiden Formen der Retardierung nicht immer klar genug voneinander getrennt.

Entsprechend den Verhältnissen bei der Akzeleration kann man auch bei der Entwicklungsverzögerung von synchroner und asynchroner Retardierung sprechen. Bei synchroner Retardierung sind alle Teilbereiche der Entwicklung gleichmäßig von der Verzögerung oder Verlangsamung betroffen, bei asynchroner Retardierung entwickelt sich nur ein bestimmter Teilbereich besonders langsam.

Bei vielen Kindern ist die Sprachentwicklung verzögert, obwohl ihre Intelligenz altersgemäß entwickelt ist und ihr Körperwachstum durchaus als normal bezeichnet werden kann.

Quelle: Kurt Müller, 1984[7] (Daten aktualisiert)

5. Differenzierung und Integration

Als (...) Beispiel für Differenzierungsprozesse können Kinderzeichnungen herangezogen werden, vor allem die Darstellung der menschlichen Figur.

Man kann gut an der Zeichnung verfolgen, wie dem Kind immer mehr Details bewußt werden (...) und wie die zuerst global-symbolische Darstellung immer detailliertere Aussagemöglichkeiten erhält.

Ein weiteres Beispiel fortschreitender Differenzierung bietet die Baumzeichnung.

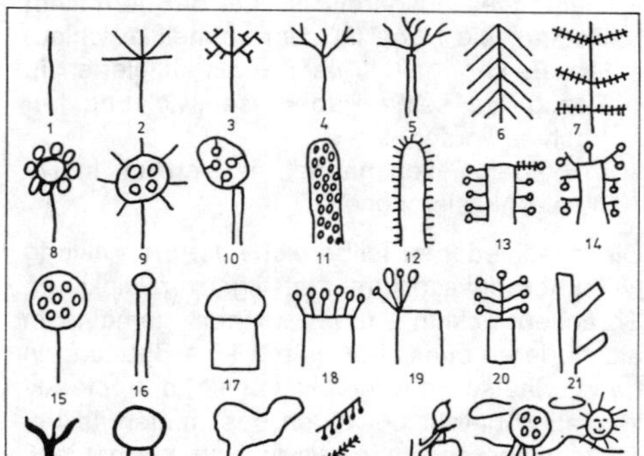

Es scheint, daß sich Differenzierung und Integration in der Entwicklung ablösen oder abwechseln.

(...) Im allgemeinen kann anscheinend plötzlich vorher isoliert und vielfältig Erlebtes im Zusammenhang ja als Eines aufgefaßt und verstanden werden.

Nehmen wir als Beispiel ein Bild, wie es in älteren Intelligenztests verwendet wird, an dem sich die Vorgänge veranschaulichen lassen.

Bildbetrachtungsaufgabe aus einem *Binet*-Intelligenztest

Auf einer sehr frühen Stufe wird es dem Kind nicht gelingen, irgend etwas auf dem Bild zu erkennen. Bald erkennt es Personen – Mama –, etwas später Gegenstände. Mit drei Jahren wird erwartet, daß das Kind auf die Frage „Was geschieht da? – Was machen die Leute?" mehrere Einzelheiten nennen kann. Mit fünf, sechs Jahren kann das Kind bereits größere Einheiten in Form von Handlungszusammenhängen angeben, z. B.: Ein Junge zieht an der Tischdecke, da läuft das Mädchen weg — Der Mann schimpft mit dem Jungen, u. ä. – Im neunten Lebensjahr wird eine integrierte Erfassung des Inhaltes verlangt, z. B. „Da wird der Falsche bestraft."

Quelle: Eduard W. Kleber, 1978[2]

AUFGABEN UND ANREGUNGEN — Kapitel VI

Reproduktion von Informationen:

1. Bestimmen Sie den Begriff Entwicklung.
   (Abschnitt 6.1.1)

2. Beschreiben Sie Ziele und Methoden der Entwicklungspsychologie.
   (Abschnitt 6.1.2 und 6.1.3)

3. Zeigen Sie die Wirkungen von Entwicklungsfaktoren auf.
   (Abschnitt 6.2.1, 6.2.2 und 6.2.3)

4. Was versteht man unter kritischen bzw. sensiblen Phasen? Zeigen Sie kritische und sensible Phasen in der menschlichen Entwicklung auf.
   (Abschnitt 6.2.5)

5. Erläutern Sie die Prozesse Reifung und Lernen sowie Assimilation und Akkomodation.
   (Abschnitt 6.3.1, 6.3.2 und 6.3.3)

6. Stellen Sie die Theorie der kognitiven Entwicklung von Jean Piaget dar.
   (Abschnitt 6.4.3)

7. Beschreiben Sie Merkmale der Entwicklung.
   (Abschnitt 6.5)

Anwendungsaufgaben:

8. *Beschreiben Sie die Entwicklungsfaktoren, und erläutern Sie anhand eines Beispiels, wie das Zusammenwirken dieser Entwicklungsfaktoren die Entwicklung des Menschen beeinflussen kann!
(Abschnitt 6.2)
9. Zeigen Sie am Beispiel der Entwicklung eines Persönlichkeitsmerkmales die Wirkungen von endogenen, exogenen und autogenen Entwicklungsfaktoren auf.
(Abschnitt 6.2.1, 6.2.2, 6.2.3 und Kapitel 7)
10. Stellen Sie an einem Beispiel die Wechselwirkung von Reifung und Lernen sowie die beiden Entwicklungsprozesse Assimilation und Akkomodation dar.
(Abschnitt 6.3)
11. Erklären Sie mit Hilfe der kognitiven Theorie von Piaget die Entwicklung einer kognitiven Funktion oder Fähigkeit (zum Beispiel die Entwicklung der Wahrnehmung, der Sprache, der Intelligenz bzw. des Denkens oder des Gedächtnisses).
(Abschnitt 6.4.3 und Kapitel 7.2)
12. *Erklären Sie mit Hilfe wichtiger Aussagen einer Entwicklungstheorie, warum sich das Verhalten im Sinne der Entwicklung ändert!
(Abschnitt 6.4 oder Kapitel 11.4.2)
13. *Erklären Sie die Entwicklung zweier Persönlichkeitsmerkmale mit Hilfe zentraler Aussagen einer tiefenpsychologischen Theorie oder relevanter lerntheoretischer Erkenntnisse!
(Abschnitt 6.4.1, 6.4.2, 6.4.3 oder Kapitel 11.4.2)
14. Erläutern Sie am Beispiel der Entwicklung eines Persönlichkeitsmerkmales Merkmale der Entwicklung.
(Abschnitt 6.5 und Kapitel 7)

Anregungen:

15. *Im Volksmund kann man oft die beiden folgenden Sprichwörter hören:*
„Im Leben kommt alles, wie es vom Schicksal bestimmt ist."
„Jeder ist seines Glückes Schmied."
Diskutieren Sie diese beiden Sprichwörter unter Berücksichtigung von entwicklungspsychologischen Erkenntnissen.
16. Vor noch nicht allzu langer Zeit wurde Entwicklung vorwiegend als ein Reifungsgeschehen betrachtet, das nach einem in der Genstruktur festgelegten Programm abläuft. In der heutigen Zeit wird Entwicklung mehr als ein Lernvorgang gesehen.
Nehmen Sie im Rahmen eines Rollenspiels beide Standpunkte ein, und diskutieren Sie die Konsequenzen, die sich aus dem jeweiligen Standpunkt für die Förderung eines Kindes im Elternhaus und in der Schule ergeben.
17. Das Entwicklungstempo, das den Entwicklungsverlauf, den -beginn und die -geschwindigkeit miteinschließt, ist individuell verschieden.
Fragen Sie Ihre Eltern, wie sich die Entwicklung verschiedener Persönlichkeitsmerkmale (zum Beispiel Laufen- und Sprechenlernen) bei Ihnen im Hinblick auf Entwicklungsverlauf, -beginn und -geschwindigkeit gezeigt hat. Tauschen Sie in der Klasse Ihre verschiedenen „Entwicklungsvorgänge" aus.
18. Ein Merkmal der Entwicklung ist die Stabilisierung.
Diskutieren Sie über die Gefahren einer Verfestigung von Verhaltensweisen, und überlegen Sie, wie man diesen vorbeugen kann.

7 Entwicklungspsychologie II: Entwicklung auf verschiedenen Altersstufen

Der Fall „Maria X.“, 19 Jahre alt:

Maria X., 19 Jahre alt, steht vor Gericht. Sie ist nach dem BtmG (Betäubungsmittelgesetz) des Drogenhandels angeklagt, da man bei ihr 10 g Heroin gefunden hat.
Um entscheiden zu können, ob Maria noch nach dem JGG (Jugendgerichtsgesetz) verurteilt werden kann, muß ein Sozialarbeiter des Jugendamtes ein Gutachten erstellen über die Persönlichkeit der Angeklagten, über ihren Entwicklungsstand.

Hier steht der Sozialarbeiter vor dem Problem:

Welche Aspekte geben Aufschluß über den Entwicklungsstand eines Menschen?

In dem **Gutachten des Sozialarbeiters** ist dann u. a. zu lesen:

Bei der Geburt von Maria X. kam es zu Komplikationen, die Großhirnrinde wurde verletzt, so daß das linke Bein spastisch gelähmt wurde.
Die Eltern von Maria, die aufgrund der Behinderung Schwierigkeiten hatten, mit ihrer Tochter umzugehen, steckten sie mit drei Jahren in ein Heim. Bis dahin hatte Maria noch nicht gelernt zu gehen.
Beim Schulreifetest zeigte sich, daß Maria in ihrer Sprachentwicklung noch kaum über das Stadium der Mehrwortsätze hinausgekommen war, daß sie weder Farben, noch Formen auseinanderhalten konnte und daß sie noch große Schwierigkeiten hatte, Realität und Phantasie zu trennen.
Aus finanziellen Gründen mußte Maria mehrmals die Heime wechseln, so daß sie immer von den ihr vertrauten Personen weggerissen wurde. Mit 16 Jahren lernte Maria einen Drogenabhängingen kennen, an den sie sich emotional stark klammerte.
Man kann Maria einerseits als sehr anhänglichen, ängstlichen und unter Minderwertigkeitskomplexen leidenden, andererseits jedoch sehr aggressiven Menschen beschreiben, der manchmal völlig gewissenlos erscheint.

Aus diesem Fallbeispiel ergeben sich folgende Fragen:

1. Kann man die Entwicklung von Maria X. als „normal“ bezeichnen?
2. Wie verläuft die Entwicklung von verschiedenen Teilbereichen der Persönlichkeit wie der Motorik, der Wahrnehmung, der Sprache, der Intelligenz und des Denkens, des Gedächtnisses, der Gefühle und Bedürfnisse sowie des Sozialverhaltens?
3. Welche Entwicklungsstörungen können bei der Entwicklung dieser Bereiche jeweils auftreten?
4. Welche Möglichkeiten gibt es, die Entwicklung dieser Teilbereiche der Persönlichkeit zu fördern?
   Welche Möglichkeiten stehen zur Verfügung, um möglichen Störungen vorzubeugen?

7.1 Die Motorik

Die Gesamtheit aller Bewegungen eines Organismus wird als Motorik bezeichnet.

Der Begriff Motorik bezeichnet die Gesamtheit aller Bewegungsabläufe eines Organismus.

Dabei wird unterschieden zwischen **Grobmotorik** und **Feinmotorik.**

Unter Grobmotorik versteht man die Bewegungen von Rumpf, Bauch, Becken, Rücken, Schultern, Armen, Beinen und Kopf.
Zur Feinmotorik zählen die Bewegungen von Fingern und Zehen sowie des Gesichtes.

7.1.1 Die Entwicklung der Motorik

Der amerikanische Psychologe *Arnold Gesell* konnte durch systematische Beobachtung fünf **Prinzipien der motorischen Entwicklung** erforschen (vgl. Walter J. Schraml, 1990[7]):

- **Entwicklungsrichtung:** Die Entwicklung der Motorik verläuft von oben nach unten; sie fängt beim Kopf an und endet bei den Füßen. Bewegungen im Kopfbereich sind damit eher möglich als Bewegungen im Fußbereich.
  „Die Muskeln, die dem Gehirn am nächsten liegen, können zuerst kontrolliert werden. Je kürzer der Weg zur Nervenzentrale ist, desto eher sind die Nervenbahnen für die ausreichende Muskelbeherrschung gereift." *(R. Kohnstamm, 1984)*

- **Wechselseitige Vorherrschaft:** Das Kleinstkind bewegt zunächst beide Arme und beide Beine gemeinsam, erst viel später lassen sie sich einzeln und unabhängig voneinander bewegen.

  So schleudert der Säugling zum Beispiel grundsätzlich immer beide Arme nach außen. Erst viel später gelingt es ihm, gleichzeitig den einen Arm nach innen und den anderen nach außen zu bewegen.

- **Funktionelle Asymmetrie:** Beim Vorherrschen von bestimmten Muskelpartien dominiert immer eine bestimmte Körperseite. Ein Beispiel hierfür ist die stärkere Beachtung der rechten Körperseite, auf der die Rechtshändigkeit aufbaut.

- **Individuelle Reifung:** Die Geschwindigkeit der motorischen Entwicklung sowie die Ausprägung von Körpergliedern und Organen nach Größe und Stärke sind individuell unterschiedlich.

- **Selbstregulierende Fluktuation:** Der Organismus gestaltet aufgrund von eigenen Informationen über den Stand der Entwicklung selbst das weitere Reifungsgeschehen.

Erste motorische Reaktionen zeigen sich schon *während der Schwangerschaft.* Dabei sind vornehmlich folgende Arten der Gesamtaktivität festzustellen (vgl. Eduard W. Kleber, 1978[2]):

- langsames Winden, Ausstrecken, Vorstoßen und Umdrehen,
- schnelle Tritte und Stöße von Armen und Beinen und
- rhythmische Folgen schneller Bewegungen.

Das *Neugeborene* verfügt neben unkoordinierten Bewegungen (zum Beispiel dem Strampeln) über eine Reihe spezifischer, gezielt auslösbarer Reaktionen. Solche Reaktionen werden als **Reflexe** bezeichnet.

Unter einem Reflex versteht man eine direkte und unmittelbare Reaktion auf einen Reiz.

Beispiele hierfür sind der Atmungsreflex, der Saugreflex, der Suchreflex (bei Berührung der Wange), der Greifreflex oder der Schreitreflex, der nach ca. acht Wochen wieder verschwindet.

Dabei können wir beobachten, daß der Säugling einerseits biologisch notwendige und lebenserhaltende Reflexe wie zum Beispiel den Atmungs- oder Saugreflex besitzt, andererseits Reflexe zeigt, die sich nur aus der Evolutionsgeschichte des Menschen verstehen lassen, aber heute keine Bedeutung mehr besitzen. Solche Reflexe sind zum Beispiel der Palma-Reflex, bei dem der Säugling eine Faust macht, sobald seine Handfläche berührt wird, oder der Moro-Klammer-Reflex, bei dem der Säugling Arme und Beine ausstreckt und wieder schließt, als wolle er sich an die Mutter klammern, sobald ihm die Unterlage, auf der er liegt, scheinbar entzogen wird.

„Diese Reflexe sind nicht erst mit der Geburt vorhanden, sondern entwickeln sich bereits in utero[1], wie Fotos von lebenden Föten zeigen. Intrauterines[1] ‚Lernen' dieser Reaktionen allein (...) ist jedoch unwahrscheinlich, wenn auch ein gewisser ‚Übungseffekt' nicht völlig auszuschließen ist." *(R. Oerter/L. Montada, 1987[2])*

Das *erste Lebensjahr* ist die Zeit der intensivsten Bewegungsreifung. In dieser Zeit lernt das Kind neben anderen Bewegungen das Sitzen, das Stehen und das Gehen. Etwa im 4. Monat zeigen sich die ersten gesteuerten Bewegungen, es lernt erste Koordinationsbewegungen von Auge und Hand, die sich zum Greifen entwickeln. Hierbei handelt es sich um eine Verbindung von sensorischen und motorischen Leistungen, die unter dem Begriff **Sensomotorik** zusammengefaßt werden. Dabei ist entscheidend, daß aufgrund der Sinnesrückmeldungen die Bewegungen gesteuert und kontrolliert werden, wie dies beispielsweise beim Greifen der Fall ist.

Sensomotorik bezeichnet die Verbindung von sensorischen und motorischen Leistungen und bedeutet die Steuerung und Kontrolle von Bewegungen aufgrund von Sinnesrückmeldungen.

In der *frühen Kindheit* (2. bis 6. Lebensjahr) lernt das Kind eine Reihe von wichtigen Bewegungen wie das Laufen, das Treppensteigen, das Hüpfen oder Klettern. Dabei spielt die Erhaltung des Gleichgewichts eine wichtige Rolle. Auch sensomotorische Leistungen differenzieren sich weiter aus: Das Kind lernt, selbständig zu essen, sich alleine anzuziehen, zu malen oder zu zeichnen.

---

[1] in utero (lat. uterus: die Gebärmutter) und intrauterin bedeuten ‚in der Gebärmutter'

In der *späten Kindheit* gewinnen die motorischen Leistungen zunehmend an Sicherheit und Reaktionsgeschwindigkeit, die Bewegungskoordination wird verfeinert. Das Kind lernt, seine Bewegungen zu beherrschen. Als bedeutendste motorische Leistung gilt in diesem Alter das Schreiben, eine spezielle sensomotorische Leistung. Bis etwa zum siebten Lebensjahr ist die motorische Entwicklung grundgelegt.

Im *Jugendalter* kann man vor allem eine bemerkenswerte Zunahme der Muskelkraft beobachten. Vor allem aber wird in diesem Alter die Geschlechtsdifferenzierung der Motorik sichtbar. Damit sind einerseits jene Verschiedenheiten gemeint, die durch den unterschiedlichen Körperbau von Mann und Frau und die Unterschiede im Bau der Geschlechtsorgane bedingt sind, andererseits betrifft sie jene unterschiedlichen Bewegungen, welche durch die Rolle der Geschlechter in der jeweiligen Gesellschaft bestimmt sind.

Übersicht über die Entwicklung der Motorik

nach der Geburt:

- dreht in Bauchlage von allein Kopf zur Seite (Halsmuskeln reifen zuerst)
- bewegt in Rückenlage Arme und Beine gleichmäßig
- „schreitet", wenn Füße auf den Boden gestellt werden (Schreitreflex)
- Hände und Füße greifen bei Berührung (Greifreflex, Palma-Reflex)
- Arme und Beine sind angezogen, Hände und Füße geballt, da die Beugemuskeln besser gereift sind als die Streckmuskeln

bis Ende des 1. Monats:

- hebt den Kopf in Bauchlage kurz
- kann Kopf für einen Moment aufrecht halten
- führt ergriffenen Finger sofort zum Mund

bis Ende des 2. Monats:

- Kopf kann bis ca. fünf Sekunden aufrecht gehalten werden
- hebt Kopf in Bauchlage um ca. 45 Grad und hält ihn ca. 10 Sekunden
- zieht Knie nicht mehr an Bauch
- streckt sich mehr

bis Ende des 3. Monats:

- stützt sich in Bauchlage auf Unterarme
- hebt Kinn und Schultern von der Unterlage ab
- hält Kopf in Bauchlage ca. eine Minute
- hält Kopf sitzend ca. eine halbe Minute
- rollt sich allein von Seite auf Rücken
- kann besser greifen

bis Ende des 4. Monats:

- stützt sich in Bauchlage sicher auf Unterarme
- zieht den Kopf mit hoch, wenn es an den Händen zum Sitzen hochgezogen wird
- kann sich zur Seite drehen
- greift nach Gegenständen, die es sieht

bis Ende des 5. Monats:

- versucht, sich auf die Beine zu stellen, wenn es zum Sitzen hochgezogen wird, und stemmt sich mit den Zehen gegen die Unterlage
- es „schwimmt" in der Bauchlage
- es stemmt sich mit den Zehen gegen die Unterlage, wenn es hingestellt wird
- greift gezielter nach Spielsachen
- steckt alles in den Mund

bis Ende des 6. Monats:

- „Sphinxstellung“: stützt sich in der Bauchlage mit gestreckten Armen ab
- rollt sich in der Rückenlage von einer Seite auf die andere
- bringt den Kopf sofort hoch und hebt die Beine an, wenn es an den Händen hochgezogen wird
- stützt sich im Sitzen mit den Armen seitlich ab, hält Balance
- ergreift mit den Händen die eigenen Füße und steckt sie in den Mund
- hält das Fläschchen selbst

bis Ende des 7. Monats:

- dreht sich von dem Rücken auf den Bauch
- kann mit einer Hand nach Spielzeug greifen und sich gleichzeitig mit der anderen Hand abstützen
- kann angelehnt allein sitzen
- beugt die Knie und stößt sich ab, sobald es hingestellt wird

bis Ende des 8. Monats:

- „Vierfüßlerstand“: stützt sich in Bauchlage mit gestreckten Armen ab und hebt das Gesäß leicht an
- beginnt zu „robben“
- zieht sich zum Knien hoch

bis Ende des 9. Monats:

- kann frei sitzen und sich nach vorne beugen, ohne umzufallen
- ergreift Gegenstände mit Daumen und Zeigefinger im „Scherengriff“
- steht, an den Händen gehalten, ca. eine halbe Minute
- hält die Tasse selber

bis Ende des 10. Monats:

- setzt sich aus der Bauchlage allein auf
- setzt sich aus der Rückenlage auf, wenn es sich irgendwo festhalten kann
- zieht sich vom Sitzen zum Stehen hoch
- kann kurzzeitig stehen, wenn es sich festhält
- beginnt zu krabbeln
- greift im „Pinzettengriff“

bis Ende des 11. Monats:

- krabbelt gut
- zieht sich an Möbeln hoch
- macht mit Hilfestellung die ersten Schritte

bis Ende des 12. Monats:

- läuft mit Hilfestellung
- versucht die ersten freien Schritte, ohne sich festzuhalten
- hält sich mit einer Hand im Stehen fest und hebt mit der anderen Gegenstände auf

bis Ende des 15. Monats:

- kann frei stehen
- kann ohne Hilfe gehen
- fängt an, Ball zu rollen
- beginnt, Würfel aufeinander zu setzen

bis Ende des 18. Monats:

- steigt Treppen, wenn es sich festhalten kann
- setzt sich hin
- hüpft mit beiden Beinen
- bückt sich, ohne umzufallen
- klettert
- zieht beim Gehen einen Gegenstand hinter sich her oder schiebt etwas
- geht rückwärts
- baut Türme
- trinkt aus der Tasse
- ißt mit dem Löffel

bis Ende des 2. Lebensjahres:
- steigt Treppen, auch ohne sich festzuhalten, zieht jedoch noch ein Bein nach
- kann einen Gegenstand mit dem Fuß anstoßen, ohne umzufallen
- kann rasch laufen, hüpfen und sich drehen

zwischen 3 und 4 Jahren:
- Treppensteigen ohne festhalten und ohne Bein-nachziehen
- kann auf Zehenspitzen gehen
- kann Bewegungen abrupt beenden, ohne umzufallen
- kann um die Ecke biegen, ohne vorher anhalten zu müssen
- kann Dreirad fahren

5 bis 6 Jahre:
- kann auf einem Bein stehen und hüpfen
- kann Fahrrad fahren
- kann Purzelbäume schlagen und einen Kopfstand machen
- kann schreiben lernen, da nun die Muskeln des Handgelenkes so weit gereift sind, daß das Kind derartige feinmotorische Leistungen erbringen kann

Quelle: Bundeszentrale für gesundheitliche Aufklärung, 1990
Lotte Schenk-Danzinger, 1988[20]

7.1.2 Die Bedeutung der Motorik

Die Motorik ist für den Menschen überaus wichtig; in den ersten beiden Lebensjahren ist dies deutlich sichtbar, da die Entwicklung der Motorik die auffälligste von allen anderen Entwicklungen ist. Folgende Punkte sollen die Bedeutung der Motorik verdeutlichen:

- Bewegungen erlauben dem Menschen, seine Umwelt kennenzulernen und zu erforschen, auf Menschen und Dinge zuzugehen, sie zu ergreifen, zu betasten, Kontakt aufzunehmen, mit ihnen zu spielen und zu arbeiten sowie zu kommunizieren. Auf diese Weise ist es möglich, Erfahrungen zu sammeln, zu lernen und schließlich ein gesundes Selbstvertrauen und Selbstwertgefühl aufzubauen.

  Ein Kind kann beispielsweise dank der Motorik den Löffel, den es am Tisch liegen sieht, ergreifen und drehen, dadurch von allen Seiten betrachten und zum Mund führen, darauf beißen und damit dessen Beschaffenheit kennenlernen. Das Kind kann ferner, genau wie die Eltern, die Suppe mit dem Löffel schöpfen und essen, woraufhin die Eltern das Kind loben und es in seinem Selbstbewußtsein stärken.

- Durch die Möglichkeit, sich in der Umwelt zu bewegen, wird die Wahrnehmung geschult, das Denken angeregt sowie die Intelligenz gefördert.

  Das Kind läuft durch die Wohnung, sieht ein Bilderbuch, etwa über Frösche, nimmt dieses Buch, betrachtet die Bilder, denkt über das Wahrgenommene nach und lernt dadurch etwas über Frösche.

- Die Motorik ermöglicht erst, daß wir mit anderen Menschen in Kontakt treten und mit ihnen Informationen austauschen können.

  Wir können auf einen anderen Menschen zugehen, ihm die Hand schütteln, durch die Bewegung des Kiefers, der Zunge usw. mit ihm sprechen oder durch die Gestik mit ihm kommunizieren.

- Emotionen lassen sich durch Bewegungen ausdrücken.

  Man kann auf den anderen zugehen und ihn umarmen, wenn einem gefühlsmäßig danach zumute ist, man kann tanzen oder bei einem Wutausbruch wild um sich schlagen.

Sich bewegen können heißt: Die Welt erobern!

Dieser Einfluß der Motorik auf die gesamte Persönlichkeit des Menschen ist Teil eines Zusammenspiels der verschiedenen Persönlichkeitsmerkmale.

Die Beziehung zwischen der Motorik und den übrigen Persönlichkeitsmerkmalen ist nicht einseitig, sondern wechselseitig.

Das bedeutet, daß die Motorik nicht nur Voraussetzung für das Sprechen bzw. Sprache ist, sondern daß die Sprache wiederum die Motorik steuert. Die Motorik fördert durch das „Zugehen auf neue Reize" nicht nur die Intelligenz, sondern die Intelligenz bestimmt wiederum auch motorisches Verhalten.
Am deutlichsten wird diese Beziehung in dem engen Zusammenhang zwischen motorischen und psychischen Vorgängen, die mit dem Begriff **Psychomotorik** umschrieben werden.

So äußert sich zum Beispiel der psychische Zustand der Angst in motorischen Reaktionen des Zitterns, auch Schreckreaktionen zeigen sich sehr deutlich in motorischen Vorgängen. Stottern oder bestimmte Tics lassen ebenso den Zusammenhang zwischen psychischen und motorsichen Vorgängen erkennen.

Psychomotorik meint die Verbindung von psychischen und motorischen Vorgängen.

7.1.3 Störungen in der Entwicklung der Motorik

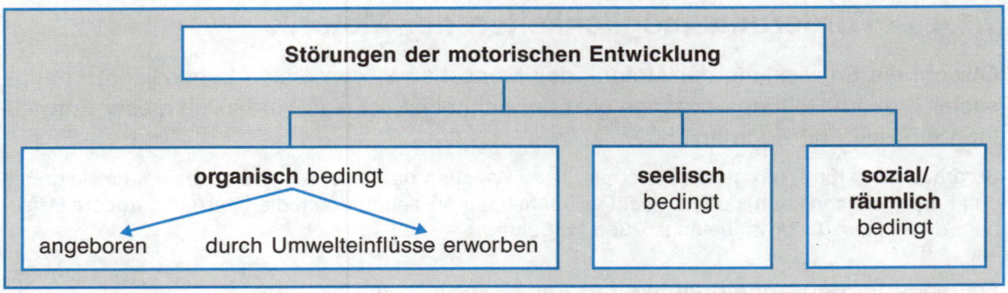

Organisch bedingte Störungen (vgl. Walter J. Schraml, 1990[7]):

- **Spastische Lähmungen,** die durch Verletzungen der Großhirnrinde hervorgerufen werden und sich in einer Lähmung beider Arme oder Beine oder einer ganzen Körperseite, verbunden mit einer Störung des Lageempfindens und der Koordination äußern. Oftmals sind spastische Lähmungen mit einer Intelligenzminderung gekoppelt.
- **Kinderlähmung,** die als Folge einer Krankheit und Entzündung des Gehirns auftritt und zur Unfähigkeit der Muskulatur, möglicherweise auch der Atemmuskulatur führt.
- **Epilepsie** infolge einer Kombination von Veranlagung und Unfall oder Krankheit (vgl. Kapitel 11.2.1). Sie verursacht entweder große Anfälle, zum Beispiel Zuckungen oder Starre, oder kleine Anfälle, wie zum Beispiel kurze Zusammenbrüche und Absencen[1].

[1] Absence bedeutet kurzzeitige Bewußtseinstrübung

Seelisch bedingte Störungen:

- leichte körperliche Lähmungen,
- nervöse Zuckungen,
- Unruhe.

Sozial/räumlich bedingte Störungen:

Darunter fallen Verzögerungen der motorischen Entwicklung durch die Einschränkung des natürlichen Bewegungsdranges aufgrund enger räumlicher Verhältnisse, sozialer Gegebenheiten, mangelnden Ansporns und Anregungen zur Bewegung, wie dies zum Beispiel bei hospitalisierten Kindern, um die man sich zu wenig kümmert, der Fall ist. (Vgl. Kapitel 8.2.1). Diese Kinder lernen unter anderem erst viel später gehen und laufen, weil keine Bezugsperson oder zu wenig Personal da ist, die das Kind zum Gehen animieren. Zu erkennen sind eine unzureichende Entwicklung der Körpermuskulatur, Kreislaufschwächen, organische Leistungsschäden, Haltungsschäden und eine psychische Verstimmtheit.

Eine Störung im Bereich der Motorik bedeutet immer auch eine Beeinträchtigung anderer Persönlichkeitsmerkmale, da sich aus der Wechselwirkung Folgestörungen in den kognitiven, psychischen, emotionalen und sozialen Entwicklungen ergeben.

7.1.4 Förderungsmöglichkeiten der Motorik

Obwohl die Entwicklung der Motorik des Menschen in den ersten Lebensjahren hauptsächlich durch Reifungsvorgänge gekennzeichnet ist, ist eine Förderung dieser Entwicklung möglich und erforderlich.

So braucht ein Kind, um gehen zu lernen, feste Knochen und eine ausgereifte Beinmuskulatur, die den Körper stützen kann, doch braucht es ebenso die Anregung durch die Eltern und andere Personen, diese Muskulatur zu betätigen und zu gehen.

Folgende **Förderungsmöglichkeiten der Motorik** bieten sich an:

- Das Kind wird dazu angeregt und ermuntert, sich zu bewegen, sportlich aktiv zu sein.

  Bereits in den ersten Lebensmonaten werden dem Kind Spielsachen gezeigt, die es ergreifen will oder zu denen es hinkrabbeln oder hingehen will. Später macht die ganze Familie beispielsweise Fahrradtouren, damit das Kind Spaß am Fahrradfahren bekommt.

- Das Kind darf sich frei bewegen, das heißt, sein Bewegungsdrang wird nicht durch Ermahnungen und Tadel unterdrückt oder durch einengende Kleidung oder Schuhe gehemmt.

  So läßt man die Kinder zum Beispiel auch bei Regenwetter auf den Spielplatz, damit sie weniger zuhause in der Wohnung sitzen.

- Bei all seinen sportlichen oder motorischen Tätigkeiten werden für das Kind möglichst Erfolgserlebnisse arrangiert.

  Man fährt mit dem Kind, das das Radfahren gerade erlernt, ebene und kurvenarme Strecken, die es ohne Sturz bewältigen kann.

- Das Kind erhält bei körperlichen Störungen medizinische oder heilpädagogische Behandlungen, zum Beispiel Krankengymnastik.
- Das Kind wird gesund ernährt.
- Speziell die Grobmotorik wird durch Bewegungsspiele (Fangen), Ballspiele, Schwimmen, Fahrradfahren usw. gefördert.
- Speziell für die Förderung der Feinmotorik eigenen sich: Fingerspiele, Kneten mit Plastilin, Malen, Falten usw.

> Bei aller Förderung muß der Reifungsstand des Kindes beachtet werden, damit das Kind nicht überfordert wird.

Materialien 1.

Die Motorik = Gesamtheit aller Bewegungsabläufe eines Organismus		
Entwicklung	**mögliche Störungen**	**Förderungsmöglichkeiten**
Schwangerschaft: Winden, Ausstrecken, Vorstoßen, Umdrehen Tritte und Stöße rhythmische Folgen schneller Bewegungen. *Neugeborenes:* unkoordinierte Bewegungen Reflexe *Säuglingsalter:* Sitzen, Stehen, Gehen Koordinationsbewegungen von Auge und Hand Greifen *Frühe Kindheit:* Laufen, Treppensteigen, Hüpfen, Klettern eigenständiges Essen und Anziehen, malen, zeichnen *Späte Kindheit:* zunehmende Sicherheit und Reaktionsgeschwindigkeit Verfeinerung der Bewegungskoordination Beherrschung der Bewegungen Schreiben *Jugendalter:* Zunahme der Muskelkraft Geschlechtsdifferenzierung der Motorik	*organisch bedingt* spastische Lähmung Kinderlähmung Epilepsie *seelisch bedingt* körperliche Lähmungen nervöse Zuckungen Unruhe *sozial bedingt* Retardierungen *räumlich bedingt* Retardierungen	keine Bewegungseinschränkungen Bewegungsanregungen und -ermutigungen Arrangement von Erfolgserlebnissen im sportlichen/motorischen Bereich medizinische oder heilpädagogische Behandlungen gesunde Ernährung Bewegungsspiele

7.2 Kognitive Fähigkeiten und Funktionen

Wie bereits in Kapitel 4 ausgeführt, werden mit dem Wort *kognitiv* alle psychischen Vorgänge bezeichnet, die dem Menschen bewußte Kenntnis über sich selbst und seine Umwelt vermitteln. Mit kognitiver Entwicklung meint man demgemäß die Entwicklung all jener Fähigkeiten und Funktionen, mit deren Hilfe der Mensch Personen und Gegenstände seiner Umgebung sowie sich selbst erkennen und erfassen kann.

Im folgenden soll auf die Entwicklung der Wahrnehmung, der Sprache, der Intelligenz und des Denkens sowie des Gedächtnisses eingegangen werden.

Da die kindliche Auffassung der Wirklichkeit in einem nicht unerheblichen Maße vor allem die kognitive Entwicklung beeinflußt, soll sie als erstes dargestellt werden.

7.2.1 Die kindliche Wirklichkeitsauffassung

Säuglinge und Kleinkinder nehmen ihre Umwelt anders wahr, erleben sie anders und setzen sich mit ihr in einer anderen Weise auseinander als Erwachsene.

Nach Jean Piaget tauchen zwei grundlegende Kriterien der geistigen Haltung des Kindes immer wieder auf: der kindliche **Egozentrismus** und der **Realismus.**

Der Egozentrismus

Das Kind weiß noch nicht, daß es neben seiner Meinung und Erfahrung noch andere gibt, die auch richtig sein können, und es ist nicht fähig, sich in eine andere Situation hineinzuversetzen.

Als Egozentrismus bezeichnen wir die Haltung eines Menschen, der seine eigene Person als Zentrum allen Geschehens betrachtet und alle Ereignisse von seinem eigenen Standpunkt und seiner eigenen Perspektive aus bewertet.

Diese Haltung ist dem Kleinkind eigentümlich und spiegelt sich in Wahrnehmung, Denken, Sprache und Handeln gleichermaßen wider.

Ein Dreijähriger zum Beispiel mag sich die Augen beim Versteckspielen zuhalten und meinen, nun könnten ihn auch die anderen nicht sehen. Ein fünfjähriges Kind ist überzeugt, daß es dunkel wird, damit es schlafen kann, oder daß die Bienen eigens dafür da sind, den Menschen Honig zu liefern.

Der Realismus

Für das Kleinkind existiert nur, was unmittelbar wahrnehmbar ist.

So existiert beispielsweise die Luft in der Vorstellung des Kindes nur in der wahrnehmbaren Eigenschaft der Bewegung: Wind ist Luft; in einer leeren Büchse ist keine Luft.

Ebenso werden nicht real existierende Gegebenheiten, wie zum Beispiel Vorstellungen, Phantasien oder Träume, als real existierend wahrgenommen.

So zum Beispiel glaubt ein Fünfjähriger, daß der Traum nicht seiner Vorstellung entspringt, sondern sich außerhalb der Vorstellung tatsächlich in der Umwelt abspielt und mit Augen und Ohren wahrgenommen wird.

Realismus bezeichnet die kindliche Auffassung, daß nur das existiert, was unmittelbar wahrnehmbar ist, daß jedoch auch das existiert, was das Kind erträumt oder phantasiert, was also in Wirklichkeit nicht real existent ist.

Diese realistische Deutung der Vorstellungswelt kann zur Vermengung von Wahrnehmung und Vorstellung führen, was in der Alltagssprache häufig als *Kinderlüge* bezeichnet wird.

Egozentrismus und Realismus zeigen sich im gesamten Erleben und Verhalten des Kleinkindes; insbesondere charakteristisch hierfür sind

- das **prälogische Denken:** Das Kind orientiert sich nur an einem einzigen Faktor, nämlich an der sichtbaren Veränderung.

  Legt man beispielsweise dem Kind zwei gleich große Plastilinkugeln hin, so erkennt es diese als „gleich". Zerteilt man eine der beiden Kugeln vor den Augen des Kindes in einige kleine Stücke, so sind diese zusammen nun „mehr" als die intakt gebliebene Kugel.

  Die Möglichkeit, mehrere Faktoren oder Dimensionen einer Situation zu berücksichtigen, bleibt dem Kind bis in das Schulalter hinein verwehrt.

  ➡ **Materialien 2.**

- der **Anthropomorphismus (= Tendenz zur Vermenschlichung):** Das Kind stattet alle Dinge seiner Umgebung mit den gleichen Fähigkeiten aus, die es selber hat. Es besitzt keine Möglichkeit, zwischen belebt und unbelebt zu unterscheiden, es zeigt die Tendenz, die Dinge zu vermenschlichen.

  Ein Tisch, an dem man sich gestoßen hat, ist ein böser Tisch; der Teddybär, der sich dem Vorhaben des Kindes widersetzt, wird getadelt und bestraft.

- das **zweckgerichtete Deuten von Vorgängen:** Die Beseelung der Umwelt hat eine zweckgerichtete Deutung von Vorgängen zur Folge. Das Kleinkind kann sich schwer vorstellen, daß etwas ohne eine bestimmte Absicht, ohne einen Zweck für und in bezug auf die eigene Person geschieht.

  So bewegen sich beispielsweise die Wellen des Sees, damit die Menschen nicht untergehen; die Sonne scheint, damit die Menschen baden gehen können; der Ball springt von der Wand zurück, damit man ihn auffangen kann – die Holzkugel tut das nicht, weil sie zu dumm ist.

- das **magische Denken:** Kleinkinder können sich naturwissenschaftliche Sachverhalte noch nicht erklären und geben deshalb ihre eigenen, naiven Deutungen ab. Höhere Mächte beispielsweise, die zu allem fähig sind, oder Kräfte, mit denen die Dinge selbst ausgestattet sind, bewirken Veränderungen. Sie glauben an den Weihnachtsmann ebenso, wie sie an die Macht der Hexen, Feen, Riesen oder Zwerge im Märchen glauben.

7.2.2 Die Wahrnehmung

Wie in Kapitel 3.1 ausgeführt, versteht man unter Wahrnehmung den Prozeß und das Ergebnis der Informationsgewinnung und -verarbeitung von Reizen aus der Umwelt und dem Körperinneren. Diese Informationsgewinnung und -verarbeitung erfolgt mit Hilfe der Sinnesempfindungen.

Die Entwicklung der Wahrnehmung

Die Entwicklung der Wahrnehmung setzt sich zusammen aus der Entwicklung der Empfindungen und verschiedener Wahrnehmungsleistungen:

Die Entwicklung der Empfindungen

Bei der Entwicklung der Empfindungen, die in der folgenden Tabelle dargestellt ist, treten erst die körpernahen Sinne (Tastsinn, Geschmacksinn), dann die körperfernen Sinne (Hören, Sehen) gemäß ihrer biologischen, das heißt lebenserhaltenden Bedeutung auf. Das bedeutet etwa, daß ein Säugling erst die Brustwarze der Mutter ertasten kann und schmecken kann, was er trinkt, bevor er die Brustwarze sehen kann, weil ersteres für sein Überleben wichtiger ist.

Empfindungsart	Hautsinne	Geschmacks- und Geruchssinn	Gehörssinn	Gesichtssinn	Lagesinn und Tiefensensibilität
Empfindungsleistung	Berührungs- Druck- Temperatur- Oberflächenschmerz	süß sauer salzig bitter	hören	1. Helligkeitssehen 2. Farbsehen 3. Formsehen	1. Lage im Raum 2. Lage der Gliedmaßen zueinander
Zeitpunkt	Geburt	Geburt	14 Tage	Geburt nach 4 Wochen	4–8 Wochen
Anatomische Voraussetzungen	→ **Markscheidenbildung der Nerven** →				
	Hautorgane und Nervenbahnen	Geschmacksknospen und Nervenbahnen	äußerer und innerer Gehörapparat und Gehörnerv (Akusticus)	Stäbchen und Zapfen der Netzhaut Lederhaut Linse Augenmuskeln Sehnerv (Opticus)	Lagesinnorgane im Muskel und Nervenbahnen
Sinnesreize	Berührung von Hautpartien	verschieden schmeckende Substanzen	akustische Reize	optische Reize	Lageveränderung
Psychophysische Reaktion	Greif- und Lidschlußreflex Zehenspreizen	Schlucken bzw. Ausspucken	Ruhe bzw. Unruhe	Ruhe bzw. Unruhe Lidschlußreflex bei grellem Licht	Zucken
Schlüsselreize	Kälte/Wärme von Umgebung und Nahrung Mutterbrust	Geschmack der Nahrung	z. B. Stimme der Mutter	Umriß- und Farbähnlichkeit von Flasche bzw. Mutter	Sicheres und unsicheres Halten des
Psychische Verarbeitung	Lust/Unlust gefühlsmäßig ganzheitlich	Lust/Unlust gefühlsmäßig ganzheitlich	Lust/Unlust gefühlsmäßig ganzheitlich	Lust/Unlust gefühlsmäßig ganzheitlich	Geborgenheit/Unsicherheit

Quelle: Walter J. Schraml, 1990[7]

Beim alten Menschen bilden sich vor allem die körperfernen Sinne zurück, das heißt, die Nahsehkraft wird aufgrund der Anreicherung der inneren Augenmuskulatur mit Bindegewebe geschwächt, das Hörvermögen geht aufgrund einer Veränderung im Innenohr zurück.

Die Entwicklung der räumlichen Wahrnehmung

- Das Tiefensehen ist angeboren, doch sind erstmals beim zweijährigen Kind Wahrnehmungen der Raumtiefe und der Entfernung im Raum festzustellen. Das Kind glaubt in diesem Stadium, daß die nahen Dinge wirklich so groß und die entfernten Dinge tatsächlich so klein sind, wie sie aussehen.
- Erst nach dem zweiten Lebensjahr entdeckt das Kind die tatsächliche Größe der Gegenstände, wenn es zu ihnen hingehen kann.
- Ab diesem Zeitpunkt weiß das Kind, daß auch die entfernten Dinge normal groß sind, und zeichnet deshalb alle Dinge gleich groß, ganz egal, wie weit die Gegenstände entfernt sind. Das Kind kann noch nicht, wie der Erwachsene, perspektivisch zeichnen.
- Ab dem 4. Lebensjahr sind die Leistungen im Tiefen- und Entfernungssehen dem Erwachsenen bereits sehr ähnlich.
- Ab dem 12. Lebensjahr kann das Kind perspektivisch zeichnen und komplizierte Lageverhältnisse, wie etwa die vier Himmelsrichtungen erkennen.
- Im Vorschulalter oder in der frühen Schulzeit setzt die Trennung der realen von der irrealen Welt ein. Vorher sind Wirklichkeit und Phantasie eng verknüpft.
  (Vgl. „Realismus", Abschnitt 7.2.1.)

Die optische und akustische Gestaltwahrnehmung

Die optische und akustische Gestaltwahrnehmung verläuft bis zum Schulalter ganzheitlich, das heißt, die Wörter und Melodien bzw. Bilder werden global erfaßt und können erst später – je nachdem, ob die Dinge bekannt sind – in ihre Elemente bzw. Details zerlegt werden.

➡ **Materialien 3.**

Die Entwicklung der zeitlichen Wahrnehmung

- Anfangs lebt das Kind in einer dauernden Gegenwart.
- Mit ca. zweieinhalb Jahren kann es die sprachliche Bezeichnung „Zukunft" richtig verwenden.
- Mit ca. drei Jahren kennt es die Bedeutung der „Vergangenheit".
- Mit fünf Jahren kann es die Wochentage richtig angeben, mit sieben Jahren die Monate, Jahreszeiten und die Uhrzeit.
- Erst in der späteren Kindheit kann zwischen der nahen Vergangenheit (gestern) und einer länger zurückliegenden Zeit (vor Jahren) sowie einer nahen und fernen Zukunft unterschieden werden.
- Ab dem 12. Lebensjahr kann das Kind mit geschichtlichen Zeiträumen umgehen.

Neben der Entwicklung der Empfindungen sowie der räumlichen und zeitlichen Wahrnehmung verändert und entwickelt sich die Wahrnehmung des Menschen vor allem mit seinen Erfahrungen, Erwartungen, Bedürfnissen, Interessen, Einstellungen, Gefühlen, mit seinem Denken, da diese Faktoren den Wahrnehmungsprozeß steuern (vgl. Kapitel 3.2). Zusätzlich zu der Tatsache, daß die Wahrnehmung dem Prinzip der Subjektivität gehorcht (vgl. Kapitel 3.1.3), kann die Wahrnehmungsfähigkeit eines Menschen eingeschränkt sein. In einem solchen Fall spricht man von **Wahrnehmungsstörungen,** die in Kapitel 3.4.2 dargestellt sind.

Förderung der Wahrnehmung

Um Störungen in der Entwicklung der Wahrnehmung vorzubeugen bzw. zu vermeiden, ist die Förderung der Wahrnehmung notwendig. Folgende Maßnahmen sind hier möglich:

- Frühzeitige Untersuchungen der Kinder hinsichtlich der Funktionsfähigkeit ihrer Sinnesorgane. Das bedeutet, daß Eltern bereits ab den ersten Lebensmonaten immer wieder testen sollten, ob ihre Kinder gut hören und sehen, und bei Problemen den Kinderarzt konsultieren sollen.
- Frühzeitige Schulung der Wahrnehmung mit geeignetem Spielmaterial, wie sie zum Beispiel die Pädagogin Maria Montessori empfiehlt.

  Die Montessori-Pädagogik schlägt beispielsweise zur Förderung des Gehörsinns Übungen mit Geräuschbüchsen vor. Hier werden Kindern mit Hilfe ganz normaler Büchsen, Gläsern oder Flaschen, die verschiedene Materialien beinhalten (Steine, Reis, Perlen usw.), unterschiedliche Lautstärken, Höhen und Tiefen sowie verschiedene Rhythmen vermittelt.

  Zur Förderung des Farbsinns üben die Kinder mit Farbtäfelchen oder bunten Perlen, um die Grundfarben, Mischfarben oder verschiedene Farbabstufungen besser wahrnehmen zu können.
- Hilfen zur Überwindung der Wahrnehmungsbarrieren durch Vorschulpädagogik: Hier werden beispielsweise Unterschichtkinder im Kindergarten auf den stark visuell/optisch orientierten Unterricht in der Schule mit Hilfe von Arbeitsblättern vorbereitet.
- Sonderpädagogische Betreuung der Menschen, die Störungen im Bereich der Wahrnehmung aufweisen, also etwa Sehtrainings für Sehbehinderte oder Hörtrainings für Gehörgeschädigte.
- Spezielle Förderprogramme für Legastheniker in Sonderschulen, Lesezentren oder sonstigen Legastheniker-Bildungsstätten, in denen vor allem Rechtschreib- und Leseübungen durchgeführt werden oder die Merkfähigkeit mit Hilfe von Reimen, Gedichten usw. geschult wird.

Die Wahrnehmung = der Prozeß und das Ergebnis der Informationsgewinnung und Verarbeitung von Reizen aus der Umwelt und dem Körperinneren		
Entwicklung	**mögliche Störungen**	**Förderungsmöglichkeiten**
Reifung und Prägung der Empfindungen körpernahe Sinne körperferne Sinne Rückbildung der körperfernen Sinne *Entwicklung der räumlichen Wahrnehmung* Raumtiefe und Raumentfernung wahre Größe der Gegenstände perspektivisches Zeichnen Trennung zwischen realer und irrealer Welt *Entwicklung der optischen und akustischen Wahrnehmung* globale Gestaltwahrnehmung detailliertere Gestaltwahrnehmung *Entwicklung der zeitlichen Wahrnehmung* dauernde Gegenwart Zukunftsvorstellung Vergangenheitsbegriff Wochentage Monate, Jahreszeiten, Uhrzeit Unterscheidung zwischen naher und ferner Zukunft bzw. Vergangenheit geschichtliche Zeiträume	Illusionen Halluzinationen drogenbedingte Wahrnehmungsveränderungen Sehbehinderungen Hörbehinderungen Legasthenie Wahrnehmungsbarrieren (vgl. Kapitel 3.4.2)	frühzeitige Untersuchungen Schulung mit geeignetem Spielmaterial (Montessori-Pädagogik) Vorschulpädagogik sonderpädagogische Betreuung Förderprogramme für Legastheniker therapeutische Behandlung

7.2.3 Die Sprache

Um bestimmte Sachverhalte beschreiben und sich miteinander verständigen zu können, einigten sich Menschen auf ein System von Lauten und Zeichen, die nach ganz bestimmten Regeln miteinander verbunden werden: auf die Sprache (siehe Kapitel 4.2).

Die Entwicklung der Sprache

Vorstadium: Geburtsschrei und Unlustschreien

Die erste lautliche Äußerung ist der Geburtsschrei des Neugeborenen. Dieser stellt eine rein physiologische Äußerung dar, die durch das Einsetzen der Atmung bedingt ist.

Bald wird das Schreien zur **Kundgabe von Unbehagen:** Fühlt sich der Säugling zum Beispiel aufgrund von Hunger oder Schmerzen nicht wohl, will er dies durch Schreien kundtun. Die Schreie in den ersten sechs Lebensmonaten werden also durch ein Unlusterleben beim Säugling erzeugt und dienen wohl einer gewissen Unlustverminderung.

Allmählich setzt der Säugling sein Schreien mit einer bestimmten Absicht ein, um den Erwachsenen zu aktivieren. Etwas später werden erste **Lustäußerungen** beim Kleinkind bemerkt, die keine reinen Schreie mehr, sondern erste Lautbildungen sind.

Lallmonologe

Mit ca. 6 Monaten treten Kombinationen auf, zum Beispiel „pa-pa" oder „la-la-la", die sich auf zweierlei Wegen verfestigen:

- Das Kind hört sich selbst und ahmt sich selbst nach. Dieser Vorgang wird „Echolalie" genannt. Dabei können wir von einem zirkulären Phänomen sprechen: das Kind hört sein eigenes Lallen und wiederholt das Gehörte.
- **Fremdnachahmung:** das Kind ahmt das Lallen der Erwachsenen nach, die wiederum das Kind nachgeahmt haben. Auch dies ist eine zirkuläre Reaktion.

Mit dem Schreien und Lallen verfügt nun das Kind über die notwendigen Bausteine einer jeden Sprache.

Ein-Wort-Sätze

Ein ab dem Alter von ca. 1 Jahr gesprochenes Wort hat die Bedeutung eines ganzen Satzes.

So kann das Wort „Buch" bedeuten:

- „Das ist ein Buch."
- „Ich möchte das Buch haben."
- „Das Buch ist schön bunt." usw.

Durch die Ein-Wort-Sätze werden meist Bedürfnisse und Wünsche ausgedrückt, und sie werden durch **Nachahmung** und **Lernen am Erfolg** erlernt.

In diesem „Benennungsalter" deutet ein Kind zum Beispiel auf einen Tisch, sagt „Tisch" und sieht den Erwachsenen dabei fragend an. Bejaht dieser die Frage, so freut sich das Kind und ist stolz auf seine richtige Benennung. Es hat dann auch das Gefühl, „Macht" über diesen Gegenstand zu besitzen.

Zwei- und Mehr-Wort-Sätze

Ab der zweiten Hälfte des zweiten Lebensjahres gebraucht das Kind satzähnliche Anhäufungen von zwei und später mehreren Wörtern, um vor allem Gefühle auszudrücken.

Mit „au Stuhl" wird bekundet, daß man sich am Stuhl gestoßen hat, mit „o, Ball" gibt das Kind zu verstehen, daß es den Ball schön findet.

Der Wortschatz des Kindes ist am Ende des zweiten Lebensjahres schon beträchtlich, die Hauptwörter nehmen den Hauptanteil der sprachlichen Äußerungen ein, grammatikalische Regeln werden nicht beachtet, die Sätze bestehen aus eigenen Konstruktionen. Das sinngemäß wichtigste Wort steht meist in der Mitte des Satzes, und die anderen Wörter werden darum herum angeordnet. Die Wörter werden nicht gebeugt, die Hauptwörter werden im Nominativ, die Verben nur im Infinitiv gebraucht.

Flexionen

Im dritten Lebensjahr beginnt das Kind, die Wörter zu beugen und den Satz so zu konstruieren, daß das Subjekt am Anfang und nachfolgend das Prädikat steht.
Das Sprechenlernen vollzieht sich nach dem Denkprinzip der **Analogie.**

Da beispielsweise „hoch" mit „höher" gesteigert wird, steigert das Kind „gut" mit „güter", oder es sagt „ich bin gesitzt" nach „ich bin gegangen" oder „ich schlafte" nach „ich machte".

Typisch für dieses Alter sind auch die **Wortneuschöpfungen,** da das Kind viele Dinge noch nicht benennen kann, weil es den Ausdruck dafür noch nicht kennt, und es deshalb selbst Wörter erfindet.

Beispiele hierfür sind „Musikspieler" für Radio oder „Fliegding" für Flugzeug oder „Zugziehtive" für Lokomotive.

Zunehmende Strukturierung und Differenzierung

Etwa im 5. Lebensjahr kann das Kind dann richtig mit Grammatik und Syntax (Wortgefüge, Satzgefüge) umgehen, die *fundamentale Sprachentwicklung* ist bis zum 6./7. Lebensjahr abgeschlossen.

Im Schulkindalter vollzieht sich eine zunehmende Strukturierung und Differenzierung der sprachlichen Ausdrucksfähigkeit. Mit dem Abklingen des Egozentrismus (siehe Abschnitt 7.2.1) wird das Kind fähig, die Sprache zum Gegenstand der Betrachtung zu machen. Es wird fähig, Sätze in Wörter und Wörter in Buchstaben zu zerlegen, was für den Lese- und Rechtschreibunterricht von großer Bedeutung ist.
Im Zusammenhang mit der Entwicklung zum abstrakten Denken wird das Kind fähig, die Regelhaftigkeit der Sprache zu verstehen und grammatikalische Gesetzmäßigkeiten zu erfassen. In der Pubertät wird dann Sprache bewußt gestaltet, sie wird mit Gestaltungsabsicht verwendet.

Formale Sprachentwicklung und Wortschatz (Nach W. Stern, modifiziert von W. J. Schraml, 1990[7])			
Alter in Jahren	**Sprachverhalten**	**Funktion**	**durchschnittliche Wortanzahl**
0–0,6	Vorstadium: Geburtsschrei, Unlustschreien	Spannungsabfuhr	0
0,6–1	Lallmonologe Echolalie	Übung Ausdruck	0
1–1,6	Einwortsätze	Mitteilung Benennung Ausdruck Bemächtigung	3–22
1,6–2	Mehrwortsätze	Mitteilung Darstellung Ausdruck Bemächtigung	22–272
2–2,6	Flexionen	Mitteilung Darstellung Ausdruck Bemächtigung	272–446
2,6–3,6	Richtiges Sprechen	Mitteilung Darstellung Ausdruck Bemächtigung	446–1222

Gleichlaufend mit der Sprachentwicklung verläuft auch die **Entwicklung des kindlichen Fragens:** In der ersten Hälfte des 2. Lebensjahres fragt das Kind nach den Namen der Dinge („Benennungsalter"). Dem entspricht die Frageform der **„Was-Fragen"**. Im 3. und 4. Lebensjahr finden wir überwiegend **„Wo-Fragen"**, im 4. und 5 Lebensjahr die berühmten **„Warum-Fragen"**, eine Zeit, die man als das „Fragealter" bezeichnet. Während dieser Zeit zeigt die Entwicklung des Wortschatzes, die ab der zweiten Hälfte des zweiten Lebensjahres recht schnell abläuft, ihren Höhepunkt. Von da ab wird der Zuwachs des sprachlichen Neuerwerbs allmählich etwas geringer.

Störungen der Sprachentwicklung (vgl. Walter J. Schraml, 1990[7])

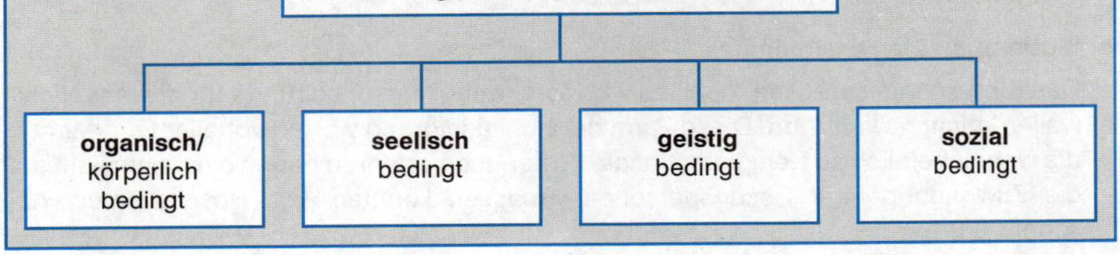

Zu den **organisch bedingten Störungen** der Sprachentwicklung zählen

- **Aphasien,** das sind durch Gehirnschädigung bedingte Sprachstörungen. Hierbei unterscheidet man motorische und sensorische Aphasien:
  Motorische Aphasie (Störung der Sprechmotorik) bedeutet, daß der Betroffene versteht, was die anderen sagen, daß er auch alle Wörter kennt, daß er diese jedoch nicht aussprechen kann, obwohl die Sprechwerkzeuge in Ordnung sind. Die Ursache liegt in der Schädigung der Hirnrinde.
  Bei der *sensorischen Aphasie* (Störung des Sprachverständnisses) hört der Betroffene die gesprochenen Worte, er weiß jedoch nicht, was mit diesen Worten gemeint ist. Ursache ist ebenso eine Schädigung der Hirnrinde, jedoch an einer anderen Stelle, da das Sprechen und Verstehen auf der Hirnrinde unterschiedlich plaziert sind.
  Aphasien können entstehen durch:
  - ein Trauma, zum Beispiel eine Verletzung des Gehirns;
  - eine Gehirnentzündung;
  - eine Durchblutungsstörung der für die Sprache wesentlichen Gehirnpartien;
  - einen chirurgischen Eingriff.

- **Erkrankungen oder Mißbildungen der muskulären Sprechwerkzeuge**
  - Hasenscharte und Wolfsrachen infolge einer gestörten Entwicklung innerhalb der Gebärmutter, bei der bestimmte Muskelteile im Bereich der Lippen oder des Gaumens nicht zusammengewachsen sind;
  - eine zu lange Zunge;
  - eine Deformation des Kiefers, die Lispeln verursacht;
  - eine Anomalie der Stimmbänder.

- **Störungen des Hörapparates**
  - Gehörlosigkeit, Schwerhörigkeit, die Stammeln zur Folge haben;
  - Taubstummheit.

  Sprache wird dadurch erlernt, daß Kinder Vorgesprochenes nachsagen, das heißt nachahmen. Kann ein Kind nicht hören, was Erzieher ihm vorsprechen, so hat es keine Möglichkeit, die Sprache zu erlernen. Fällt das Gehör aus, bevor die Sprachentwicklung abgeschlossen ist, so bildet sich auch die bis dahin erlernte Sprache wieder zurück.

Zu den **seelisch bedingten Störungen** der Sprachentwicklung zählen

- **Stottern**
  Beim Stottern kann der Betroffene nicht flüssig sprechen, er hat zum Beispiel Schwierigkeiten, Anfangsbuchstaben oder Anfangssilben flüssig auszusprechen. Ursachen können sein:
  - eine Aggressionshemmung;
  - eine Leistungsüberforderung seitens der Erzieher;
  - eine zu geringe Berücksichtigung der Bedürfnisse des Kindes;
  - das falsche Erlernen der Sprache, zum Beispiel wenn die Erzieher zu schnell sprechen.

- **Mutismus** („Seelenstummheit")
  Das Kind könnte sprechen, doch es will nicht, wobei ihm die Gründe für dieses „Nichtwollen" nicht bewußt sind. Diese Form der Kontaktstörung weisen vor allem Kinder auf, die wahrscheinlich zu wenig emotionale Zuwendung erfahren haben bzw. sich nicht auf die Zuwendung ihrer Bezugspersonen verlassen konnten (vgl. Hospitalismus, Abschnitt 8.2.1).

Zu den **geistig bedingten Störungen** zählen Defizite oder Verzögerungen der Sprachentwicklung, die auf Störungen der Intelligenz zurückzuführen sind (vgl. Abschnitt 7.2.4).

Zu den **sozial bedingten Störungen** zählen Sprachstörungen oder -verzögerungen, die dann auftreten, wenn das Kind

- von seiner Umwelt vernachlässigt wurde,
- zu wenig Ansprache und Anregungen zum Sprechen erfahren hat,
- aufgrund des es umgebenden Milieus lediglich eine retardierte Sprache als Vorbild hatte.

Förderung der Sprachentwicklung

Sprechenlernen beruht primär auf Nachahmung. Aus diesem Grund ist es wichtig, wie in der Umgebung des Kindes gesprochen wird und wer dem Kind nachahmenswert erscheint.

- Die beste Voraussetzung zu einer guten Sprachentwicklung vor allem in den ersten Lebensjahren ist eine positive Beziehung zwischen Kind und Bezugsperson(en), da diese die Nachahmungslust des Kindes fördert.
- Vor allem bei den seelisch bedingten Störungen braucht das Kind sehr viel emotionale Zuwendung seitens fester Bezugspersonen.
- Richtiges Vorsprechen ist sehr wichtig. Übernehmen die Eltern die Babysprache, hat das Kind kaum die Möglichkeit, seine Fehler zu verbessern.
- Falsch gesprochene Sätze sollten richtig wiederholt werden, ohne jedoch durch zu häufige Korrekturen zu verunsichern.
- Die Erzieher sollten die Sprache und die Umwelt der Kinder kommentieren: Sagt das Kind zum Beispiel „Muh", so kann die Mutter erläutern, daß dies eine Kuh ist, die „muh" macht.
- Erzieher sollten Kinder zum Sprechen ermutigen, indem sie immer wieder Erfolgserlebnisse vermitteln und zu weiterem Bemühen anspornen, beispielsweise durch Lob der Kinder für ihre Sprachleistungen, oder indem sie die Äußerungen der Kinder durch interessiertes Zuhören verstärken und die kindliche Neugier durch die betreitwillige Beantwortung der vielen Fragen nicht unterdrücken. Dies erfordert natürlich viel Zeit und Geduld.
- Sprachfördernd wirkt eine sprechfreudige Umgebung, beispielsweise durch Eltern und Geschwister, die auch das Kleinkind in ihre Gespräche miteinbeziehen. Die Eltern sollten ihren Kindern Geschichten erzählen, Bilder und Gegenstände betrachten und benennen oder die Kinder selber Geschichten erzählen bzw. lesen lassen.
- Die Sprache bzw. das Sprechen kann durch Spiele gefördert werden, zum Beispiel durch Fingerspiele, Sprechverse, Lieder, Rollenspiele oder auch durch das Nacherzählen von Bilderbüchern.
- Bei organischen Schäden bieten sich medizinische Hilfen an, etwa Operationen oder Zahnprothesen, die zumindest eine Sprecherleichterung zur Folge haben, oder logopädische[1] Therapien, in denen zum Beispiel Sprechübungen mit Hilfe eines Spiegels, der dem Sprachbehinderten als Kontrolle und optische Hilfe dient, gemacht werden. Hierbei muß der Sprachbehinderte den Sprachtherapeuten genau beobachten, wenn dieser vorspricht, dann das Vorgesprochene nachsprechen und die eigenen Mundbewegungen dabei im Spiegel genau kontrollieren.

---

1 Logopädie ist die Lehre und Behandlung von Sprachstörungen aus psychologischer Sicht.

Die Sprache = ein System von Lauten und Zeichen sowie von Regeln über die Verbindung dieser Zeichen		
Entwicklung	**mögliche Störungen**	**Förderungsmöglichkeiten**
Geburtsschrei und Unlustschreien Lallmonologe Ein-Wort-Sätze Zwei- und-Mehr-Wort-Sätze Flexionen richtiges Sprechen	*organisch bedingt* Aphasien Mißbildungen der muskulären Sprechwerkzeuge Ausfall des Hörapparates *seelisch bedingt* Stottern Mutismus Retardierungen *geistig bedingt* Sprachdefizite Retardierungen *sozial bedingt* Sprachstörungen Retardierungen	positive Beziehungen zwischen Bezugspersonen und Kind richtiges Vorsprechen Korrektur von falsch Gesprochenem sprechfreudige Umgebung Ermutigungen zum Sprechen interessiertes Zuhören einfache Sprache Förderung durch Spiele viel emotionale Zuwendung medizinische Eingriffe logopädische Therapien

7.2.4 Die Intelligenz und das Denken

Die Begriffe Intelligenz und Denken und ihr Zusammenhang sind in Kapitel 4.3 und 4.4 sehr ausführlich dargestellt. Während Intelligenz als Fähigkeit gesehen wird, ist Denken eine Funktion, ein innerpsychischer Prozeß, der wie die Intelligenz, nicht beobachtbar ist.

Die Entwicklung des Denkens

Jean Piaget hat, wie in Abschnitt 6.4.3 ausgeführt, eine sehr umfassende Studie über die geistige Entwicklung des Menschen erstellt. Er teilt die Entwicklung des Denkens in die folgenden fünf Stufen ein:

- Stufe der sensumotorischen Intelligenz,
- Stufe des symbolischen und vorbegrifflichen Denkens,
- Stufe des anschaulichen Denkens,
- Stufe der konkreten Denkoperationen und
- Stufe der formalen Denkoperationen.

1. Die Stufe der sensumotorischen Intelligenz

Diese Stufe erstreckt sich in etwa auf die ersten beiden Lebensjahre. Piaget geht davon aus, daß der Mensch in dieser Zeit noch keine Denkleistungen im Sinne von „innerem Handeln" vollziehen kann, sondern daß es sich hier um Denkleistungen im Sinne von Leistungen der Wahrnehmung, der Sinne, gekoppelt mit motorischen Leistungen handelt.

Unter sensumotorischer Intelligenz versteht Jean Piaget die Koordinierung von Wahrnehmungseindrücken mit motorischen Leistungen.

Diese Stufe der sensumotorischen Entwicklung unterteilt Piaget wiederum in sechs Stadien:

1. Stadium: **Betätigung der Reflexe**

Ausgangspunkt der sensumotorischen Intelligenz bilden die angeborenen Reflexe wie Greif-, Saug- oder Schluckreflex, die durch Übung in ihren Ausführungen gezielter, kräftiger und sicherer werden.

2. Stadium: **Einfache Gewohnheiten**

Der Säugling beginnt, einfache, zunächst rein reflektorische Handlungen zu wiederholen.

So führt er zum Beispiel Saugbewegungen aus, auch wenn er satt ist und ruhig in seinem Bettchen liegt, oder er öffnet und schließt immer wieder seine Hände.

Der Säugling verbindet jedoch mit diesen einfachen Bewegungen noch keinerlei Absichten, sie laufen vielmehr gewohnheitsmäßig ab, gleichsam um ihrer selbst willen.

3. Stadium: **Aktive Wiederholungen**

Der Säugling wiederholt zunehmend solche Tätigkeiten, die zufällig zu einem für ihn interessanten Effekt führen und damit lustbetont sind.

So greift er beispielsweise nach einer Rassel, die – ohne daß er darauf gefaßt ist – ein Geräusch verursacht. Überrascht von diesem Effekt seiner Greifhandlung wird dieser unerwartete Effekt lustvoll wiederholt.

4. Stadium: **Verknüpfung von Mittel und Zweck**

Der Säugling verbindet verschiedene Verhaltensmuster miteinander, um ein bestimmtes Ziel zu erreichen; es kommt zu ersten Verknüpfungen von Mittel und Zweck.

So wirft das Kind das Kissen aus dem Bett, um dahinter nach einem verborgenen Spielobjekt zu suchen, oder es läßt wiederholt einen Gegenstand fallen, um ihn dabei zu beobachten.

5. Stadium: **Aktives Experimentieren**

Gegen Ende des ersten Lebensjahres wird das „Neue" interessant. Das Kind beginnt mit einem aktiven Experimentieren in dem Sinne, daß es zur Erreichung eines bestimmten Zieles im Gegensatz zu früher völlig neue Verhaltensweisen ausprobiert.

Bringt man außerhalb der Reichweite des Kindes eine Glocke an und befestigt diese an einer Schnur, die vom Kind erreicht werden kann, so stellt es verschiedene Versuche an, um die Glocke zu erreichen. Schon bald erfaßt es die Beziehung zwischen sich selbst, der Glocke und der Schnur.

6. Stadium: **Verinnerlichtes Handeln**

Ab Mitte des zweiten Lebensjahres werden neue Verhaltensweisen nicht mehr nur durch das aktive Probieren mit einem Gegenstand erworben, sondern das Kind kann sich diese von nun an geistig vorstellen. Hier beginnt das Denken im Sinne von „innerem Probehandeln".

Während dieser ersten Stufe des Denkens beginnt bereits das sogenannte **Werkzeugdenken** des Kindes:

Ein ca. zehn Monate altes Kind zieht an der Tischdecke, um das Glas zu erreichen, das auf der Tischdecke steht.
Später kommt es auf die Idee, einen Stuhl an das Regal zu schieben, um die Tafel Schokolade zu erreichen, die auf dem oberen Brett des Regals liegt. Hierzu ist bereits die Fähigkeit des inneren Probehandelns, der inneren Vorstellung, Voraussetzung.

2. Die Stufe des symbolischen und vorbegrifflichen Denkens

Mit dem Aufkommen von Vorstellungen wird das Kind fähig, zwischen realen und bloß vorgestellten (= symbolischen) Objekten und Situationen zu unterscheiden. Es lernt, daß Personen und Gegenstände auch dann weiter existieren, wenn sie nicht sichtbar sind.

„Kinder im Alter von etwa 5 Monaten versuchen zwar schon erfolgreich, interessante Gegenstände (z. B. eine Puppe oder Rassel) zu ergreifen. Verdeckt man jedoch vor ihren Augen den Gegenstand mit einem Tuch, scheinen sie ganz plötzlich jedes Interesse verloren zu haben. Der Gegenstand hat für sie aufgehört zu existieren. Etwas ältere Kinder reagieren in solchen Situationen ganz anders: Sie suchen sehr aktiv den versteckten Gegenstand. Das zeigt nach Piaget, daß sie bereits eine Vorstellung des Gegenstandes im Gedächtnis gespeichert haben." *(Werner Herkner, 1986)*

Durch den Erwerb der Sprache wird es möglich, auch sprachliche Symbole zu entwickeln: Ein bestimmter Begriff tritt als Symbol an die Stelle von Personen, Gegenständen oder Handlungen. Dabei geht es nicht um eine Abbildung der realen Wirklichkeit, das Kind benützt den Begriff entsprechend seinen eigenen Vorstellungen.

Ein Kind, das beispielsweise ‚essen' spielt und einen Bauklotz als Kartoffel in den Mund steckt, verwendet die gesamte Handlungsweise als Symbol für wirkliches Essen, den Bauklotz als Symbol für eine echte Kartoffel (vgl. Rolf Oerter, 1987[21]). Ähnlich verhält es sich mit vielen anderen Gegenständen oder Personen: Der Stuhl kann einmal als Eisenbahn oder Auto, ein andermal als Tisch dienen.

Solche Symbole bezeichnet Jean Piaget als **Vorbegriffe:** Ein Begriff wird entsprechend den Vorstellungen des Kindes aktiv gestaltet und umgestaltet. Die Symbole bleiben allerdings auf dieser Stufe an konkrete Gegenstände und unmittelbare Handlungen gebunden.
Auf dieser Stufe zeigt sich sehr deutlich die kindliche Auffassung von der Wirklichkeit (vgl. Abschnitt 7.2.1): Gegenstände und Sachverhalte werden vermenschlicht, Vorgänge werden auf einfache Weise zweckgerichtet gedeutet oder magisch „erklärt".

So zum Beispiel läßt das Kind den Vogel auf dem Bild fliegen; die Puppe ist beleidigt, weil sie böse ist; der Teddy schaut froh, traurig oder frech; es schneit, damit die Menschen Ski fahren können.

„Warum fliegt ihr Vögel denn nicht weg?"

3. Die Stufe des anschaulichen Denkens

Das Kind entwickelt im Laufe der Zeit zwar komplexere Vorstellungen und echte Begriffe, und es ist auch fähig, mit Hilfe der Sprache zu denken, doch sein Denken ist auf dieser Stufe sehr an die Anschauung gebunden; es kann nur mit solchen Begriffen und Denkvorgängen etwas anfangen, die anschaulich sind.

So ist ein fünfjähriges Kind zum Beispiel noch nicht in der Lage, den Oberbegriff zu „Tasse" zu finden. Statt „Geschirr" wird es etwa sagen, „Eine Tasse ist zum Trinken".

Wegen dieser Eigenart kann das Kind nur dem sichtbaren Verlauf der Ereignisse folgen, das Denken orientiert sich einzig am anschaulichen Ablauf des Geschehnisses. Das Kind ist nicht imstande, mehrere Aspekte gleichzeitig zu erfassen, es berücksichtigt jeweils immer nur einen Aspekt (vgl. prälogisches Denken in Abschnitt 7.2.1).

Wird beispielsweise eine Flüssigkeit vor den Augen eines 4jährigen Kindes von einem breiten in ein schmales Glas umgefüllt, so glaubt es, daß in dem schmalen Glas nun mehr Wasser ist als in dem breiten. Das Kind ist nicht imstande, Höhe und Breite der Flüssigkeit gleichzeitig zu berücksichtigen.

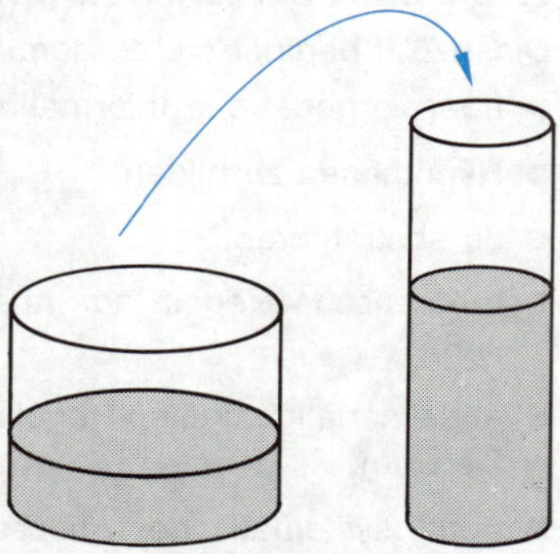

➡ **Materialien 2.**

Das Kind orientiert sich an einem einzigen Faktor, an dem der sichtbaren Veränderung. Die Möglichkeit, mehrere Aspekte einer Situation gleichzeitig zu berücksichtigen oder aufeinander zu beziehen, bleibt ihm noch verwehrt.

Auch in dieser Stufe zeigt sich die geistige Haltung des Kindes: der kindliche Egozentrismus und Realismus (vgl. Abschnitt 7.2.1).

„Kinder (...) sind nicht in der Lage, die Perspektive eines anderen Menschen zu übernehmen. (...) Das Kind ist zunächst nicht imstande, sich vorzustellen, daß ein Haus oder eine Landschaft für eine andere Person mit einem anderen Stand- und Blickpunkt anders aussieht als für es selbst. Es nimmt auch ganz selbstverständlich an, daß andere Personen über dasselbe Wissen verfügen. Deshalb sind Kindererzählungen oft schwer verständlich, weil das Kind z. B. davon ausgeht, daß der Gesprächspartner weiß, wer mit ‚er' und was mit ‚das' gemeint ist. Dieser Egozentrismus (...) muß langsam und mühsam überwunden werden." *(Werner Herkner, 1986)*

Nach Ansicht neuerer Forschungen sind *zwischenmenschliche Beziehungen* dafür verantwortlich, ob und wann ein Kind mehrere Aspekte einer Situation gleichzeitig berücksichtigt bzw. aufeinander bezieht (vgl. Kevin Durkin; in: Wolfgang Stroebe u. a., 1990).

4. Die Stufe der konkreten Operationen

Auf dieser Stufe kann sich das Kind nun in Gedanken auch wechselseitige Beziehungen von Gegenständen oder Sachverhalten vorstellen. Diese Vorstellung ist unabhängig von seiner Wahrnehmung.

So kann das Kind erkennen, daß die Menge eines kleinen, aber dicken Gefäßes dieselbe ist wie die eines größeren, dafür aber dünneren Gefäßes.

Das Denken wird also unabhängig von der Wahrnehmung des Kindes, ist jedoch immer noch an konkrete Sachverhalte gebunden, obwohl sich das Kind geistig vom momentanen Geschehen distanzieren kann. Das egozentrische Denken verschwindet, historisches und schlußfolgerndes Denken werden möglich, und das Kind wird fähig, Oberbegriffe zu bilden.

Im Hinblick auf rechnerische Fähigkeiten fallen in diese Zeit zuerst die Fähigkeit zu addieren, dann zu multiplizieren (ca. ab dem 7. Lebensjahr). Im Übergang zur Stufe der formalen Operationen erwirbt das Kind schließlich auch die Fähigkeit zu dividieren.

5. Die Stufe der formalen Operationen

Diese Zeit beginnt ca. ab dem 12. Lebensjahr und ermöglicht dem Jugendlichen:

- über vorgegebene Informationen hinauszugehen,
- Hypothesen zu bilden,
- zu abstrahieren,
- theoretische Regeln aus anschaulichen Gegebenheiten abzuleiten (induktives Denken),
- aus einer allgemeinen Regel auf einen konkreten Sachverhalt zu schließen (deduktives Denken),
- durch systematisches Ausprobieren und Erstellen aller Möglichkeiten bei einem Problem eine Variablenkontrolle zu erarbeiten,
- über das Denken selbst nachzudenken (Metadenken).

Hier ist nun auch die Fähigkeit zum abstrakten Zählen und damit zum algebraischen Rechnen gegeben.

Störungen der Intelligenz (vgl. Walter J. Schraml, 1990[7])

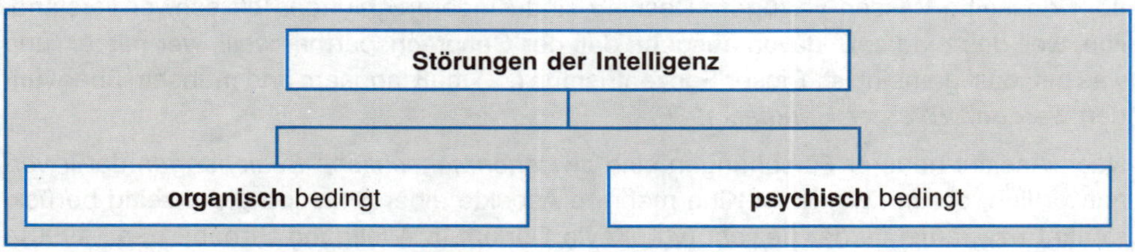

Organisch bedingte Intelligenzstörungen können

- vererbt sein, wie etwa der Mongoloismus, der auf einer Veränderung der Chromosomenstruktur bzw. -zahl beruht;
- vor der Geburt (etwa durch die Rötelinfektion der Mutter), während der Geburt (durch Sauerstoffmangel) oder nach der Geburt (zum Beispiel durch eine Hirnhautentzündung) erworben sein.

Je nachdem, wodurch eine Intelligenzstörung bedingt ist, spricht man von **Oligophrenie** oder **Demenz.**

Oligophrenie bezeichnet eine ererbte, während der Schwangerschaft, durch Geburtsschäden oder unmittelbar nach der Geburt entstandene geistige Behinderung. Im Gegensatz dazu handelt es sich bei Demenz um erworbene Intelligenzschäden, die im Verlauf des späteren Lebens entstehen.

Je nach dem Grad einer geistigen Behinderung, worunter auch die Intelligenzstörungen fallen, unterscheidet man zwischen *geistig behindert, schwer geistig behindert* und *schwerst geistig behindert.*

Psychisch bedingte Intelligenzsstörungen sind meist auf folgende Gegebenheiten zurückzuführen:

- Hospitalismusschäden (vgl. Kapitel 8.2.1 und 8.2.2);
- Erziehungsfehler, wie sie beim stark autoritären oder extrem laissez-fairen Erziehungsstil gemacht werden;
- belastende Krisen in der Familie.

Konzentrationsstörungen

Konzentrationsstörungen sind relativ unabhängig von der Intelligenz und auch nicht – wie irrtümlich angenommen – auf körperliche Schädigungen zurückzuführen. Ihre Ursachen liegen vielmehr in körperlichen Ermüdungserscheinungen, emotionalen Konflikten und situativen Faktoren, wie zum Beispiel Hetze oder Lärm.

Förderung der geistigen Entwicklung

Eine Förderung der geistigen Entwicklung kann und muß sich auf viele verschiedene Bereiche erstrecken:

- **Emotionale Zuwendung** ist eine wichtige Voraussetzung für die gesunde geistige Entwicklung. Dadurch kann das Kind Selbstvertrauen und den Mut zur Umwelterforschung entwickeln (vgl. Kapitel 8.2.2).
- Die geistige Entwicklung erfordert die vielfältigsten **Anregungen und Anreize** aus der Umwelt, damit die Neugierde und die Freude an der Auseinandersetzung mit der Umwelt wachsen bzw. erhalten bleiben.
- Kinder müssen die Möglichkeit und den **Freiraum** haben, Erfahrungen selber zu machen, selbständig zu entdecken und das Wissenswerte an den Dingen selbst zu erfahren. Dadurch wird das problemlösende Denken gefordert.
- Am meisten denkt der Mensch, wenn er ein echtes Bedürfnis verspürt, das heißt, wenn er vor einem Problem steht, dessen Lösung ihn wirklich interessiert. Deshalb sollten Erzieher versuchen, die **Interessen der Kinder** zu fördern, neue Interessen bei ihnen zu wecken und durch geeignete Spiel-, Bastel- und Beschäftigungsmöglichkeiten das Denken zu aktivieren.
- **Spiele und Bücher** vermitteln nicht nur Freude und Wissen, sondern regen die Phantasie und Kreativität an und fördern die Denk-, Intelligenz- und Gedächtnisleistungen.

- Da die Sprache die Intelligenzentwicklung sehr wesentlich beeinflußt (vgl. Kapitel 4.2.2), bedeutet eine gute **Spracherziehung** zugleich auch eine Förderung der Intelligenz (vgl. Abschnitt 7.2.3).
- Die **Vorschule** (etwa der Kindergarten) kann durch gezielte Trainings sprachliche und geistige Barrieren abbauen helfen. Diese ausgleichende Erziehung im schulischen, geistigen, sprachlichen Bereich nennt man *kompensatorische Erziehung.*
- Spezielle **Förderprogramme** lassen auch bei geistig Behinderten viele Defizite ausgleichen.

> Ein Gefühlsleben, das in Ordnung ist, ist eine der wichtigsten Voraussetzungen für geistige Leistungen. Deshalb sollten Erzieher auf die emotionalen Probleme ihrer Zöglinge eingehen und zu deren Lösung beitragen.

Die Intelligenz

= die Fähigkeit, Schwierigkeiten in neuen Situationen zu überwinden und Situationen zu bewältigen, die aufgrund vorausgegangener Erfahrungen allein nicht gemeistert werden können

Das Denken

= ein von Außenstehenden nicht beobachtbarer psychischer Vorgang, in dessen Verlauf eine Situation bzw. ein Problem erfaßt und verarbeitet wird

Entwicklung	**mögliche Störungen**	**Förderungsmöglichkeiten**
Sensumotorische Intelligenz Betätigung der Reflexe einfache Gewohnheiten aktive Wiederholungen Verknüpfung von Mittel und Zweck aktives Experimentieren verinnerlichtes Handeln *Symbolisches und vorbegriffliches Denken* Unterscheidung zwischen Symbol und realem Objekt Vorbegriffe *Anschauliches Denken* Denken an die Anschauung gebunden Orientierung am sichtbaren Ablauf des Geschehnisses Berücksichtigung jeweils nur eines Aspekts *Konkrete Operationen* Erfassen mehrerer Aspekte gleichzeitig wahrnehmungsunabhängige Vorstellungen schlußfolgerndes Denken additive Fähigkeiten multiplikative Fähigkeiten *Formale Operationen* Hypothesenbildung Abstraktionen induktives, deduktives Denken Metadenken algebraische Rechenfähigkeit	*organisch bedingt* Oligophrenie Demenz *psychisch bedingt* aufgrund von: – Hospitalismus – Erziehungsfehler – Familienkrisen	viel emotionale Zuwendung feste Bezugspersonen vielseitige Denkanregungen „Forscherfreiraum" Sprachförderung pädagogisch wertvolle Spiele Vorschule Förderprogramme für geistig Behinderte

7.2.5 Das Gedächtnis

Gedächtnis bezeichnet – wie in Kapitel 4.5 ausgeführt – die Fähigkeit, Informationen zu speichern und abrufen zu können.
Rolf Oerter und Martin Schuster weisen darauf hin, daß zwar die Gedächtniskapazität und -leistung des Kurzzeit- und Langzeitspeichers zeitlebens unverändert bleiben, daß aber die Nutzung und Verbesserung von Gedächtnisstrategien einem beträchtlichen Wandel in der menschlichen Entwicklung unterworfen sind (vgl. R. Oerter/L. Montada, 1987[2]).

Gedächtnisleistungen in der Kindheit

Es ist heute unbestritten, daß auch schon im Uterus Gedächtnisleistungen möglich sind. Auch unmittelbar nach der Geburt sind solche Leistungen zu beobachten.
Im ersten Lebensjahr lassen sich als Gedächtnisleistungen vornehmlich das **Nachblicken** nach einer Person oder einem Gegenstand, die (der) verschwunden ist, und das **Wiedererkennen** von Menschen, Dingen und Orten feststellen. Untersuchungen haben gezeigt, daß die Leistungen beim Wiedererkennen vor allem ab dem 3. Lebensjahr ganz ausgezeichnet und kaum schlechter sind als bei älteren Kindern. Reproduktionsleistungen sind dagegen noch ziemlich schlecht und werden erst in den nachfolgenden Jahren verbessert.
Sobald Kinder Vorstellungen sprachlich formulieren können, zeigt sich das **Erinnerungsvermögen:** Frühere Informationen können zu einem späteren Zeitpunkt abgerufen werden. Während Tatsachen noch weniger gut behalten werden, erinnert sich das Kind sehr leicht an *emotionale Erlebnisse und Ereignisse.* Im Alter von etwa vier bis sieben Jahren ist das Gedächtnis sehr an die **Anschauung** gebunden: Solche Informationen werden am besten behalten, die das Kind mit allen Sinnesorganen wahrgenommen hat.
Wie entsprechende Untersuchungen ergeben haben, können dreijährige Kinder offenbar mehr speichern als wiedergeben. Dies liegt nicht daran, daß die Kapazität des Gedächtnisses, sein Fassungsvermögen, gering ist, sondern daß Kinder ihr Gedächtnis nicht optimal nützen können, weil sie zu wenige **Gedächtnisstrategien** haben (vgl. Kapitel 4.6.4).

So kann beispielsweise bereits bei 3jährigen Kindern die Wiedergabe von bestimmten Wörtern – zum Beispiel „Hund“, „Katze“ – erheblich verbessert werden, wenn man ihnen Oberbegriffe („Tiere“) zur Verfügung stellt.

„Kinder im Vorschulalter scheinen noch nicht zu wissen, daß gewisse Aktivitäten nötig sind, um Lernmaterial behalten und später wiedergeben zu können“ *(Werner Herkner, 1986)*

Wenn Gedächtnisleistungen mit zunehmendem Alter besser werden, so hängt dies in erster Linie von den zum Zweck des Behaltens erlernten und verwendeten Strategien ab. Dies setzt voraus, daß Kinder etwas über ihr eigenes Gedächtnis und über ihren eigenen Beitrag zum Erwerb von Gedächtnisinhalten wissen.
Aufgrund solcher Ergebnisse wurde der Begriff **Metagedächtnis** eingeführt (griechisch, meta: über).

Unter Metagedächtnis versteht man das Wissen über das eigene Gedächtnis und über die Möglichkeiten, seine Gedächtnisleistungen zu verbessern.

„Je besser das Metagedächtnis, desto besser, leichter und schneller kann man lernen.“ *(Werner Herkner, 1986)*

Gedächtnisstörungen (vgl. Walter J. Schraml, 1990[7])

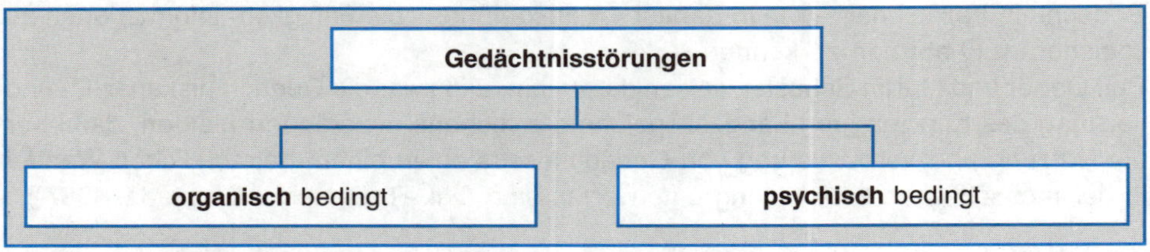

Organisch bedingte Gedächtnisstörungen beruhen auf

- Schädelverletzungen,
- Erkrankungen des Gehirns oder Entzündungen der Gehirnhäute,
- hochfieberhaften allgemeinen Erkrankungen.

Diese körperlich verursachten Störungen nennt man **Amnesien.**

> **Amnesien sind körperlich verursachte Gedächtnisstörungen.**

Psychisch bedingte Gedächtnisstörungen beruhen auf

- einer Verdrängung (laut Psychoanalyse), d. h. Erlebnisse des Menschen werden aus seinem bewußten Erinnerungsteil in sein unbewußtes Seelenleben verdrängt (vgl. Kapitel 11, Materialien 3.)

Förderung des Gedächtnisses

Das Gedächtnis kann geschult werden durch Verse, Reime, Lieder, durch das selbständige Weitererzählen von Märchen und Geschichten, vor allem aber durch die verstärkte Verwendung von **Gedächtisstrategien** und Lerntechniken, auf die der Zögling aufmerksam gemacht werden muß. Solche Gedächtnisstrategien und Lerntechniken sind in Kapitel 4.5.2 und 4.5.4 dargestellt.

Das Gedächtnis = die Fähigkeit eines Organismus, Informationen zu speichern und abrufen zu können		
Entwicklung	**mögliche Störungen**	**Förderungsmöglichkeiten**
Nachblicken Wiedererkennen Erinnerungsvermögen an emotionale Ereignisse an die Anschauung gebundene Erinnerung Verbesserung der Gedächtnisleistung von Gedächtnisstrategien abhängig Voraussetzung: Metagedächtnis	*organisch bedingt* Amnesien *psychisch bedingt* in Folge einer Verdrängung	Verse, Reime, Lieder u. a. Nacherzählen von Geschichten Gedächtnisstrategien Lerntechniken

7.3 Die Gefühle

Wie in Kapitel 5.1.1 ausgeführt, verstehen wir unter Gefühlen Ich-Zustände, „Befindlichkeiten und Erlebnisse, die den Körper, die Psyche und das Verhalten des Menschen umfassen." (J. A. Keller/F. Novak, 1988[6])

7.3.1 Die Entwicklung der Gefühle

Die amerikanische Psychologin Carole Izard hat die Gefühle von Kleinkindern an ihren Gesichtsausdrücken erforscht und in eine Reihenfolge gebracht, in der Annahme, daß Kleinkinder zeigen, was sie fühlen, da sie noch nicht gelernt haben, wie Erwachsene ihre Gefühle zu kontrollieren und zu verbergen:

Die Emotionen des Kleinkindes und wann sie auftreten	
Ausdruck der Grundemotionen	Ungefähre Zeit des Auftretens
Interesse ***Neugeborenen-Lächeln** (ein „halbes" Lächeln, das spontan und ohne ersichtlichen Grund auftritt) ***Erschrecken** ***Leid** (als Reaktion auf Schmerzen) **Widerwillen**	bei der Geburt vorhanden
Soziales Lächeln	mit 4–6 Wochen
Zorn **Überraschung** **Traurigkeit**	mit 3–4 Monaten
Furcht **Scham/Scheu/Selbstbewußtsein**	mit 5–7 Monaten mit 6–8 Monaten
Verachtung **Schuldgefühle**	im 2. Lebensjahr
* *Das Neugeborenen-Lächeln, das Erschrecken und das Leid als Reaktion auf Schmerzen sind Vorläufer des sozialen Lächelns und der Gefühle von Überraschung und Trauer, die später auftreten. Izard hat keine Beweise dafür, daß sie in den ersten Wochen des Lebens mit inneren Empfindungen verknüpft sind.*	

Quelle: R. J. Trotter, 1984

Die Psychologen Katherine M. Bridges und René Spitz kamen nach ihren Beobachtungen zu folgenden Ergebnissen: Beim Neugeborenen ist lediglich eine allgemeine Störbarkeit bzw. **Erregbarkeit,** die sehr diffus und ungerichtet ist, zu beobachten.

Entwicklung der Emotionen

Aus der undifferenzierten Erregung der ersten Lebenstage entwickeln sich die Emotionen „Lust“ und „Unlust“, die als Ursprung aller folgenden Differenzierungen angesehen werden. Diese Ergebnisse wurden durch Beobachtung und Beschreibung des Ausdrucksverhaltens gewonnen.

Quelle: in Anlehnung an H. Legewie/W. Ehlers, 1986

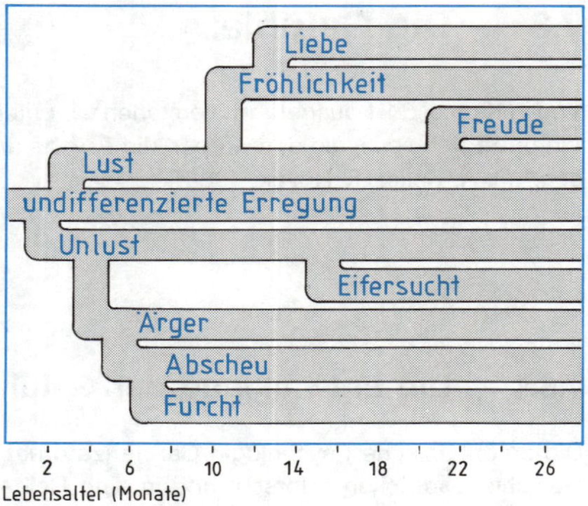

Aus diesem anfänglichen Erregungszustand entwickeln sich in den ersten Wochen zwei Grundtendenzen emotionalen Verhaltens heraus: **Unlust und Lust.** Die unlustbetonte Tendenz tritt etwas früher hervor und läßt auch zuerst eine Differenzierung in spezifischere Gefühlsreaktionen erkennen wie Angst, Ekel, Wut, Zorn. Ein deutliches Zeichen der Erkennbarkeit von positiven Gefühlsäußerungen nennen Entwicklungspsychologen **das soziale Lächeln,** das durch bestimmte Reize wie Anschauen oder Ansprechen des Säuglings hervorgerufen wird.

Zwar kann das Kind vermutlich schon sehr früh **Angst und Furcht** empfinden, doch am deutlichsten erkennbar treten sie auf, wenn das Kind gelernt hat, zwischen vertrauten und fremden Personen zu unterscheiden. Im Laufe der Entwicklung eröffnen sich dem Kind immer wieder neue Ereignisse und Situationen, die neue Ängste entstehen lassen. In diesen Veränderungen spiegelt sich der Einfluß der Umwelt, insbesondere seiner Bezugspersonen auf das Erleben des Kindes wider.

Ärger und Wut lassen sich, ähnlich wie die Furcht, schon sehr früh erkennen, und zwar als Reaktion auf Bedrohungen oder bei Versagung von Wünschen und Bedürfnissen.

Liebe und emotionale Zuwendung werden in den ersten Lebensjahren in der engen Beziehung zu (einer) festen Bezugsperson(en) grundgelegt. Die meisten Entwicklungstheorien betonen die Wichtigkeit von intensiven emotionalen Kommunikationsprozessen nicht nur für die Entwicklung von Liebe und Zuwendung, sondern für die weitere Entwicklung aller psychischen Funktionen, Fähigkeiten und Kräfte (vgl. Kapitel 8.2.1 und 8.2.2).

Vor allem im ersten Lebensjahr wird der Grundstein für die Fähigkeit zu Liebe und emotionaler Zuwendung gelegt, je nachdem, ob der Säugling bzw. das Kleinkind intensive emotionale Zuwendung erhält oder nicht.

Bereits bis zum 2. Lebensjahr zeigt das Kleinkind alle „Grundemotionen“ wie *Interesse, Leid, Widerwillen, Freude, Zorn, Überraschung, Scham, Furcht, Verachtung und Schuldgefühl.*

In den folgenden Jahren setzt sich die Differenzierung der Gefühle fort. Dabei ändert sich sowohl der Bereich der die Emotionen auslösenden Reize und Situationen als auch die Form des Ausdrucks dieser Emotionen und die Art des Reagierens auf diese Gefühle.

Während zum Beispiel der Säugling auf angstauslösende Reize mit Schreien reagiert, sucht der Zweijährige Schutz bei der Mutter oder er läuft davon.

Die Ausbildung weiterer Gefühle geschieht zunehmend in der Auseinandersetzung mit der Umwelt durch Nachahmung und durch Konditionierung (vgl. Kapitel 4.7.2).

So lernt ein Kind, Angst vor der Spinne zu haben, indem es die Mutter beobachtet, wie sie beim Anblick einer Spinne fürchterlich schreit und wegläuft. (Weitere Beispiele für das Erlernen von Gefühlen, aufgezeigt am Beispiel der Angst, befinden sich in Kapitel 12.2.3.)

Das Kind lernt, welche Gefühle und Arten des Gefühlsausdrucks von der Gesellschaft akzeptiert werden, und es lernt dadurch, welche Gefühle es zeigen darf und welche nicht.

> Die Entwicklung der Gefühle wird in den ersten Lebensjahren grundgelegt, im Laufe der Jahre vollzieht sich eine Differenzierung sowohl der Gefühle als auch der auslösenden Reize und Reaktionen. Die Entwicklung von Emotionen verläuft in jeder Gesellschaft unterschiedlich. Das Gefühl als solches wird nicht erlernt, sondern die Art und Weise, es zu äußern, und der Zeitpunkt, es zu zeigen.

7.3.2 Störungen in der Entwicklung der Gefühle

Eine Störung in der Entwicklung der Gefühle ist vor allem der **Hospitalismus,** bei dem es sich, wie es *René Spitz* nennt, um eine *emotionale Verhungerung* handelt, um einen Mangel im Gefühlsbereich aufgrund unzureichender bzw. fehlender emotionaler Zuwendung und mangelnder Reizvermittlung (siehe Kapitel 8.2.1).

Weitere Störungen in der emotionalen Entwicklung sind vor allem **psychosomatische** und **neurotische Störungen** sowie **Depressionen.** Diese Störungen werden in Kapitel 12.1 dargestellt.

➡ **Materialien 4.**

7.3.3 Förderung der Entwicklung der Gefühle

- Voraussetzung für eine gesunde emotionale Entwicklung ist eine **ausreichende emotionale Zuwendung,** damit das Kind den Mut und die Lust aufbringen kann, emotionale Bindungen einzugehen und anderen Menschen zu vertrauen (vgl. Kapitel 8.2.1 und 8.2.2).
- Eltern und Erzieher sollen dem Kind die Möglichkeit geben, daß es seine vielfältigen Gefühle zeigen kann und nicht verbergen bzw. unterdrücken muß. Dies ist vor allem im Spiel möglich, in welchem das Kind seine Gefühle in die Situation einbringen kann.

- Eltern und Erzieher sollten ihre eigenen Gefühle – auch die „negativen" wie Ärger, Haß, Wut, Traurigkeit – und die ihres Kindes akzeptieren und sie offen und direkt aussprechen.

- Das Kind soll nicht gezwungen werden, nicht erwünschte Gefühle wie zum Beispiel Wut, Haß, Ärger, Aggression zu unterdrücken. Eltern und Erzieher sollten dem Kind Möglichkeiten aufzeigen, wie es mit diesen Gefühlen umgehen kann.

- Dem Kind soll die Möglichkeit gegeben werden, es belastende Gefühle klar äußern zu können. Durch Klarheit in Äußerungen und Mitteilungen anderen gegenüber ist es möglich, Belastungen zu vermindern.

- Erziehungsmaßnahmen, die Angst erzeugen, sollten, wie in Kapitel 5.3.1 ausgeführt, vermieden werden.

- Bei Störungen in der emotionalen Entwicklung empfiehlt sich zu deren Behandlung eine Psychotherapie, die im Einzelfall der Therapeut auswählt (vgl. Kapitel 12.4).

Für eine gesunde emotionale Entwicklung und für die Vermeidung von emotionalen Entwicklungsstörungen spielt eine intakte Familie und ein harmonisches Familienklima, in der das Kind viel emotionale Zuwendung seitens fester Bezugspersonen erfährt, sowie ein Erzieherverhalten, das dem Kind Wertschätzung und Verständnis sowie einen großen Raum für spontane Gefühlsäußerungen offen läßt, eine entscheidende Rolle.

Gefühle

= Ich-Zustände, „Befindlichkeiten und Erlebnisse, die den Körper, die Psyche und das Verhalten des Menschen umfassen"

Entwicklung	**mögliche Störungen**	**Förderungsmöglichkeiten**
Aus undifferenzierter Erregung, entwickeln sich die beiden Grundtendenzen „Unlust" und „Lust". Bis zum 2. Lebensjahr zeigt das Kleinkind alle Grundemotionen (Interesse, Leid, Widerwillen, Freude, Zorn, Überraschung, Scham, Furcht, Verachtung, Schuldgefühl usw.). Die Ausdifferenzierung dieser Grundemotionen erfolgt in der Auseinandersetzung mit der Umwelt.	psychosomatische Störungen neurotische Störungen Depressionen Hospitalismus	ausreichende emotionale Zuwendung Möglichkeiten des Zeigens der vielfältigen Gefühle Akzeptieren und offenes Aussprechen der Gefühle Aufzeigen von Möglichkeiten, wie man mit Gefühlen umgeht klares Äußern auch von belastenden Gefühlen Vermeidung von Erziehungsmaßnahmen, die Angst erzeugen

7.4 Die Bedürfnisse

Mit dem Begriff Bedürfnis wird ein physischer oder psychischer **Mangelzustand** bezeichnet. Das bedeutet, daß ein Bedarf – zum Beispiel nach Essen, Trinken, nach Zuwendung, Liebe – vorhanden sein muß (vgl. Kapitel 5.1.2).

7.4.1 Die Entwicklung der Bedürfnisse

Wer müde ist, will sich hinlegen und nicht auf eine Party gehen. Wer durstig ist, will etwas trinken, bevor er arbeitet. Setzt man diese Liste fort, so kommt man darauf, daß verschiedene Bedürfnisse menschlichen Handelns unterschiedliche Prioritäten haben. Manche Bedürfnisse werden vordringlicher befriedigt als andere.

So muß zum Beispiel das Bedürfnis nach Nahrung hinreichend befriedigt sein, ehe das Bedürfnis nach Geselligkeit oder persönlicher Entfaltung wichtig wird.

An diese Beobachtung hat der amerikanische Motivationsforscher *Abrahem H. Maslow* angeknüpft und herausgefunden, daß die Entwicklung menschlicher Bedürfnisse nach ganz bestimmten psychologischen Gesetzmäßigkeiten und in einer festgelegten Reihenfolge abläuft:

Die „höheren" Bedürfnisse entwickeln sich erst, wenn die „niedrigeren" angemessen befriedigt sind.

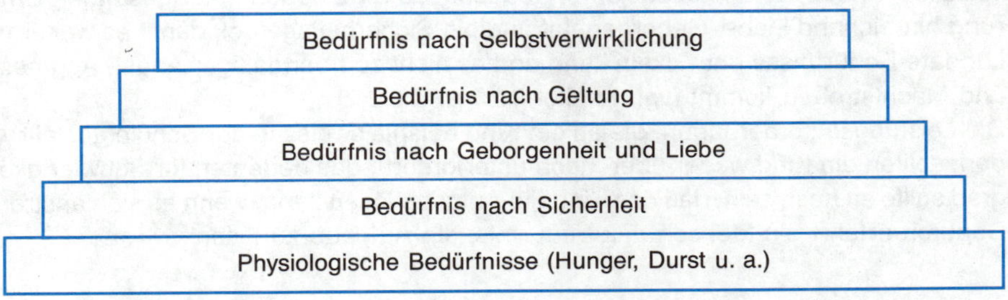

Die physiologischen Bedürfnisse, die sogenannten **primären Bedürfnisse,** sind angeboren und bestimmen weitgehend die Motivation des Säuglings. Im Laufe der Entwicklung werden jedoch noch mehr Bedürfnisse, die sogenannten **sekundären Bedürfnisse,** durch Nachahmung, Konditionierung, Verstärkung und Bedürfnisdifferenzierung erlernt.

So ahmt ein Kind das starke Bedürfnis nach Geselligkeit, das seine Eltern, Geschwister oder später Freunde usw. zeigen, nach.

Auch lernt der Mensch, daß man sich mit Geld sehr viel kaufen kann, und so wird dieser für Kinder anfangs eigentlich recht unbedeutende Reiz „Geld" zum Bedürfnis.

Das Bedürfnis nach Nahrung bleibt nicht gleich, sondern differenziert sich beispielsweise unter Einfluß einer vermögenden Umwelt zum Bedürfnis nach Kaviar und Champagner aus.

Aus den Grundbedürfnissen gehen nach Maslow Bedürfnisse nach Macht, Geselligkeit, Wissen, Leistung, nach aggressivem Verhalten usw. hervor.
Mit ca. drei bis vier Jahren entwickelt sich erstmals eine **Leistungsmotivation** (vgl. Kapitel 5.4.3) im Sinne der Gestaltung eines Werkes aus reiner Betätigungsfreude. Ab ca. vier Jahren sind Leistungsmotivationen vorhanden, und ein Anspruchsniveau wird sichtbar. In den ersten beiden Schuljahren ist die Leistungsmotivation noch stark außengesteuert, vor allem durch die Imitation und die Identifikation mit dem elterlichen Vorbild und den Forderungen des Lehrers. Mit zunehmendem Alter findet dann ein allmählicher Übergang zur eigenen Steuerung, zum eigenen Leistungsbewußtsein statt.

7.4.2 Störungen in der Entwicklung der Bedürfnisse

Werden die grundlegenden Bedürfnisse nicht hinreichend befriedigt, wie etwa das Bedürfnis nach Sicherheit oder Geborgenheit und Liebe, so ist die Entwicklung weiterer, sekundärer Bedürfnisse behindert, etwa das Motiv, selbständig und unabhängig zu werden. Vor allem die Ergebnisse der Hospitalismus-Forschungen zeigen, welch gravierende Störungen und Verzögerungen eine unzureichende Befriedigung der Bedürfnisse nach Liebe, Geborgenheit und Sicherheit nach sich zieht.
Eine fehlende oder unzureichende Bedürfnisbefriedigung kann auch zu Aggressionen, Machtstreben oder zu Angst führen und damit eine normale Entwicklung beeinträchtigen.
Eine Störung der Leistungsmotivation tritt dann ein, wenn eine Aufgabe zu schwer ist und das Kind wegen Überforderung den Mut verliert und aufgibt oder wenn die Aufgabe zu leicht ist und ihren Reiz verliert (vgl. Kapitel 5.4.3).

7.4.3 Förderung der Entwicklung der Bedürfnisse

- Die Grundbedürfnisse des Menschen sollten hinreichend befriedigt werden.
- Vor allem in den ersten Lebensjahren braucht das Kind neben einer gesunden Ernährung hinreichend Liebe, Geborgenheit und ein Sicherheitsgefühl, damit es weitere sekundäre Bedürfnisse entwickeln kann und es nicht zu übermäßiger Angst, Aggression und Machtstreben kommt (vgl. Kapitel 8.2.1 und 8.2.2).
- Die Leistungsanforderungen, die an ein Kind beispielsweise in der Schule gestellt werden, sollten ein Kind weder über- noch unterfordern, das bedeutet, ihr Schwierigkeitsgrad sollte so hoch sein, daß das Kind die Aufgabe lösen kann, wenn es sich anstrengt. Dadurch erfährt ein Mensch das Bedürfnis, die Aufgabe zu lösen.

<table>
<tr><th colspan="3">Bedürfnisse
= Bezeichnung für einen physischen oder psychischen Mangelzustand</th></tr>
<tr><td>Entwicklung</td><td>mögliche Störungen</td><td>Förderungsmöglichkeiten</td></tr>
<tr><td>Physiologische Bedürfnisse:
Hunger, Durst u. a.
Bedürfnis nach:
– Sicherheit
– Geborgenheit, Liebe
– Geltung
– Selbstverwirklichung</td><td>mangelnde Entwicklung sekundärer Bedürfnisse
Aggressionen, Angst, Machtstreben aufgrund mangelnder Bedürfnisbefriedigung
fehlende Leistungsmotivation</td><td>ausreichende Befriedigung der Grundbedürfnisse
viel Liebe, Geborgenheit und Sicherheit
Vermeidung einer Über- oder Unterforderung</td></tr>
</table>

7.5 Das Sozialverhalten

Das Wort „sozial" bedeutet: die menschliche Gesellschaft, Gemeinschaft betreffend. *Sozialverhalten* meint somit jegliches Verhalten eines Menschen, das die Gemeinschaft betrifft, das heißt, jeglichen Umgang mit der Gemeinschaft, mit anderen Menschen.

Unter Sozialverhalten versteht man jegliche zwischenmenschlichen Verhaltensweisen und Beziehungen.

Der Mensch ist ein soziales Wesen, er lebt mit anderen Menschen zusammen und ist auf dieses Zusammenleben angewiesen.

Das Sozialverhalten ist dem Menschen jedoch nicht angeboren, sondern er muß erst lernen, wie er sich in welchen Situationen wem gegenüber zu verhalten hat.

7.5.1 Die Entwicklung des Sozialverhaltens

Die Entwicklung des Sozialverhaltens läßt sich in zwei Aspekte unterteilen:

- Die Entwicklung des Sozialverhaltens im Sinne der **Interaktion und Kommunikation**[1], wie zum Beispiel das Verhalten des einzelnen in der Gruppe bzw. beim Spiel oder verschiedene „Formen" des Verhaltens gegenüber Mitmenschen (Mitgefühl, Angst, Aggression usw.).
- Die Entwicklung des Sozialverhaltens im Sinne der Schaffung des sozialen Wesens, das heißt, **Entwicklung als Sozialisation,** wie beispielsweise die Übernahme von Wertvorstellungen und Normen, Rollen, Einstellungen und die Gewissensbildung.

Die Entwicklung des Sozialverhaltens im Sinne der Interaktion und Kommunikation

Interaktionen und Austausch von Informationen zwischen der (den) Bezugsperson(en) und dem Kind finden bereits von Beginn der Entwicklung an statt, also auch schon in der Schwangerschaft.

Spätestens im dritten Monat tritt das **erste Lächeln** auf, welches als erste spezifische Reaktion auf den Menschen interpretiert wird. Dabei handelt es sich vermutlich um ein angeborenes Instinktverhalten, das nicht als Reaktion auf ein Erkennen bestimmter Personen erfolgt. Angelacht wird jede Augenpartie, die offensichtlich den Schlüsselreiz für dieses erste Lächeln bildet. Das Lächeln des Säuglings im Anfangsstadium kann auch durch Attrappen ausgelöst werden.

Die zweite Hälfte des ersten Lebensjahres ist durch eine zunehmende Differenzierung der Beziehung zu den Mitmenschen gekennzeichnet.

---

[1] Die Begriffe Interaktion und Kommunikation sind in Kapitel 9.1.1 geklärt.

„An verschiedenen Verhaltensweisen, wie Zu- und Abwendung, Unruhe bei Abwesenheit der ständigen Pflegeperson, Ablehnung fremder Eingriffe (...) läßt sich erkennen, daß das Kind seine Mutter oder eine andere ständige Pflegeperson von anderen Personen unterscheiden kann, daß es sich ihr zugehörig fühlt und an sie mit besonderen Ansprüchen herantritt." *(Lotte Schenk-Danzinger, 1988*[20]*).*

Im ersten Lebensjahr wird die emotionale Bindungsfähigkeit voll entwickelt. Die Beziehung des Säuglings zu seiner ständigen Bezugsperson zeigt gegen Ende des ersten Lebensjahres schon alle Merkmale, die zu jedem Zeitpunkt des Lebens jede intensivere Beziehung haben wird.

So kann man zum Beispiel am Ende des ersten Lebensjahres beim Säugling deutlich Verhaltensweisen wie den Wunsch nach Alleinbesitz, nach körperlicher Nähe und Zärtlichkeit, nach Beachtung und Anerkennung, oder die Angst bei Gefahr des Kontaktabbruches und lang anhaltende negative Reaktionen bei tatsächlichem Kontaktverlust beobachten.

➡ **Materialien 5.**

Die Entwicklung sozialer Verhaltensweisen im Kleinkindalter läßt sich am deutlichsten in der **Entwicklung des Spielverhaltens** ablesen: Zunächst ist das Kind an Spielen noch völlig **unbeteilt,** doch schon bald spielt es **allein.** Das Interesse an wechselseitigen Kontakten äußert sich ab ca. 2 Jahren im **Zuschauen** beim Spielen anderer Kinder. Kinder vermögen in dieser Zeit oft recht ausdauernd anderen bei deren Spiel zuzuschauen.

In diesem Alter ist ein Miteinanderspielen nicht möglich, da das Spielen mit anderen Kindern durch rasch wechselnde Bedürfnisse, geringe Ausdauer und Intoleranz sehr erschwert wird. Kinder dieses Alters spielen nebeneinander, nicht miteinander. Wir sprechen deshalb von **Parallelspiel,** das bei den 2½ bis etwa 4½jährigen die häufigste Spielart ist.

Ab dem dritten Lebensjahr treten im Spiel zwischen den Kindern deutlich soziale Interaktionen auf, die aber noch recht unorganisiert sind. Es wird deshalb als **assoziiertes Spiel** bezeichnet. Es sind zwar Kontakte des Gebens und Nehmens zu beobachten, aber keine Organisation.

„Kommst du mit, gehen wir spielen?"

Das assoziierte Spiel wird vom **organisierten Spiel** abgelöst, das auf ein Ziel gerichtet ist, wie zum Beispiel Regelspiele oder die Errichtung gemeinsamer Bauten mit Bauklötzchen. Spiele werden organisiert, und es geht vor allem darum, gemeinsam etwas herzustellen bzw. bestimmte Situationen spielerisch zu gestalten, wie dies beispielsweise beim Rollenspiel der Fall ist.

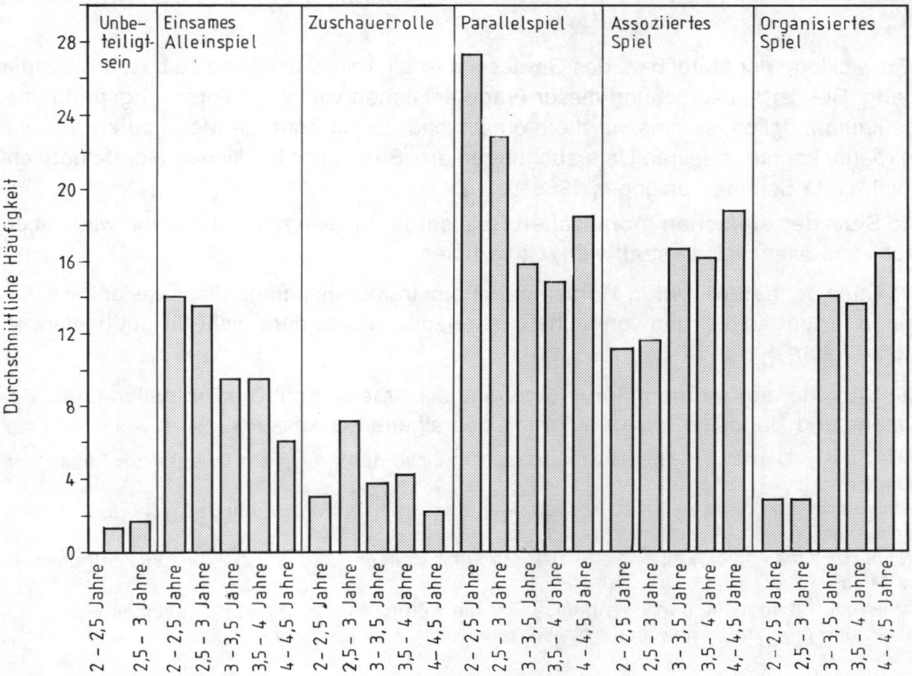

Quelle: Lotte Schenk-Danzinger, 1988[20]

Die organisierten Spiele der 5 bis 8jährigen sind meist durch feste Regeln charakterisiert, bei den 7 bis 10jährigen tritt neben die Regel verstärkt die Zusammenarbeit. In diesem Alter ist auch Eigeninitiative sehr gefragt. Es beginnt die Zeit der **Teamspiele.** Damit sind alle grundlegenden sozialen Verhaltensmuster erworben, die im weiteren Verlauf der Entwicklung ausdifferenziert werden.

Die Entwicklung des Sozialverhaltens im Sinne der Schaffung des sozialen Wesens

Neben der Entwicklung des Sozialverhaltens im Sinne der Interaktion und Kommunikation läßt sich die Entwicklung des Sozialverhaltens im Sinne der Schaffung des sozialen Wesens aufzeigen, das heißt, eine Entwicklung in der Übernahme von Wertvorstellungen, Normen, Rollen und Einstellungen sowie eine Entwicklung der Gewissensbildung. Um diese Entwicklung der **Gewissensbildung**, der moralischen Vorstellungen, welche den Menschen wissen läßt, was er tun darf, was erlaubt ist, was „gut" oder „schlecht" ist, geht es im folgenden.

Unter Moral versteht man ein System von verbindlichen Sollensregeln der in einer Gruppe bzw. Gesellschaft zusammenlebenden Menschen.

Gewissen ist diejenige Instanz, die das menschliche Verhalten hinsichtlich seiner Übereinstimmung mit den Wert- und Normvorstellungen sowie mit den Verhaltenserwartungen einer Gesellschaft bzw. einer ihrer Gruppen gleichsam als „innere Stimme" reguliert.

Die Entwicklung der Moral bzw. des Gewissens ist ein relativ ungenau zu beschreibender Vorgang. Bei der Untersuchung dieser Frage entstehen vielfältige Forschungsprobleme, da es kaum möglich ist, eine wertfreie empirische Studie über die Moral zu entwickeln. *Jean Piaget* konnte in seinen Untersuchungen drei Stufen der kindlichen Moral beobachten (vgl. Lotte Schenk-Danzinger, 1988[20]):

- Die Stufe des **einfachen moralischen Realismus:** Alles, was nicht bestraft wird, ist erlaubt und alles, was bestraft wird, ist verboten.
- Die Stufe der **heteronomen Moral** (heteronom: fremdbestimmt): Alles, was andere Personen für gut heißen und vormachen, ist erlaubt, was andere nicht für gut heißen, ist nicht erlaubt.
- Die Stufe der **autonomen Moral** (autonom: selbstbestimmt): Die Beurteilung des Verhaltens und Handelns erfolgt aufgrund des eigenen Gewissens.

  Lotte Schenk-Danzinger (1988[20]) veranschaulicht diese drei Stufen am Beispiel der Einstellung zum Stehlen:
  Stehlen darf man nicht, weil man bestraft oder eingesperrt würde. Würde das nicht der Fall sein, dürfte man stehlen (= einfacher moralischer Realismus).
  Stehlen darf man nicht, weil es die Eltern verboten haben und weil es eine Sünde ist (= heteronome Moral).
  Stehlen darf man nicht, denn wenn das jeder tun würde, wäre niemand mehr seines Eigentums sicher, und niemand könnte mehr ein Vertrauen zum anderen haben.

Der amerikanische Forscher *Lawrence Kohlberg* stellt die Entwicklung der Moral etwas differenzierter dar. Seiner Meinung nach vollzieht sie sich in sieben Stufen:

1. Das Kind orientiert sich bei der Beurteilung des Verhaltens am **Lustgewinn.** Alles, was ihm Befriedigung verschafft, ist auch richtig.
2. Das Kind orientiert sich an den **Folgen der Handlungen.** Alles, was belohnt wird, ist richtig.
3. Das Kind orientiert sich am **persönlichen Nutzen.** Alles, was persönlich etwas bringt, ist richtig.
4. Das Kind orientiert sich am **Wohlwollen der Eltern.** Alles, was es als braves Kind erscheinen läßt, ist richtig.
5. Das Kind orientiert sich auch an **Autoritätspersonen** außerhalb der Familie wie Lehrer, Pfarrer u. ä. Alles, was andere Personen gut heißen, ist richtig.
6. Das Kind orientiert sich an **Gesetzen,** Satzungen oder Übereinkünften. Alles, was vom Gesetz her vorgegeben ist, ist richtig.
7. Das Kind orientiert sich am **eigenen Gewissen.** Alles, was vom Gewissen her erlaubt ist, ist richtig.

7.5.2 Störungen des Sozialverhaltens

In Anlehnung an Walter J. Schraml (1990[7]) kann man vier Gruppen gestörten Sozialverhaltens unterscheiden:

- Störungen, die durch das **Erleben einer Benachteiligung** verursacht werden: Personen mit angeborenen oder erworbenen Organfehlern bzw. anderen Defekten oder Behinderte erleben im Vergleich mit anderen Menschen, die etwas können, was sie aufgrund ihres Fehlers, Defektes oder ihrer Behinderung nicht können, ständig eine Benachteiligung, die eine entmutigende Entwicklung entstehen lassen und zu Störungen im Sozialverhalten führen kann. Auch eine schlechte soziale und ökonomische Situation beispielsweise, ein sexuelles Anderssein oder eine Abwertung seitens der Mitmenschen, wie dies vor allem bestimmte Minderheitsgruppen (Ausländer, Homosexuelle, Behinderte usw.) erfahren, kann sich auf das Sozialverhalten negativ auswirken. Ebenso können Schicksalsschläge, Konfliktsituationen und häufige Mißerfolgserfahrungen die Entwicklung des Sozialverhaltens beeinträchtigen.

- Störungen, die auf **mangelnde emotionale Zuwendung** zurückzuführen sind: Mangelnde emotionale Zuwendung – und auch mangelnde Reizvermittlung – führt zu **Hospitalismus,** ein leib-seelischer Verkümmerungskomplex im Säuglings- und Kleinkindalter. Die weitere Entwicklung hospitalisierter Kinder bleibt nachhaltig gestört, wobei neben der kognitiven und emotionalen Entwicklung vor allem die Entwicklung des Sozialverhaltens stark beeinträchtigt bleibt (vgl. Kapitel 8.2.1).

  ➡ **Materialien 4.**

- Störungen, die Folge einer **gestörten Beziehung zwischen dem Kind und seiner Bezugsperson** sind:
  - beinah unstillbares Erbrechen bis hin zur tiefsten Bewußtlosigkeit des Kindes als Folge der offenen Ablehnung seitens der Mutter
  - Magen-Darm-Störungen beim Kind infolge der unverhüllten Überbesorgnis der Mutter
  - Dermatitis (eine Hauterkrankung) des Kindes als Folge der offenen Ängstlichkeit und Überbesorgnis, um die Feindseligkeit dem Kind gegenüber zu kompensieren
  - Schaukeln mit dem Kopf oder Körper als Reaktion auf das Hin und Her der Mutter zwischen offener Ablehnung und Überbesorgnis
  - Depression und Störungen im oralen Bereich (Essen des eigenen Kotes) als Folge einer immer wiederkehrenden Stimmungsschwankung der Mutter
  - Autismus (krankhaft gesteigerte Ichbezogenheit, Kontaktunfähigkeit) aufgrund der absolut fehlenden emotionalen Bindung der Mutter zum Kind trotz eines nach außen hin korrekten Verhaltens der Mutter

- Psychosomatische Krankheiten der Kinder, die auf **Störungen des Sozialkontaktes zwischen dem Kind und der Umwelt** beruhen:
  - Krankheiten der Motorik (psychogene Anfälle)
  - Krankheiten des Ausscheidungstraktes (Bettnässen, Durchfall ...)
  - Krankheiten der Atmung (Asthma)
  - Krankheiten des Verdauungstraktes (Magen-Darm-Erkrankungen)

Als weitere Störungen des Sozialverhaltens gelten:

- die **Aggression:** Sie wird seitens der Lerntheoretiker durch das Lernen am Erfolg (mit Aggression kann man sich durchsetzen) oder Lernen am Modell erklärt, während die Psychoanalytiker Aggression vielmehr als natürlichen Trieb des Menschen sehen (vgl. Kapitel 5.2.3).
- die **Kinder- und Jugendkriminalität** oder **Verwahrlosung** als Folge fehlender oder mangelnder Zuwendung und Anerkennung.

7.5.3 Förderung des Sozialverhaltens

- Jegliches Sozialverhalten eines Menschen ist abhängig von seiner emotionalen Verfassung, und ein „gesundes" Sozialverhalten basiert auf einer emotionalen Sicherheit, einer positiven Einstellung zu sich selbst und zu anderen.
  Deshalb ist für eine positive Entwicklung des Sozialverhaltens die liebevolle, emotionale Zuwendung zumindest seitens einer festen Bezugsperson zum Kind vor allem in den ersten Lebensjahren unumgänglich (nicht zu verwechseln mit der schädigenden Überbehütung des Kindes). (Vgl. Kapitel 8.2.1 und 8.2.2.)
  Zu einem derartigen Aufbau einer positiven Einstellung gehört auch ein harmonisches Familienleben, in dem das Kind das Zusammenleben mit anderen, das Zusammenleben der beiden Geschlechter und mehrerer Generationen als erfreulich, eben positiv erlebt.
- Ein positives Sozialverhalten ist auch abhängig von der Persönlichkeit eines Menschen, weshalb man dem Kind beibringen sollte, seine Gefühle zu äußern und – mit Einschränkungen – zu zeigen, Kritik zu üben und auch einstecken zu können, Angst zu ertragen, die eigene Meinung zu vertreten und sich mitteilen zu können, sich selbständig zu entscheiden und selbständig zu handeln.
- Besonders wichtig für ein positives zwischenmenschliches Verhalten ist die Fähigkeit, sich in eine Gruppe einfügen zu können, mit anderen Menschen zu kooperieren, Kompromisse zu schließen, zu teilen, verlieren zu können, Vorurteile zu erkennen und abbauen zu können, tolerant zu sein.
  Derartige Verhaltensweisen werden bereits in der Familie, vor allem von den Geschwistern gefordert, sie können systematisch gefördert werden, wenn man den Kindern, vor allem ab dem 3. Lebensjahr, den Kontakt zu Spielkameraden ermöglicht und diesen bekräftigt. Wichtig ist hier der Kindergarten und später die Schule, die die Familie bei der Aufgabe, die Kinder zu positivem Sozialverhalten zu erziehen, unterstützen. Sie konfrontieren die Kinder mit Situationen (große Gruppen Gleichaltriger, fremde Bezugspersonen, geregelter Tagesablauf ...), die die Familie nicht oder nur bedingt bieten kann. Gefördert werden soziale Verhaltensweisen hier besonders durch Gesellschaftsspiele, Rollenspiele, Gruppenarbeiten und Gruppengespräche.

Grundsätzlich ist wichtig, daß den zu Erziehenden **gute Modelle** geboten werden, das heißt, daß die Erzieher selber positives Sozialverhalten vorleben, zum Beispiel gesellschaftliche Normen einhalten oder Hilfsbereitschaft zeigen, und daß erwünschtes Sozialverhalten die nötige Verstärkung erhält.

Sozialverhalten = die Bezeichnung für jegliche zwischenmenschlichen Verhaltensweisen und Beziehungen		
Entwicklung	**mögliche Störungen**	**Förderungmöglichkeiten**
im Sinne der Interaktion und Kommunikation soziales Lächeln stabilere Beziehungen zu Bezugspersonen erste Formen der Zusammenarbeit mit Bezugspersonen erste Kontakte zu Gleichaltrigen Unbeteiligtsein Alleinspiel Zuschauen beim Spiel anderer Parallelspiel organisiertes Spiel Team-/Mannschaftsspiele *im Sinne der Schaffung des sozialen Wesens* Entwicklung des Gewissens: – einfacher moralischer Realismus – heteronome Moral – autonome Moral	Aggressivität Verwahrlosung Kriminalität usw. *infolge von:* körperlicher oder geistiger Behinderung mangelnder emotionaler Zuwendung (Hospitalismus) gestörter Mutter-Kind-Beziehung gestörtem Kontakt zur Umwelt Pubertätskrise Adoleszentenkrise	viel emotionale Zuwendung feste Bezugspersonen Erziehung zu Selbständigkeit, Selbstbewußtsein, Kritikfähigkeit offene, partnerschaftliche Gespräche Förderung der Kompromißbereitschaft, Toleranz usw. durch viel Kontakt zu Spielkameraden Gesellschaftsspiele, Rollenspiele Gruppengespräche sozialpädagogische Betreuung gute Vorbilder

Zusammenfassung

- Motorik bezeichnet die Gesamtheit aller Bewegungsabläufe eines Organismus. Ihre Entwicklung besteht zum einen aus der Reifung körperlicher Anlagen, die laut Arnold Gesell nach fünf Prinzipien verläuft, zum anderen aus einem Lernprozeß, der durch die Umwelt angeregt wird. Die Bedeutung der Motorik für den Menschen liegt in der Förderung sowohl der Gesundheit als auch der sozialen Kontakte, der geistigen Fähigkeiten und des emotionalen Erlebens.
  Störungen in der Entwicklung der Motorik sind entweder angeboren, durch Krankheit oder Unfall erworben oder seelisch bedingt, so daß man bei der Förderung der Motorik nicht nur auf eine gesunde Ernährung und medizinische Versorgung, sondern auch auf vielseitige Bewegungsanregungen seitens der Umwelt, auf großen Bewegungsfreiraum und ein gutes emotionales Klima achten muß.

- Die kognitiven Fähigkeiten und Funktionen der Kinder sind geprägt von ihrer kindlichen Wirklichkeitsauffassung, die bestimmt wird vom kindlichen Egozentrismus und vom kindlichen Realismus.
  Egozentrismus bedeutet, daß das Kind seine eigene Person als Zentrum allen Geschehens betrachtet; Realismus bedeutet, daß das Kind glaubt, daß nur das existiere, was unmittelbar wahrnehmbar ist.
  Egozentrismus und Realismus zeigen sich im gesamten Erleben und Verhalten des Kleinkindes, besonders im prälogischen Denken, im Anthropomorphismus (Tendenz zur Vermenschlichung), im zweckgerichteten Deuten von Vorgängen und im magischen Denken.

- Die Entwicklung der Wahrnehmung besteht zum einen aus der Reifung und Prägung der Empfindungen, worunter man die durch die Sinnesorgane aufgenommenen, jedoch noch nicht verarbeiteten Reize aus der Außenwelt versteht, zum anderen aus der Entwicklung der Wahrnehmung, bei der die seelische Verarbeitung der Reize gegeben ist und die vor allem sozial geprägt ist. Bei der Entwicklung der Wahrnehmung hat man vor allem die Entwicklung der räumlichen Wahrnehmung, der optischen und akustischen Gestaltwahrnehmung sowie der zeitlichen Wahrnehmung untersucht.
  Als Störungen der Wahrnehmung gelten Halluzinationen, Illusionen, Wahrnehmungsveränderungen durch Drogen, Blindheit, Taubheit, Legasthenie und sogenannte Wahrnehmungsbarrieren.
  Zur Förderung der Wahrnehmung gehören frühzeitige Untersuchungen der Sinnesorgane hinsichtlich möglicher Funktionsstörungen sowie frühzeitige Übungen zur Wahrnehmungsförderung und spezielle Programme und Therapien für all diejenigen, die Wahrnehmungsstörungen aufweisen.
- Die Sprache entwickelt sich ausgehend vom Geburtsschrei und Unlustschreien über das Stadium der Lallmonologe, der Einwortsätze, der Zwei- und Mehrwortsätze und der Flexionen hin zu dem Stadium, in dem die fundamentale Sprachentwicklung abgeschlossen ist. Parallel zur Sprachentwicklung verläuft auch die Entwicklung des kindlichen Fragens.
  Störungen der Sprachentwicklung sind
  - organisch/körperlich bedingt (Aphasien, Hasenscharte ...),
  - seelisch bedingt (Stottern, Mutismus ...),
  - geistig bedingt (durch Intelligenzstörungen)
  - oder sozial bedingt (Hospitalismus).

  Eine Sprachförderung beruht vor allem auf dem richtigen Vorsprechen, vielen Sprechanregungen, emotionaler Zuwendung und unter Umständen einer logopädischen Therapie.
- Die Entwicklung des Denkens verläuft nach Jean Piaget in fünf Stufen: der Stufe der sensumotorischen Entwicklung, des symbolischen und vorbegrifflichen Denkens, des anschaulichen Denkens, der konkreten Operationen und der formalen Operationen.
  Störungen der Intelligenz sind organisch bedingt (Mongoloismus, Meningitis ...) oder psychisch bedingt (Hospitalismus ...).
  Eine Förderung der Intelligenzleistungen bedeutet deshalb neben vielfältigen Denk- und Sprechanregungen seitens der Umwelt, Schulungen und Förderprogrammen vor allem auch viel emotionale Zuwendung.
- Gedächtnisleistungen sind von vorneherein möglich. Bei Säuglingen kann man das Nachblicken und das Wiedererkennen beobachten. Im Kleinkindalter ist das Erinnerungsvermögen zunächst an emotionale Ereignisse gebunden, später an die Anschauung. Schon im Vorschulalter ist die Verbesserung der Gedächtnisleistung von Gedächtnisstrategien abhängig. Voraussetzung hierzu ist das Metagedächtnis.
  Störungen des Gedächtnisses sind organisch bedingt (Amnesien) oder psychisch bedingt. Der Förderung des Gedächtnisses dienen das Lernen von Versen, Gedichten, Nacherzählungen usw., sowie die Verwendung von Gedächtnisstrategien und Lerntechniken.

- Die Gefühle entwickeln sich aus einer recht undifferenzierten, diffusen Erregung des Neugeborenen über die Auseinandersetzung mit der Umwelt hin zu immer differenzierteren, konkreteren Gefühlen. Dabei verändern sich sowohl die gefühlsauslösenden Reize als auch die Ausdrucksformen der Gefühle und die Reaktionsformen auf die Gefühle.
  Bei den Störungen der Gefühle unterscheidet man psychosomatische Störungen, neurotische Störungen, Depressionen und Hospitalismusschäden.
  Eine Förderung der Entwicklung der Gefühle basiert vor allem auf ausreichender emotionaler Zuwendung, die Voraussetzung für eine gesunde emotionale Entwicklung ist.

- Die Entwicklung der Bedürfnisse unterliegt laut Abraham H. Maslow einer bestimmten Hierarchie: die „höheren" Bedürfnisse entwickeln sich erst, wenn die „niedrigeren" Bedürfnisse hinreichen befriedigt sind.
  Störungen in der Entwicklung der Bedürfnisse ergeben sich dann, wenn grundlegende Bedürfnisse nicht angemessen befriedigt werden und damit die Entwicklung höherer Bedürfnisse blockiert wird. Daraus ergibt sich für die Förderung der Entwicklung der Bedürfnisse die Forderung nach ausreichender Befriedigung grundlegender Bedürfnisse.

- Die Entwicklung des Sozialverhaltens verläuft einmal im Sinne der Interaktion und Kommunikation, angefangen vom ersten sozialen Lächeln über die Ausbildung stabilerer Beziehungen zu den festen Bezugspersonen hin zu den ersten sozialen Kontakten mit Gleichaltrigen. Hier entwickelt sich das Sozialverhalten parallel zum Spielverhalten, angefangen vom Unbeteiligtsein, Alleinspiel und Zuschauen bis hin zu Parallelspiel, assoziiertem Spiel, organisiertem Spiel und Teamspielen.
  Die Entwicklung des Sozialverhaltens verläuft jedoch auch im Sinne der Schaffung des sozialen Wesens, der Übernahme von Werten, Normen, Rollen usw. und der Gewissensbildung. Diese Entwicklung des Gewissens teilt Jean Piaget in drei Stufen ein: die Stufe des einfachen moralischen Realismus, die Stufe der heteronomen Moral und die Stufe der autonomen Moral.
  Störungen des Sozialverhaltens können durch das Erleben einer Benachteiligung verursacht werden und sind auf mangelnde emotionale Zuwendung und Reizvermittlung oder auf eine gestörte Beziehung des Kindes zu seiner Bezugsperson zurückzuführen oder treten als Folge einer Adoleszenskrise bzw. Pubertätskrise auf. Eine Förderung des Sozialverhaltens verlangt als Grundstock viel emotionale Zuwendung und Geborgenheit, sie verlangt eine umfassende Persönlichkeitsbildung und viele „soziale" Fähigkeiten, die ein Mensch vor allem im Zusammensein mit anderen (Geschwistern, Kindergartengruppe ...) durch Nachahmung und Verstärkung erlernt.

- Abschließend sei darauf hingewiesen, daß sich all diese Persönlichkeitsmerkmale nicht einzeln und unabhängig voneinander entwickeln, sondern daß sie in vielseitigen Wechselwirkungen zueinander stehen, das heißt sich gegenseitig beeinflussen.

1. Hemmende und fördernde Bedingungen der motorischen Entwicklung

Ein Neugeborenes könnte schon deshalb nicht das Kriechen, Laufen oder Klettern erlernen, weil die jeweils beteiligten Knochen und Muskeln noch zu schwach entwickelt sind. Infolge der allgemeinen Entwicklungstendenz „vom Kopf abwärts" gelingt dem Kind zunächst die Kontrolle des Kopfes, den es bereits unmittelbar nach der Geburt wenden kann; es folgen die Arme und schließlich die Beine in der zeitlichen Abfolge. Kann man nun in die Geschwindigkeit dieser vermutlich genetisch gesteuerten Abfolge eingreifen? Gibt es Umweltbedingungen, unter denen die motorische Entwicklung schneller oder langsamer verläuft? Burton White untersuchte diese Frage unter besonderer Berücksichtigung der Greifentwicklung. Er hatte Zugang zu Kindern, die in einer Klinik untergebracht waren und dort auf Adoptiveltern warteten. Sie verbrachten die meiste Zeit ihres Tages in einem sauberen Bett, das rundherum mit weißen Polstern ausgekleidet war (s. Abb. a). Man wollte damit ausschließen, daß sich die Kinder an den harten Teilen ihres Bettes stießen; es hinderte sie aber gleichzeitig daran, etwas anderes im Zimmer zu sehen als die Decke. Eine „Bereicherung" ihrer unmittelbaren Umwelt ergab sich erst, nachdem die Babys etwa zu Beginn des zweiten Lebensmonats ihre eigenen Hände entdeckt hatten, die sie daraufhin aufmerksam beobachteten.

White interessierte sich für die Frage, wie die Kinder reagieren würden, wenn man ihre Umgebung etwas abwechslungsreicher gestaltete. An die Stelle der weißen Polsterbespannung erhielten die Babys eine mit rotem und weißem Muster. Zudem gab man ihnen ein bis zwei Spielsachen.

Es zeigte sich, daß die motorische Entwicklung bei jenen Kindern, denen White die Umgebung abwechslungsreicher gestaltet hatte, offenkundig schneller verlief; im Vergleich zu den Babys in reizarmer Umgebung trat das Greifen nach Gegenständen bei ihnen etwa zwei Monate früher auf. White warnte aber gleichzeitig vor dem Schluß, daß die Entwicklung um so günstiger verlaufe, je mehr Anregungen ein Kind erhalte. White beobachtete eine dritte Gruppe von Kindern, deren Betten – wie Abbildung b zeigt – er mit einer außerordentlich großen Anzahl verschiedener bunter Gegenstände ausgestattet hatte; sie waren entweder nur zu betrachten oder auch anzufassen. Bei diesen Kindern zeigte sich nicht der günstigste Verlauf in der Entwicklung des Greifverhaltens. Offenbar waren diese Kinder überfordert; sie brachten dem dargebotenen Material keine erhöhte Aufmerksamkeit entgegen und weinten zu Beginn der Studie vergleichsweise häufig.

Entwicklungspsychologen unterschätzen keineswegs die Bedeutung des Körperwachstums für die motorische Entwicklung: Knochen und Muskeln der Kinder müssen kräftig genug sein, um rein physikalisch den Anforderungen gewachsen zu sein. Man interessierte sich aber besonders dafür, welche Lerngelegenheiten ein Kind benötigt und nutzt, um Fortschritte in der motorischen Entwicklung zu erreichen. White konnte nachweisen, daß der Verlauf der Greifentwicklung bereits während der ersten Lebensmonate entscheidend von Umweltanregungen mitbestimmt wird. Lassen sich die von ihm aufgedeckten Zusammenhänge auch auf die Entwicklung anderer motorischer Fertigkeiten übertragen? Ist ein Kind, das z. B. früh stehen und laufen kann, in einer anregungsreicheren Umwelt aufgewachsen als ein anderes, das hinter dem Altersdurchschnitt erheblich zurückbleibt? Weshalb sind Kinder, die in Uganda leben, etwa fünf Monate früher in der Lage, selbständig zu laufen, als Kinder, die in Zürich aufwachsen?

Quelle: Gerd Mietzel, 1989

2. Das egozentrische prälogische Denken des Kleinkindes

a)

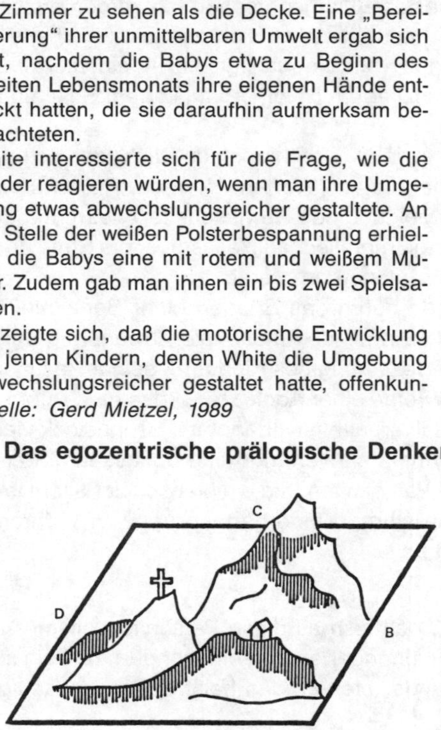

Über den Weg des Kindes zur Bewältigung des euklidischen Raumes hat PIAGET interessante Versuche angestellt. Die Kinder mußten 3 verschiedene Modellberge, die auf einer Platte aufgebaut waren und durch verschiedene Markierungspunkte (Haus, Kreuz) gekennzeichnet waren, aus Position A betrachten. Die Aufgabe bestand darin, an Hand von entsprechenden Abbildungen anzugeben, wie man diese Berge sehen würde, wenn man sich in den Positionen B, C und D

befände. Es zeigte sich, daß eine solche Aufgabe für ein Kind unter 7 Jahren in der Regel unlösbar ist. Während das Kind ohne Schwierigkeiten Gegenstände in verschiedensten Positionen identifiziert, ist es nicht in der Lage, sich *vorzustellen*, wie man einen Gegenstand aus einer anderen Stellung als der, die man eben einnimmt, sehen könnte.
PIAGET ist der Meinung, daß das *egozentrische prälogische Denken* dem Aufbau des euklidischen Raumes im Wege steht. Das Kind ist nicht in der Lage, sich vorzustellen, daß Objekte auch einen anderen Aspekt haben könnten als den, der ihm als dem Beschauer zugekehrt ist. Es bezieht alle Wahrnehmungsgegenstände auf sich selbst.

b)

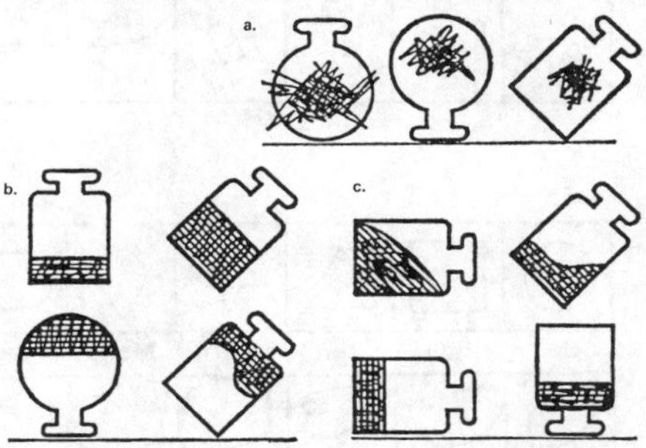

Kinder zwischen 4 und 7 Jahren sollen Flüssigkeit in die Schemata verschieden gelagerter Flaschen zeichnen. 4jährige zeichnen überhaupt nur die Kategorie des *Eingeschlossenseins der Flüssigkeit* (a). Aber auch ältere Kinder haben, wie wir in b und c sehen, bei dieser Aufgabe noch beträchtliche Schwierigkeiten.
Auch das Verständnis für *Zeit, Geschwindigkeit, Alter* und *Menge* unterliegt der *prälogischen Struktur* des Denkens, die es dem Kind vorerst unmöglich macht, mehr als eine Dimension der Wirklichkeit zu beachten. *Seine Dimensionsbeobachtungsbereitschaft erstreckt sich (...) einzig und ????*

c) PIAGET hat sich in einer großen Untersuchung mit dem Problem der Zeitanschauung und der Entwicklung des Zeitbegriffes beschäftigt und dabei festgestellt, daß der *Zeitablauf* für das vorschulpflichtige Kind durch anschauliche, vor allem durch *räumliche Gegebenheiten* repräsentiert wird.
Vor den Augen des Kindes werden 2 Spielzeugautos gleichzeitig von einer Linie aus in Gang gesetzt und gleichzeitig zum Stehen gebracht. Eines wird jedoch rascher bewegt als das andere und hat daher in der gleichen Zeit einen längeren Weg zurückgelegt. Unbeschadet der Tatsache, daß die Bewegung vor dem Kind durchgeführt wurde und es beobachten konnte, wie beide Autos gleichzeitig stehenblieben, behauptet es, das Auto, das *den längeren* Weg zurückgelegt hat, sei *länger gefahren.*
Die *Länge der Zeit wird* nach dem *sichtbaren Effekt* beurteilt, in diesem Fall nach dem zurückgelegten Weg.
Bei einem anderen Versuch ließ man die kleinen Versuchspersonen 15 Sekunden lang Striche auf ein Papier zeichnen. Danach wurden die Kinder aufgefordert, nochmals Striche zu zeichnen, aber diesmal viel, viel schneller. Wieder nach 15 Sekunden wurde der Versuch abgebrochen und wurden die Kinder gefragt, ob sie beim ersten oder beim zweitenmal länger gearbeitet hätten. Immer wurde die Zeit des *schnelleren Arbeitens* als die *längere* angegeben, weil ja mehr Striche gezeichnet wurden.
AEBLI hat die Versuche von PIAGET ergänzt. Er hielt 2 Reagenzgläser mit sich rasch verfärbenden Flüssigkeiten gleich lang über 2 Kerzen. Dabei wurde die Flüssigkeit in einem der Gläser dunkler. Die Kinder waren der Meinung, daß dieses Reagenzglas länger über die Kerze gehalten worden war. Bei einem anderen Versuch wurden ein Kupfer- und ein Aluminiumstab gleich lang erwärmt. Die Kinder mußten sie berühren und spürten die stärkere Erwärmung des Kupferstabes. Dies verführte zu der Behauptung, dieser sei länger erwärmt worden. *Nicht nur räumliche Gegebenheiten können somit die abstrakte Zeit für das Kind repräsentieren, sondern auch andere wahrnehmbare Veränderungen wie Farbe und Wärme.*
Was das *Alter* betrifft, so wird es mit Körpergröße gleichgesetzt. Wer größer ist, ist älter. Man wird älter, bis man groß genug ist, dann bleibt man gleich alt. Die Reihenfolge der Geburt wird noch nicht zu den Altersunterschieden der Geschwister in Beziehung gebracht. Die Altersunterschiede können sich ändern. Wenn man größer ist, ist man älter. Als Beispiel sei ein Gespräch mit einem $4\frac{3}{4}$jährigen Knaben (aus PIAGET 1955) angeführt.
„Wie alt bist du?" „$4\frac{1}{2}$." „Hast du Geschwister?" „Einen großen Bruder, er geht in die Schule." „Ist er vor dir oder nach dir geboren?" „Vorher." „Wer ist älter?" „Mein Bruder, weil er größer geboren wurde." „Wieviel war dein Bruder älter, als er kleiner war?" „2 Jahre." „Und jetzt?" „4 Jahre." „Kann sich der Unterschied ändern?" „Nein ... doch, wenn ich viel Suppe esse, überhole ich ihn."
„Woher weiß man, ob jemand älter ist?" „Weil man größer ist." „Wer ist älter, dein Vater oder dein Großvater?" „Beide gleich." „Warum?" „Weil sie gleich groß sind."

Quelle: Lotte Schenk-Danzinger, 1988[20]

3. Abbildungen zur Gestaltwahrnehmung (Wahrnehmung)

a) Die unstrukturierte ganzheitliche Stufe. Hier werden die Figuren in der Wiedergabe nicht unterschieden, obwohl manche zumindest sinnvoll benannt wurden. Die noch unentwickelte Motorik mag bei der zeichnerischen Wiedergabe ein Hindernis sein.

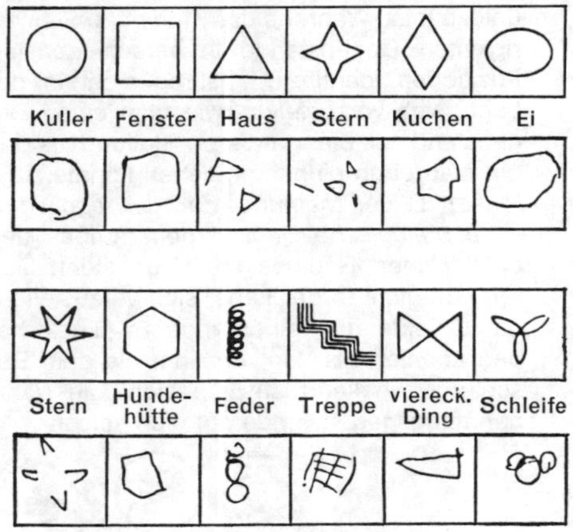

b) Die analytisch-punktuelle Stufe als Übergang: Das Kind bemerkt einzelne Strukturelemente (Zacken der Sterne, Ecken des Dreiecks) und gibt sie isoliert wieder, ohne den Zusammenhang der Figur herzustellen. Sie stehen sozusagen an Stelle der Ganzheit als pars pro toto. Dieses Stadium finden wir oft auch in der Kinderzeichnung. Der Übergang von der 1. zur 2. Stufe wird etwa im Alter von 4½ Jahren vollzogen.

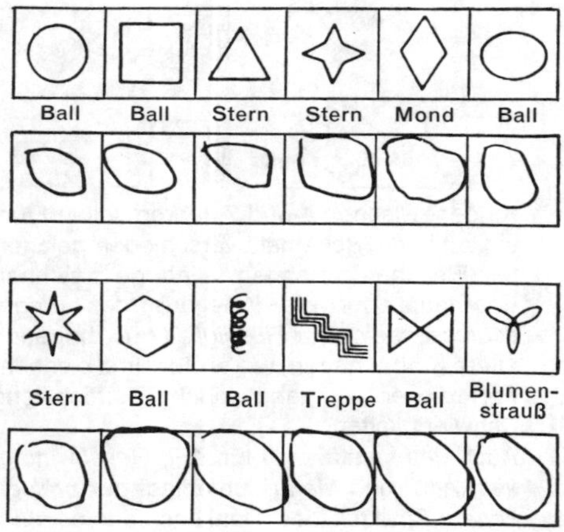

c) Die strukturierte ganzheitliche Stufe. Hier wird das Einzelelement in seinem Gestaltzusammenhang erfaßt. Diese Stufe wird bei allen Figuren erst von den 7jährigen zu mehr als 50% erreicht. Das teilinhaltliche Erfassen von Gestalten ist ein wichtiges Kriterium der Schulreife.

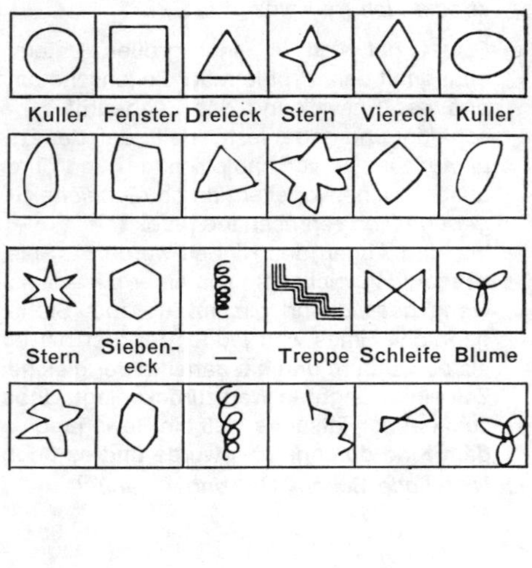

Quelle: Lotte Schenk-Danzinger, 1988[20]

4. Untersuchungen von Harry F. Harlow und René A. Spitz zu den Auswirkungen der Trennung von Mutter und Kind bzw. mangelnder oder fehlender emotionaler Zuwendung seitens einer festen Bezugsperson für das Kind

Die Wichtigkeit der mütterlichen Liebe für die normale Entwicklung des Menschen geht noch deutlicher hervor aus Untersuchungen, die von René A. Spitz durchgeführt wurden. Spitz beobachtete die Auswirkungen von „Liebesentzug“ an mehreren hundert Kindern, die in Waisenhäusern und auf einer Säuglingsstation eines Frauengefängnisses in den USA aufgezogen wurden. Die bis zu zwei Jahre alten Kinder in den Pflegeheimen waren ärztlich gut versorgt, allein die mütterliche „affektive Zuwendung“ an die Kinder war ungenügend oder fehlte vollkommen. Unter diesen Bedingungen waren insbesondere zwei Arten der Entwicklungsstörung zu beobachten, die hauptsächlich durch die Dauer des „Liebesentzugs“ bestimmt wurden:

Die *anaklitische Depression*[1] entwickelt sich bei partiellem Liebesentzug, der sich etwa über drei Monate erstreckt. Die Entwicklung dieser Kinder zeichnet sich durch einen typischen Verlauf aus. Im ersten Monat werden die Kinder weinerlich und anspruchsvoll. Sie klammern sich gern an den Beobachter, sobald es ihm gelungen ist, den Kontakt zu ihnen herzustellen. Im zweiten Monat geht das Weinen oft in Schreien über, und es kommt zu Gewichtsverlusten. Im dritten Monat verweigern die Kinder den Kontakt und liegen fast den ganzen Tag bewegungslos in ihrem Bettchen. Der Gesichtsausdruck beginnt zu erstarren. Schlaflosigkeit und Gewichtsverlust verschlechtern den Gesundheitszustand. Nach dem dritten Monat wird der starre Gesichtsausdruck zur Dauererscheinung. Die motorische Verlangsamung nimmt zu und mündet in Lethargie. Der Entwicklungsquotient, ein Maß für die gesamte psychische Entwicklung, nimmt stetig ab (...).

Findet sich nach dieser Zeit eine Ersatzmutter, so kann sich die Störungg weitgehend zurückbilden. Dauert die Trennung von der Mutter jedoch länger als sechs Monate, so entwickelt sich ein Krankheitsbild, das Spitz als „Hospitalismus oder Marasmus“[2] bezeichnet.

Der *Hospitalismus* kann auf den nahezu totalen Entzug von mütterlicher Liebe zurückgeführt werden. Wie bei der anaklitischen Depression treten zuerst Entwicklungsstörungen auf, die zunehmend die Aktivität des Kindes hemmen und schließlich zu extremen körperlichen Veränderungen führen, die sich auch in dem erstarrten, maskenhaften Gesichtsausdruck widerspiegeln. Erstreckt sich der Liebesentzug bis zum zweiten Lebensjahr, so steigt die Infektionsanfälligkeit dieser Kinder stark an. Die körperliche Beeinträchtigung kann bis zum Tod des Kindes führen, denn die Sterblichkeitsquote bei den beobachteten Säuglingen war extrem hoch.

Diese negativen Auswirkungen des „Liebesentzugs“ können uns die Bedeutung der Liebeszuwendungen in den ersten Lebensjahren veranschaulichen (...).

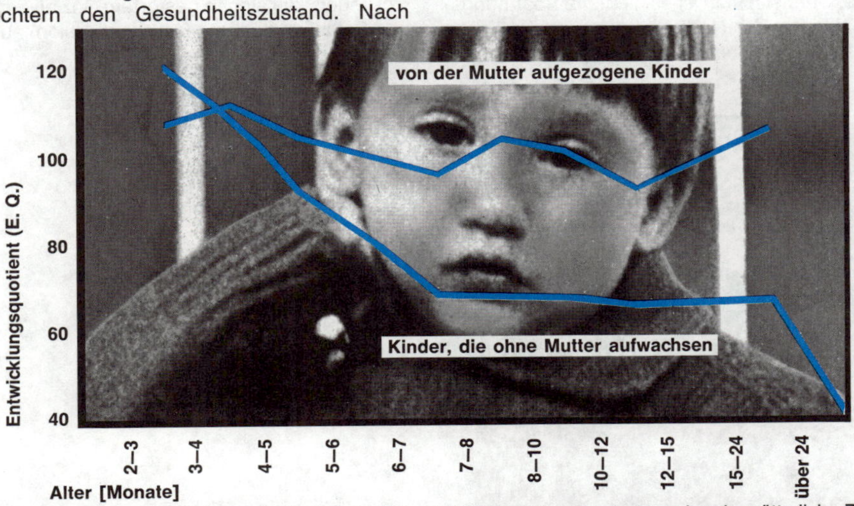

Testuntersuchungen von René A. Spitz haben ergeben, daß Kinder, die ohne entsprechende mütterliche Zuwendung aufwachsen, in ihrer Entwicklung zurückbleiben. Nach zwei Jahren ist der Entwicklungsstand kaum aufzuholen.

---

1 anaklitische Depression: extreme Form des Hospitalismus bei Säuglingen und Kleinkindern
2 Marasmus: geistig körperlicher Kräfteverfall

Plüsch als Liebesersatz

Harry F. Harlow untersuchte über mehrere Jahre hinweg den Einfluß unterschiedlicher Reizqualitäten auf die emotionale Entwicklung von Affenkindern.

Die Neugeborenen wurden sechs bis zwölf Stunden nach der Geburt von den Affenmüttern getrennt. Die weitere Aufzucht übernahmen „künstliche Affenmütter" (s. Abb. unten), die sich vor allem durch ihre taktilen Reizqualitäten unterschieden. Die eine Affenmutter bestand aus einem Holzklotz, der mit flauschigem Plüsch bespannt war. Die andere Ersatzmutter hatte ein Drahtkleid, das wenig Möglichkeiten zum Anschmiegen und Umklammern bot, dafür war sie jedoch mit einem Halter für die Flaschennahrung ausgerüstet. Die Affenbabies konnten jeweils zwischen den beiden Müttern wählen. Nach Auffassung verschiedener lernpsychologischer Theorien über die Entstehung der Liebe zur Mutter müßten die Affensäuglinge die nahrungspendende „Drahtmutter" bevorzugen, weil die andauernde Spannungsreduktion bei der Befriedigung des Hungerbedürfnisses die liebevolle Bindung des Säuglings an die Mutter ausmachen soll.

Harlows Affenkinder entschieden sich jedoch anders: Zwischen 15 und 18 Stunden am Tag umklammerten sie die „Plüschmutter" und „kuschelten" sich in ihren flauschigen Überzug, während die nahrungsspendende „Drahtmutter" kaum mehr als zwei Stunden am Tag aufgesucht wurde. Offensichtlich ist es nicht die Spannungsreduktion bei der Nahrungsaufnahme, die eine Bindung zur Mutter herstellt, sondern vielmehr ein angeborenes Bedürfnis nach taktiler Reizzufuhr. In weiteren Experimenten konnte Harlow feststellen, daß rhythmische Bewegungen einen weiteren wichtigen Faktor für den engen Kontakt zur Mutter darstellen.

Die bevorzugte Wahl der „Plüschmutter" ließ eine starke „affektive Bindung" an die künstliche Ersatzmutter entstehen, beim Auftauchen von Angstreizen „gewährte" sie Schutz und „stärkte" das Selbstvertrauen der Kleinkinder, die nach anfänglichem Verkriechen im flauschigen Plüsch wieder mutig von der „Mutter" heruntersteigen und nach dem Eindringling Ausschau hielten.

Säuglinge, die ohne jegliche Reizzufuhr in sozialer Isolation heranwuchsen und ohne Kontakte zu Ersatzmüttern ernährt wurden, zeigten extreme Tendenzen zur Selbstzerstörung (Autoaggression). Sie lagen bewegungslos am Boden und bissen sich hin und wieder in Arme und Beine. Wenn sie später mit Artgenossen zusammengebracht wurden, waren sie nicht mehr zu sozialen Kontakten befähigt. Diese Tiere verhielten sich ähnlich wie menschliche Säuglinge, die bis zu zwei Jahren ohne „Liebeszuwendungen" aufwachsen mußten. Man könnte also die Liebesbeziehung zwischen Mutter und Kind als notwendige Bedingung zur Befriedigung des „Reizhungers" von Säuglingen beschreiben. Treten Störungen in der notwendigen Stimulation in früher Kindheit auf, so führt das zu Entwicklungsstörungen, die sich in gestörtem Sozialverhalten und Selbstvernichtung (Autoaggression) äußern.

Beim Auftauchen von Angstreizen, hier ein lärmender Teddybär, suchen die jungen Affen Schutz bei den künstlichen „Affenmüttern". Wer bietet mehr Schutz? Die „Plüschmutter" (links) oder die „Drahtmutter" (rechts)?

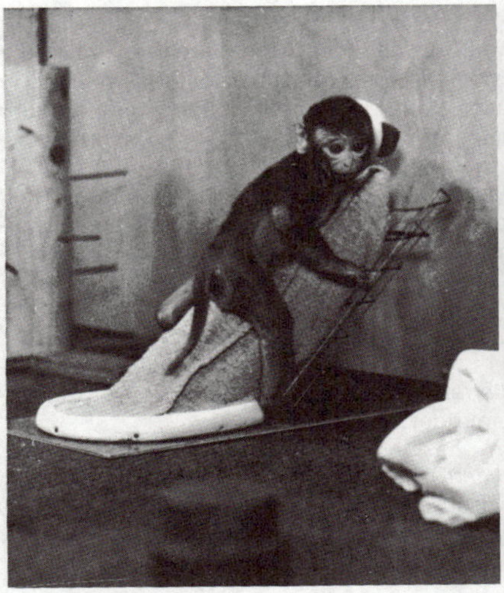

Die „Plüschmutter" wird bevorzugt. Nach anfänglichem Verkriechen im flauschigen Plüsch gewinnt das Affenkind wieder „Selbstvertrauen" und schaut dem „Eindringling" neugierig entgegen.

Quelle: H. Legewie/W. Ehlers, 1986

5. Die Interaktionen von Mutter und Kind in den ersten Lebenstagen nach Untersuchungen von H. M. Klaus und J. H. Kennel (1983)

Mutter → Neugeborenes

1. Berührung
2. Blickkontakt
3. Hohe Stimmlage
4. Bewegungsindukation
5. Zeitgeber
6. T- und B-Lymphozyten, Makrophagen
7. Bakterielle Nasalflora
8. Geruch
9. Wärme

1. Blickkontakt
2. Schreien
3. Oxytozin
4. Prolaktin
5. Geruch
6. Induktion

Mutter ← Neugeborenes

Impulse, die von der Mutter auf den Säugling ausgehen

Berührung: Es handelt sich um ein stets sich wiederholendes, vorhersehbares, daher wahrscheinlich angeborenes Verhalten der Mutter, wenn ihr das nackte Neugeborene übergeben wird. Klaus und Kennell beschreiben es folgendermaßen:
„Mit den Fingerspitzen zögernd beginnend, berührte sie es zunächst an Händen und Füßen. Nach vier oder fünf Minuten fing sie dann an, es am Körper mit den Handflächen zu streicheln, was sie in immer stärkere, freudige Erregung versetzte. Diese Untersuchung dauerte mehrere Minuten und ging zu Ende, sobald die Mutter mit dem nackten Kinde neben sich einschlummerte."

Blickkontakt: Die Mütter versuchen die Kleinen zum Öffnen der Augen zu bewegen und halten sie zu diesem Zweck in der en face-Stellung.

Hohe Stimmlage: Mütter wissen, daß das kindliche Gehör eine besondere Aufnahmefähigkeit für hohe Stimmfrequenzen hat.

Bewegungsinduktion: Mikroanalysen von Tonfilmszenen zeigen, daß sich das Neugeborene in subtiler Weise mit dem Sprachrhythmus der Mutter bewegt.

Zeitgeber: Die Beschäftigung der Mutter mit dem Kind reguliert dessen Aufmerksamkeitszustand.

T- und B-Lymphozyten und Makrophagen: Abwehrstoffe in der Muttermilch.

Bakterielle Nasenflora: Schützende Bakterienstämme der Atemflora.

Geruch: Da der Säugling den Geruch der Mutter sehr früh zu erkennen vermag, nimmt man an, daß er eine wesentliche Rolle in der Bindung an die Mutter spielt.

Wärme: Der Körper der Mutter ist eine verläßliche Wärmequelle.

Impulse vom Säugling zur Mutter

Blickkontakt: Der Blick ist die erste aktive Kontaktaufnahme des Kindes und möglicherweise der angeborene Auslöser für mütterliches Fürsorgeverhalten.

Schreien: Das Schreien des Säuglings bewirkt eine sigifikante Zunahme des Blutzuflusses in die Brüste, disponieren sie zum Stillen.

Oxytozin: Hormon, das während des Stillens frei wird und die Kontraktio der Gebärmutter beschleunigt.

Prolaktin: Die bloße Berührung des Säuglings beeinflußt die Prolaktinkonzentration im mütterlichen Organismus.

Geruch: Jeder Säugling hat für die Mutter einen individuellen Geruch, was ebenfalls zur Bindung beiträgt.

Induktion: Damit ist wahrscheinlich die Bereitschaft des Kindes gemeint, Signale zu setzen, die von der Mutter verstanden werden, so daß die Interaktionen funktionieren.

Quelle: Lotte Schenk-Danzinger, 1988[20]

Aufgaben und Anregungen — Kapitel VII

Reproduktion von Informationen:

1. Beschreiben Sie die Entwicklung der Motorik. (Abschnitt 7.1.1)

2. Zeigen Sie die Bedeutung der Motorik auf. (Abschnitt 7.1.2)

3. Erläutern Sie Störungen, die in der Entwicklung der Motorik auftreten können. (Abschnitt 7.1.3)

4. Wie läßt sich die Entwicklung der Motorik fördern und unterstützen? (Abschnitt 7.1.4)

5. Zeigen Sie auf, wie Kleinkinder ihre Umwelt wahrnehmen und sie erleben. (Abschnitt 7.2.1)

6. Stellen Sie die Entwicklung der Wahrnehmung dar. (Abschnitt 7.2.2)

7. Wie können Eltern und Erzieher die Entwicklung der Wahrnehmung fördern? (Abschnitt 7.2.2)

8. Beschreiben Sie die Entwicklung der Sprache. (Abschnitt 7.2.3)

9. Erläutern Sie mögliche Störungen der Sprachentwicklung. (Abschnitt 7.2.3)

10. Zeigen Sie Möglichkeiten auf, wie Eltern und andere Erzieher die Entwicklung der Sprache fördern können. (Abschnitt 7.2.3)

11. Stellen Sie die Entwicklung der Intelligenz bzw. des Denkens dar. (Abschnitt 7.2.4)

12. Zeigen Sie mögliche Störungen der Intelligenzentwicklung auf. (Abschnitt 7.2.4)

13. Wie können Eltern und Erzieher die Entwicklung der Intelligenz und des Denkens fördern? (Abschnitt 7.2.4)

14. Beschreiben Sie verschiedene Teilbereiche der Entwicklung des Gedächtnisses. (Abschnitt 7.2.5)

15. Erläutern Sie mögliche Störungen, die sich in der Entwicklung des Gedächtnisses ergeben können. (Abschnitt 7.2.5)

16. Beschreiben Sie die Entwicklung der Gefühle und Bedürfnisse. (Abschnitt 7.3.1 und 7.4.1)

17. Stellen Sie mögliche Störungen der Entwicklung der Gefühle und Bedürfnisse dar. (Abschnitt 7.3.2 und 7.4.2)

18. Zeigen Sie Möglichkeiten der Förderung für die Entwicklung von Gefühlen und Bedürfnissen auf. (Abschnitt 7.3.3 und 7.4.3)

19. Bestimmen Sie, was man unter Sozialverhalten versteht, und beschreiben Sie die Entwicklung des Sozialverhaltens. (Abschnitt 7.5 und 7.5.1)

20. Erläutern Sie mögliche Störungen des Sozialverhaltens. (Abschnitt 7.5.2)

21. Stellen Sie Möglichkeiten dar, wie Eltern und andere Erzieher die Entwicklung des Sozialverhaltens fördern können. (Abschnitt 7.5.3)

Anwendungsaufgaben:

22. Lesen Sie Materialien 2., und zeigen Sie an diesem Beispiel die geistige Entwicklung des Kindes auf.
(Abschnitt 7.2)

23. Zeigen Sie am Beispiel des Spielverhaltens das Sozialverhalten von Kleinkindern auf.
(Abschnitt 7.5.1)

24. *Susi M. hat seit ihrer Geburt eine Behinderung am Bein und wurde deshalb von den anderen Kindern oft verspottet. Heute bewegt sich Susi sehr wenig, nur wenn es unbedingt sein muß.*

Welche Auswirkungen könnte das Verhalten der anderen Kinder möglicherweise noch zusätzlich herbeiführen?
Wie könnte man Susis Bewegungsverhalten positiv beeinflussen?
(Abschnitt 7.1.3 und 7.1.5)

25. Eine Psychologin in einer Erziehungsberatungsstelle erhält folgenden Brief:

„Ich bin völlig verzweifelt! Mein kleiner Daniel (2 Jahre) spricht nicht, er gibt nur ab und zu ein paar Laute von sich. Meine Mutter meint, in diesem Alter könne jedes andere Kind bereits sprechen. Daniel aber lallt nur so vor sich hin.
Ist mein Daniel nicht normal? Was soll ich tun?“

Welche Ratschläge kann die Psychologin der Mutter geben?
(Abschnitt 7.2.3)

26.

In einem Kinderheim, in dem nachweislich aus Pflegerinnenmangel mit den Kindern kaum gesprochen werden kann, wird die Sprachentwicklung von 21 Kindern zwischen zwei und vier Jahren untersucht. Die Kinder zeigen folgende Sprachkenntnisse:

Es können überhaupt nicht sprechen:	*6 Kinder*
Wortschatz: 2 Wörter	*5 Kinder*
Wortschatz: 3 bis 5 Wörter	*8 Kinder*
Wortschatz: 12 Wörter	*1 Kind*
Sätze	*1 Kind*
	21 Kinder

Im Vergleich hierzu:

Kinder aus einem ihnen zugewendeten, sprachfreudigen Milieu kennen

mit 2 Jahren ca.	*270 Wörter*	*mit 6 Jahren ca.*	*2560 Wörter*
mit 3 Jahren ca.	*900 Wörter*	*mit 7 Jahren ca.*	*4000 Wörter*
mit 4 Jahren ca.	*1540 Wörter*	*mit 14 Jahren ca.*	*9000 Wörter*
mit 5 Jahren ca.	*2070 Wörter*	*mit 21 Jahren ca.*	*15000 Wörter*

Welche pädagogischen Konsequenzen ergeben sich aus diesen Ergebnissen?
(Abschnitt 7.2.3)

27. Welche Grundannahmen werden durch folgende Aussagen gestützt, und welche pädagogischen Konsequenzen leiten sich daraus ab?

a) Blinde Kinder sind geistig weniger beeinträchtigt als gehörlose.

b) Leistungen Taubstummer weisen bei sprachfreien Intelligenzaufgaben kaum einen Entwicklungsrückstand auf gegenüber organisch nicht beeinträchtigten Personen.

c) Erst ab ca. dem 5. Lebensjahr werden Unterschiede hinsichtlich des Denkvermögens bei Kindern aus verschiedenen Schichten relevant.

(Abschnitt 7.2.3 und 7.2.4)

28. Lesen lernen und Schreiben lernen sind wichtige Prozesse im Leben eines Menschen. Welche Bedingungen (z. B. kognitive und motorische Fähigkeiten) müssen gegeben sein, damit das Kind in diesen Lernprozessen nicht beeinträchtigt wird? (Abschnitt 7.1 und 7.2)

29. *Sabine schien beneidenswert: Ihre erfolgreichen Eltern, die beruflich viel unterwegs waren, kleideten sie schon als Kind immer sehr modisch und stellten ihr die tollsten Spielsachen zur Verfügung. Heute hat die stark ich-bezogene Sabine oft Schwierigkeiten, Freunde zu finden. Ihre Klassenkameraden sagen, sie lebe manchmal fast in einer Traumwelt, sehe einerseits Dinge, die nicht existieren, andererseits aber nur das, was sie sehen will.*
Welche Entwicklungsstörungen weist Sabine auf?
Auf welche Ursachen sind diese Störungen zurückzuführen?
(Abschnitt 7.2.2, 7.3 und 7.5)

30. *Frau M. möchte, daß aus ihrer Tochter später einmal ein recht selbständiger und unabhängiger Mensch wird, der gut zurechtkommt im Leben. Deshalb verhält sie sich ihrer Tochter gegenüber schon von klein auf recht distanziert und überläßt sie viel sich selber, um die Tochter nicht zu fest an die Mutter zu binden.*
Welche Informationen sollte man dieser Mutter geben?
(Abschnitt 7.3, 7.4 und 7.5)

31. Suchen Sie aus den folgenden Fallbeispielen die Einflüsse und Maßnahmen heraus, die ein angemessenes Sozialverhalten hemmen, und leiten Sie Einflüsse und Maßnahmen ab, die ein positives Sozialverhalten fördern:

a) *Familie Krach*
Fritzchen Krach ist drei Jahre alt. Seine Eltern haben recht strenge Vorstellungen von der Erziehung. Widerreden sind keinesfalls erlaubt. Damit Frau Krach sich um den Haushalt kümmern kann, setzt sie Fritzchen sehr häufig vor den Fernseher. Mit Nachbarkindern darf Fritzchen nicht spielen, weil er dabei nur „schlechte Manieren" lernen würde.

b) *Familie Heimlich*
Familie Heimlich ist eine stille, unauffällige Familie. Der Vater ordnet an, was geschehen soll, die Mutter und die beiden Kleinen tun, was er sagt, ohne viel zu widersprechen. Diskussionen gibt es nicht. Doch wenn der Vater aus dem Hause ist, schimpft die Mutter sehr über ihn.

c) *Familie Niedlich*
Frau Niedlich ist während der Woche mit ihrer dreijährigen Ilona immer alleine, da der Vater als Fernfahrer unterwegs ist. Ilona wird von ihrer Mutter mit Liebe überschüttet. Sie wird von allen Gefahren ferngehalten und muß immer niedliche Kleider tragen, weil sie ihrer Mutter darin besonders gut gefällt.

d) *Familie Wunderlich*
In der Familie Wunderlich geht es meist recht stürmisch zu: jeder tut, was er will, auch die Kinder. Im Kontakt mit anderen Kindern tun sich Heini und Susi Wunderlich schwer, weil sie sich nicht einordnen können.

32. *Beschreiben Sie die Merkmale der Entwicklung am Beispiel eines Persönlichkeitsmerkmales oder eines Verhaltensbereichs.
(Kapitel 6.5 und Abschnitt 7.1.1 oder 7.2.2 oder 7.2.3 oder 7.2.4 oder 7.2.5 oder 7.3.1, 7.4.1 oder 7.5.1)

33. *Beschreiben Sie am Beispiel der Entwicklung eines Persönlichkeitsbereiches, wie endogene, exogene und autogene Faktoren die Entwicklung eines Menschen bestimmen.
(Kapitel 6.2 und Abschnitt 7.1.1 oder 7.2.2 oder 7.2.3 oder 7.2.4 oder 7.2.5 oder 7.3.1, 7.4.1 oder 7.5.1)

34. Lesen Sie sich nochmals das Fallbeispiel „Maria X." zu Beginn des Kapitels durch.
a) Zeigen Sie an diesem Beispiel das Zusammenwirken von Entwicklungsfaktoren auf.
b) Beschreiben Sie die Entwicklungsstörungen, die Maria zeigt, und stellen Sie mögliche Ursachen für diese Störungen dar.
c) Erläutern Sie mögliche Maßnahmen, wie Maria am erfolgreichsten geholfen werden könnte.

Anregungen:

35. Fragen Sie Ihre Eltern oder Erzieher, wie bei Ihnen die Entwicklung der verschiedenen Teilbereiche Ihrer Persönlichkeit verlaufen ist.
Notieren Sie Ihren Entwicklungsverlauf, und vergleichen Sie ihn mit denen Ihrer Mitschüler/innen.

36. Beobachten sie ein Kind aus Ihrer Verwandtschaft oder Bekanntschaft oder in Ihrem Praktikum, und beschreiben Sie seinen Entwicklungsstand.
Diskutieren Sie in der Klasse darüber, ob sich das Kind „normal" entwickelt hat oder ob Verzögerungen bzw. Störungen vorliegen.

37. Rollenspiel:
Erläutern Sie als Sozialpädagoge dem Jugendrichter den Entwicklungsstand und die Persönlichkeit der Maria X. aus dem Fallbeispiel zu Beginn dieses Kapitels.

8 Erziehung in der frühen Kindheit

Zeitungsüberschriften:

„Schwangere Frau nahm Tabletten: Kind behindert!“

„Sechs Regeln für die richtige Ernährung bei der Schwangerschaft!“

„Sanfte Geburt – eine Alternative zur herkömmlichen Geburt?“

„Stillen nicht mehr gesund: Muttermilch enthält Giftstoffe!“

„Ihr Kind – mit 6 Monaten schon sauber!“

„Trotzreaktionen des Kindes bringen Eltern zur Verzweiflung!“

„Vernachlässigte Kinder werden später zu Versagern!“

Die Überschriften geben nur einen kleinen Überblick über die vielfältigen Erziehungsfragen und -probleme, mit denen sich Eltern im Verlauf der Entwicklung ihrer Kinder in der frühen Kindheit (0 bis 6 Jahreen) auseinandersetzen müssen.
Jeder Altersabschnitt bei der Entwicklung eines Kindes verlangt von den Eltern oder Erziehern besondere Vorgehens- und Verhaltensweisen.

Es ergibt sich eine Reihe von Fragen:

1. Welche Bedeutung haben Einflüsse vor, während und nach der Geburt eines Kindes?
2. Welche Bedeutung hat die Erziehung im ersten Lebensjahr für die weitere Entwicklung eines Kindes?
   Welche Probleme können dabei entstehen?
3. Welche entwicklungspsychologischen Erkenntnisse müssen bei der Erziehung von Kindern im Alter von zwei bis etwa sechs Jahren berücksichtigt werden?
4. Welches Erzieherverhalten ist in den verschiedenen Altersstufen eines Kindes angebracht und angemessen?
   Welche Probleme können in der Erziehung von kleinen Kindern auftreten?

8.1 Schwangerschaft und Geburt

- Die Kinder von alkohol- und drogenabhängigen Müttern zeigen nach der Geburt deutliche Entzugserscheinungen. Sie beginnen zu zittern und haben Krampfzustände.
- Der „Contergan-Skandal" in den sechziger Jahren hat gezeigt, welche Folgen die Einnahme scheinbar harmloser Tabletten auf die Entwicklung des ungeborenen Lebens haben kann.
- Untersuchungen beweisen, daß Mütter, die rauchen, eher zu Frühgeburten neigen, als Mütter, die während der Schwangerschaft enthaltsam lebten.

Die Beispiele zeigen, daß Gefahren für das Kind bereits während der Schwangerschaft existieren.

8.1.1 Einflüsse vor, während und nach der Geburt

Vorgeburtliche Faktoren (= pränatale Einflüsse)

Die pränatale Entwicklung des Kindes dauert in der Regel neun Monate, wobei dieser Zeitraum lediglich als Richtwert zu sehen ist; er kann etwas überschritten oder auch stark unterschritten werden.Der normale Zeitraum einer Schwangerschaft erstreckt sich über etwa 280 Tage.

In dieser Zeit wächst im Mutterleib aus einer Zelle ein lebensfähiger Mensch mit all seinen Organen und Gliedmaßen heran.

> Etwa zwei Wochen nach der Befruchtung des Eies tritt das Embryonalstadium ein: das heißt die Keimzelle nistet sich in der Uteruswand ein, eine Verbindung mit dem Blutkreislauf der Mutter wird hergestellt.

Im **Embryonalstadium** entwickeln sich sehr schnell (bis zur neunten Woche) viele der lebenswichtigen Organe des Kindes. Durch die Verbindung mit dem Blutkreislauf der Mutter über die Nabelschnur werden alle Einflüsse auf die Mutter auch direkt auf den Embryo übertragen.

Ungefähr nach der neunten Woche beginnt das **Fötalstadium** (Fötus: das ungeborene Kind). Die Organe sind bereits entwickelt, und das Nervensystem reift weiter heran. Störungen in diesem Zeitraum beeinträchtigen die Entwicklung des Kindes meist weniger stark als in der Embryonalphase.

Im folgenden wird eine Übersicht über die wesentlichen Einflüsse auf die Schwangere und ihr Kind gegeben:

- **Ernährung** der schwangeren Frau: Kinder richtig ernährter Mütter sind nach ihrer Geburt und während des ersten Lebensjahres widerstandsfähiger und gesünder als Kinder von unzureichend ernährten Müttern.

- **Erkrankungen** der werdenden Mutter: Vor allem während der ersten vier Monate der Schwangerschaft sind Infektionskrankheiten besonders schädlich.

  Bekannt sind beispielsweise die Folgen einer Röteln-Erkrankung: Herzkrankheiten, Taubheit oder geistige Behinderung.

  Insgesamt wirken sich solche Erkrankungen auf die Entwicklung des Nerven- und des Sinnessystems aus.

- **Medikamenteneinnahme** während der Schwangerschaft: Mißbildungen, mit denen manche Kinder zur Welt kommen, sind häufig auf die Einnahme von Medikamenten während der Schwangerschaft zurückzuführen.

  Der sogenannte ‚Conterganskandal' in den sechziger Jahren ist hierfür das beste Beispiel: Die als harmlos geltende Schlaftablette „Contergan", eingenommen während der Schwangerschaft, hatte schwere Mißbildungen der Kinder zur Folge.

- **Genußmittel:** Untersuchungen zeigen, daß das Rauchen von werdenden Müttern häufig Mangelgeburten zur Folge hat. Mit Mangelgeburt ist ein Gewicht des Neugeborenen unter 2500 g trotz voller Tragzeit gemeint. Rauchen führt nicht nur zur Verminderung des Geburtsgewichtes, sondern überhaupt aller Geburtsmaße einschließlich der Körperlänge und des Schädelumfanges. Ebenso ist die Säuglingssterblichkeit bei starken Raucherinnen erhöht.
  Auch wenn der Vater starker Raucher und die Frau Nichtraucherin ist, können die gleichen negativen Folgen auftreten.
  Übermäßiger Kaffeegenuß kann das Kind gefährden. Kinder von Frauen, die während der Schwangerschaft sehr viel Kaffee trinken, sind im Durchschnitt untergewichtig. Ebenso können Alkoholgenuß und andere Drogen zu schwerwiegenden Schäden beim Kind führen, die nicht wiedergutzumachen sind.

- **Arbeitsgifte:** Sehr viele Gifte, die in Produkten, Gegenständen, Flüssigkeiten und Mitteln vorkommen, stehen im Verdacht, die weibliche Frucht zu schädigen. Davon kann auch der Mann betroffen sein: Bestimmte Gifte können die Produktion des männlichen Hormons Testosteron beeinträchtigen.

  ➡ **Materialien 1.**

- **Strahlenschädigungen,** denen die Schwangere ausgesetzt ist: Bestimmte Strahlungen, wie zum Beispiel Röntgenstrahlen oder Radioaktivität, können sich schädlich auf das Ungeborene auswirken.

- **Psychische Situation** der werdenden Mutter: Seelische Belastungen wie beispielsweise eine unerwünschte Schwangerschaft, Partner-, Ehe- und Familienprobleme, existentielle Sorgen oder Arbeitsüberlastung sowie starke, länger andauernde emotionale Erregungen wie Angst oder negative, einschneidende Erlebnisse rufen bei der Schwangeren beschleunigten Herzschlag und erhöhte Adrenalinausschüttung hervor. Davon wird auch das Ungeborene beeinflußt. Beobachtungen zeigen, daß sich bei solchen Kindern Untergewicht, vermehrt Infektionskrankheiten, Unruhe, permanentes Schreien, Störungen im Eßverhalten und sonstige Verhaltensauffälligkeiten zeigen.

  ➡ **Materialien 2.**

Durchschnittliche Gewichtszunahme während der Schwangerschaft

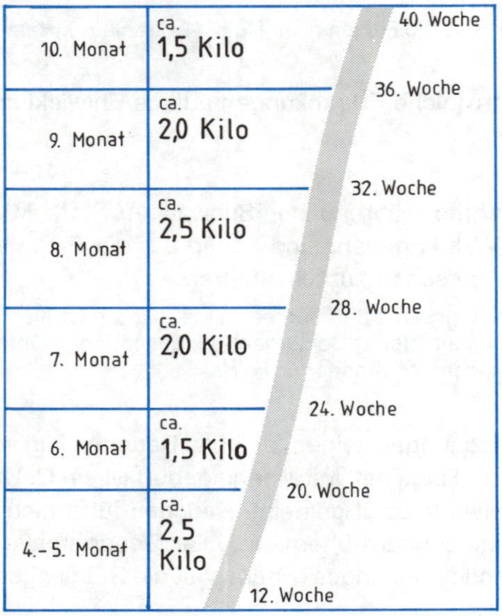

Quelle: Eltern, Heft 1/87, Sonderausgabe Arzt & Schwangerschaft

Einflüsse während der Geburt (= perinatale Einflüsse)

Folgende Einflüsse während der Geburt können sich schädigend auf die Entwicklung des Kindes auswirken (vgl. F. Meinertz/R. Kausen, 1987[2]):

- Eine **Frühgeburt** an sich kann schon eine gewisse Gefährdung bedeuten. Dem kindlichen Organismus werden hier Anforderungen einer Geburt zugemutet, denen es rein von der körperlichen Reife her oft nicht gewachsen ist. Anzeichen leichterer Hirnschädigungen sind häufig bei zu früh geborenen Babys zu finden. Sie drücken sich meist in einem Entwicklungsrückstand aus.

- Hirnschädigungen können auch auftreten durch **unmittelbare Gewalteinwirkung** bei der Geburt.

  Dies ist beispielsweise der Fall, wenn das Becken der Mutter zu eng ist, bei allzu heftigem und langen Drucks der Geburtshelferzange (sogenannte „Zangengeburt") oder bei einer unsachgemäßen Anwendung der Saugglocke.

- **Sauerstoffmangel** bei der Geburt kann ebenfalls Hirnschädigungen hervorrufen.

  Sauerstoffmangel kann zum Beispiel eintreten, wenn die Nabelschnur zugepreßt ist, noch ehe das Baby geboren ist, wenn die Atemwege durch Schleim bzw. Fruchtwasser verlegt oder durch Strangulierung mit der Nabelschnur abgeschnürt sind.

Diese Einflüsse können verschiedenartige Schädigungen hervorrufen „und betreffen in wechselndem Ausmaß die körperlichen, seelischen und geistigen Funktionen des zentralen Nervensystems" (F. Meinertz/R. Kausen, 1987[7]). Schätzungen gehen davon aus, daß ca. 8% aller Behinderungen auf Schädigungen während der Geburt zurückzuführen sind.

Einflüsse nach der Geburt (= postnatale Einflüsse)

Im Überblick können folgende Ursachen von Schädigungen des Neugeborenen genannt werden:

- **Chronische Ernährungsstörungen,** die im Säuglingsalter zu allgemeinen Hirnschädigungen führen können.
- **Hirnhautentzündung, Hirnentzündung** und andere **Infektionskrankheiten** wie zum Beispiel Masern, Keuchhusten, Scharlach, Mumps.
- **Hirnverletzungen,** die durch äußere Gewalteinwirkung wie beispielsweise bei Unfällen entstehen.
- Verschiedene **Stoffwechselkrankheiten,** die das Hirn schädigen und Schwachsinn nach sich ziehen können.
- Eine weitere Hirnschädigung kann durch **Blutkörperchenzerfall** beim Neugeborenen hervorgerufen werden. Dieser kann möglich werden, wenn der Vater Rhesusfaktor-positiv und die Mutter Rhesusfaktor-negativ besitzt. Hat nun das Kind wie der Vater Rhesusfaktor-positiv, so kann die Mutter Abwehrstoffe gegen Blutkörperchen ihres eigenen Kindes bilden. Diese Antikörper lösen rote Blutkörperchen des Kindes auf, was zu Hirnschädigungen führen kann.

Einflüsse

während der Schwangerschaft	**während der Geburt**	**kurz nach der Geburt**
Ernährung Erkrankung der Schwangeren Medikamente Genußmittel Arbeitsgifte Strahlenschädigungen Psychische Situation der Schwangeren	Frühgeburt Unmittelbare Gewalteinwirkung Sauerstoffmangel	Ernährungsstörungen Infektionskrankheiten Hirnverletzungen Stoffwechselkrankheiten Blutkörperchenzerfall

8.1.2 Die Geburt

Stellvertretend für die vielen verschiedenen Formen und Möglichkeiten der Geburt und der ersten Lebenstage danach sollen hier zwei der bekannteren Formen beschrieben werden. Gemeint sind die **sanfte Geburt** und das **Rooming-in.**

Die „sanfte Geburt"

Die Geburt eines Kindes kann für die Mutter ein beglückendes Erlebnis sein. Allerdings ist dieses Ereignis immer auch mit großen Schmerzen verbunden. Unter dem Begriff *sanfte Geburt* wird häufig eine Form der Geburt verstanden, die diese Schmerzen verringert oder gar ausschließt. Dies ist nicht der Fall.

Lauter Täuschungen

Ein Mensch, noch Neuling auf der Welt,
Das Leben für recht einfach hält.
Dann, schon erfahren, klug er spricht:
So einfach ist die Sache nicht!
Zum Schlusse sieht er wieder klar
Wie einfach es im Grunde war.

Eugen Roth

Es war der französische Arzt *Frédéric Leboyer,* der als erster eine sanftere Form der Geburt forderte. Eine leichtere Geburt hieß aber für ihn nicht, den Geburtsvorgang an sich zu erleichtern, sondern lediglich so wenig wie möglich in seinen natürlichen Ablauf einzugreifen (zum Beispiel durch Spritzen von sogenannten Wehenmitteln o. ä.).

Sanfte Geburt bedeutet, möglichst wenig in den natürlichen Ablauf einer Geburt einzugreifen und bei diesem die natürlichen Bedürfnisse des Kindes soweit wie möglich zu berücksichtigen.

Leboyer empfiehlt folgende **Maßnahmen:**

- Die Entbindung sollte nicht mit Medikamenten künstlich in Gang gebracht werden.
- Die Frau soll selbst für sich die bequemste Lage, in der sie gebären will, auswählen.
- Das Baby sollte in einem gut warmen Raum mit gedämpftem Licht und ohne Hektik empfangen werden.
- Mit dem Durchtrennen der Nabelschnur sollte gewartet werden, bis sie auspulsiert hat und der Säugling ruhig atmet.
- Das Baby sollte unmittelbar nach der Geburt der Mutter nicht weggenommen, sondern ihr unbekleidet auf den Bauch gelegt werden.
- Danach sollte es warm gebadet werden, damit es sich entspannt.
- Nach etwa 20 bis 30 Minuten sollte der Säugling zum Stillen angelegt werden, um sein Saugbedürfnis befriedigen zu können (vgl. Abschnitt 8.2.3).
- Das Baby soll nicht in die Säuglingsstation gebracht werden, sondern im Zimmer der Mutter bleiben. Während des gesamten Klinikaufenthaltes bleiben Mutter und Kind zusammen.

Die Art der Maßnahmen macht deutlich, daß es Leboyer nicht um neuartige medizinische Möglichkeiten der Geburt geht. Vielmehr stellen seine Forderungen den psychischen (seelischen) Aspekt der Entbindung stärker in den Vordergrund. Dies ist verständlich, da die moderne Apparatemedizin immer unpersönlicher und abschreckender geworden ist.

Das Rooming-in

Auch das sogenannte *Rooming-in* berücksichtigt die emotionalen Aspekte der Geburt in hohem Maße. Das Ziel ist hier, die unpersönliche und sterile Krankenhausatmosphäre zu entschärfen, der Mutter und dem Neugeborenen mehr Möglichkeiten des Kennenlernens zu eröffnen und den Aufbau der Mutter-Kind-Beziehung zu ermöglichen.

Rooming-in bedeutet, daß Mutter und Kind nach der Entbindung nicht getrennt, sondern gemeinsam untergebracht sind.

Einige Kliniken lassen beide sogar den ganzen Tag und die ganze Nacht gemeinsam in einem Zimmer. Bei einer anderen Form des Rooming-in sind Mutter und Kind nur während des Tages zusammen, nachts kommt das Kind in ein Säuglingszimmer, damit die Mutter in Ruhe schlafen kann.

In manchen Krankenhäusern sind die Säuglinge im Nebenzimmer untergebracht, also nicht direkt am Bett der Mutter, aber immer in Reichweite. Letztlich hängt es von der jeweiligen Klinik ab, welche Form des Rooming-in Anwendung findet, entscheidend dürften wohl die Platz- und Raumverhältnisse sein.

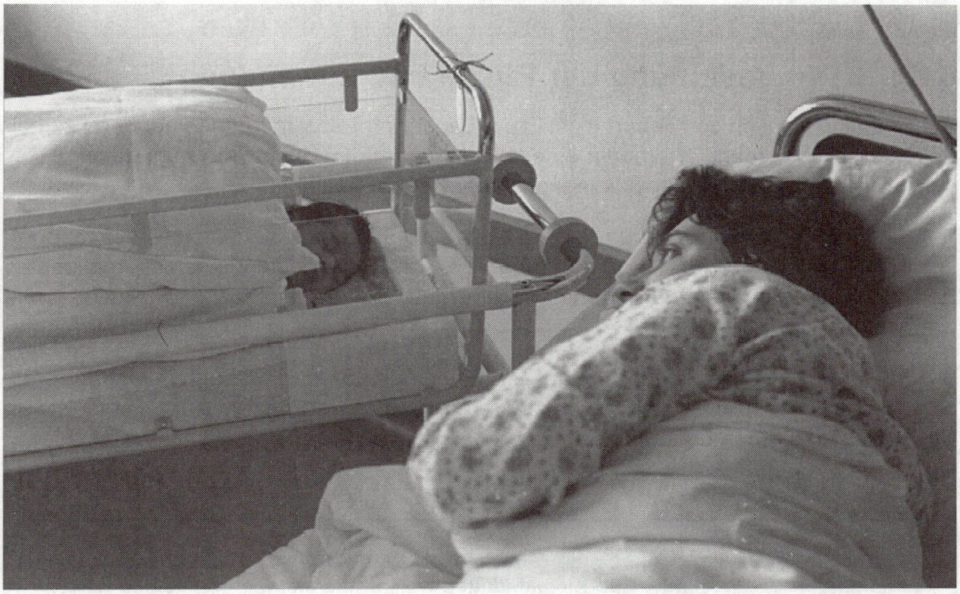

Schwangerschaft und Geburt

Pränatale Entwicklung	Perinatale Entwicklung	Postnatale Entwicklung
Phase direkt nach der Befruchtung des Eies, bis zur 9. Woche Entwicklung sämtlicher Organe in dieser Zeit Schädigungen durch unzureichende Ernährung, Krankheiten, Einnahme von Drogen, Medikamenten und Genußmitteln, Arbeitsgifte, Strahlen sowie durch psychosoziale Störungen der Schwangeren	Phase der Geburt Schädigungen durch Verletzungen des Schädels und Gehirns sowie durch mangelnde Sauerstoffzufuhr	Phase nach der Geburt Einwirkungen aller Art zum Beispiel durch Ernährung, Krankheiten, Blutkörperchenzerfall

Sanfte Geburt:
- greift möglichst wenig in den natürlichen Geburtsablauf ein,
- berücksichtigt die natürlichen Bedürfnisse des Kindes.

Rooming-in:
- ermöglicht für Mutter und Kind das Zusammenbleiben nach der Geburt,
- ermöglicht den Aufbau der Mutter-Kind-Beziehung bereits in der Klinik.

8.2 Erziehung im ersten Lebensjahr

Unzureichende oder mißlungene Erziehung kann in keinem Alter eines Kindes so schicksalshafte Folgen nach sich ziehen wie im ersten Lebensjahr. Hier wird weitgehend über das Ausmaß der späteren Lernfähigkeit und Erziehbarkeit eines Menschen vorentschieden. Aus diesem Grunde kommt der Erziehung im ersten Lebensjahr eine besondere Bedeutung zu.

8.2.1 Die Bedeutung der Pflege und Zuwendung

Der Säugling ist nach der Geburt nicht in der Lage, sich selbst in irgendeiner Form zu helfen oder zu versorgen. Er braucht eine vollständige **biologische und hygienische Versorgung** wie Ernährung, Trockenlegen, Baden, Sauberhalten.

Die Befriedigung der *physischen Bedürfnisse* reicht allerdings nicht aus, ein Neugeborenes hat weitergehende, *emotionale Bedürfnisse.* Mit der Befriedigung seiner emotionalen Bedürfnisse gewinnt es an **emotionaler Sicherheit,** die Voraussetzung für eine gesunde Entwicklung ist.

Bei Ablehnung und Vernachlässigung des Säuglings können, wie Untersuchungen gezeigt haben, Entwicklungsstörungen auftreten. Solche Störungen wurden unter dem Stichwort **Hospitalismus** bekannt.

Mit Hospitalismus bezeichnet man leib-seelische Störungs- und Verkümmerungserscheinungen im Säuglings- und Kleinkindalter, die auf mangelnde emotionale Zuwendung und Reizvermittlung zurückzuführen sind.

Der Hospitalismus läßt sich auf **zwei Ursachen** zurückführen, die sich nicht voneinander trennen lassen:

1. **Mangelnde emotionale Zuwendung:** dieser Mangelzustand entsteht dann, wenn Säuglinge und Kleinkinder eine feste und dauerhafte Bezugsperson, stabile liebevolle und nicht abreißende Zärtlichkeit und geduldige Umsorgung, wohlwollendes Spielen, Lachen, Sprechen und Singen und intensiven Hautkontakt entbehren müssen. René A. Spitz (1987) spricht von einer unzulänglichen „affektiven Zufuhr", von einer „emotionellen Verhungerung". Der schicksalshaften Entwicklung von hospitalisierten Kindern liegt also ein Mangel im Gefühlsbereich zugrunde. Er bezeichnet deshalb den Hospitalismus als eine Gefühlsmangelkrankheit (= Deprivation).
2. **Mangelnde Vermittlung von Reizen,** wie zum Beispiel wenig Ansprache durch Bezugspersonen, kaum Reize, die die motorische und geistige Entwicklung des Kindes fördern würden (Mobile, Spielzeug, Rassel usw.), oder eine reizarme, stereotype Umwelt, wie sie oft in Säuglingsstationen, Heimen und anderen Anstalten vorzufinden ist.

Emotionale Zuwendung ist am besten realisierbar in einer intensiven Beziehung zum Kind. Dabei ist es unerheblich, ob es sich um eine oder mehrere Bezugspersonen handelt bzw. um eine weibliche oder männliche Person.

Früher war man der festen Überzeugung, die Bezugsperson eines Kindes könne nur die eigene Mutter sein. Dies hat sich als nicht haltbar herausgestellt. Neuere Forschungen haben wesentlich zur Änderung der Annahme beigetragen, wonach Kleinkinder Bindungen nur zu einer Person, in der Regel zur Mutter, entwickeln würden (vgl. Wassilios E. Fthenakis, Band 1, 1988).

„Im allgemeinen ist es für die Entwicklung des Kindes weniger entscheidend, ob die Familie von nur einem Elternteil oder von beiden Eltern geführt wird, als der Umstand, welches Verhalten und welche Beziehung das Kind erlebt – gleichgültig von wem. Ferner wird das Familienleben nicht nur von den jeweiligen Wesensmerkmalen der einzelnen Familienmitglieder geprägt, sondern auch von den sozialen Umständen und Umweltbedingungen, unter denen die Familie lebt.“ *(Michael Rutter, 1981)*

Psychologische Forscher sind sich jedoch darüber einig, daß eine frühe emotionale Bindung des Säuglings zu einem oder mehreren Menschen die Basis für spätere Beziehungen bildet: Ein Kind, das vor allem im ersten Lebensjahr keine festen Bindungen herstellen konnte, wird auch später in sozialer Hinsicht erheblich benachteiligt sein.

Man kann annehmen, daß eine intensive emotionale Beziehung nicht nur für die Ausbildung der Beziehungsfähigkeit bedeutsam ist, die gesamte Entwicklung des Kindes wird beeinträchtigt, wenn sie fehlt.

Aufgrund des heutigen Wissenstandes kann man davon ausgehen, daß Kinder in ihrer Entwicklung sehr zurückbleiben, wenn sie vor allem im ersten Lebensjahr keine oder nur wenig Möglichkeit zur Bildung einer intensiven emotionalen Bindung zu einem oder mehreren Menschen haben.

8.2.2 Das Urvertrauen und das Urmißtrauen

Die Art und Weise der frühkindlichen emotional-affektiven Erlebnisse entscheidet darüber, ob es bei einem Menschen zur Ausprägung des **Urvertrauens** oder des **Urmißtrauens** kommt.

Die emotionale Zuwendung erzeugt beim Kind eine Atmosphäre der Geborgenheit. Diese löst jenes Vertrauen zu sich selbst, zu den Mitmenschen und der Umwelt aus, das erforderlich ist, um den Mut aufzubringen, sich mit unbekannten Personen und Dingen einzulassen.

Mit Urvertrauen ist eine auf die Erfahrungen in den ersten Lebensjahren zurückgehende positive Einstellung zu sich selbst, zu anderen Personen und zur Umwelt gemeint, die es ermöglicht, sich mit unbekannten Personen und Dingen sowie mit sich selbst auseinanderzusetzen.

Diese positive Einstellung läßt sich nach Erik H. Erikson (1953) umschreiben „als ein Gefühl des Sich-Verlassen-Dürfens (...) in bezug auf die Glaubwürdigkeit anderer und die Zuverlässigkeit seiner selbst". Die emotionale Fundierung, die aufgrund ausreichender emotionaler Zuwendung zustande kommt, vermittelt den **sozialen Optimismus,** der für die geistige, emotionale und soziale Entwicklung von großer Bedeutung ist (vgl. R. Oerter/E. Weber, 1976[2]).

Wo dieses Gefühl des Sich-Verlassen-Dürfens aufgrund mangelnder emotionaler Zuwendung und mangelnder Reizvermittlung fehlt, verschließt sich das Kind mißtrauisch und ängstlich allem Neuen. Es traut sich nicht, Unbekanntes zu erforschen, was die Gewinnung von neuen Erfahrungen be-, wenn nicht gar verhindert.

Mit Urmißtrauen meint man eine auf die Erfahrungen in den ersten Lebensjahren zurückgehende negative Einstellung zu sich selbst, zu anderen Personen und zur Umwelt, die eine Auseinandersetzung mit unbekannten Personen und Dingen sowie mit sich selbst weitgehend be- bzw. verhindert.

Das Gefühl des Sich-nicht-Verlassen-Könnens auf die Glaubwürdigkeit anderer und die Zuverlässigkeit seiner selbst erzeugt den **sozialen Pessimismus,** der sich auf die weitere Entwicklung des Kindes sehr negativ auswirken kann.

Damit Bezugspersonen die Anforderungen, die für den Erwerb einer positiven Einstellung des Kindes notwendig sind, erfüllen können, ist es wesentlich, daß sie selbst in einer emotional befriedigenden Beziehung aufgewachsen sind und darin leben.

8.2.3 Erziehungsfragen und Probleme

Aus diesen Erkenntnissen lassen sich eine Reihe von **Aufgaben für die Erziehung im ersten Lebensjahr** ableiten:

- Der Säugling benötigt eine sichere und zuverlässige Befriedigung seiner biologischen Bedürfnisse.
- Er braucht Körperkontakt mit seinen Bezugspersonen, wobei es unerheblich ist, ob es sich um eine Mutter-Kind-Beziehung oder eine Vater-Kind-Beziehung handelt.
- Das Baby braucht emotionale Zuwendung. Liebe, Schutz und Geborgenheit müssen dem Kind vermittelt werden, damit es in der Lage ist, das Urvertrauen zu entwickeln.
- Ebenso benötigt der Säugling Reize, die seine Entwicklung fördern (Sprechen mit dem Kind, Mobile, Spielzeug, Rassel usw.).

„Von seiten der Mutter werden neben Füttern, Baden, Wickeln, Anziehen noch zahlreiche andere Kontakte an das Kind herangebracht, und zwar *körperliche* (Streicheln, Küssen, Auf-den-Arm-Nehmen, An-sich-Drücken, Wiegen, Kitzeln, Hochheben etc.), *sprachliche* (Sprachspiele, handlungsbegleitendes Sprechen, Begrüßen, Necken, Trösten, Locken, zum Lächeln, Schauen, Spielen, Trinken, Schlafen, Überreden etc.), *mimische* (Lächeln, Mimik des Kindes nachahmen, den Blick des Kindes suchen). Auch *Gebärden* finden sich im Verhaltensinventar der Mutter, etwa das Ausstrecken der Arme, die Bittgebärde, Winken beim Weggehen etc." *(Lotte Schenk-Danzinger, 1988[20]).*

Das Stillen

Noch vor hundert Jahren war es für das Kind lebensgefährlich, wenn es die Mutter nicht stillen konnte. Erst die Entwicklung der künstlichen Säuglingsnahrung ließ eine wirkliche Diskussion darüber zu. Die Zeit, in der sogar Ärzte glaubten, daß künstliche Nahrung besser sei als natürliche, scheint heute vorbei zu sein.

Nach ernährungswissenschaftlichen Erkenntnissen ist *Muttermilch die bestmögliche Nahrung für den Säugling,* da sie ganz auf die Bedürfnisse des Kindes abgestellt ist. Nicht nur die beste Ernährung ist durch die Muttermilch möglich, auch der bessere Schutz vor Krankheiten ist wissenschaftlich nachweisbar (gestillte Kinder leiden weniger oft an Infektionskrankheiten wie zum Beispiel Hirnhautentzündung oder Typhus). Die meisten Mütter berichten, daß das Stillen für sie zwar oft eine Belastung, aber noch häufiger Freude und Befriedigung bringt.

Zu den physiologischen Vorteilen der Muttermilch kommt noch ein weiterer Vorzug des Stillens. Beim Geben der Brust erfährt der Säugling gleichzeitig die Nähe, Liebe und Geborgenheit seiner Mutter.

Allerdings bestätigen neueste Untersuchungen auch, daß die Muttermilch zum Teil stark mit Umweltgiften wie zum Beispiel Dioxinen oder Schwermetallen belastet ist. In diesem Zusammenhang muß die Frage nach der künstlichen Ernährung neu gestellt werden.

Wenn Frauen nicht in der Lage sind, ihr Kind zu stillen, sollten sie deshalb kein schlechtes Gewissen bekommen. Um dem Kind ebenso das Gefühl von Liebe, Nähe und Geborgenheit zu vermitteln, sollten sie sich so verhalten, wie sie es beim Stillen tun würden (zum Beispiel das Kind nahe am Körper halten und mit ihm sprechen, für es genauso viel Zeit aufwenden).

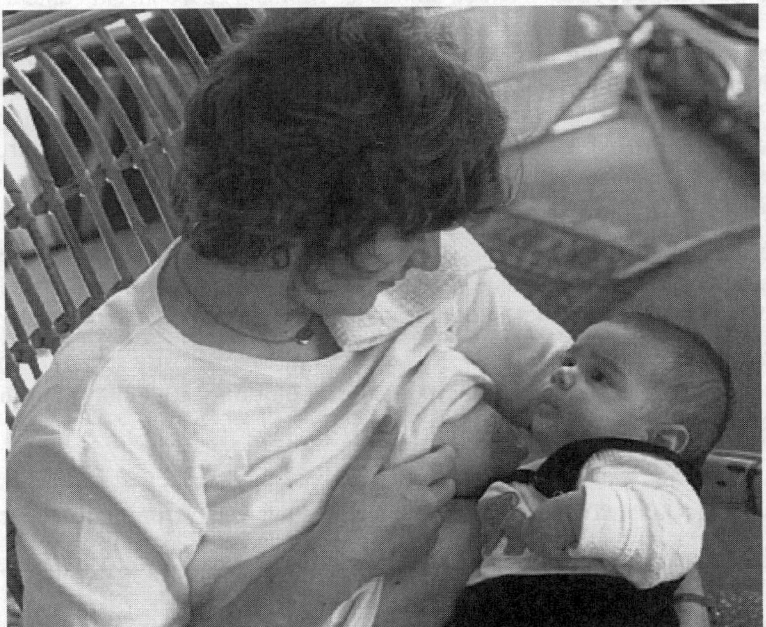

Tagesmütter

Eine Tagesmutter ist eine Frau, die ein Kind anstelle seiner berufstätigen Mutter versorgt. Zweck dieser Einrichtung ist es, beim Kleinkind Entwicklungsstörungen zu verhindern (vgl. Abschnitt 8.2.1).

In der Literatur kann man häufig lesen, daß nur die Mutter in der Lage sei, einem Kind die nötige Geborgenheit zu vermitteln – diese Ansicht ist nicht richtig. *Nicht die Person an sich ist von Bedeutung, sondern die Regelmäßigkeit, mit der sich diese um den Säugling kümmert.*

Eine Tagesmutter kann deshalb durchaus ein gleichwertiger Ersatz für die leibliche Mutter sein. Dies kann die Großmutter, das Au-pair-Mädchen, die Kinderfrau oder die Betreuerin in einer Kinderkrippe sein.

Mutter und Beruf

Dieses Thema steht in engem Zusammenhang mit dem Problem der Tagesmütter. Das veränderte Rollenverständnis vieler Frauen führte in den letzten Jahren immer häufiger dazu, daß sie sofort nach dem Ende des Schwangerschaftsurlaubes ihre Berufstätigkeit wieder aufnahmen. Mit Schutzfrist und Mutterschaftsurlaub ist eine Frau etwa sieben Monate aus dem Beruf ausgeschieden. Eine relativ lange Zeit, vor allem, wenn sie den beruflichen Anschluß nicht verpassen will.

Die Lösungen, die jede Familie findet, um dieses Problem zu lösen, sind unterschiedlich. Meist wird es so sein, daß einer der Partner eine Halbtagsarbeit verrichtet, um nebenher auch noch Kind und Haushalt zu versorgen, im übrigen wird man sich einen Teil der Hausarbeit teilen. Arbeiten beide Partner den ganzen Tag, so bleibt für das Kleinkind eigentlich nur eine Tagesmutter, die größeren Kinder können in einem Kindergarten betreut werden. Das Tagesmütter-Projekt ist nicht unumstritten, doch die Erfahrungen mit berufstätigen Müttern, die die Hilfe einer Tagesmutter in Anspruch nehmen, sind (nach Umfragen) meist recht positiv.

Die Berufstätigkeit der Mutter entspricht heute den Anforderungen der modernen Industriegesellschaft. Die Regelungen, die dafür gefunden werden, sind sehr vielseitig – auf jeden Fall muß eine Berufstätigkeit der gesunden Entwicklung des Kindes nicht im Wege stehen.

Entscheidend ist allein die **Dauerhaftigkeit der Bindung zu einer oder mehreren Bezugspersonen.**

Im Mittelpunkt jeder Erziehung muß die Vermittlung von Vertrauen und Sicherheit stehen.

➡ **Materialien 3.**

„Früher war man der festen Überzeugung, die Trennung von der Mutter – und sei sie auch nur halbtags – könnte schädlich für das Kind sein. Man glaubte, die einzige und wichtigste Beziehung im Leben des Kindes würde empfindlich gestört und die gesunde soziale und emotionale Entwicklung gefährdet. Heute weiß man, daß gute Tagesmütter und Vorschulkindergärten mit fürsorglichem Personal den Kleinkindern keineswegs schaden müssen. Da das gesamte soziale Netzwerk der Umgebung für die kindliche Entwicklung wichtig ist, kann das Kind von zusätzlichen Erfahrungen mit anderen Erwachsenen und Kindern nur profitieren.“ *(Robert J. Trotter, 1987)*

Zusammenfassung der wichtigsten Aufgaben der Erziehung in den ersten Lebensjahren			
Biologische und hygienische Versorgung des Kleinkindes:	**Emotionale Zuwendung und Reizvermittlung:**	**Berücksichtigung von kritischen und sensiblen Phasen:**	**Erkennen der Bedeutung von frühen Erfahrungen:**
zum Beispiel Ernährung, Trockenlegung, Baden, Sauberhalten	durch Liebkosungen, Hautkontakt, Lachen und Spielen, Sprechen und Singen mit dem Kind, Spielzeug	Nützen der optimalen Lernbedingungen für die Entstehung von bestimmten Verhaltensweisen und Persönlichkeitsmerkmalen (vgl. Kapitel 6.2.5)	Einflüsse auf den einzelnen sind umso nachhaltiger, je früher sie im Leben einsetzen

8.3 Erziehung im Kleinkindalter

Die Phase des Kleinkindalters erstreckt sich etwa **vom 2. bis zum 6. Lebensjahr.** In dieser Zeit entwickelt sich das Kind vom unbeholfenen Säugling zum relativ selbständigen Schulkind.

Das Kind muß in dieser Zeit sehr viel lernen und erfahren; die bekanntesten Erziehungsprobleme werden im folgenden beschrieben.

8.3.1 Die Reinlichkeitserziehung

Eltern machen in der Zeit der Reinlichkeitserziehung häufig Fehler und schieben mangelnde Leistung und Erfolge dem Unwillen oder der Unfähigkeit ihrer Kinder zu. Dabei ist das „Sauberwerden“ die erste große **Anpassungsleistung des Kindes** an seine Umwelt. Es muß lernen, die Entleerung seiner Verdauungsorgane zu kontrollieren.

> **Mit Reinlichkeitserziehung meint man die Erziehung zur Kontrolle der Ausscheidungsvorgänge in der frühen Kindheit.**

Gerade in unserer Kultur wird der Erziehung zur Reinlichkeit eine große Bedeutung beigemessen.

Beginn der Reinlichkeitserziehung

Zur Steuerung der Verdauungsorgane und besonders der Schließmuskeln sind Nervenbahnen im Körper notwendig, die sich erst im Verlauf des ersten Lebensjahres entwickeln; sie sind etwa **nach 18 Monaten** voll ausgeprägt. Eine Reinlichkeitserziehung, die vorher beginnt, muß an den Gegebenheiten der „Natur" scheitern.

„Die Erziehung zur Sauberkeit voranzutreiben, ist ein Bestreben, das bei der Mutter in dem Maße wächst, wie ihr die beschmutzte Wäsche des Kindes zunehmend zur Last wird." *(Christa Meves, 1987[4])*

Generell gilt: *Je früher die Eltern mit der Erziehung zur Reinlichkeit beginnen, desto schwieriger und langwieriger gestaltet sie sich.* Untersuchungen bestätigen, daß die Zahl der „Rückfälle", daß Kinder zu einem späteren Zeitpunkt wieder einnässen oder einkoten, entsprechend hoch ist.

„Regeln" der Reinlichkeitserziehung

Psychologen und Kinderärzte empfehlen häufig folgende Vorgehensweise:

- Bevor man mit der Reinlichkeitserziehung beginnt, sollte das Kind in der Lage sein zu sitzen und Bedürfnisse bereits mit Hilfe von Lauten ausdrücken können (dies ist nach ca. 18 Monaten soweit).
- Das Kind sollte an ganz bestimmte Orte (zum Beispiel Bad oder Toilette) und Zeitpunkte (zum Beispiel immer nach dem Aufstehen, nach dem Frühstück) gewöhnt werden.
- Das Kind muß Gelegenheit bekommen, sein Verhalten bei den Erwachsenen abzuschauen (zum Beispiel durch Stellen des Töpfchens neben die Toilette).
- Das erwünschte Verhalten sollte belohnt werden. Immer wenn das Kind beispielsweise alleine auf die Toilette geht, sollten die Eltern es loben oder zeigen, daß sie erfreut sind. Soziale Verstärker wie Lob, Zuneigung oder Wärme erweisen sich am wirkungsvollsten.

Sämtliche Verhaltensregeln nützen den Eltern recht wenig, wenn die Beziehung zwischen ihnen und dem Kind gestört ist. Ein Kind, das eine strenge und unnachgiebige Reinlichkeitserziehung erlebt, wird wahrscheinlich auch sonst sehr hart erzogen werden. Ein warmes Erziehungsklima und ein weitgehend ungestörtes Eltern-Kind-Verhältnis sind bei der Reinlichkeitserziehung wesentliche Grundlagen für ein Gelingen.

Damit die Reinlichkeitserziehung gelingt, sollten die Erzieher die folgenden **Fehler** vermeiden (vgl. Kurt Müller, 1984[7]).

- Die Eltern beginnen zu früh mit der Reinlichkeitserziehung.
- Die Eltern sind bei ihrer Erziehung zu ungeduldig.
- Die Eltern bestrafen ihr Kind bei Mißerfolgen; Strafen fördern die Entstehung von Angst, und diese wirkt hemmend auf den gesamten Lernprozeß.
- Unruhe und Nervosität der Eltern oder der Umgebung oder der Wechsel der Pflegepersonen wirken sich negativ auf die Reinlichkeitserziehung aus.

Der übertriebene Ehrgeiz vieler Eltern ist einer der Hauptgründe für eine mißglückte Reinlichkeitserziehung, deren Folgen meist erst bei der späteren Entwicklung des Kindes abzusehen sind.

Viele Mütter halten „ '(...) ihr Kind ab', lange bevor es in der Lage wäre, selbständig auf dem Topf zu sitzen, andere zwingen es schon im zweiten Lebenshalbjahr auf den Topf oder schlagen es gar, wenn die Prozedur ergebnislos verlief. Viele Mütter und übereifrige Großmütter sind auf diese Weise erfolgreich: Manche Kinder sind schon vor Vollendung des ersten Lebensjahres sauber. Aber gerade nach solchen frühen, harten und erfolgreichen Dressuren entwickeln sich häufig Verhaltensstörungen der Kinder, die später psychologische Beratung und Behandlung nötig machen." *(Christa Meves, 1987[4])*

Die direkten Folgen mißglückter Reinlichkeitserziehung wirken sich zunächst auf die körperlichen Funktionen des Kindes aus. Untersuchungen beweisen, daß viele Kinder rückfällig werden. 8 bis 20% der Vier- bis Fünfjährigen sind noch nicht in der Lage, ihre Verdauungsorgane wirkungsvoll zu kontrollieren. Ärzte bezeichnen diese Verhaltensstörung als **Enuresis** (= Einnässen) und **Enkopresis** (= Einkoten).

Die Folgen für die Persönlichkeitsentwicklung des Kindes sind allerdings weit schwerwiegender: Allgemeine Erregbarkeit, Aggressivität, Unsicherheit und Unselbständigkeit können sich entwickeln.

„Der Darminhalt, der als Reizkörper für die sexuell empfindliche Schleimhautfläche sich wie der Vorläufer eines anderen Organs benimmt, welches erst nach der Kindheitsphase in Aktion treten soll, hat für den Säugling noch andere wichtige Bedeutungen. Er wird offenbar wie ein zugehöriger Körperteil behandelt, stellt das erste Geschenk dar, durch dessen Entäußerung die Gefügigkeit, durch dessen Verweigerung der Trotz des kleinen Wesens gegen seine Umgebung ausgedrückt werden kann." *(Sigmund Freud, zitiert nach Kurt Müller, 1984[7])*

Psychoanalytisch orientierte Psychologen sehen in der falschen Reinlichkeitserziehung die Ursache für die Entwicklung sogenannter *analer Charaktereigenschaften,* wie zum Beispiel Eigensinn, Geiz oder Pedanterie. Ein direkter Zusammenhang zwischen „falscher" Reinlichkeitserziehung und der Entwicklung analer Charaktereigenschaften ließ sich bisher wissenschaftlich nicht nachweisen. Geiz und Pedanterie treten zwar häufig gemeinsam auf, müssen aber nicht unbedingt in der Reinlichkeitserziehung ihren Ursprung haben.

Erziehung zur Reinlichkeit		
Reinlichkeitserziehung	**Fehler**	**Folgen**
‚Sauberwerden' ist die erste große Anpassungsleistung des Kindes. Ein ungestörtes Eltern-Kind-Verhältnis und ein „warmes" Erziehungsklima sind entscheidend für das Gelingen.	Ein zu früher Beginn, Ungeduld, Strafen, Unruhe, Nervosität und übertriebener Ehrgeiz führen zum Scheitern der Reinlichkeitserziehung	Eine hohe Rückfallquote (8–25%). Nach psychoanalytischer Auffassung ist eine falsche Reinlichkeitserziehung Ursache analer Charaktereigenschaften wie Geiz, Pedanterie oder Eigensinn.

➡ **Materialien 4.**

8.3.2 Die Erziehung zur Selbständigkeit

Eltern erkennen im Verlauf des zweiten Lebensjahres eine zunehmende Bereitschaft des Kindes zu Konflikten. In der Alltagspsychologie spricht man dann von der sogenannten *Trotzphase.*

„Dieser Begriff enthüllt ein Erziehungsideal, das durch Gehorsam und die strikte Befolgung elterlicher Anweisungen charakterisiert ist. Interessanterweise kennen andere Kulturen, etwa die italienische, diese Phase nicht.“ *(Meinrad Perrez u. a., 1985)*

Ein Ansteigen von Zornausbrüchen im zweiten Lebensjahr läßt sich statistisch nachweisen. Die amerikanische Psychologin Goodenough hat dies bereits zu Beginn der 30er Jahre in einer Untersuchung festgestellt.

Häufigkeit von Zornausbrüchen bei Jungen und Mädchen im ersten bis achten Lebensjahr

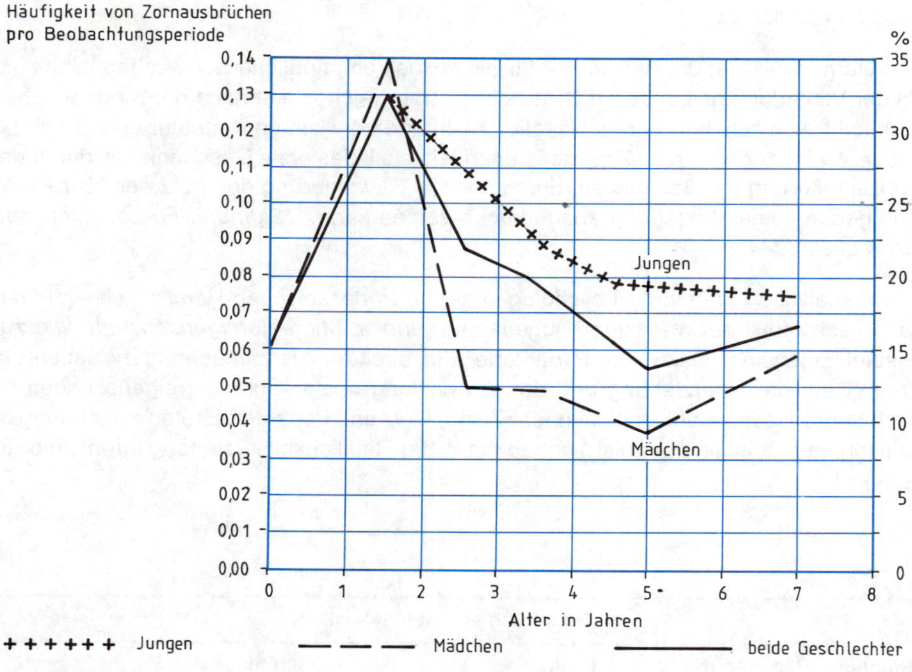

Quelle: Meinrad Perrez u. a., 1985

Es kommt also nachweislich zu einer Periode der gesteigerten Erregbarkeit des Kindes, in der ablehnende Handlungen häufiger auftreten.

„Entwicklungsbedingt im eigentlichen Sinn ist jedoch nicht der Trotz des Kindes, sondern die *Entdeckung seines Ich,* die sich in dieser Zeit vollzieht. (...) Das erste Erlebnis der eigenen Identität entsteht wahrscheinlich im Zusammenhang mit der Entdeckung, daß man *Pläne machen und seinen Willen dem der Umwelt entgegensetzen kann.* Das Ich konstituiert sich aus der Konfrontation mit dem Du.“ *(Lotte Schenk-Danzinger, 1988[20]).*

Die Entdeckung des Ich und damit die Entdeckung des eigenen Willens ist ein wesentlicher Entwicklungsfortschritt des Kindes. Trotz bedeutet deshalb einerseits Verweigerung, andererseits Drang nach Selbständigkeit. Die Erziehung in dieser Zeit ist eine **Erziehung zur Selbständigkeit.**

Die kleine Susanne fängt an, die frisch gesteckten Tulpenzwiebeln der Mutter, Stück für Stück wieder auszugraben. Als die Mutter das sieht, verbietet sie es sofort. Nachdem die Mutter weg ist, beginnt Susanne erneut mit dem Ausgraben. Als der Vater nach Hause kommt und Susanne sieht, ist er hocherfreut über den „Forscherdrang" der Tochter und lobt sie.

Für die Erwachsenen sind die Pläne und Strebungen des Kindes in dieser Zeit oftmals absurd und seltsam. Es ist für die Erzieher deshalb schwierig, sich richtig zu verhalten, da sie leicht die Befürchtung bekommen, ein zu häufiges Nachgeben lasse die Eigenwilligkeit des Kindes wachsen und bringe einen weitgehenden Autoritätsverlust mit sich.

Das Kind ist auf der anderen Seite in einem Konflikt zwischen den Anforderungen (Normen) der Umwelt (Eltern) und den eigenen Wünschen und Bedürfnissen, wie auch seinem Streben nach Selbständigkeit.

Untersuchungen zeigen, daß die „Trotzreaktionen" des Kindes um so heftiger sind, je strenger und unnachgiebiger die Erziehung ist.

Eltern sollten folgende **Regeln** beachten:

- Eine zu strenge und vollkommen unnachgiebige Haltung der Eltern wird als Liebesentzug oder -verlust erlebt. Dem Kind müssen auch Möglichkeiten geboten werden, seinen Willen durchzusetzen. Kraftproben mit dem Kind sollten vermieden werden. Lieber sollten die Eltern harmlose Wünsche erlauben, auch wenn sie oftmals sinnlos erscheinen.
- Völlige Nachgiebigkeit führt dazu, daß sich die Eltern den Willensäußerungen des Kindes unterwerfen. Das Kind wird sehr schnell lernen, daß es nur „trotzig" zu sein braucht, um das zu bekommen, was es will.
  Sinnvoll scheint es, wenn dem Kind auch Grenzen seines Handelns aufgezeigt werden. Feste Grenzen erhöhen das Sicherheitsgefühl. Die Eltern sollten sich darüber einigen, was sie dem Kind erlauben, da es sonst leicht zu irritierenden Situationen kommt.
- Vorbeugen ist besser als bestrafen. Die Eltern sollten dem Kind frühzeitig Veränderungen mitteilen. Zum Beispiel sollte das Spiel des Kindes nicht einfach unterbrochen werden, sondern es sollte rechtzeitig darauf hingewiesen werden, daß es sein Spiel bald beenden muß (zum Beispiel wegen des Mittagessens).

Erziehung zur Selbständigkeit	
Entwicklung der Selbständigkeit	**Erzieherverhalten**
Ab dem 2. Lebensjahr entwickelt sich eine zunehmende Konfliktbereitschaft des Kindes, die mit der Entdeckung des eigenen Willens einhergeht. Pläne und Strebungen des Kindes sind für den Erzieher häufig unklar. Das Kind befindet sich im Konflikt zwischen Widerspruch und Anpassung an die Umwelt.	Eine zu strenge und unnachgiebige Haltung sollte vermieden werden. Völlige Nachgiebigkeit macht das Kind jedoch zu einem „Tyrannen". Vorbeugen ist besser als Strafen, das Kind sollte rechtzeitig auf Veränderungen hingewiesen werden.

➡ **Materialien 5.**

8.3.3 Moralische Erziehung und Gewissensbildung

Die Auffassungen über die Entstehung und das Vorhandensein des Gewissens bzw. der Moral sind in der Literatur sehr unterschiedlich. Die beiden Begriffe Moral und Gewissen sind in Kapitel 7.5.1 näher geklärt.

Anregungen zur Gewissensbildung und -erziehung:

- Harte Strafen und viele Zwänge fördern die Entwicklung der Moral und des Gewissens nicht. Die Erzieher erreichen damit nur, daß moralisches Verhalten von äußeren Zwängen abhängig und nicht verinnerlicht wird.
- Die Eltern sollten sich ihrer Rolle als Modell für das Kind bewußt sein und sich so verhalten, wie sie es von ihrem Kind erwarten.
- Die Eltern sollten nicht versuchen, von einem kleinen Kind hohe moralische Werte zu verlangen. Untersuchungen zeigen, daß ein Kleinkind dazu nicht in der Lage ist.
- Die Eltern sollten großen Wert auf die Vermittlung von Einsicht legen und für eine entspannte Erziehungsatmosphäre sorgen.

Die größte Bedeutung nimmt das **soziale Lernen** ein, was mit dem Modell- oder Nachahmungslernen gleichzusetzen ist: Soziale Verhaltensweisen und -muster werden vom Kind durch Nachahmung des Vorbildes seiner Eltern oder Erzieher übernommen. Dazu zählt die Übernahme von Normen und Werten der Gesellschaft und damit von Moral und Gewissen.

Moral und Gewissen:	Die Entwicklung von Moral und Gewissen verläuft stufenweise, das heißt, abstrakte Einsichten werden erst mit zunehmendem Alter möglich.
Erzieherverhalten:	● Harte Strafen und Zwänge fördern die Entwicklung von Moral und Gewissen nicht. ● Die Modellrolle der Eltern beim Erlernen sozialer Verhaltensweisen ist bedeutend. ● Im Mittelpunkt der Moralerziehung muß die Vermittlung von Einsichten stehen.

Zusammenfassung

- Pränatale Faktoren tragen entscheidend zur Entwicklung des Ungeborenen bei. Das gesundheitsbewußte Verhalten der werdenden Mutter ist die beste vorgeburtliche Erziehung.
  Schädigungen während der Geburt können durch mangelnde Sauerstoffzufuhr oder Verletzungen des Schädels und des Gehirns des Neugeborenen entstehen.
- Im ersten Lebensjahr wird der Grundstein der Persönlichkeitsentwicklung gelegt. Neben der ausreichenden und richtigen Befriedigung der physiologischen Bedürfnisse stehen der Aufbau positiver emotionaler Beziehungen zwischen Bezugsperson(en) und Kind sowie eine ausreichende Vermittlung von Reizen im Mittelpunkt der Erziehung. Eine intensive emotionale Beziehung ist wichtig für die Entwicklung des Urvertrauens, das entscheidend dazu beiträgt, beim Kind einen sozialen Optimismus zu fördern.
- Das Kleinkindalter wird durch die Reinlichkeitserziehung und die Erziehung zur Selbständigkeit bestimmt. Bei der Reinlichkeitserziehung sind vor allem die Wahl des richtigen Zeitpunktes, viel Geduld, die Belobigung des erwünschten Verhaltens sowie eine positive Beziehung zum Kind entscheidend. Zu vermeiden ist auf jeden Fall übertriebener Ehrgeiz der Eltern.
  Die direkten Folgen mißglückter Reinlichkeitserziehung wirken sich zunächst auf die körperlichen Funktionen des Kindes aus. Die Folgen für die Persönlichkeitsentwicklung des Kindes sind allerdings weit schwerwiegender: Allgemeine Erregbarkeit, Aggressivität, Unsicherheit und Unselbständigkeit können sich entwickeln. Psychoanalytisch orientierte Psychologen sehen in der falschen Reinlichkeitserziehung die Ursache für die Entwicklung sogenannter analer Charaktereigenschaften, wie zum Beispiel Eigensinn, Geiz oder Pedanterie.
- Die Selbständigkeitserziehung des Kindes ist gekennzeichnet durch die Entdeckung des Ich und damit die Entdeckung des eigenen Willens. Eine zu strenge und vollkommen unnachgiebige Haltung der Eltern ist der Selbständigkeit und Selbstbestimmung des Kindes ebensowenig dienlich wie eine völlige Nachgiebigkeit.
- Zwang und harte Strafen fördern die Entwicklung der Moral und des Gewissens wenig. Die größte Bedeutung nimmt diesbezüglich das Lernen am Modell ein: Soziale Verhaltensweisen und -muster werden vom Kind durch Nachahmung des Vorbildes seiner Eltern oder Erzieher übernommen. Dazu zählt die Übernahme von Normen und Werten der Gesellschaft und damit von Moral und Gewissen.

1. Gefährliche Umweltgifte beenden viele Schwangerschaften

Nachgewiesen negativ wirken sich auch *Lärm* und *Hitze* auf die Zeugungsfähigkeit aus. *Alkoholkonsum* läßt beim Mann auf längere Sicht die Hoden verkümmern und schwächt die Spermien. Möglicherweise verändert sich auch das Erbgut.

Zigarettenrauch schädigt die Chromosomen und verringert die Beweglichkeit der Spermien. Frauen haben zehn- bis zwanzigmal mehr Nikotin in der Gebärmutterschleimhaut als im Blut. Der Tabakschadstoff *Rhodanid* dringt bis in die Keimzelle vor. *Koffeingenuß* verstärkt die Wirkung anderer Schadstoffe.

Viele Menschen schieben folglich die Schuld an ihrer Kinderlosigkeit auf ihre psychische Verfassung oder ihren unruhigen Lebenswandel. Sie kommen gar nicht auf die Idee, daß *Umweltgifte* die Ursache sein könnten. Die Indizien dafür sind jedoch erschreckend zahlreich und plausibel.

Daß *Chemikalien* das Erbgut verändern können, weiß man spätestens seit den Erfahrungen mit dem inzwischen verbotenen Schlaf- und Beruhigungsmittel *Contergan.* Frauen, die Anfang der 60er Jahre während ihrer Schwangerschaft diese Arznei eingenommen hatten, brachten damals Kinder mit verkürzten Gliedmaßen zur Welt.

Belegt ist auch die keimschädigende Wirkung von Medikamenten, die das Zellwachstum bremsen und deshalb gegen Krebs eingesetzt werden *(Zytostatika).* Bereits das *Einatmen* geringer Mengen des Medikaments *Cyclophosphamid,* das die Zellteilung hemmt und zum Beispiel bei Organverpflanzungen verabreicht wird, erhöhte bei Krankenschwestern die Rate der Fehlgeburten. Gefährdet ist auch das Narkose- Personal in Krankenhäusern, das mit vielen *Betäubungsmitteln* in Kontakt kommt. (...)

Wer mit vielen Chemikalien in Berührung kommt, ist besonders gefährdet. Bei unfruchtbaren Männern und Frauen fanden sich zum Beispiel auch *Polychlorierte Biphenyle (PCB).* Diese chlorierten Kohlenwasserstoffe dürfen zwar inzwischen nur noch in geschlossenen Kreisläufen verwendet werden. Sie sind aber auch in Konsumgegenständen enthalten, etwa in Kunststoffen, und werden bei der Müllverbrennung frei.

Besonders bedenklich ist, daß anscheinend schon geringste PCB-Mengen ausreichen, um die Beweglichkeit der Spermien herabzusetzen. Die Bonner Forscher Wagner und Schlebusch fanden in Laborversuchen diesen Effekt schon bei einem milliardstel Gramm *Clophen* (einem PCB-Gemisch) pro Milliliter Samenflüssigkeit. Für sie wäre das Anlaß genug, bestimmte Berufsgruppen wie Weinbauern, Landwirte, Forstarbeiter oder Arbeiter in Müllverbrennungsanlagen zu untersuchen.

Bei Anstreichern, die in Dänemark untersucht wurden, schien der regelmäßige Kontakt mit *Farben* und *Lösemitteln* für den Rückgang ihrer Fruchtbarkeit verantwortlich zu sein. Alles andere als sauber ist auch die *Halbleiter-* und *Computer-Industrie,* in der äußerst giftige Chemikalien eingesetzt werden„ zum Beispiel *Kohlenstoffdisulfid, Methylenchlorid, Glykol-Ether* und *Arsenwasserstoffgas.* Schwangere Frauen sind durch diese Stoffe genauso gefährdet wie Männer. Der *Internationale Metallarbeiterbund* sprach jedenfalls eine deutliche Warnung aus. Unter Verdacht stehen auch *Schwermetalle.* DDR-Forscher fanden besorgniserregende Ergebnisse bei Blei-Arbeitern. Übrigens vermutet man heute, daß die römischen Adeligen in der Antike deshalb so viele Kinder adoptierten, weil sie durch das Blei ihrer Trinkgefäße keine eigenen Kinder zeugen konnten.

Auch *Nervengifte* können die Fortpflanzung behindern, indem sie zum Beispiel die sexuelle Lust vermindern. So wird das Entfettungsmittel *Trichlorethylen,* das in der Metallindustrie verwendet wird, verdächtigt, die Erektion zu stören. *Organische Phosphorverbindungen* (zum Beispiel in Pestiziden) können Botenstoffe der Nerven beeinflussen und die Potenz schwächen.

Die Natur schützt sich in gewissem Ausmaß gegen Erbschäden: Sind Chromosomen der weiblichen Eizelle oder des männlichen Samens beschädigt, zum Beispiel durch Umweltgifte, dann ist die Wahrscheinlichkeit einer Fehlgeburt sehr hoch. Trotzdem finden die Ärzte immer noch bei drei Prozent aller Neugeborenen genetische Defekte. Die Quote erhöht sich weiter, weil Mißbildungen oft erst später deutlich werden. Und: Etwa jedes 540. Kind entwickelt bereits in den ersten Lebensjahren Krebs.

Erbschäden können aber auch unbemerkt auf Kinder und Enkel übertragen werden und dort „schlummern", bis sich eines Tages eine Frau und ein Mann paaren, die den gleichen Fehler in ihren Chromosomen tragen. Ihr Kind wird dann mit diesem Schaden geboren werden. Je mehr erbgutverändernden Stoffen der Mensch ausgesetzt ist, um so größer wird die Wahrscheinlichkeit für eine solche Mutation.

Lange Zeit glaubte man, die Erbschäden würden nur durch die Mutter übertragen, da ein geschädigtes Spermium absterbe. Heute läßt sich diese These nicht mehr halten. Vietnam-Soldaten, die mit dem Entlaubungsmittel *Agent Orange* in Berührung gekommen waren, zeugten danach mißgebildete Kinder.

Gefahr für Schwangere: Arbeitsgifte bedrohen den Embryo

Die in dieser Tabelle aufgelisteten Chemikalien stehen im Verdacht, die weibliche Frucht zu schädigen. Der Gesetzgeber hat deshalb Grenzwerte für die *Maximale Arbeitsplatz-Konzentration (MAK)* festgelegt – eine unzureichende Regelung, wie viele Fortpflanzungsmediziner meinen. Außerdem: Grenzwerte gelten immer nur für gesunde Personen.

Stoff	Vorkommen
Risiko nachgewiesen:	
Methylquecksilber	Batterien, Chlorherstellung, Pestizide, Leuchtstoffröhren
Risiko wahrscheinlich:	
Blei	Farben, Akkumulatoren, Lote, Batterien, Rohre, Benzinzusatz
Chlorierte Biphenyle	Kondensatoren, Transformatoren
Ethoxyehylacetat	Lösemittel
Ethoxyethanol	Lösemittel
Kohlendisulfid (= Schwefelkohlenstoff)	Lösemittel für die Wachse und Harze, Kunstseide- und Zellstoff-Herstellung, Weinbau
Kohlenmonoxid	Autoabgase, Zigarettenrauch, Hochöfen, Zwischenprodukt bei Verbrennungsprozessen
Methoxyethanol	Lösemittel
Methoxyethylacetat	Lösemittel für Fette, Öle, Alkydharze in lufttrocknenden und wärmehärtenden Lacken
2-Methoxypropanol-1	Lösemittel
2-Methoxypropylacetat-1	Lösemittel
Hinweise auf Risiko:	
2-Butanon (Methylethylketon–MEK)	Lösemittel in Sprengstoff, Holzlacke, Kunststoffherstellung
n-Butylacrylat (= Acrylsäurebutylester)	Klebstoffvorprodukt
2-Chlor-1,3-Butadien	Ölschläuche, Ventilscheiben, gummierte Gewebe von Zelten
Ethylformiat (Ameisensäureethylester)	Herstellung von künstlichen Arrak- und Rum-Essenzen, Pilzmittel, chemisches Zwischenprodukt, Lösemittel für Harze
Methanol	Lösemittel, Kraftstoffzusatz, Verunreinigung in Schnaps
Methylacetat	Lösemittel, zur Herstellung von Imprägnierungs- und Klebemitteln für Leder, Celluoid, Spanplatten-Fertigung
Methylformiat	Lösemittel, Schädlingsbekämpfung
Thiram	Pilzmittel, Desinfektionsmittel (chirurgische Seife)
Toluol / Xylol	Lösemittel, zum Beispiel in Filzstiften und Lacken
Risiko wird diskutiert:	
Aceton	Lösemittel in schnelltrocknenden Lacken und Klebstoffen, fettentziehende Reinigungsmittel, Sprengstoff-Herstellung
2-Aminopropan	Zwischenprodukt von Farbstoffen, Medikamente, Insektengift, Unkrautbekämpfungsmittel, Emulgatoren, Gummichemie, oberflächenaktive Reinigungsmittel
Cyanwasserstoff (Blausäure)	chemischer Ausgangsstoff, Galvanik
Cyclohexan	Lösemittel
Dimethylamin	Laborchemikalie, Enthaarungsmittel in der Lederfabrikation, Gasabsorptionsmittel
Methylamin	organisches Neutralisationsmittel, Gerberei, Herstellung von Dimethylharnstoff, oberflächenaktive Stoffe, Farb- und Sprengstoffe, pharmazeutische Produkte
Diethylamin	Herstellung von Kautschuk, Textilchemie, Kunstharze, Farbstoffe
Diisopropylether	Lösemittel, Industriechemikalie
Phosphortrichlorid	Farbstoffe, Arzneimittel, Phosphorverbindungen in Pestiziden und chemischen Kampfstoffen
Phosphorwasserstoff	Schädlingsbekämpfung
Schwefelhexafluorid	Löschgas in Hochspannungsschaltern
Schwefelwasserstoff	chemisches Zwischenprodukt

(Nach: Grenzwerte-Kommission für Gefahren am Arbeitsplatz; Stand 1988)

Quelle: Ch. Grefe / F. Kalberlah, 1989

2. Wie unser Vor-Leben uns bis ins Alter beeinflußt

In den frühen 70er Jahren prägte A. W. Lilly das Schlagwort von der „Persönlichkeit des Ungeborenen". Im Juni 1989 konnte der Düsseldorfer Gynäkologe S. Potthoff bei einer Heidelberger Tagung demonstrieren, was der französische Gynäkologe und „Affektforscher" Frans Veldman bei seiner Arbeit mit Schwangeren entdeckte: Man kann mit dem Ungeborenen sogar „spielen". Behutsam strich er mit seinen Händen über den Bauch der völlig entspannten hochschwangeren Mutter und zeigte dem faszinierten Fachpublikum, wie das Kind den Dialog aufnahm und den Bewegungen der Hand hinter her „paddelte". Veldman ist es nicht nur gelungen, durch intensive emotionale Einstimmung der Mutter auf ihr Kind dieses in Bewegung zu setzen, er kann das Ungeborene sogar auf bestimmte Zeitpunkte der Kontaktaufnahme konditionieren.

Hier öffnen sich ganz neue Kommunikationsmöglichkeiten und Wege der positiven Beeinflussung für Mutter und Kind – und nicht zuletzt auch für „werdende" Väter, die einen frühen Kontakt zum Ungeborenen suchen. Vor allem die herkömmliche Schwangerschaftsgymnastik – von mehreren Forschern in Heidelberg als „beziehungsfeindlich" und „biologistisch" verurteilt, erscheint in einem neuen Licht: Statt sie nur als Körperertüchtigung für den einmaligen Akt der Geburt einzusetzen, sollten die vielfältigen, subtilen Kontaktmöglichkeiten schon in der vorgeburtlichen Phase genutzt werden. Die von Frans Veldman entwickelte, vorgeburtliche Begleitung mit einer neuen Art der Tiefenkommunikation, auch „Haptonomie" genannt, ist in Frankreich mit großer Aufmerksamkeit aufgenommen worden. Man darf auf die Veröffentlichung seiner Beobachtungen auch in der Bundesrepublik gespannt sein.

Aus der pränatalen Streßforschung ist bekannt, daß besonders psychosozialer Streß der Mutter, also Angst und Konfliktbelastung während der Schwangerschaft, das Ungeborene irritieren. Es scheint in komplexer Weise die mütterlichen Stimmungen und Regungen mitzuerleben und auf Beunruhigungen zu reagieren. In prospektiven Untersuchungen hat man herausgefunden, daß Verhaltensstörungen und Belastungen der Mutter *vor* der Geburt mit Auffälligkeiten des Kindes *nach* der Geburt zusammenhängen. Übereinstimmung besteht auch darin, daß schädliche Umstände vor und während der Geburt durch günstige Bedingungen nach der Geburt aufgefangen werden können. Dagegen können ungünstige Lebensumstände nach der Geburt die frühe Traumatisierung aufrechterhalten und spätere Konfliktsituationen belasten.

Daß auch die Einstellung der Mutter zur Schwangerschaft und zum Ungeborenen eine große Rolle für die Entwicklung des Kindes spielt, ist in mehreren Untersuchungen nachgewiesen worden. Die wesentliche Hypothese der Pränatalen Psychologie, daß das Kind spürt, ob es willkommen ist oder abgelehnt wird, wurde also bestätigt. Man weiß, daß es in schweren, pathologischen Fällen einer Ablehnung der Schwangerschaft zu mehr oder weniger schwerwiegenden Reifestörungen des Ungeborenen kommen kann, wenn nicht sogar kommen muß, wie es der Andernacher Arzt Hans Rausch beschrieben hat. (...)

Wir nehmen normalerweise an, daß Erinnerungen bis ins dritte, ganz selten bis ins zweite Lebensjahr zurückgehen. Dabei wird jedoch außer acht gelassen, daß vorsprachliche Erinnerungen eine ganz andere Erlebnisstruktur haben, weil das seelische Erleben vor der Geburt anders organisiert ist. Sigmund Freud bezeichnete die Frage der Rückerinnerungsfähigkeit als die „heikelste der ganzen analytischen Lehre" und meinte, man könne „die Auffassung schwer von sich weisen, daß eine Art von schwer bestimmbarem Wissen ... dabei mitwirkt ... Wir haben nur die ausgezeichnete Analogie mit dem weitgehend instinkthaften Wissen der Tiere zur Verfügung".

Wiederbelebte Früherfahrungen sind keine Erinnerungen in dem uns vertrauten Sinn, sondern „primäre Ich-Haltungen", wie O. Isacower sie genannt hat, die ganzheitlichen Charakter haben und später wiedererkannt werden. In Träume, Phantasien und Erfahrungen wird das frühe Erleben hineinprojiziert. „Der Körper, vor allem der frühe Körper in Phasen besonderer Sensibilität vergißt nichts".

So gibt es frühe Körpererinnerungen und Engramme, die nur durch Wiederholung, Versenkung und Regression wiederzubeleben sind. Eine Geburtsangst kann zum Beispiel als Angst vor dem Ertrinken oder Ersticken wiederholt werden, eine Geburts-Enge-Angst als spätere Angst vor engen Fahrstühlen. (...)

So wie über den Traum frühes Erlebnismaterial ausgedrückt werden kann, ist es auch mit anderen Erlebnis- und Gemütszuständen wie Angst zum Beispiel.

Verhaltenseigenarten wie tickartige Bewegungen können Geburtsbewegungen wiederholen. Selbst im kindlichen Spiel werden geburtliche Belastungen erkannt, symbolisch durchgespielt und aufgearbeitet. Besonders augenfällig ist das bei dem von Terence Dowling entwickelten Tunnelspiel: Die Kinder krabbeln durch einen langen Tunnel, und die Mütter erkennen dabei oft

Eigentümlichkeiten der Geburt unmittelbar wieder.
Das alles bedeutet schließlich, daß es die frühkindliche Amnesie nicht gibt, daß sie nichts weiter als ein Mythos ist. Unserer frühe, vorsprachliche Lebenszeit ist in vielen Aspekten unseres Lebensgefühls, unserer Phantasie, dem Körpergefühl und in unserem Verhalten unerkannte Gegenwart. Diese frühen „Erinnerungen", so schreibt Moser, „treiben sich im Untergrund herum wie ruhelose Gespenster. Sie wohnen in Krämpfen und Kontraktionen, in Muskelverspannungen, in toten Zonen der Empfindungsfähigkeit ... in Schwindel und Depressionen. Sie können das Lebensgefühl von Menschen bestimmen aus den tiefen, kaum zugänglichen Kellern, die sich nur ab und zu, oder auch regelmäßig in Alpträumen oder körperlichen Ausnahmezuständen öffnen". (...)
Besonders interessant ist, daß eine Fülle von psychosomatischen Symptombildungen, deren Ursachen man allgemein ganz woanders sucht, Fixierungspunkte des Geburtstraumas sein können: Würgegefühl im Hals, lokalisierte Schmerzen, Erstickungsgefühle, Verspannung im Nacken und in den Schultern, nervöse Magenbeschwerden, Gefühle des Erdrücktwerdens, chronische körperliche Spannungen, generalisierte Körperschmerzen, gewohnheitsmäßige Kopf- und Halshaltungen, Schwindel, Asthma, Colitis, Kopfschmerzen und Migräne, Gelenkschmerzen, Bronchitiden und nicht zuletzt auch sexuelle Funktionsstörungen. Ich habe diese Symptome so ausführlich aufgezählt, um die Fülle der Beobachtungen in der primärtherapeutischen Behandlungssituation anzudeuten. Stellvertretend für viele hier die Darstellung eines Patienten mit einer Zwangshaltung des Kopfes und des Halses: „Nach einigen Wochen eines Geburtsprimals, bei dem ich außerordentlich starke Schmerzen im Hinterkopf und in den Schultern wiedererlebte, begann ich eine ungeheuerliche Lösung der ganzen physischen Spannung zu spüren, die ich dort mein Leben lang eingefroren hatte ... die Muskeln und Sehnen um mein Genick herum schienen auf wunderbare Weise von einer lebenslangen Konstriktion befreit worden zu sein."

Quelle: Ludwig Janus, 1989

3. Deprimierende Kindheit

Schon Kinder können unter Depressionen leiden. Besonders anfällig dafür sind vor allem jene Kinder, die aus konfliktbehafteten Elternhäusern kommen. Das bestätigte eine Langzeituntersuchung, die von den Psychologen Susan Nolen-Hoeksma, Martin Seligman und Joan Girgos durchgeführt wurde (...).
Insgesamt 508 Kinder wurden über zwei Jahre lang befragt und speziellen Tests unterzogen. Die Kinder kamen dabei aus drei Familien-Formen: intakten, harmonischen Familien, intakten, aber zerstrittenen Familien und Familien, in denen die Eltern geschieden waren.
Das Ergebnis ist nicht weiter überraschend: Kinder, deren Eltern geschieden sind oder in ständigem Streit miteinander liegen, zeigten deutlich depressivere Reaktionen als Kinder aus intakten, harmonischen Familien. Keine deutlichen Unterschiede gab es allerdings zwischen den „Scheidungswaisen" und den Kindern, die in einer unharmonischen Familie aufwuchsen. Grundsätzlich waren die Jungen, so stellten die Forscher fest, deutlich depressiver als die Mädchen. Als Erklärung geben sie an, daß in den zerrütteten Familien die Väter sich weniger um die Kinder kümmern, und daß darunter vor allem die Jungen leiden.
Die depressiven Kinder berichteten in der zweijährigen Studie deutlich häufiger als die anderen über schlimme Ereignisse: über häufige Streitereien zu Hause, über Gesundheitsprobleme in der Familie, Schulprobleme und natürlich Erlebnisse, die mit der Scheidung der Eltern zusammenhängen.
Besonders depressiv reagierten dabei Kinder, die glaubten, keinerlei Kontrolle über diese Ereignisse zu haben. Dies trifft besonders auf ältere Kinder zu.
Wenn die Not dieser Kinder nicht gesehen wird und ihnen keine Hilfe angeboten wird, dann können tiefe Wunden bleiben, warnen die Forscher. Kognitive Verhaltenstherapie, die den Kindern hilft, sich nicht so ausgeliefert zu fühlen und konkrete Hilfe bei schulischen Problemen halten sie für geeignet, um der kindlichen Depression Einhalt zu bieten.

Quelle: Ursula Nuber, 1990

4. Die Erziehung zur Sauberkeit

Wir wissen heute, daß es von größter Wichtigkeit für die Erziehbarkeit eines Kindes ist, unter welchen Erlebniseindrücken es primär in die verschiedenen Lebensbereiche eingeführt worden ist. Ob ein Mensch etwas gern tut, oder ob er mit geheimer Unlust, mit unüberwindlichem Widerstand, mit Ekel oder panischer Angst reagiert, ist in einem bisher nicht bekannten Maß von seinen ersten Erfahrungen abhängig. Am Beispiel der Sauberkeitserziehung wird das besonders deutlich. Sie ist ja die erste ausdrückliche Forderung, die die Erwachsenen an das junge Kind stellen. Forderungen aller Art werden dem Kind später begegnen, in der Schule, in der Ausbildung und in allen folgenden Lebenssituationen. Macht das Kind anhand der Sauberkeitsgewöhnung die Erfahrung, daß es eine Lust ist, etwas zu leisten und daß die Belohnung eintritt, wenn es der Forderung nachgekommen ist, so verknüpft sich diese positive Gestimmtheit mit der Leistungsforderung. Mit Hilfe der Gewöhnung zur Sauberkeit kann also die Leistungsbereitschaft eines Menschen, die in unserer heutigen Gesellschaft so hoch gewertet wird, vorbereitet oder aber im Ansatz verschüttet werden.

Der Zwang zur Leistung anhand der Sauberkeitserziehung im Kleinkindalter kann absolut schädliche Folgen für die Charakterentwicklung eines Menschen haben. Wie (...) noch näher ausgeführt werden wird, entfaltet sich nämlich außer dem Besitzstreben im Kleinkindalter der eigenständige Wille. Er ist nötig, um die Loslösung vom Schürzenband der Mutter vollziehen zu können. Wird dieser gesunde Antrieb durch eine Form der Sauberkeitserziehung blockiert, die den Widerstand des Kindes mehrere Male am Tage rigoros bricht, so muß sich seine Eigenwilligkeit als passiver Widerstand durchsetzen. Solche, dem Kind unbewußten, „triebhaften" Widerstände können alle Forderungsbereiche überfluten und das Kind schließlich „schwer erziehbar" machen.

Dazu ein Beispiel: Die Eltern eines achtjährigen Jungen suchen Erziehungsberatung. Sie klagen darüber, daß das Kind abenteuerlich trotzig sei. In der Schule spräche es kein Wort. Drucksend säße der Junge nachmittags vor seinen Schularbeiten ohne anzufangen. Und dann sage er mit merkwürdig hilflos-gequältem Gesichtsausdruck: „Ich könnte wohl, aber ich will nicht." Die Mutter erinnert sich, daß er diesen Satz bereits als Kleinkind oft gesagt habe – und zwar in Verbindung mit den Topfsitzungen. Bis ins fünfte Lebensjahr hinein habe das Kind sein großes Geschäft beim Mittagsschlaf im Bett erledigt, während jede auch noch so langfristige Topfsitzung ergebnislos verlaufen sei. Die Mutter berichtet, daß sie den Jungen bereits früh in der Säuglingszeit abgehalten habe. Er habe sich schreiend gegen die Topfsitzungen gewehrt. Sie habe ihn mit Klapsen, Schimpfen und gewaltsamem Hinsetzen so lange gezwungen, bis er den Widerstand aufgegeben habe. Aber dann habe sich der Trotz darin gezeigt, daß der Junge den Stuhl grundsätzlich zurückgehalten habe. – Gegen den bewußten Willen zum Bravsein setzt sich in solchen Fällen in dem Kind ein Wille zum Widerstand durch und gefährdet seine zügige und gesunde Entfaltung.

Die Handhabung der Sauberkeitserziehung eines Kleinkindes ist deshalb von prägender Bedeutung für die Charakterentwicklung des Menschen, weil sie für das Kind die erste Leistungsforderung und die erste Forderung zum Abgeben darstellt.

Die Lebensbereiche „Abgeben" und „Leisten" können durch die positiven oder negativen Erlebnisse des Kindes bei der Erziehung zur Sauberkeit einen positiven oder einen negativen Akzent bekommen, der alles spätere Leisten und Abgeben in der einen oder der anderen Weise beeinflußt. Wurde die Sauberkeitserziehung als lustvoll erlebt, wird das Kind später offenherzig, schenk- und leistungsfreudig sein können. Hat es die Sauberkeitserziehung aber als qualvollen Zwang erlebt, wird es später unter einem freudlos übergefügigen Abgabezwang, oft in Verbindung mit heimlichem Geiz und heimlichen Zurückhaltungstendenzen, stehen. In bezug auf die Leistung kann es entweder einen bewußten Leistungswiderstand oder einen mit erheblichen Ängsten besetzten Leistungszwang entwickeln. Infolgedessen ist sorgfältig darauf zu achten, daß sich in dem Kind positive Empfindungen mit der Erziehung zur Sauberkeit verknüpfen. Das kann geschehen durch Lob und Anerkennung bei erfolgreichen Sitzungen und durch Gelassenheit bei anfänglichen Mißerfolgen, da ja jedes gesunde Kind auch ohne Dressur sauber wird.

Zu vermeiden sind: das „Abhalten" des Kindes vor dem zweiten Lebenshalbjahr, Topfsitzungen, bevor das Kind sicher sitzen kann, und endlose, gewaltsame, quälende Dauersitzungen. Entwickelt das Kind einen panischen Widerstand gegen den Topf, so ist es kein Schaden, ihn über längere Zeit ganz wegzulassen. Bei vielen etwas älteren Kleinkindern haben die Versuche auf der Toilette mehr Erfolg.

Eine angstfreie Sauberkeitserziehung gelingt bei einigen Kindern erst, wenn ihre Willensentwicklung gefestigt und das in diesem Alter drängende Besitzstreben hinreichende Befriedigungserlebnisse erfahren hat.

Quelle: Christa Meves, 1987[4]

5. Das sogenannte Trotzalter

Entwicklungsbedingt im eigentlichen Sinn ist jedoch nicht der Trotz des Kindes, sondern die *Entdeckung seines Ich,* die sich in dieser Zeit vollzieht. Wir müssen annehmen, daß der Vorgang der Ich-Abhebung aus der bisherigen Verschmolzenheit mit der Umwelt einerseits aus den *kognitiven Erfahrungen* mit den Mitmenschen und dem eigenen Körper resultiert, andererseits aus dem *Bewußtwerden der eigenen Strebungen und Gefühle.* Das erste Erlebnis der eigenen Identität entsteht wahrscheinlich im Zusammenhang mit der Entdeckung, daß man *Pläne machen und seinen Willen dem der Umwelt entgegensetzen kann.* Das Ich konstituiert sich aus der Konfrontation mit dem Du.

Indem das Kind erstmals bewußt seinen Willen erprobt und seine ersten Pläne macht, an denen es eigensinnig festhält, gerät es in Konflikt mit der Umwelt, denn sie erscheinen dem Erwachsenen oft absurd. Sie drohen manchmal auch eine bereits gut eingefahrene Routine des Alltags über den Haufen zu werfen, wenn ein Kind sich plötzlich nicht mehr waschen lassen will, sich weigert, spazierenzugehen oder sich zu Bett bringen zu lassen. Der Erwachsene durchkreuzt auf mehr oder weniger pädagogische Art die Pläne des Kindes, was als Frustration erlebt werden muß. Frustrationen können aber, wie wir schon im Zusammenhang mit der Wettbewerbssituation gesehen haben, in diesem Alter nur schwer ertragen werden. Das Kind reagiert mit heftigen Gefühlsausbrüchen, die meist aggressiven Charakter annehmen: es wirft sich auf den Boden, es stampft, es weint, es schreit.

Ob Trotzreaktionen auftreten oder nicht, hängt von den Erziehungspraktiken ab. In den USA beispielsweise, wo man viel Respekt vor der Persönlichkeit des Kindes hat und dessen Willensäußerungen und Selbständigkeitsbestrebungen eher ermutigt, vollzieht sich die Willensbildung meist ohne solche dramatische Akzente. Auch in manchen primitiven Kulturen, in denen keinerlei drastische Erziehungsmethoden angewendet werden, findet man keine unserem „Trotzalter" ähnlichen Manifestationen. (...)

Unter den bei uns herrschenden Erziehungsbedingungen werden in der Periode der ersten Ich-Abhebung allerdings oft schwerwiegende Erziehungsfehler gemacht. Nicht sehr viele Eltern sind sich darüber im klaren, daß das *erste Wollen und Planen,* sei es noch so absurd, der erste und wichtigste Schritt in der Entwicklung der *menschlichen Selbststeuerung* ist. Sie fürchten, die Eigenwilligkeit des Kindes werde mit ihm wachsen und einen zunehmenden Autoritätsverlust mit sich bringen. Daher neigen sie dazu, mit strengen Erziehungsmaßnahmen und mit Unnachgiebigkeit den Willen des Kindes zu brechen. Diese Haltung wird vom Kind als Ablehnung und völliger Liebesverlust erlebt. Durch eine solche Haltung können schwerste Störungen der kindlichen Persönlichkeitsentwicklung entstehen.

Ein ebenso großer Fehler liegt jedoch in der völligen Nachgiebigkeit. Um Konflikte zu vermeiden, oft aus Angst vor den Nachbarn, wird den kindlichen Wünschen bedingungslos nachgegeben und die Tagesroutine aufgegeben. Das Kind macht sehr bald die Erfahrung, daß es nur zu schreien braucht, um alles zu erreichen, was es will. Solche Kinder wachsen den Eltern wirklich über den Kopf. Die Erziehung in diesem Alter erfordert einiges Geschick, vor allem Voraussicht, denn es ist wichtiger, *einen Trotzanfall vorzubeugen,* als ihn nachträglich zu bestrafen. Alle Veränderungen, besonders aber Unterbrechungen des Spiels, sollen dem Kind vorher angekündigt werden, damit es sich darauf vorbereiten und damit auseinandersetzen kann. Auch darf der Erwachsene es nie zu Kraftproben zwischen sich und dem Kind kommen lassen. Harmlose Pläne, auch wenn sie dem Erwachsenen sinnlos erscheinen, sollten keineswegs durchkreuzt werden. Das so häufige Verbieten um des Verbietens willen, nur um den Willen des Kindes zu brechen, zerbricht seine Persönlichkeit.

Ein gesteigertes Trotzalter deutet, vorausgesetzt, daß keine organische Schädigung des Kindes vorliegt, auf ein falsches emotionales Zusammenspiel zwischen Mutter und Kind. Verständnislose Behandlung des Kindes in dieser Zeit, vor allem Aggressivität von seiten des Erwachsenen, kann zu einem fixierten Negativismus führen. Konflikte aus dieser Periode sind, wie wir aus der klinischen Psychologie wissen, nicht selten die Ursache schwerer Neurosen.

Vitalschwache Kinder, die auch später wenige Anzeichen aktiver Selbststeuerung erkennen lassen, reagieren eher mit „Schmollen" als mit Trotz. Aber der „Ausfall" des Trotzalters kann auch die Folge einer überlegenen erzieherischen Führung sein.

Quelle: Lotte Schenk-Danzinger, 1988[20]

Reproduktion von Information:

1. Zeigen Sie wesentliche pränatale Einflüsse auf.
(Abschnitt 8.1.1)
2. Beschreiben Sie die Gefahren, die während der Geburt dem Säugling drohen.
(Abschnitt 8.1.1)
3. Was versteht man unter dem Schlagwort „sanfte Geburt“?
(Abschnitt 8.1.1)
4. Beschreiben Sie die Bedeutung von Pflege und Zuwendung im ersten Lebensjahr.
(Abschnitt 8.2.1)
5. Was versteht der Psychologe Erik H. Erikson unter Urvertrauen bzw. Urmißtrauen?
(Abschnitt 8.2.2)
6. Zeigen Sie Erziehungsmaßnahmen während der Reinlichkeitserziehung auf.
(Abschnitt 8.3.1)
7. Erläutern Sie Möglichkeiten einer erfolgreichen Selbständigkeitserziehung.
(Abschnitt 8.3.2)
8. Wie sollten sich Eltern bei der Moralerziehung verhalten?
(Abschnitt 8.3.3)

Anwendungsaufgaben:

9. Zeigen Sie die Bedeutung von Einflüssen vor, während und kurz nach der Geburt für die Entwicklung des Kindes auf.
(Abschnitt 8.1.1 und 8.1.2)
10. Erläutern Sie die Bedeutung der Erziehung im ersten Lebensjahr für die weitere Entwicklung eines Menschen.
(Abschnitt 8.2)
11. Urvertrauen ist eine wesentliche Grundlage bei der Persönlichkeitsentwicklung. Stellen Sie die Erziehungsaufgaben und das Erzieherverhalten, um dieses Ziel zu erreichen, dar.
(Abschnitt 8.2.2)
12. Zeigen Sie die Bedeutung der Reinlichkeitserziehung für die weitere Entwicklung eines Menschen auf.
(Abschnitt 8.3.1)
13. Beschreiben Sie die wesentlichen Fehler des Erzieherverhaltens bei der Reinlichkeitserziehung. Zeigen Sie mit Hilfe von Beispielen auf, wie sich die Eltern verhalten sollten, damit die Reinlichkeitserziehung gelingt.
(Abschnitt 8.3.1)

14. Beschreiben Sie die Bedeutung der Erziehung im Autonomiealter, und zeigen Sie Maßnahmen auf, wie die Erziehung zur Selbständigkeit erfolgreich durchgeführt werden könnte.
(Abschnitt 8.3.2)

15. *Erläutern Sie anhand *zweier* Beispiele wichtige erzieherische Aufgaben für eine ungestörte Persönlichkeitsentwicklung des Kindes in den ersten sechs Lebensjahren.
(Abschnitt 8.1, 8.2 und 8.3)

Anregungen:

16. Diskutieren Sie die Problematik der berufstätigen Mütter bzw. der Tagesmütter.

17. Überlegen Sie konkrete Maßnahmen, um Medikamentenmißbrauch während der Schwangerschaft zu vermeiden.

18. Spielen Sie im Rollenspiel folgende Situation: Ein Kind ist trotzig. Versuchen Sie, mit der Trotzreaktion angemessen umzugehen.

19. Erarbeiten Sie einen Forderungskatalog an Ihre Gemeinde, in dem Sie Vorschläge unterbreiten, wie die Situation von alleinstehenden und berufstätigen Müttern verbessert werden könnte.

9 Soziale Interaktion und Kommunikation

Ein Gespräch zwischen Robert und Ursel

Ursel, 18 Jahre alt, und Robert, 19, sind seit etwa einem Jahr befreundet. In der letzten Zeit ist es zwischen ihnen immer häufiger zum Streit gekommen.

Ursel hat an Robert auszusetzen, daß er wenig Gefühle zeigt und sich ihr gegenüber sehr distanziert verhält. Nie würde er etwas „Positives" zu ihr sagen oder ihr Komplimente machen. Robert hingegen fühlt sich von den emotionalen Ansprüchen Ursels überfordert. Er möchte sich, wenn sie zusammen sind, entspannen und bei Bedarf auch zurückziehen können, was aber Ursel nicht akzeptiert. Auf ihn wirkt sie manchmal aufdringlich, was ihn dann nervt.

Eines Tages spielt sich folgendes Gespräch zwischen den beiden ab:

Robert: Ich werde am Wochenende mit Freunden zum Campen an den Kolarsee fahren. Das wird sicher schön.

Ursel: Was? Und das erzählst du mir erst jetzt? Wir hatten doch eigentlich ausgemacht, daß wir miteinander ins Kino gehen wollen!

Robert: Was heißt hier „ausgemacht"? Du hast mal irgendwann so nebenbei geäußert, daß wir mal wieder ins Kino gehen könnten. Aber von einem „Ausmachen" konnte gar keine Rede sein.

Ursel: Siehst du, jetzt haben wir wieder einmal den Beweis: Du gehst einfach auf mich gar nicht ein, ich bin dir egal!

Robert: So, egal bist du mir?

Ursel: Ja, egal bin ich dir! Du kümmerst dich überhaupt nicht um mich! Und das Schönste ist, daß ich gar nicht mehr erfahre, was du so über meinen Kopf hinweg mit deinen Freunden ausmachst!

Robert: Wenn du dich so aufführst, hat das sowieso keinen Sinn, mit dir zu reden. Ich will auch jetzt gar nicht streiten mit dir.

Ursel: Ja, ja, das kennen wir schon! Wenn ich dir mal sage, was ich meine, dann paßt es dir wohl nicht! Du machst es dir sehr einfach: Ich soll geduldig deine Gemeinheiten über mich ergehen lassen! Nein, mein Lieber, den Gefallen tue ich dir nicht, ich möchte jetzt eine Antwort von dir haben!

Robert: Laß' mich jetzt in Ruhe! Deine Tour kenn' ich schon, die zieht nicht mehr!

Ursel: Ich möchte jetzt sofort von dir eine Antwort, sonst hat das Konsequenzen für uns!

Robert: Jetzt reicht es mir! (Er steht auf und knallt die Wohnungstür hinter sich zu)

Dieses Gespräch hat wohl seinen Sinn verfehlt, oder wie die Psychologen sagen würden: Es handelt sich hier um eine gestörte Interaktion und Kommunikation. Dieses Beispiel wirft einige Fragen auf:

1. Was versteht man eigentlich unter sozialer Interaktion und Kommunikation? Was sind die Elemente und Bedingungen einer sozialen Interaktion und Kommunikation?
2. Zu welchem Zweck, mit welchem Ziel interagieren und kommunizieren Menschen miteinander?
3. Wann spricht man von einer gestörten Interaktion und Kommunikation, was können die Folgen einer solchen Störung sein?
   Was sind mögliche Ursachen für eine Interaktions- und Kommunikationsstörung?
4. Welche grundlegenden Erkenntnisse über erfolgreiche Interaktion und Kommunikation kennt die Psychologie?
   Welche Möglichkeiten gibt es, um erfolgreich miteinander interagieren und kommunizieren zu können?

Der Mensch als ein soziales Wesen ist auf Beziehungen mit seinen Mitmenschen angewiesen, ohne sie könnte er kaum leben oder überleben (vgl. Kapitel 8.2.1). Ohne Kontakte mit anderen Menschen könnte er viele Bedürfnisse nicht befriedigen, er wäre nicht imstande, ein für ihn lebensnotwendiges Selbstwertgefühl aufzubauen.

Beziehungen zu Mitmenschen können aber auch Quelle echten Unglücks und psychischer Störungen sein. Vielfach sind gestörte, erfolglose Beziehungen zu beobachten, sei es in der Ehe und Familie, bei Freunden oder Nachbarn oder auch zwischen ganzen Völkern und Gesellschaften.

9.1 Elemente, Vorgänge und Bedeutung sozialer Interaktion und Kommunikation

Für das Verständnis des menschlichen Lebens haben die beiden Begriffe *soziale Interaktion* und *soziale Kommunikation* eine zentrale Bedeutung; sie sind Grundlage eines jeden menschlichen Zusammenlebens. Ohne Interaktion und Kommunikation ist ein geregeltes Zusammenleben nicht möglich.

9.1.1 Begriffsbestimmung von sozialer Interaktion und Kommunikation

Soziale Interaktion bezieht sich auf alle Vorgänge, die zwischen Menschen ablaufen. Dieser Begriff meint das wechselseitig aufeinander bezogene, aneinander orientierte und sich ergänzende Verhalten zwischen zwei oder mehreren Personen (vgl. Dieter Ulich, 1989).

Am Beispiel eines Gespräches zwischen zwei Personen kann man diesen Begriff veranschaulichen: Die beiden Gesprächspartner gehen aufeinander ein, sie beziehen sich aufeinander und orientieren sich aneinander; jeder reagiert auf den anderen, die Äußerungen und Handlungen des einen sind oft zugleich Ergebnis und Ursache für die Äußerungen und Handlungen des anderen.

In dem Moment, in welchem Menschen miteinander in Beziehung treten, beeinflussen und steuern sie sich gegenseitig. Damit bedeutet Interaktion auch ein Geschehen zwischen Menschen, die wechselseitig aufeinander reagieren, sich gegenseitig beeinflussen und steuern.

„Soziale Interaktionen sind – vereinfacht formuliert – dadurch gekennzeichnet, daß das Handeln eines jeden beteiligten Individuums wesentlich durch das Handeln der jeweils anderen Individuen beeinflußt wird." *(Theo Herrmann; in: Hans Spada, 1990)*

Soziale Interaktion gilt als Bezeichnung für das wechselseitig aufeinander bezogene, aneinander orientierte und sich ergänzende Verhalten zwischen Menschen, für das Geschehen zwischen Personen, die wechselseitig aufeinander reagieren, sich gegenseitig beeinflussen und steuern.

Wer den anderen beeinflußt und steuert, teilt ihm auch zugleich etwas mit, das heißt bei jeder sozialen Interaktion werden Informationen ausgetauscht. Diesen Teil der sozialen Interaktion bezeichnen wir als **soziale Kommunikation.**

Unter sozialer Kommunikation versteht man den Austausch, die Vermittlung und Aufnahme von Informationen zwischen Menschen.

Der Begriff Information umfaßt nicht nur sachliche Inhalte, wie zum Beispiel Nachrichten, sondern auch Gefühle, Empfindungen, Wünsche, Bedürfnisse.

Kommunikation ist ohne Interaktion nicht denkbar: Wer dem anderen Informationen mitteilt, beeinflußt und steuert ihn zugleich. Ebenso ist Interaktion ohne Kommunikation unmöglich: Wer mit dem anderen in Beziehung tritt, übermittelt ihm zugleich Informationen.

Wer interagiert, kommuniziert gleichzeitig.
Wer kommuniziert, interagiert gleichzeitig.

Von der **sozialen Kommunikation** sind das Selbstgespräch und das Denken zu unterscheiden, die als **intrapersonale Kommunikation** aufgefaßt werden. Auch ist von der sozialen Kommunikation die **Massenkommunikation** zu trennen, bei der der gegenseitige Informationsaustausch und die wechselseitige Beeinflussung und Steuerung fehlen.

Grundlage eines jeden Zusammenlebens sind Interaktion und Kommunikation: Nur durch den Austausch von Informationen und die wechselseitige Beeinflussung erfährt der einzelne, was von ihm erwartet wird, und er weiß dadurch, wie er sich verhalten muß, um ein geordnetes Zusammenleben zu ermöglichen (vgl. Abschnitt 9.1.4).

Im Zusammenhang mit sozialer Kommunikation taucht häufig auch der Begriff **Metakommunikation** auf, der in verschiedenen Bedeutungen verwendet wird (vgl. J. A. Keller/F. Novak, 1988[6]):

- Er stellt einmal die Kommunikation über die Kommunikation dar im Sinne einer wissenschaftlichen Abhandlung über die Kommunikation. Vorliegende Ausführungen in diesem Kapitel fallen zum Beispiel unter den Begriff Metakommunikation.
- Zum anderen bezeichnet man mit Metakommunikation auch die Kommunikation über die Beziehung zwischen Interaktionspartnern – beispielsweise, wenn Schüler miteinander über Schwierigkeiten und Probleme in den Beziehungen der Klasse sprechen.
- Schließlich wird die Verdeutlichung einer Information mit Hilfe nichtsprachlicher Signale – zum Beispiel Mimik und Gestik, die zu einer bestimmten Information gemacht werden – Metakommunikation genannt.

Metakommunikation bedeutet einmal die Kommunikation über die Kommunikation im Sinne einer wissenschaftlichen Abhandlung, zum anderen die Kommunikation über die Beziehung zwischen Interaktionspartnern und schließlich die Verdeutlichung einer Information mit Hilfe nichtsprachlicher Signale.

Die Metakommunikation spielt vor allem in Beratungsgesprächen, Psychotherapien und Supervisionen[1] eine wichtige Rolle.

9.1.2 Elemente sozialer Interaktion und Kommunikation

Zu jeder sozialen Interaktion und Kommunikation gehören eine **Information,** ein **Sender,** der mit einer bestimmten **Absicht** diese Information gibt, und ein **Empfänger,** der diese Information aufnimmt.

So zum Beispiel fragt Kurt (= Sender) seinen Freund Paul (= Empfänger), ob er mit ihm weggehen will (= Information), weil Kurt heute abend nicht alleine sein will (= Absicht).

Der Sender **codiert** (= verschlüsselt) seine Information in bestimmte Zeichen – beispielsweise in Wörter, Sätze, Mimik, Gestik, Töne –, die er nach bestimmten Regeln miteinander verknüpft. Bei der Sprache zum Beispiel erfolgt diese Verknüpfung nach grammatikalischen Regeln.

Die Sendestelle sendet nun die Information über ein **Medium** und einen **Kanal** dem Empfänger zu. Medium bezeichnet den Code, mit dem eine bestimmte Information gegeben wird – zum Beispiel die Sprache, die Musik, die Mimik oder Gestik, das Berühren, das Gemälde, den Blick. Kanal meint, über welches Sinnesorgan die Übermittlung der Information geschieht: über das Hören, das Sehen, das Fühlen.

1 Supervision bedeutet Beratung und Beaufsichtigung von Sozialpädagogen/-arbeitern und Psychotherapeuten während und auch nach ihrer Ausbildung bei konkreten Beratungsgesprächen und Behandlungsfällen.

Die gesendeten Informationen werden vom Empfänger **decodiert,** das heißt entschlüsselt. Sender und Empfänger müssen jedoch die gleichen Zeichen und die gleiche Art, wie diese Zeichen miteinander verknüpft werden, beherrschen, damit der Empfänger die vom Sender übermittelte Botschaft auch verstehen kann.

In der sozialen Kommunikation ruft jede Information beim Empfänger eine bestimmte Reaktion hervor, die dem Sender mitteilt, ob und wie die Information angekommen ist. Der Empfänger wird damit zum Sender und der Sender zum Empfänger. Auf diese Weise wechseln in einem Kommunikationsablauf ständig die Rollen, und das Kommunikationssystem wird als **Regelkreis** aufrechterhalten, in welchem es eigentlich keinen Anfang und kein Ende gibt (vgl. Ch. Michel/F. Novak, 1990).

Elemente sozialer Interaktion und Kommunikation sind: Sender, Information, Absicht, Codierung, Medium, Kanal, Empfänger, Decodierung und Regelkreis.

9.1.3 Bedingungen sozialer Interaktion und Kommunikation

Das Interaktions- und Kommunikationsgeschehen wird durch verschiedene Faktoren bestimmt. Entscheidend für die Art und Weise der sozialen Interaktion und Kommunikation sind die **Situation,** an die die Interaktion und Kommunikation gebunden ist – ein Gespräch zwischen „Tür und Angel“ beispielsweise wird anders verlaufen als eines in einer gemütlichen und ruhigen Atmosphäre –, **soziokulturelle Bedingungen,** wie zum Beispiel Wert- und Normvorstellungen oder ein möglicher Druck von der Gruppe, sowie **Merkmale der Kommunikationspartner.**

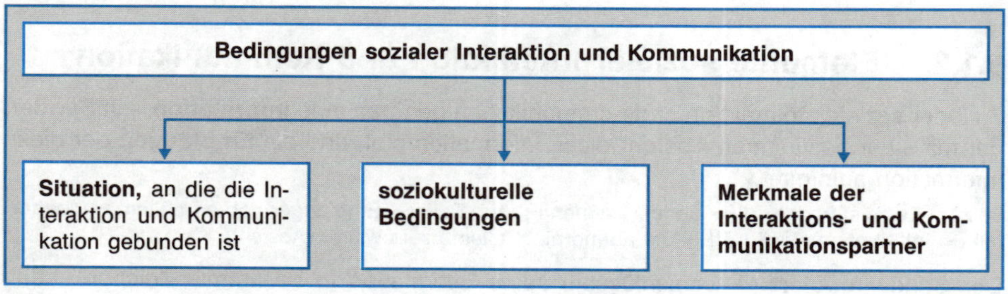

Folgende Merkmale der Kommunikationspartner spielen dabei eine entscheidende Rolle (vgl. J. A. Keller/F. Novak, 1988[6]):

- die Position und die dazugehörige Rolle

  Freunde oder Ehepartner werden anders miteinander sprechen wie zum Beispiel der Schüler mit dem Lehrer oder der Chef mit dem Angestellten.

- die Beziehung zwischen den Interaktionspartnern

  So wird beispielsweise eine Kommunikation zwischen Freunden oder Eheleuten, die gleichberechtigt miteinander verkehren, anders verlaufen als in einem Über- und Untergeordneten-Verhältnis. Auch ob es sich um eine positive Beziehung mit Wertschätzung oder um eine negative mit Haß und Wut handelt, ist für die Art und Weise der Interaktion und Kommunikation entscheidend.

- Persönlichkeitseigenschaften

  Intelligenz, Gefühle, Stimmungen, Bedürfnisse, Interessen, Fähigkeiten, Fertigkeiten, Einstellungen oder bisherige Erfahrungen spielen für die Art der Interaktion/Kommunikation eine große Rolle.

- die Fähigkeit zur Interaktion und Kommunikation

  Die Beherrschung der Sprache beispielsweise oder eine bestimmte Kontaktfähigkeit sind nicht unwesentlich für das Interaktions- und Kommunikationsgeschehen.

- die Anzahl der Interaktions- und Kommunikationspartner

  Die Art und Weise der Interaktion und Kommunikation wird bei zwei Personen anders verlaufen als in einer Gruppe mit zehn Leuten oder in einer Veranstaltung, an der vielleicht 50 Teilnehmer miteinander diskutieren.

Elemente und Bedingungen einer sozialen Interaktion und Kommunikation zeigt die folgende Übersicht:

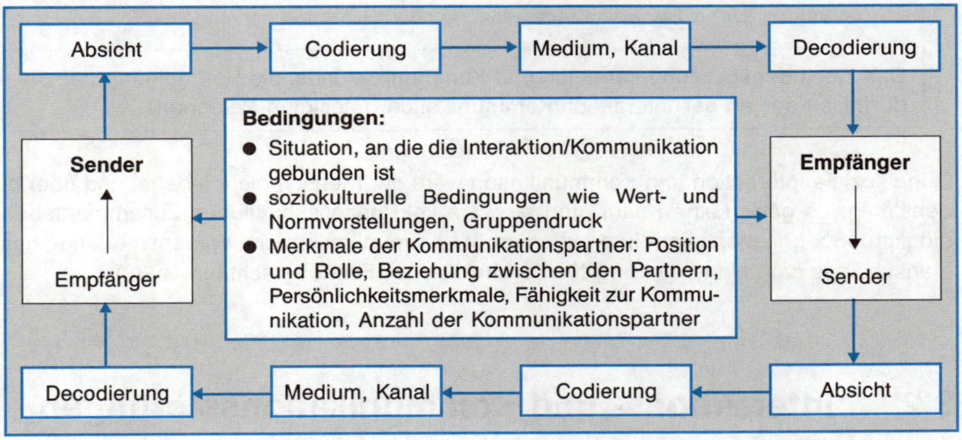

9.1.4 Die Bedeutung sozialer Interaktion und Kommunikation

Menschen versuchen nicht grundlos, sich gegenseitig zu beeinflussen und zu steuern sowie Informationen auszutauschen; soziale Interaktion und Kommunikation erfüllen für den Menschen wichtige Funktionen.

Folgende **Ziele** verfolgen soziale Interaktion und Kommunikation:

- Soziale Interaktion und Kommunikation dienen der **Herstellung und Aufrechterhaltung von Beziehungen** zwischen Menschen. Wie eingangs erwähnt, ist der Mensch als soziales Wesen auf intensive Beziehungen angewiesen, ohne die er nicht leben und überleben kann. Nur durch den Austausch von Informationen und Beeinflussung des anderen ist es ihm möglich, mit anderen Menschen Kontakt aufzunehmen und diesen auch aufrechtzuerhalten.

- Soziale Interaktion und Kommunikation dienen auch der **Regelung des Zusammenlebens** und der Regelung von menschlichen Beziehungen. Durch Informationsaustausch und wechselseitige Beeinflussung erfährt er einzelne, was von ihm erwartet wird, welche Wert- und Normvorstellungen er erfüllen soll, um ein geordnetes Zusammenleben zu ermöglichen.

- Soziale Interaktion und Kommunikation **erhöhen das Wissen und die Fähigkeit, angemessen zu handeln.** Aufgrund des Austausches von Informationen erfährt und weiß der einzelne mehr, er kann einen bestimmten Sachverhalt klarer sehen und besser erkennen und sich dadurch angemessen verhalten. Wissensvermehrung erhöht die Wahrscheinlichkeit, daß man richtige Entscheidungen treffen und sich der Situation entsprechend verhalten kann.
- Interaktion und Kommunikation ermöglichen die **Verringerung und Vermeidung von Angst und Unsicherheit** und helfen, Konflikte zu vermeiden und zu bewältigen.
- Interaktion und Kommunikation ermöglichen die **Befriedigung der eigenen Bedürfnisse und der des (der) Partner(s).** Ohne Bedürfnis würde sich der Mensch nicht genötigt sehen, mit anderen Menschen in Beziehung zu treten. Wir beeinflussen Menschen, um bestimmte, zum Teil lebensnotwendige, Bedürfnisse zu befriedigen.
  Solche Bedürfnisse, zu deren Zweck wir mit anderen Menschen in Beziehung treten und sie zu beeinflussen versuchen, können zum Beispiel das Bedürfnis nach Sicherheit, Wärme, Geborgenheit, Zuwendung, Liebe, Sicherheit, Anerkennung oder Selbsteinschätzung sein.

> Das Ziel jeder sozialen Interaktion und Kommunikation ist die Befriedigung der Bedürfnisse der an der Interaktion/Kommunikation beteiligten Personen.

Ohne soziale Interaktion und Kommunikation wäre der Mensch nicht lebens- und überlebensfähig, es gäbe keine Kultur, und es wäre kein gesellschaftliches Zusammenleben möglich. So gesehen sind Interaktion und Kommunikation ein Wesensmerkmal des Menschseins (vgl. Handreichung für Psychologie an Fachoberschulen, 1980).

9.2 Interaktions- und Kommunikationsstörungen

Wenn Menschen mit anderen Menschen in Beziehung treten, so tun sie das – wie in Abschnitt 9.1.4 ausgeführt – immer mit einer bestimmten Absicht, sie verfolgen ein Ziel. Erreichen sie dieses Ziel und können sie ihre Bedürfnisse befriedigen, so ist ihre Interaktion/Kommunikation mit Erfolg verlaufen. Doch das ist nicht immer der Fall, denn häufig können Bedürfnisse nicht oder nur unzureichend befriedigt werden, oft wird das Ziel nicht erreicht. Es handelt sich in solchen Fällen um eine „gestörte Interaktion und Kommunikation", wie die Psychologen sagen.

9.2.1 Begriffsklärung von Interaktions- und Kommunikationsstörung

Bleibt die gewünschte und beabsichtigte Wirkung in einer sozialen Interaktion und Kommunikation aus, gelingt die Befriedigung von Bedürfnissen nicht oder nur unzureichend, wird das Ziel der sozialen Interaktion und Kommunikation nicht erreicht, so sprechen wir von einer **Interaktionsstörung.**
Interaktionsstörungen begegnen uns in allen Lebensbereichen: in der Ehe, wenn zum Beispiel das Zärtlichkeitsbedürfnis eines Partners nicht befriedigt wird; in der Familie, wenn beim Kind die Reinlichkeitserziehung nicht gelingt; in der Schule, wenn der Durch-

schnitt einer Prüfungsarbeit äußerst schlecht ist; im Betrieb, wenn der Angestellte seine Gehaltserhöhung nicht durchsetzen kann; zwischen Nationen, wenn alle Friedensbemühungen fehlschlagen.

Gelingt die Aufnahme, die Übermittlung oder der Austausch von Informationen nicht, so spricht man von einer **Kommunikationsstörung.** Doch eine Kommunikationsstörung ist immer zugleich eine Interaktionsstörung und umgekehrt: Wenn die Aufnahme, die Übermittlung oder der Austausch von Informationen nicht gelingen, so ist es auch unmöglich, den anderen zu beeinflussen und zu steuern.

Gelingt in einer sozialen Interaktion und Kommunikation die Befriedigung von Bedürfnissen nicht, wird ihr Ziel nicht erreicht oder bleibt die gewünschte und beabsichtigte Wirkung aus, gelingen die Aufnahme, die Übermittlung und der Austausch von Informationen nicht, so sprechen wir von einer Interaktions- und Kommunikationsstörung.

Folgen einer gestörten Interaktion und Kommunikation können **individuelle und soziale Probleme** sein, wie zum Beispiel Schwierigkeiten im Umgang mit anderen, Konflikte, Streit, Auseinanderbrechen von Beziehungen, Erziehungsschwierigkeiten, Ärger, Zorn, Aggression, Feindseligkeit, Unzufriedenheit, Schulversagen, Unglücklichsein, Einsamkeit, Depressionen, psychische Störungen, Krankheit, Selbstmord.
Die Beziehungen zu anderen Menschen können „eine Quelle tiefster Befriedigung und schwärzesten Elends sein. (...) Viele Menschen sind einsam und unglücklich, manche sind psychisch krank, weil sie nicht fähig sind, soziale Beziehungen zu anderen aufrechtzuerhalten. Viele Alltagsbegegnungen sind unangenehm, peinlich und fruchtlos, weil Menschen sich unpassend verhalten." *(Michael Argyle, 1972)*

9.2.2 Ursachen von Interaktions- und Kommunikationsstörungen

Interaktions- und Kommunikationsstörungen können verursacht sein

- durch die **Persönlichkeitsmerkmale** von Sender und Empfänger,
- durch die **Absicht,** die der Sender verfolgt,
- durch die **Codierungsfähigkeit** des Senders,
- durch das **Medium** bzw. den **Kanal,**
- durch die **Decodierungsfähigkeit** des Empfängers,
- durch die **Art der Beziehung** zwischen Sender und Empfänger.

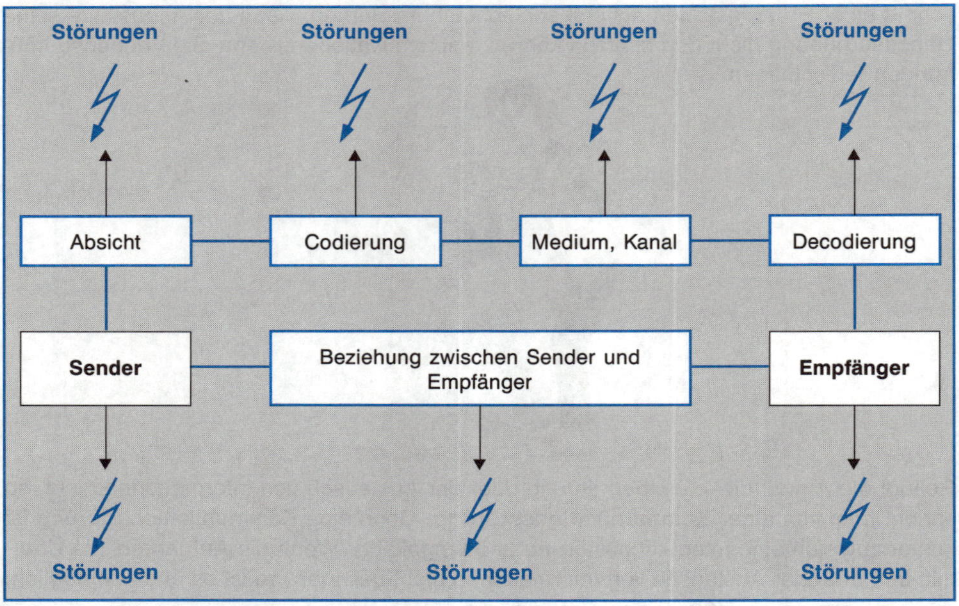

Persönlichkeitsmerkmale können Interaktions- und Kommunikationsstörungen hervorrufen.

Angst zum Beispiel kann es unmöglich machen, Informationen offen und ehrlich mitzuteilen, was zur Folge haben kann, daß die gewünschte Wirkung ausbleibt. Bestimmte Einstellungen können sich auf den Erfolg der sozialen Interaktion und Kommunikation ebenso störend auswirken.

Eine frauenfeindliche Einstellung beispielsweise wird in einer Ehe oder Partnerschaft zwangsläufig zu massiven Konflikten führen.

Das Ferngespräch

Ein Mensch spricht fern, geraume Zeit,
Mit ausgesuchter Höflichkeit,
Legt endlich dann, mit vielen süßen
Empfehlungen und besten Grüßen
Den Hörer wieder auf die Gabel –
Doch tut er nochmal auf den Schnabel
(Nach all dem freundlichen Gestammel)
Um dumpf zu murmeln: Blöder Hammel!
Der drüben öffnet auch den Mund
Zu der Bemerkung: Falscher Hund!
So einfach wird oft auf der Welt
Die Wahrheit wieder hergestellt.

Eugen Roth

Probleme in der sozialen Interaktion und Kommunikation sind zum größten Teil **Wahrnehmungsprobleme:** Der Empfänger nimmt Mitteilungen nur selektiv auf; er sieht nur das, was er sehen will, und hört nur das, was er hören will. Allgemeine frühere Erfahrungen, spezielle vorausgegangene Erfahrungen mit dem Partner oder der Situation, Gefühle und vor allem Erwartungen können die Wahrnehmung von Informationen so stark verzerren, daß eine erfolgreiche Interaktion und Kommunikation nicht mehr möglich ist (vgl. Kapitel 3.2).

Sehr stark von der subjektiven Wahrnehmung hängt das **Selbst- und Fremdbild** ab, das die Natur einer Beziehung in einem nicht unerheblichen Maße bestimmt:

Wie sehe ich mich selbst?
Wie sieht mich der andere?

Wie sehe ich den anderen?
Wie sieht der andere sich selbst?

Wie, glaube ich, sieht mich der andere?
Wie glaubt der andere, sehe ich ihn?

Weichen Selbst- und Fremdbild zu stark voneinander ab, so kann sich das problematisch auf die Beziehung im Sinne einer Interaktions- und Kommunikationsstörung auswirken.

➡ **Materialien 1.**

Die Beziehung zwischen Interaktions- und Kommunikationspartnern wird unter anderem durch die Persönlichkeitsmerkmale der an der sozialen Interaktion und Kommunikation beteiligten Personen. Stimmungen und aktuelle Gefühle, Einstellungen, Interessen, Fähigkeiten, Fertigkeiten und dergleichen haben einen großen Einfluß auf den Erfolg oder Mißerfolg einer Interaktion und Kommunikation.

„Viele Menschen
sind über dem romantischen
„Ich brauche Dich“
eines Mitmenschen
langsam zugrundegegangen,
weil sie sich verbrauchen ließen.
Wer hilflos zurückblieb,
war der durch falsche Zuwendung
lahmgewordene Mitmensch.“

Peter Horton, 1979[2]

Das Ziel oder die Absicht selbst, die mit der Interaktion/Kommunikation verfolgt werden, können Ursache möglicher Interaktions- und Kommunikationsstörungen sein.

Oft sind sich Interaktions- und Kommunikationspartner über ihre eigenen Bedürfnisse, Wünsche, Befürchtungen, Erwartungen und dergleichen im unklaren, weil sie sie nicht wahrhaben können, dürfen oder wollen. Unbewußt fließen diese Absichten deshalb versteckt, verschleiert, verborgen oder geleugnet in die Interaktion und Kommunikation ein, die dann ihre Wirkung verfehlt (vgl. Peter Rohner, o. J.).
Das Ziel und die Absicht einer sozialen Interaktion und Kommunikation können möglicherweise überhöht oder unangemessen sein, weshalb Interaktion und Kommunikation erfolglos verlaufen. Ebenso können die Bedürfnisse der Interaktions- und Kommunikationspartner zu unterschiedlich sein, so daß eine gegenseitige Befriedigung der jeweiligen Bedürfnisse nur sehr schwer oder gar nicht möglich ist.

Mangelnde Codierungs- und Decodierungsfähigkeit kann Ursache von Interaktions- und Kommunikationsstörungen sein.

Der Sender muß imstande sein, seine Informationen entsprechend zu verschlüsseln. Dies ist nicht der Fall, wenn er die dazu notwendigen Zeichen und Regeln, wie diese Zeichen miteinander verbunden werden, nicht beherrscht.

So kann es zum Beispiel möglich sein, daß der Sender der Sprache nicht oder nur unzureichend mächtig ist, daß er Gefühle nicht zum Ausdruck bringen oder Gedanken nicht genau formulieren kann.

Oft wird in Gesprächen auf sprachlicher Ebene etwas mitgeteilt, was mit den dazu stattfindenden nichtsprachlichen Botschaften nicht übereinstimmt. Eine solche **Unstimmigkeit zwischen sprachlichen und nichtsprachlichen Botschaften** kann zu Kommunikationsstörungen führen.

Wenn zum Beispiel ein Mann zu seiner Freundin sagt: „Ich freue mich, bei dir zu sein!", aber nebenbei unruhig auf die Uhr und im Zimmer herumschaut, so wird die Freundin diesen Satz nicht annehmen können.

„Ich mache meine Hausaufgaben wirklich gerne!"

Der Empfänger interagiert und kommuniziert ohne Erfolg, wenn er nicht imstande ist, die Zeichen des Senders richtig zu entschlüsseln, weil beispielsweise seine Sinnesorgane nicht oder nur eingeschränkt funktionstüchtig sind, wie dies bei Blindheit, Taubheit oder Schläfrigkeit der Fall ist. Oder er kennt bzw. versteht die Zeichen des Senders nicht – etwa, wenn der Empfänger nicht die Sprache kann, die der Sender spricht, oder wenn er bestimmte Zeichen anders deutet als sie der Sender gemeint hat.

> Interaktions- und Kommunikationsstörungen können durch das Kommunikationsmedium oder das -mittel verursacht werden.

Sprachliche und vor allem nichtsprachliche Informationen können mehrdeutig sein und von Sender und Empfänger unterschiedlich gesehen werden.

So kann es zum Beispiel möglich sein, daß Sender und Empfänger unter ein und demselben Begriff etwas anderes verstehen oder daß eine wohlgemeinte Berührung vom Empfänger als unanständig mißverstanden wird. Menschen verfügen selten über genau den gleichen Zeichenvorrat, so daß eine Kommunikation aus dieser Sicht immer „störanfällig" bleibt.

Auch vom Kommunikationsmittel können Störungen ausgehen.

So kann beispielsweise die unleserliche Schrift die Wirkung verfehlen oder das Telefon nicht funktionieren.

Die Postkarte

Ein Mensch vom Freund kriegt eine Karte,
Daß der sein Kommen froh erwarte;
Und zwar (die Schrift ist herzlich schlecht!)
Es sei ein jeder Tag ihm recht.
Der Kerl schreibt, wie mit einem Besen!
Zwei Worte noch, die nicht zum Lesen!
Der Mensch fährt unverzüglich ab –
Des Freundes Haus schweigt wie ein Grab.
Der Mensch weiß drauf sich keinen Reim,
Fährt zornig mit dem Nachtzug heim.
Und jetzt entdeckt er – welch ein Schlag!
Der Rest hieß: „Außer Donnerstag!".

Eugen Roth

Der Mißerfolg einer sozialen Interaktion und Kommunikation kann in der Art der Beziehung zwischen den Interaktions- und Kommunikationspartnern begründet sein.

Geringschätzung, Verständnislosigkeit, Unfähigkeit, den Partner in seiner Art und Weise, so wie er ist, zu akzeptieren und anzunehmen, wirken sich auf den Erfolg der sozialen Interaktion und Kommunikation störend aus. In einer Beziehung, in der negative Gefühle wie Antipathie, Wut, Haß vorherrschen, ist eine Beeinflussung des Partners kaum möglich, so daß das gewünschte Verhalten nicht eintritt.

Oft erwartet man in einer Beziehung, daß sich der andere ändert. Die Folge eines solchen Versuchs ist in der Regel jedoch nicht die gewünschte Änderung, sondern entsprechende Abwehr. Das Ziel der sozialen Interaktion und Kommunikation wird auch oft nicht erreicht, weil man das Verhalten des anderen einseitig vom eigenen Standpunkt aus beurteilt, ohne sich die Mühe zu geben, sich in die Situation des anderen hineinzuversetzen.

„Nimm mich bitte, wie ich bin,
heißt:
laß mich in Ruhe,
ich will mich nicht ändern!
Nimm die Menschen, wie sie sind,
heißt:
gib jedem die Chance
auf seiner Entwicklungsstufe."

Peter Horton, 1979[2]

Mögliche Ursachen von Interaktions- und Kommunikationsstörungen	
Persönlichkeitsmerkmale der Interaktions- und Kommunikationspartner	Bedürfnisse und Erwartungen, aktuelle Gefühle, Fähigkeiten und Fertigkeiten, Erfahrungen Selbst- und Fremdbild selektive (subjektive) Wahrnehmung
Ziel oder Absicht der Interaktion/Kommunikation	Das Ziel ist unklar, überhöht oder unangemessen. Die Bedürfnisse der Interaktions- und Kommunikationspartner sind zu unterschiedlich.
Mangelnde Codierungs- und Decodierungsfähigkeit	Der Sender ist nicht in der Lage, Botschaften entsprechend zu verschlüsseln. Es besteht Unstimmigkeit zwischen verbalen und nonverbalen Signalen. Der Empfänger ist nicht imstande, die Zeichen des Senders richtig zu entschlüsseln.
Medium und Mittel der Kommunikation	Sprachliche und nichtsprachliche Zeichen sind mehrdeutig und werden unterschiedlich gesehen. Das Kommunikationsmittel erfüllt nicht seinen Zweck.
Die Art der Beziehung zwischen den Interaktions- und Kommunikationspartnern	Eine „negative" Beziehung verhindert das gewünschte Verhalten. Der andere wird nicht akzeptiert. Die Beziehung ist durch Geringschätzung und Verständnislosigkeit charakterisiert.

9.2.3 Die Art von Botschaften

Die Art und Weise, wie man miteinander spricht, trägt sehr viel zu einem erfolgreichen bzw. erfolglosen Verlaufen von Interaktion und Kommunikation bei.
Die Art und Weise, wie Interaktions- und Kommunikationspartner miteinander sprechen, ist eine Folge der Persönlichkeitsmerkmale und vor allem der Art der Beziehung zwischen Sender und Empfänger. Doch können Botschaften selbst verheerende Folgen für den Verlauf einer sozialen Interaktion und Kommunikation haben, so daß an dieser Stelle auf sie eingegangen wird.
Bedürfnisse, Wünsche, Gefühle und dergleichen kommen häufig nur *verschleiert, verborgen oder geleugnet* zum Ausdruck.

Ein Kind beispielsweise boxt andere Kinder, weil es Kontakt haben möchte; die Frau sitzt beleidigt in der Küche und will damit sagen: „Ich würde mehr Zuwendung von dir wollen ...“; der Freund sagt zu seiner Freundin: „Was ich dazu meine, weißt du ja, aber du kannst ja tun, was du willst!“; Eltern sagen zu ihrem Kind: „Du brauchst nicht zu lernen, aber deinen nächsten Urlaub kannst du dir an den Hut stecken!“

Äußerungen, in denen eigene Bedürfnisse, Wünsche, Gefühle und dergleichen eher maskiert, verschleiert, oder verborgen zum Ausdruck kommen oder gar geleugnet werden, bezeichnen wir als versteckte Botschaften.

Durch **versteckte Botschaften** bleiben die wahren Gefühle, Bedürfnisse und Beeinflussungstendenzen unklar, das Ziel der sozialen Interaktion und Kommunikation kann somit nur sehr schwer oder gar nicht erreicht werden.
Auch in der **indirekten Ausdrucksweise** finden wir meist versteckte Botschaften.

So sagt zum Beispiel der junge Mann zu seiner Freundin: „Findest du es gut, daß du dich heute so aufgeführt hast?“ Durch eine solche Äußerung werden die eigenen Empfindungen nicht bewußt, der Partner kann sie nur sehr schwer erkennen und wird in eine Verteidigungsposition gebracht. Offen gesprochen müßte der junge Mann sagen: „Ich hatte heute mit dir große Schwierigkeiten.“

Auch bei Äußerungen wie „Man tut das nicht!“ oder „Eine Frau geht abends nicht alleine fort!“ handelt es sich um versteckte Botschaften: Der Partner versteckt sich hinter einer Verhaltensnorm, um sich nicht dazu bekennen zu müssen, daß er es ist, den etwas stört.

Einladungen

Ein Mensch, der einem, der er kennt,
Gerade in die Arme rennt,
Fragt: „Wann besuchen Sie uns endlich?!“
Der andre: „Gerne, selbstverständlich!“
„Wie wär es“, fragt der Mensch, „gleich morgen?“
„Unmöglich, Wichtiges zu besorgen!“
„Und wie wärs Mittwoch in acht Tagen?“
„Da müßt ich meine Frau erst fragen!“
„Und nächsten Sonntag?“ „Ach wie schade,
Da hab ich selbst schon Gäste grade!“
Nun schlägt der andre einen Flor
Von hübschen Möglichkeiten vor.
Jedoch der Mensch muß drauf verzichten,
Just da hat er halt andre Pflichten.
Die Menschen haben nun, ganz klar,
Getan, was menschenmöglich war
Und sagen drum: „Auf Wiedersehn,
Ein andermal wirds dann schon gehen!“
Der eine denkt, in Glück zerschwommen:
„Dem Trottel wär ich ausgekommen!“
Der andre, auch in siebten Himmeln:
„So gilts, die Wanzen abzuwimmeln!“

Eugen Roth

„Der indirekte Ausdruck von negativen Gefühlen neigt dazu, den anderen anzuklagen, und dieser wird versucht sein, sich zu rechtfertigen und zu verteidigen. Auf diese Weise wird häufig vom eigentlichen Problem abgelenkt, und das Gespräch gleitet auf Ebenen ab, die für das eigentliche Problem unwichtig sind.“ *(L. Schwäbisch/M. Siems, 1974)*

Das Ziel sozialer Interaktion und Kommunikation kann auch nur sehr schwer oder gar nicht erreicht werden, wenn Kommunikationspartner in einer Sprache sprechen, in der sie *über den anderen eine Mitteilung machen,* und nicht ihre eigenen Empfindungen, Gefühle, Bedürfnisse und dergleichen ausdrücken.

Beispiele hierfür sind Sätze wie: „Du bist schuld!“, „Du bist völlig unfähig!“, „Du hörst mir ja nie zu!“.

Äußerungen, in denen über den anderen eine Mitteilung gemacht wird, nennen wir Du-Botschaften; Äußerungen, die persönliche Empfindungen, Gefühle, Bedürfnisse und dergleichen ausdrücken, bezeichnen wir als Ich-Botschaften.

Zu den **Du-Botschaften** gehören Mitteilungen, die urteilen, verurteilen, werten, nörgeln, beschimpfen, verhöhnen, beschämen, herabsetzen, demütigen, polemisieren, beschuldigen, warnen, ermahnen, drohen, predigen, moralisieren usw. – sie alle verbergen die eigenen Bedürfnisse und drängen den anderen in eine Verteidigungshaltung. Auf diese Weise wird vom eigentlichen Problem abgelenkt, und das Gespräch gleitet auf Ebenen ab, die für das Erreichen der tatsächlichen Ziele hinderlich sind.

Du-Botschaft:	**Ich-Botschaft:**
„Du redest vielleicht einen Unsinn daher!“	„Ich kann nicht verstehen, was du meinst.“
„Du redest zuviel, du Egoist, sei einmal still!“	„Ich würde dir auch gerne etwas sagen wollen.“
„Du bist einfach gemein und rücksichtslos!“	„Was du jetzt gesagt hast, hat mich sehr getroffen.“
„So etwas Gefühlloses wie Du gibt es auf der ganzen Welt nicht mehr!“	„Ich würde gerne mehr Einfühlungsvermögen von dir brauchen.“
„Du drehst mir immer das Wort im Mund um!“	„Ich fühle mich von dir nicht verstanden.“

Du-Botschaften werden vom anderen meist als Bewertung seiner selbst aufgefaßt, während Ich-Botschaften einfach als Mitteilung über sich selbst verstanden werden. Ein Beispiel soll dies verdeutlichen:

Bedürfnis der Mutter:	sie sagt:	Botschaft	Kind entschlüsselt
sie möchte ihre Ruhe haben.		**Du-Botschaft:** *„Du gehst mir auf die Nerven!“* →	Kind entschlüsselt: *„Ich bin der Mutter lästig, sie will mich nicht.“*
		Ich Botschaft: *„Ich bin sehr müde.“* →	Kind entschlüsselt: *„Mutter ist müde.“*

Du-Botschaften können eine katastrophale Wirkung auf die Vorstellung von sich selbst haben: sie ziehen den Charakter des anderen in Zweifel, lehnen ihn als Mensch ab, betonen seine Unzulänglichkeiten, fällen ein Urteil über seine Persönlichkeit. Auf diese Weise wird Tag für Tag zur Zerstörung des Ichs und der Selbstachtung beigetragen (vgl. Thomas Gordon, 1989).

Zudem sind folgende Botschaften für eine erfolgreiche Interaktion und Kommunikation wenig geeignet:

- **Lösungsbotschaften,** die sagen, was zu tun ist und was nicht,

  Beispiele: „Hör auf, die Zeitung zu zerknittern!", „Wenn du weiterhin nichts tust, wird es krachen!", „Das wird dir noch leid tun!"

- **Interpretationen** und **Unterstellungen,** die dem anderen Motive und Absichten zuschieben, ohne zu überprüfen, ob sie wirklich wahr sind,

  Beispiel: „Das machst du nur, um mich zu ärgern!"

- **Killerphrasen,** das sind Äußerungen, die eine Unmöglichkeit dessen, was der Sender will, vorspiegeln.

  Beispiele: „Das geht nicht!", „Ist doch schon alles versucht worden!", „Das ist doch ein Unsinn!", „Das brauchen wir gar nicht zu probieren!".

- **Doppelbindungen,** die dann vorliegen, wenn eine Information gegeben wird, die etwas Bestimmtes aussagt – etwa ein gesprochener Satz – und diese Information zusätzlich etwas über diese Aussage aussagt – zum Beispiel die Haltung, die zu dieser Aussage eingenommen wird –, sich aber diese beiden Aussagen nicht miteinander vereinbaren lassen (vgl. Paul Watzlawick u. a., 1990[8]).

  Beispielsweise kommt ein großer starker Junge auf einen kleinen schmächtigen Jungen zu, pöbelt ihn an, stellt sich in voller Größe mit angespannten Muskeln vor den kleinen Jungen und sagt: „Du brauchst dich nur zu wehren!"

- **Paradoxien,** das sind Handlungsaufforderungen, die widersprüchlich sind und den Interaktionspartner deshalb in eine Situation bringen, die für ihn nicht lösbar ist. Innerhalb einer Beziehung wird eine Handlungsaufforderung gegeben, die „befolgt werden muß, aber nicht befolgt werden darf, um befolgt zu werden." *(Paul Watzlawick u. a., 1990[8]).*

  Die Eltern sagen zum Beispiel zu ihrem Kind: „Du brauchst nicht alles befolgen, was andere Menschen dir sagen!" Kommt das Kind dieser Aufforderung nach, so befolgt es ja doch, was ihm andere sagen, was aber der Aufforderung widerspricht.

  Die logische Sinnlosigkeit wird auch in Äußerungen deutlich wie „Lach doch mal!", „Sei lustig!", „Sei spontan!". Es wird etwas gefordert, was aber in der gegebenen Situation nicht gezeigt werden darf, weil es dann nicht mehr das ist, was gefordert wurde (vgl. Klaus Heinerth, 1979).

➡ **Materialien 2.**

Musikalisches
Ein Mensch, will er auf etwas pfeifen,
Darf sich im Tone nicht vergreifen.
Eugen Roth

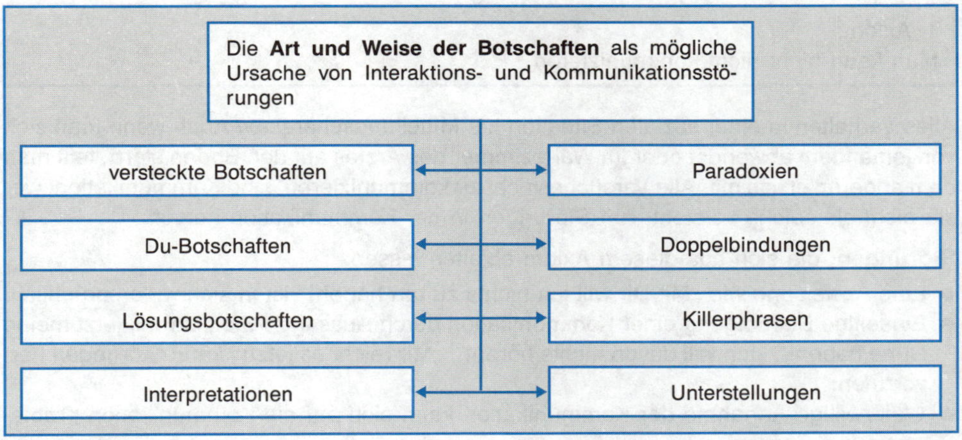

9.3 Grundlegende Erkenntnisse über soziale Interaktion und Kommunikation

Die Interaktions- und Kommunikationsforschung hat grundlegende Erkenntnisse darüber gewonnen, warum eine Interaktion/Kommunikation erfolgreich oder auch erfolglos verlaufen kann. Im folgenden werden kommunikationspsychologische Erkenntnisse dargestellt, die mögliche Interaktions- und Kommunikationsstörungen verdeutlichen und Aufschluß über eine erfolgreiche Interaktion/Kommunikation geben können.

9.3.1 Axiome[1] der Kommunikation

Solche grundlegenden kommunikationspsychologischen Erkenntnisse stellen die *Axiome der Kommunikation* von Paul Watzlawick dar. Sie können verdeutlichen, warum eine bestimmte Interaktion und Kommunikation erfolglos bzw. erfolgreich verlaufen ist.

Paul Watzlawick, geboren 1921 in Villach (Kärnten), studierte Philosophie, Philologie und Psychologie und promovierte 1949. Von 1957 bis 1960 war er Professor für Psychologie in El Salvador; seit 1960 ist er Forschungsbeauftragter am Mental Research Institute in Palo Alto (Kalifornien). Seit 1976 hat er zudem auch einen Lehrstuhl an der Stanford University inne.
Seine Veröffentlichungen u. a.: *Menschliche Kommunikation* (1969), *Lösungen* (1974), *Wie wirklich ist die Wirklichkeit?* (1976), *Die Möglichkeit des Andersseins* (1977), *Die erfundene Wirklichkeit* (1981), *Anleitung zum Unglücklichsein* (1983), *Vom Schlechten des Guten* (1986).

[1] Axiom = ein Grundsatz, der keines Beweises bedarf

1. Axiom:
Man kann nicht nicht kommunizieren.

Alles Verhalten in einer sozialen Situation hat Mitteilungscharakter. Auch wenn man sich von jemandem abwendet oder im Wartezimmer des Arztes auf den Boden starrt, teilt man dem anderen etwas mit. Alle Versuche, nicht zu kommunizieren, sind Kommunikation; wer sie nicht als solche versteht, ruft Störungen in der Kommunikation hervor.

Störungen, die sich aus diesem Axiom ableiten lassen:

- Eine Abweisung wie „Mit Dir will ich nichts zu tun haben!" ist in sich widersprüchlich.
- Einseitige Beendigung einer Kommunikation durch Aussagen wie „Ich will jetzt meine Ruhe haben!", „Ich will davon nichts hören!", „Mir reicht es jetzt!" kann Störungen hervorrufen.
- Widerwillige Annahme der Kommunikation kann sich auf die Kommunikation problematisch auswirken.
- Entwertung der Aussagen des Partners wie zum Beispiel häufiger Themawechsel, Nicht-bei-der-Sache-sein, Bagatellisierung durch Ratschläge („Das wird schon wieder!") verstoßen ebenfalls gegen dieses Axiom.
- Flucht in Symptome wie Müdigkeit, Kopfschmerzen, Magenverstimmung, Flucht in eine Krankheit wollen eine Kommunikation einseitig beenden.

Billiger Rat

Ein Mensch nimmt alles viel zu schwer.
Ein Unmensch naht mit weiser Lehr
Und rät dem Menschen: „Nimms doch leichter!"
Doch grad das Gegenteil erreicht er:
Der Mensch ist obendrein verstimmt,
Wie leicht man seine Sorgen nimmt.

Eugen Roth

2. Axiom:
Jede Kommunikation hat einen Inhalts- und einen Beziehungsaspekt.

Der Inhaltsaspekt stellt das *Was* der Mitteilung dar, der Beziehungsaspekt sagt darüber etwas aus, *wie* der Sender diese Mitteilung vom Empfänger verstanden haben möchte.
Ein Vater zum Beispiel, der zu seinem Sohn sagt: „Hast du das gemacht?" (= Inhaltsaspekt), zeigt mit seinem Verhalten, ob er dem Sohn Bewunderung, Ärger oder Mißtrauen kundtun will (= Beziehungsaspekt).

Dieser Hinweis zu einer Information klärt, wie der Sender die Beziehung zwischen sich und dem Empfänger verstanden wissen will. Störungen ergeben sich, wenn diese beiden Aspekte nicht beachtet oder miteinander vermengt werden.

Störungen, die sich aus diesem Axiom ableiten lassen:

- Eine negative Beziehung wird auf der Inhaltsebene ausgetragen, zum Beispiel wertet Kurt in einer Gruppendiskussion die Argumente von Karin ab, weil er sie nicht leiden kann.

- Uneinigkeit auf der Inhaltsebene wird auf die Beziehungsebene übertragen. Weil beispielsweise ein Freund eine andere Meinung vertritt, findet man ihn „blöd", unsympathisch oder meidet ihn.
- Eine negative Beziehung oder eine Beziehung, in der Unklarheit über diese herrscht, verursacht Spannungen. Wenn zum Beispiel ein Partner den anderen liebt, dieser aber das gar nicht weiß, werden Störungen auftreten; unbewußte Ablehnung führt ebenfalls zu Spannungen.
- Eine Beziehung, die durch ungleiche Emotionen bestimmt ist, führt zu Problemen, beispielsweise, wenn das Mädchen den Jungen sehr liebt, der Junge aber für das Mädchen lediglich Sympathie empfindet.

3. Axiom:
Die Natur einer Beziehung ist durch die Interpunktion der Kommunikationsabläufe seitens der Partner bedingt.

Jeder Kommunikationsteilnehmer legt die Ursache-Wirkungs-Folge in einer Kommunikation auf seine Art und Weise fest, Ursache und Wirkung werden dabei unterschiedlich gesehen.

Die Freundin sagt zum Beispiel zu ihrem Freund, „Du hast mich beschimpft, dann war ich beleidigt, dann wurdest Du ausfällig!" Der Freund sieht das ganz anders: „Du hast beleidigt gespielt, dann habe ich geschimpft, dann warst Du noch mehr eingeschnappt." Jeder von beiden nimmt sein eigenes Verhalten nur als Reaktion auf das Verhalten des anderen wahr („Du hast ja angefangen!", „Du bist schuld!", „Ich habe das nur deshalb gemacht, weil Du . . .!").

Vorangegangene Verhaltensweisen oder Mitteilungen des Partners werden als Ursache für die Art und Weise der eigenen Kommunikation interpretiert. Dabei wird übersehen, daß Kommunikation **kreisförmig** abläuft, in der der Anfang nicht willkürlich festgelegt werden kann. Störungen ergeben sich, wenn an irgendeinem Punkt der kreisförmigen Kommunikationsereignisse ein Einschnitt vorgenommen und festgestellt wird: Hier hat alles seinen Anfang genommen, hier liegt die Ursache.

Störungen, die sich aus diesem Axiom ableiten lassen:

- Das eigene Verhalten wird als Entschuldigung oder Rechtfertigung für das Verhalten des anderen gesehen.
- Ursache und Wirkung werden von einem Kommunikationspartner subjektiv festgelegt.
- Eine gestörte Kommunikation ist vor allem dann zu erwarten, wenn gegensätzliche Interpunktionen vorgenommen werden, und jeder Kommunikationspartner in unerschütterlicher Weise die seinige für die einzig richtige hält.

  Internationale Beziehungen verlaufen nur zu oft nach derselben Struktur, wie dies zum Beispiel beim Wettrüsten der Fall ist:
  „(. . .) wenn, wie behauptet wird, die Vorbereitung auf den Krieg das beste Mittel zur Erhaltung des Friedens ist, so ist es keineswegs klar, weshalb dann alle Nationen im Rüsten anderer Nationen eine Bedrohung des Friedens sehen. Aber eben dies sehen sie darin, und infolgedessen fühlen sie sich veranlaßt, durch eigene Aufrüstung jene Rüstungen zu übertreffen, durch die sie sich bedroht fühlen. Diese Aufrüstung bedeutet umgekehrt eine Bedrohung für Nation A, deren angeblich defensive Rüstungen sie ursprünglich auslösen, und dient nun Nation A zum Vorwand, sich zum Schutz gegen diese Bedrohung noch stärker zu bewaffnen. Diese zusätzlichen Aufrüstungen aber werden von den Nachbarstaaten ihrerseits als Bedrohung aufgefaßt usw." *(Paul Watzlawick u. a., 1990[8])*

4. Axiom:
Menschliche Kommunikation bedient sich digitaler und analoger Modalitäten.

Es gibt zwei verschiedene Weisen, in denen etwas mitgeteilt werden kann: entweder durch ein Wort, das dem Objekt zugeordnet ist (= digital), oder durch Entsprechung, zum Beispiel in der Form einer Zeichnung, im Ausdrucksverhalten (= analog).

Möchte man zum Beispiel jemandem seine Zuneigung ausdrücken, so kann dies digital in einem Satz „Ich mag Dich sehr!" und analog in Form eines Geschenkes, eines Blumenstraußes oder eines Kusses geschehen.

Digitale Kommunikation hat eine komplexe und vielseitige logische Struktur bzw. Grammatik. Auf dem Gebiet der Beziehungen bedienen wir uns dagegen oft analoger Kommunikation, weil man beispielsweise Liebe oder Zuneigung nur sehr schwer allein mit Worten ausdrücken kann. Vermutlich wird der Inhaltsaspekt in einer Kommunikation digital übermittelt, während der Beziehungsaspekt vorwiegend analoger Natur ist. Störungen ergeben sich aus der „Übersetzung" digitaler in analoge bzw. analoger in digitale Codierung.

Störungen, die sich aus diesem Axiom ableiten lassen:

- Analoge Kommunikation ist mehrdeutig und kann unterschiedlich entschlüsselt werden. Ein Küßchen, das das Kind von den Eltern auf die Wange bekommt, kann heißen, „Wir mögen dich sehr gerne!", aber auch, „Laß uns bitte jetzt in Ruhe!"
- Wenn in einer Beziehung entweder digitale oder analoge Kommunikation überwiegt, so kann dies zu Störungen führen. Digitale Kommunikation zum Beispiel besitzt kein ausreichendes Vokabular zur klaren Definition von Beziehungen.
- Eine Störung kann sich auch ergeben, wenn sich ein Partner seiner analogen Kommunikation nicht bewußt ist oder wenn digitale und analoge Kommunikation nicht übereinstimmen.

5. Axiom:
Zwischenmenschliche Kommunikationsabläufe sind entweder symmetrisch oder komplementär.

Eine Beziehung kann entweder durch die Tendenz gekennzeichnet sein, gleiche, sozusagen spiegelbildliche Beziehungen zu erreichen oder zu erhalten bzw. Ungleichheiten zu vermindern oder zu beseitigen.

So zum Beispiel bemühen sich zwei Eheleute, sowohl in Stärke wie Schwäche, Härte wie Güte und in jedem anderen Verhalten ebenbürtig zu sein.

Eine Beziehung kann sich aber auch durch Beziehungsformen auszeichnen, deren Grundlage die Unterschiedlichkeit der beteiligten Kommunikationspartner darstellt, die auf Ergänzung hin ausgerichtet sind.

Partner A beispielsweise ist sehr aufbrausend, während Partner B „die Ruhe selbst" ist.

Eine gesunde Kommunikation ist dann zu erwarten, wenn in einer Beziehung beide Kommunikationsabläufe – die symmetrischen und die komplementären – vorhanden sind. Störungen ergeben sich dann, wenn eine Beziehung entweder nur symmetrisch oder nur komplementär verläuft.

Störungen, die sich aus diesem Axiom ableiten lassen:

- In einer symmetrischen Beziehung besteht die Gefahr, daß ein Kommunikationspartner „etwas gleicher" als der andere sein will. Dadurch entstehen bei den „Ungleichen" Bestrebungen, die vorherige Symmetrie wiederherzustellen. Dies kann zu einer sogenannten „symmetrischen Eskalation" führen, das heißt, die Partner schaukeln sich in dem Kampf „Jeder will etwas gleicher sein als der andere" hoch.

  Dies kann beispielsweise in einer Freundschaft der Fall sein, wenn ein Freund den anderen abwerten will und der andere darauf ebenfalls mit Abwertung antwortet. So kann sich daraus ein „Wettstreit" entwickeln, in dem Abwertung zu mehr Abwertung führt und so fort.

- Bei einer starren Komplementarität besteht die Gefahr, daß eine Abhängigkeit vom anderen beibehalten bleibt. Eine Mutter zum Beispiel, die ihr Kind nicht „loslassen" und deshalb die ungleiche Beziehung nicht aufgeben will, verhindert beim Kind die Selbstbestimmung.

> Suum cuique –
> Jedem das Gleiche?
> Nein.
> **Jedem das Seine!**

Axiome der Kommunikation	Störungen
1. Man kann nicht nicht kommunizieren.	Abweisung, einseitige Beendigung einer Kommunikation Widerwillige Annahme einer Kommunikation Entwertung von Aussagen Flucht in Symptome oder Krankheit
2. Jede Kommunikation hat einen Inhalts- und Beziehungsaspekt.	Eine negative Beziehung wird auf der Inhaltsebene ausgetragen. Uneinigkeit auf der Inhaltsebene stört die Beziehung. Es besteht Unklarheit über die Beziehung.
3. Die Natur einer Beziehung ist durch die Interpunktion der Kommunikationsabläufe seitens der Partner bedingt.	Eigenes Verhalten wird als Entschuldigung und Rechtfertigung für das Verhalten des anderen gesehen. Ursache und Wirkung werden subjektiv festgelegt. Es liegt eine gegensätzliche Interpunktion der Interaktionspartner vor.
4. Menschliche Kommunikation bedient sich digitaler und analoger Modalitäten.	Analoge Kommunikation ist mehrdeutig. Es überwiegt analoge oder digitale Kommunikation. Der Partner ist sich seiner analogen Kommunikation nicht bewußt. Analoge und digitale Kommunikation stimmen nicht überein.
5. Zwischenmenschliche Kommunikationsabläufe sind entweder symmetrisch oder komplementär.	Symmetrische Eskalation: Jeder will etwas gleicher sein als der andere. Starre Komplementarität: Eine Abhängigkeit wird fixiert.

9.3.2 Möglichkeiten erfolgreicher Interaktion und Kommunikation[1]

Erfolgreiche Interaktion und Kommunikation in verschiedenen Lebensbereichen, wie zum Beispiel in der Ehe oder Familie, in der Schule, im Betrieb oder in der Freundesgruppe, sind lebenswichtig. Aus den bisherigen Ausführungen lassen sich wichtige Möglichkeiten für eine erfolgreiche Interaktion/Kommunikation ableiten:

- **Sich selbst und die eigenen Gefühle akzeptieren.**

  Das Ja-Sagen zu sich selbst bildet die entscheidende Voraussetzung für eine erfolgreiche Interaktion und Kommunikation. Erst dann, wenn ein Mensch sich selbst, so wie er ist, annimmt und akzeptiert, kann er den Forderungen, die eine Beziehung an ihn stellt, gerecht werden. Sich selbst akzeptieren bedeutet auch, zu seinen Verhaltensweisen, Gedanken, Gefühlen und Bedürfnissen – auch zu den „negativen" – zu stehen. Nur so ist es möglich, eindeutig und unmißverständlich zu kommunizieren und auftretende Probleme in den Griff zu bekommen.

  > „Damit der Mensch aber dieses Große vermöge, muß er erst von all dem Drum und Dran seines Lebens zu seinem Selbst gelangen, er muß sich selber finden, nicht das selbstverständliche Ich des egozentrischen Individuums, sondern das tiefe Selbst der mit der Welt lebenden Person." *(Martin Buber)*

- **Die Existenz von Konflikten akzeptieren.**

  Es geht darum, die Realität nicht zu verdrängen, sondern wahrzunehmen. Dazu gehört auch – im Gegensatz zu dem weitverbreiteten, aber realitätsfremden „Harmoniemodell", nach dem Konflikte als nicht „normal", als etwas, was nicht sein darf, betrachtet werden – die Existenz von Problemen und Konflikten zu akzeptieren, einschließlich der damit verbundenen, als unangenehm empfundenen Spannungen. Problemen und Konflikten darf also nicht ausgewichen, sie dürfen nicht umgangen, bagatellisiert oder verschleiert werden.

- **Sich der eigenen Ängste bewußt werden.**

  Bewußte oder unbewußte Ängste, wie zum Beispiel die Angst zu verletzen oder verletzt zu werden, die Angst, mit unangenehmen Konflikten und Spannungen konfrontiert zu werden, die Angst vor Entzug der Anerkennung, davor, den Partner zu verlieren oder aus der Gruppe ausgeschlossen zu werden und deshalb zu vereinsamen, oder die Angst, sein Gesicht zu verlieren und sich zu blamieren, behindern einen befriedigenden Gesprächsaustausch. Ängste lösen Abwehr, ein „Mauern", Widerstand und dergleichen aus. Es ist daher wichtig, sich der eigenen Ängste und deren Folgen für die Beziehung zum anderen bewußt zu werden und sie abzubauen.

- **Den anderen akzeptieren und verstehen.**

  Eine erfolgreiche Interaktion und Kommunikation sind auf Dauer nur möglich, wenn der andere in seiner Art und Weise, so wie er ist – mit all seinen Gefühlen, Empfindungen und Befürchtungen, mit all seinen Schwächen und Problemen – akzeptiert und angenommen wird. Das bedeutet, daß man „Ja" zum Partner sagt, auch wenn er anders reagiert, wie man selbst meint, auch wenn ein Konflikt oder eine Spannung eine harmonische Beziehung im Moment stört.

---

[1] Diese Möglichkeiten wurden in Anlehnung an Peter Rohner, o. J., L. Schwäbisch/M. Siems, 1974, und Reinhard Tausch, 1989 zusammengestellt.

„Du bist anders als ich, in Deinem Verhalten, Denken und Fühlen. Durch die Begegnung mit Dir kann mein Horizont weiter werden. Ich brauche den anderen, um „ich selbst“ sein zu können.
Ich brauche Dein Anderssein, um so sein und werden zu können, wie ich gemeint bin.“ *(aus: Peter Rohner, o. J.)*

Die Bereitschaft, den anderen zu akzeptieren, hängt sehr eng mit der Bereitschaft zusammen, auf den anderen einzugehen und ihn zu verstehen. Seinen Partner verstehen heißt, die Art und den Inhalt seiner bewußten Erlebnisse (Empfindungen, Gefühle, Wahrnehmungen usw.) wahrzunehmen, sich diese vorstellungsmäßig zu vergegenwärtigen und nachzuvollziehen. Dies bedeutet ein Sich-Hineinversetzen in die Rolle des anderen und die Angelegenheit aus seinem Blickwinkel zu betrachten.

„Wenn Konflikte sich zu einem endlosen Streit hinziehen, so hat dies meist seinen Grund darin, daß diese Menschen niemals gelernt haben, mit den Augen des anderen zu sehen, mit den Ohren des anderen zu hören und mit dem Herz des anderen zu fühlen.“ *(Alfred Adler, zitiert nach Hobmair/Treffer, 1979)*

- **Aktiv und hilfreich zuhören.**

Wer seinen Partner nicht ausreden läßt – auch wenn man schon zu glauben weiß, was er sagen will –, wer ständig selbst spricht und zu Monologen neigt, wer ständig auf die Uhr schaut, sich mit anderen Dingen beschäftigt und den Blickkontakt zu häufig abbricht, gibt ihm das Gefühl, daß man an seinen Aussagen bzw. am Gespräch nicht interessiert ist.
Als sehr hilfreich hat es sich erwiesen, wenn Partner versuchen, durch Nachfragen die Gefühle, Empfindungen, Wünsche, Bedürfnisse, Befürchtungen oder Ängste des anderen zu erfahren (vgl. Kapitel 12.3.3).

„Hören – Hinhören – Zuhören –
ohne hörig zu werden!“ *(aus: Peter Rohner, o. J.)*

- **Die eigene Zielsetzung überprüfen.**

Oft geht es Interaktions- und Kommunikationspartnern nicht um eine wirkliche Lösung eines Problems, sondern darum, beispielsweise Aggressionen abzureagieren, dem anderen „eins auszuwischen“, etwas „heimzuzahlen“ oder selbst gut dazustehen, sein eigenes Gesicht zu wahren und keine Niederlage einstecken zu müssen, oder einfach nur darum, sich selbst vor möglichen Schuldgefühlen zu entlasten. Vor jedem Konfliktgespräch empfiehlt es sich deshalb, die eigenen Zielsetzungen zu überprüfen, wie zum Beispiel: Worum geht es mir? Was will ich eigentlich? Geht es mir wirklich um die Beziehung oder nur um mich selbst? Welche Ziele, welche Absichten will ich unbedingt erreichen, was ist mir wichtig, und wo sehe ich Möglichkeiten, dem Partner entgegenzukommen?

Vielleicht kann ich mich trotz der heute üblichen Rivalitätskämpfe dazu durchringen, mehr das WIR – die Beziehung – im Auge zu haben als das eigene ICH:
„DIE TREUE ZUM WIR MUSS STÄRKER SEIN ALS DIE TREUE ZUM ICH.“ *(Fritz Künkel)*

- **Eine positive Atmosphäre ermöglichen.**

  Voraussetzung für den Abbau von Ängsten und eine erfolgreiche Interaktion und Kommunikation ist eine positive Atmosphäre, die durch den Verzicht darauf begünstigt werden kann, den Partner zu bedrängen oder gar Zwang auszuüben. Offenheit darf nicht erzwungen, sondern muß ermöglicht werden; es sind Bedingungen notwendig, unter denen Masken des Partners nicht mehr nötig sind.

- **Gefühle, Bedürfnisse, Erwartungen und dergleichen offen mitteilen, Ich-Botschaften verwenden.**

  Gefühle, Empfindungen, Gedanken, Bedürfnisse, Erwartungen, Wünsche, Befürchtungen und dergleichen sollten dem Partner *klar, offen und verständlich* mitgeteilt werden. Nur so nämlich kann der Partner erkennen, was in dem andern vorgeht und was der andere will, nur so kann er sich angemessen verhalten und auf den anderen eingehen.

> „Klar sagen, was ich empfinde und was ich brauche – und auch dem Partner Gelegenheit geben, dies zu tun!“ *(aus: Peter Rohner, o. J.)*

Man sollte sich sowohl die positiven Gefühle mitteilen, die den anderen erfreuen und ihn ermutigen, aber auch die negativen, die an Belastung verlieren, wenn sie erst einmal offen zur Sprache gekommen sind. Ich-Botschaften, in welchen die eigenen Bedürfnisse, Gefühle, Wünsche und dergleichen mitgeteilt werden, sind für den Verlauf einer Kommunikation am erfolgreichsten.

Vorteile von Ich-Botschaften:

- Man wird sich selbst seiner eigenen Gefühle, Wünsche, Befürchtungen, Bedürfnisse und dergleichen bewußt.
- Der Partner erkennt genau, was in einem vorgeht, was man will und braucht, und er kann deshalb angemessen reagieren.
- Ich-Botschaften rufen keine Verteidigungshaltung oder Abwehr, kein „Mauern“ oder Widerstand, keine Schuldgefühle, Feindseligkeit, keinen Rückzug oder Flucht hervor.
- Die Partner können sich Klarheit über ihre Beziehung verschaffen.
- Uneinigkeit auf der Inhaltsebene wird nicht so leicht auf die Beziehung übertragen.

> „Sprich für Dich und nicht für andere!“ *(aus: Peter Rohner, o. J.)*

➡ **Materialien 3.**

- **Sich auf das Wahrnehmbare konzentrieren.**

  Statt Unterstellungs-, Verallgemeinerungs- und eigenwilligen subjektiven Interpretationsversuchen von Äußerungen des Kommunikationspartners ist es nützlicher, sich auf das wirklich Wahrnehmbare zu konzentrieren. Durch die Vergewisserung, ob man das Gesagte richtig verstanden hat, und durch die Mitteilung, wie das soeben Geäußerte auf einen gewirkt hat, werden viele Mißverständnisse von vorneherein ausgeschlossen.

> „Mich interessiert nicht, was Du aus den Äußerungen anderer „heraushörst“ und was Du anderen unterstellst, sondern mich interessiert, was Du selber erlebst, fühlst oder denkst.“ *(aus: Peter Rohner, o. J.)*

- **Konflikte selbst lösen.**

  Für eine erfolgreiche Interaktion und Kommunikation ist es wenig sinnvoll zu versuchen, den anderen zu ändern, sondern mit der Änderung sollte man bei sich selber anfangen: „Was mache ich mit mir, damit ich dich so ertragen und leben lassen kann, wie du bist." *(Peter Rohner, o. J.)*

  Bei sich selber anfangen heißt auch, nicht auf den anderen zu warten und darauf, was der sich einfallen läßt und tut, und selber nur zu re-agieren, sondern sich zu überlegen, *was und wie man selbst zur Lösung des Problems oder des Konfliktes beitragen kann.* Dies erfordert vom einzelnen Kreativität und Phantasie und ein Aufgeben der rein egoistischen Interessen.

> „Wir brauchen den Mut,
> das zu ändern, was wir ändern können.
> Wir brauchen die Gelassenheit,
> das hinzunehmen und zu ertragen,
> was wir nicht ändern können.
> Und wir brauchen die Weisheit,
> das eine vom anderen unterscheiden zu können."
> *(aus einem Gebet unbekannter Herkunft)*

➡ **Materialien 4. und 5.**

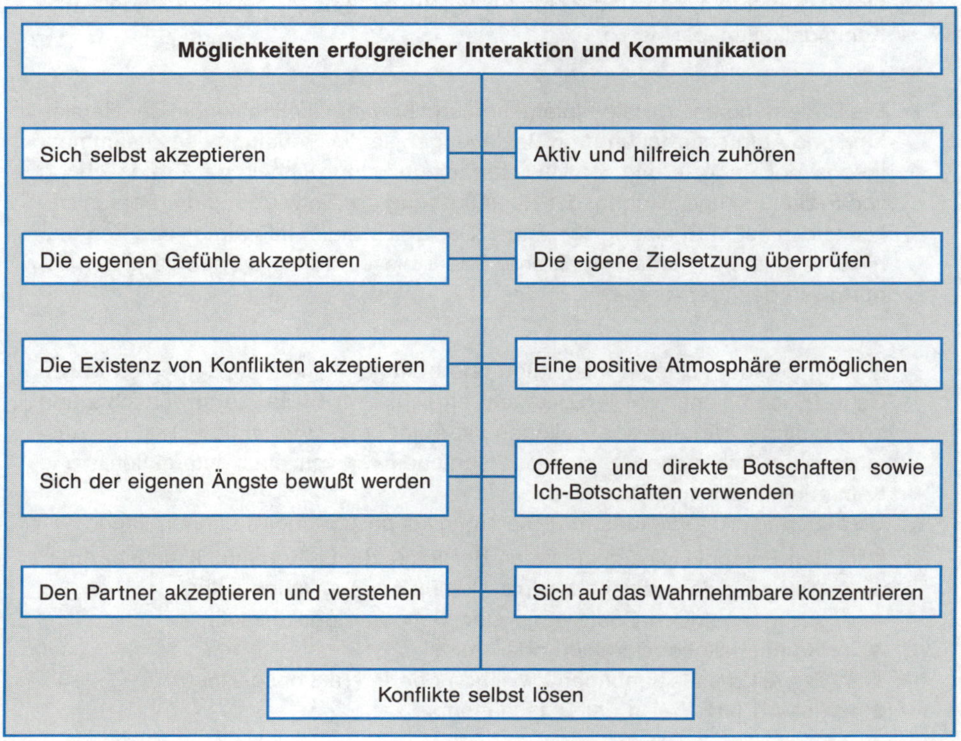

Zusammenfassung

- Soziale Interaktion gilt als Bezeichnung für das wechselseitig aufeinander bezogene, aneinander orientierte und sich ergänzende Verhalten zwischen Menschen, für das Geschehen zwischen Personen, die wechselseitig aufeinander reagieren, sich gegenseitig beeinflussen und steuern.
  Unter sozialer Kommunikation versteht man den Austausch, die Vermittlung und Aufnahme von Informationen zwischen zwei oder mehreren Personen.
  Interaktion ist ohne Kommunikation nicht denkbar, ebenso ist Kommunikation ohne Interaktion unmöglich. Grundlage eines jeden Zusammenlebens sind soziale Interaktion und Kommunikation.
  Die Kommunikation über die Kommunikation im Sinne einer wissenschaftlichen Abhandlung, die Kommunikation über die Beziehung zwischen Interaktionspartnern und die Verdeutlichung einer Information mit Hilfe nichtsprachlicher Signale bezeichnet man als Metakommunikation.

- Elemente sozialer Interaktion und Kommunikation sind Sender, Information, Absicht, Codierung, Medium, Kanal, Empfänger, Decodierung und Regelkreis. Entscheidend für die Art und Weise sozialer Interaktion und Kommunikation sind die Situation, an die die Interaktion/Kommunikation gebunden ist, soziokulturelle Faktoren und verschiedene Merkmale der an der Interaktion und Kommunikation beteiligten Personen (Position und dazugehörige Rolle, die Beziehung zwischen den Interaktionspartnern, Persönlichkeitseigenschaften, die Fähigkeit zur Interaktion und Kommunikation, die Anzahl der Interaktions- und Kommunikationspartner).

- Die Bedeutung der sozialen Interaktion und Kommunikation liegt in der Herstellung und Aufrechterhaltung von Beziehungen, in der Regelung des Zusammenlebens, der Reduzierung von Unsicherheit und Ungewißheit, der Ermöglichung von Erziehung und Bildung, der Beeinflussung der Entwicklung der Persönlichkeit und in der Vermeidung von Angst. Das Ziel sozialer Interaktion und Kommunikation ist die Befriedigung eigener Bedürfnisse und die Befriedigung der Bedürfnisse des (der) anderen.

- Gelingt in einer sozialen Interaktion und Kommunikation die Befriedigung von Bedürfnissen nicht, wird ihr Ziel nicht erreicht oder bleibt die gewünschte und beabsichtigte Wirkung aus, gelingen die Aufnahme, Übermittlung und der Austausch von Informationen nicht, so sprechen wir von einer Interaktions- und Kommunikationsstörung.
  Ursachen von Interaktions- und Kommunikationsstörungen können liegen:
  - in den Persönlichkeitsmerkmalen der Interaktions-/Kommunikationspartner,
  - im Ziel oder der Absicht der Interaktion/Kommunikation selbst,
  - in der mangelnden Codierungs- und Decodierungsfähigkeit,
  - im Kommunikationsmedium oder -mittel,
  - in der Art der Beziehungen zwischen den Interaktionspartnern,
  - in der Art und Weise der Botschaften.

- Als theoretische Grundlagen erfolgreicher Interaktion und Kommunikation werden oft die „Axiome der Kommunikation“ von Paul Watzlawick herangezogen:
  - Man kann nicht nicht kommunizieren.
  - Jede Kommunikation hat einen Inhalts- und einen Beziehungsaspekt.
  - Die Natur einer Beziehung ist durch die Interpunktion der Kommunikationsabläufe seitens der Partner bestimmt.
  - Menschliche Kommunikation bedient sich digitaler und analoger Modalitäten.
  - Zwischenmenschliche Kommunikationsabläufe sind entweder symmetrisch oder komplementär.
- Möglichkeiten erfolgreicher Interaktion und Kommunikation sind:
  - sich selbst und die eigenen Gefühle akzeptieren,
  - die Existenz von Konflikten akzeptieren,
  - sich der eigenen Ängste bewußt werden,
  - den anderen akzeptieren und verstehen,
  - aktiv und hilfreich zuhören,
  - die eigene Zielsetzung überprüfen,
  - eine positive Atmosphäre ermöglichen,
  - Gefühle, Bedürfnisse und dergleichen offen mitteilen, Ich-Botschaften verwenden,
  - sich auf das Wahrnehmbare konzentrieren,
  - Konflikte selbst lösen.

1. Die Geschichte mit dem Hammer

Ein Mann will ein Bild aufhängen. Den Nagel hat er, nicht aber den Hammer. Der Nachbar hat einen. Also beschließt unser Mann, hinüberzugehen und ihn auszuborgen. Doch da kommt ihm ein Zweifel: Was, wenn der Nachbar mir den Hammer nicht leihen will? Gestern schon grüßte er mich nur so flüchtig. Vielleicht war er in Eile. Aber vielleicht war die Eile nur vorgeschützt, und er hat etwas gegen mich. Und was? Ich habe ihm nichts angetan; der bildet sich da etwas ein. Wenn jemand von mir ein Werkzeug borgen wollte, *ich* gäbe es ihm sofort. Und warum er nicht? Wie kann man einem Mitmenschen einen so einfachen Gefallen abschlagen? Leute wie dieser Kerl vergiften einem das Leben. Und dann bildet er sich noch ein, ich sei auf ihn angewiesen. Bloß weil er einen Hammer hat. Jetzt reicht's mir wirklich. – Und so stürmt er hinüber, läutet, der Nachbar öffnet, doch noch bevor er „Guten Tag“ sagen kann, schreit ihn unser Mann an: „Behalten Sie sich Ihren Hammer, Sie Rüpel!“

Die Wirkung ist großartig, die Technik verhältnismäßig einfach, wenn auch keineswegs neu. Schon Ovid beschrieb sie in seiner *Liebeskunst* – wenn auch leider nur im positiven Sinne: „Rede dir ein, du liebst, wo du flüchtig begehrest. Glaub es dann selbst. ... Aufrichtig liebt, wem's gelang, sich selbst in Feuer zu sprechen.“

Quelle: Paul Watzlawick, 1983

2. Du-Botschaften und versteckte Botschaften

a) Beispiele für Lösungsbotschaften:

1. Anordnen, Befehlen, Kommandieren

„Geh und such dir etwas zum Spielen."
„Hör auf, die Zeitung zu zerknittern."
„Räum die Töpfe und Pfannen wieder fort."

2. Warnen, Ermahnen, Drohen

„Wenn du nicht aufhörst, schreie ich."
„Mutter wird böse, wenn du nicht aus dem Weg gehst."
„Wenn du nicht machst, daß du rauskommst, und die Küche wieder in ihren alten Zustand versetzt, wird es dir leid tun."

3. Zureden, Predigen, Moralisieren

„Stör niemals jemanden beim Lesen."
„Spiel bitte anderswo."
„Du mußt nicht herum spielen, wenn Mutter es eilig hat."
„Räum immer auf, wenn du fertig bist."

4. Raten, Vorschläge machen oder Lösungen geben

„Warum gehst du nicht nach draußen und spielst?"
„Laß mich mal etwas anderes vorschlagen, was du tun könntest."
„Kannst du die Sachen denn nicht wegräumen, nachdem du sie gebraucht hast?"

Diese Arten von verbalen Erwiderungen teilen dem Kind die Lösung mit, die *Sie* für es haben – genau das, was es *Ihrer* Meinung nach tun sollte. Sie sind der Schiedsrichter; Sie haben die Kontrolle; Sie nehmen die Sache in die Hand; Sie knallen mit der Peitsche. *Sie schließen es aus*. Die erste Art von Botschaft befiehlt ihm, *Ihre* Lösung anzuwenden; die zweite droht ihm; die dritte redet ihm zu; die vierte rät ihm.
Die Eltern fragen: „Was ist daran so falsch, die eigene Lösung zu senden – ist es denn nicht schließlich das Kind, das mir ein Problem verursacht?" Gewiß ist es das. Ihm aber die Lösung für Ihr Problem zu geben, kann diese Auswirkungen haben:

1. Kinder wehren sich dagegen, gesagt zu bekommen, was sie tun sollen. Ihre Lösung mag ihnen auch nicht zusagen. Jedenfalls wehren Kinder sich dagegen, ihr Verhalten modifizieren zu müssen, wenn ihnen genau gesagt wird, wie sie sich ändern „müßten", „sollten" oder „besser daran täten", sich zu ändern.
2. Das Senden der Lösung übermittelt auch noch eine andere Botschaft: „Ich traue dir nicht zu, dich für eine Lösung zu entscheiden", oder „Ich halte dich nicht für feinfühlig genug, einen Weg zu finden, um mir bei meinem Problem zu helfen".
3. Das Senden der Lösung sagt dem Kind, daß Ihre Bedürfnisse wichtiger als seine sind, daß es genau das tun muß, was es, ungeachtet seiner Bedürfnisse, Ihrer Meinung nach tun sollte. („Du tust etwas für mich Unannehmbares, darum ist die einzige Lösung das, was ich sage.")

b) Beispiele für herabsetzende Botschaften

Jedermann weiß, wie es ist, durch eine Botschaft „herabgesetzt" zu werden, die Schuld, Urteil, Hohn, Kritik oder Schande übermittelt. Bei der Konfrontation mit Kindern verlassen sich Eltern weitgehend auf derartige Botschaften. „Herabsetzende" Botschaften können in eine der folgenden Kategorien fallen:

1. Urteilen, Kritisieren, Beschuldigen

„Du müßtest es besser wissen."
„Du bist sehr gedankenlos."
„Du bist sehr ungezogen."
„Du bist das rücksichtsloseste Kind, das ich kenne."
„Du wirst noch einmal der Nagel zu meinem Sarg sein."

2. Beschimpfen, Verhöhnen, Beschämen

„Du bist ein verzogenes Gör."
„Schon gut, Herr Naseweis."
„Gefällt es dir, hier zu Hause ein selbstsüchtiger Nassauer zu sein?"
„Schäm dich."

3. Interpretieren, Diagnostizieren, Psychoanalysieren

„Du willst nur Aufmerksamkeit erregen."
„Du willst mich nur auf die Palme bringen."
„Du siehst nur zu gern, wie weit du es treiben kannst, bevor ich wütend werde."
„Du willst immer da spielen, wo ich arbeite."

4. Belehren, Anleiten

„Es gehört sich nicht, jemanden zu unterbrechen."
„Artige Kinder tun das nicht."
„Was würdest du sagen, wenn ich dir das antäte?"
„Warum bist du zur Abwechslung nicht einmal artig?"
„Was du nicht willst, das man dir tu' ... usw."

Das sind alles Herabsetzungen – sie ziehen den Charakter des Kindes in Zweifel, lehnen es als Mensch ab, zerstören seine Selbstachtung, betonen seine Unzulänglichkeiten, fällen ein Urteil über seine Persönlichkeit. Sie geben dem Kind die Schuld.

Welche Wirkungen rufen diese Botschaften wahrscheinlich hervor?

1. Kinder fühlen sich oft schuldbewußt und voll Reue, wenn sie verurteilt oder beschuldigt werden.
2. Kinder haben das Gefühl, daß der Elternteil nicht fair ist – sie empfinden Ungerechtigkeit: „Ich habe nichts Böses getan" oder „Ich wollte nicht unartig sein".
3. Kinder fühlen sich oft ungeliebt, zurückgestoßen: „Sie mag mich nicht, weil ich etwas Böses getan habe."
4. Kinder reagieren oft sehr widerspenstig auf derartige Botschaften – sie stellen sich auf die Hinterbeine. Das die Eltern störende Verhalten aufzugeben, würde ein Eingeständnis der Stichhaltigkeit des elterlichen Vorwurfs oder Urteils sein. Die typische Reaktion eines Kindes würde sein: „Ich störe dich nicht" oder „Die Teller sind niemandem im Weg".
5. Kinder zahlen oft mit gleicher Münze heim: „Du bist auch nicht immer so ordentlich" oder „Du bist ständig müde", „Du bist ein schrecklicher Miesepeter, wenn Besuch kommt" oder „Warum kann das Haus nicht so sein, daß wir darin leben können?"
6. Herabsetzungen geben dem Kind das Gefühl der Unzulänglichkeit. Sie reduzieren seine Selbstachtung.

Quelle: Thomas Gordon, 1989

3. Warum Ich-Botschaften wirksamer sind

„Ich-Botschaften" sind wirksamer, um ein Kind zu beeinflussen, ein Verhalten zu modifizieren, das für den Elternteil unannehmbar ist, und dessen Modifizierung für das Kind und die Eltern-Kind-Beziehung gesünder ist. Die „Ich-Botschaft" ist viel weniger geeignet, Widerstand und Rebellion zu provozieren. Es ist weitaus weniger bedrohlich, einem Kind aufrichtig die Wirkung seines Verhaltens auf *Sie* zu übermitteln, als anzudeuten, daß irgend etwas an *ihm* böse ist, weil es sich diesem Verhalten nicht hingibt. Denken Sie an den signifikanten Unterschied in der kindlichen Reaktion auf diese zwei Botschaften, die ein Elternteil sendete, nachdem ihn ein Kind vor das Schienbein tritt:

„Au" Das hat mir wirklich weh getan – ich mag nicht, wenn man mich tritt."
„Du bist ein sehr unartiger Junge. Untersteh dich, jemanden so zu treten."

Die erste Botschaft sagt dem Kind nur, was Sie durch seinen Tritt fühlten, eine Tatsache, die es kaum bestreiten kann. Die zweite sagt ihm, daß es „unartig" war, und warnt es davor, das wieder zu tun; gegen beides kann es Einwände erheben und sich wahrscheinlich heftig sträuben.

„Ich-Botschaften" sind auch unendlich viel wirksamer, weil sie die Verantwortung für die Modifizierung seines Verhaltens in die Hände des Kindes legen. „Au! Das hat mir wirklich weh getan" und „Ich mag nicht, wenn man mich tritt" sagen dem Kind, wie Sie fühlen, überlassen es jedoch ihm, etwas zu tun.

Folglich helfen „Ich-Botschaften" dem Kind, voranzukommen, helfen ihm, Verantwortung für sein eigenes Verhalten zu übernehmen. Eine „Ich-Botschaft" sagt dem Kind, daß Sie ihm die Verantwortung überlassen, ihm zutrauen, auf konstruktive Weise mit der Situation fertig zu werden, ihm zutrauen, daß es Ihre Bedürfnisse respektiert, ihm eine Chance geben, damit zu beginnen, sich konstruktiv zu verhalten.

Weil „Ich-Botschaften" aufrichtig sind, neigen sie dazu, das Kind zu beeinflussen, ähnlich aufrichtige Botschaften zu senden, *wann immer es eine Empfindung hat.* „Ich-Botschaften" des einen Menschen in einer Beziehung fördern „Ich-Botschaften" des anderen. Das ist der Grund, warum in sich verschlechternden Beziehungen Konflikte häufig in gegenseitige Beschimpfungen und wechselseitige Beschuldigungen ausarten.

Quelle: Thomas Gordon, 1989

4. Wie man eine vertrauensvolle Beziehung aufbaut

Einige Menschen sind vertrauensvoller als andere, und das liegt in erster Linie an unseren früheren Erfahrungen, daran, wie wir selbst behandelt wurden. Der britische Psychologe John Bowlby sieht einen möglichen Zusammenhang zwischen dem Mißtrauen des Erwachsenen und einer lieblosen Kindheit. Erik Erikson meint, Vertrauen entwickele sich während der ersten Versuche, Intimität und Nähe zu erleben und zu erproben. Als Erwachsene können wichtige Beziehungen unser Vertrauen entweder verstärken oder unsere Ängste vor emotionalem Engagement verfestigen. Doch selbst, wenn frühere Beziehungen starke Zweifel ausgelöst haben, besteht auch später noch die Möglichkeit, Vertrauen wieder aufzubauen.

Sicher verdienen einige Menschen unser Vertrauen und andere nicht. Doch das Verhalten, auf das wir unsere positive oder negative Beurteilung stützen, sollte nicht ausschließlich schwarz oder weiß gesehen werden. Wir sollten eher zu verstehen versuchen, was dieses Verhalten speziell für uns und für die Beziehung bedeutet. Das Verhalten des Partners kann man nicht von heute auf morgen ändern, aber wir können unsere Einschätzung seiner Handlungsweisen differenzieren und mit dem Aufbau von Vertrauen bei uns selbst beginnen.
Vor einem sollten wir uns hüten: nämlich negatives Verhalten überzubewerten. Meistens geschieht das, wenn ein Ereignis frühere Verletzungen und Kränkungen wieder aufrührt. In einer Untersuchung haben wir kürzlich Paare gebeten, sich an Zeiten der Enttäuschung in ihrer Beziehung zu erinnern. Dieses simple Aufrühren von negativen Erinnerungen hatte zur Folge, daß sie in einer nachfolgenden Situation nur noch das sahen, was sie (negativ gefärbt) in diesem Augenblick sehen wollten. Sie wurden völlig umempfänglich für das aktuelle Verhalten des Partners und bezogen sich bei der Beurteilung ihrer Wechselbeziehung ausschließlich auf die Vergangenheit. Da frühere Erlebnisse unseren Blick derart trüben können, sollten wir besonders wachsam sein, wenn es um Dinge geht, die emotionale Unsicherheit auslösen können.
Es empfiehlt sich daher, sich auf das reale Verhalten des anderen zu konzentrieren und nicht über seine innere Einstellung oder seinen Charakter zu spekulieren.
Außerdem sollten wir einfühlsamer und anerkennender auf seine positiven Verhaltensweisen eingehen. Kurz: Erlauben wir uns zu vertrauen, geben wir dem anderen einen Vertrauens-Vorsprung und lassen wir ihm genügend Raum, auch einmal Fehler zu machen.
Gewiß – das sind gewagte Vorschläge, und sie mögen nicht für jeden die richtigen sein. An jemanden zu glauben, obwohl gute Gründe für Zweifel vorhanden sind, ist nicht leicht und schließt die Möglichkeit für Kränkungen und Enttäuschungen mit ein. Doch – so paradox es klingt – um vertrauen zu können, muß man Vertrauen wagen. Wenn wir versuchen, bei dem anderen von neuem Anzeichen für Zuneigung zu entdecken, riskieren wir Enttäuschung. Versuchen wir es nicht, werden wir es nie erfahren.

Quelle: J. K. Rempel/J. G. Holmes, 1986

5. Fördernde und hemmende Reaktionen in einer sozialen Kommunikation

Mit welchen konkreten Verhaltensweisen können Sie einem Gesprächspartner helfen, sein Problem zu klären und eventuell eine Lösung zu finden? Und durch welche Verhaltensweisen kann Ihr Gesprächspartner gehemmt werden, seine Gefühle und Gedanken auszudrücken, um sie in einen neuen Zusammenhang stellen zu können?
Diese Verhaltensweisen, die als Anwendung der in den vorangegangenen Kapiteln dargestellten Einstellungen aufzufassen sind, sollen hier noch einmal zusammenfassend dargestellt werden.

1. Fördernde Reaktionsweisen

sind alle Reaktionen, die dem Gesprächspartner vermitteln,

- daß seine Gefühle und Gedanken verstanden, akzeptiert und nicht-wertend gehört und aufgenommen werden;
- daß man aktiv engagiert und beteiligt am Gespräch ist;
- daß man sich selbst offen mit seinen eigenen Gedanken und Gefühlen in das Gespräch einbringt.

Solche fördernden Reaktionsweisen sind zum Beispiel:
Aktives aufmerksames und akzeptierendes Zuhören. Gemeint ist hier kein passives Schweigen, sondern ein engagiertes Zuhören

(...)

Paraphrasieren. Sie wiederholen den Inhalt der Aussage Ihres Gesprächspartners noch einmal in Ihren Worten, um sicherzugehen, ob Sie ihn auch richtig verstanden haben.
Verbalisierung der gefühlsmäßigen Erlebnisinhalte. Sie teilen Ihrem Gesprächspartner mit, welche Gefühle Sie aus seiner Äußerung herausgehört haben. Sie paraphrasieren also den gefühlsmäßigen Inhalt seiner Aussage und nicht die Darstellung äußerer Sachverhalte (siehe Stufe III des partnerzentrierten Gesprächs).
Wahrnehmungsüberprüfung. Sie sagen Ihrem Gesprächspartner, wie Sie sein Verhalten hier und jetzt wahrnehmen, und fragen, ob Ihre darauf beruhenden Vermutungen zutreffen. Beispiel: „Ich habe den Eindruck, daß du jetzt aufgeregt bist, stimmt das?"
Informationssuche. Gemeint sind hier Fragen, die sich genau auf das beziehen, was Ihr Gesprächspartner geäußert hat. Fragen, die neue Themenbereiche anschneiden, würden den Gesprächspartner in seinem Gedankenfluß hemmen.
Mitteilung der eigenen Gefühle. Sie äußern, wie Sie selbst dem besprochenen Problem gegenüber fühlen. Sie machen damit transparent, wie Sie darüber denken und fühlen. Der Versuch

aber, den Gesprächspartner zu überzeugen, daß er diese Gedanken und Gefühle übernehmen sollte, wird ihn in seinem Gefühlsausdruck hemmen. Hilfreich kann auch die Mitteilung der eigenen Gefühle dem Gesprächspartner gegenüber sein (Feed-back).

2. Hindernde Reaktionsweisen

sind alle Reaktionsweisen, die

- dem Gesprächspartner seine Gefühle ‚nehmen', das heißt, ihm vermitteln, daß er diese Gefühle gar nicht haben und äußern dürfte;
- dem Gesprächspartner Gefühle der Unterlegenheit und Bedeutungslosigkeit vermitteln;
- dem Gesprächspartner vermitteln, daß man ihm nicht zutraut, daß er mit Hilfe unserer partnerzentrierten Reaktionen allein eine Lösung für sein Problem finden wird.

Solche Reaktionsweisen sind zum Beispiel:

Wechsel des Themas ohne Erklärung. Damit vermitteln Sie Ihrem Gesprächspartner, daß Sie an seinen Äußerungen nicht interessiert sind.

Beenden des Blickkontaktes. Gemeint ist hier die optische Beschäftigung mit anderen Menschen oder Dingen und nicht das Wegschauen, damit Ihr Gesprächspartner sich beim Nachdenken besser konzentrieren kann.

Interpretationen. Wenn Sie Ihren Gesprächspartner belehren, welche Motive hinter seinem Handeln stehen („Das tust du, weil ..."), dann spielen Sie sich damit zu einem ‚Guru' auf, der schon weiß, was mit dem anderen los ist.

Ratschläge und Überredung. Ihr Gesprächspartner will zunächst verstanden werden und nicht mit Rezepten überschüttet werden. Alle Befehle und Aufforderungen („Sei doch mal ...", „tu doch mal ...") bringen ihn dazu, seine Gefühle dem Problem gegenüber nicht mehr zu äußern, und vermitteln ihm ein Gefühl der Unterlegenheit und des Versagens. Außerdem entmündigen Sie Ihren Gesprächspartner mit diesen Verhaltensweisen und schwingen sich zu seinem Vormund auf. Hilfreich kann es aber sein, wenn Sie im Verlauf des Gesprächs äußern, wie Sie selbst solch ein Problem einmal gelöst haben oder lösen würden, und es dem Gesprächspartner überlassen, zu entscheiden, ob Ihre Lösungen für seine Situation nützlich sind.

Verneinung der Gefühle. Hemmend wirken sich Äußerungen aus, wie beispielsweise: „Du hast gar keinen Grund, diese Gefühle zu haben!", „Du solltest aber anders fühlen und denken!" oder auch das gutgemeinte: „Du brauchst gar keine Angst zu haben!" Ihr Gesprächspartner wird das Gefühl erhalten, daß er keine Berechtigung zu seinen Gefühlen hat. Er wird seine Gefühle dann unterdrücken oder Scheingründe suchen, damit diese Gefühle eine ‚Berechtigung' erhalten. Er muß dann seine Zeit und Kraft dafür einsetzen, seine Gefühle zu rechtfertigen, anstatt diese Kraft für die Klärung und Lösung des Problems einzusetzen.

Emotionale Verpflichtungen. Äußerungen wie: „Wie kannst du nur so schlecht über ... denken, wo er doch immer so nett zu dir war?" erzeugen beim Gesprächspartner Scham- und Minderwertigkeitsgefühle, und er wird vor Ihnen nicht mehr offen äußern mögen, was er denkt und fühlt.

Die Benutzung der offenen Äußerungen als Kampfmittel. Wenn Sie die Information, die Ihnen Ihr Gesprächspartner in einem offenen Gespräch anvertraut, später gegen ihn verwenden (z. B.: „Aber damals hast du mir doch gesagt ...", „Wie kannst du jetzt nur ..."), dann erschüttern Sie das Vertrauen Ihres Gesprächspartners, und er wird sich vor Ihnen nicht mehr offen äußern können.

Quelle: Lutz Schwäbisch / Martin Siems, 1974

Aufgaben und Anregungen — Kapitel IX

Reproduktion von Informationen:

1. Bestimmen Sie die Begriffe soziale Interaktion, soziale Kommunikation und Metakommunikation.
(Abschnitt 9.1.1)

2. Zeigen Sie Elemente und Bedingungen einer sozialen Interaktion und Kommunikation auf.
(Abschnitt 9.1.2 und 9.1.3)

3. Stellen Sie die Bedeutung und das Ziel sozialer Interaktion und Kommunikation dar. (Abschnitt 9.1.4)

4. Klären Sie den Begriff Interaktions- und Kommunikationsstörung, und beschreiben Sie mögliche Ursachen von Interaktions- und Kommunikationsstörungen. (Abschnitt 9.2.1 und 9.2.2)

5. Erläutern sie die Axiome von Paul Watzlawick. (Abschnitt 9.3.1)

6. Zeigen Sie Möglichkeiten erfolgereicher Interaktion und Kommunikation auf. (Abschnitt 9.3.2)

Anwendungsaufgaben:

7. *Bestimmen Sie die Begriffe „soziale Kommunikation", „Metakommunikation" und „soziale Interaktion".
   Beschreiben Sie am Beispiel der Familie oder am Beispiel der Schule wesentliche Elemente und Bedingungen sozialer Kommunikation und Interaktion.
   (Abschnitt 9.1.1, 9.1.2 und 9.1.3)

8. *Stellen Sie die Bedeutung von Kommunikation und Interaktion für Kinder und Erwachsene am Beispiel **eines** Lebensbereichs (z. B. Familie, Kindergarten, Schule) dar.
   (Abschnitt 9.1.4)

9. Beschreiben Sie am Beispiel einer Partnerschaft wesentliche Funktionen sozialer Interaktion und Kommunikation.
   (Abschnitt 9.1.4)

10. *Beschreiben Sie am Beispiel einer typischen Erziehungssituation, welche Störungen der Kommunikation und Interaktion häufig zu beobachten sind, und erläutern Sie deren Ursachen (eventuell unter Zuhilfenahme von Axiomen nach Watzlawick).
    (Abschnitt 9.2.1, 9.2.2, 9.2.3 und/oder 9.3.1)

11. *Erläutern Sie anhand eines selbstgewählten Beispiels die Entstehung und den wahrscheinlichen Ablauf gestörter Kommunikations-/Interaktionsprozesse. Verdeutlichen Sie Ihre Aussagen mit Hilfe geeigneter kommunikationspsychologischer Erkenntnisse.
    (Abschnitt 9.2.1, 9.2.2, 9.2.3 und 9.3.1)

12. Beschreiben Sie wichtige kommunikationspsychologische Erkenntnisse, und leiten Sie aus diesen Erkenntnissen ab, wie es möglicherweise zu Interaktions- und Kommunikationsstörungen kommen kann.
    (Abschnitt 9.3.1)

13. Zeigen Sie verschiedene Möglichkeiten erfolgreicher Interaktion und Kommunikation in Konfliktsituationen auf.
    (Abschnitt 9.3.2)

14. *Stellen Sie diejenigen Erkenntnisse über erfolgreiche Kommunikation/Interaktion dar, die dem Sozialpädagogen bei der Anwendung **einer** Methode der Sozialarbeit/-pädagogik hilfreich sein können.
    (Abschnitt 9.3.2)

15. Aufgaben und Fragen zu dem eingangs geschilderten Gespräch zwischen Robert und Ursel:

a) Beschreiben Sie am Beispiel dieses Dialogs wesentliche Elemente und Bedingungen eines Kommunikationsprozesses.

b) Welche Ziele verfolgen die beiden Kommunikationspartner in diesem Dialog?

c) Beschreiben Sie die in diesem Dialog vorliegende Interaktions- und Kommunikationsstörung, und zeigen Sie mögliche Ursachen auf, die zu dieser Störung geführt haben könnten. Verdeutlichen Sie die Störungen mit Hilfe kommunikationspsychologischer Erkenntnisse wie zum Beispiel den Axiomen der Kommunikation von P. Watzlawick.

d) Zeigen Sie Möglichkeiten auf, wie die beiden Partner erfolgreich miteinander kommunizieren könnten.

Anregungen:

16. Übung: Unwirksame Botschaften erkennen

Anleitung: Lesen Sie jede der unten aufgeführten Situationen und die vom Elternteil gesendete Botschaft. Auf ein Blatt Papier schreiben Sie die Gründe dafür auf, warum die Botschaft des Elternteils als Sendung nicht wirksam war, indem Sie die folgende Liste von „Sendefehlern" verwenden:

Untertreiben
Beschuldigen, verurteilen
Indirekte Botschaft, Sarkasmus[1]
Lösungen, Befehle senden
Sekundären Empfindungen Luft machen
Beschimpfungen
Antippen und weglaufen

Beispiel:

Situation und Botschaft	*Mangelhaftes Senden, weil*
Zehnjähriger läßt offenes Fahrtenmesser auf dem Boden des Kinderzimmers liegen. „Das war so dumm, das Baby hätte sich schneiden können."	*Beschuldigen, verurteilen*

1. *Die Kinder streiten sich darüber, welches Fernsehprogramm sie sehen. „Hört mit dem Streiten auf, und stellt augenblicklich den Apparat ab."*
2. *Tochter kommt um 1.30 Uhr nachts nach Hause, nachdem sie zugestimmt hat, um 12 Uhr zurück zu sein. Der Elternteil ist sehr besorgt gewesen, daß ihr etwas geschehen sein könnte. Elternteil erleichtert, als sie schließlich kommt. „Man kann dir also nicht vertrauen, das sehe ich. Ich bin so böse auf dich. Du wirst einen Monat lang Hausarrest haben."*
3. *Zwölfjähriger ließ Tür zum Schwimmbecken offenstehen und brachte damit Zweijährigen in Gefahr. „Was wolltest du? Deinen kleinen Bruder ertrinken lassen? Ich bin wütend mit dir."*
4. *Lehrer schickt den Eltern einen Brief, in dem er erklärt, der Elfjährige führe zu viele laute und „schmutzige" Reden in der Klasse. „Komm mal her und erkläre mir, warum du deine Eltern mit deinem ungewaschenen Mundwerk in Verlegenheit bringen willst?"*

---

1 Sarkasmus = beißender Spott

5. Mutter ist böse und sehr frustriert, weil das Kind trödelt und sie zu einer Verabredung zu spät kommen läßt. „Mutter wäre es lieb, wenn du ihr gegenüber rücksichtsvoller wärst."

6. Mutter kommt nach Hause und findet das Wohnzimmer in großer Unordnung vor, nachdem sie die Kinder gebeten hatte, es in Anbetracht zu erwartenden Besuchs sauberzuhalten. „Ich hoffe, ihr beiden hattet auf meine Kosten viel Spaß heute nachmittag."

7. Vater fühlt sich vom Anblick und Geruch der schmutzigen Füße seiner Tochter abgestoßen. „Wäschst du dir denn niemals wie andere Leute die Füße? Marsch, unter die Dusche."

8. Das Kind stört Sie, weil es durch Purzelbaumschlagen die Aufmerksamkeit Ihres Besuchs auf sich lenkt. Mutter sagt: „Du kleiner Angeber."

9. Mutter ist ärgerlich mit dem Kind, weil es das Geschirr nach dem Abwaschen nicht fortgeräumt hat. Als das Kind zum Schulbus rennt, ruft die Mutter: „Weißt du auch, daß ich heute morgen sehr ärgerlich mit dir bin?"

Vergleichen Sie Ihre Antworten mit diesen:

1. *Lösungen senden.*
2. *Beschuldigen, verurteilen, sekundären Empfindungen Luft machen. Lösungen senden.*
3. *Beschuldigen, verurteilen, sekundären Empfindungen Luft machen.*
4. *Beschuldigen, verurteilen.*
5. *Beschuldigen, verurteilen, untertreiben.*
6. *Indirekte Botschaft.*
7. *Indirekte Botschaft, Lösung senden, beschuldigen, verurteilen.*
8. *Beschimpfen.*
9. *Antippen und weglaufen.*

Quelle: Thomas Gordon, 1989

Schreiben Sie unter Vermeidung aller „Sendefehler" für jede der oben angeführten Situationen passende „Ich-Botschaften".

17. Lesen Sie bitte die in Materialien 2. genannten Du-Botschaften und versteckten Botschaften. „Übersetzen" Sie diese Botschaften in Ich-Botschaften bzw. in offene Botschaften.

18. Übung: Sprechen und Zuhören

Nachfolgend wird eine Methode beschrieben, mit der die Wahrnehmung für Vorgänge in der „Kommunikation" geschärft und eingeübt wird:
Die Übung bezieht sich wesentlich darauf, an der Realität zu lernen, wie man einerseits sich präzise ausdrückt, andererseits aber auch genau zuhört.

Zweck dieser Übung:

- *Die Teilnehmer sollen einüben, anderen genau zuzuhören, um an dem Gehörten ihre eigene Zusammenfassung kontrollieren zu können.*
- *Die Teilnehmer sollen einüben, sich selbst genau auszudrücken.*
- *Das Verständnis für die Komplexität und die Schwierigkeiten, die mit jeder Kommunikation schlechthin verbunden sind, soll erweitert werden.*

Material und Aufbau:

- *Tafel und Kreide.*
- *Bequeme Sitzmöglichkeiten in einem ausreichend großen Raum, der es ermöglicht, durch Verschiebung der Stühle Dreiergruppen zu bilden.*

Praktisches Vorgehen:

Der Leiter beginnt eine Diskussion über die Probleme des Verstehens anderer und des Verstandenwerdens durch andere. Es empfiehlt sich, hierzu ein lebensnahes, dringliches Alltagsthema zu wählen. Zwei Mitglieder der Gesamtgruppe werden zunächst zur Demonstration aufgrund ihrer freiwilligen Meldung ausgewählt. Sie sollen sich in eine offene Diskussion über das Thema begeben. Die Bedingung der Übung ist jedoch, daß jeder eine den anderen jeweils befriedigende Zusammenfassung des Gehörten gibt, bevor er antwortet. Nach einer kurzen Analyse dieser Demonstration wird die restliche Gruppe in Untergruppen von je drei Mitgliedern aufgeteilt. In jeder Gruppe dient ein Mitglied als Beobachter, während die beiden anderen die Übung durchführen. Diese Rollen werden so lange gewechselt, bis jedes Mitglied in der Beobachterrolle war. Nach Beendigung der Übung beginnt eine allgemeine Diskussion und Auswertung der Beobachtungen.

Quelle: Tobias Brocher, 1980[15]

19. Feed-back: „Heißer Sitz"

Die Gruppenmitglieder sitzen im Kreis. In ihrer Mitte steht ein leerer Stuhl. Ein Gruppenmitglied setzt sich auf diesen ‚heißen Sitz' und bittet nacheinander vier Gruppenmitglieder um Feed-back. Er soll die Gruppenmitglieder auswählen, von denen ihm im Augenblick das Feed-back am wichtigsten ist. Die Gruppenmitglieder fangen ihr Feed-back mit den stereotypen Einleitungen an: „Mir gefällt an dir ..." und „Mir mißfällt an dir ...". Beide Aspekte sollten in dem Feed-back enthalten sein, und es sollte alle Gefühle und Gedanken einschließen, die ein Gruppenmitglied dem Mitglied auf dem heißen Sitz gegenüber hat. Oft klären sich diese Gefühle erst beim Aussprechen, und der Feed-back-Geber wird sich dabei seiner Gefühle bewußter.

Ist auf diese Weise viermal Feed-back gegeben worden, berichtet das Gruppenmitglied in der Mitte von seinen augenblicklichen Gefühlen und entscheidet, ob es von den restlichen Gruppenmitgliedern noch Zusätze oder Ausführungen zu den verschiedenen Rückmeldungen erhalten will. Auch die Mitglieder im Außenkreis können von sich aus jetzt noch Zusätze machen, müssen das Gruppenmitglied aber zunächst fragen, ob es dieses Feed-back hören will.

Wenn das geschehen ist, setzt sich das Gruppenmitglied wieder auf seinen alten Platz, berichtet noch einmal kurz von seinem momentanen Gefühl, und das nächste Gruppenmitglied setzt sich in die Mitte auf den heißen Sitz.

Jedes Gruppenmitglied hat ungefähr 12 Minuten Zeit und eine Zeitüberschreitung kann andere Gruppenmitglieder daran hindern, später ihr Feed-back zu erhalten.

Regeln

Diese Regeln sind für das Gelingen der Übung sehr wichtig. Sie sind unbedingt einzuhalten.

1. *Das Gruppenmitglied in der Mitte darf auf das Feed-back nicht inhaltlich antworten. Es soll den Feed-back-Geber nur anschauen und zuhören. Am Schluß des Feed-back soll das Gruppenmitglied zum Feed-back-Geber einzig und allein sagen: „Ich danke dir und will darüber nachdenken und prüfen, was davon für mich wichtig ist."*
2. *Nach dem gesamten Feed-back darf das Gruppenmitglied auf dem heißen Stuhl nur von seinen momentanen Gefühlen sprechen (Betroffenheit, Freude, Erleichterung, Verwunderung, Nachdenklichkeit usw.). Es darf nicht inhaltlich Stellung nehmen. Der Gruppenteilnehmer soll das Feed-back erst einmal ‚sacken' lassen und in sich aufnehmen. Das Nachdenken und Verarbeiten des Feed-back wird durch eine inhaltliche Diskussion nur behindert.*
3. *Es sollte akzeptiert werden, wenn ein Gruppenmitglied im Moment kein Feed- back geben kann, besonders wenn es vorher auf dem heißen Sitz war. Dieser Gruppenteilnehmer kann dann als vierter Feed-back geben oder es zu einem späteren Zeitpunkt nachholen.*

Quelle: Lutz Schwäbisch/Martin Siems, 1974

10 Soziale Einstellung und Einstellungsänderung

Die Elektrowaren-Vertreter und die Bauern

Vor ein paar Jahren reisten einige seriös gekleidete Herren in ein abgelegenes Tal in den Tiroler Bergen. Sie waren Vertreter von Elektowaren und schlossen überall, wo sie in dem Tal hinkamen, Kaufverträge für Kühlschränke und -truhen, Radioapparate, Fernseher und allerhand moderne Küchengeräte ab. Sie machten ein gutes Geschäft und konnten die Bauern dort von der Notwendigkeit ihrer Geräte überzeugen. Die Bauern unterschrieben bereitwillig die Verträge und freuten sich, daß sie nun endlich auch alle die Dinge bekommen sollten, die überall den Menschen das Leben und die Arbeit leichter machen.

Doch die Sache hatte einen Haken: Es gab in diesem Tal keinen elektrischen Strom, und es war auch nicht abzusehen, wann es ihn einmal geben würde.

Quelle: Josef Kirschner, 1974

Es ist zwar nicht immer so leicht, die Menschen von einem Sachverhalt zu überzeugen, doch sind sehr viele Menschen oder Menschengruppen daran interessiert, Einstellungen anderer zu beeinflussen und zu ändern. Produkthersteller zum Beispiel wollen mit Hilfe der Werbung unsere Einstellung zugunsten ihres Produktes ändern, politische Parteien wollen den Bürger von ihrem Programm überzeugen.

Aus diesen Tatsachen ergeben sich mehrere Fragen:

1. Was versteht man unter dem Begriff Einstellung?
   Wie sind Einstellungen strukturiert, wie stehen sie zueinander?
2. Welche Merkmale sind bei der Beschreibung von Einstellungen zu beachten?
   Welche Funktionen erfüllen sie?
3. Wie entstehen Einstellungen?
   Welche Faktoren und Vorgänge sind an Aufbau, Stabilisierung und Änderung von Einstellungen beteiligt?
4. Wie lassen sich Einstellungen ändern?
   Welche theoretischen Erkenntnisse sind für Einstellungsänderungen hilfreich?

10.1 Der Begriff Einstellung und seine Funktionen

Die vielfältigen Bestimmungsbemühungen zum Begriff „soziale Einstellung“ lassen sich auf zwei Richtungen zurückführen, auf die **behavioristische** (= verhaltensorientierte) und die **kognitive** (= erkenntnismäßige) Richtung.

Aus behavioristischer Sicht wird Einstellung gleichgesetzt mit Verhalten, das durch entsprechende Reize ausgelöst wird. Einstellung wird hier definiert als **beobachtbares Verhalten,** das mit Hilfe von Lerntheorien erklärt werden kann.

Im folgenden wird jedoch der *kognitive Einstellungsbegriff* verwendet, auf den sich der weitaus größere Teil der Einstellungsforschung beruft.

10.1.1 Begriffsbestimmung „Einstellung“

Durch folgende **Merkmale** ist der kognitive Begriff der sozialen Einstellung gekennzeichnet:

- Einstellungen beziehen sich auf **bestimmte Objekte.** Einstellungsobjekt können Personen bzw. Personengruppen (Ausländer, Frauen, Homosexuelle, Kriegsdienstverweigerer, Lehrer), Einrichtungen (Kirche, Schule, Bundeswehr) und Gegenstände (Auto, Eigenheim, Waffen) oder Sachverhalte (Religion, Ideologie, Politik, Umweltschutz) sein.
- Einstellungen sind **relativ lang andauernd.** Eine gewonnene Einstellung hat die Tendenz, nicht nur einmal gezeigt, sondern beibehalten zu werden, oft ein Leben lang.
- Einstellungen sind **erworben:** Einstellungen werden im Laufe des Lebens erlernt und sind nicht Ergebnis eines Reifungsprozesses. Ihre Entstehung und Änderung läßt sich mit Hilfe von Verhaltenstheorien wie beispielsweise den Lerntheorien erklären (vgl. Kapitel 4.7.2, 4.7.3 und Abschnitt 10.3.3)
- Einstellungen betreffen **Kognition, Gefühl und Verhalten:** Einstellungen zeigen sich in kognitiven Funktionen wie Wahrnehmung, Denken, im Gefühl und Verhalten gleichermaßen. Diese Dreiteilung entspricht der klassischen Sichtweise des psychischen Geschehens seit Platon („Denken, Fühlen, Wollen“) und hat auch in der Einstellungsforschung Tradition. Darauf wird im nächsten Abschnitt noch näher eingegangen.
- Einstellung ist ein **hypothetisches Konstrukt,** das nur indirekt erschlossen werden kann. Bei dem Begriff Einstellung handelt es sich um gedanklich Konstruiertes, um ein *Denkmodell* zur Erklärung, warum sich Menschen gegenüber bestimmten Objekten über einen längeren Zeitraum hinweg gleichbleibend und beständig in unterschiedlicher Weise verhalten. Einstellungen werden deshalb als **Bereitschaften** bezeichnet und können nicht direkt beobachtet werden. Lediglich das Verhalten läßt Rückschlüsse auf eine bestimmte Einstellung zu.

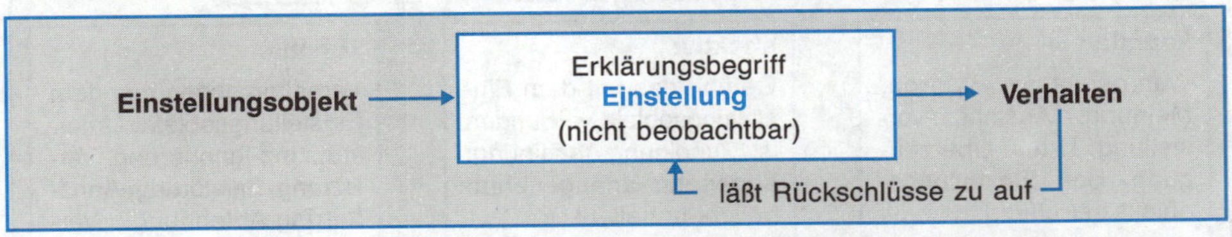

Einstellungen sind relativ lang andauernde, im Verlauf des Lebens erworbene Bereitschaften, auf bestimmte Objekte aus der Umwelt mit kognitiven Vorgängen und Gefühlen sowie mit offenen Verhaltensweisen in einer bestimmten beständigen Weise zu reagieren.

Im Zusammenhang mit dem Begriff Einstellung wird auch oft das Wort **„Vorurteil“** gebraucht. Von einem Vorurteil spricht man dann, wenn es sich dabei um eine behauptende, negative Bewertung bzw. Abwertung von bestimmten Personen oder Personengruppen – zum Beispiel Ausländern, Asylanten, Behinderten – handelt, die sich auf irrtümliche Verallgemeinerungen stützt und auch durch gegenteilige, wahrheitsgetreue Informationen in der Regel nicht geändert werden kann. Dabei ist das Vorurteil eine kognitive Haltung, die stark emotional gestützt ist. Die Umsetzung eines Vorurteils aus dem Denken und Fühlen in das Handeln bezeichnen wir als Diskriminierung. Vieles, was in den folgenden Abschnitten über die Einstellung gesagt wird, trifft auch auf das Vorurteil zu.

10.1.2 Die Struktur von Einstellungen

Jede soziale Einstellung läßt sich in drei Komponenten, die Einstellungskomponenten, aufgliedern. Diesen Sachverhalt bezeichnen wir als **Einstellungsstruktur:**

- Die **kognitive Einstellungskomponente** äußert sich in der Wahrnehmung, dem Wissen, der Meinung, der Vorstellung der Überzeugung oder im Glauben in bezug auf das Einstellungsobjekt.
- Die **affektive Einstellungskomponente** bezieht sich auf das mit dem Einstellungsobjekt verknüpfte Gefühl. Das Objekt, auf das sich die Einstellung bezieht, „läßt einen nicht kalt".
- Die **konative Einstellungskomponente** beinhaltet das Verhalten eines Individuums, das das Einstellungsobjekt hervorruft.

Ein Beispiel soll die Einstellungsstruktur verdeutlichen:
In das Haus, in welchem Herr Feindlich im Erdgeschoß wohnt, will in den ersten Stock eine Wohngemeinschaft einziehen. Herr Feindlich ist jedoch dagegen, weil er der Meinung ist, die jungen Leute würden die gesamte Moral untergraben, die Nacht zum Tag machen und auch sehr laut sein (= kognitive Einstellungskomponente). Zugleich ärgert sich Herr Feindlich, ja er ist sogar wütend darüber, daß über ihm eine Wohngemeinschaft einziehen soll (= affektive Einstellungskomponente). Er legt beim Hausbesitzer Protest ein, indem er ihm zunächst einen Brief schreibt und ihn daraufhin zu einem Gespräch aufsucht (= konative Einstellungskomponente).

Bei der konativen Einstellungskomponente handelt es sich in erster Linie um eine mit dem Einstellungsobjekt verbundene Bereitschaft zum Verhalten. Es ist also nicht unbedingt erforderlich, daß ein bestimmtes Verhalten oder eine Handlung auch tatsächlich ausgeführt wird.

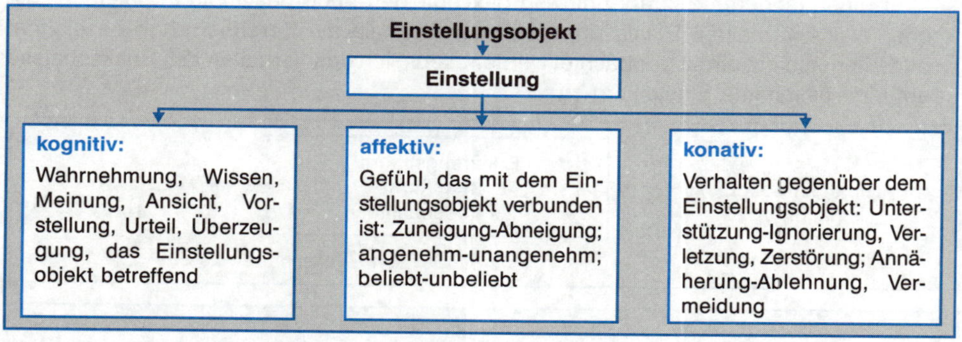

Die einzelnen Einstellungskomponenten stimmen in der Regel überein, sie stehen in einem **konsistenten**[1] bzw. **konsonanten Zustand** zueinander.

Herr Feindlich, der zu einer Wohngemeinschaft eine ablehnende Meinung hat, zeigt auch Abneigung und unternimmt alles, um ihren Einzug zu verhindern.

Falls ein inkonsistenter bzw. dissonanter Zustand besteht, wird der Mensch bestimmte Mechanismen zur Abwehr entwickeln oder die Neigung zeigen, seine Einstellung zu ändern, um wieder einen Konsistenzzustand herbeizuführen.

Trifft Herr Feindlich zufällig auf einer Veranstaltung die Frau, die mit in die Wohngemeinschaft ziehen will, so kann es möglich sein, daß er sie meidet, oder aber er nimmt Kontakt mit ihr auf und verliebt sich beispielsweise in sie. Dann wird die Änderung in der affektiven Einstellungskomponente auch zu einer Änderung in der kognitiven Komponente („Die sind ja gar nicht so übel, wie ich dachte.") und der konativen Einstellungskomponente (keinen Protest beim Hausbesitzer einlegen) führen.

---

[1] konsistent: ohne Widerspruch

Der amerikanische Psychologe *M. J. Rosenberg* führte einen Versuch durch, der zeigte, daß die drei Einstellungskomponenten miteinander verbunden sind und daß eine Änderung in der einen Einstellungskomponente zu einer Änderung in den übrigen beiden führen kann, um die interne Konsistenz innerhalb der gesamten Einstellungsstruktur wiederherzustellen.

➡ **Materialien 1.**

Diese gegenseitige Abhängigkeit der einzelnen Einstellungskomponenten untereinander wird als **Systemcharakter von Einstellungen** oder auch als **Einstellungssystem** bezeichnet.

Diese Konsistenz trifft nicht nur innerhalb der einzelnen Einstellungskomponenten zu, sondern auch auf verschiedene Einstellungen, die untereinander in einem Zusammenhang stehen und voneinander abhängig sind.

Frau Müller zum Beispiel ist sehr umweltbewußt. Diese positive Einstellung gegenüber der Umwelt bildet ein ganzes System mit anderen Einstellungen wie gegenüber der Abfallbeseitigung, Tierversuchen, Straßenbau, Naturschutz, Waldsterben, Abtreibung, Rauchen usw.

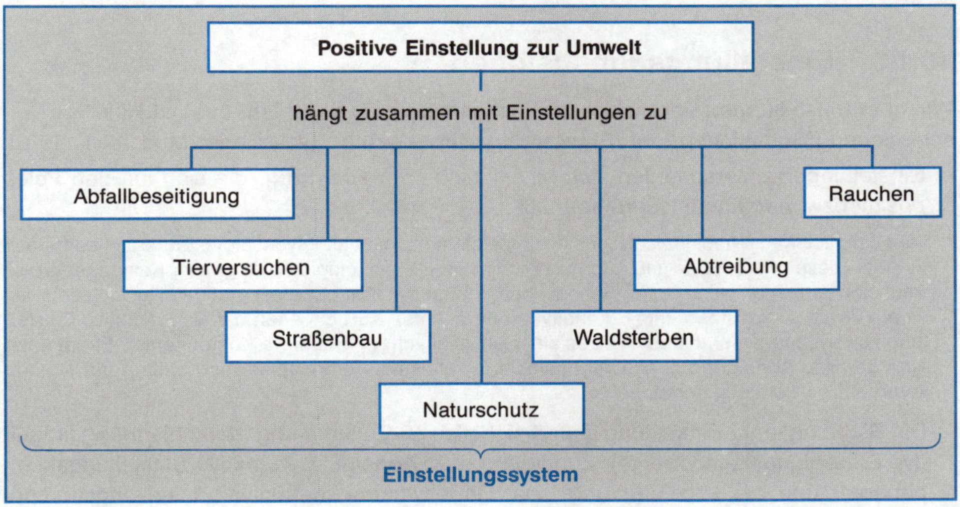

Der Systemcharakter von Einstellungen trifft also nicht nur auf die Beziehung der einzelnen Einstellungskomponenten untereinander zu, sondern auch auf den Zusammenhang von einzelnen Einstellungen.

Die Beziehung der einzelnen Einstellungskomponenten untereinander und den Zusammenhang von einzelnen Einstellungen bezeichnet man als Systemcharakter von Einstellungen bzw. als Einstellungssystem (vgl. Roger Mucchielli, 1976).

Es ist oft zu beobachten, daß sich Menschen nicht immer entsprechend ihren Ansichten verhalten, daß Einstellung und Verhaltensweisen oft in Widerspruch zueinander stehen.

Gründe für die Unstimmigkeit von Einstellungen und Verhaltensweisen können sein:

- Verhaltensweisen werden nicht nur von Einstellungen, sondern auch von außerhalb der Einstellung liegenden Faktoren in der unmittelbaren Situation bestimmt.

  Ein Schüler zum Beispiel lernt trotz negativer Einstellung zum Fach Psychologie sehr viel und arbeitet im Unterricht rege mit, um eine gute Note zu erhalten.

- Ein aktiver Umweltschützer raucht, weil er dem Gruppendruck ausgesetzt ist oder ein großes Bedürfnis nach Anerkennung hat.

- Mehrere Einstellungen können für ein und dieselbe Verhaltensweise relevant sein.

  Frau Aktiv geht entgegen ihrer Einstellung zu einer Frauengruppe, weil dort über Friedenssicherung gesprochen wird, die ihr sehr am Herzen liegt.

- Das Verhalten wird in einer bestimmten Situation auch durch gesellschaftliche Normen und Barrieren sowie durch die erwartete Belohnung bzw. Bestrafung beeinflußt.

  Herr Feindlich zum Beispiel hat zwar etwas gegen eine Wohngemeinschaft, unternimmt aber nichts gegen sie, weil er die Norm der Gastfreundlichkeit nicht verletzen will oder weil er Angst hat, er könnte von den Nachbarn ausgelacht werden.

➡ **Materialien 2.**

10.1.3 Einstellungsdimensionen

Will man Einstellungen erforschen und beschreiben, so geschieht das mit Hilfe von verschiedenen Dimensionen, den **Einstellungsdimensionen** (vgl. Roger Mucchielli, 1976):

- Einstellungen unterscheiden sich hinsichtlich ihrer **Richtung,** die sich mit den Polen *positiv* bzw. *negativ* umschreiben läßt.

  Max beispielsweise hat eine sehr positive Einstellung zum Fach Psychologie. Er spricht sehr positiv über dieses Fach und weiß auch schon viel über Psychologie (= kognitive Komponente), er freut sich jedesmal, wenn er Psychologie hat (= affektive Komponente) und beteiligt sich sehr aktiv am Psychologie-Unterricht (= konative Komponente). Kurt dagegen hat eine negative Einstellung zu Psychologie und empfindet es als „Schwafelfach“ (= kognitive Komponente). Er hat auch eine gewisse Abneigung gegen Psychologie (= affektive Komponente) und paßt in der Stunde kaum auf (= konative Komponente).

  Die Richtung einer Einstellung äußert sich also als Zustimmung bzw. Ablehnung (kognitive Einstellungskomponente), Zuneigung bzw. Abneigung (affektive Einstellungskomponente) und als Unterstützung bzw. Gegenwirkung (konative Einstellungskomponente).

- Einstellungen unterscheiden sich hinsichtlich ihrer **Intensität,** die sich mit den Polen *stark* bzw. *schwach* umschreiben läßt.

  Man kann zum Beispiel dem Programm einer bestimmten politischen Partei gleichgültig gegenüberstehen (= schwache Intensität), es im großen und ganzen akzeptieren oder ihm in allen Einzelheiten voll zustimmen (= starke Intensität).

- Einstellungen unterscheiden sich schließlich hinsichtlich ihrer **Zentralität,** die sich mit den Polen *bedeutsam (= zentral)* bzw. *unwichtig (= peripher)* umschreiben läßt.

  So kann beispielsweise für Hildegard ihre religiöse Einstellung sehr wichtig und damit zentral sein, während für sie politische Entscheidungen unwichtig und damit peripher sind.

Grundsätzlich gilt, daß zentrale Einstellungen eine starke Intensität aufweisen und auch mit einem hohen persönlichen Engagement vertreten werden. Dagegen zeigen periphere

Einstellungen eine schwache Intensität und werden kaum oder mit einem sehr geringen persönlichen Engagement verteidigt. Zentrale Einstellungen sind in der Regel sehr schwer zu ändern, während periphere Einstellungen relativ leicht geändert werden können. Die Möglichkeit, den anderen zu beeinflussen und seine Einstellung zu ändern, ist damit bei zentralen Einstellungen sehr gering, bei peripheren sehr hoch.

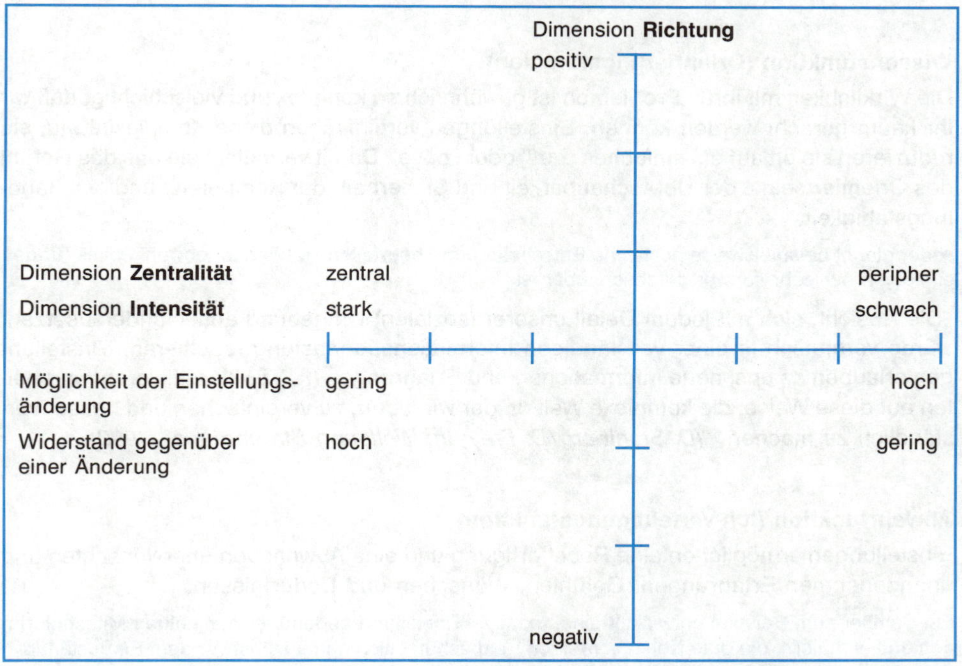

10.1.4 Funktionen von Einstellungen

Die Aufrechterhaltung bzw. Änderung sozialer Einstellungen ist für den Menschen sehr bedeutsam, sie erfüllen nämlich für ihn folgende wichtige Funktionen:

Anpassungsfunktion (Nützlichkeitsfunktion)

Das Individuum vertritt bestimmte Einstellungen, um damit kundzutun, daß es einer bestimmten Gruppe angehört und sich von anderen Gruppen abhebt. Dadurch kann es einen angenehmen Zustand – zum Beispiel Anerkennung von den Mitmenschen, Erfolg in der Partei, im Betrieb – erreichen.

Das bekannte „Mitläufer-Problem" ist hierfür ein Beispiel: Man vertritt eine bestimmte Meinung nicht, weil man wirklich davon überzeugt ist, sondern weil man auf diese Weise seine Beziehungen zu anderen besser herstellen und aufrechterhalten kann.

„Leitende Angstellte und Beamte sind von der Richtigkeit einzelner Aktionen, Anordnungen und Normen des Unternehmens oder der Organisation weit mehr überzeugt als niedriggestellte. Berufserfolg und Anerkennung hängt vom Grad der Anpassung an bestehende Formen ab, was wiederum Neuerungen im Betrieb oder anderen Organisationen erschwert." *(Ch. Michel/F. Novak, 1990)*

„Wes' Brot ich esse,
des' Lied ich singe."

Selbstverwirklichungsfunktion

Ein wesentlicher Weg der Indentitätsfindung liegt darin, daß man einen „eigenen" Standpunkt hat und nach „eigenen" Vorstellungen und Überzeugungen handelt. Auf diese Weise können wir uns von anderen Menschen abheben und unsere Individualität herausstellen sowie unser Selbstwertgefühl stärken.

Wissensfunktion (Orientierungsfunktion)

Die Wirklichkeit mit ihren Problemen ist gewöhnlich so komplex und vielschichtig, daß wir ihr kaum gerecht werden können. Einstellungen vereinfachen diese Komplexität, ja, sie reduzieren sie oft auf ein einfaches „gut" oder „böse". Damit vermitteln sie uns das Gefühl des Orientiertseins, der Überschaubarkeit und Sicherheit, der Kompetenz und der Handlungsfähigkeit.

Jeder glaubt beispielsweise politische Entscheidungen beurteilen zu können, obwohl Politik für den einzelnen nur sehr schwer durchschaubar ist.

„Die Absicht, sich mit jedem Detail unserer (sozialen) Umgebung auseinanderzusetzen, würde vermutlich in einer vollständigen Informationsüberlastung resultieren. Einstellungen erlauben es uns, neue Informationen und Erfahrungen (...) zu klassifizieren, und helfen auf diese Weise, die komplexe Welt, in der wir leben, zu vereinfachen und besser verständlich zu machen." *(D. Stahlberg/D. Frey; in: Wolfgang Stroebe u. a., 1990)*

Abwehrfunktion (Ich-Verteidigungsfunktion)

Einstellungen ermöglichen eine Rechtfertigung und eine Abwehr von unerwünschten und unangenehmen Erfahrungen, Gefühlen, Wünschen und Bedürfnissen.

Ein Schüler zum Beispiel entwickelt eine negative Einstellung gegenüber denjenigen Mitschülerinnen und -schülern, die gute Noten schreiben, und schützt sich damit selbst vor dem Eingeständnis, daß er möglicherweise nicht so begabt ist.

Abwehrreaktionen erkennt man meist an verrationalisierten und verzerrten Einstellungen wie beispielsweise an den Vorurteilen gegenüber Minderheitsgruppen wie Asylanten, Homosexuellen oder Behinderten. Die Abwehrfunktion, häufig auch Ich-Verteidigungsfunktion genannt, wird häufig mit psychoanalytischen Abwehrmechanismen oder mit individualpsychologischem Sicherungsverhalten erklärt.

Funktion	Einstellungsobjekt	Bedürfnisse, die befriedigt werden
Anpassungsfunktion	erfolgversprechend, gewinnbringend	angenehme Zustände wie Anerkennung
Selbstverwirklichungsfunktion	wertvoll, sozial erwünscht	Selbstwertgefühl, Selbstverwirklichung
Wissensfunktion	unbekannt, vielschichtig, kaum durchschaubar	Ordnung, Sicherheit, Überschaubarkeit
Abwehrfunktion	bedrohend, unangenehm	Vermeidung bzw. Beendigung von unangenehmen Zuständen

Quelle: Handreichung für Psychologie an Fachoberschulen, 1980 (abgeändert)

10.2 Entstehung und Stabilisierung von Einstellungen

Die Frage ist nun, wie soziale Einstellungen eigentlich entstehen und sich stabilisieren sowie welche Faktoren an Aufbau, Stabilisierung und Veränderung von sozialen Einstellungen beteiligt sind.

10.2.1 Der Erwerb von sozialen Einstellungen

Soziale Einstellungen sind nicht vererbt, sie werden im Laufe des Lebens erworben. Im Säuglings- und Kleinkindalter ist zuerst die konative Einstellungskomponente zu beobachten, gefolgt von der affektiven Komponente.

Als Beispiel sei hier die Einstellung zur Sauberkeit gewählt: Erst erlernt das Kind, wie man sich reinlich verhält – zum Beispiel auf den Topf gehen, sich die Hände und das Gesicht waschen, die Zähne putzen (= konative Einstellungskomponente). Durch diese Verhaltensweisen kann es durch Lob, Belohnung, Anerkennung oder Erfolg seitens der Eltern einen angenehmen Zustand erreichen, der mit dem Verhalten „Reinlichkeit" verknüpft wird. Es freut sich, wenn es ins Töpfchen gemacht hat und ist stolz auf sein „Ergebnis" (= affektive Einstellungskomponente).

Als letztes wird die kognitive Einstellungskomponente ausgebildet.

Erst in der Schulzeit lernt das Kind rationale Zusammenhänge zu erfassen, wie zum Beispiel den Zusammenhang zwischen Sauberkeit, Hygiene und Krankheitsverhütung (vgl. Walter J. Schraml, 1983[6]).

Obwohl man wegen der fortschreitenden Entwicklung vor allem der Intelligenz, des Denkens und der Selbständigkeit davon ausgehen könnte, daß beim Erwerb einer Einstellung mehr oder weniger rationale Gründe vorliegen – also als erstes die kognitive Komponente vorhanden ist –, kann man beobachten, daß die Einstellungen, die im Jugend- und Erwachsenenalter erlernt werden, meist affektiven Ursprungs sind (vgl. Rolf Oerter, 1987[21]).

Der internationale Jugendaustausch zum Beispiel nützt diese Beobachtung, indem er sich durch das Arrangieren von positiven Erlebnissen mit Ausländern eine positive Einstellung gegenüber diesen erhofft. Ebenso versuchen die Werbebranche oder politische Parteien primär nicht mit rationalen Argumenten, sondern mehr mit emotionalen Appellen unsere Einstellung für ein bestimmtes Produkt bzw. für eine Partei zu gewinnen.

Der Mensch „kann mit rationalen Argumenten überzeugt werden (...). Sein Denken mag unter günstigen Voraussetzungen auf sein Verhalten zurückwirken und die Verhaltenskomponente ändern. Es hat aber den Anschein, als sei auch beim Erwachsenen die kognitive Komponente gegenüber den beiden anderen Anteilen weniger einflußreich." *(Rolf Oerter, 1987[21])*

Erklären läßt sich die Entstehung von Einstellungen mit Hilfe von **Verhaltenstheorien,** wie den *Lerntheorien* (Lernen am Modell, Klassisches Konditionieren, operantes Konditionieren, Lernen durch Einsicht) oder den *tiefenpsychologischen Theorien* (Psychoanalyse, Individualpsychologie).

10.2.2 Die Stabilisierung von Einstellungen

Eine gewonnene Einstellung hat die Tendenz, nicht nur einmal gezeigt, sondern beibehalten zu werden, oft ein Leben lang. Bereits vorhandene Einstellungen stabilisieren sich, und in der Regel wird hoher Widerstand gegen eine Änderung errichtet. Dies ist der Fall, weil Einstellungen wichtige Funktionen erfüllen und menschliche Bedürfnisse befriedigen (vgl. Abschnitt 10.1.4).

Folgende **Mechanismen der Stabilisierung** von bestehenden Einstellungen werden eingesetzt:

- **Selektion:** Zunächst werden alle Informationen, die der eigenen Einstellung widersprechen, sich mit ihr nicht vereinbaren lassen und sie angreifen, gemieden, und es wird nach Informationen gesucht, die der eigenen Einstellung entsprechen und sich mit ihr in Einklang bringen lassen. Die Informationen werden so ausgewählt (= selektiert), daß sie die eigene Einstellung bestätigen.
- **Umdeutung:** Ist eine Selektion nicht möglich, so werden die Informationen in der Regel umgedeutet, verzerrt oder auch verfälscht. Die Informationen werden so umgedeutet, daß sie die eigene Einstellung bestätigen.
- **Abwehr:** Sind Selektion und Umdeutung erfolglos, dann werden Informationen, die der eigenen Einstellung widersprechen, abgewehrt oder unterdrückt. Informationen werden abgewehrt, um die eigene Einstellung nicht zu erschüttern.

> Wir sehen und hören nur das, was unseren Einstellungen entspricht, alles andere existiert nicht.

Mechanismen der Stabilisierung von Einstellungen		
Selektion Informationen, die der eigenen Einstellung widersprechen, werden gemieden, Informationen, die der eigenen Einstellung entsprechen, werden gesucht.	**Umdeutung** Informationen, die der eigenen Einstellung widersprechen, werden umgedeutet, verzerrt oder verfälscht.	**Abwehr** Informationen, die der eigenen Einstellung widersprechen, werden abgewehrt oder unterdrückt.

10.2.3 Bedingungen einer Einstellungsänderung

Angesichts der genannten Stabilisierungsmechanismen stellt sich die Frage, inwieweit die Möglichkeit besteht, eine Einstellung zu ändern. Dies hängt von verschiedenen Bedingungen ab:

- Vom **Zeitpunkt des Erwerbs einer Einstellung:** Einstellungen, die schon in frühester Kindheit erlernt wurden, werden nicht so schnell über Bord geworfen wie solche, die erst im Erwachsenenalter übernommen wurden.

- Von bereits **vorhandenen Einstellungen:** Einstellungen, die von den eigenen weniger abweichen, werden eher übernommen als die, die konträr zu den eigenen stehen.

- Von der **Zentralität einer Einstellung:** Bei zentralen Einstellungen mit starker Intensität ist der Widerstand gegenüber einer Änderung sehr hoch, während er bei peripheren Einstellungen mit schwacher Intensität äußerst gering ist (vgl. Abschnitt 10.1.3).

- Von der **Beziehung verschiedener Einstellungen untereinander:** Eine Einstellungsänderung ist vor allem bei den Personen schwer zu erreichen, bei denen viele verschiedene Einstellungen miteinander in einem Zusammenhang stehen und so nur eine geringe Anzahl von Einstellungssystemen bilden (vgl. Abschnitt 10.1.2).

So können, um das Beispiel von Frau Müller in Abschnitt 10.1.2 aufzugreifen, bei dieser Frau sehr viele Einstellungen mit ihrer Einstellung zur Umwelt zusammenhängen.

In der unten stehenden Abbildung verknüpft Person A im Gegensatz zu Person B sehr viele Einstellungen miteinander und bildet so nur sehr wenige Einstellungssysteme aus. Durch die Änderung einer bestimmten Einstellung bei Person A wären viele andere Einstellungen mitbetroffen, so daß ein sehr starkes Ungleichgewicht, das sie abwehren müßte, entstehen würde. Bei Person B ist dies nicht der Fall, sie verbindet wenige Einstellungen miteinander und besitzt so eine große Anzahl von Einstellungssystemen. Person B würde bei einem Änderungsversuch nicht so stark in ein Ungleichgewicht fallen.

a) Person A, bei der viele Einstellungen miteinander zusammenhängen

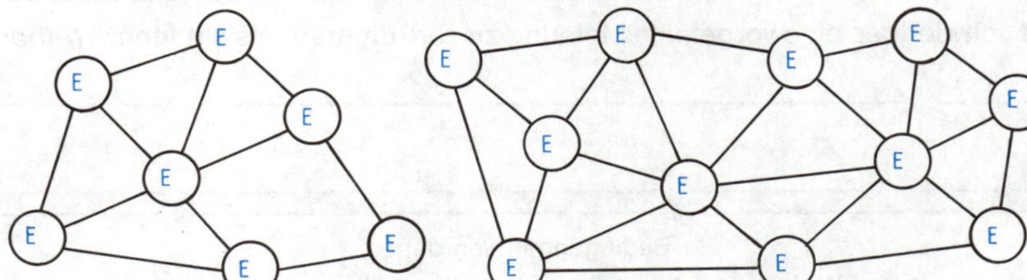

Person A hat wenig Einstellungssysteme.

b) Person B, bei der wenige Einstellungen miteinander zusammenhängen

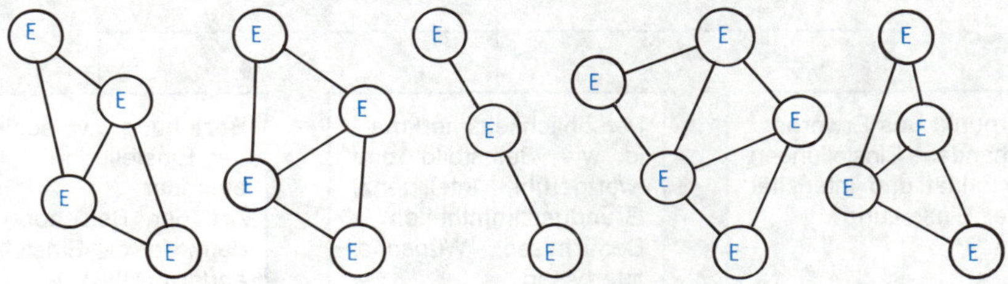

Person B hat viele Einstellungssysteme.

- Von den **Persönlichkeitsmerkmalen** eines Individuums: Die Bereitschaft eines Menschen, sich von anderen in seinen Einstellungen beeinflussen zu lassen, hängt beispielsweise sehr eng mit dem eigenen Selbstwertgefühl und mit dem Gefühl, gesellschaftlich akzeptiert zu werden, zusammen. Grundgestimmtheiten wie Angst, Unsicherheit oder Minderwertigkeitsgefühle veranlassen viele Menschen mit einer verbreiteten Einstellung einher zu gehen, um soziale Anerkennung zu erreichen. Die Intelligenz ist insofern entscheidend, als wenig intelligente Menschen eine nur geringe Bereitschaft zeigen, sich neuen, ihrer Einstellung nicht entsprechenden Informationen auszusetzen. Personen, die sehr differenziert wahrnehmen und denken, sind in der Lage, viele unabhängige Gesichtspunkte bei der Beurteilung eines Objektes miteinander zu verbinden. Sie sind daher eher bereit, ihre Einstellungen durch Berücksichtigung neuer Elemente zu ändern als Personen mit einer sehr einfachen Denkstruktur. Diese halten in starkem Maße an ihren Einstellungen fest (vgl. Ch. Michel/F. Novak, 1990). Auch die Bedürfnisse, Wünsche, Interessen eines Individuums spielen eine große Rolle.

  Wenn zum Beispiel ein bestimmter Konsumartikel, dem gegenüber die Einstellung des Verbrauchers geändert werden soll, die Bedürfnisse des Verbrauchers befriedigt, wird dieser eher dazu geneigt sein, seine Einstellung zu ändern.

- Von den **Wert- und Normvorstellungen,** die in einer Gesellschaft bestehen: Der Widerstand gegenüber einer Einstellungsänderung wird stärker sein, wenn man mit einer Einstellung konfrontiert wird, die sehr stark von den für gültig gehaltenen Wert- und Normvorstellungen einer Gesellschaft bzw. Gruppe abweicht.

  Es wird zum Beispiel schwierig sein, eine positive Einstellung zur Homosexualität zu erzeugen, weil diese nicht den gesellschaftlichen Normen entspricht.

> „Es ist schwieriger, eine vorgefaßte Meinung zu zertrümmern als ein Atom." *(Albert Einstein)*

Bedingungen von denen
- der **Widerstand gegenüber einer Einstellungsänderung** bzw.
- die **Möglichkeit zu einer Einstellungsänderung**

abhängig ist:

Zeitpunkt des Erwerbs vorhandene Einstellungen Zentralität und Intensität einer Einstellung	Persönlichkeitsmerkmale wie Selbstbild und -wertgefühl, Intelligenz, Grundgestimmtheiten, Bedürfnisse, Wünsche, Interessen	Beziehung verschiedener Einstellungen untereinander Art der Beziehung zu dem, der die Einstellung ändern will soziale Situation

10.3 Änderung von Einstellungen

Wie eingangs schon erwähnt, sind sehr viele Menschen oder -gruppen daran interessiert, Einstellungen anderer zu ändern. So zum Beispiel versuchen Krankenkassen die Menschen zur Krebsvorsorgeuntersuchung zu bewegen, Produkthersteller wollen mit Hilfe der Werbung die Einstellung des Verbrauchers zugunsten ihres Produktes ändern, politische Parteien wollen den Bürger von ihrem Programm überzeugen.

Die Frage ist, wie ist es angesichts der Stabilisierungsmaßnahmen möglich, eine Einstellung zu ändern? Wann bestehen Aussichten auf Erfolg?

10.3.1 Der Einfluß der Gruppe auf die Änderung von Einstellungen

Ein Meinungsaustausch, ein Gespräch in der Gruppe bewirken eine effektivere Einstellungsänderung als Massenkommunikation oder ein gut durchdachter, rhetorisch einwandfreier Vortrag. Der Grund hierfür dürfte darin liegen, daß von einer Gruppe bestimmte Zwänge ausgehen, die meist unmerklich sind und darum um so wirkungsvoller. Eine Einstellungsänderung, die aufgrund von Gruppenprozessen stattfindet, ist auch wesentlich beständiger, wie entsprechende Untersuchungen zeigen (vgl. E. F. Mueller/A. Thomas, 1976[2]).

Eine Einstellungsänderung kann am schnellsten und beständigsten durch Gruppeneinflüsse erreicht werden.

➡ **Materialien 3.**

Besondere Bedeutung für die Änderung von Einstellungen hat die sogenannte **erzwungene Einwilligung:** Damit ist eine Situation gemeint, in der eine bestimmte Person dazu gebracht wird, eine Position zu vertreten, die nicht ihrer eigenen Meinung entspricht. Der erlebte Widerspruch zwischen dem Verhalten und der eigenen Meinung führt in der Regel zur Änderung der ursprünglichen Einstellung. Wird man etwa durch Belohnung zu einer Ausführung des Verhaltens gebracht, so besteht offensichtlich die Tendenz, durch Einstellungsänderung seine Einstellung mit dem Verhalten in Einklang zu bringen (vgl. Manfred Bornewasser u. a., 1986[3]).

Bevorzugung, Beförderung oder beruflicher Aufstieg zum Beispiel zwingen den einzelnen dazu, sich so zu verhalten, wie es von ihm erwartet wird. Um zwischen dem Verhalten und der ursprünglichen Einstellung ein Gleichgewicht herzustellen, ist es notwendig, seine gesamte Einstellung zu ändern. Die in einer Firma leitenden Angestellten entsprechen auch deshalb bald in ihren Einstellungen mehr den Vorstellungen der Führung als Angestellte, die sehr niedrig gestellt sind.

➡ **Materialien 4.**

„Heiße Herzen und schwacher Verstand haben in der Welt mehr Schaden angerichtet als kalte Herzen und scharfer Verstand. Mit rational-denkenden ‚Bösewichten' kann man verhandeln; gegen fanatische ‚Heilige' ist man machtlos. *(E. F. Mueller/A. Thomas, 1976[2])*

10.3.2 Einstellungsänderung mit Hilfe von Erkenntnissen über Kommunikation

Während des zweiten Weltkrieges ordnete Präsident Roosevelt angesichts der Notwendigkeit der Armeeversorgung an, die Eßgewohnheiten der US-Zivilbevölkerung zu ändern. Es ging darum, die US-Bevölkerung zu überzeugen, billige Fleischsorten und Innereien zu kaufen. Dies versuchte man unter Einsatz einer großangelegten Propaganda durch Presse, Radio, Plakate und dergleichen zu erreichen; man veröffentlichte schmackhafte und sparsame Rezepte mit billigen Fleischsorten und hob den Nährwert bisher weitgehend abgelehnter Sorten hervor. Spätere Umfragen ließen erkennen, daß der Erfolg dieser Propaganda äußerst gering war.

Ähnlich erfolglos blieb zum Beispiel auch die Propaganda der Krankenkassen, die Menschen zur Krebsvorsorgeuntersuchung bewegen sollte, eines Automobilclubs, sich beim Autofahren anzugurten, oder der Umweltschützer, durch Eigeninitiative einen Beitrag zum Umweltschutz zu leisten. Die **Wirkung der Massenkommunikation** bezüglich der Einstellungsänderung ist meist nicht so durchschlagend wie allgemein angenommen wird, denn:

- es ist keine persönliche Beziehung vorhanden, in der man sich gegenseitig beeinflussen kann,
- es ist keine Rückmeldung möglich,
- es können nicht die Bedingungen einer Einstellungsänderung berücksichtigt werden, wie sie in Abschnitt 10.2.3 dargestellt sind.

Direkte Kommunikation ist erfolgreicher als Massenkommunikation.

Folgende Erkenntnisse zur Änderung von Einstellungen durch Kommunikation sind bedeutsam:

Glaubwürdigkeit des Senders

Eine einstellungsändernde Wirkung ist dann zu erwarten, wenn der Sender glaubwürdig erscheint. Glaubwürdigkeit erreicht man durch **Vertrauenswürdigkeit und Sachkompetenz.** So erhöht zum Beispiel das Bemühen berühmter Persönlichkeiten die Vertrauenswürdigkeit ebenso wie die Tatsache, daß der Sender einen akademischen Titel trägt oder langjährige Erfahrung nachweisen kann; all dies suggeriert dem Empfänger Glaubwürdigkeit.

Beispiele für Formulierungen, die die Glaubwürdigkeit verstärken:
„Die Wissenschaft hat festgestellt ..."
„Die meisten Ärzte empfehlen ihren Patienten ..."
„Aufgrund meiner vielen Erfahrungen ..."
„Als Doktor der Wirtschaftswissenschaft möchte ich Ihnen sagen ..."
„Auch der Bundespräsident meint ..."

Wird zum Beispiel anläßlich eines Vortrags ein Referent über Kindererziehung als ein äußerst erfahrener und gut informierter Pädagoge vorgestellt, so wird dieser bei den zuhörenden Eltern wahrscheinlich mehr bewirken, als wenn er lediglich als ein Student der Pädagogik eingeführt werden würde.

Attraktivität des Senders

Ein Kommunikator hat dann mehr Einfluß, wenn man ihn kennt und wenn er **sympathisch** erscheint. Merkmale wie Alter, Aussehen, Geschlecht, Besitz spielen dabei eine entscheidende Rolle.

Ein schmuddelig aussehender Versicherungsvertreter zum Beispiel wird kaum Policen unter die Leute bringen.

Aufgrund der vorliegenden Erkenntnisse kann man auch annehmen, daß man in dem Maße von einem Kommunikator beeinflußt wird, in welchem man ihn als **ähnlich** erlebt.

Ein 16jähriger Jugendlicher zum Beispiel wird in einem Gespräch mit seinem gleichaltrigen Freund mehr ausrichten können als dessen Vater.

Soziale Macht des Kommunikators

In einer Kommunikation versucht der Empfänger in der Regel abzuschätzen, inwieweit der Sender Macht ausüben kann. Je mächtiger der Kommunikator erscheint, das heißt, je mehr Einfluß er auf den Empfänger hat, desto größer ist seine einstellungsändernde Wirkung.

Mäßige emotionale Appelle

Emotionale Appelle wie zum Beispiel das Appellieren an das Ehrgefühl („So ein Mensch wie Sie ..."), an die Hilfsbereitschaft oder das Erzeugen von Furcht und Angst („Auch Sie können morgen behindert sein!"), wirken sich positiv auf eine Einstellungsänderung aus, während rein rationale Informationen und Aufrufe geringe Wirkung zeigen. Die Werbebranche und Parteipolitiker haben sich diese Erkenntnis schon lange zunutze gemacht:

„Siehst Du, jetzt hast Du ein schlechtes Gewissen!"
„... damit der Zahnarzt nicht bohren braucht!"
„Der Geschmack von Freiheit und Abenteuer!"

Allerdings dürfen die emotionalen Mitteilungen nicht zu stark sein, da sonst die Gefahr der Abwehr besteht (vgl. Abschnitt 10.2.2).

So hatte zum Beispiel ein deutscher Automobilclub mit seinen schockierenden Bildern über die Folgen des Nicht-Angegurtetseins kaum Erfolg, da die emotionalen Appelle zu stark waren und der einzelne mit Abwehr reagierte.

Zweiseitige Argumentation

Wer nur seinen Standpunkt vertritt, der wird eher Abwehr seitens des Empfängers erleben, denn in der Regel wirken gegenteilige Informationen sogar noch verstärkend auf die schon bestehenden Einstellungen. Eine Argumentation, die beide Seiten eines Sachverhaltes berücksichtigt, ist wirkungsvoller; das Anführen des „Für und Wider", der positiven und negativen Argumente verringert die Möglichkeit der Abwehr. Es ist also wichtig, vor Beginn der „Überredungsversuche" seine Zuhörerschaft genau zu kennen, um die richtige Argumentation zu finden. Auch nach dieser Erkenntnis wird im politischen Kampf ständig gehandelt.

Richtige Reihenfolge in der Argumentation

Ein weiterer Gesichtspunkt, der für die Wirksamkeit von Kommunikationen in Betracht kommt, ist die Reihenfolge, in der die Argumente dargeboten werden. Wie Untersuchungen ergeben haben, ist die Wirkung am größten, wenn die wichtigsten Argumente am Anfang oder noch besser am Ende plaziert werden (= Positionseffekt). Weniger bedeutende Mitteilungen sind in die Mitte eines „Überzeugungsversuches" zu legen. Redner, die als erster und vor allem als letzter sprechen können, haben bezüglich der Beeinflussung von Einstellungen eine günstigere Ausgangssituation als ein Referent, der zwischen anderen Rednern sprechen muß.

Eigenaktivität

Je aktiver der Empfänger selbst beim Versuch der Einstellungsänderung sein muß, desto größer ist die Wahrscheinlichkeit der Einstellungsänderung.

Bei einem Vortrag zum Beispiel, in welchem der Zuhörer nur passiv dasitzt, ist die Wirkung der Information am geringsten.

> Der Mensch macht sich wahrhaft nur das zu eigen, was er selbst, mit eigener Aktivität, erworben hat.

10.3.3 Einstellungsänderung mit Hilfe von lerntheoretischen Erkenntnissen

Lerntheoretiker sehen die Bildung und Änderung von Einstellungen als Ergebnis von Lernprozessen. Wie bereits in Abschnitt 10.1.1 ausgeführt, definieren die Behavioristen Einstellungen als dauerhaft gelernte Verhaltensweisen, die beobachtet und mit Hilfe von lerntheoretischen Erkenntnissen erklärt werden können. Die Lerntheorien sind in Kapitel 4.7.2 und 4.7.3 dargestellt.

Aus lerntheoretischer Sicht sind folgende Aussagen für die Änderung von Einstellungen wesentlich:

Lernen am Modell

Derjenige, der eine Einstellung ändern will, muß soziale Macht, Prestige und Ansehen besitzen, attraktiv und sympathisch erscheinen, eine Person sein, die Wertschätzung und Verständnis zeigt, die die Bedürfnisse desjenigen befriedigt, dessen Einstellung geändert werden soll, deren Einstellungen zum Erfolg führen. Das „Modell" im Werbefilm beispielsweise erfüllt in der Regel diese Eigenschaften.

Klassisches Konditionieren

Das Einstellungsobjekt muß mehrmals gezielt mit einem Reiz, der schon eine positive Einstellung, angenehme Gefühle oder ein Bedürfnis auslöst, dargeboten werden. Dadurch entsteht zwischen dem Einstellungsobjekt und dem dargebotenen Reiz eine Verknüpfung, und das Einstellungsobjekt selbst löst die gleiche Reaktion aus, die bereits der dargebotene Reiz zeigt. Die Werbung zum Beispiel koppelt ihr Produkt (= Einstellungsobjekt) mit einem Reiz, der bereits eine positive Einstellung besitzt.

Ein Urlaubsangebot beispielsweise wird mit „Freiheit und Abenteuer" verbunden, eine Zahnpasta mit Gesundheit, eine Automarke mit Karriere und beruflichem Erfolg, Skier mit einer nackten Frau, ein Getränk mit einem glücklichen und gut aussehenden Paar, ein bestimmtes Kleidungsstück mit „Individualität".

NS Zahnpasta		→	keine spezifische Reaktion
CS_1 Gesundheit		→	CR_1 „Haben wollen"
NS Zahnpasta	+ CS_1 Gesundheit	→	CR_1 „Haben wollen"
↓	nach mehreren Wiederholungen		
CS_2 Zahnpasta		→	CS_2 „Haben wollen"

Entsprechend gilt auch Umgekehrtes: Will man eine negative Einstellung aufbauen, so muß das Einstellungsobjekt mehrmals mit einem Reiz, der bereits unangenehme Gefühle auslöst, verbunden werden.

Operantes Konditionieren

Kann ein Individuum durch ein Einstellungsobjekt des öfteren eine angenehme Situation herbeiführen bzw. aufrechterhalten oder eine unangenehme Situation verringern, beenden oder vermeiden, so erwirbt es eine positive Einstellung gegenüber diesem Objekt.

Wenn es zum Beispiel dem internationalen Jugendaustausch gelingt, Jugendlichen mit bestimmten Ausländern schöne Erlebnisse zu vermitteln (= angenehmer Zustand), so wird vermutlich gegenüber diesen Ausländern eine positive Einstellung aufgebaut.

Oder wenn man durch das Verwenden eines bestimmten Weichspülers (= Einstellungsobjekt) ein schlechtes Gewissen (= unangenehmer Zustand) vermeiden kann, so wird gegenüber diesem Produkt eine positive Einstellung erworben werden.

Wird mit Hilfe eines bestimmten Einstellungsobjektes des öfteren ein angenehmer Zustand aufgehoben bzw. verhindert oder ein unangenehmer Zustand erzeugt, so erwirbt das Individuum eine negative Einstellung gegenüber diesem Objekt.

Ein Kind will beispielsweise von seiner Mutter Zuneigung. Doch jedesmal, wenn die Freundin der Mutter kommt, schenkt die Mutter ihre ganze Aufmerksamkeit ihrer Freundin (= Aufhebung oder Verhinderung eines angenehmen Zustandes). Die Freundin wird bald vom Kind mit einer negativen Einstellung besetzt sein.

Es ist möglich, daß man mit einem Menschen schlechte Erfahrungen sammelt – er ist recht unzuverlässig, hat oft ausgemachte Termine vergessen, hat Versprochenes nicht gehalten (= Hervorrufen eines unangenehmen Zustandes). Dies führt dazu, daß man gegenüber diesem Menschen eine negative Einstellung entwickelt.

Lernen durch Einsicht

Eine Einstellungsänderung kann auch dadurch erreicht werden, daß das Individuum Einsicht erhält in den entsprechenden Sachverhalt, um diesen zu erkennen und zu verstehen sowie Ursache-Wirkungs-Zusammenhänge bzw. Sinn- und Bedeutungszusammenhänge zu erfassen. Die Einsicht in Zusammenhänge – die Umstrukturierung von einer „schlechten" zu einer „guten" Gestalt – führt in der Regel zu einer Einstellungsänderung.

Zusammenstellung von möglichen konkreten Vorgehensweisen zur Veranlassung von Einstellungsänderungen:

- Derjenige, der eine bestimmte Einstellung ändern will, muß Eigenschaften wie Macht, Ansehen, Attraktivität, Sympathie und ähnliches besitzen.
- Um eine positive bzw. negative Einstellung entstehen zu lassen, muß eine mehrmalige gezielte Darbietung des Einstellungsobjektes mit einem Reiz, der bereits eine positive bzw. negative Einstellung besitzt, erfolgen.
- Mit der Herbeiführung eines angenehmen bzw. Vermeidung eines unangenehmen Zustandes mit Hilfe des Einstellungsobjektes kann eine positive Einstellung aufgebaut werden.
- Mit der Aufhebung eines angenehmen bzw. der Herstellung eines unangenehmen Zustandes mit Hilfe des Einstellungsobjektes kann man eine negative Einstellung entstehen lassen.
- Eine Einstellungsänderung kann auch dadurch erreicht werden, daß das Individuum Einsicht erhält in den entsprechenden Sachverhalt, um Zusammenhänge zu erfassen.

10.4 Einstellungstheorien

Ziel jeder Wissenschaft ist es, beobachtete Zusammenhänge mit Hilfe von Theorien zu erklären und Möglichkeiten zur Änderung und Verbesserung der Praxis aufzuzeigen.

10.4.1 Die Vielfalt von Einstellungstheorien

Es gibt in der Psychologie nicht die eine wahre Theorie, sondern eine Vielzahl von Theorien, die die Entstehung und Änderung von Einstellungen erklären.

Entsprechend der unterschiedlichen Sichtweise des Begriffes Einstellung – ob man Einstellung als hypothetisches Konstrukt, das nur indirekt erschlossen werden kann oder als beobachtbares Verhalten definiert (vgl. Abschnitt 10.1.1) – können Einstellungstheorien in **kognitiv orientierte** und **verhaltensorientierte Theorien** aufgegliedert werden.

Im Gegensatz zu verhaltensorientierten Theorien betonen *kognitiv orientierte Theorien* innere kognitive Prozesse wie Wahrnehmen, Denken, Urteilen oder Strukturieren. Diese Prozesse zeigen eine bestimmte Organisiertheit wie zum Beispiel die Strukturierung der Wahrnehmung nach Gestaltgesetzen (vgl. Kapitel 3.3.1). Dabei erfolgt die Dynamik der inneren kognitiven Prozesse nach dem Prinzip des Ausgleichs, etwa in der Tendenz zur guten Gestalt oder im Streben nach Gleichgewicht. *Verhaltensorientierte Ansätze* dagegen gehen davon aus, daß der Mensch mit seinem Verhalten „positive Ergebnisse" erreichen will. Dies kann sich darin äußern, daß er nach Lust strebt bzw. einen angenehmen Zustand vermeiden, beseitigen oder verringern will.

Beispiele für verhaltensorientierte Theorien sind die verschiedenen Arten des Konditionierens (vgl. Kapitel 4.7.2) oder die Psychoanalyse (Kapitel 11.4.2). Beispiele für kognitiv orientierte Theorien sind die Theorie der kognitiven Entwicklung nach Jean Piaget (Kapitel 6.4.3), die Feldtheorie von Kurt Lewin (siehe Materialien 3. in Kapitel 6) oder die Theorie der kognitiven Dissonanz von Leonhard Festinger, die im nächsten Abschnitt dargestellt wird.

Einstellung

als innerpsychischer, nicht beobachtbarer Prozeß	als beobachtbares Verhalten
kognitiv orientierte Theorien	**verhaltensorientierte Theorien**
Beispiele:	Beispiele:
Theorie der kognitiven Entwicklung (Piaget) Feldtheorie (Lewin) Theorie der kognitiven Dissonanz (Festinger)	Die Arten des Konditionierens Psychoanalyse

Viele Theorien lassen sich jedoch dieser Zweiteilung nicht eindeutig zuordnen. Aus diesem Grund hat sich die Einteilung von Einstellungstheorien in **konsistente Theorien** und **nichtkonsistente Theorien** als sinnvoller erwiesen.

Konsistenztheorien gehen davon aus, daß **der Mensch von Natur aus nach Gleichgewicht strebt.** Ein Gleichgewichtszustand ist vorhanden, wenn innerhalb eines Einstellungssystems – zum Beispiel zwischen den einzelnen Einstellungskomponenten oder zwischen einzelnen Einstellungen, die miteinander in einem Zusammenhang stehen (vgl. Abschnitt 10.1.2) – ein *konsistenter* Zustand besteht. Ein konsistentes Einstellungssystem ist in sich harmonisch, und seine Teile sind zueinander stimmig. Bei einem *inkonsistenten* Einstellungssystem sind seine Teile zueinander nicht stimmig und stehen zueinander in einem Widerspruch.

Ein solcher inkonsistenter Zustand ist zum Beispiel vorhanden, wenn ein Mann etwas gegen Türken hat, er sich aber emotional zu einer türkischen Frau hingezogen fühlt.

Derartige Zustände werden als unangenehm empfunden und erzeugen im Menschen Spannungen, die nach Überwindung drängen; der Mensch befindet sich im Ungleichgewicht, und er setzt alles daran, um wieder einen konsistenten Zustand, ein Gleichgewicht, zu erreichen.

„Prinzipiell gehen alle Konsistenztheorien davon aus, daß Einstellungen eine Struktur oder ein *System* derart bilden, daß die Veränderung eines Elements der Struktur analoge Veränderungen in anderen Elementen nach sich zieht, und zwar stets in Richtung auf Gleichgewicht oder *Konsistenz.*" *(Klaus Heinerth, 1979)*

➡ **Materialien 5.**

Nichtkonsistente Theorien dagegen betonen das **Streben nach Anpassung,** die durch Veränderungen von äußeren Gegebenheiten oder von inneren Prozessen und Strukturen erreicht werden kann.

Beispiele für nichtkonsistente Theorien sind die tiefenpsychologischen Theorien wie die Psychoanalyse (vgl. Kapitel 11.4.2) bzw. die Individualpsychologie (Kapitel 6.4.2) oder die Lerntheorien (Kapitel 4.7.2 und 4.7.3), konsistente Theorien sind die *Balancetheorie* von F. Heider, die *Kongruenztheorie* von C. E. Osgood und P. Tannenbaum, die *Theorie der affektiv-kognitiven Konsistenz* nach M. J. Rosenberg oder die *Theorie der kognitiven Dissonanz* von L. Festinger. Da die Theorie von Leonhard Festinger am umfassendsten formuliert ist, soll sie im nächsten Abschnitt – stellvertretend für alle anderen Konsistenztheorien – dargestellt werden.

Einstellungstheorien

Konsistenztheorien

Streben nach Gleichgewicht

Beispiele:
Balancetheorie (Heider)
Kongruenztheorie (Osgood & Tannenbaum)
Theorie der affektiv-kognitiven Konsistenz (Rosenberg)
Theorie der kognitiven Dissonanz (Festinger)

Nicht-Konsistenztheorien

Streben nach Anpassung

Beispiele:
tiefenpsychologische Theorien wie Psychoanalyse, Individualpsychologie
Lerntheorien

10.4.2 Die Theorie der kognitiven Dissonanz

Die bekannteste Konsistenztheorie in der sozialpsychologischen Literatur ist die *Theorie der kognitiven Dissonanz* von *Leonhard Festinger.* Ihre Grundannahmen sind bis zu einem gewissen Grad denen der anderen Konsistenztheorien vergleichbar.

Die wichtigsten Aussagen dieser Theorie (vgl. Leonhard Festinger, 1978):

- Ausgangspunkt und Grundlage sind die Beziehungen zwischen **kognitiven Elementen.** Kognitive Elemente sind jedes Wissen, jede Meinung oder Überzeugung über sich selbst oder über die eigene Umwelt. Sie stellen also das Wissen, die Meinung oder die Überzeugung dar, die eine Person über sich selbst, über ihr eigenes Verhalten und über ihre Umwelt hat:

  „Rauchen ist ungesund",
  „Ich bin ein zuverlässiger Mensch",
  „Der Urlaub war schön",
  „Stundenlang in der Sonne liegen erzeugt Hautkrebs".

- Kognitive Elemente stehen zueinander in einer **relevanten oder irrelevanten Beziehung.** Eine relevante Beziehung liegt vor, wenn das eine Element etwas über das andere miteinbezieht:

  „Stundenlang in der Sonne liegen erzeugt Hautkrebs" – „Ich habe immer ein T-Shirt an, wenn ich an die Sonne gehe" oder
  „Ich bin ein zuverlässiger Mensch" – „Ich habe meinen Freund versetzt".

Irrelevant ist eine Beziehung, wenn das eine kognitive Element nichts über das andere enthält:

„Der Urlaub war schön“ – „Meine Lampe ist kaputt gegangen“ oder
„Ich bin ein zuverlässiger Mensch“ – „In unserer Familie wird viel ferngesehen“.

- Die relevante Beziehung zwischen kognitiven Elementen kann **konsonant oder dissonant** sein. Sie ist konsonant, wenn ein kognitives Element aus dem anderen folgt, und sie ist dissonant, wenn das Gegenteil des einen kognitiven Elements aus dem anderen folgt, wenn also die beiden Elemente in Widerspruch zueinander stehen.

  Beispiele für **Konsonanz:**

  „Rauchen ist ungesund“ – „Ich rauche nicht mehr“,

  „Stundenlang in der Sonne liegen erzeugt Hautkrebs“ – „Ich habe immer ein T-Shirt an, wenn ich an die Sonne gehe“,

  „Ich bin ein zuverlässiger Mensch“ – „Ich mag Menschen nicht, die unzuverlässig sind“.

  Beispiele für **Dissonanz:**

  „Rauchen ist ungesund“ – „Ich rauche täglich eine Schachtel Zigaretten“,

  „Stundenlang in der Sonne liegen erzeugt Hautkrebs“ – „Ich liege täglich mehrere Stunden in der Sonne“,

  „Ich bin ein zuverlässiger Mensch“ – „Ich habe meinen Freund versetzt“.

- Kognitive Dissonanz ist ein Zustand psychologischer Spannung, sie wird als unangenehm empfunden und löst Reaktionen aus, die zu ihrer Beseitigung oder Verminderung führen. Der Mensch strebt danach, seine **kognitiven Elemente,** die zueinander in einer Relevanz stehen, **in Konsonanz zu halten** und **dissonante Zustände zu vermeiden, zu vermindern bzw. zu beseitigen.** Er vermeidet alle Handlungen, die eine Dissonanz verstärken bzw. zu einer Dissonanz führen könnten. Bei einem dissonanten Zustand wird also der Mensch aktiv, um wieder in kognitive Konsonanz zu gelangen.

- Eine kognitive Dissonanz entsteht aufgrund von Informationsaufnahme, eigener Erfahrungen oder aufgrund Erfahrungen anderer, allgemeiner Überzeugungen und sozialer Wert- und Normvorstellungen.

- Je stärker die kognitive Dissonanz ist, um so stärker ist die Tendenz zur Beseitigung bzw. Verminderung dieser Dissonanz.

- Die **Beseitigung oder Verminderung einer kognitiven Dissonanz** kann durch mehrere Möglichkeiten realisiert werden:

  a) durch Veränderung eines oder mehrerer Elemente, die zueinander in Widerspruch stehen.

  „Stundenlang in der Sonne liegen erzeugt Hautkrebs“ – „Ich liege täglich mehrere Stunden in der Sonne“. Das Individuum kann nun ein Element verändern: „So ungesund ist nun das Liegen in der Sonne auch wieder nicht!“

  „Ich bin ein zuverlässiger Mensch“ – „Ich habe meinen Freund versetzt“: „Ich bin doch nicht so zuverlässig“.

b) durch Hinzufügen neuer kognitiver Elemente.

Im Beispiel mit der Zuverlässigkeit könnten folgende Elemente hinzugefügt werden, um wieder in das Gleichgewicht zu kommen: „Ich hatte gerade so viel zu tun, daß ich nicht weg konnte", „Ich wurde aufgehalten", „Meine Uhr stimmte nicht".

„Lieber Gott, Du darfst mir alles nehmen, nur meine Ausreden nicht!"

c) durch die Änderung der Einstellung.

So läßt zum Beispiel der Sonnenhungrige das Liegen in der Sonne oder der Raucher das Rauchen sein.

- Von diesen drei Möglichkeiten wird grundsätzlich diejenige realisiert, die für den einzelnen den **geringsten psychischen Aufwand** erfordert. Da eine Einstellungsänderung in der Regel mit einem hohen psychischen Aufwand verbunden ist, kommt eine Einstellungsänderung erst zustande, wenn die Beseitigung bzw. Verminderung der Dissonanz durch Änderung oder Hinzufügen von Elementen nicht mehr möglich ist (vgl. Martin Irle, 1975).

➡ **Materialien 4.**

10.4.3 Grundsätze zur Änderung von Einstellungen

Aus der Theorie der kognitiven Dissonanz lassen sich einige Grundsätze zur Änderung von Einstellungen ableiten:

- Voraussetzung ist eine möglichst exakte **Analyse der Einstellung,** die geändert werden soll. Leitfragen sind hierbei zum Beispiel: Welches kognitive Element kann welcher Einstellungskomponente zugeordnet werden? Wie zentral ist die zu ändernde Einstellung für die betreffende Person bzw. Personengruppe? Wie stark ist die Intensität dieser Einstellung?
  Zu einer genauen Analyse gehört auch die Feststellung, wieviele Einstellungen zu einem Einstellungssystem verknüpft werden und inwieweit ein kognitives Element mit anderen in Beziehung steht.
- Sodann wird das **Ziel der beabsichtigten Einstellungsänderung** festgelegt – beispielsweise, welche Einstellung abgebaut, welche aufgebaut werden muß. Die Änderung kann sich auf eine einzelne Einstellung beziehen oder aber auch auf ein ganzes Einstellungssystem.

- Die Frage ist auch, wie zwischen den entsprechenden kognitiven Elementen eine **Dissonanz** erzeugt werden kann: Welche Möglichkeiten gibt es, um aufgrund eigener Erfahrungen oder Informationsaufnahme Widersprüche zu erzeugen? Wie können Erfahrungen anderer zur Erzeugung einer Dissonanz eingesetzt werden? Einen dissonanten Zustand kann man erreichen, wenn es gelingt, das Individuum zu einer Verhaltensweise oder einem Erlebnis zu bringen, die (das) im Gegensatz zu seiner Einstellung steht, oder wenn diese Person zur Aufnahme von Informationen bewegt werden kann, die zum Gegenteil der bestehenden kognitiven Elemente führen.

- Da der einzelne grundsätzlich diejenige Möglichkeit realisiert, die für ihn den geringsten psychischen Aufwand erfordert, ist zu überlegen, welche Maßnahmen geeignet erscheinen, eine Änderung oder Hinzunahme von kognitiven Elementen zu verhindern, die ohne Einstellungsänderung einen konsonanten Zustand hervorrufen würden.

- Um einer Abwehr vorzubeugen, sind Möglichkeiten festzulegen, die den Einsatz von Mechanismen, die der Abwehr dienen, verhindern.

Möglichkeiten der Änderung von Einstellungen		
lerntheoretische Sicht:	**kommunikationstheoretische Sicht:**	**konsistenztheoretische Sicht:**
● soziale Macht, Prestige und Ansehen zeigen ● glaubwürdig, attraktiv und sympathisch erscheinen ● Einstellungsobjekt mit einem Reiz, der bereits eine positive bzw. negative Einstellung besitzt, mehrmals gezielt darbieten ● einen angenehmen Zustand mit Hilfe des Einstellungsobjekts herbeiführen bzw. einen unangenehmen Zustand mit Hilfe des Einstellungsobjektes vermeiden, um eine positive Einstellung aufzubauen ● einen angenehmen Zustand mit Hilfe des Einstellungsobjekts aufheben bzw. einen unangenehmen Zustand mit Hilfe des Einstellungsobjekts herstellen, um eine negative Einstellung aufzubauen ● dem Individuum Einsicht in die entsprechenden Sachverhalte und Zusammenhänge geben	● direkte Kommunikation gegenüber Massenkommunikation bevorzugen ● Gruppengespräche einsetzen ● glaubwürdig, attraktiv und mächtig erscheinen ● mäßige emotionale Appelle setzen ● zweiseitig argumentieren ● Reihenfolge in der Argumentation beachten ● vom Empfänger Eigenaktivität fordern	● Analyse der Einstellung, die geändert werden soll, vornehmen ● Ziel der beabsichtigten Einstellungsänderung formulieren ● einen dissonanten Zustand erzeugen ● Maßnahmen treffen, um eine Vermeidung, Änderung oder Hinzunahme von kognitiven Elementen zu verhindern, die ohne Einstellungsänderung einen konsonanten Zustand hervorrufen würden ● Einsatz von Mechanismen zur Abwehr durch entsprechende Maßnahmen verhindern

Zusammenfassung

- Einstellungen sind relativ lang andauernde, im Verlauf des Lebens erworbene Bereitschaften, auf bestimmte Objekte aus der Umwelt mit kognitiven Vorgängen und Gefühlen sowie mit offenen Verhaltensweisen in einer bestimmten beständigen Weise zu reagieren. Einstellung ist ein Erklärungsbegriff, ein hypothetisches Konstrukt zur Erklärung von beobachtbaren Zusammenhängen.

- Jede Einstellung besitzt eine bestimmte Einstellungsstruktur, die aus der kognitiven, der affektiven und der konativen Einstellungskomponente besteht. Die Beziehung der einzelnen Einstellungskomponenten untereinander und den Zusammenhang von einzelnen Einstellungen bezeichnet man als Systemcharakter von Einstellungen bzw. als Einstellungssystem.

- Bei der Beschreibung von Einstellungen muß man die Einstellungsdimensionen beachten, und zwar die Richtung, die Intensität und die Zentralität einer Einstellung. Einstellungen erfüllen für den Menschen wichtige Funktionen. Die wichtigsten sind die Anpassungs-, die Selbstverwirklichungs-, die Wissens- und die Abwehrfunktion, auch Ich-Verteidigungsfunktion genannt.

- Soziale Einstellungen werden im Laufe des Lebens erlernt. Im Säuglings- und Kleinkindalter setzt die Entwicklung von Einstellungen bei der konativen Einstellungskomponente ein, der die affektive folgt. Erst später wird in der Regel die kognitive Komponente ausgebildet. Im Jugend- und Erwachsenenalter sind entstehende Einstellungen häufig affektiven Ursprungs.

- Vor allem in der frühen Kindheit erworbene Einstellungen stabilisieren sich, und meist wird hoher Widerstand gegen eine Änderung errichtet. Neue Informationen werden dabei selektiv aufgenommen, umgedeutet oder gar abgewehrt. Inwieweit die Möglichkeit zu einer Einstellungsänderung besteht, hängt von verschiedenen Bedingungen ab:
  - vom Zeitpunkt des Erwerbs einer Einstellung,
  - von bereits vorhandenen Einstellungen,
  - von der Zentralität einer Einstellung,
  - von der Beziehung verschiedener Einstellungen untereinander,
  - von den Persönlichkeitsmerkmalen des Individuums,
  - von Wert- und Normvorstellungen der Gesellschaft bzw. Gruppe u. a.

- Einstellungstheorien können aufgegliedert werden in konsistente und nichtkonsistente Theorien. Während die konsistenten von einem Streben nach Gleichgewicht ausgehen, ist Kennzeichen von nichtkonsistenten Theorien das Streben nach Anpassung.

- Eine Änderung von Einstellungen kann mit Hilfe von Erkenntnissen über Interaktion/Kommunikation, mit Hilfe von verhaltensorientierten Theorien wie beispielsweise lerntheoretischen Erkenntnissen oder aus der Sicht von Konsistenztheorien wie zum Beispiel der Theorie der kognitiven Dissonanz erreicht werden.

1. Das Experiment von M. J. Rosenberg (1960)

Rosenberg (1960) führte einen Versuch durch, der zeigte, daß eine Änderung der affektiven Einstellungskomponente zu einer entsprechenden Änderung der kognitiven Komponente führte. Studenten an der Yale Universität, die einer gemeinsamen Bewohnung bestimmter Gegenden von Weißen und Schwarzen negativ gegenüber eingestellt waren, fungierten als Versuchspersonen. In der Experimentalgruppe wurden 11 Versuchspersonen in Einzelsitzungen hypnotisiert, wobei man ihnen folgende Instruktionen gab:

„Wenn Sie wieder aufwachen, werden Sie sehr dafür sein, daß Schwarze in weiße Wohngebiete ziehen – der bloße Gedanke, daß Schwarze in weiße Wohngebiete ziehen, wird ein beglückendes Gefühl erwecken. Obwohl Sie sich nicht daran erinnern werden, daß Ihnen diese Suggestion eingegeben wurde, wird sie nach dem Erwachen Ihre Gefühle stark beeinflussen."

Als die Versuchspersonen erwachten, war die Erinnerung an die hypnotische Beeinflussung verschwunden, und die Einstellung zur integrierten Bewohnung wurde erneut gemessen. Es wurde festgestellt, daß die Versuchspersonen einen Gefühlswandel gegenüber der integrierten Bewohnung durchgemacht hatten und, was wichtiger war, sie hatten ihre Ansicht entsprechend den hypnotisch induzierten Gefühlen geändert. Sie glaubten nunmehr, daß integrierte Bewohnung eine gute Sache sei, die nicht zu einer Wertminderung des Grundbesitzes in der Umgegend führen und zu einer Verbesserung der Rassenbeziehungen beitragen werde. Diese Gefühle hielten eine Woche lang an, worauf Rosenberg die Gefühlsänderungen in einer weiteren hypnotischen Sitzung beseitigte und seinen Versuchspersonen das gesamte Experiment sorgfältig erklärte. Es ist bemerkenswert, daß die Versuchspersonen in der Kontrollgruppe, die sonst weiter nichts unternahmen oder nur die Rolle einer Person spielten, „die jenes fühlt und dieses meint", nur relativ geringe kognitive oder affektive Änderung in bezug auf das Problem der integrierten Bewohnung zeigten.

Quelle: Leon Mann, 1984[7]

2. Das Experiment von R. T. LaPiere (1934)

LaPiere reiste mit einem jungen chinesischen Paar quer durch die Vereinigten Staaten, wobei sie in vielen Hotels übernachteten und in einer ganzen Anzahl von Restaurants speisten. Während der ganzen Zeit wurde ihnen nur einmal die Bedienung verweigert. Am Ende der Reise schrieb LaPiere an alle 250 Inhaber der Unterkünfte, die sie aufgesucht hatten. Etwa 93 % der Hotelbesitzer und etwa 92 % der Restaurantbesitzer gaben in Beantwortung des Fragebogens an, daß sie Chinesen keine Unterkunft gewähren. Dies ist ein spezifisches Beispiel für tatsächliches Verhalten Chinesen gegenüber (Nicht-Diskriminierung), das im Gegensatz zu einer verbalisierten Vorurteilseinstellung steht.

Quelle: Leon Mann, 1984[7]

3. Das Experiment von Kurt Lewin (1943)

Hausfrauen sollten davon überzeugt werden, auf ihren Speisezettel mehr Innereien statt nur Fleisch zu setzen. Drei Gruppen von Hausfrauen wurden von einem Spezialisten in einem wohldurchdachten, anschaulichen Vortrag über die Vorzüge dieser Speisen unterrichtet. Am Schluß erhielt jede Hausfrau dieser drei Gruppen die wichtigsten Ergebnisse des Vortrags in Form einer Vervielfältigung mit nach Hause. Drei andere Gruppen von Hausfrauen wurden nicht unterwiesen, sondern diskutierten in ihren Gruppen die Vorzüge dieser Nahrung und kamen zu dem Ergebnis, daß sie von nun an mehr Innereien verwenden wollten. Alle sechs Gruppen wurden nun nach 5 Tagen auf das eigentliche Ergebnis des Experiments hin untersucht. Es zeigte sich, daß 3 v. H. der Frauen, die an dem Vortrag teilgenommen hatten, tatsächlich ihren Speisezettel in der gewünschten Weise verändert hatten. Von den Diskussionsteilnehmern waren es jedoch nicht weniger als 32 v. H., die den Gruppenbeschluß praktizierten.

Quelle: Werner Correll, 1983[17]

4. Die Bedeutung des Entscheidungsverhaltens für die Theorie der kognitiven Dissonanz

Auch für das *Ausmaß der Dissonanzreduktion* lassen sich einige spezifizierende Faktoren aufführen. Unmittelbar einleuchtend ist, daß das Ausmaß der Dissonanzreduktion direkt von dem *Ausmaß der Dissonanz* abhängig ist. Die einzelnen kognitiven Elemente können gegenüber einer Änderung unterschiedlich resistent sein. Diese *Änderungsresistenz* kann z. B. von der *Funktion der Kognition* für das Selbstbild oder von dem Grad der Korrespondenz zur außerpsychischen Realität abhängen. Eine jahrelang vertretene politische Überzeugung ist sicherlich nicht ohne „Gesichtsverlust“ zu revidieren. In diesem Fall ist die Funktion des kognitiven Elements „politische Überzeugung“ für das Selbstbild sehr hoch. Eine Einstellung zu Marsmenschen ist sicherlich schneller zu revidieren als die Einstellung gegenüber einer politischen Partei, da aus der ersteren Einstellung kaum Konsequenzen für das eigene Verhalten gezogen werden müssen und die Einstellung nicht an der Realität überprüft werden kann. Im Zusammenhang mit dem Ausmaß der Dissonanzreduktion unterscheidet FESTINGER zwischen kognitiven Elementen, die sich auf Verhalten oder Gefühle beziehen und solchen, die sich auf die Umwelt beziehen. Er nimmt an, daß letztere gegenüber Änderung resistenter sind, da es einfacher ist, sein eigenes Verhalten als die Umwelt zu ändern. Außerdem ist auch die Dissonanzreduktion von der *Zahl der* durch die Änderung betroffenen *kognitiven Elemente* abhängig. Man wird sich beispielsweise eher von einer ganz bestimmten Flugblattunterschrift distanzieren als daß man seine gesamte politische Überzeugung ändert. (...)

Besondere Bedeutung für die Theorie der kognitiven Dissonanz haben Untersuchungen, die sich auf eine im Alltag relativ seltene Situation beziehen: die sogenannte *„forced-compliance-Situation“,* d. i. eine Situation, in der eine Person dazu gebracht wird, gezwungenermaßen eine Position zu vertreten, die nicht ihrer eigentlichen Meinung entspricht. Es wird also Dissonanz zwischen dem Verhalten und der Einstellung einer Person hergestellt. Ein bedeutsamer Aspekt dieser Untersuchungen für die Einstellungsänderung besteht darin, daß die einfache Tatsache, einstellungsdiskrepantes Verhalten auszuführen, zur Änderung der ursprünglichen Einstellungen führen kann (vgl. in diesem Zusammenhang die Methode des Rollenspiels als zuweilen erfolgreiche Strategie zur Einstellungsänderung). Selbst, wenn man zur Ausführung des Verhaltens gezwungen wird, etwa durch den Druck der Untersuchungssituation oder durch Belohnungen, besteht offensichtlich eine Tendenz, seine Einstellungen mit dem Verhalten in Einklang zu bringen.

Allerdings ist die *Höhe der Belohnung* von entscheidender Bedeutung für das Ausmaß der *Einstellungsänderung* oder auch die Art der Dissonanzreduktion. Die Dissonanztheorie sagt voraus: Je höher die Belohnung für ein einstellungsdiskrepantes Verhalten, desto geringer ist die Dissonanz zwischen der Einstellung und dem Verhalten. Infolgedessen ist auch der Druck zur Dissonanzreduktion gering, so daß die Einstellung nicht geändert zu werden braucht. Die Vpn können ihr widersprüchliches Verhalten durch hohe Belohnung (z. B. 20 Dollar) rechtfertigen und brauchen nicht Dissonanz durch Änderung ihrer ursprünglichen Einstellung zu reduzieren. Maximale Dissonanz entsteht, wenn nur eine geringe Belohnung (z. B. 1 Dollar) gegeben wird, da in diesem Fall alle beteiligten Elemente (eigene Einstellung, einstellungsdiskrepantes Verhalten, Auftrag und Belohnung) ungefähr gleich gewichtig sind. Man hat in die Bedingungen eingewilligt und das einstellungsdiskrepante Verhalten gezeigt. Konsonanz zwischen Einstellung und Verhalten ist nur durch nachträgliche Änderung der ursprünglichen Einstellung zu erreichen.

Diese als *„1-Dollar/20-Dollar Experiment“* (FESTINGER & CARLSMITH 1959) in die Literatur eingegangene Untersuchung ist viel kritisiert und repliziert worden. In demselben Maße wie sie zur Etablierung der Theorie der kognitiven Dissonanz beigetragen hat, indem sie als Schlüsselexperiment zum Beweis der Notwendigkeit einer kognitiven Theorie gegenüber einer simplen Anreiztheorie (nach der mit der Höhe der Belohnung auch die Änderung der Einstellung steigen müßte) angeführt wird, ist sie neuerdings zum Angriffspunkt gegen die kognitive Dissonanztheorie geworden. Eine Reihe von Replikationen (die der interessierte Leser in der deutschen Übersetzung von TRIANDIS aufgeführt findet) mit teilweise entgegengesetzten Befunden zeigt zumindest, daß die Bedingungen spezifiziert werden müssen, um eindeutige Vorhersagen machen zu können; etwa durch Einführung von Faktoren wie: starke versus geringe Selbstverpflichtung, Auffassung der Bewertungsperspektive, komplexe versus simple Handlungen, Ausmaß der Entscheidungsfreiheit etc.

Quelle: Manfred Bornewasser u. a., 1986[3]

5. Einstellungen und Konsistenztheorien

Betrachten wir einmal ein Miniatursystem, in dem auf eine Person bezogen alle Elemente konsistent sind (s. Abb. 6.1). Stellen Sie sich vor, Sie wären die Person in diesem Beispiel. Sie können Hans sehr gut leiden, und er bewundert die gleichen Dinge, die Sie bewundern (die Kirche), und er verabscheut die gleichen Dinge wie Sie (Fritz und den Sozialismus). Sie sind erfreut darüber, daß die Kirche auch gegen den Sozialismus ist, und es befriedigt Sie, daß Fritz für den Sozialismus ist, weil es ihre Abneigung gegen ihn rechtfertigt. Dieses System ist harmonisch und konsistent. Nehmen wir nun an, daß Sie Informationen erhalten, die das gesamte System durcheinander bringen. Sie erfahren, daß Hans insgeheim ein treuer Anhänger des Sozialismus ist, oder sie erfahren, daß Hans den Fritz zu einigen Glas Bier eingeladen hat oder daß Fritz in Wirklichkeit den Sozialismus verachtet oder noch schlimmer, daß Ihre Kirche jetzt für den Sozialismus ist. Es ist offensichtlich, daß diese neuen Informationen Kognitionen darstellen, die mit den schon vorhandenen inkonsistent sind, so daß ein Zustand der Spannung und des Unbehagens entsteht. Es ist jedoch nicht sehr wahrscheinlich, daß die Angelegenheit lange so auf sich beruhen bleibt. Es werden Modifizierungen sowie neue Ansichten und Gefühle auftreten, die auf die Wiederherstellung der Konsistenz oder des Gleichgewichts gerichtet sind. Es ist z. B. möglich, daß Sie anfangen, Fritz zu mögen und Hans gegenüber Abneigung zu verspüren, sich zum Sozialismus hingezogen zu fühlen und die Kirche abzulehnen. Das Ausmaß dieser Änderungen wird von der Größe und Stärke der gegenseitigen Abhängigkeit der einzelnen Einstellungen und Ansichten abhängen. Generell kann man sagen, daß die schwächeren und isolierteren Einstellungen die ersten sind, die bei der Wiederherstellung der Konsistenz Änderungen unterliegen; es können aber auch im gesamten System Erschütterungen vorkommen, und es ist möglich, daß alle Kognitionen verändert werden.

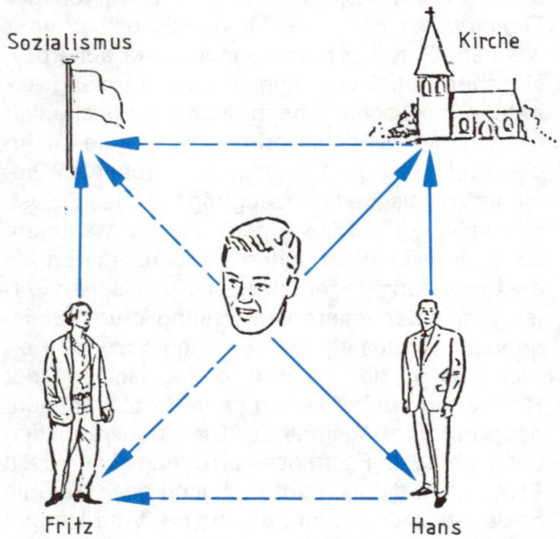

Schematische Darstellung eines kognitiven Systems, bei dem die Beziehungen zwischen den Elementen (Sozialismus, Kirche, Fritz und Hans) konsistent sind. Durchgezogene Linien zwischen zwei Elementen stellen positive Beziehungen (Unterstützung, Beliebtheit, Bewunderung usw.) dar. Gestrichelte Linien stellen negative Beziehungen (Feindschaft, Ablehnung usw.) dar. Die Pfeile geben die Richtung an.

Quelle: Leon Mann, 1984[7]

Aufgaben und Anregungen Kapitel X

Reproduktion von Informationen:

1. Bestimmen Sie den Begriff „soziale Einstellung“. (Abschnitt 10.1.1)
2. Zeigen Sie die Struktur von Einstellungen auf. (Abschnitt 10.1.2)
3. Beschreiben Sie Einstellungsdimensionen. (Abschnitt 10.1.3)
4. Stellen Sie wichtige Funktionen von Einstellungen dar. (Abschnitt 10.1.4)
5. Zeigen Sie auf, wie Einstellungen entstehen und sich stabilisieren. (Abschnitt 10.2.1 und 10.2.2)

6. Erläutern Sie verschiedene Bedingungen, von denen eine Einstellungsänderung abhängig ist.
(Abschnitt 10.2.3)
7. Beschreiben Sie Möglichkeiten der Änderung von Einstellungen aus kommunikationstheoretischer Sicht.
(Abschnitt 10.3.1 und 10.3.2)
8. Zeigen Sie Möglichkeiten der Einstellungsänderung mit Hilfe lerntheoretischer Erkenntnisse auf.
(Abschnitt 10.3.3)
9. Stellen Sie die Theorie der kognitiven Dissonanz dar, und leiten Sie daraus Grundsätze zur Änderung von Einstellungen ab.
(Abschnitt 10.4.2 und 10.4.3)

Anwendungsaufgaben:

10. *Bestimmen Sie den Begriff „soziale Einstellung". Beschreiben Sie entweder am Beispiel einer positiven oder einer negativen Einstellung gegenüber einem aktuellen Problem (z. B. Umweltschutz, Friedenssicherung, Ausländerfeindlichkeit usw.) Merkmale, Komponenten und Funktionen sozialer Einstellungen.
(Abschnitt 10.1.1, 10.1.2 und 10.1.4)
11. Beschreiben Sie anhand eines Beispiels Dimensionen der sozialen Einstellung.
(Abschnitt 10.1.3)
12. Erläutern Sie am Beispiel einer positiven oder negativen Einstellung gegenüber Minderheiten (z. B. Ausländern, Asylanten, Homosexuellen) Faktoren und Vorgänge, die am Aufbau und an der Stabilisierung von Einstellungen beteiligt sind.
(Abschnitt 10.2)
13. *Erklären Sie den Erwerb von negativen Einstellungen gegenüber ausländischen Arbeitnehmern mit Hilfe einer Einstellungstheorie oder mit Hilfe einer Lerntheorie! Erläutern Sie dabei auch die zentralen Begriffe und grundlegenden Aussagen dieser Theorie!
(Abschnitt 10.4.2 oder Kapitel 4.7.2 und 4.7.3)
14. *Erklären Sie mit Hilfe einer Theorie, wie man eine unerwünschte Einstellung ändern kann! Berücksichtigen Sie dabei wesentliche Annahmen und Begriffe dieser Theorie!
(Abschnitt 10.3.3, 10.4.2 und 10.4.3)
15. Erstellen Sie ein Konzept zur Änderung von negativen Einstellungen gegenüber Behinderten mit Hilfe von Erkenntnissen über soziale Interaktion und Kommunikation.
(Abschnitt 10.3.1 und 10.3.2)
16. *Erarbeiten Sie ein Konzept zur Änderung einer ablehnenden Einstellung (z. B. gegenüber sozialen Randgruppen, gegenüber dem sozialintegrativen Erziehungsstil, gegenüber selbstverwalteten Jugendzentren)! Begründen Sie Ihre Aussagen und vorgesehenen Maßnahmen mit Hilfe einer Theorie (z. B. einer Einstellungstheorie)!
(Abschnitt 10.3.3, 10.4.2 und 10.4.3 oder Kapitel 4.7.2 und 4.7.3)
17. Fragen und Aufgaben zu dem eingangs geschilderten Fall „Die Elektrowaren-Vertreter und die Bauern":
    a) Beschreiben Sie an diesem Beispiel Merkmale, Struktur, Dimensionen und Funktionen sozialer Einstellungen.
    (Abschnitt 10.1.2, 10.1.3 und 10.1.4)

b) Welche möglichen Bedingungen seitens der Bauern könnten die Einstellungsänderung zugunsten der Elektrowaren begünstigt haben?
(Abschnitt 10.2.3)

c) Welche Erkenntnisse aus kommunikationspsychologischer Sicht könnten den Erfolg dieser Einstellungsänderung erklären?
(Abschnitt 10.3.1 und 10.3.2)

d) Stellen Sie auf der Grundlage einer Einstellungstheorie Möglichkeiten einer Einstellungsänderung dar, die wie bei den Elektrowaren-Vertretern zum Erfolg führen könnten.
(Abschnitt 10.4.2 und 10.4.3 oder Kapitel 4.7.2, 4.7.3 und Abschnitt 10.3.3)

Anregungen:

18. Rollenspiel:

Sie sollen den König von Saudi-Arabien vom Kauf eines Schneepfluges überzeugen.

Spielen Sie dieses Gespräch, indem eine(r) den König bzw. mehrere den Königshof und eine(r) oder ebenfalls mehrere Vertreter der Firma Schneefixweg, kurz SFW, darstellen.

19. *Glutafix stärkt die Konzentrations- und Erinnerungsfähigkeit von Schülern/innen und steigert die Lernleistung.*

Entwerfen Sie auf der Grundlage von lerntheoretischen Erkenntnissen eine Werbekampagne für das Produkt „Glutafix".

20. Übung:

Eine Fallstudie – Invasion vom Mars

Diese Übung kann einzeln oder in Gruppen durchgeführt werden.

Am 30. Oktober 1938 unterbrach die Radiostation des „Columbia Broadcasting" in den USA unerwartet ihr laufendes Programm und strahlte eine Sendung aus, die sich den Hörern in Form einer Reportage über ein aktuelles Ereignis darstellte – über eine Invasion durch Mars-Menschen. Diese Pseudo-Reportage, deren Realismus viel bewundert wurde, war nach einem Auszug aus einem utopischen Roman von H. G. Wells von George Orson Welles gestaltet worden.

„Noch vor Schluß der Sendung", berichtet Hadley Cantrill, „konnte man überall in den Vereinigten Staaten bemerken, daß sich Hörer zur Flucht vor den grausamen, mörderischen Marsbewohnern bereit machten ... Manche trafen Vorkehrungen, um ihre Angehörigen vor der vermeintlichen Gefahr zu bewahren; Telefone waren überlastet durch Abschiedsgrüße oder Warnungen an nahestehende Personen, man suchte die Nachbarn zu benachrichtigen ... Zeitungsredaktionen und Radiostationen wurden um Auskünfte bedrängt, Ambulanzen und Polizeistationen wurden bestürmt ..."

Die Zahl der Zuhörer dieser Sendung wurde auf sechs bis zwölf Millionen geschätzt. Schätzungsweise zwei Millionen hielten diese Reportage für echt, davon wurden etwa 70 Prozent, also 1,400.000 Personen, von den beschriebenen Emotionen ergriffen. Eine spätere Untersuchung ergab, daß hiervon 28 Prozent eine höhere, 36 Prozent eine mittlere Ausbildung hatten, 46 Prozent hatten nur Grundschulen besucht.

Bemerkenswert ist der Abschluß des Berichtes von Cantrill: „Das beste Mittel, unvernünftigen Anschauungen und Panikstimmungen vorzubeugen, ist Bildung!"

Ihre Übung:

1. Was ereignete sich hier, vom psychologischen Gesichtspunkt aus gesehen?
2. Analysieren Sie anhand dieser Episode Bildung und Auswirkungen stark emotional geladener Einstellungen.
3. Was halten Sie von den Schlußfolgerungen Cantrills?

Quelle: Roger Mucchielli, 1976

11 Persönlichkeitspsychologie

Welche Persönlichkeit ab ca. 75 J.

wünscht attraktive, völlig unabhängige Direktorenwitwe für gemeinsame Zukunft kennenzulernen? Ich bin gesellig, natürlich, spontan, mit Herz u. Humor, gute Gastgeberin, und interessiere mich für Mode, Kultur, Reisen, Natur u. Tiere. Ihr Bildecho (äußerste Diskretion Ihnen zusichernd) erbitte ich unter ✉

Ich möchte auf diesem Wege eine liebevolle, nettaussehende, schlanke Frau mit Herz und Charakter kennenlernen.
Bin 42, 169, schlank, man sagt jünger und gutaussehend, sportlich, humorvoll, sensibel, **charakterfest** und treu.
Bitte schreiben Sie mir evtl. mit Bild (zurück!) unter ✉

Oberstudienrat 40/170, unkonventionell, positive Lebenseinstellung, sucht jüngere, unabhängige, sportliche, aktive Sie mit Herz, Verstand und **Charakter.**
Zuschriften mit Bild unter ✉

Eine Persönlichkeit mit Profil (72–80)

wünscht sich vorzeigbare Direktorenwitwe. Ich: chicer, fröhlicher Frauentyp mit Dynamik, Einfühlungsvermögen u. natürl. Charme; spontan, flexibel, positive Lebenseinstellung, humorvoll, Sinn für Reisen, modebewußt, natur- und tierliebend, völlig unabhängig. Bildantwort (äußerste Verschwiegenheit einhaltend) erbitte ich unter ✉

Die Verwendung der Begriffe Persönlichkeit und Charakter in den Annoncen führt zu folgenden Fragestellungen:

1. Was versteht man unter Persönlichkeit? Wie läßt sich der Begriff Persönlichkeit vom Begriff Charakter abgrenzen?
2. Inwieweit ist die Persönlichkeit eines Menschen stabil und konstant oder veränderbar und wandlungsfähig?
3. Wie lassen sich Struktur und Dynamik der Persönlichkeit erklären?

Im alltäglichen Sprachgebrauch werden, wie in den Annoncen zum Ausdruck kommt, die Begriffe Persönlichkeit und Charakter in einem wertenden Sinn verwendet. Persönlichkeit wird gleichgesetzt mit Attraktivität, Überzeugungskraft und Ausstrahlung. Beliebten Politikern und Filmschauspielern wird oft eine starke Persönlichkeit zugeschrieben, während sich der Rest der Menschheit mit einem Weniger an Persönlichkeit begnügen muß. Charakter dagegen wird mehr im Sinne von Charakterfestigkeit verwendet und meint den stabilen sittlichen und ethischen Standpunkt eines Menschen bzw. seine moralisch integere Gesinnung den Mitmenschen gegenüber.

11.1 Gegenstand und Ziele der Persönlichkeitspsychologie

In der wissenschaftlichen Psychologie war der Begriff **Charakter** (griech.: charassein: einritzen, einkerben) in der Literatur früher vorherrschend, um die Gesamtpersönlichkeit zu kennzeichnen. Jedoch betont dieser Begriff zu sehr das Konstante, Starre und Unveränderliche im Wesen eines Menschen und legt die Annahme der Vererbung solcher Wesensmerkmale nahe. Deshalb wurde der Charakterbegriff abgelöst von dem aus der englischen und amerikanischen Literatur übernommenen **Persönlichkeitsbegriff,** der den dynamischen Aspekt mehr berücksichtigt.
Aus der „Charakterkunde“ als Teildisziplin der Psychologie wurde die Persönlichkeitspsychologie, die sich mit der objektiven Erfassung der Persönlichkeitsmerkmale und -struktur beschäftigt.

Persönlichkeitspsychologie ist eine Teildisziplin der Psychologie, die Persönlichkeitsmerkmale und -struktur untersucht mit dem Ziel der Formulierung allgemeiner Gesetzmäßigkeiten.

11.1.1 Der Begriff Persönlichkeit

Der Persönlichkeitsbegriff wird teilweise sehr unterschiedlich definiert, je nach Persönlichkeitstheorie. Aber der Großteil der neueren Definitionen weist auf die relative Konstanz der Persönlichkeitsmerkmale über einen gewissen Zeitraum hin und auf die Komplexität des Persönlichkeitsaufbaus. **Komplexität der Persönlichkeit** meint, daß die Persönlichkeit aus mehreren Einzelmerkmalen besteht, die in einer für das Individuum jeweils einzigartigen Struktur angeordnet sind. Mit **relativer Konstanz** ist gemeint, daß Persönlichkeitsmerkmale zwar vergleichsweise stabil und überdauernd sind, aber durchaus nicht unveränderbar und starr festgelegt sind. Solche relativ konstanten Persönlichkeitsmerkmale wurden bereits an früherer Stelle als Funktionen, Fähigkeiten und Kräfte beschrieben (vgl. vor allem Kapitel 3, 4 und 5).

Merkmale des Persönlichkeitsbegriffs:

- Eine Persönlichkeit besteht aus relativ konstanten Merkmalen, die nicht starr und unveränderbar sind, sondern relativ flexibel und bis zu einem gewissen Grad veränderbar.

- Diese Merkmale stehen in einer bestimmten Anordnung (Struktur) zueinander, wobei die Kombination und der Ausprägungsgrad der einzelnen Merkmale die jeweils spezifische, typische und einzigartige Struktur der Persönlichkeit eines Menschen ausmacht.
- Diese Merkmale sind Dispositionen oder Verhaltensbereitschaften, die sich aus Anlagen und durch Umwelteinflüsse und deren Wechselwirkungen entwickeln (vgl. Kapitel 6.2.4).

Persönlichkeit ist die einzigartige Struktur von relativ stabilen Merkmalen, die durch die Anlagen und Umwelteinflüsse und deren Wechselwirkungen entstanden ist und die weiterhin Veränderungen unterworfen ist.

Die zugrundeliegende Persönlichkeitsstruktur eines Menschen kann nicht direkt beobachtet, sondern nur aus dem Verhalten erschlossen werden.

Reiz →	**Persönlichkeit** →	**Reaktion**
beobachtbar	nicht beobachtbar	beobachtbar

Über die Einflußgröße „Persönlichkeit" lassen sich nur Annahmen und Theorien erstellen. Die Folge ist, daß es sehr unterschiedliche Persönlichkeitsmodelle und -theorien gibt.

11.1.2 Persönlichkeitstheorien

Bei der Vielzahl der Persönlichkeitstheorien stellt sich natürlich die Frage nach der **Nützlichkeit der Theorien.** Theorien sind nur dann nützlich und wertvoll, wenn sie sich nicht nur auf eine Klassifikation und Beschreibung der Persönlichkeit beschränken, sondern wenn sie auch den Versuch einer Erklärung der beschriebenen Phänomene unternehmen und wenn sie Vorhersagen über künftiges Verhalten und Verhaltensänderungen zulassen.

Folgende **Ziele** sollte eine Persönlichkeitstheorie also erfüllen:

- eine möglichst zuverlässige und lebensnahe Beschreibung der Persönlichkeit bzw. ihrer Erscheinungsformen liefern;
- zum Verständnis der individuellen Unterschiede menschlichen Verhaltens beitragen und Vorhersagen dazu ermöglichen;
- Aussagen machen über die Bedingungen, unter denen die Individuen ihre charakteristischen Verhaltensweisen und Einstellungen erwerben;
- Vorhersagen ermöglichen, wie und unter welchen Bedingungen sich solche Verhaltensweisen und Einstellungen verändern.

Persönlichkeitstheorien sind der Versuch, Struktur, Dynamik und Entwicklung der Persönlichkeit zu beschreiben und zu erklären.

Aus der Vielzahl der psychologischen Persönlichkeitstheorien sollen drei grundlegende **Modelle** dargestellt werden:

- Typologische Persönlichkeitsmodelle
- Faktorenanalytische Persönlichkeitsmodelle
- Struktur- und Schichtenmodelle der Persönlichkeit

11.2 Typologische Persönlichkeitsmodelle

Will man eine Persönlichkeit mit Hilfe ihrer Eigenschaften beschreiben, so stellt sich das Problem, daß die Anzahl der Eigenschaften außerordentlich groß ist. Deshalb ist es notwendig, die Vielfalt der Eigenschaften auf wenige Grundmerkmale zu reduzieren. Die Typenforschung tut dies, indem sie die am stärksten verhaltensbestimmenden Merkmale für eine bestimmte Anzahl von Menschen herauszufinden versucht. Der Begriff **Typus** stammt von dem altgriechischen Wort „typos" (Schlag, Prägung, Gestalt oder Form) und meint einen Bestand von Merkmalen, die ein Individuum mit einer größeren Anzahl anderer Individuen im Unterschied zu anderen Gruppen von Individuen gemeinsam aufweist.

Unter Typus wird im allgemeinen ein Merkmalskomplex verstanden, den ein Individuum gemeinsam mit einer Anzahl anderer Individuen aufweist und der sie von einer anderen Gruppe unterscheidet.

Typologien oder Typenlehren sind Beschreibungs- bzw. Erklärungsmodelle, die die Vielfalt der Persönlichkeitsmerkmale auf wenige überschaubare übergeordnete Merkmale zurückführen.

Wesentliche Merkmale, nach denen die Individuen bestimmten Typen zugeordnet werden, können beispielsweise sein: das Temperament, der Körperbau, die Einstellung zur Umwelt, die Wertorientierung usw.

11.2.1 Die Konstitutionslehre nach Ernst Kretschmer

Ernst Kretschmer war Psychiater und baute seine Typologie auf der Theorie Emil Kraepelins auf, der als Begründer der deutschen Psychiatrie zwischen zwei Formen der Geisteskrankheit unterschied: der **Schizophrenie** und dem **manisch-depressiven Irresein.**
Die manisch-depressive Psychose ist eine Gemütserkrankung, die sich durch zwei gegensätzliche Zustände auszeichnet: die Manie und die Depression. Die **Manie** ist gekennzeichnet durch eine übersteigerte optimistische Grundhaltung mit überstarkem Rede- und Bewegungsdrang, durch eine überhöhte Selbsteinschätzung bei völligem Verlust der Selbstkritik. Das Gegenteil dieses Zustandes ist die **Depression.** Hier ist der Patient tieftraurig, pessimistisch und antriebsarm. Beide Zustände treten ohne äußeren Anlaß auf und lösen sich periodisch ab.

Manie ist die Bezeichnung für einen extremen Zustand „unkontrollierter affektiver und motorischer Erregung, der vor allem durch weitgehende Enthemmung, Selbstüberschätzung, grundlose Heiterkeit, Ruhelosigkeit, starken Betätigungs-, Bewegungs- und Rededrang und ähnliche Antriebssteigerungen gekennzeichnet ist." *(Günter Pössiger, 1982).*

Depression meint einen Zustand der Niedergeschlagenheit, Trägheit, Bedrücktheit, Schwermütigkeit und Traurigkeit, der sich bis zur völligen Passivität, Hoffnungslosigkeit, Teilnahmslosigkeit, Lähmung der Lebensaktivität, ja sogar bis zum Lebensüberdruß steigern kann.

Mit manisch-depressivem Irresein wird eine Gemütskrankheit bezeichnet, die durch den periodischen Wechsel einer depressiven Phase mit einer manischen Phase gekennzeichnet ist.

Schizophrenie ist eine Psychose mit den verschiedenartigsten Erscheinungsformen. Das wichtigste Symptom besteht darin, daß der Kranke annimmt, daß die eigenen Gefühle, Gedanken und Handlungen anderen Menschen bekannt sind und auch von diesen beeinflußt werden. Dazu kommen Wahnvorstellungen und Halluzinationen (man hört Stimmen). Alltägliche und zufällige Vorgänge, zum Beispiel bestimmte Äußerungen zufällig vorbeigehender Leute, bezieht der Schizophrene auf sich, sie erhalten eine ganz besondere Bedeutung für ihn (Beziehungswahn).

Schizophrenie bezeichnet eine Gruppe von Psychosen, die chronisch oder in Schüben verlaufen und die sich durch Denkstörungen, Wahnvorstellungen, Halluzinationen und plötzliche unmotivierte Gefühlsausbrüche auszeichnen.

Kretschmer stellte fest, daß innerhalb der beiden Psychosengruppen ganz bestimmte Körperbauformen für die Psychosen typisch waren:

- So hatte der schizophrene Patient häufig eine hagere Gestalt, war schmal und hochgewachsen, hatte eine flache Brust, schmale Schultern und lange Glieder. Diesen Körperbau bezeichnete Kretschmer als **leptosom.**
- Personen mit manisch-depressiven Erkrankungen wiesen dagegen einen eher gedrungenen und rundlichen Körperbau mit kurzen Gliedmaßen, starkem Fettansatz und gewölbter Brust auf. Diesen Körperbau bezeichnete Kretschmer als **pyknisch.**

Von diesen beiden Körperbauformen ist nach Kretschmer noch der **athletische Typ** zu unterscheiden, der sich durch einen starken Knochenbau, eine kräftige Muskulatur sowie durch breite Schultern und Hände auszeichnet.

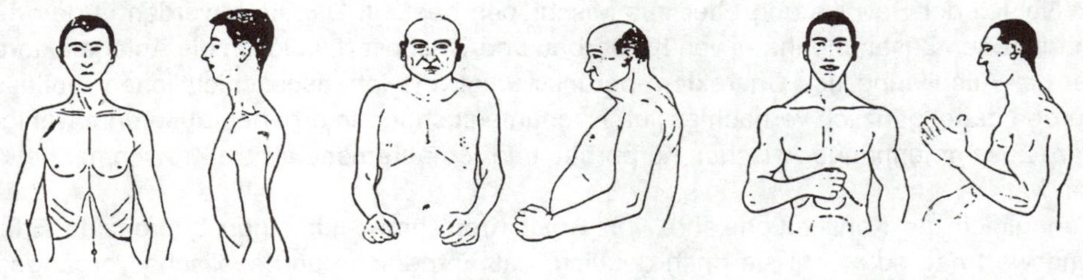

Leptosomer Typ | Pyknischer Typ | Athletischer Typ

Quelle: Ernst Kretschmer, 1977[26]

Kretschmer glaubte nun entsprechende Zusammenhänge zwischen Körperbau und Persönlichkeitsmerkmalen auch bei gesunden Menschen nachweisen zu können, da nach seiner Meinung der Übergang zwischen normal und psychisch krank fließend ist.
Im Sinne dieser Auffassung zeigt ein pyknischer, psychisch gesunder Mensch ähnliche Züge wie der manisch-depressive Kranke, wenn auch nur in sehr abgeschwächter Form. Er ist nach außen gewandt, zeigt relativ starke Stimmungsschwankungen, ist gemütvoll und gesellig und eher praktisch veranlagt. Leptosome gesunde Menschen sind im Gegensatz dazu eher emotional kühl, empfindsam, nach innen gekehrt, analytisch denkend und wenig gesellig. Der athletische Körperbau geht nach Kretschmer meist mit Persönlichkeitsmerkmalen wie Gelassenheit, Gleichmütigkeit und Zuverlässigkeit, aber auch geringer Flexibilität und Schwerfälligkeit einher.

Zusammenhang zwischen Körperbautypus und Temperament nach Kretschmer	
Körperbau	**Wesensart**
gedrungene Gestalt starke Umfangsentwicklung weiches, breites Gesicht kurzer, dicker Hals relativ geringe Schulterbreite mittelgroß → pyknisch	gemütvoll und gutherzig freundlich und anpassungsfähig starkes Äußerungsbedürfnis wirklichkeitsnah und weltoffen große Gefühlserregbarkeit eher praktisch veranlagt
schmal, hoch aufgeschossen langer, flacher Brustkorb lange, schlanke Beine scharf geschnittenes Profil dünne Muskeln → leptosom	überempfindlich und kühl zugleich mangelhafter Kontakt zur Umwelt zäh und kompromißlos ausdauernd und unablenkbar Zynismus, Pedanterie Neigung zum In-sich-Hineinleben
kräftige Muskeln breite, mächtige Schultern grober Knochenbau muskulöses Gesicht → athletisch	geringe Umstellfähigkeit wortkarg, solide, zuverlässig und treu schwankend zwischen phlegmatischen und explosiven Reaktionsweisen

Quelle: Hermann Rosemann, 1977

Kretschmers Konzept fand ursprünglich starke Beachtung, hat aber heute **nur noch historische Bedeutung.** Sein Erkenntnis- und Erklärungswert ist begrenzt. So erweist sich bereits die Klassifikation nach körperlichen Typusmerkmalen als äußerst schwierig, da der größte Teil der Bevölkerung eher aus Mischtypen besteht. Daneben werden in dem beschriebenen Zusammenhang von Körperbau und Wesensart lediglich die Anlagefaktoren bei der Ausbildung des Charakters berücksichtigt, die lebensgeschichtlichen Einflüsse werden dabei gänzlich vernachlässigt. Nachuntersuchungen ergaben außerdem weniger klare Zusammenhänge zwischen Körperbau und Temperament, als sie Kretschmer gefunden hat.
Wenngleich die Konstitutionslehre von Ernst Kretschmer nur einen begrenzten Erklärungswert hat, so macht sie doch deutlich, daß körperliche und seelische Vorgänge in Wechselbeziehung zueinander stehen, und verweist auf das **Leib-Seele-Problem.**

➡ **Materialien 1.**

11.2.2 Das Typenmodell nach Carl Gustav Jung

Eine andere Typologie ist die Typenlehre nach *Carl Gustav Jung,* der ein früherer Schüler Sigmund Freuds und sein späterer Kritiker war. Jung postulierte zwei gegensätzliche Persönlichkeitstypen. Der Grundunterschied zwischen beiden Typen ist ein extrem unterschiedliches Verhältnis zur Umwelt und zur eigenen Person. Diese gegensätzlichen Orientierungen bezeichnet Jung als *Extraversion und Introversion.*
Der **Extravertierte:** Für ihn steht die Außenwelt im Vordergrund, das eigene Verhalten und Erleben wird vernachlässigt. Der Extravertierte ist offen für Reize, die von außen kommen, aber nicht für das, was in ihm selbst vorgeht.

Er läßt sich deshalb stark von seiner Umwelt beeinflussen. Er ist im Umgang mit anderen Menschen umgänglich, offen und anpassungsfähig und sucht die sozialen Kontakte.

Extraversion ist eine seelische Grundeinstellung, bei der die Hinwendung zur Außenwelt im Vordergrund steht und die Beschäftigung mit der eigenen Person vernachlässigt wird.

Der **Introvertierte** ist im Gegensatz zum extravertierten Menschen mehr mit der eigenen Person und seiner inneren Vorstellungswelt beschäftigt. Von der Außenwelt grenzt sich der Introvertierte eher ab. Er wirkt deshalb eher zurückhaltend und verschlossen, ist mißtrauisch und empfindlich und neigt zu sozialer Isolierung.

Introversion ist eine seelische Grundhaltung, bei der die Beschäftigung mit der eigenen Person vorrangig ist gegenüber der Auseinandersetzung mit der Außenwelt.

Das Konzept Jungs wurde später von Hans-Jürgen Eysenck empirisch überprüft und bestätigt (vgl. Abschnitt 11.3.1).

Typenmodell nach Carl Gustav Jung

Extraversion	**Introversion**
Seelische Grundeinstellung, bei der die Hinwendung zur Außenwelt im Vordergrund steht.	Seelische Grundeinstellung, bei der die Beschäftigung mit der eigenen Person vorrangig ist.

11.2.3 Kritik an den typologischen Modellen

Die Einteilung der Menschen in Typen ist deshalb so beliebt, weil sie uns im Alltag mit relativ geringem Aufwand erlaubt, das Verhalten anderer Menschen zu „erklären".

So zum Beispiel mag ein Verkäufer einen unzufriedenen Kunden als typischen Querulanten bezeichnen. Er hat damit den Kunden aufgrund seines Verhaltens in die Kategorie „Querulant" eingeordnet und somit sein Verhalten scheinbar erklärt.

Die Typologien kommen damit dem menschlichen Wunsch nach Vereinfachung, Ordnung und Übersicht entgegen, bergen aber die Gefahr der Einseitigkeit und unzulässigen Vereinfachung in sich. Wenn dies auch nicht die Absicht der einzelnen Forscher war, besteht in der Praxis doch die **Gefahr der Fehleinschätzung.**

Gegen die Verwendung von Persönlichkeitstypologien lassen sich folgende **Einwände** anführen:

- Die beschriebenen Typen sind meist Idealtypen, die es in reiner Form kaum gibt. Typologien liefern also meist keine umfassende, realitätsgerechte Beschreibung.
- Versucht man einzelne Menschen dennoch in eine der vorgegebenen Kategorien einzupassen, so wird man der Einzigartigkeit einer Persönlichkeit nicht gerecht.
- Für den Beobachter hat die Einteilung in Kategorien eine verzerrende Wirkung. Man achtet nur auf die Eigenschaften, die zu dem entsprechenden Typus passen, und ignoriert andere wesentliche Persönlichkeitsmerkmale. Damit ist die Gefahr einer unzulässigen Vereinfachung gegeben.
- Die typologische Sichtweise birgt außerdem die Gefahr der Endgültigkeit einer Einschätzung der beurteilten Personen. Menschen neigen allzu leicht dazu, fremde Personen zunächst einem bestimmten Typus zuzuordnen und diese später – aufgrund mangelnder Bereitschaft, umzudenken – ständig mit der Brille des angenommenen Typus zu sehen.
- Die meisten Typologien liefern lediglich eine Beschreibung bzw. eine Möglichkeit der Klassifikation, bieten aber keine Erklärung der beobachteten Merkmale.

11.3 Faktorenanalytische Persönlichkeitsmodelle

Es ist naheliegend, die Persönlichkeit eines Menschen durch dessen Eigenschaften zu beschreiben. Ist ein Mensch aufgeschlossen, hat er das Persönlichkeitsmerkmal Aufgeschlossenheit, ist er hilfsbereit, so besitzt er das Merkmal Hilfsbereitschaft usw.

Die faktorenanalytischen Persönlichkeitsmodelle greifen diese alltagssprachliche Gepflogenheit auf, Personen vorrangig mit Hilfe von Eigenschaftswörtern zu beschreiben. Die grundlegende Annahme ist dabei, daß **jedes Verhalten auf Eigenschaften zurückzuführen** und deshalb auch aufgrund der Kenntnisse über diese Eigenschaften **vorhersagbar** ist.

Die Problematik, Menschen in dieser Art zu beschreiben, liegt darin, daß es eine Vielzahl von Eigenschaften gibt, die zur Charakterisierung menschlichen Verhaltens verwendet werden können. Ein Weg aus diesem Dilemma besteht darin, die Vielzahl der möglichen Eigenschaften auf einige grundlegende zu reduzieren. So wurde versucht, mit Hilfe von mathematisch-statistischen Verfahren eine Vielzahl von vorher zusammengestellten menschlichen Eigenschaften zurückzuführen auf eine begrenzte Anzahl zentraler **Eigenschaftsdimensionen** oder **Faktoren** (siehe zum Beispiel das faktorenanalytische Modell von Hans-Jürgen Eysenck in Abschnitt 11.3.1).

Faktorenanalyse ist ein statistisches Verfahren, das eine große Anzahl von Merkmalen oder Eigenschaften auf eine kleine Anzahl grundlegender Dimensionen oder Faktoren zurückführt.

Ziel der Faktorenanalyse ist also das Ermitteln von einigen wenigen Faktoren oder Dimensionen der Persönlichkeit, um dann ein sinnvolles Klassifizieren der verschiedenen Eigenschaften zu ermöglichen.

Dimensionen oder Faktoren sind das Ergebnis der Faktorenanalyse. Es sind solche Größen, die durch Anwendung bestimmter mathematischer Verfahren aus den Korrelationen zwischen verschiedenen Variablen errechnet wurden.

Als Vertreter des faktorenanalytischen Ansatzes sind Cattell, Eysenck und Guilford zu nennen. Vorgestellt werden hier nur die Modelle von Eysenck und Cattell.

11.3.1 Das faktorenanalytische Modell nach Hans-Jürgen Eysenck

Eysenck geht zunächst von spezifischen Handlungen des Menschen, von Reaktionen, die man im Alltag messen und beobachten kann, aus. Dies ist die **Ebene der spezifischen Verhaltensweisen oder Reaktionen** (vgl. Abb. auf Seite 372). Sie stellen die Basis des hierarchisch angeordneten Modells dar. Tauchen die spezifischen Reaktionen gewohnheitsmäßig auf, das heißt, treten sie in ähnlichen Situationen in gleicher Weise auf, so spricht man von **habituellen**[1] **Verhaltensweisen** oder Gewohnheiten (Ebene der habituellen Reaktionen). Aus ihrer gegenseitigen Abhängigkeit (Korrelation) schließt Eysenck auf verschiedene zugrundeliegende Eigenschaften oder Charakterzüge, die **Ebene der Eigenschaften,** und bezeichnet diese mit Begriffen wie Zyklothymie[2], Dominanz usw. Aus der Korrelation zwischen diesen Eigenschaften läßt sich weiter auf zugrundeliegende Hauptdimensionen der Persönlichkeit schließen, die den **Typen** entsprechen. Eysenck gelangt dabei zu **zwei Hauptdimensionen:**

- Emotionale Stabilität – Instabilität
- Introversion – Extraversion

Eysenck bestätigte damit u. a. auch die Auffassung Jungs von Extraversion und Introversion. Nach Eysenck sind jedoch die Übergänge zwischen den beiden Endpolen kontinuierlich, und die Mehrheit der Personen liegt nach seiner Auffassung nicht an den Polen, sondern im mittleren Bereich.

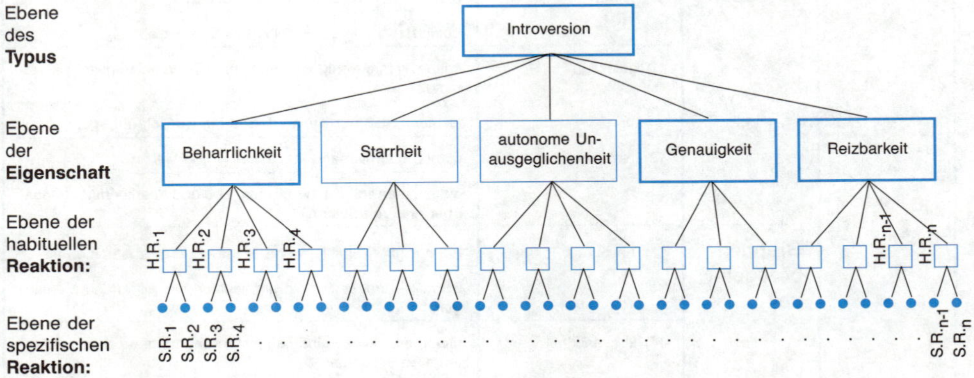

Quelle: Peter R. Wellhöfer, 1977

---

[1] habituell: gewohnheitsmäßig

[2] Zyklothymie: Wesensart, die gemütvoll, gesellig, gutmütig und natürlich ist

Beispiel eines faktorenanalytischen Persönlichkeitsmodells
nach H.-J. Eysenck

4. Ebene des Typs (Faktor 2. Ordnung)	**3. Ebene der Eigenschaft** (Faktor 1. Ordnung)	**2. Ebene der habituellen Verhaltensweisen** (Gewohnheiten)	**1. Ebene der spezifischen Verhaltensweisen** (z. B. Test-Reaktionen, Antworten in Persönlichkeitsfragebogen)
Extraversion	Zyklothymie	1) gesellig	lädt oft Leute zu sich ein geht oft aus
		2) warmherzig	setzt sich für einen wohltätigen Zweck ein ist an Problemen anderer interessiert
		3) unbeschwert	ist nicht lange traurig, wenn er von der Freundin versetzt wird macht sich nicht viel Gedanken, wenn etwas mißlungen ist
	Dominanz	4) selbstbehauptend	fühlt sich durch selbstsichere Personen nicht beeinträchtigt glaubt, seine Ansichten seien der Zeit voraus
		5) eigenständige Meinung	ist bei anderen als ideenreich bekannt findet lieber selbst heraus, wie etwas zu machen ist
		6) unbefangen	setzt auch ungewöhnliche Lösungen durch hat schon einmal ein Plakat heruntergerissen
	Beschwingtheit	7) gesprächig	bevorzugt Situationen, in denen man sich mit anderen unterhalten kann andere sagen von ihm, er sei unterhaltsam
		8) heiter	hört lieber Schlager als ernste Musik schildert sich als sorglos
		9) munter	unternimmt gerne verrückte Dinge andere sagen von ihm, er sei begeisterungsfähig
	Vertrauen	10) tolerant	hält nur wenige Leute für eingebildet qualifiziert andere nur selten als Spinner ab
		11) gelassen	es macht ihm wenig aus, wenn er sich einmal ungeschickt benimmt er meint, daß nur wenige Dinge ihn wirklich aufregen
		12) vertrauensvoll	glaubt, daß niemand ihm etwas Böses will glaubt, man sollte generell mehr Lob und Anerkennung gegenüber anderen äußern
	Gruppenbezogenheit	13) bevorzugt Teamwork	hat nur gute Einfälle, wenn er mit anderen zusammen ist würde ein neues Projekt am liebsten nur mit anderen anfangen
		14) konventionell	meint, man solle seine Lebensführung mehr an dem ausrichten, was üblich ist ärgert sich, wenn man ihn für unkonventionell hält
		15) stark anerkennungsbedürftig	läßt sich gerne von anderen wegen seiner Erfolge bewundern möchte, daß man ihn häufig um Rat fragt

Quelle: Ch. Michel/F. Novak, 1990

Eysenck charakterisiert die Extrempole der Dimension **Introversion – Extraversion** wie folgt:

„Der typisch Extravertierte ist sozial aufgeschlossen, liebt Geselligkeit, hat viele Freunde, muß sich anderen Menschen mitteilen, liest und studiert nicht gern allein. Er liebt Aufregungen, geht Risiken ein, handelt aus dem Augenblick heraus und ist allgemein eine impulsive Persönlichkeit. Er liebt Späße, ist schlagfertig, liebt die Abwechslung; er ist optimistisch und lacht gerne. Er bevorzugt die Betriebsamkeit, neigt zu Aggressionen und wird schnell ungeduldig. Er hat seine Gefühle nicht sehr unter Kontrolle, und er ist auch nicht immer besonders zuverlässig.

Der typisch Introvertierte ist ruhig, zieht sich zurück und neigt zu Selbstbeobachtung, er liebt Bücher mehr als Menschen, ist ‚zugeknöpft' und distanziert außer gegenüber intimen Freunden. Er plant voraus, ist vorsichtig und mißtraut dem Impuls des Augenblicks. Er liebt keine Aufregungen, begegnet Problemen des Alltags mit angemessenem Ernst und neigt zu einer geordneten Lebensführung. Seine Gefühle hat er sehr unter Kontrolle, selten verhält er sich aggressiv, und er wird nicht leicht ungeduldig. Er ist zuverlässig, etwas pessimistisch und legt Wert auf hohe ethische Normen." *(H.-J. Eysenck/S. Rachman, 1973[6])*

Die Dimension **Emotionale Stabilität** bzw. **Instabilität** beschreibt Eysenck so:

„An einem Pol handelt es sich um Menschen, deren Emotionen labil, stark und leicht zu aktivieren sind; sie sind verstimmbar, empfindlich, ängstlich-unruhig usw. Am anderen Pol handelt es sich um Personen, deren Emotionen stabil und weniger leicht ansprechbar sind, und die ferner ruhig, ausgeglichen, sorglos und zuverlässig sind." *H.-J. Eysenck/S. Rachman, 1973[6])*

11.3.2 Das faktorenanalytische Modell nach Raymond Bernard Cattell

Cattell ist der prominenteste Vertreter auf dem Gebiet der faktorenanalytischen Persönlichkeitsforschung. Er hat ein sehr detailliertes Programm ausgearbeitet, mit dem die Persönlichkeit systematisch erfaßt werden soll.

Cattells Forschungsarbeit begann mit einer Sammlung von 4500 Eigenschafts- und Verhaltensbegriffen. Mit Hilfe verschiedener mathematischer Techniken wurden die Anzahl der Begriffe auf 35 zentrale Gruppen von Persönlichkeitszügen reduziert. Aus der Faktorenanalyse der Korrelationen zwischen diesen **35 Oberflächeneigenschaften** („surface traits") ergaben sich die gesuchten **16 Grundeigenschaften** („source traits"). Cattell ordnete diese Faktoren polar an, das heißt zu jedem Faktor wurden zwei Extrempole bestimmt, wobei jedes Individuum eine ganz charakteristische Position zwischen den beiden Polen einnimmt.

12 dieser 16 Grundeigenschaften seien hier dargestellt.

Pol 1	Pol 2
2. **Allgemeine geistige Fähigkeit** Intelligenz, Klugheit, geistige Aktivität	**Geistige Schwäche** unintelligent, geistig inaktiv und stumpf
3. **Emotionale Stabilität** realistische Lebenseinstellung, ausgeglichen	**Emotionalität** neurotische Tendenzen, unreifes, ausweichendes Verhalten
4. **Dominanz** gesundes Selbstvertrauen, durchsetzungsstark	**Unterwürfigkeit** Unsicherheit, durchsetzungsschwach, genügsam
5. **Vitalstärke** frohgemut, humorvoll, witzig, optimistisch	**Vitalschwäche** deprimiert, phlegmatisch, unansprechbar, pessimistisch
6. **Aufgeschlossenheit** ansprechbar, Bereitschaft zur Kooperation	**Verschlossenheit** in sich gekehrt, unansprechbar
7. **Ausgreifende Zyklothymie** Interesse an anderen Menschen, am anderen Geschlecht	**Zurückgezogene Schizothymie**[1] fehlendes Interesse am Kontakt mit anderen und mit Personen des anderen Geschlechtes
8. **Emotionale Selbstsicherheit** unabhängig, in sich ruhend	**Kindliche Emotionalität, Sensitivität** unreife Anhänglichkeit, von anderen abhängig
9. **Gebildetheit** höflich, anpassungsfähig, selbstbeobachtend, beherrscht	**Ungebildetheit** grob, eckt an, ungeschickt in Ausdruck und Benehmen
10. **Vertrauensvolle Zyklothymie** vertrauend auf andere, auf andere eingehend	**Paranoia** Mißtrauen, Gefühl des Bedrohtseins, das Böse annehmend
11. **Unbekümmertheit** übertrieben aktiv, liebt das Ungewöhnliche, zeitweise exzentrisch	**Konventionell** lebt nach geltenden Normen, unauffällig
12. **Eingebildetheit** kühl, hochmütig, logisch	**Einfachheit** gefühlsbetont, weich, mitleidig

Quelle: Hermann Rosemann, 1977

Cattell ist der Auffassung, daß diese 16 fundamentalen Persönlichkeitsmerkmale praktisch ausreichen, um alle interessierenden Bereiche der Persönlichkeit deskriptiv[2] zu erfassen. Kennt man die entsprechenden Werte einer Person, so läßt sich das Verhalten dieser Person in einer gegebenen Situation relativ sicher vorhersagen.

11.3.3 Kritik an den faktorenanalytischen Modellen

Die faktorenanalytischen Ansätze bestätigen einen Teil der Ergebnisse der typologischen Modelle (siehe Jung und Kretschmer), jedoch weisen sie gegenüber den Typologien wesentliche **Vorzüge** auf:

- Sie ermöglichen die Klassifikation und stufenweise Abstraktion der Persönlichkeitseigenschaften (Verhalten, Gewohnheiten, Eigenschaften, Typen).

---

[1] Schizothymie: Wesensart, die empfindsam, nach innen gekehrt und wenig gesellig ist
[2] deskriptiv = beschreibend

- Sie ermöglichen dadurch auch eine umfassende Beschreibung der Persönlichkeit und die Erstellung eines Persönlichkeitsprofils im Einzelfall.
- Sie lassen Mischformen zu, da die Ausprägung der Faktoren von positiv bis negativ oder von stark bis schwach berücksichtigt wird. Die Mehrheit der Personen liegt nicht an den Extrempolen, sondern im mittleren Bereich.

Jedoch lassen sich gegen die faktorenanalytischen Persönlichkeitsmodelle auch kritische **Einwände** erheben:

- Sie machen lediglich Aussagen über den augenblicklichen Zustand einer Person. Die Persönlichkeit eines Menschen ist jedoch ein dynamisches Gebilde, das ständigen Veränderungen unterliegt.
- Die Faktorenanalyse liefert ein mosaikartiges Bild der Persönlichkeit von isolierten Einzeldimensionen, die lediglich additiv zusammenwirken. Zwischen den einzelnen Komponenten besteht jedoch ein dynamisches Zusammenwirken. Die eher deskriptiven Daten der Faktorenanalyse tragen wenig zur Erhellung und Erklärung der Dynamik der Persönlichkeit bei.

- Faktorenanalytische Persönlichkeitsmodelle werden häufig auch deshalb kritisiert, weil sie ihren Erklärungsschwerpunkt in der hierarchischen Organisation von stabilen und dauerhaften Eigenschaften der Person haben und kaum die Abhängigkeit des Verhaltens von Situationen sowie von Folgen, die eine bestimmte Verhaltensweise nach sich zieht, berücksichtigen (vgl. Lawrence A. Pervin, 1987²).

➡ **Materialien 2.**

11.4 Schichten- und Instanzenmodelle der Persönlichkeit

Schichten- und Instanzenmodelle haben eine lange Tradition. Vorläufer der modernen schichttheoretischen Erklärungsversuche finden sich bereits bei den griechischen Philosophen. So zum Beispiel weisen die Schichtentheorien von Platon und Aristoteles bereits Grundzüge auf, zu denen auch Sigmund Freud und Philipp Lersch gelangt sind.
Den Schichten- und Instanzenmodellen liegt die Annahme zugrunde, daß sich das seelische Leben in verschiedene Orte aufgliedert. Man spricht deshalb auch von **topographischen Modellen** (griechisch topos: der Ort). Solche Orte können ganz bestimmte *Schichten oder Instanzen der Persönlichkeit* sein, die zusammen eine **Struktur** bilden.

So hat zum Beispiel Sigmund Freud in seinem Persönlichkeitsmodell drei Instanzen, das ES, das ICH und das ÜBER-ICH angenommen, die zusammen eine Struktur bilden (vgl. Abschnitt 11.4.2).

11.4.1 Vorläufer von Schichten- und Instanzenmodellen

Platon unterschied in Anlehnung an die Dreiteilung des Körpers (Kopf, Brust, Bauch) drei seelische Schichten, die übereinander angeordnet sind: seelische Oberschicht, Mittelschicht und untere Schicht.

- Die seelische Oberschicht ist im Kopf lokalisiert und hat denkende und erkennende Funktion. Sie ist die Schicht der **Vernunft** und des **Verstandes.**
- Die Mittelschicht ist in der Brust lokalisiert und beinhaltet das Streben nach Mut und Ehre. Hier wohnt das **Gemüt.**
- In der unteren Schicht, die im Bauch lokalisiert ist, wohnen die leiblichen und irdischen Wünsche und Antriebe. Sie ist die Schicht der **Begierde.**

Jeder Mensch verfügt über die drei Schichten, jedoch können die Schichten unterschiedlich dominieren.

Philipp Lersch (1898–1972) war ein Vertreter der philosophisch orientierten, verstehenden Psychologie. Er unterscheidet ebenfalls drei Schichten der Persönlichkeit: den vegetativen Lebensgrund, den endothymen Grund und den personellen Oberbau.

Der **vegetative Lebensgrund** ist die unterste, tragende und noch vorseelische Schicht. Er umfaßt den Organismus des Körpers und strahlt je nach Bedürfnisstand in das Gesamterleben hinein. Man fühlt sich frisch oder matt, hungrig oder satt. Die Vorgänge des Lebensgrundes sind nicht bewußtseinsfähig, aber sie beeinflussen unser Erleben.

Über dem Lebensgrund liegt der **endothyme Grund** (endothym: griech. endon = innen, thymos = Gemüt). Er beinhaltet Triebe und Strebungen, Gefühle und Stimmungen, von denen wir erfaßt werden, ohne daß vom Individuum ein steuernder Einfluß ausgeht. Der **personelle Oberbau,** die oberste Schicht, umfaßt die Funktionen des Denkens und Wollens, die die Person aktiv und bewußt steuern.

Personeller Oberbau und endothymer Grund sind keine voneinander isolierten Bereiche, sondern in allen Erlebnissen aufeinander bezogen. Sie wirken integrativ zusammen.

Von den Schichten- und Instanzenmodellen soll das psychoanalytische Persönlichkeitsmodell nach Sigmund Freud, von dem auch Philipp Lersch sich beeinflussen ließ, besonders ausführlich dargestellt werden.

11.4.2 Das Persönlichkeitsmodell nach Sigmund Freud

Zur Erklärung der Persönlichkeit arbeitete Freud mit unterschiedlichen Modellen, die er im Laufe seines Lebens nacheinander entwickelte und immer wieder veränderte. Um den Aufbau und die Dynamik der Persönlichkeit zu beschreiben und zu erklären, verwendete Freud zunächst das **Schichtenmodell,** später das **Instanzenmodell** mit den drei Persönlichkeitsinstanzen ES, ICH und ÜBER-ICH.

Das Schichtenmodell

Freud teilte zunächst die psychischen Inhalte und Vorgänge danach ein, ob sie *bewußt* sind oder nicht. Er unterschied dementsprechend drei Bewußtseinsschichten: das **Unbewußte,** das **Vorbewußtsein** und das **Bewußtsein.**

> **Bewußt sind alle diejenigen Vorstellungen, Gedanken und Wahrnehmungen, die eine Person bemerkt und zu denen sie unmittelbaren Zugang hat.**

Zwischen Bewußtem und Vorbewußtem besteht eine enge Beziehung: Jeder Gedanke, der ins Bewußtsein tritt, war unmittelbar davor noch nicht präsent und verschwindet früher oder später wieder aus dem Bewußtsein. Er befindet sich somit vorher und nachher im Vorbewußtsein und läßt sich von da jederzeit mit mehr oder weniger großer Willensanstrengung oder Verschiebung der Aufmerksamkeit ins Bewußtsein holen.

Mit vorbewußt sind alle seelischen Vorgänge gemeint, um die wir nicht spontan wissen, die jedoch aufgrund einer Bemühung dem Bewußtsein wieder relativ voll zugänglich gemacht werden können.

Zum Beispiel versucht man sich an einen Namen zu erinnern, der einem „auf der Zunge liegt", und nach einiger Zeit des Nachdenkens gelingt es, sich daran zu erinnern.

Vorbewußt ist also all das, was wir wissen, was wir aber im Augenblick nicht gegenwärtig haben, woran wir uns jedoch, wenn wir wollen, erinnern können. Es handelt sich dabei um relativ leicht zugängliche Gedächtnisinhalte.

Das **Unbewußte** dagegen ist die am wenigsten zugängliche Schicht. Seine Inhalte können nicht durch Willensanstrengung, sondern nur unter ganz bestimmten Bedingungen ans Bewußtsein geholt werden. Es handelt sich dabei um Erlebnisse, Gefühle und Wünsche, die als beschämend oder bedrohlich erlebt und deshalb ins Unbewußte verdrängt wurden.

Seelische Vorgänge, um die wir nicht bzw. nicht mehr wissen, die aber immer wieder in das Bewußtsein drängen und unser Erleben und Verhalten in einem nicht unerheblichen Maße bestimmen, bezeichnen wir als unbewußt.

Freud verglich das Verhältnis der drei Bewußtseinsschichten zueinander mit einem Eisberg, wobei lediglich der kleinere Teil, der sich oberhalb der Wasseroberfläche befindet, den bewußten Teil der Persönlichkeit ausmacht, während der sehr viel größere Teil, der unterhalb der Wasseroberfläche liegt, den umfangreichen unbewußten Anteil der Psyche repräsentiert. Die ins Unbewußte verdrängten Wünsche, Erlebnisse und Konflikte liegen dort nicht brach, auch wenn sie noch so unterdrückt und verdrängt werden. Sie drängen immer wieder ins Bewußtsein und nehmen Einfluß auf das Denken, Fühlen und Handeln einer Person. Die unbewußten Erlebnisinhalte können aber nicht direkt beobachtet und erfragt werden, sondern können nur indirekt erschlossen werden. So kommen in Träumen verdrängte Wünsche und Konflikte in verschlüsselter Sprache zum Ausdruck. Für Freud selbst war die **Traumdeutung** der Königsweg zum Unbewußten. Daneben entwickelte Freud die Methode der **freien Assoziation.** Bei dieser Methode wird der Patient aufgefordert, ohne zu zögern dem Analytiker alles zu berichten, was ihm in den Sinn kommt. Die freie Assoziation soll helfen, verborgene Wünsche, Absichten, Erinnerungen und Phantasien bewußt zu machen (vgl. Kapitel 12.4.1).

Mit Hilfe bestimmter **Persönlichkeitstests** lassen sich aus den Antworten der getesteten Person Rückschlüsse auf verdrängte Konflikte und die unbewußte Persönlichkeitsstruktur ziehen (vgl. Abschnitt 11.5.2). Unbewußte Absichten und Wünsche zeigen sich auch in den sogenannten **Fehlleistungen.** Wenn man zum Beispiel „ungebetene" Gäste bei ihrer Ankunft mit den Worten begrüßt: „Schade – äh schön, daß Sie kommen konnten", kann dies die wahre Einstellung der Gastgeber ans Tageslicht bringen. *(Philip G. Zimbardo, 1983[4])* Ebenso werden in anderen Fehlleistungen, wie etwa beim Vergessen eines wichtigen Termins oder dem Verlegen eines einmaligen Dokuments, unbewußte Absichten und Gefühle deutlich, die sich durchsetzen wollen.

Fehlleistungen sind Handlungen des Verlegens, des Vergessens, des Sich-Versprechens oder Verschreibens, die scheinbar versehentlich geschehen, die aber unbewußte Absichten zeigen.

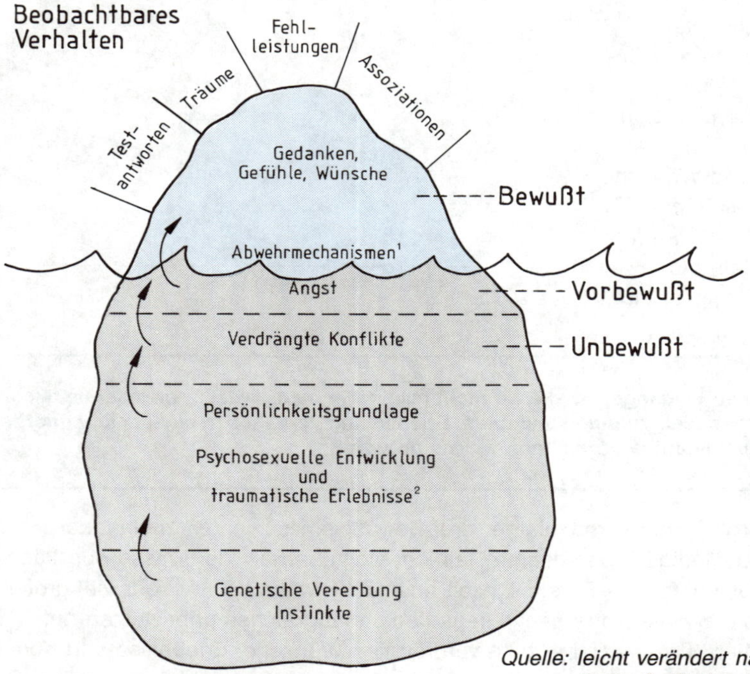

Quelle: leicht verändert nach Philip G. Zimbardo, 1983[4]

[1] Abwehrmechanismen: vgl. S. 383–384
[2] traumatische Erlebnisse: schmerzhafte, die Psyche beeinträchtigende Erlebnisse

Das Instanzenmodell

Sigmund Freud unterscheidet in seinem Persönlichkeitsmodell drei Persönlichkeitsinstanzen, die Erlebens- und Verhaltensweisen eines Individuums erklären: das **ES,** das **ICH** und das **ÜBER-ICH.** Diese Instanzen repräsentieren verschiedene Teilaspekte der Persönlichkeit und stehen miteinander in enger Wechselbeziehung. Die Gesamtheit und Dynamik der Beziehungen zwischen den drei Instanzen macht nach Freud die Persönlichkeit des Menschen aus.

Bei diesen Instanzen handelt es sich nicht um reale Gegebenheiten, sondern um nicht beobachtbare **Hilfskonstruktionen** zur Erklärung des menschlichen Erlebens und Verhaltens.

Das ES

Das ES, die elementarste Schicht, ist bereits vom ersten Lebenstag an vorhanden und beinhaltet alle Triebe, Wünsche und Bedürfnisse eines Individuums.

Das ES ist die Instanz der Triebe, der Wünsche und der Bedürfnisse.

Im ES gelten keine Gesetze des logischen Denkens, seine Impulse drängen rücksichtslos nach außen und wollen befriedigt werden, wobei es keine Rolle spielt, ob dieses Ziel realisierbar oder moralisch annehmbar ist. Es gehorcht allein dem **Lustprinzip:** Sein Ziel ist es, sofortige und totale Triebbefriedigung ohne Rücksicht auf Verluste zu erreichen sowie Schmerz und Unbehagen zu vermeiden.

Die Triebwünsche des ES richten sich immer auf ein bestimmtes **Ziel** und auf ein bestimmtes **Objekt,** das auch eine Person bzw. Personengruppe sein kann.

Thomas sieht bei seinem Freund Andreas ein interessantes Spielzeug, das er sofort haben möchte. Das Ziel ist in diesem Beispiel die Befriedigung des Wunsches, Andreas etwas wegzunehmen, und das Objekt, das er haben möchte, ist das Spielzeug.

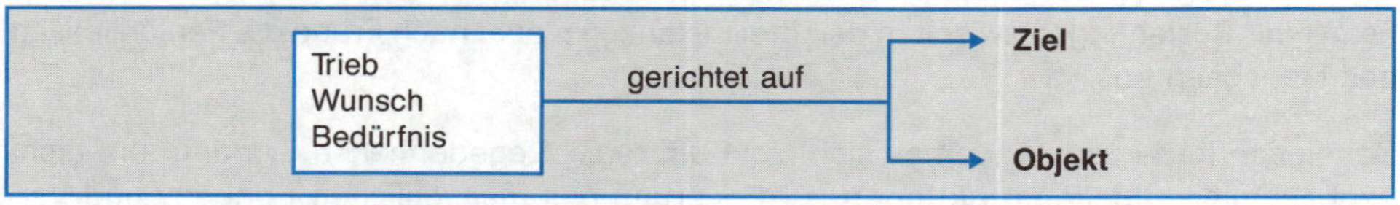

Das ICH

Unter dem Einfluß der Außenwelt, zum Beispiel durch die Anforderungen der Eltern an das Kind, entwickelt sich das ICH. Das ICH entsteht dabei aus der Notwendigkeit des Kindes, sich mit der realen Umwelt zu befassen, um die eigenen Bedürfnisse zu befriedigen. Die Aufgabe des ICH besteht darin, die Wünsche des ES zum Ausdruck zu bringen und im Einklang mit der Realität zu befriedigen. Es vermittelt sozusagen zwischen den Wünschen des ES und den Anforderungen der Außenwelt.

Das ICH wird deshalb auch als das eigentliche **Anpassungs- und Selbsterhaltungsorgan** des Menschen bezeichnet.

Während das ES nach dem Lustprinzip handelt, verhält sich das ICH gemäß dem **Realitätsprinzip** – die Triebbefriedigung wird bis zu einem günstigen Zeitpunkt aufgeschoben, an dem ein Maximum an Vergnügen mit den geringst möglichen negativen Konsequenzen oder Schmerzen verknüpft ist. Das ICH leistet also Triebverzicht oder zeitlichen Aufschub der Befriedigung (Triebaufschub) und läßt die vom ES geforderten Triebwünsche nur dann zu, wenn diese mit den Anforderungen der Realität vereinbar sind.

Thomas weiß nicht, wie Andreas reagiert, wenn er ihm das Spielzeug wegnimmt; Andreas könnte wütend werden und ihn schlagen. Auch ist die Mutter von Andreas in der Nähe; sie würde ihn bestimmt schimpfen. Thomas will eine bessere Gelegenheit abwarten.

Das ICH läßt in diesem Fall den Wunsch des ES nicht zu, da er mit den Anforderungen der Realität nicht vereinbar ist.

Das ICH ist die Instanz des bewußten Lebens, die die bewußte Auseinandersetzung mit der Realität leistet.

Bei der Realitätsprüfung und Anpassung an die Umwelt helfen **ICH-Funktionen** wie Gedächtnis, Wahrnehmung, Beherrschung des Bewegungsapparates, Denken, Sprechen, Beurteilen usw. Alle diese Ich-Funktionen entwickeln sich erst im Laufe der individuellen Entwicklung. Erste ICH-Funktionen lassen sich bereits beim Säugling im Alter von sechs bis acht Monaten beobachten, zum Beispiel das Erkennen der Mutter. Deutlicher ausgeprägt sind sie jedoch im Alter von drei Jahren. Wie weit diese ICH-Funktionen entwickelt werden, hängt von den Möglichkeiten zur Selbstbestimmung und von den Anregungen durch die Umwelt ab.

Freud verwendete zur Illustration des Verhältnisses zwischen ICH und ES das Bild vom Reiter und Pferd. Das Pferd, das die Kraft und Energie liefert, ist das ES. Der Reiter, der das Pferd steuert und zügelt, also kontrolliert, ist das ICH. Erweist sich der Reiter als zu schwach, so geht das Pferd mit ihm durch.

Das ÜBER-ICH

Im deutlichen Gegensatz zum ES steht das ÜBER-ICH, das den moralischen Teil der Persönlichkeit darstellt. Es beinhaltet moralische und sittliche Gebote und Verbote und gesellschaftliche Wert- und Normvorstellungen, die durch Eltern, Erzieher, Lehrer und andere Bezugspersonen und Vorbilder an das Kind herangetragen und durch entsprechende Erziehungsprozesse **verinnerlicht** werden. Auf diese Weise bildet sich das ÜBER-ICH als dritte Instanz der Persönlichkeit heraus. Das ÜBER-ICH entspricht in etwa dem **Gewissen,** das das Verhalten in Übereinstimmung mit den gesellschaftlichen Regeln insofern kontrolliert, als es Belohnung für „gutes" und Bestrafung für „schlechtes" Verhalten verspricht. Das ÜBER-ICH beinhaltet aber auch das **Ich-Ideal,** das nach Perfektion und der Realisierung verinnerlichter Ideale strebt.

„So steht das ÜBER-ICH als Repräsentant der Gesellschaft häufig im Konflikt mit dem ES (...). Das ES will lediglich das, was angenehm ist, während das ÜBER-ICH darauf besteht, das zu tun, was richtig und ideal ist." *(Philip G. Zimbardo, 1983[4])*

Das ÜBER-ICH ist diejenige Instanz, welche die Wert- und Normvorstellungen, die moralischen Prinzipien umfaßt und das Verhalten und Handeln des ICH im Sinne der geltenden Moral führt.

Die Aufgabe des ÜBER-ICH besteht also darin, unser Verhalten, aber auch unsere Wünsche und Gedanken an den verinnerlichten Normen zu prüfen. Es mißbilligt und bestraft, was diesen Normen nicht entspricht (Gewissensbisse, Schuldgefühle), und billigt und belohnt, was diesen Normen entspricht (Stolz, Eigenliebe).

Das ÜBER-ICH vertritt das **Moralitätsprinzip;** es bewertet die Triebwünsche, ob sie zugelassen werden oder nicht.

So hat Thomas möglicherweise die elterliche Norm verinnerlicht, daß man einem anderen Kind kein Spielzeug wegnimmt. Bei Zuwiderhandeln droht das ÜBER-ICH mit Strafe; Thomas bekommt Gewissensbisse.

Die Beziehung zwischen ES, ICH und ÜBER-ICH

Das ICH wurde bereits als Vermittlungsinstanz zwischen den ES-Impulsen und den Anforderungen der Umwelt genannt. Nun kommt als dritte Kraft das ÜBER-ICH ins Spiel, dessen Ansprüchen das ICH ebenfalls gerecht werden muß.

Das Wechselspiel zwischen den Wünschen des ES, den moralischen Bewertungen des ÜBER-ICH, den Anforderungen der Realität und den Vermittlungs- und Anpassungsleistungen des ICH bewirkt die **Dynamik der Persönlichkeit.** Entsprechend der individuellen Dynamik zwischen ES, ÜBER-ICH und ICH verhält sich eine Person in bestimmten Situationen charakteristisch.

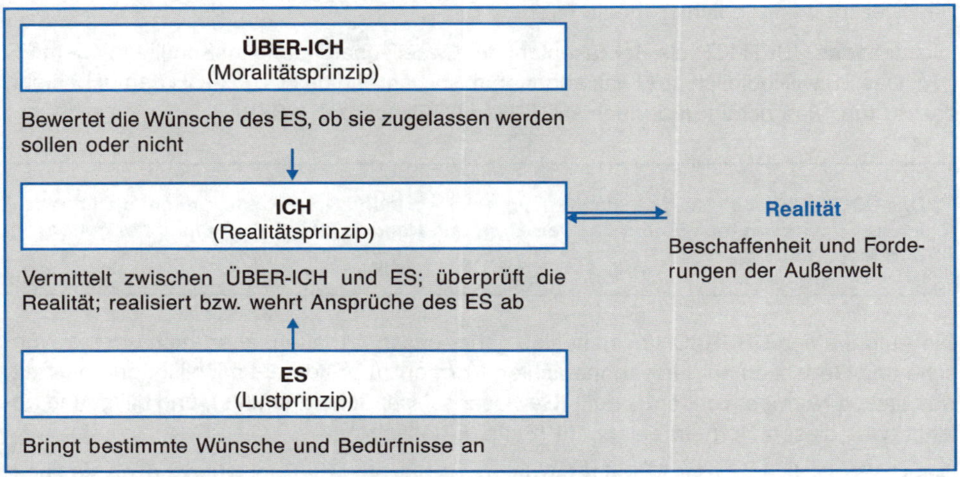

Das ES bringt bestimmte Wünsche oder Bedürfnisse an, die vom ÜBER-ICH bewertet werden. Das ICH versucht, zwischen ÜBER-ICH und ES zu vermitteln, und überprüft die Realität danach, ob Befriedigung möglich ist oder nicht. Je nach den Wert- und Normvorstellungen, die im ÜBER-ICH vorhanden sind, je nach der Stärke der Gefühle, die es entwickelt (Gewissensbisse, Schuldgefühle), entscheidet sich, ob das ICH die Wünsche des ES zulassen kann oder nicht. Zugelassene Ansprüche werden vom ICH gesteuert und, wenn es die Realität ermöglicht, verwirklicht; nicht zugelassene Wünsche oder Bedürfnisse müssen vom ICH abgewehrt, „unbewußt" gemacht, verdrängt werden.

Thomas sieht bei seinem Freund Andreas ein interessantes Spielzeug, das er haben möchte.

ES: Meldet den Wunsch an, das Spielzeug von Andreas zu besitzen.
Ziel: Befriedigung des Wunsches, Andreas etwas wegzunehmen.
Objekt: das Spielzeug

ÜBER-ICH: Bewertung des Wunsches entsprechend der verinnerlichten Norm: „Einem anderen Kind nimmt man kein Spielzeug weg!"

ICH:
- Überprüft die Realität: Die Mutter von Andreas ist zum Einkaufen gegangen; andere Erwachsene sind nicht in der Nähe; er ist bestimmt genau so stark wie Andreas; Reaktionen von Andreas und dessen Mutter – Andreas wird nicht mehr mit ihm spielen oder seine Mutter läßt ihn nicht mehr zu Andreas.
- Vermittelt zwischen dem ES-Wunsch und der Einschränkung des ÜBER-ICH: Je nach der Stärke der Gefühle, die das ÜBER-ICH erzeugt (Gewissensbisse, Schuldgefühle), und je nach der Wahrnehmung der Realität wird der Wunsch zugelassen oder abgewehrt.

Das **ICH** steht eindeutig im Mittelpunkt des Freudschen Persönlichkeitsmodells und ist die **Vermittlungsinstanz** zwischen dem ES, dem ÜBER-ICH und den realen Anforderungen der Außenwelt. So hat das ÜBER-ICH die Funktion, die aus dem ES stammenden ungezügelten Triebe zu bewerten und zu kontrollieren. Konflikte zwischen ES und ÜBER-ICH sind daher unvermeidlich. Aufgabe des ICH ist es nun, den Konflikt derart zu lösen, daß ein Gleichgewicht zwischen beiden Kräften hergestellt wird.

„In einer gut funktionierenden Persönlichkeit sollen die drei Systeme als Team zusammenwirken. Das ES sucht Vergnügen (Lust) in Form der unmittelbaren Bedürfnisbefriedigung, das ÜBER-ICH sucht Vollkommenheit, indem es sich hohen Wertmaßstäben unterwirft, und das ICH strebt danach, die Anforderungen des ES und des ÜBER-ICH unter einen Hut zu bringen und im Rahmen der realistischen Möglichkeiten zu erfüllen. Da nur eine begrenzte Menge an Energie zur Verfügung steht, werden, wenn ein System an Energie und Kraft gewinnt, automatisch die beiden anderen umso schwächer." *(Julian B. Rotter/Dorothy J. Hochreich, 1979)*

Gelingt es dem ICH nicht, zwischen den oftmals konkurrierenden Ansprüchen des ES, des ÜBER-ICH und der Realität zu vermitteln, dann treten Ängste auf.
Sigmund Freud unterscheidet **drei Grundformen der Angst:**

- die **Real-Angst,** tritt dann auf, wenn eine Bestrafung der Triebwünsche durch die Umwelt droht;
- die **moralische Angst,** wenn die Triebwünsche gegen übermächtige Gebote und Verbote des ÜBER-ICH verstoßen;
- die **neurotische Angst,** wenn das ICH Angst hat, von der Stärke des Triebanspruches aus dem ES überwältigt oder zerstört zu werden.

Alle drei Ängste regen das ICH an, bestimmte Selbstschutzmaßnahmen zu treffen und Mechanismen auszubilden, die diese Ängste abwehren. Diese **Abwehrmechanismen** bewirken, daß dem peinlichen oder bedrohlichen, angstauslösenden Triebwunsch der Zugang zum Bewußtsein verwehrt wird und daß so das seelische Gleichgewicht erhalten bleibt. Die Abwehrmechanismen laufen stets unbewußt ab. Sie sind bei jedem Individuum zu finden, erst bei übermäßigem Einsatz können schwerwiegende Probleme auftreten, weil entweder die Triebansprüche oder die Realität zu sehr geleugnet werden.

Abwehrmechanismen im Sinne der Psychoanalyse sind Schutzmaßnahmen des ICH, die die Ansprüche des ES aus dem Bewußtsein ausschalten – unbewußt machen – und somit drohende Konflikte vermeiden.

Die Abwehrmechanismen liefern einen zumindest vorläufigen Schutz für das ICH vor seelischen Konflikten, die sich aus dem Spannungsfeld zwischen den Ansprüchen des ES und den Anforderungen des ÜBER-ICH ergeben können.

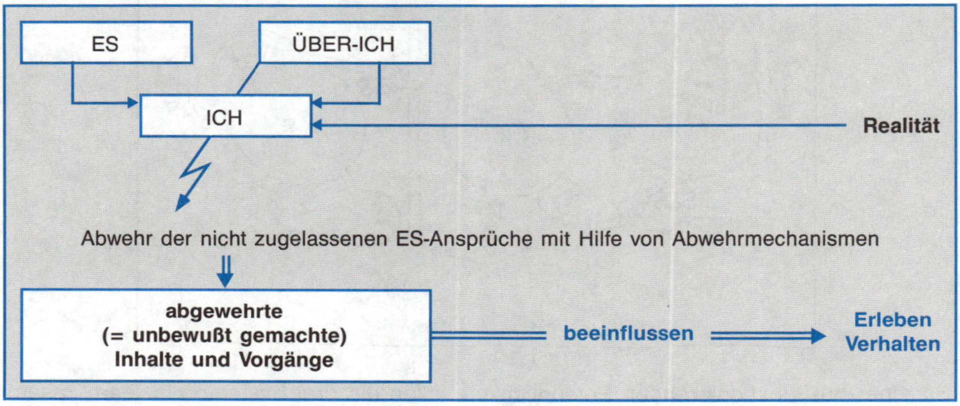

Die Weisung zur Abwehr kommt aus dem ÜBER-ICH, die abwehrende Instanz ist das ICH.

Beispiel für Abwehrmechanismen:

Wunsch: Der Sozialpädagoge A möchte liebend gerne einen ausgefallenen, supereleganten, sehr teueren, englischen Sportwagen fahren.

Angst: Als Sportwagenbesitzer würde er von seinen Bekannten belächelt und als nicht mehr glaubwürdig betrachtet werden. Sein „Sozialimage" würde zusammenbrechen.

Abwehr: Er gesteht sich seinen Wunsch nicht ein, vielmehr vertritt er die Überzeugung, daß alle Sportwagenbesitzer Snobs sind, die für die Umwelt nichts übrig haben. Viel vernünftiger ist es, einen benzinsparenden Mittelklassewagen zu fahren.

Die Triebwünsche werden abgewehrt: sie werden verdrängt und rationalisiert („viel vernünftiger ist es . . ."). Auch werden die „unerwünschten" Bedürfnisse nicht mehr an sich selber wahrgenommen, sondern einer anderen Personengruppe zugeschrieben (projiziert) und dort bekämpft.

Die bekanntesten Abwehrmechanismen, die die Psychoanalyse kennt, sind:

- die Verdrängung
- die Projektion
- die Reaktionsbildung
- die Fixierung
- die Verschiebung
- die Rationalisierung
- die Sublimierung
- die Regression

➡ **Materialien 3.**

Übersicht über die verschiedenen Schichten- und Instanzenmodelle

Platon	Lersch	Freud
Kopf = Vernunft	personeller Oberbau	ÜBER-ICH
Brust = Gemüt	endothymer Grund	ICH
Bauch = Begierde	vegetativer Grund	ES

11.4.3 Kritische Würdigung der Schichten- und Instanzenmodelle

Den topographischen Modellen liegt die Annahme zugrunde, daß hinter den sichtbaren Verhaltensweisen etwas anderes steht. Diese dahinterstehenden Kräfte lassen sich meist in einem graphischen Modell anschaulich darstellen. Kritisieren läßt sich an den Schichtenmodellen, daß einige Modelle nur beschreibenden und keinen erklärenden Charakter haben. Diejenigen Modelle, die auch die Dynamik zwischen den Schichten und Instanzen darstellen (wie zum Beispiel das Freudsche Instanzenmodell) haben einen sehr viel größeren Erklärungswert als diejenigen, die in verschiedene Schichten einteilen wie zum Beispiel Platos Modell. Viele Begriffe und Formulierungen der Schichtentheorien sind vage und damit nicht operationalisierbar und nicht empirisch überprüfbar. Man muß jedoch anmerken, daß *Freud* durch den Kontakt mit vielen Klienten seine Theorie an der Realität laufend überprüfen konnte.

„Die erste große Leistung Freuds war also der Reichtum seiner Beobachtungen und die Beachtung aller Details im menschlichen Verhalten. Die zweite Leistung ist die, daß er der Komplexität des menschlichen Verhaltens große Aufmerksamkeit schenkte und gleichzeitig eine außerordentlich umfassende Theorie entwickelte. Die psychoanalytische Theorie vertritt die Auffassung, daß anscheinend ähnliche Verhaltensweisen ganz verschiedene Vorläufer haben können und daß ähnliche Motive zu ganz unterschiedlichen Verhaltensweisen führen. Großzügiges Verhalten kann echte Zuneigung ausdrücken oder den Versuch, mit feindseligen Gefühlen fertig zu werden. Der Rechtsanwalt und der Gesetzesbrecher, den er verteidigt oder anklagt, können in einigen Fällen psychologisch gesehen enger zusammenhängen als wir wahrhaben wollen. Freud erkannte die ganze Komplexität des menschlichen Verhaltens und berücksichtigte in seiner Theorie beinahe alle Aspekte. Keine andere Persönlichkeitstheorie kann ähnlich viele verschiedene Verhaltensweisen erklären wie die Psychoanalyse. Nur wenige andere Theorien schenken der gesamten individuellen Persönlichkeit vergleichbare Aufmerksamkeit." *(Lawrence A. Pervin, 1987[2])*

11.5 Persönlichkeitstests

Die Versuche, die Persönlichkeit eines Menschen zu erfassen und zu messen, sind so alt wie die Menschheit.

Ein berühmter Test aus der griechischen Mythologie ist die Frage, die die Sphinx Ödipus stellte: „Was ist das? Es geht am Morgen auf vier, am Mittag auf zwei und am Abend auf drei Beinen." Ödipus bestand diesen Test sehr zum Leidwesen der Sphinx, denn er wußte, daß damit die Entwicklung des Menschen vom Baby zum Greis gemeint war.

Märchen und Sagen sind voller Beispiele solcher „Tests". Moderne Persönlichkeitsmessung strebt jedoch nach **Exaktheit** der Tests. Da wie dort handelt es sich um eine Verhaltensstichprobe zum Zweck der Vorhersage des künftigen Verhaltens eines Menschen.

Persönlichkeitsmessung ist notwendig:

- für theoretische Zwecke, um Hypothesen und Persönlichkeitstheorien zu überprüfen,
- als Hilfe bei der Auswahl von Bewerbern, zum Beispiel im beruflichen Bereich,
- für den klinischen Bereich als Informationsquelle für Beratung und Therapie.

Um den Ausprägungsgrad bestimmter Persönlichkeitsmerkmale zu erfassen, werden Tests verwendet, die bestimmten Gütekriterien genügen müssen (vgl. Kapitel 2.2.2). Persönlichkeitstests lassen sich grundsätzlich in zwei Kategorien einteilen:

- Persönlichkeitsfragebögen
- projektive Tests

11.5.1 Die Persönlichkeitsfragebögen

Eine Möglichkeit der Erfassung der Persönlichkeit ist die, den jeweiligen Menschen dazu zu bringen, über sich selbst Informationen zu liefern. Zu diesem Zweck wurden Fragebögen zur Selbsteinschätzung erarbeitet. Diese Persönlichkeitsfragebögen oder Persönlichkeitsinventare erfassen jedoch immer nur einen kleinen Ausschnitt der Persönlichkeit. Einige Tests messen die persönlichen Interessen, andere die Einstellungen oder sozialen Beziehungen.

Die Fragebögen können so konstruiert sein, daß aus den Fragen deutlich hervorgeht, nach welchem Merkmal gefragt ist, oder es werden durch Vortests solche Fragen erarbeitet, bei denen der Testperson nicht klar ist, auf welches Merkmal die Frage abzielt. Dadurch soll verhindert werden, daß im Test falsche Angaben gemacht werden, weil der Proband[1] in einem besseren Licht dastehen möchte. Zur weiteren Absicherung gegen falsche Angaben wird in manche Tests eine sogenannte **Lügenskala** aufgenommen. Darunter fallen Fragen, die so gestellt sind, daß man erkennt, ob der Proband es darauf anlegt, in besserem Licht dazustehen, also die Fragen im Sinne der sozialen Erwünschtheit beantwortet. Die Fragen oder Aussagen der Persönlichkeitsinventare sind so gestellt, daß mit einer von mehreren vorgegebenen Kategorien wie „stimme zu" oder „stimme nicht zu" geantwortet werden kann.

Ein Persönlichkeitsfragebogen oder Persönlichkeitsinventar ist ein Test, der mit Hilfe einer großen Anzahl von Fragen oder Aussagen Informationen im Sinne einer Selbstbeurteilung über die Persönlichkeit eines Menschen erbringen soll. Dabei wird nicht die gesamte Persönlichkeit erfaßt, sondern lediglich wenige Persönlichkeitsmerkmale.

Die im deutschsprachigen Raum am häufigsten verwendeten Persönlichkeitstests seien hier aufgeführt:

- Das Freiburger Persönlichkeitsinventar (FPI)
- Das Minnesota Multiphasic Personality Inventory (MMPI)
- Das Eysenck-Persönlichkeitsinventar
- Der Persönlichkeits-Interessen-Test (PIT)
- Der Gießen-Test

➡ **Materialien 4.**

11.5.2 Projektive Verfahren

Eine andere Art von Meßverfahren in der Persönlichkeitspsychologie sind die projektiven Tests. Sie beruhen auf der Annahme, daß die Testperson bei der Interpretation mehr oder weniger mehrdeutiger Bilder ihre eigenen Probleme und Stimmungen einfließen läßt. Gemäß dem psychoanalytischen Abwehrmechanismus der Projektion neigt die Testperson dazu, ihre eigenen Konflikte in das Testmaterial hineinzuprojizieren. Die Antworten des Probanden lassen damit Rückschlüsse auf seine eigenen Konflikte und die Persönlichkeitsstruktur zu.

Projektive Tests sind Verfahren zur Messung der Persönlichkeit, die auf der Annahme beruhen, daß die Testperson ihre eigenen Probleme und Stimmungen in die Außenwelt und damit auch in das Testmaterial projiziert.

[1] Proband: getestete Person

„Beim TAT[1] werden dem Klienten eine Reihe verschieden ausdeutbarer Bilder vorgelegt, und er wird aufgefordert, zu jedem eine Geschichte zu erfinden. Der Inhalt dieser Geschichten wird aufgenommen und fachmännisch ausgewertet." *(Philip G. Zimbardo, 1983[4])*

Bei den projektiven Tests werden meist einfache Phantasieproduktionen erwartet, entweder in der Form, daß der Proband Bildvorlagen deutet und eine Geschichte dazu erzählen soll, oder er soll Bilder malen oder ergänzen.

Die gebräuchlichsten projektiven Verfahren sind:

- Der Rorschach-Test
- Der Thematische Apperzeptionstest (TAT)
- Der Wartegg-Zeichen-Test (WZT)
- Der Sceno-Test
- Der Baum-Test
- Die Satzergänzungsmethode

➡ **Materialien 5.**

Im Unterschied zu den Fragebögen besitzen die projektiven Verfahren Vorteile, aber auch Nachteile.

Vorteile der projektiven Verfahren:

- Es gibt keine richtigen oder falschen Antworten. Das hat den Vorteil, daß das Testergebnis vom Probanden nicht absichtlich verfälscht werden kann.
- Die projektiven Verfahren ermöglichen eher den Zugang zu den tieferen Schichten der Bedürfnisse und Ängste als andere Methoden.

Nachteile der projektiven Verfahren:

- Projektive Verfahren erfordern meist mehr Zeit und Aufwand bei der Durchführung, Auswertung und Interpretation.
- Für Durchführung und Auswertung der projektiven Verfahren müssen die Testleiter gut ausgebildet sein und viel Erfahrung besitzen.
- Trotz objektiver Normen, die für die Auswertung der projektiven Tests vorgegeben sind, ist immer noch die Interpretation eines erfahrenen Fachmannes notwendig. Das Ergebnis der projektiven Tests ist in sehr viel stärkerem Maß von subjektiven Einflüssen abhängig als das der Persönlichkeitsfragebögen.
- Gültigkeit und Zuverlässigkeit (vgl. Kapitel 2.2.2) der projektiven Tests sind nicht im gleichen Maß gegeben wie bei den Persönlichkeitsinventaren.

---

1 TAT = thematischer Apperzeptionstest

Trotz dieser Einschränkungen können die projektiven Verfahren wichtige Hinweise zur Diagnostik der Persönlichkeit liefern, die jedoch vorsichtig zu behandeln und eventuell durch zusätzliche Verfahren abzusichern sind.

Persönlichkeitstests

Persönlichkeitsfragebögen
- Freiburger Persönlichkeitsinventar
- Minnesota Multiphasic Personality Inventory
- Eysenck-Persönlichkeitsinventar
- Persönlichkeits-Interessen-Test
- Gießen-Test

projektive Tests
- Rorschach-Test
- Thematischer Apperzeptionstest
- Wartegg-Zeichen-Test
- Sceno-Test
- Baum-Test

Zusammenfassung

- Persönlichkeit ist eine Struktur aus relativ stabilen und konstanten Merkmalen, die in einem gewissen Maße jedoch veränderbar sind. Die Merkmale sind bei jeder Person unterschiedlich angeordnet und machen so seine ganz individuelle Struktur aus.
- Da die Persönlichkeit nicht direkt beobachtbar ist, sondern nur aus dem Verhalten erschlossen werden kann, sind unterschiedliche Theorien zur Beschreibung und Erklärung der Persönlichkeitsstruktur möglich. Diese lassen sich unterteilen in typologische und faktorenanalytische Modelle sowie in Schichten- und Instanzenmodelle der Persönlichkeit.
- Typologische Modelle greifen ein wesentliches, charakteristisches Merkmal heraus und gruppieren die Individuen danach. Es handelt sich jedoch dabei um unzulässige Vereinfachungen, die keine realitätsgerechte Beschreibung liefern. Außerdem beschreiben sie nur und erklären nicht.
- Faktorenanalytische Modelle gehen davon aus, daß jedes Verhalten auf einige wenige grundlegende Dimensionen oder Faktoren rückführbar ist, mit denen sich die Persönlichkeit beschreiben läßt. Kennt man die Dimensionen einer Person, so läßt sich ihr Verhalten vorhersagen. Faktorenanalytische Modelle erlauben eine umfassende Beschreibung der Personen, aber sie tragen wenig zur Erhellung der Dynamik der Persönlichkeit bei.
- Schichten- und Instanzenmodelle stellen die Persönlichkeitsstruktur mit Hilfe von Schichten oder Instanzen anschaulich und plausibel dar. Diejenigen, die auch auf die Dynamik zwischen den Schichten bzw. Instanzen eingehen, erlauben eine differenzierte Erklärung der innerpsychischen Vorgänge. Dies gilt vor allem für das Instanzenmodell von Freud.
- Persönlichkeitstests dienen zur Erfassung einzelner Persönlichkeitsmerkmale. Hierzu gibt es zwei Arten von Tests: die Persönlichkeitsfragebögen und die projektiven Tests, die den objektiven Testkriterien weniger entsprechen als die Persönlichkeitsfragebögen, trotzdem aber wertvolle zusätzliche diagnostische Hinweise liefern können.

1. Das Leib-Seele-Problem

Unter Leib-Seele-Problem versteht man die Frage nach dem **Verhältnis der körperlichen und seelischen Vorgänge zueinander.** Daß zwischen Körper und Psyche eine enge Verbindung besteht, ist eine unbestreitbare Tatsache. Veränderungen im Körper führen zu Veränderungen des bewußten Erlebens und Verhaltens und umgekehrt. So wird zum Beispiel jede emotionale Erregung von körperlichen Vorgängen begleitet, andererseits haben körperliche Vorgänge seelische Begleiterscheinungen.
Auf den engen Zusammenhang zwischen Körper und Psyche weisen vor allem die Erkenntnisse der **psychosomatischen Medizin** aber auch **somatopsychische Gesichtspunkte** hin.

Psychosomatische Gesichtspunkte

Mit dem Begriff „psychosomatisch" wird zum Ausdruck gebracht, daß die *Psyche* (= Seele) den Körper oder das *Soma* (griechisch Soma: der Körper) beeinflußt. Psychosomatische Krankheiten sind körperliche Krankheiten, von denen angenommen wird, daß psychische oder psychosoziale Faktoren bei ihrer Entstehung oder Aufrechterhaltung einen maßgeblichen Einfluß ausüben.
Jede starke Gefühlsregung, wie beispielsweise Freude, Wut, Angst, wird im körperlichen Bereich von einer spezifischen Erregung des autonomen Nervensystems begleitet, die normalerweise nach einiger Zeit wieder abklingt. So kommt es zum Beispiel bei Wut zu Veränderungen der Herz-Kreislauf-Frequenz, der Tätigkeit der Nebennierenrinde, der Magen-Darm-Funktion und zu einer Erhöhung der Muskelspannung. Normalerweise klingt diese Erregung nach einiger Zeit wieder ab. Wird jedoch das autonome Nervensystem auf einem solchen erhöhten Erregungsniveau gehalten, so kommt es zu einer Dauerbelastung des Organismus und damit zu nicht wieder gutzumachenden Schäden bestimmter Körperorgane.

Die häufigsten **psychosomatischen Krankheiten** sind:

„1. Psychosomatische Hautkrankheiten; z. B. Neurodermitis (Entzündung), Puritis (Jucken), Hyperphydrosis (übermäßiges Schwitzen).
2. Psychosomatische Erkrankung der Atemorgane; z. B. Bronchialasthma, Hyperventilation, Schluckauf.
3. Psychosomatische Erkrankung des Herz- und Kreislaufsystems; z. B. Tachykardie (Herzjagen), Hypertonie (Bluthochdruck), Migräne.
4. Psychosomatische Erkrankung des Blutes und des Lymphsystems.
5. Psychosomatische Erkrankung des Magen- und Darmsystems; z. B. chronische Gastritis, peptische Geschwüre, Durchfall, Verstopfung, Flatulenz, Sodbrennen.
6. Psychosomatische Erkrankungen des Uro-Genitalsystems; z. B. Menstruationsstörungen, Miktionsstörungen (Harnverhaltung), Dysmenorrhoe (schmerzhafte Regelblutung), Amenorrhoe (Ausbleiben der Regelblutung), Vaginismus (Scheidenkrampf), Impotenz.
7. Psychosomatische endokrine Störungen; Funktionsstörungen der verschiedenen endokrinen Drüsen, z. B. Hyper- oder Hypothyreose (Über- oder Unterfunktion der Schilddrüse).
8. Psychosomatische Störungen der Sinnesorgane; z. B. Störungen der Geschmacks- oder Tastempfindungen, Ohrensausen.
9. Psychosomatische Störungen der Skelettmuskulatur; z. B. Spannungskopfschmerz, Schiefhals, Nackenschmerzen."

Somatopsychische Gesichtspunkte

Hiermit ist die Tatsache angesprochen, daß körperliche Vorgänge seelische Konsequenzen haben. So führt zum Beispiel Leere im Magen relativ unmittelbar dazu, daß ein Hungergefühl erlebt wird, oder ein starker Schmerz löst Unlust, Angst und Benommenheit aus. Körperliche Krankheiten oder Beeinträchtigungen in Form von Mißbildungen oder Behinderungen können zu psychischer Verstimmung, Depression und Minderwertigkeitsgefühlen führen. Ebenso beeinflussen eher unbewußt ablaufende physiologische Vorgänge des endokrinen Apparats das Seelenleben. Zum Beispiel gelangt bei einer Überfunktion der Schilddrüse zu viel Thyroxin ins Blut. Die seelischen Folgen sind innere Unruhe, Nervosität, Überempfindlichkeit, Konzentrationsstörungen und Stimmungsschwankungen. Körper und Psyche sind auf das engste miteinander verbunden. Immer dann, wenn psychische Prozesse ablaufen, spielen sich gleichzeitig körperliche, das heißt elektrochemische Vorgänge innerhalb des Nervensystems ab. Andererseits kann man nicht davon ausgehen, daß immer, wenn organische Prozesse ablaufen, auch psychische Vorgänge vorhanden sind. Jedoch gibt es mit Sicherheit keine psychischen Prozesse mehr, wenn das Nervensystem nicht mehr funktioniert.

Quelle: Ch. Kraiker/B. Peter, 1988[2]

2. Die Theorie der Feldabhängigkeit

Ein großer Teil der neueren Theorien geht dabei von individuellen Unterschieden in der Art der Informationsverarbeitung aus. Genauer: Die zentrale Annahme in diesen Theorien ist, daß unterschiedliche Arten der Informationsverarbeitung die *Ursachen* für unterschiedliche Motiv- und Verhaltensstärken sind.
Unterschiede in der Art der Informationsverarbeitung bezeichnet man mitunter auch als *kognitive Stile.* Einer der bekanntesten kognitiven Stile ist Feldabhängigkeit (...). Der Begriff Feldabhängigkeit bezog sich zunächst nur auf Wahrnehmungsprozesse. Feldabhängige Wahrnehmung ist durch starke Kontextabhängigkeit gekennzeichnet: Die Wahrnehmung von Einzelheiten wird stark von den umgebenden Reizen (dem „Feld") beeinflußt. Bei feldunabhängiger Wahrnehmung sind die Kontexteinflüsse gering. Der zunächst auf Wahrnehmungsprozesse bezogene Begriff Feldunabhängigkeit wurde später aufgrund zahlreicher Untersuchungsergebnisse zu der Persönlichkeitseigenschaft *Differenzierung* erweitert. Differenzierung (oder Feldunabhängigkeit im neuen, weiteren Sinn) bedeutet nicht nur, daß einzelne Wahrnehmungsinhalte schnell und klar unterschieden werden, sondern daß alle psychischen Prozesse klar voneinander getrennt (differenziert) sind. Feldabhängige Personen neigen zu globaler, undifferenzierter Informationsverarbeitung. Sie beachten vor allem auffällige Reize, während feldunabhängige Personen auch unauffällige Reize beachten. Erzählungen und Berichte feldunabhängiger Personen sind klarer strukturiert. In ihrem Denken spielt die Verwendung und Prüfung von Hypothesen eine größere Rolle. Im Sinn der Differenzierungsannahme ist bei Feldunabhängigen das Denken weniger von Gefühlen und Wünschen beeinflußt. Feldabhängige dagegen neigen stärker zu „Wunschdenken" und „Verdrängungen": Sie sind sich oft ihrer eigenen triebhaften Impulse nicht bewußt.
Die Differenzierungsannahme bezieht sich nicht nur auf die Trennung der psychischen Prozesse innerhalb einer Person, sondern auch auf die Unterscheidung zwischen sich selbst und der (sozialen) Umwelt. Feldunabhängige haben klarere Vorstellungen von ihren eigenen Wünschen und Zielen. Ihr Leben wird vorwiegend von ihren eigenen Plänen bestimmt. Feldabhängige dagegen sind leichter zu beeinflussen und achten mehr auf soziale Reize (Verhalten anderer Menschen). Sie haben auch ein besseres Gedächtnis für Gesichter.
Witkins Theorie wurde wiederholt kritisiert. Manche Autoren meinen, daß Feldunabhängigkeit kein kognitiver Stil, sondern eine Intelligenzkomponente (ähnlich Cattells sprachfreier flüssiger Intelligenz) ist. Andere Autoren betonen Ähnlichkeiten und Zusammenhänge zwischen Feldabhängigkeit und Extraversion. Trotz aller Kritik sollte aber nicht übersehen werden, daß Witkins Theorie – wie nur wenige andere Theorien – eine außerordentlich große Zahl von Untersuchungen mit sehr interessanten Ergebnissen angeregt hat.

Quelle: Werner Herkner, 1986

3. Die Abwehrmechanismen der Psychoanalyse

Die ICH-Verteidigung bzw. Angstabwehr kann auf sehr unterschiedliche Art und Weise erreicht werden. Je nach der Art des Prozesses, der vom ICH ausgelöst wird, unterscheidet die Psychoanalyse folgende Abwehrmechanismen:

- **Verdrängung**

  Die Abwehr der Angst geschieht durch das „Unbewußtmachen" angstauslösender Inhalte und Vorgänge, wie zum Beispiel von Triebwünschen, Gefühlen, Bedürfnissen, Strebungen, Ereignissen oder Erinnerungen, die der Mensch nicht wahrhaben will oder kann. Unbewußtmachung bedeutet aber nicht Auslöschung; die das ICH bedrohenden Inhalte bleiben im Unbewußten weiterbestehen und beeinflussen bzw. bestimmen das Erleben und Verhalten in einem nicht unerheblichen Maße.

- **Projektion**

  Eigenschaften, die die eigene Person betreffen, die man aber an sich selbst nicht wahrhaben kann bzw. will, werden anderen Personen bzw. Personengruppen oder Gegenständen zugeschrieben. Unerwünschte Gefühle, Bedürfnisse, Neigungen oder unverarbeitete Probleme nimmt der Mensch nach gelungener Projektion nicht mehr an sich selber wahr, sondern bekämpft sie bei anderen „passenden" Personen, -gruppen oder Objekten. Ein Schüler beispielsweise, der in der Schule schlecht ist und dies nicht wahrhaben will, neigt dazu, den Lehrer für schlecht zu halten; die Angst vor geschlechtlichen Regungen, die sich auf das eigene Geschlecht richten, bewirkt, daß man anderen Personen Homosexualität unterstellt oder Homosexuelle stark bekämpft.

- **Reaktionsbildung**

Um Verdrängungen zu sichern, wird im Bewußtsein das Gegenteil des zu Verdrängenden fixiert; die Abwehr der Angst geschieht also durch die Verkehrung ins Gegenteil. So kann es beispielsweise möglich sein, daß unerwiderte Liebe und Zuneigung eines Menschen in Haß gegen die geliebte Person umschlagen kann, daß sich ein Mensch aus Schuldgefühlen heraus einer Person gegenüber besonders freundlich verhält oder daß sich ein Mann, verängstigt durch eigene gleichgeschlechtliche Regungen, rigoros gegen Homosexualität engagiert.

- **Verschiebung**

Wünsche und Bedürfnisse, die sich nicht am Original befriedigen können, werden an einem Ersatzobjekt realisiert. Ein Angestellter beispielsweise, der auf seinen Chef wütend ist, tobt aus nichtigem Anlaß bei seiner Frau. Pornographie, sexuelle Witze und Zoten stellen Ersatzobjekte für ein Bedürfnis dar, das nicht am Original verwirklicht werden kann.

- **Rationalisierung**

Für verpönte Wünsche und Bedürfnisse sowie für unangepaßte Verhaltensweisen werden vernünftige und plausible Erklärungen gefunden; sie werden verstandesmäßig mit „vernünftigen" Gründen gerechtfertigt, um die wahren Gründe, die man nicht wahrhaben kann oder will, zu vertuschen. Ein Schüler zum Beispiel, der in einer Prüfung schlecht abgeschnitten hat, sagt möglicherweise, daß der Unterricht schlecht oder er während der Prüfung in keiner guten Verfassung war; Fehler in der Erziehung werden mit der Anlage des Kindes begründet, die zudem vom Ehepartner herrührt; ein machtbesessener Napoleon wird immer Gründe finden, um eine „Abrüstung" unmöglich erscheinen zu lassen.

- **Identifikation**

Die Abwehr der Angst gelingt durch die Identifizierung mit einer anderen Person, zum Beispiel mit einer starken Persönlichkeit, einem aggressiven Menschen oder einem verrückten Sänger, Musiker bzw. Schauspieler.

- **Fixierung**

Unzureichende oder exzessive[1] Befriedigung von Triebwünschen und Bedürfnissen kann es mit sich bringen, daß der Mensch auf einer bestimmten frühkindlichen Entwicklungsphase stehenbleibt und an entsprechenden Verhaltensweisen zur Befriedigung von Triebwünschen und Bedürfnissen festhält. So kann übermäßiges Essen oder Trinken zum Beispiel eine Fixierung an jenen Zeitabschnitt in der Entwicklung eines Menschen bedeuten, in welchem die Nahrungsaufnahme, das Schlucken oder Saugen eine wichtige Rolle gespielt haben.

- **Regression**

Enttäuschungen, Befürchtungen, Probleme oder Überforderungen können es mit sich bringen, daß der Mensch auf einen bereits überwundenen Entwicklungsabschnitt wieder zurückfällt. Übermäßiges Essen bei Liebeskummer beispielsweise kann als Rückfall in die kindlichen Wünsche einer bestimmten Entwicklungsphase bezeichnet werden, in der man sehr verwöhnt worden ist. Ein solcher Rückfall setzt jedoch voraus, daß wichtige Triebwünsche oder Bedürfnisse in der frühen Kindheit nicht ausreichend oder über die Maßen befriedigt wurden.

- **Widerstand**

Der Mensch wehrt sich gegen das Aufdecken verdrängter Inhalte und Vorgänge, wie zum Beispiel gegen das Ansprechen und Anrühren von unverarbeiteten Problemen und Konflikten. Ein Erzieher beispielsweise, der ungerecht ist, dies aber nicht wahrhaben will, wird sehr unangenehm reagieren, wenn ihm Ungerechtigkeit vorgeworfen wird. Vor allem Therapeuten haben mit Widerstand ihrer Klienten zu kämpfen; sehr häufig, wenn die Therapie in die entscheidende Phase tritt, wird die Behandlung aus nichtigen Gründen abgebrochen oder der Therapeut als unfähig hingestellt, um dem eigenen inneren Konflikt ausweichen zu können.

- **Sublimierung**

Nicht zugelassene Wünsche und Bedürfnisse werden umgesetzt in Leistungen, die sozial erwünscht sind oder sogar hoch bewertet werden. So zum Beispiel kann die Hingabe einer Krankenschwester an pflegerische Aufgaben als Sublimierung ihrer Sexualität verstanden werden; Sublimierung von aggressiven Triebimpulsen kann zur Berufswahl des Chirurgen führen. Nach psychoanalytischer Ansicht ist die gesamte menschliche Kultur ein Ergebnis von Sublimierungen.

---

1 exzessiv bedeutet ‚über die Maßen hinaus', im Übermaß

Die Entstehung von seelischen Fehlentwicklungen ist dann gegeben, wenn sich der Mensch mit seinen Problemen, Gefühlen, Wünschen, Bedürfnissen und dergleichen, die er nicht wahrhaben kann bzw. will, nicht bewußt auseinandersetzt, wenn er mit ihnen nicht fertig wird und deshalb ständig zu den letztlich nur vorübergehend entlastenden Abwehrmechanismen Zuflucht nehmen muß. Ein längeres starres und übertriebenes Einsetzen von Abwehrmechanismen führt nach psychoanalytischer Lehrmeinung zu seelischen Störungen.

Quelle: Hermann Hobmair (Hrsg.), 1989

4. Beispiele für Persönlichkeitsfragebögen

a) Das Freiburger Persönlichkeitsinventar (FPI)

Das FPI ist ein von Jochen Fahrenberg, Herbert Selg und Rainer Hampel für deutsche Verhältnisse konstruierter Persönlichkeitsfragebogen. Er besteht aus 212 Fragen, die mit „stimmt" oder „stimmt nicht" beantwortet werden. Er gilt für den normalen psychischen Bereich und erfaßt neun Persönlichkeitsdimensionen: Nervosität, Aggressivität, Depressivität, Erregbarkeit, Geselligkeit, Gelassenheit und Dominanz.

- Nervosität (psychosomatisch gestört bzw. nicht gestört)
- Aggressivität (spontan aggressiv oder beherrscht)
- Depressivität (mißgestimmt, selbstunsicher oder zufrieden und selbstsicher)
- Erregbarkeit (reizbar, leicht verstimmt oder ruhig und gelassen)
- Geselligkeit (gesellig, lebhaft oder ungesellig, zurückhaltend)
- Gelassenheit (sich selbstvertrauend oder irritierbar)
- Dominanzstreben (sich durchsetzend oder nachgiebig)
- Gehemmtheit (gehemmt, gespannt oder ungezwungen und kontaktfähig)
- Offenheit (offen, selbstkritisch oder verschlossen, unkritisch)

Der FPI wird in Beratung und Therapie, aber auch für wissenschaftliche Zwecke verwendet.

b) Auszug aus dem Freiburger Persönlichkeitsinventar

	stimmt	stimmt nicht
1. Ich habe die Anleitung gelesen und bin bereit, jeden Satz offen zu beantworten	○	○
2. Ich gehe abends gerne aus	○	○
3. Ich schließe nur langsam Freundschaften	○	○
4. Ich bin immer guter Laune	○	○
5. Ich schlage selten zurück, wenn man mich schlägt	○	○
6. Ich träume oft von Dingen, die man am besten für sich behält	○	○
7. Es fällt mir schwer, den richtigen Gesprächsstoff zu finden, wenn ich jemanden kennenlernen will	○	○
8. Ich habe häufig Kopfschmerzen	○	○
9. Mein Herz beginnt manchmal zu jagen oder zu stolpern und unregelmäßig zu schlagen	○	○
10. Ich spüre mein Herz gelegentlich bis zum Halse hinauf schlagen	○	○
11. Ich verliere schnell meine Beherrschung, aber ich fasse mich auch schnell wieder	○	○
12. Ab und zu lache ich über einen unanständigen Witz	○	○
13. Wenn ich etwas wissen will, schaue ich lieber in einem Buch nach, als daß ich jemanden frage	○	○

	stimmt	stimmt nicht
14. Auch wenn ich mit anderen Leuten zusammen bin, fühle ich mich oft einsam	○	○
15. Ich erröte oder erblasse leicht	○	○
16. Ich habe manchmal Ohrensausen oder Augenflimmern	○	○
17. Ich kann so wütend werden, daß ich z. B. Geschirr zerschlage	○	○
18. Es macht mir offen gestanden manchmal Spaß, andere zu quälen	○	○
19. Wenn mich Leute auf der Straße oder in einem Geschäft beobachten, ist mir das etwas unangenehm	○	○
20. Ich nehme nur ungern an einer großen Gesellschaft, an einem Ball oder an einer öffentlichen Veranstaltung teil	○	○
21. Ich habe manchmal ein Pochen oder deutliches Pulsieren in den Adern	○	○
22. Ich habe manchmal Stiche in der Brust	○	○
23. Wenn mir jemand Unrecht getan hat, wünsche ich ihm eine gesalzene Strafe	○	○
24. Ich glaube, daß man Böses mit Gutem vergelten soll, und ich handle auch dementsprechend	○	○
25. Ich habe manchmal nur zum Spaß etwas Gefährliches getan	○	○
26. Ich bin unternehmungslustiger als die meisten meiner Bekannten	○	○
27. Mir wird leicht schwindlig und schwarz vor Augen, wenn ich mich aus liegender Stellung plötzlich aufrichte	○	○
28. Wird einer aus meinem Freundeskreis angepöbelt, so besorgen wir gemeinsam die Strafe	○	○
29. Ein Hund, der nicht gehorcht, verdient Schläge	○	○
30. Ich träume tagsüber mehr, als für mich gut ist	○	○
31. Ich habe manchmal Hitzewallungen und Blutandrang zum Kopf	○	○
32. Bei Leuten, die etwas freundlicher sind, als ich es erwartete, bin ich auf der Hut	○	○

c) Das Minnesota Multiphasic Personality Inventory (MMPI)

Das MMPI wurde von den Amerikanern Hathaway und Kinley entwickelt. Es ist ein Mammuttest, der aus 550 einfachen Aussagen besteht, die der Proband mit „richtig“, „falsch“ oder „weiß ich nicht“ beantworten soll. Die Aussagen beziehen sich auf Ängste und Befürchtungen, körperliche Beschwerden, soziale und moralische Einstellungen. Erfaßt werden sollen folgende Merkmale:

- Hypochondrie (übertriebene Beschäftigung mit der eigenen Gesundheit)
- Depression (Pessimismus, emotionale Verstimmung)
- Hysterie (Konversionshysterische Symptome, das sind vor allem Ausfälle im sensorischen oder motorischen Bereich ohne organische Ursachen)
- Psychopathische Abweichungen (Verhaltensabweichungen, Kriminalität)
- Paranoia (Argwohn und Befürchtungen, verfolgt zu werden)
- Psychasthenie (Phobien und Zwangsverhalten)
- Schizoidie (bizarres, ungewöhnliches Denken und Verhalten)
- Hypomanie (Erregungszustände mit gehobener Stimmung)
- Maskuline/feminine Interessen
- Introversion/Extraversion

Aus dieser Aufstellung wird bereits ersichtlich, daß der MMPI ein Test zur Diagnose von psychiatrischen Erkrankungen ist.

5. Projektive Verfahren

a) Der Rorschach-Test

Eines der bekanntesten und ältesten projektiven Verfahren ist der Rorschach-Test. Er wurde von dem Schweizer Psychiater Hermann Rorschach entwickelt und besteht aus zehn seitengleichen Tintenklecksbildern, die zum Teil schwarzweiß, zum Teil farbig sind. Der Proband wird aufgefordert, zu beschreiben, was er auf den Bildern sieht. Die Antworten werden dann nach Form, Farbe, Lokalisation, Originalität usw. ausgewertet. Die Interpretation der gewonnenen Daten ist ein äußerst komplizierter Prozeß und erfordert viel Erfahrung und Training. Ein Rorschach-Experte kann aufgrund der Testergebnisse zu Aussagen über Umfang und Art der Intelligenz, Stimmung und Affektivität, emotionale Labilität, soziale Anpassung und spezifische Erlebnisweise des Getesteten gelangen.

Die Gütekriterien eines Tests werden nur unvollkommen erfüllt, deshalb kann dieser Test lediglich im Rahmen einer ganzen Testbatterie als zusätzliches Instrument verwendet werden, niemals als alleiniges Meßinstrument zur Erfassung der Persönlichkeit.

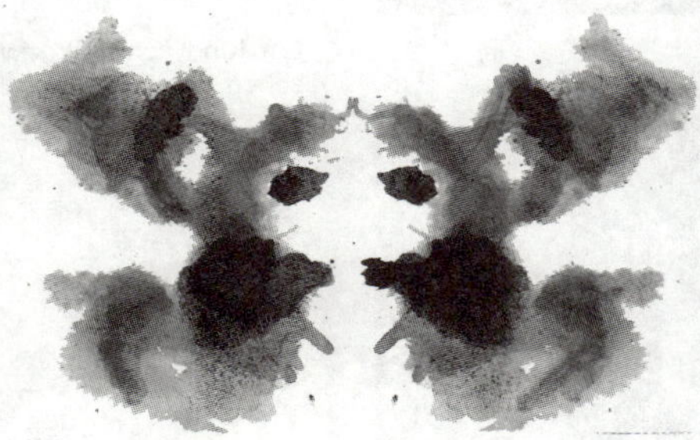

b) Der thematische Apperzeptionstest (TAT)

Der TAT wurde 1935 von dem Amerikaner Henry Murray und seinen Mitarbeitern entwickelt. Er besteht aus 31 mehrdeutigen Bildtafeln, auf denen Menschen in den verschiedensten Situationen dargestellt sind. Zu jedem Bild soll der Proband eine Geschichte erzählen, wobei auf die momentane dargestellte Situation, die eventuellen vorausgegangenen Ereignisse und die Gefühle der beteiligten Personen eingegangen werden soll.

Murray geht davon aus, daß sich die Testperson mit einer der dargestellten Figuren identifiziert und ihr ihre eigenen unbewußten Bedürfnisse zuschreibt. Diese Identifikation ermöglicht dann Aussagen über die Motive und Erlebnisweise des Probanden. Der Test dient zur Erfassung der personalen Beziehungen, des Kontaktverhaltens sowie der möglichen familiären Konfliktsituationen. Dabei werden Form und Inhalt der Geschichten ebenso wie die Reaktionen des Probanden auf die dargestellte Situation erfaßt.

c) Der Wartegg-Zeichentest (WZT)

Auf einem Vordruck von acht Feldern, in denen je eine unvollständige Zeichnung ist, soll die Testperson nach eigenem Gutdünken die Zeichnung fortsetzen.

Ausschnitt aus einem Textvordruck:

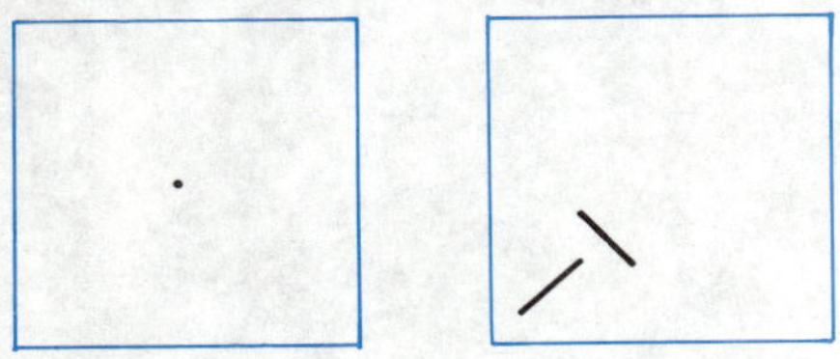

Auf die zeichnerische Begabung kommt es dabei nicht an, es wird vielmehr interpretiert, wie der Proband mit der jeweiligen Reizvorlage umgeht, wie er den Reiz verarbeitet und ihn in seine Zeichnung einbaut. Danach lassen sich Aussagen machen über die Antriebsimpulse des Probanden und die Zügelung dieser Impulse. Anwendungsbereiche für diesen Test sind Berufs- und Erziehungsberatung.

2 Beispiele für ausgefüllte Felder aus einem Wartegg-Zeichentest:

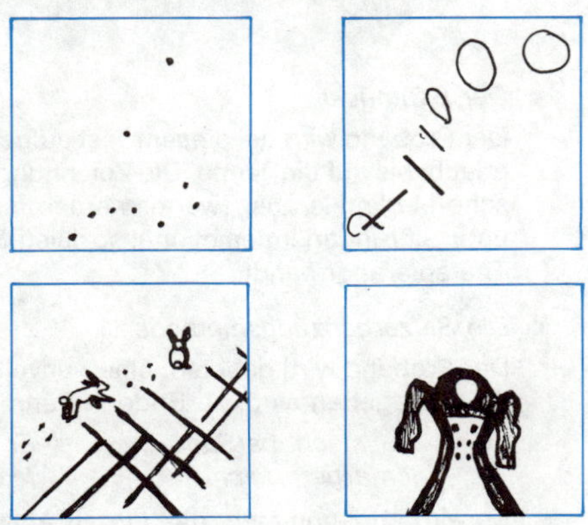

Quelle: Georg Sieber, 1988

d) Sceno-Test, Baum-Test und Satzergänzungsmethode

- *Der Sceno-Test*

Der Sceno-Test von Gerhild von Staabs enthält Spielmaterial, mit dem die Testperson eine Szene aufbauen soll. Danach wird der Proband aufgefordert, zu der fertigen Szene zu berichten, was sie darstellen soll. Das Standard-Spielmaterial besteht aus einer Anzahl von biegsamen Puppen, Tieren, Pflanzen, Hausrat, Fahrzeugen und Bausteinen. Die Puppen gelten als Repräsentanten wirklicher Bezugspersonen. Mit diesem Test sollen sowohl bewußte wie unbewußte Einstellungen erfaßt werden. Der Sceno-Test wird in Beratung und Therapie bei Kindern, aber auch bei Erwachsenen angewandt.

Zwei Szenen mit dem Sceno-Test:

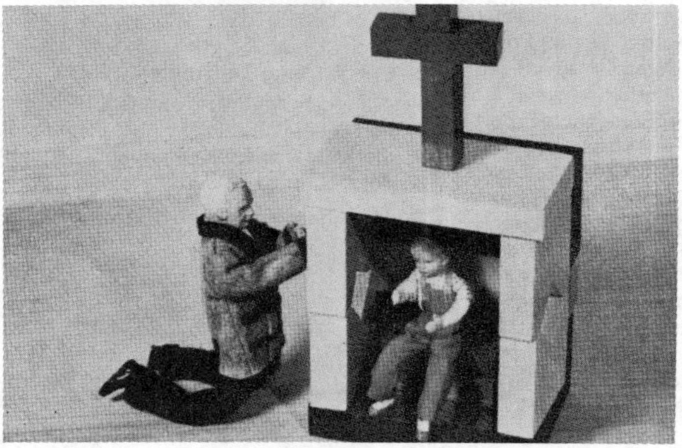

Beichtstuhl

Ein Kind schwankt zwischen den Eltern.

Quelle: Gerhild von Staabs, 1964[4]

- *Der Baum-Test*

Der Proband wird bei diesem Test aufgefordert, einen Baum zu zeichnen. Alle Baumarten sind erlaubt bis auf die Tanne. Die Zeichnung, bei der die Baumgestalt und auch einige graphologische Merkmale ausgewertet werden, soll Aufschluß geben über die emotionale Reife sowie über Störungen im emotional-sozialen Bereich. Der Test wird in der Erziehungsberatung und Therapie angewandt.

- *Die Satzergänzungsmethode*

Der Proband wird gebeten, einen unvollständigen Satz, bei dem nur die ersten zwei oder drei Worte gegeben sind, zu Ende zu führen. Hier einige Beispiele:

Mir macht es Spaß ... *Er macht sich Sorgen ...*
Ich ärgere mich ... *Mädchen sind ...*

Es wird angenommen, daß in den Antworten, die der Proband gibt, seine Wünsche, Ängste und Einstellungen zum Ausdruck kommen.

Reproduktion von Informationen:

1. Bestimmen Sie den Begriff Persönlichkeit, und stellen Sie die Ziele dar, die eine Persönlichkeitstheorie erfüllen sollte.
(Abschnitt 11.1.1 und 11.1.2)

2. Stellen Sie die Konstitutionstypen nach Ernst Kretschmer dar.
(Abschnitt 11.2.1)

3. Erläutern Sie die Typologie von C. G. Jung.
(Abschnitt 11.2.2)

4. Typologische Modelle der Persönlichkeit sind sehr beliebt, weil sie einfach und übersichtlich sind.
Erläutern Sie Einwände gegen die Anwendung von Typologien.
(Abschnitt 11.2.3)

5. a) Beschreiben Sie das faktorenanalytische Persönlichkeitsmodell nach H.-J. Eysenck oder nach R. B. Cattell.
(Abschnitt 11.3.1 oder 11.3.2)
b) Zeigen Sie Vorzüge und Einwände von faktorenanalytischen Persönlichkeitsmodellen auf.
(Abschnitt 11.3.3)

6. Stellen Sie das Schichtenmodell von S. Freud dar. Erläutern Sie die Begriffe: bewußt, vorbewußt, unbewußt.
(Abschnitt 11.4.2)

7. a) Bestimmen Sie die Persönlichkeitsinstanzen ES, ICH und ÜBER-ICH.
b) Erläutern Sie die Wechselbeziehungen zwischen diesen Instanzen.
c) Stellen Sie die Aufgaben und Funktionen des ICH näher dar.
(Abschnitt 11.4.2)

8. Bestimmen Sie den Begriff Abwehrmechanismen, und erklären Sie deren Funktionen.
(Abschnitt 11.4.2)

9. a) Was sind Persönlichkeitstests, und zu welchem Zweck werden sie eingesetzt?
(Abschnitt 11.5)
b) Zeigen Sie auf, was man unter Persönlichkeitsfragebögen und projektiven Verfahren versteht.
(Abschnitt 11.5.1 und 11.5.2)

Anwendungsaufgaben:

10. Vergleichen Sie folgende Begriffsbestimmungen von Persönlichkeit:

– *„Die Persönlichkeit ist der individuelle Lebensstil oder die typische Art, auf die Probleme des Lebens zu reagieren." (Alfred Adler)*

– *„Die Persönlichkeit ist das, was eine Vorhersage dessen ermöglicht, was eine Person in einer bestimmten Situation tun wird." (R. B. Cattell)*

– *„Persönlichkeit repräsentiert solche Eigenschaften einer Person, die ein beständiges Verhaltensmuster ausmachen." (L. A. Pervin)*

a) Zeigen Sie Gemeinsamkeiten und Unterschiede dieser Begriffsbestimmungen auf. Vergleichen Sie sie auch mit der Begriffsklärung in Abschnitt 11.1.1.

b) Finden Sie eine Begründung für die Vielfalt der Definitionen von Persönlichkeit.

11. Überprüfen Sie anhand der in Abschnitt 11.1.2 geforderten Ziele an eine Persönlichkeitstheorie die Nützlichkeit:

a) der Konstitutionslehre von E. Kretschmer (Abschnitt 11.2.1),

b) des faktorenanalytischen Modells nach H.-J. Eysenck (Abschnitt 11.3.2),

c) des Instanzenmodells von S. Freud (Abschnitt 11.4.2).

12. Beobachten Sie mit Hilfe der Übersicht auf Seite 372 die Verhaltensweisen verschiedener Personen, und beurteilen Sie, ob bei den beobachteten Personen die Dimension „Extraversion" gegeben ist.
Welche Probleme treten bei der Beobachtung und Beurteilung auf?
(Abschnitt 11.3.1)

13. Erläutern Sie, wie extravertierte bzw. introvertierte Erzieher und Lehrer das Verhalten von Kindern und Jugendlichen beeinflussen können.
(Abschnitt 11.3.1)

14. Faktorenanalytiker wie Cattell betonen gewöhnlich die Unterschiede ihrer Methode gegenüber der typologischen Beschreibung.
Versuchen Sie demgegenüber einige Gemeinsamkeiten hervorzuheben.
(Abschnitt 11.2 und 11.3)

15. *„In einer kleinen Gesellschaft von Akademikern, in der sich auch zwei Studenten der Philosophie befanden, sprach man von den zahlreichen Fragen, welche der Ursprung des Christentums der Kulturgeschichte und Religionswissenschaft aufgibt. Die eine der jungen Damen, welche sich am Gespräch beteiligte, erinnerte sich, in einem englischen Roman, den sie kürzlich gelesen hatte, ein anziehendes Bild der vielen religiösen Strömungen, welche jene Zeit bewegten, gefunden zu haben. Sie fügte hinzu, in dem Roman werde das ganze Leben Christi von der Geburt bis zu seinem Tode geschildert, doch wollte ihr der Name der Dichtung nicht einfallen (...)." (Theodor Reik. In: W. Schönpflug/U. Schönpflug, 1989[2])*

Der gesuchte Buchtitel, an den die junge Frau sich nicht erinnern konnte, lautete: Ben Hur.
Finden Sie eine psychoanalytische Erklärung dafür, warum der Studentin der Buchtitel „Ben Hur" nicht mehr einfiel.
(Abschnitt 11.4.2)

16. *August, 17 Jahre alt, möchte seiner Freundin Isabella imponieren und mit ihr eine Spritztour im neuen Auto seines Vaters unternehmen. Er hat jedoch noch keinen Führerschein. Eines Tages verreist sein Vater mit der Bahn zu einer mehrtägigen Geschäftsreise. Die Mutter ist zur Zeit auch nicht zu Hause. Vaters neuer Wagen steht in der Garage. Die Schlüssel liegen in der Diele.*

a) Beschreiben Sie mit Hilfe der Persönlichkeitsinstanzen nach S. Freud die innerpsychischen Vorgänge, die in dem Jugendlichen möglicherweise vorgehen.

b) Welche Ängste können auftreten, und wie könnte das ICH diese Ängste abwehren?
(Abschnitt 11.4.2)

17. a) Begründen Sie, warum ein starkes ICH für die Persönlichkeitsentwicklung von Kindern und Jugendlichen notwendig ist.

b) Beschreiben Sie mögliche Konsequenzen für die ICH-Bildung, wenn entweder das ES oder das ÜBER-ICH zu dominant sind.

c) Zeigen Sie auf, wie der Erzieher durch sein Verhalten und durch pädagogische Maßnahmen das ICH des Zu-Erziehenden stärken kann.
(Abschnitt 11.4.2)

18. a) Welche Abwehrmechanismen sind bei Erziehern, Lehrern und Sozialpädagogen häufig zu beobachten? Finden Sie Beispiele mit Hilfe der Übersicht in Materialien 3.

b) Erläutern Sie, welche nicht zugelassenen ES-Ansprüche Lehrer und Erzieher mit Hilfe der Abwehrmechanismen möglicherweise abwehren.
(Abschnitt 11.4.2)

19. a) Überprüfen Sie, ob projektive Tests die Gütekriterien erfüllen, denen wissenschaftliche Testverfahren zu genügen haben.
(Kapitel 2.2.1)

b) Zeigen Sie an verschiedenen projektiven Tests deren Vor- und Nachteile auf.
(Abschnitt 11.5.2)

20. *Bestimmen Sie den Begriff Persönlichkeit, und stellen Sie den Aufbau der Persönlichkeit mit Hilfe eines Persönlichkeitsmodells dar.
(Abschnitt 11.1.2 und 11.2.1 oder 11.2.2, 11.3.1, 11.3.2, 11.4.2)

21. *Erörtern Sie das Zusammenwirken von psychischen Funktionen und Kräften mit Hilfe eines Persönlichkeitsmodells. Zeigen Sie am Beispiel des Verhaltens eines Menschen in einer bestimmten Situation, daß das Verhalten als eine Funktion der Umwelt und der Persönlichkeit zu verstehen ist.
(Abschnitt 11.2.1 oder 11.2.2, 11.3.1, 11.3.2, 11.4.2)

22. *Erstellen Sie Maßnahmen zur Förderung einer gesunden Persönlichkeitsentwicklung unter Berücksichtigung einer Ihnen bekannten Theorie.

Anregungen:

23. Befragen Sie Freunde und Bekannte, was diese mit den Begriffen „Charakter" und „Persönlichkeit" verbinden. Vergleichen Sie die gesammelten Aussagen mit den Definitionen der Persönlichkeitspsychologie.

24. Suchen Sie in Ihrem Bekanntenkreis nach Menschen, die dem leptosomen, pyknischen und athletischen Körperbautyp entsprechen, und überprüfen Sie, ob der von Kretschmer behauptete Zusammenhang zwischen Körperbau und Wesensart zu beobachten ist.

25. „Typisch männlich, typisch weiblich!"
Setzen Sie sich mit dem folgenden Eigenschaftskatalog typisch männlicher und weiblicher Eigenschaften kritisch auseinander.
Überlegen Sie, ob Sie ähnliche Typisierungen im Umgang mit dem anderen Geschlecht verwenden.

typisch – männlich		***typisch – weiblich***	
+ Stärken	*– Schwächen*	*+ Stärken*	*– Schwächen*
1. Gegliedertheit („Differenziertheit")	*Zwiespältigkeit*	*1. Einheitlichkeit („Harmonie")*	*Triebabhängigkeit des Urteils*
2. Begeisterungsvermögen („Liebe zur Sache")	*Illusionsgabe (genauer: die Wirklichkeit sehen, wie man sie glaubt)*	*2. Persönliche Hingebungskraft („Liebe zur Person"*	*Parteilichkeit und Mangel an Gerechtigkeitssinn*
3. Phantasie	*Augenblicksfremdheit*	*3. Wirklichkeitssinn (= „Nahscharfblick")*	*Fernblindheit (= „kurzer Verstand")*
4. Entschlußgeist und Selbsttätigkeit („Initiative")	*Ruhelosigkeit*	*4. Gleichgewichtigkeit*	*Sinnliche Gebundenheit und sinnliche Bestimmmbarkeit*
5. Tatkraft	*Härte*	*5. Wärme und Mitgefühl*	*Mangel an Tatkraft*
6. Überzeugungsstärke	*„Prinzipienreiterei" und Rechthaberei*	*6. Triebsicherheit („Instinktivität, Naturverwandtschaft")*	*Grundsatzlosigkeit*
7. Weite des Gesichtskreises und Vielseitigkeit	*Mußelosigkeit und Mangel an Glücksfähigkeit*	*7. Beharrlichkeit (Konservatismus, Treue, Duldekraft)*	*Enge und Kleinlichkeit*
8. Sachlichkeit und Abstraktionsfähigkeit	*Mangel an persönlicher Ansprechbarkeit*	*8. Entdeckerische Treffsicherheit des Urteils („Intuition")*	*Mangel an Sachlichkeit nebst verminderter Zugänglichkeit für Beweisgründe*
9. Würde	*Unleidliches Bedeutungsbedürfnis (= geistige Eitelkeit in Form der Überbewertung der Berufstätigkeit, der Pflichten, des Leistungsvermögens usw.)*	*9. Wahrhaftigkeit (= Selbsteingeständlichkeit der Gefühle)*	*Subjektivismus (= Blindheit für außerpersönliche Werte)*

Quelle: Ludwig Klages; in: R. Spieth, 1988

26. Erläutern Sie, welche Typologien in der pädagogischen Praxis häufig verwendet werden. Welche Bedenken sind dagegen einzuwenden?

27. Lesen Sie die Theorie der Feldabhängigkeit (Materialien 2.), und diskutieren Sie die Frage: Wovon ist das Verhalten einer Person mehr abhängig – von seinen Persönlichkeitseigenschaften **oder** den Anforderungen der Situation und möglichen Verhaltenskonsequenzen?

28. *Jutta muß in drei Tagen eine schwierige Psychologieprüfung schreiben. Sie sitzt in ihrem Zimmer und bereitet sich auf die Prüfung vor. Draußen ist herrlichster Sonnenschein. Viele ihrer Freunde sind beim Baden.*

a) Stellen Sie in einem Rollenspiel die Persönlichkeitsinstanzen ES, ÜBER-ICH und ICH dar und wie diese auf Jutta einwirken. Veranschaulichen Sie den „Kampf" zwischen den Instanzen.

b) Überlegen Sie Situationen, in denen Sie ähnliche Konflikte erlebt haben wie Jutta. Welche der Persönlichkeitsinstanzen behielt meistens die Oberhand?

29. Suchen Sie in verschiedenen Zeitschriften nach Tests, die Aussagen über die Persönlichkeit liefern wollen.

a) Stellen Sie fest, ob diese Tests eher den Charakter von Persönlichkeitsfragebögen oder projektiven Tests haben.

b) Untersuchen Sie auch, ob diese Tests objektive Aussagen über die Persönlichkeit liefern.

30. *„Was wir denken und fühlen, was wir als Person sind, wird von dem beeinflußt, was wir als Person tun!" (Erich Fromm)*

Diskutieren Sie diese Aussage von Erich Fromm aus der Perspektive der Persönlichkeitspsychologie.

12 Seelische Fehlentwicklungen, Beratung und Therapie

„Straßenbahn-Fahren hatte mir an sich nie etwas ausgemacht. – Auch als ich schon im fünften Monat schwanger war, mußte ich mehrmals in der Woche mit der Tram durch die Stadt fahren. Während dieser Zeit litt ich unter Unwohlsein. Oftmals auch unter plötzlich auftretender heftiger Übelkeit und Brechreiz. Aber im Zustand der Schwangerschaft ist das ja normal. Vor allem an heißen Sommertagen, wenn die Straßenbahn vollbesetzt war – schlechte Luft, unangenehme Gerüche –, wurde mir immer sehr schlecht. Und dann bekam ich Schweißausbrüche und diese Angst. Aber es waren schließlich nur vier Haltestellen bis zu meinem Arzt ... ich dachte, es ist das beste, wenn ich einfach gar nicht daran denke. Ich habe mir mein Unbehagen regelrecht ‚verkniffen' (...) Ja, und dann kam der Kleine auf die Welt."
Erst drei Jahre später steigt die Patientin wieder in eine Straßenbahn ein. Sofort überkommt sie unerklärliche Übelkeit. Übermäßige Angst läßt sie schon an der nächsten Haltestelle wieder aussteigen. Den Rest geht sie zu Fuß. Auch auf weitere Versuche, mit der Straßenbahn zu fahren, reagiert sie mit Angst.

Eine „harte" Methode der Angstüberwindung wandte Goethe bei sich selbst an: „Besonders aber ängstigte mich ein Schwindel, der mich jedes Mal befiel, wenn ich von einer Höhe hinunterblickte. (...) Ich erstieg ganz allein den höchsten Gipfel des Münster-Turms und saß in dem sogenannten Hals, unter dem Knopf oder der Krone, wie man's nennt, wohl eine Viertelstunde lang, bis ich es wagte, wieder heraus in die freie Luft zu treten, wo man auf einer Platte, die kaum eine Elle ins Geviert haben wird, ohne sich sonderlich anhalten zu können, stehend das unendliche Land vor sich sieht, indessen die nächsten Umgebungen und Zieraten und die Kirche und alles, worauf und worüber man steht, verbergen. (...) Dergleichen Angst und Qual wiederholte ich so oft, bis der Eindruck mir ganz gleichgültig ward."

Die 40jährige Sonja B. hat ihren Arbeitsplatz verloren. Nach einigen Monaten stellen ihre Freunde und Bekannten fest, daß sie immer seltener mit ihnen ausgeht. Sie vernachlässigt ihr Äußeres, wirkt lustlos und apathisch. Sie kümmert sich wenig um ihre Tochter und den Haushalt. Ihrem Mann sagt sie, ihr Leben habe keinen Sinn mehr und sie möchte sich am liebsten umbringen.

Quelle: G. Hennenhofer/K. D. Heil, 1975

Aus den dargestellten Fallbeispielen ergeben sich folgende Fragen:

1. Was versteht man unter psychischen Fehlentwicklungen bzw. psychischen Störungen?
   Welche Arten von psychischen Störungen gibt es?
2. Wie lassen sich psychische Störungen erklären?
3. Was bedeutet Beratung?
   Was sind wichtige Kennzeichen und Prinzipien der Beratung?
4. Welche Möglichkeiten der Therapie gibt es, um psychische Störungen beheben zu können?

12.1 Psychische Störungen

Mit den seelischen Fehlentwicklungen, ihrer Diagnose und Therapie beschäftigt sich eine spezielle Teildisziplin der Psychologie, die **Klinische Psychologie.**

Der Gegenstandsbereich der Klinischen Psychologie läßt sich im wesentlichen in einen Praxis- und einen Forschungsbereich aufteilen.

Die **Forschungsaufgaben** der Klinischen Psychologie umfassen:

- Klassifikation und Beschreibung der Symptome psychischer Störungen, das heißt **Symptomatologie.**
- Aufdecken der Ursachen und Entstehungsbedingungen von psychischen Störungen, das heißt **Ätiologie.**
- **Weiter- und Neuentwicklung diagnostischer und therapeutischer Verfahren** zur Behandlung psychischer Störungen.

Die **Aufgaben der Klinischen Psychologie in der Praxis** sind:

- **Diagnostik:** Mit Hilfe psychologischer Testverfahren und mit Hilfe der Erkenntnisse über die menschliche Persönlichkeit versucht man die Art der psychischen Störung und ihre Ursachen festzustellen. Die Methoden zur Diagnose der Störungen sind Anamnese[1], Exploration, Verhaltensbeobachtung und Tests (vgl. Kapitel 2.2.2).
- **Beratung** und **Psychotherapie:** Die von der Klinischen Psychologie angewandten Verfahren sind entweder der Tiefenpsychologie zuzurechnen oder neueren theoretischen Ansätzen.
- **Prophylaxe:** Eine weitere wichtige Funktion der Klinischen Psychologie ist die Vorbeugung von psychischen Störungen.

Klinische Psychologie ist eine Teildisziplin der Angewandten Psychologie und beschäftigt sich mit der Diagnostik, Beratung, Behandlung und Prophylaxe von psychischen Störungen.

[1] Anamnese = die im Gespräch mit dem Patienten erhobene Vorgeschichte seiner Krankheit

12.1.1 Psychische Störungen als Abweichungen von der Norm

Eine psychische Störung liegt dann vor, wenn ein Mensch von den für gültig gehaltenen Normen abweicht und diese Abweichung für ihn oder für seine Umwelt Beeinträchtigungen zur Folge hat.

So weicht zum Beispiel ein Alkoholiker von einer in unserer Gesellschaft für gültig gehaltenen Norm ab, wenn er unter Alkoholeinfluß seinen Chef beleidigt oder seine Frau schlägt.
Das Schulkind schwänzt ständig die Schule, weil es Angst vor Prüfungen hat.

Die Formen, die psychische Störungen annehmen können, sind vielgestaltig und unterscheiden sich auch hinsichtlich des Grades, wie sie sich für den Menschen und seine Umwelt auswirken.

Frau M. wird in eine psychiatrische Klinik eingewiesen, weil sie ständig bedrohliche Stimmen hört und sich von fremden Geheimdiensten verfolgt fühlt.
Herr S. sucht eine Beratungsstelle auf, weil seine Beziehungen zu Frauen immer nach kurzer Zeit scheitern.

Psychische Störung ist eine „Sammelbezeichnung für alle Erlebnis- und Verhaltensweisen von Menschen, die von der Norm abweichen und für das Individuum und/oder seine Umwelt Beeinträchtigungen verschiedenster Art und unterschiedlichen Ausmaßes hervorrufen.“ *(J. A. Keller/F. Novak, 1988[6])*

Zu den psychischen Störungen lassen sich **Neurosen, Persönlichkeitsstörungen (Psychopathien)** und **Psychosen** zählen.

Der an einer Neurose leidende Mensch verhält und empfindet auf eine Weise, unter der er selbst leidet oder die für andere etwas „unvernünftig“ erscheint.

Frau P. erlebt zeitweise akute Panik ohne äußeren nachvollziehbaren Grund.
Herr Z. grübelt so häufig über die Richtigkeit seiner Entscheidungen nach, daß er wenig entscheidet und zunehmend passiver wird.

Der Begriff **Neurose** meint ein von der Norm abweichendes Verhalten, das nicht auf organische Störungen zurückgeht. Das abweichende Verhalten entwickelt sich aus Schockerlebnissen, unbewältigten Konflikten oder einschneidenden Mißerfolgserfahrungen. Die Störungen betreffen nur Teilbereiche des Verhaltens eines Menschen, seine Reaktionen auf die Realität erscheinen meistens angemessen.

Ein wesentliches Merkmal der Neurose ist die Angst, die „entweder bewußt erlebt wird oder aber durch Vermeidung angstauslösender Reize, Gedanken und Verhaltensweisen andere Probleme verursacht.“ *(Werner Herkner, 1986)*

Neurose ist ein von der Norm abweichendes Verhalten. Es ist nicht aufgrund organischer Schäden entstanden und durch Angst gekennzeichnet.

Persönlichkeitsstörungen sind tiefverwurzelte, fehlangepaßte Verhaltensmuster, die wesentliche Beeinträchtigungen der sozialen oder der beruflichen Möglichkeiten oder subjektive Beschwerden verursachen. Sie halten üblicherweise das gesamte Leben an und werden meist im Jugendalter oder noch früher sichtbar. Es sind Störungen, die schwerer als Neurosen sind, aber noch nicht mit einem starken Abbau der Persönlichkeit oder einem extremen Realitätsverlust einhergehen. Das von der Norm abweichende Verhalten wird von dem Betreffenden oft nicht als sonderbar oder für ihn selbst störend empfunden. In erster Linie leidet die soziale Umwelt.

Frau S. ist anderen Menschen gegenüber voller Mißtrauen. Sie erwartet von ihnen nur Schlechtes und hält ständig danach Ausschau, ob jemand sie betrügt oder schädigt. Sie ist extrem eifersüchtig und streitsüchtig.

Persönlichkeitsstörung meint ein von der Norm abweichendes Verhalten, das ernsthafte Leidenszustände bzw. Konflikte für den Betroffenen selbst und/oder für seine soziale Umwelt nach sich zieht.

Eine Form der Persönlichkeitsstörung hat vor allem die Aufmerksamkeit der Klinischen Psychologie gefunden. Es handelt sich dabei um eine soziale Beziehungsstörung, für die auch die Bezeichnung **Soziopathie** und **Psychopathie** verwandt wird.
Psychopathische Persönlichkeiten werden als krankhaft egozentrisch, unfähig zu Liebe und Bindung beschrieben. Sie behandeln andere Menschen als Objekte, kennen keine Schuldgefühle und Scham. Die Bezeichnung Soziopathie weist darauf hin, „daß in erster Linie die soziale Umwelt unter dem Verhalten des Psychopathen leidet, während für den Psychopathen selbst seine Störung keineswegs unangenehm sein muß." (Werner Herkner, 1986)
Der unter einer **Psychose** leidende Mensch weist besonders im akuten Stadium schwere Denk-, Gefühls- und Verhaltensstörungen auf. Für Außenstehende scheint es, als habe er den Bezug zur Realität verloren. Psychosen können zu einem Persönlichkeitsabbau führen.

Herr S. hat sich völlig in sich zurückgezogen. Er sitzt völlig starr, auf Ansprechen reagiert er nicht. Manchmal äußert er, er sei Gott.
Frau M. ist abwechselnd euphorisch, voll grenzenloser Begeisterung und Energie und dann plötzlich niedergeschlagen, apathisch und schlapp. Beide Stimmungen treten bei ihr im extremen Ausmaß auf.

Psychosen sind ein von der Norm abweichendes Verhalten, das mit einem starken Abbau der Persönlichkeit (bis zum Persönlichkeitszerfall) und einem extremen Realitätsverlust einhergeht.

Man unterscheidet zwischen **exogenen** und **endogenen Psychosen:**
Exogene Psychosen sind eindeutig organisch verursacht, zum Beispiel durch eine Hirnschädigung; diese kann hervorgerufen sein durch Entzündungsprozesse, durch Gefäßveränderungen, durch Abbauprozesse im Alter, durch Gifte oder Gehirntumore.
Als *endogene Psychosen* werden die Schizophrenien und die manisch-depressiven Krankheiten bezeichnet (vgl. Kapitel 11.2.1). Es wird bei diesen Krankheiten angenommen, daß eine genetische Disposition vorliegt. Es müssen aber bestimmte Erziehungs- und Umweltbedingungen vorliegen, damit die Krankheit offenkundig wird.
Im allgemeinen bedürfen psychotische Erkrankungen einer ambulanten oder stationären psychiatrischen Behandlung.

Psychiatrie ist die Bezeichnung für das Teilgebiet der Medizin, das sich mit der Diagnose, Behandlung und Vorbeugung von schweren psychischen Störungen, vor allem von Psychosen befaßt.

Eine klare Trennungslinie zwischen den Gegenstandsbereichen der Psychiatrie und der Klinischen Psychologie gibt es nicht. Psychotherapie wird ergänzend zur medikamentösen Behandlung bei Psychosen angewandt. Bei schweren Neurosen kann eine psychiatrische Behandlung sinnvoll sein.

Oft werden die Bezeichnungen wie „psychische Störungen", „Neurosen" oder „abweichendes Verhalten" durch die Begriffe **Verhaltensstörung** und **Verhaltensauffälligkeit** ersetzt. Von einer Verhaltensstörung oder -auffälligkeit spricht man, wenn das Gesamtverhalten oder einzelne wichtige Verhaltensbereiche *erheblich* und *dauerhaft* von der Norm abweichen. Dabei kommt es aufgrund dieser Abweichung zu Schwierigkeiten zwischen den Ansprüchen, die die Umwelt an das Individuum stellt, und der Unfähigkeit des einzelnen, diesen Ansprüchen gerecht zu werden. Dieses Mißverhältnis zwischen den Normansprüchen der Umwelt und der individuellen Unfähigkeit, diesen Ansprüchen gerecht zu werden, muß jedoch *immer wieder auftreten,* um von einer Verhaltensstörung oder -auffälligkeit sprechen zu können (vgl. J. A. Keller/F. Novak, 1988[6]).

Psychische Störungen

Neurosen

Bezeichnung für ein von der Norm abweichendes Verhalten, das nicht aufgrund organischer Schädigung entstanden und mit Angst begleitet ist und unter dem der Betroffene leidet.

Persönlichkeitsstörungen (Psychopathien)

Bezeichnung für ein von der Norm abweichendes Verhalten, das ernsthafte Leidenszustände bzw. Konflikte für den Betroffenen selbst und/oder für seine soziale Umwelt nach sich zieht.

Psychosen

Bezeichnung für ein von der Norm abweichendes Verhalten, das mit einem starken Abbau der Persönlichkeit bis hin zu einem Persönlichkeitszerfall und einem extremen Realitätsverlust einhergeht.

12.1.2 Das Problem der Norm

In allen Definitionen zu den psychischen Störungen wird immer wieder die Abweichung von der Norm hervorgehoben. Das Urteil „normal" oder „anormal" setzt also die Annahme einer Norm oder eines Maßstabes voraus, an dem der einzelne gemessen wird.

Norm ist eine Regel, eine Verhaltenserwartung bzw. ein Maßstab, an dem das Verhalten des Individuums gemessen wird.

Das Individuum wird also bewertet, beurteilt und verglichen. **Normalität** bedeutet demnach die relative Übereinstimmung mit den vorgegebenen Normen. Hier lassen sich drei verschiedene Arten von Normen nennen, die bei der Klassifizierung menschlicher Eigenschaften und Verhaltensweisen eine Rolle spielen: die **statistische** Norm, die **ideale** Norm und die **funktionale** Norm.

- **Die statistische Norm**

  Die statistische Norm kommt aufgrund einer Durchschnittsberechnung zustande. Als Norm wird hier ein statistisch errechneter Durchschnittswert bzw. das am häufigsten vorkommende Merkmal bezeichnet, also das, was die meisten Leute tun.

  Die meisten Leute in der Bundesrepublik Deutschland gehen einer Arbeit nach. Wer nicht arbeitet, weicht von der Norm ab und gilt als „sozial auffällig".

- **Die ideale Norm**

Mit der idealen Norm wird nicht festgestellt, was ist, sondern, was sein soll. Während die statistische Norm einen Ist-Wert darstellt, beinhaltet die ideale Norm einen Soll-Wert und damit einen Appell an den einzelnen, bestimmte Ziele und Ideale, die von einer Gruppe oder Gesellschaft festgelegt wurden, zu erfüllen.

Eine solche ideale Norm, die in unserer Epoche und Gesellschaft als zu erreichendes Ziel gilt, ist zum Beispiel das Erziehungsziel der pädagogischen Mündigkeit.

- **Die funktionale Norm**

Als Maßstab gilt hier das subjektive Befinden des Individuums, inwieweit sein Zustand den eigenen Zielsetzungen und Bedürfnissen entspricht und wie weit ein problemloses Funktionieren garantiert ist.

So zum Beispiel kann jemand für sich herausgefunden haben, daß er „zur Nachtzeit besonders konzentriert und produktiv arbeiten kann, obwohl dies weder der idealen noch der statistischen Norm entspricht. Ein solcher Mensch hätte einen Arbeitsrhythmus herausgefunden, der für ihn selbst optimal und vom funktionalen Standpunkt aus gesehen normal wäre." (Gustav A. Brandt, 1979[11])

Kriterien zur Bestimmung der Normalität bzw. Anormalität

Aus der Unterscheidung zwischen den drei Normbegriffen ergeben sich drei Kriterien für die Bestimmung der Normalität bzw. Anormalität: das **objektive** Kriterium, das **soziokulturelle** Kriterium und das **subjektive** Kriterium.

- **Das objektive Kriterium**

Dem objektiven Kriterium liegt der **statistische Normbegriff** zugrunde. Das Urteil normal oder anormal ist davon abhängig, ob das Verhalten des Individuums einem statistisch ermittelten Durchschnittswert entspricht. Jedes Verhalten, das selten ist, ist danach anormal. Damit wird bereits die Problematik dieses Normbegriffs deutlich. So ist es beispielsweise sicher nicht sinnvoll, außergewöhnliche kreative oder intellektuelle Leistungen als anormal zu bezeichnen. In der Regel wird deshalb auch nur das „nach unten" abweichende Verhalten als anormal klassifiziert. Menschen, die einen IQ unter 70 haben, gelten als „minderbegabt" und Schüler, die zu wenig leisten, als „leistungsschwach". Problematisch ist es auch, das Durchschnittsverhalten immer als das normale Verhalten anzusehen. So sind zum Beispiel bei der Bevölkerung der reichen Industrienationen Medikamentenmißbrauch, starkes Rauchen, Depressionen und diverse Ängste stark verbreitet. Bei strikter Anwendung der statistischen Norm hieße das, daß Personen, die keines dieser Probleme haben, als anormal zu bezeichnen wären.

- **Das soziokulturelle Kriterium**

Maßstab für die Beurteilung der Normalität ist hier die **ideale Norm.** Als Norm gilt eine bestimmte Idee der Gruppenmitglieder, die dann entsprechende Erwartungen an das Verhalten der anderen stellen. Tritt ein Verhalten auf, das von der Gruppe nicht erwartet wird, so wird dieses als außergewöhnlich oder anormal bezeichnet. Solche Normen sind von Kultur zu Kultur, von Epoche zu Epoche und sogar je nach sozialer Schicht unterschiedlich.

So sind zum Beispiel die Geschlechterrollen bei den Tschambuli auf Neuguinea anders als in unserer Kultur verteilt. Die Frauen ackern, ernten und fischen, sie haben die Autorität in der Familie, während die Männer zu Hause bleiben, tanzen, musizieren und eitel auf ihre Kleidung, Aussehen und Schmuck achten. Die Tanala, ein Stamm auf Madagaskar, sind äußerst penibel in Sachen Sauberkeit. Ihr ständiges Waschen und Putzen würde bei uns als Waschzwang bezeichnet werden, dort liegt es jedoch im Rahmen der Norm.

Das Urteil normal oder anormal ist also immer im soziokulturellen Kontext zu sehen.

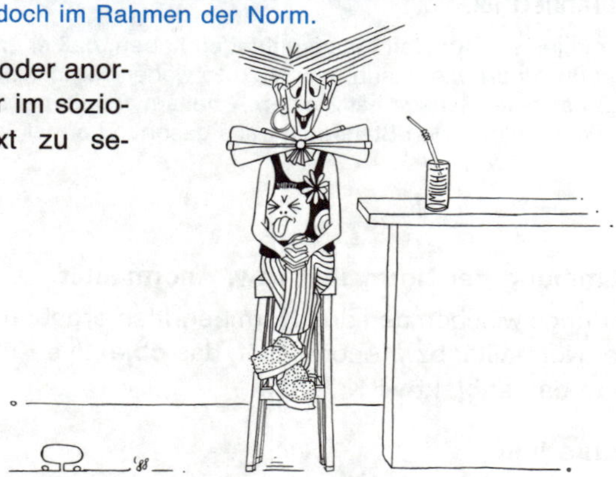

- **Das subjektive Kriterium**

Das subjektive Kriterium oder das Modell des persönlichen Leidensdrucks orientiert sich an der **funktionalen Norm.** Aus dieser Sicht gilt jedes Verhalten als normal, das das körperliche, geistige, psychische und soziale Funktionieren des Individuums nicht beeinträchtigt. Kriterien der Anormalität sind Gefühle des Unglücklichseins, der Depression, der Schuld und Angst, von denen das Individuum subjektiv berichtet. Die Problematik bei der Beurteilung nach diesem Kriterium ist, daß es Verhaltensweisen gibt, die in den Augen anderer anormal sind, vom Individuum selbst jedoch nicht als belastend erlebt werden.

Zum Beispiel kann jemand zwanghaft zu sadistischen Handlungen neigen, dabei aber selbst weder Schuldgefühle noch Angst empfinden.

Das Fehlen des persönlichen Leidensdrucks kann ein Anzeichen für eine psychische Störung im Sinne einer Psychopathie oder einer Psychose sein.

Es wird deutlich, daß zur Beurteilung einer Störung ein Kriterium allein nicht ausreicht, sondern daß alle drei berücksichtigt werden müssen, sowohl das soziokulturelle wie das objektive Kriterium wie auch das Kriterium des persönlichen Leidens. Die meisten Abweichungen von der Norm sind statistischer Art. Aber das, was die meisten Leute tun, hängt wiederum sehr stark von der jeweiligen Kultur und Epoche ab. Auch unterscheiden sich die Gesellschaften darin, was als Norm angesehen wird und wieviel Abweichung von der Norm sie zulassen, bevor das gezeigte Verhalten als anormal klassifiziert wird.

Bei der **Klassifizierung menschlicher Eigenschaften und Verhaltensweisen** spielen eine Rolle:

die statistische Norm	die ideale Norm	die funktionale Norm
Maßstab: der statistisch errechnete Durchschnitt	*Maßstab:* was sein soll	*Maßstab:* das subjektive Befinden des Individuums
▼	▼	▼
das objektive Kriterium	**das soziokulturelle Kriterium**	**das subjektive Kriterium**

12.1.3 Beschreibung von neurotischen Störungen

Folgende neurotische Störungen werden genauer dargestellt:

- Angstneurose und Phobie
- Zwangsneurose
- Hysterie
- Depression

Angstneurose und Phobien

Die **Angstneurose** zeichnet sich durch extreme, ungerichtete Angstzustände aus. Man spricht von **freiflottierender Angst.** Die Angst überfällt den Betreffenden plötzlich und ohne ersichtlichen Anlaß. Das Unerklärliche und Unspezifische seiner Angst verunsichert den Betreffenden zusätzlich. Die freiflottierende Angst äußert sich oft als körperliches Unbehagen, Atemnot oder in dem Gefühl, daß das Herz stehenbleibt.

Angstneurose besteht in extremen, ungerichteten Angstzuständen, die plötzlich und ohne ersichtlichen Anlaß auftreten und das Individuum stark verunsichern.

Bei **Phobien** dagegen richtet sich die Angst auf bestimmte Situationen und Objekte. Allerdings reagieren die Betroffenen mit einer auffallend großen, den Gegebenheiten völlig unangemessenen Angst, da das Objekt oft keine wirkliche Gefahrenquelle darstellt. Dem Phobiker ist meistens auch klar, daß seine Angst unsinnig ist, trotzdem kann er sich nicht beherrschen.

„Gott sei Dank, jetzt kann ich endlich meine frei flottierende Angst auf etwas Spezifisches richten!“

Phobien sind extreme Ängste vor und Vermeidung von Objekten und Situationen, die die Person selbst als harmlos erkennt.

Man kann Phobien in soziale Phobien, Situations- und Tierphobien unterteilen.
Soziale Phobien sind Ängste, die mit durch die Gegenwart anderer Menschen ausgelöst werden. Sprechen oder Essen in Gegenwart anderer Menschen kann extreme Angst auslösen. Diese Form der Phobie beginnt meist mit dem Jugendalter, wenn das soziale Bewußtsein und die Interaktionen mit anderen an Bedeutung gewinnen.

Situationsphobien sind Ängste, die in ganz bestimmten Situationen auftreten. Hier wären zu nennen die

- Agoraphobie (Angst vor weiten Plätzen und Straßen),
- Klaustrophobie oder Platzangst (Angst vor engen Räumen),
- Höhenangst,
- Flugangst usw.

Phobische Ängste können auch vor ganz bestimmten Tieren auftreten, die zumindest in unseren Breiten selten gefährlich sind. Verbreitete Tierphobien sind Spinnen-, Schlangen-, Mäuse- oder Katzenphobien.

„Die Furcht dieses Mädchens ist irrational, daher phobisch. Wenn es sich nicht um Tauben, sondern um Klapperschlangen handelte, wäre ihre Reaktion realistisch." *(D. Krech/R. S. Crutchfield u. a., Band 6, 1985)*

Von einer Phobie sollte man erst dann sprechen, wenn die Lebensführung des einzelnen durch die Phobie ernstlich eingeschränkt ist. Phobiker haben zwar gegenüber Angstneurotikern den Vorteil, daß ihre Angst auf einen ganz bestimmten Bereich bezogen ist, so daß sie die Möglichkeit haben, diesen Bereich aktiv zu meiden und dadurch auch die Angst. Wenn sich jedoch die Phobie auf Situationen und Aktivitäten bezieht, die im alltäglichen Leben unvermeidbar sind, so wird der Betreffende in seinem Lebenskreis und in seinen Möglichkeiten, ein aktives Leben zu führen, immer mehr eingeschränkt.

Dies ist zum Beispiel der Fall bei einer Person mit der Angst davor, auf die Straße und über weite Plätze zu gehen, oder bei einer Katzenphobie, die den Betroffenen daran hindert, aus dem Haus zu gehen, weil er möglicherweise einer Katze begegnet.

➡ **Materialien 1.**

Zwangsneurose

Bei einer Zwangsneurose drängen sich dem Betreffenden bestimmte **stereotype Handlungen oder Gedanken** immer wieder auf. Diese Verhaltensweisen oder Gedanken sind ihm zwar unangenehm, aber er kann sie nicht verhindern. Man unterscheidet bei den Zwangserscheinungen zwischen Zwangsgedanken, Zwangsimpulsen und Zwangshandlungen.

> **Zwangsneurose ist eine seelische Störung, bei der bestimmte zwanghaft wiederkehrende Gedanken oder Handlungen nicht abgewiesen werden können."** *(Wolfgang Schmidbauer, 1981)*

Zwangsgedanken sind plötzliche Gedanken, die sich immer wieder aufdrängen und von denen sich der Betroffene nicht befreien kann, obwohl sie ihm als irrational und sinnlos erscheinen.

Zwangsgedanken sind unabweisbar, drängen sich dem Betreffenden immer wieder auf und erscheinen ihm selbst als irrational und sinnlos.

Der Betroffene kann so von ihnen überwältigt werden, daß er nicht mehr in der Lage ist, sich auf etwas anderes zu konzentrieren, und so in seinen normalen Funktionsabläufen beeinträchtigt ist. Oft kreisen die Gedanken um Tod, Selbstmord, oder sie beinhalten Aggressionen gegen andere Menschen oder Obszönitäten.

„Eine Patientin sah jedesmal, wenn sie das Bad betrat, wie ihr Baby in der Toilette weggespült wurde." *(Gerald C. Davison/John M. Neale, 1988[3])*

Bei **Zwangsimpulsen** verspürt der Betroffene den starken Drang, bestimmte Handlungen durchzuführen, die entweder gesellschaftlich inakzeptabel und verpönt oder aggressiver Natur sind, zum Beispiel den Impuls, in einem Lokal auf den Boden zu spucken. Jedoch ist dem Zwangsneurotiker die Unangemessenheit und Unsinnigkeit solcher Impulse deutlich, und er setzt sie nie in die Tat um.

Zwangsimpulse bestehen in dem starken Drang, Handlungen auszuführen, die entweder gesellschaftlich inakzeptabel und verpönt oder aggressiven Inhalts sind. Jedoch wird diesem Drang nicht nachgegeben.

„Ein 41jähriger Rechtsanwalt war von der Vorstellung besessen, er könnte, ohne daß es ihm ‚bewußt wird', aus seinem Tintenfaß trinken, aber daneben erlebte er auch den starken Drang, seinen offensichtlich geliebten, einzigen Sohn zu erwürgen." *(Gerald C. Davison/John M. Neale, 1988[3])*

Zwangshandlungen können von einfachen Gesten bis zu komplexen Ritualen reichen. Meist handelt es sich um Wiederholungen bestimmter Tätigkeiten wie beim Wasch-, Putz-, Zähl- oder Überprüfungszwang.

Ein Beispiel für einen Überprüfungszwang wäre das wiederholte Nachsehen, ob der Gashahn auch wirklich geschlossen ist. Wird der Betreffende daran gehindert, seine Zwangshandlung auszuführen, so tritt massive Angst auf.

Zwangshandlungen sind zwanghafte Wiederholungen bestimmter Tätigkeiten, gegen die sich der Betreffende nicht wehren kann. Diese Handlungen können einfache Gesten oder sehr komplexe ausgeklügelte Rituale sein. Führt der Betreffende diese Handlung nicht aus, so kommt es zum Ausbruch von Angst.

Hier weitere Beispiele für Zwangserscheinungen:

„Ein 50jähriger Patient grübelt täglich bis zu mehreren Stunden darüber nach, ob es ‚zweckmäßiger' sei, durch den Mund oder die Nase einzuatmen. Ein anderer 40jähriger Patient verbrachte täglich fast ebensoviel Zeit damit, seinen Kopf abzutasten, um festzustellen, ob er vielleicht eine kahle Stelle hätte. Ein dritter, 35 Jahre alt, mußte fast jeden Sonntag dem unwiderstehlichen Zwang folgen, seine gesamte, an die tausend Bände umfassende Bibliothek auszuräumen, die Bücher zu zählen und dann nach immer neuen Ordnungsgesichtspunkten – nach Größe, Farbe, Umfang, alphabetischer Reihenfolge usw. – wieder einzusortieren.

Ein vierter, 25jährig, entwarf in stundenlanger, immer neuer Arbeit Dreißigjahrespläne für sein künftiges Leben, in denen alles bis ins letzte hinein vorgeplant wurde, von dem künftigen Haus, den Möbeln, Teppichen und Gardinen angefangen bis hin zu den Anzügen, Krawatten, Socken und Schuhen, die er sich einmal kaufen wollte. Auch er konnte stundenlang darüber nachgrübeln, ob er besser daran tue, sich ein Paar braune oder ein Paar schwarze Schuhe, ein weißes oder ein beigefarbenes Hemd zu besorgen." *(Gustav A. Brandt, 1979[11])*

➡ **Materialien 2.**

Hysterie

Die Bezeichnung Hysterie stammt von dem griechischen Wort hysteron = Gebärmutter. Im klassischen Altertum nahm man an, daß die Hysterie, eine Krankheit, die nur bei Frauen diagnostiziert wurde, dadurch zustande käme, daß die Gebärmutter im Körper herumkrieche und bald dieses oder jenes Organ anfalle.
Das Bild der Hysterie hat sich inzwischen gewandelt. Den spektakulären hysterischen Anfall, wie er um die Jahrhundertwende noch häufig zu beobachten war, gibt es heute kaum noch. Auch die Geschlechtsverteilung hat sich geändert. Litten um die Jahrhundertwende noch vorwiegend Frauen unter dieser Krankheit, so zeigte sich im zweiten Weltkrieg, daß auffallend viele Männer unter hysterischen Ausfallerscheinungen litten.

Hysterie ist die „Bezeichnung für affektive Reaktionen und Gefühlszustände, meist in Verbindung mit Störungen der Gefäß- und Drüsentätigkeit, Bewegungsstörungen, Lähmungen und Krämpfen ohne nachweisbare Hirn- oder sonstige Organerkrankungen psychogenen Ursprungs.“ *(Friedrich W. Doucet, 1973[3])*

Depression

Depression bedeutet bedrückte Stimmung (lat. deprimere = herabdrükken)[1]. Je nach Verursachung unterscheidet man zwischen der reaktiven und der endogenen Depression. Man spricht von **reaktiver Depression,** wenn die Depression verständlich erscheint, also Folge eines äußeren Anlasses ist. Fehlen jedoch solche klar ersichtlichen Anlässe als Auslöser für depressive Zustände, so wird eher von einer **endogenen Depression** gesprochen.
Was die reaktive Depression betrifft, so ist diese jedoch zu unterscheiden von der adäquaten Trauerreaktion auf den Verlust einer nahen Bezugsperson. Typisch für die Depression ist, daß das Ausmaß der Traurigkeit in keinem Verhältnis zur auslösenden Situation steht. Der Depressive reagiert auf einen Verlust oder drohenden Verlust mit einer stärkeren und längeren Traurigkeit und Niedergeschlagenheit als andere.

Der Maßlose

Ein Mensch, der manches liebe Jahr
Zufrieden mit dem Dasein war,
Kriegt eines Tages einen Koller
Und möchte alles wirkungsvoller.
Auf einmal ist kein Mann ihm klug,
Ist keine Frau ihm schön genug.
Die Träume sollten kühner sein,
Die Bäume sollten grüner sein,
Schal dünkt ihn jede Liebeswonne,
Fahl scheint ihm schließlich selbst die Sonne.
Jedoch die Welt sich ihm verweigert,
Je mehr er seine Wünsche steigert.
Er gibt nicht nach und er rumort,
Bis er die Daseinsschicht durchbohrt.
Da ist es endlich ihm geglückt –
Doch seitdem ist der Mensch verrückt.

Eugen Roth

Die Depression macht sich in vielen Lebensbereichen bemerkbar. Die häufigsten Anzeichen und **Symptome** sind:

- traurige, apathische[2] Stimmung;
- negatives Selbstbild mit Selbsttadel und Selbstvorwürfen;

1 Der Begriff Depression ist in Kapitel 11.2.1 definiert.
2 apathisch = teilnahmslos

- Wunsch, sich zu verbergen;
- Schlaf- und Appetitmangel oder Tendenz, abnorm viel zu schlafen;
- Veränderungen der Aktivität, entweder in Richtung Lethargie oder Überaktivität;
- Konzentrationsschwierigkeiten;
- immer wiederkehrende Todes- und Selbstmordgedanken.

Eine Person weist selten alle Aspekte der Depression auf. Es genügt, wenn einige der Anzeichen vorhanden sind, um von einer Depression zu sprechen.

Es gibt wohl keinen Menschen, der nicht irgendeines der beschriebenen Merkmale an sich kennt bzw. der noch nie in seinem Leben niedergedrückt oder depressiv war. Depressionen sind normale Begleiterscheinungen von schwierigen Lebensphasen. Der Unterschied zu einer neurotischen Depression liegt in der *Häufigkeit, Intensität und Ausprägung dieser Merkmale.*

Typisch depressive Gedankengänge

Auslösende Ereignisse für die reaktive Depression können unlösbare Konflikte, schwere Schicksalsschläge und starke Belastungen über einen längeren Zeitraum sein.

Beispiele hierfür sind: Doppelbelastungen, Umstellungen des Lebensrhythmus oder Lebensstils durch Heirat, Umzug, Berufswechsel, Trennungen, Todesfälle oder Geburt eines Kindes.

Neurosen			
Angstneurosen Bezeichnung für extreme, ungerichtete Angstzustände, die plötzlich und ohne ersichtlichen Anlaß auftreten und das Individuum stark verunsichern. **Phobien** Bezeichnung für extreme Ängste vor und Vermeidung von Objekten und Situationen, die die Person selbst als harmlos erkennt. – *soziale Phobien* – *Situationsphobien* – *Tierphobien*	**Zwangsneurosen** Bezeichnung für seelische Störungen, bei der bestimmte zwanghaft wiederkehrende Gedanken oder Handlungen nicht abgewiesen werden können. – *Zwangsgedanken* – *Zwangsimpulse* – *Zwangshandlungen*	**Hysterie** Bezeichnung für affektive Reaktionen und Gefühlszustände meist in Verbindung mit Störungen der Gefäß- und Drüsentätigkeit, Bewegungsstörungen, Lähmungen und Krämpfen ohne nachweisbare Hirn- oder sonstige Organerkrankungen psychogenen Ursprungs.	**Depression** Zustand der Niedergeschlagenheit, Trägheit, Bedrücktheit, Schwermütigkeit und Traurigkeit, der sich bis zur völligen Passivität, Hoffnungslosigkeit, Teilnahmslosigkeit, Lähmung der Lebensaktivität und zu Lebensüberdruß steigern kann. – *reaktive Depression* – *endogene Depression*

Die unterschiedlichen Strategien der Neurotiker lassen sich wie folgt charakterisieren:

„Der *Phobiker* sagt: ‚Das macht mir Angst; ich muß es vermeiden.'

Der *Zwangsneurotiker* sagt: ‚Ich muß das denken', oder ‚Ich muß das tun'.

Der *Hysteriker:* ‚Ich kann mich nicht fortbewegen; ich kann den Teil von mir, den ich nicht mag, nicht sehen.'

Der *Hypochonder* sagt: ‚Wenn ich nicht so krank wäre, könnte ich mich mit anderen Problemen beschäftigen, aber angesichts meiner körperlichen Schmerzen ist alles andere unwichtig.'

Der *Depressive* sagt: ‚Die Welt drückt mich nieder; mein schwerer Kummer überwältigt mich.' "

(Philip G. Zimbardo, 1983[4])

12.2 Theorien zur Erklärung psychischer Störungen

Wissenschaftler wollen erklären, warum bestimmte Ursachen zu diesen oder jenen Folgen führen (vgl. Kapitel 1.3.2), warum Menschen beispielsweise depressive Verhaltensweisen zeigen, wenn sie eine geliebte Person verlieren. Eine solche Erklärung geschieht mit Hilfe von Theorien.

12.2.1 Verschiedene Modelle zur Erklärung psychischer Störungen

Das medizinische Modell

Das medizinische Modell geht davon aus, daß die Ursachen psychischer Erkrankungen, vor allem der Psychosen, überwiegend körperlicher Art, das heißt entweder genetisch oder biochemisch bedingt sind. Psychosoziale Ursachen werden kaum berücksichtigt. Die Anhänger dieses Modells ziehen als Bestätigung die Tatsache heran, daß viele psychotisch Erkrankte auf eine medikamentöse Behandlung ansprechen. Dieser Standpunkt wird vor allem in der Psychiatrie vertreten.

Das psychodynamische Modell

Das psychodynamische Modell hat seinen Ursprung in der Persönlichkeitstheorie von Sigmund Freud. Nach der psychoanalytischen Theorie ist gestörtes Verhalten die Folge verborgener unbewußter Konflikte. Die Konflikte entstehen durch den Zusammenprall von ES-Impulsen, ÜBER-ICH-Ansprüchen und den Forderungen der Realität. Die Psychoanalyse geht davon aus, daß diese Konflikte in der frühen Kindheit entstanden sind, nicht gelöst wurden und im Individuum weiterbestehen. Der Betreffende hat von sich und seiner Umwelt ein verzerrtes Bild und wird unter Umständen in seiner Funktionsfähigkeit behindert. Das neurotische Verhalten ist also nur das sichtbare Symptom für den tieferliegenden krankmachenden Konflikt (vgl. Kapitel 11).

Das lerntheoretische Modell

Das lerntheoretische Modell geht davon aus, daß das neurotische Verhalten Ergebnis falscher oder fehlender Lernprozesse ist, es wurde im Laufe des Lebens erworben und verfestigt. Die tiefenpsychologische Vorstellung, wonach das abweichende Verhalten lediglich ein Symptom für eine tieferliegende Störung ist, wird von den Vertretern dieses Erklärungsansatzes abgelehnt: „Die Neurose ist das Symptom." (vgl. Kapitel 4.7.2)

Das Modell der humanistischen Psychologie

Die humanistische Psychologie wird neben dem psychodynamischen und behavioristischen Modell als „dritte Kraft" in der Psychologie bezeichnet (vgl. Kapitel 1.4.4). Die Vertreter der humanistischen Richtung betrachten den Menschen prinzipiell von Natur aus als gut und als aktives Wesen, das nach Wachstum und Verbesserung der eigenen Person und der Umwelt strebt. Der Mensch ist nach dieser Auffassung ein bewußt handelndes Wesen. Entscheidend für sein Handeln ist seine ganz persönliche Sichtweise. Die bekanntesten Vertreter der humanistischen Psychologie sind Abraham Maslow und Carl Rogers. Beide gehen davon aus, daß der Mensch ein ausgeprägtes Bedürfnis nach Selbstverwirklichung hat, welches auch die treibende Kraft im Leben des Menschen ist. Die Theorie Rogers, auf der auch die von ihm entwickelte Gesprächspsychotherapie basiert, soll hier näher dargestellt werden.

12.2.2 Die „Selbst-Theorie" von Carl Rogers

Carl Rogers (geb. 1902) ist der Begründer der 1942 entstandenen klientenzentrierten Psychotherapie oder **Gesprächspsychotherapie.** Im Laufe seiner umfangreichen therapeutischen Praxis entwickelte er eine Persönlichkeitstheorie, die jedoch kein abgeschlossenes theoretisches System ist, aber als Richtschnur für seine therapeutischen Maßnahmen verwendet wurde.

Rogers geht von folgenden drei **Grundannahmen über die Natur des Menschen** aus:

- Das Verhalten eines Menschen wird durch die **subjektive Erlebniswelt** bestimmt. Nicht die Umstände, denen ein Mensch ausgesetzt ist, sind wesentlich, sondern die Art und Weise, wie er die Umstände und Ereignisse wahrnimmt, spielen eine Rolle.
- Jeder Mensch hat eine angeborene **Tendenz zur Selbstverwirklichung** (Aktualisierungstendenz): Jedes Individuum strebt danach, seine Möglichkeiten und Fähigkeiten zu entwickeln und zu entfalten. Die Tendenz zur Selbstverwirklichung ist eine starke motivierende Kraft. Sie ist das Ziel, das alle Menschen anstreben.
  Neben dem angeborenen Bedürfnis nach Selbstverwirklichung existieren aber noch weitere erworbene Bedürfnisse, die mit der Tendenz zur Selbstverwirklichung in Konflikt geraten können. Hier hebt Rogers vor allem das Bedürfnis nach positiver Wertschätzung durch andere und das Bedürfnis nach Selbstachtung hervor. Überwiegen diese beiden Bedürfnisse, so können sie das Streben nach Selbstverwirklichung beeinträchtigen, etwa in der Weise, daß nur Verhaltensweisen gezeigt werden, die von der Umwelt akzeptiert werden, um damit das Bedürfnis nach positiver Wertschätzung durch andere zu befriedigen.
  Zum Beispiel könnte ein Student der Mathematik plötzlich erkennen, daß ihm das Studium der Psychologie eher liegt. Aber eines seiner Grundprinzipien könnte sein, daß man zu Ende bringt, was einmal angefangen wurde. Er könnte somit an Selbstachtung verlieren, wenn er seinem Streben nach Selbstverwirklichung durch Beginn eines neuen Studiums nachgibt.

- Der Mensch unterwirft sich einem ständigen **„organischen" Bewertungsprozeß:** Alle Verhaltensweisen und Erfahrungen werden aus der Sicht der Selbstverwirklichung bewertet. Verhaltensweisen, die dem Bedürfnis nach Selbstverwirklichung entsprechen, werden positiv bewertet und angestrebt. Verhaltensweisen, die ihm nicht entsprechen, werden negativ bewertet und verworfen.
  Dabei geht Rogers von der Annahme aus, daß jeder Mensch in der Lage ist, selbst zu entscheiden, was für ihn richtig ist, unter der Voraussetzung, er wird von seiner Umwelt nicht zu stark daran gehindert. Auf welche Weise dieser Bewertungsprozeß gestört werden kann, dies läßt sich mit Hilfe von Rogers Konzept vom Selbst erklären.

Der wichtigste Prozeß der Persönlichkeitsentwicklung ist nach Carl Rogers die Bildung des Selbst. Ein Kind beginnt bereits früh über sich und seine Eigenschaften nachzudenken, sich mit seiner Umwelt zu vergleichen und sich selbst zu bewerten. Es entwickelt auf diese Weise eine Vorstellung von sich selbst, ein **„Selbst-Konzept"**.

> **Unter Selbstkonzept versteht man die Art und Weise, in der jemand sich selbst bzw. seine Charakteristika und Fähigkeiten wahrnimmt und beurteilt.**

Das Selbstkonzept entwickelt sich aufgrund entsprechender Erfahrungen. Von ihnen hängt es ab, ob sich ein normales und flexibles Selbstkonzept oder ein gestörtes, starres Selbstkonzept entwickelt.

Um seiner Tendenz zur Selbstverwirklichung zu entsprechen, führt jedes Individuum Verhaltensweisen aus, die mit seinem Selbstkonzept vereinbar sind, und verwirft Verhaltensweisen, die nicht in sein Selbstkonzept passen.

Jeder Mensch wird immer wieder mit neuen Erfahrungen konfrontiert. Diese Erfahrungen können nun sehr stark von seinem Selbstkonzept abweichen. Im Individuum besteht jedoch die Tendenz, die Diskrepanz zwischen Realität und Selbstkonzept möglichst klein zu halten bzw. abzubauen. Dabei ist das Selbstkonzept dafür verantwortlich, wie nun mit diesen neuen Erfahrungen umgegangen wird, ob sie angenommen oder ignoriert werden. Das Selbstkonzept übernimmt also eine wichtige **Filterfunktion** und läßt nur Wahrnehmungen und Gedanken zu, die das Bild von der eigenen Person nicht zu sehr ins Wanken bringen.

Menschen mit einem **normalen Selbstkonzept** sind in der Lage, über sich offen und umfassend nachzudenken, da sie ein breit angelegtes Selbstbild haben. Sie haben nicht das Bedürfnis, bestimmte neue Erfahrungen oder Wahrnehmungen zu ignorieren. Das Selbstkonzept ist also flexibel genug, neue Erfahrungen anzunehmen und sich ihnen anzupassen. Dadurch kommt es zu einer weitgehenden Übereinstimmung zwischen dem Selbstkonzept und den gemachten Erfahrungen, was dazu führt, daß dieser Mensch ausgeglichen und zufrieden ist.

Ein **gestörtes Selbstkonzept** zeigt sich darin, daß es sehr starr, unflexibel und eng ist. Die Person mit einem gestörten Selbstkonzept besitzt dann weniger Offenheit für neue Wahrnehmungen und Erfahrungen über sich selbst.

Hält sich zum Beispiel ein Mensch für sehr rational und unfähig zu emotionalen Ausbrüchen, so wird er auch nicht in der Lage sein, Gefühle wie Wut und Ärger zuzulassen.

Solche Gefühle müssen vermieden werden, um das bestehende Selbstkonzept zu schützen. Durch Verzerrung oder Uminterpretieren der Wahrnehmung läßt sich ein gewisser Grad an Übereinstimmung zwischen Selbstbild und Realität herstellen; sind jedoch die Unterschiede zu groß, so kommt es zur Ausprägung emotionaler Probleme und psychischer Störungen.

Rogers unterscheidet außerdem zwischen dem Selbstkonzept oder **realen Selbst** und dem **idealen Selbst.** Das Realselbst ist die Art und Weise, wie man sich selbst sieht und empfindet.

Jemand kann zum Beispiel von sich selbst sagen: „Ich bin ein harter Arbeiter." oder „Ich bin nicht liebenswert."

Das Idealselbst enthält die Vorstellungen darüber, wie jemand sein möchte. Es repräsentiert die Ziele, denen sich das reale Selbst annähern soll.

Das Realselbst ist die Art und Weise, wie jemand sich selbst wahrnimmt und empfindet.

Das Idealselbst repräsentiert die Ziele und Vorstellungen, denen sich das Realselbst annähern soll.

Rogers geht davon aus, daß der Mensch danach strebt, eine Übereinstimmung zwischen Real- und Idealselbst herzustellen. Der Grad der Übereinstimmung bestimmt, wie ausgeglichen und glücklich sich jemand fühlt.
Bei einer gesunden Persönlichkeit besteht eine weitgehende Übereinstimmung zwischen realem und idealem Bild von sich selbst. Bei psychischen Störungen dagegen findet man häufig eine starke Diskrepanz zwischen Real- und Idealselbst. Dieses Auseinanderklaffen wirkt sich auf den jeweiligen Menschen einschränkend aus. Er verneint dadurch einen Teil seines Realselbstes, also einen Teil von sich.

Zusammenfassung der wichtigsten Aussagen der Selbst-Theorie von Carl Rogers:

- Das Verhalten eines Menschen wird durch die subjektive Erlebniswelt bestimmt.
- Jeder Mensch besitzt eine angeborene Tendenz zur Selbstverwirklichung (= Aktualisierungstendenz), die alle Menschen anstreben, die aber mit weiteren erworbenen Bedürfnissen in Konflikt geraten kann.
- Der Mensch unterwirft sich einem ständigen Bewertungsprozeß, dessen Kriterium das Streben nach Selbstverwirklichung ist.
- Der wichtigste Prozeß in der menschlichen Entwicklung ist die Bildung des Selbst; der Mensch entwickelt ein Selbstkonzept, womit die Art und Weise gemeint ist, wie er sich selbst bzw. seine Charakteristika und Fähigkeiten wahrnimmt und beurteilt.
- Ein gesundes Selbstkonzept entspricht der Beschaffenheit der Realität, es befindet sich in Einklang mit der Umwelt. Ein gestörtes Selbstkonzept zeigt sich darin, daß es der Wirklichkeit nicht entspricht, sondern von ihr abweicht.
- Jeder Mensch besitzt ein Realselbst – das ist die Art und Weise, wie sich eine Person selbst wahrnimmt und empfindet – und ein Idealselbst. Dieses repräsentiert die Ziele und Vorstellungen, denen sich das Realselbst annähern soll.
- Bei einer gesunden Persönlichkeit besteht eine weitgehende Übereinstimmung zwischen dem Real- und dem Idealselbst, bei psychischen Störungen klaffen Realselbst und Idealselbst in einem erheblichen Maße auseinander.

12.2.3 Erklärung verschiedener psychischer Störungen

Wenn Wissenschaftler psychische Störungen erklären wollen, so meinen sie damit, Beziehungen zwischen Merkmalen in der Realität herzustellen (vgl. Kapitel 1.3.2).

So interessiert zum Beispiel einen Wissenschaftler die Beziehung, warum Menschen depressive Verhaltensweisen zeigen, wenn sie eine geliebte Person verlieren.

Eine solche Erklärung geschieht mit Hilfe einer **Theorie,** das ist ein gedanklich konstruiertes System von sinnvoll aufeinander bezogenen Annahmen über (nicht beobachtbare) Prozesse in der Realität (vgl. Kapitel 1.3.2).

Um einen Sachverhalt zu erklären, sind vier Schritte sinnvoll:

1. Genaue Beschreibung des zu *erklärenden Ereignisses,*
2. Darstellung der sogenannten *Randbedingungen,* die zu dem zu erklärenden Ereignis führen bzw. geführt haben,
3. Formulierung der relevanten Aussagen einer *Theorie,*
4. *Herstellung der Beziehungen* zwischen dem in 1. beschriebenen Ereignis und den in 2. dargestellten Randbedingungen mit Hilfe der in 3. formulierten Aussagen einer Theorie.

Diese Reihenfolge ist nicht zwingend; die Formulierung der Aussagen einer Theorie kann auch am Anfang geschehen. Es kann auch sinnvoll sein, zuerst die Randbedingungen und dann die Erlebens- und Verhaltensweisen als Auswirkung zu beschreiben.

Die verschiedenen psychischen Störungen können je nach Theorie unterschiedlich erklärt werden. Im folgenden wird am Beispiel der *Phobie* mit Hilfe von **tiefenpsychologischen Theorien** (Psychoanalyse, Individualpsychologie) und der **Lerntheorien** ein Erklärungsversuch gegeben.

Psychoanalytische Erklärung der Phobien

Die wichtigsten Aussagen der Psychoanalyse sind in Kapitel 11.4.2 formuliert.
Nach psychoanalytischer Auffassung kommen phobische Symptome aufgrund einer **Verschiebung der Angst** vor dem eigentlichen Objekt auf ein Ersatzobjekt zustande. Das bewußt gefürchtete Objekt ist lediglich ein Symbol für das eigentliche Angstobjekt. Die dahinterstehenden Befürchtungen und Wünsche bleiben so unbewußt. Die unbewußte Angst vor dem eigentlichen Objekt wiederum hat ihre Wurzeln im **Ödipuskonflikt.** Dies soll an Freuds klassischem Fall vom „kleinen Hans“, der an einer Pferdephobie litt, deutlich gemacht werden.

„Hans war ein heiteres, gutartiges und aufgewecktes Kind, das von seinen Eltern in einer sehr freimütigen Weise erzogen wurde. Wenige Monate vor seinem 5. Lebensjahr begann er, auf einem der gewöhnlichen Spaziergänge, plötzlich zu weinen und verlangte nach Hause zu gehen. Am nächsten Tag sträubte er sich zunächst gegen den Spaziergang. Er ließ sich dann doch dazu überreden, zeigte aber auf der Straße offensichtliche Angst. Auf Fragen der Eltern gab er zur Antwort, er fürchte, auf der Straße werde ihn ein Pferd beißen. Die Eltern versuchten, ihn zu beruhigen, indem sie erklärten, ein Pferd beiße nicht. Sie gaben ihm den Rat, wegzuschauen, wenn Pferde kämen, aber seine Angst ließ nicht nach. Vielmehr fürchtete er sich in der Folgezeit beim Zoobesuch auch vor anderen Tieren, wie Giraffe, Elefant und Pelikan, die er früher furchtlos und sogar mit Vergnügen betrachtet hatte. Schließlich steigerte sich seine Angst vor Pferden so weit, daß Hans das Haus nicht mehr verlassen konnte.“

Quelle: D. Schwarz/E. Sedlmayr, 1973

Sigmund Freud sah den Ursprung der Angst vor Pferden im Ödipuskomplex: Es war der Wunsch des kleinen Hans, seinen Vater aus dem Weg zu haben, um seine Mutter zu besitzen. Aus Furcht vor Strafe wurden die Empfindungen von Hans gegenüber seiner Mutter in Angst umgewandelt. Der Vater war dabei die ursprüngliche Quelle der Angst, die auf Pferde übertragen wurde.

Individualpsychologische Erklärung der Phobien

Die wichtigsten Aussagen der Individualpsychologie sind in Kapitel 6.4.2 zusammengefaßt.

Phobien sind aus individualpsychologischer Sicht vom Individuum konstruierte **Sicherungen,** die das Selbstwertgefühl schützen sollen. Diesem Sicherungsverhalten liegt ein verstärktes Minderwertigkeitsgefühl zugrunde, das den einzelnen dazu antreibt, enorme Anstrengungen zu unternehmen, um dieses auszugleichen. Die Sicherung besteht in diesem Fall darin, phobische Symptome zu arrangieren, um das Ich vor Bedrohungen von außen zu schützen und Macht, Anerkennung und Geltung zu gewinnen. Daneben kann durch die Phobie eine für gefährlich gehaltene Situation, die eine Niederlage bringen könnte, vermieden werden bzw. es kann ihr ausgewichen werden, um nicht (noch mehr) an Ansehen und Prestige einbüßen zu müssen. Das Arrangieren dieser Sicherungen ist dem Individuum weitgehend unbewußt (vgl. H. Hobmair/G. Treffer, 1979).

Lerntheoretische Erklärung der Phobien

Die wichtigsten lerntheoretischen Aussagen sind in Kapitel 4.7.2 zusammengefaßt.

Bereits 1920 hat der amerikanische Behaviorist *John B. Watson* mit seinem Fall vom „kleinen Albert“ demonstriert, wie Phobien mit Hilfe des **Klassischen Konditionierens** entstehen können.

Albert, einem elf Monate alten Waisenkind, wird ein Stofftierchen, eine Ratte, gezeigt. Dieser zeigt keinerlei Furcht vor dem Stofftierchen. Im nachfolgenden Experiment ertönt jedesmal, wenn sich Albert der Ratte nähert, ein lauter Gongschlag hinter Alberts Rücken, worauf dieser sehr erschrickt. Nach mehreren derartigen Erlebnissen gerät Albert jedesmal in ängstliche Erregung, wenn er eine Ratte oder ein anderes Stofftierchen sieht, auch ohne daß gleichzeitig der Gong ertönt. Auf diese Weise hatte Albert eine Rattenphobie erlernt.

Der neutrale Reiz „Ratte“, der zunächst keine spezifische Reaktion auslöste, traf mehrmals zur gleichen Zeit und in der gleichen Situation mit dem unbedingten Reiz (ein Reiz, der „von sich aus“ – durch nichts bedingt – eine bestimmte Reaktion auslöst) „Gongschlag“ zusammen, der als Reaktion Angst und Erschrecken hervorruft. Aus diesem Grund wurde aus dem neutralen Reiz „Ratte“ ein bedingter Reiz (= ein gelernter Reiz), der die gleiche Reaktion auslöste wie der unbedingte Reiz, nämlich Angst und Erschrecken. Albert hatte eine neue Reiz-Reaktionsverbindung gelernt, die er auf alle Stofftierchen übertrug.

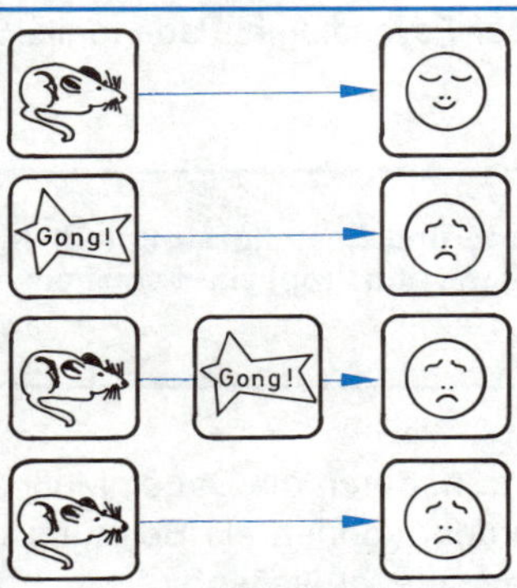

NS Stofftierchen →	keine spezifische Reaktion
UCS Gongschlag →	**UCR** Angst, Erschrecken
NS + **UCS** Stofftierchen + Gongschlag →	**UCR** Angst, Erschrecken
↓ nach mehreren Wiederholungen	
CS Stofftierchen →	**CR** Angst, Erschrecken

Voraussetzung dafür ist jedoch – nach dem **Gesetz der Kontiguität** – die räumliche und zeitliche Nähe von neutralem Reiz und der ursprünglichen Reiz- Reaktionsverbindung sowie ein mehrmaliges gemeinsames Auftreten von unbedingtem und neutralem Reiz.

Eine Phobie kann aber auch dadurch erlernt werden, daß ein Mensch mit dieser Phobie des öfteren einen angenehmen Zustand herbeiführen oder aufrechterhalten bzw. einen unangenehmen Zustand verringern, beenden oder vermeiden kann **(Verstärkungslernen).**

So kann zum Beispiel die Ehefrau durch das Schreien vor Spinnen des öfteren die Aufmerksamkeit und Zuwendung ihrer ganzen Familie erreichen oder die für sie unangenehme Situation vermeiden, daß sie alleine zu Hause ist, weil grundsätzlich die Freundin von nebenan kommt, wenn die „Spinnenangst" auftritt.

Aber auch die **Nachahmung** einer Phobie, die an einer anderen Person (= Modell) in der Realität, im Film oder im Spiel beobachtet wird, kann zu einer Phobie führen. Ob sie nachgeahmt wird oder nicht, hängt vom Modell, vom Beobachter und von der Situation ab.

➡ **Materialien 3.**

12.3 Beratung

Psychologische Beratung findet unter anderem in Beratungsstellen statt. Menschen in den unterschiedlichsten Krisensituationen und mit unterschiedlichen Problemen können sich dorthin wenden.

Der Abiturient wendet sich an die Berufsberatung, um sich informieren, testen und beraten zu lassen, welcher Beruf für ihn geeignet ist.
Das Ehepaar M. befindet sich in einer schweren Ehekrise, sie wenden sich an eine Eheberatungsstelle.
Die Familie S. wendet sich an eine Erziehungsberatungsstelle, weil eines ihrer Kinder selbstmordgefährdet ist.

Bei einer Beratung werden vom Berater Informationen an den Ratsuchenden, der in der Fachsprache *Klient* bezeichnet wird, weitergegeben. Gemeinsam werden Ziele erarbeitet, das kann die Änderung von Verhaltensweisen, Gewohnheiten oder Einstellungen sein, oder die Lösung emotionaler Konflikte, die Verarbeitung von Spannungen und Ängsten. Der Berater nützt dabei wissenschaftliche Erkenntnisse der Psychologie, Pädagogik, Soziologie und Medizin.

> **Beratung bedeutet „die wissenschaftlich fundierte Klärung und Beeinflussung individuellen menschlichen Verhaltens mit dem Ziel der Behandlung und Prophylaxe von Fehlentwicklungen."** *(Reiner Bastine, 1982)*

Von der Psychotherapie unterscheidet sich die Beratung u. a. durch die Dauer, Maßnahmen, die in kürzeren Zeitabschnitten abgeschlossen werden, können als Beratung bezeichnet werden. Der Übergang von der Beratung zu Therapie ist fließend.

12.3.1 Beratung als eine Form der Hilfe

Es müssen drei Elemente gegeben sein, damit von einer Beratung gesprochen werden kann: der **Berater,** der **Klient** (= Ratsuchende) und der **Beratungsprozeß.**

Elemente der Beratung

- **Berater**
- **Klient** (Ratsuchender)
- **Beratungsproblem**

- **Der Berater** ist bestrebt, die Probleme des Klienten zu verstehen und ihm Anregung und Hilfestellung zu geben. Die helfenden Maßnahmen des Beraters zielen darauf hin, daß der Klient möglichst schnell ohne seine Hilfe auskommen kann. Er unterstützt den Ratsuchenden, dessen Fähigkeiten zur Problemlösung zu entdecken und einzusetzen, so daß dieser aus eigener Kraft seine Probleme lösen kann *(Hilfe zur Selbsthilfe).*

Erik Liebermann

- Der **Klient** befindet sich meist in einer für ihn schwierigen Situation, in der er sich allein nicht mehr zu helfen weiß. Er erwartet Hilfe vom Berater. Zu diesem Zweck muß er sein Problem darstellen. Der Klient braucht dazu eine gewisse Verbalisierungsfähigkeit, die Fähigkeit zur Reflexion, die Bereitschaft zur Mitarbeit und zur Verhaltensänderung.
- Innerhalb des **Beratungsprozesses** sollen Veränderungen eingeleitet und unterstützt werden. Die Veränderungen können im Bereich der Kognition, der Verhaltensweisen und der Emotionen vor sich gehen.
  „Grundsätzlich ist davon auszugehen, daß die Entstehung, Aufrechterhaltung und die Veränderung von Problemen durch kognitive, aktionale und emotionale Komponenten beeinflußt wird." *(Reiner Bastine, 1982)*

Carl Rogers beschreibt folgende Schritte innerhalb der Beratung, die zu einem allmählichen **Umstrukturierungsprozeß** führen:

„1. *Der Klient will Hilfe*
Der Klient sollte freiwillig in die Beratung kommen.

2. *Die Situation ist definiert*
Der Berater muß dem Klienten mitteilen, daß er keine Patentlösung bieten kann, sondern Hilfe zur Selbsthilfe geben will.

3. *Ermutigung zum freien Ausdruck*
Der Berater versucht beim Klienten Vertrauen zu gewinnen, damit der Klient sich öffnen kann und über die eigentlichen Probleme redet.

4. *Der Berater akzeptiert und klärt*
Der Berater bewertet die Aussagen des Klienten nicht, sondern akzeptiert sie so wie sie sind. Er hilft dem Klienten seine Aussagen zu strukturieren und zu verarbeiten.

5. *Der stufenweise, fortschreitende Ausdruck positiver Gefühle*
Der Berater versucht, die Gefühle des Klienten, die sich hinter seiner Aussage verbergen, zu klären und dem Klienten zu ermöglichen, seine Gefühle frei auszudrücken.
6. *Das Erkennen positiver Impulse*
Der Berater bekräftigt Ansätze in den Aussagen des Klienten, die einen ersten positiven Schritt in Richtung der Problemlösung ausdrücken.
7. *Die Entwicklung von Einsicht*
Durch die Gespräche gewinnt der Klient eine neue Sichtweise gegenüber seinen Problemen und erarbeitet Lösungsvorschläge.
8. *Die Klärung der zur Wahl stehenden Möglichkeiten*
Mit dem Klienten werden die besten Lösungswege ausgesucht.
9. *Positive Handlungen*
Der Klient versucht die Lösungswege zu realisieren.
10. *Wachsende Einsicht*
Durch die Realisation von Lösungswegen gewinnt der Klient weitere Sichtweisen im Umgang mit seinen Problemen.
11. *Gesteigerte Unabhängigkeit*
Der Klient soll am Ende selbständig mit dem Problem umgehen können."

Quelle: S. Bachmair u. a., 1982[2]

Das **Beratungsproblem** kann sehr unterschiedliche Bereiche betreffen. Der Klient kann den Berater bei schulischen, beruflichen, ehelichen oder erzieherischen Problemen aufsuchen. Dementsprechend gibt es unterschiedliche Beratungsstellen. Hauptanwendungsbereiche sind: **Erziehungs-, Schul-, Ehe- und Berufsberatung.**

12.3.2 Kennzeichen des Beratungsprozesses

Aus den bisherigen Ausführungen zur Beratung lassen sich die wesentlichen Kennzeichen der Beratung ableiten und zusammenfassen:

- Beratung findet statt, weil eine oder mehrere Personen einen Beratungswunsch haben und sich freiwillig an einen oder mehrere berufliche Helfer wenden.
- Der Beratungswunsch bezieht sich auf ein psychosoziales Phänomen und kommt aufgrund eines sogenannten Leidensdruckes zustande.
- Für die Beratung ist ein bestimmtes Arrangement notwendig: Das Beratungsgespräch findet in einem institutionellen Rahmen, also an einem ganz bestimmten Ort, zu einer bestimmten Zeit statt.
- Ziel der Beratung ist es, die persönlichen Probleme des Klienten zu verringern oder zu beseitigen.
- Der Berater ist bestrebt, die Probleme des Klienten zu verstehen und Anregungen und Hilfe zur Selbsthilfe zu geben.
- Die Grundlage der Beratung sind wissenschaftliche Erkenntnisse über das Erleben und Verhalten des Menschen. Da es hierzu unterschiedliche Theorien und Schulen gibt, können die Berater von den verschiedensten therapeutischen Richtungen beeinflußt sein. So kann man zum Beispiel zwischen einer tiefenpsychologisch, gesprächstherapeutisch oder verhaltenstherapeutisch orientierten Beratung unterscheiden.

12.3.3 Techniken des beratenden Gesprächs

Wichtigste Grundlage für die Beratung ist die Herstellung einer **partnerschaftlichen, kooperativen Beziehung** zum Klienten, in der dieser Vertrauen zum Berater entwickeln kann. Dabei spielt die Art der Gesprächsführung eine wichtige Rolle. Wie in Abschnitt 12.4.3 dargestellt, sollte der Berater Wertschätzung, Echtheit und Verständnis aufbringen und zeigen.

Neben diesen Verhaltensvorschriften für den Therapeuten werden auch unterschiedliche Gesprächstechniken zur Verbesserung der Beratungssituation beschrieben. Besonders bewährt haben sich die Techniken des Paraphrasierens und des Verbalisierens emotionaler Inhalte, die beide unter den Begriff des **aktiven Zuhörens** fallen. Schweigendes Zuhören und nonverbale Signale der Aufmerksamkeit wie zugewandter Blick, Kopfnicken und Äußerungen wie „Mhm“ werden als **passives Zuhören** bezeichnet. Das Zuhören wird aktiv, wenn der Zuhörer sich verbal am Gespräch beteiligt, ohne jedoch das Gespräch an sich zu reißen. Eine solche Möglichkeit ist einerseits durch das **Paraphrasieren** gegeben. Dabei wiederholt der Beratende die Aussage seines Gesprächspartners mit seinen eigenen Worten, um sicherzugehen, daß er dessen Aussagen auch richtig verstanden hat.

Beispielsweise könnte ein Schüler zu seinem Berater sagen: „Ich kann das einfach nicht. Ich bin dazu zu unbegabt. Mein Bruder war in Deutsch genauso schlecht.“ Der Berater könnte sagen: „Du glaubst, daß du in Deutsch unbegabt bist.“

Ein weiterer Aspekt des Paraphrasierens ist, daß durch die Widerspiegelung der Äußerungen der Klient seine Gedanken und Gefühle besser wahrnehmen kann.

Beim Paraphrasieren wiederholt der Zuhörer die Aussage des Gesprächspartners mit seinen eigenen Worten.

Eine weitere Möglichkeit ist die Technik des **Verbalisierens emotionaler Erlebnisinhalte** (VEE). Anders als beim Paraphrasieren wird hier nicht der Inhalt wiederholt, sondern es werden die Gefühle, die der Klient nur indirekt ausdrückt, direkt angesprochen.

Sagt zum Beispiel ein Klient von seinem Chef: „Wieso hat der eigentlich das Recht, mein Gehalt zu kürzen?“, so steckt hinter dieser Äußerung ja Ärger über den Chef. Der Berater könnte darauf antworten: „Sie ärgern sich darüber?“ oder „Sie fühlen sich ungerecht behandelt?“

In diesem Fall hat der Berater das hinter der Äußerung stehende Gefühl direkt angesprochen oder verbalisiert. Er zeigt dem Klienten, welche Gefühle er bei ihm wahrnimmt, so daß dieser selbst seine eigenen Gefühle widergespiegelt sieht und sie so besser wahrnehmen kann. Gleichzeitig vermittelt der Berater dem Klienten, daß er diese Gefühle akzeptiert.

Beim Verbalisieren der emotionalen Erlebnisinhalte teilt der Berater dem Klienten mit, welche Gefühle er aus dessen Äußerungen herausgehört hat.

Unter aktivem Zuhören versteht man alle Techniken, bei denen sich der Zuhörer verbal und unterstützend am Gespräch beteiligt. Dazu gehören Paraphrasieren und Verbalisieren emotionaler Inhalte.

„Wenn der Ratsuchende seine Gefühle frei ausdrücken kann, spürt er Entspannung. Entspannungsgefühle widersprechen verspannten Gefühlen der Angst. Wenn der Berater mit aktivem Zuhören diese Prozesse beim Ratsuchenden entfachen kann, wird dieser selbst

akzeptierender mit seinen Gefühlen umgehen. Er kann dann eher selbständig die Verantwortung für die Analyse und Lösung des Problems tragen. Er wird zum Bearbeiten und kreativen Umgang mit dem Problem angeregt, da er sich selbständig äußern muß."
(S. Bachmair u. a., 1982²)

Techniken des beratenden Gesprächs

- **Herstellen einer positiven emotionalen Beziehung** zum Ratsuchenden (Klienten)
  ▼
  Wertschätzung
  Verständnis
  Echtheit
- **Aktives Zuhören**
  Verbale und unterstützende Beteiligung des Beraters am Gespräch
  - **Paraphrasieren**
    Wiederholung der Aussagen des Ratsuchenden mit eigenen Worten
  - **Verbalisieren**
    Widerspiegeln der persönlich-emotionalen Erlebniswelt des Ratsuchenden

12.4 Psychotherapie

Der Begriff Psychotherapie umfaßt eine Vielzahl spezieller Techniken und Vorgehensweisen, die zur Veränderung von problematischem Verhalten entwickelt wurden und die auf verschiedenen Persönlichkeitstheorien basieren und unterschiedliche Zielsetzungen haben.

Unter Psychotherapie versteht man alle systematischen Techniken und Verhaltensweisen, mit denen versucht wird, psychische Störungen, die nicht organisch bedingt sind, zu heilen.

Jede Methode beruht auf einer etwas anderen Auffassung von der Natur des Menschen. Von den zahlreichen, sehr unterschiedlichen Verfahren sollen hier nur die bekanntesten dargestellt und nach den bereits dargestellten Erklärungsmodellen des Verhaltens (psychodynamisch, behavioristisch, humanistisch) klassifiziert werden (vgl. Abschnitt 12.2.1):

- **psychodynamisch** orientierte Therapieverfahren
- **behavioristisch** orientierte Therapieverfahren
- **humanistisch** orientierte Therapieverfahren

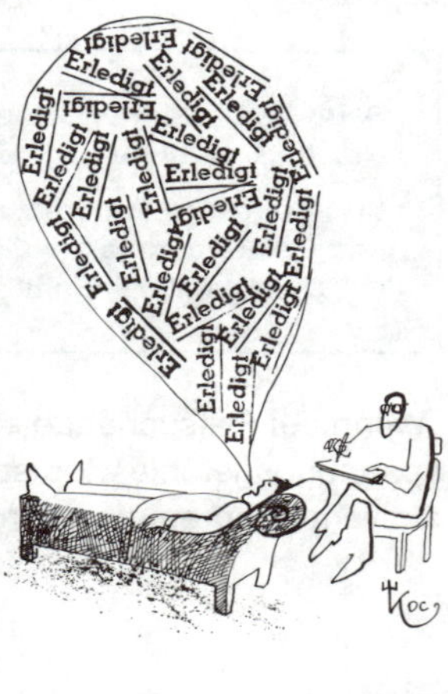

Alle Therapieverfahren dürfen nur von Personen mit einer speziellen Ausbildung angewandt werden. Hierzu gehört, daß die zukünftigen Therapeuten Erfahrungen über die eigene Person sammeln, zum Beispiel durch eine Lehranalyse während der Ausbildung zum Psychoanalytiker. Damit soll verhindert werden, daß eigene Probleme des Therapeuten, Vorurteile, Wahrnehmungsverzerrungen usw., in die Therapie einfließen.

12.4.1 Das psychoanalytische Therapieverfahren

Die psychoanalytische Behandlungsmethode ist ein Verfahren, das versucht, Konflikte, die aus der frühen Kindheit stammen und für das neurotische Verhalten verantwortlich sind, aufzudecken und zu bearbeiten. Um Zugang zum verdrängten Material zu gewinnen, wird die **Technik des freien Assoziierens** angewandt. Der Patient wird aufgefordert, seinen Gedanken und Gefühlen freien Lauf zu lassen und alles zu äußern, was ihm in den Sinn kommt, so banal oder peinlich es ihm auch erscheinen mag. Um den Vorgang des freien Assoziierens zu erleichtern, liegt der Patient beim traditionellen Vorgehen auf einer Couch, und der Analytiker sitzt hinter ihm außerhalb seines Blickfeldes. Auf diese Weise wird der Patient nicht irritiert.

Freies Assoziieren ist in der Psychoanalyse die wichtigste Methode, um verdrängte Inhalte offenzulegen. Sie besteht darin, daß der Patient aufgefordert wird, seinen Gedanken freien Lauf zu lassen und alle Gefühle und Gedanken zu äußern, ohne Rücksicht darauf, wie unwichtig, persönlich oder beschämend sie ihm erscheinen.

Neben der freien Assoziation sind es vor allem die **Träume,** die den Zugang zum Unbewußten öffnen sollen. Es wird angenommen, daß im Traum unbewußte Bedürfnisse und Konflikte auftauchen, die im Wachzustand nicht zugelassen werden, weil sie Angst erzeugen. Im Traum tauchen sie in so verschlüsselter und symbolhafter Form auf, daß der Träumende sie nicht versteht. Der Patient wird aufgefordert, von seinen Träumen zu berichten. Er erzählt den **manifesten Inhalt** seiner Träume, das heißt die Bilder und Vorgänge, an die er sich noch erinnert. Den Therapeuten interessiert jedoch der **latente Trauminhalt,** der verborgene, unbewußte Inhalt des Traumes. Dazu wird er den Patienten wieder auffordern, frei zu assoziieren, das heißt, der Patient soll sagen, was ihm zu bestimmten Ereignissen oder Personen im Traum einfällt.

Manifester Trauminhalt ist das Traumgeschehen, an das sich der Klient erinnert, wovon er berichten kann.

Latenter Trauminhalt: Darunter versteht man die unbewußten Bedürfnisse, Ängste und Konflikte, die hinter dem manifesten Trauminhalt verborgen sind.

Das aus den Träumen und der freien Assoziation gewonnene Material versucht der Therapeut zu **deuten:** Er übersetzt dem Patienten bestimmte Symbole und zeigt ihm bestimmte Zusammenhänge auf.
Der Analytiker teilt dem Patienten die Deutung mit. Allerdings erst dann, wenn er annimmt, daß dieser in der Lage ist, die Deutung anzunehmen und zu verarbeiten. Erfolgt die Deutung zu früh, so wehrt der Patient die Deutung ab. Er reagiert mit **Widerstand,** den der Therapeut nun wieder deuten und interpretieren kann. Unter Umständen ist der Abbau eines solchen Widerstandes ein schwieriger und langwieriger Prozeß.

Widerstand ist die Abneigung gegen die Bewußtmachung unbewußter psychischer Inhalte.

Ist der Patient in der Lage, die Deutung anzunehmen, so findet ein Prozeß der zunehmenden Einsicht statt. Der Patient erkennt die eigenen zugrundeliegenden, vorher unbewußten Motive. Die Einsicht führt zu einer psychischen Besserung. Dadurch, daß dem Patienten bewußt wird, was vorher unbewußt war, kann er besser mit seinen Problemen umgehen. Das Ich wird gestärkt, und die Symptome bessern sich allmählich. Es findet eine Art emotionale Nachreifung statt.

Doris Hax

Im Laufe der psychoanalytischen Behandlung kommt es in der Regel zu einer starken emotionalen Reaktion von seiten des Klienten auf den Therapeuten. Der Klient identifiziert den Therapeuten mit einer Person, die früher im Mittelpunkt seines heute unbewußten Konflikts stand – meist sind dies die Eltern – und überträgt die entsprechenden Gefühle auf den Therapeuten. Man nennt dieses Phänomen **Übertragung.**

Übertragung bezeichnet den Vorgang, daß man Einstellungen, Gefühle und Erwartungen, die man gegenüber früheren Bezugspersonen hatte, auf den Therapeuten projiziert.

Der Klient verhält sich dem Therapeuten gegenüber, wie er es gegenüber den Bezugspersonen seiner Kindheit getan hat. Zunächst kommt es in der Mehrzahl der Fälle zu einer **positiven Übertragung:** Dem Therapeuten werden Gefühle der Zuneigung und Bewunderung entgegengebracht, was für den Therapieverlauf sehr nützlich ist, da sich der Patient sehr kooperativ zeigt. Es werden jedoch auch Gefühle der Feindseligkeit und Ablehnung auf den Therapeuten übertragen, die aus der Beziehung zur früheren Bezugsperson stammen. In diesem Fall spricht man von einer **negativen Übertragung.**

Positive Übertragung: Es werden positive Gefühle wie Bewunderung und Zuneigung auf den Analytiker übertragen.

Negative Übertragung: Der Patient überträgt negative Gefühle wie Ablehnung und Feindseligkeit auf den Therapeuten.

Häufig ist die Haltung des Patienten sehr unterschiedlich, er hat sowohl positive aus auch negative Gefühle dem Therapeuten gegenüber. Überwiegt jedoch die negative Übertragung, so zeigt der Patient einen deutlichen Widerstand gegenüber der Therapiearbeit, im Extremfall kann dieser die Therapiearbeit völlig unmöglich machen. Die Aufarbeitung und Bewußtmachung von Widerstand und Übertragung trägt schließlich zum besseren Verständnis der eigenen Kindheitserfahrungen und Probleme bei.
Daneben kann aber auch der Analytiker Gefühle auf den Patienten übertragen. Auch wenn er versucht, emotional unvoreingenommen zu bleiben, so geht er doch auf seine ganz persönliche Art auf die Probleme des Patienten ein. Es kann zu einer **Gegenübertragung** kommen, das heißt, der Therapeut seinerseits reagiert mit positiven oder negativen Gefühlen auf den Patienten. Früher wurde diese Gegenübertragung als unangemessene Einstellung des Therpeuten und somit als Störfaktor innerhalb der Therapie angesehen. Heute gilt die Gegenübertragung als eine übliche Erscheinung in der Therapie, die nicht unterdrückt, sondern bewußt verarbeitet werden sollte. Auf diese Weise trägt die Gegenübertragung ebenso wie die Übertragung zu Einsichten in frühkindliche Konstellationen und Konflikte bei. Der Therapeut erkennt zum Beispiel, daß das Verhalten des Patienten ähnliche Gefühle in ihm auslöst, wie früher bei den Bezugspersonen des Patienten.

Unter Gegenübertragung versteht man, daß der Therapeut seinerseits mit bestimmten Gefühlen und Wünschen auf den Patienten reagiert.

Aus der Art dieser Gefühle lassen sich Rückschlüsse ziehen auf die Reaktionen, die der Patient vermutlich bei seinen früheren Bezugspersonen auslöste.
Der Übertragungsprozeß ist das Kernstück der klassischen psychoanalytischen Theorie. Seine Bearbeitung ermöglicht die eigentliche emotionale „Umerziehung“, indem der Patient die Erfahrung macht, daß der Analytiker nicht in derselben Weise auf ihn reagiert wie früher die Eltern. Das heißt aber auch, daß der Therapeut die Gegenübertragung erkennt und richtig aufarbeitet. Voraussetzung dafür ist die **Eigenanalyse des Therapeuten,** die er während seiner Ausbildung durchläuft und die ihn befähigen soll, solche Übertragungsgefühle zu erkennen.

12.4.2 Die Verhaltenstherapien

Die theoretischen Grundlagen der Verhaltenstherapien sind die bekannten **Lerntheorien** wie das klassische Konditionieren, das operante Konditionieren und das Lernen am Modell (vgl. Kapitel 4.7.2). Vertreter dieser Therapieform lehnen die tiefenpsychologische Vorstellung ab, wonach das abweichende Verhalten das Symptom einer tieferliegenden Störung sei. Das Symptom, nämlich das abweichende Verhalten, ist die Neurose. Sie wird als Folge fehlender oder falscher Lernprozesse angesehen, das durch entsprechende neue Lernvorgänge korrigiert werden kann. Auf der Grundlage lernpsychologischer Erkenntnisse wurden deshalb verschiedene Verfahren zur systematischen Verhaltensänderung bzw. -modifikation von problematischem Verhalten entwickelt.

Verhaltenstherapie oder „Verhaltensmodifikation ist die Bezeichnung für den gezielten Aufbau erwünschten Verhaltens und den Abbau unerwünschten Verhaltens durch systematische Kontrolle von Konsequenzen des Verhaltens, durch die Darbietung geeigneter Modelle sowie durch die Kontrolle der Auslöser des Verhaltens". *(J. A. Keller/F. Novak, 1988[6])*

Der Verhaltensmodifikation voraus geht eine genaue **Verhaltensanalyse,** bei der folgende Fragen zu klären sind:

- Welches sind die problematischen Verhaltensweisen? (R)
- Welche aktuellen oder vergangenen Bedingungen sind für das Auftreten des problematischen Verhaltens verantwortlich, lösen also das Verhalten aus? (S)
- Welche Bedingungen sorgen für die Aufrechterhaltung des problematischen Verhaltens, bzw. durch welche Konsequenzen wird das Verhalten verstärkt? (C)
- Welche organismischen Variablen wie Gefühle, Bedürfnisse und Wünsche begünstigen das Auftreten des problematischen Verhaltens? (O)

Die Verhaltensanalyse erfolgt nach folgender **Formel:**

S →	**O** →	**R** →	**C**
Stimulus (Situation)	Organismus (Zustand)	Reaktion (Problematisches Verhalten)	Konsequenzen

K (R und C)
Kontingenzverhältnis

(Vgl. J. A. Keller/F. Novak, 1988[6].)

Unter **Kontingenzverhältnis** versteht man den Zusammenhang zweier Bedingungen, in diesem Fall von problematischem Verhalten und nachfolgenden Konsequenzen.
Die auf die Verhaltensanalyse folgende Verhaltensmodifikation baut auf den Erkenntnissen des Behaviorismus über das menschliche Verhalten auf. Entsprechend den unterschiedlichen Lernprinzipien kann man unterscheiden zwischen Methoden der Verhaltenstherapie, die entweder auf den Gesetzmäßigkeiten des **klassischen** oder des **operanten Konditionierens** basieren.

➡ **Materialien 4. und 5.**

Probleme der Verhaltenstherapie

Verhaltenstherapeutische Maßnahmen sind sehr viel kürzer und weniger kostspielig als die Psychoanalyse. Sie sind auch leichter zu handhaben und können deshalb auch von nicht speziell ausgebildeten Therapeuten (Eltern, Lehrern, Krankenschwestern usw.) durchgeführt werden. Ihre Wirksamkeit ist empirisch überprüft und im allgemeinen sehr günstig, vor allem was die Behandlung von Phobien und Hemmungen betrifft.
Ein Vorwurf von psychoanalytischer Seite ist der der **Symptomverschiebung.** Die Psychoanalyse geht von der Hypothese aus, daß, wenn nicht der eigentliche hinter dem Symptom stehende Konflikt behandelt wird, nur das Symptom verschoben wird.

So kann zum Beispiel jemand, der von seinem Zwangsverhalten durch Verhaltenstherapie wegkommt, später unter flottierender Angst oder anderen Phobien leiden.

Ein anderes Problem ist die **Generalisierung der Wirkung einer verhaltenstherapeutischen Methode** auf die natürliche Umgebung: Der Patient hat unter Umständen Schwierigkeiten, sein selbstsicheres Verhalten, das er in einer ganz bestimmten Situation im Rollenspiel eingeübt hat, auch in der realen Situation zu zeigen.

12.4.3 Die Gesprächspsychotherapie

Die Gesprächspsychotherapie wurde in den 40er Jahren von Carl Rogers, einem Vertreter der humanistischen Psychologie, entwickelt. Sie wird auch als **nicht-direktive** oder **klientenzentrierte Therapie** bezeichnet. Klientenzentriert heißt, daß der Therapeut sich an der Erlebniswelt des Klienten orientieren und sich nicht auf bestimmte Störungen und Symptome konzentrieren sollte. Er soll versuchen, die Welt mit den Augen des Klienten zu sehen. Nicht-direktiv heißt, daß der Therapeut keine Ratschläge und Deutungen gibt und dem Klienten weitgehend die Initiative beim Gesprächsverlauf überläßt.

> *Eine medizinische Definition der Verliebtheit könnte etwa lauten:*
> „meist akut, manchmal auch chronisch auftretendes, fakultativ ansteckendes polymorphes psychovegetatives Syndrom, das mit Tachykardie, Diarrhoe, intermittierenden Schweißausbrüchen, Mydriasis der Pupillen, erhöhter Adrenalininkretion, gesteigerter Erregbarkeit der Meißnerschen Tastrezeptoren der Epidermis, wechselnd stark erhöhtem Blutdruck bei gelegentlichem, anfallsweise auftretenden anankastisch-haltschwachem Drang zu kurzfristiger Bettlägerigkeit, ferner mit Gedankenflüchtigkeit, aber auch starken Fixationen in den Vorstellungsinhalten, Konzentrationsschwäche sowie partiellen Depersonalisationserscheinungen einhergeht ..."
>
> *Rolf Verres*
>
> Frage: Wie therapiert man so etwas??

Nach Rogers Auffassung entstehen Schwierigkeiten dann, wenn das Realselbst zu stark von dem Idealselbst oder von der Wirklichkeit abweicht. Das Individuum muß also sein Selbstkonzept oder seine Wahrnehmung von der Wirklichkeit verändern (vgl. Abschnitt 12.2.2). Rogers glaubt nun, daß der Mensch fähig sei, von alleine mit sich in Einklang zu kommen, wenn nur bestimmte Bedingungen gegeben sind. Ziel der Therapie ist es, eine entsprechende Atmosphäre zu schaffen, in der der Klient seine Probleme selbst lösen kann. Um ideale Therapiebedingungen zu schaffen, gibt Rogers dem Therapeuten einige Verhaltens- und Einstellungsvorschriften vor. Solche **Prinzipien der Gesprächspsychotherapie** sind: Wertschätzung, Echtheit und Verständnis.

- **Wertschätzung:** Der Klient wird aufgefordert, frei über alles zu sprechen, was ihn quält. Dazu ist es notwendig, daß der Therapeut eine akzeptierende und nicht-bewertende Haltung einnimmt, damit der Klient allmählich Vertrauen aufbaut und in der Lage ist, über seine intimsten Probleme zu sprechen. Der Therapeut muß Wärme, Freundlichkeit und Wertschätzung ausstrahlen, die nicht an bestimmte Bedingungen geknüpft ist.
- **Echtheit:** Ein weiteres Moment, das es dem Klienten erleichtern soll, sich zu öffnen, ist die Echtheit und Offenheit des Therapeuten. Das heißt, der Therapeut sollte keine Rolle spielen, sondern in seiner Beziehung zum Klienten ungezwungen und aufrichtig sein. Dies kann ihm nur gelingen, wenn er selbst frei von Konflikten ist und nicht seine eigene Verletzbarkeit und Angst in die Therapie einbringt.
- **Verständnis:** Der Therapeut bemüht sich vor allem darum, die Gefühle des Klienten wahrzunehmen und mitzuteilen, damit dieser deutlicher erkennt, welche Impulse sein Verhalten beeinflussen. Der Therapeut interpretiert nicht, sondern hört sich an, was

der Klient ihm sagt, und verbalisiert die vom Patienten angesprochenen Gefühle. Auf dieses *Verbalisieren der emotionalen Erlebnisinhalte* wird innerhalb der Gesprächstherapie besonderer Wert gelegt.

Durch das Reflektieren der Gefühle, die Anteilnahme und verständnisvolle Haltung des Therapeuten lernt der Klient seine Gefühle immer besser auszudrücken und zu verstehen. Dadurch entwickelt er ein neues Verständnis von sich und kann allmählich die eigene Person, so wie sie ist, besser akzeptieren. Die Diskrepanz zwischen Real- und Idealselbst bzw. zwischen Selbstkonzept und Wirklichkeit wird reduziert. Die Integration neuer Wahrnehmungen ins Selbstkonzept gelingt besser.

> Gesprächspsychotherapie beruht auf der Annahme, daß der Klient selbst in der Lage ist, mit sich in Einklang zu kommen, wenn die entsprechenden Bedingungen gegeben sind. Der Therapeut muß durch Verhaltensweisen wie Wertschätzung, Echtheit und Verständnis für eine Atmosphäre sorgen, in der der Hilfesuchende Kraft und Selbstvertrauen für die Lösung seiner Probleme entwickeln kann.

Probleme der Gesprächspsychotherapie

- Der Erfolg der Gesprächspsychotherapie hängt sehr stark von der Verbalisierungsfähigkeit des Klienten ab. Kann jemand nur schlecht Auskunft über seine Erlebniswelt geben und sich nicht angemessen artikulieren, so ist er in der Gesprächstherapie benachteiligt.
- Rogers geht davon aus, daß bei jedem Menschen grundsätzlich die Fähigkeit und Bereitschaft, sich selbst zu helfen, vorhanden ist. Dies läßt sich jedoch nur für relativ gut funktionierende Persönlichkeiten sagen. Die Fähigkeit, sich selbst zu helfen, kann dadurch eingeschränkt sein, daß der Klient nicht über alternative Verhaltensweisen und Lösungsmöglichkeiten für sein Problem verfügt. Deshalb ist die Gesprächstherapie bei schweren psychischen Störungen nicht angebracht, worauf Rogers selbst warnend hinweist.
- Eine weitere gesprächspsychotherapeutische Annahme ist, daß psychische Probleme aufgrund von Einsicht zu lösen sind. Jedoch zeigt sich immer wieder, daß für eine erfolgreiche Veränderung neues Verhalten und neue Einstellungen mühsam erlernt und wiederholt werden müssen.
- Was die Anforderungen an den Therapeuten betrifft, so sind diese kaum zu erfüllen. So lassen sich zum Beispiel Bewertungen durch den Therapeuten in der Therapiesituation nie ausschließen. Der Therapeut reagiert selektiv auf bestimmte Äußerungen des Klienten oder gibt nonverbale Signale, deren er sich nicht immer bewußt ist.

12.4.4 Die individualpsychologische Therapie

Neben der individualpsychologischen Grundlagenforschung der Lebensgeschichte des Klienten ist Voraussetzung für eine fruchtbare Hilfe die **Herstellung von positiven emotionalen Beziehungen.** Diese wird als wichtiger betrachtet als alle „methodischen Kniffe".

Hier deckt sich die individualpsychologische Therapie mit der Gesprächspsychotherapie (vgl. Abschnitt 12.4.3): Die Haltungsmerkmale Wertschätzung, Echtheit und Verständnis spielen auch in der Individualpsychologie eine wichtige Rolle.

Sehr eng mit der Herstellung von positiven emotionalen Beziehungen hängt die **Entlastung** zusammen, die eine „Befreiung von der Blockade der Hoffnungslosigkeit", eine „Freimachung des Weges zur Selbstgestaltung des Ichs" bedeutet und dem Zögling „den Glauben an die Möglichkeit einer Selbständerung" gibt *(Oskar Spiel, 1979).* Hierzu sind alle Maßnahmen wertvoll, die zur Ermutigung des Klienten beitragen.

Da das Minderwertigkeitsgefühl als treibende Kraft der neurotischen Fehlhaltungen gilt und grundsätzlich mit einer Entmutigung gleichzusetzen ist (vgl. Kapitel 6.4.2), ergibt sich die **Ermutigung** folgerichtig als Grundprinzip jeder individualpsychologischen Therapie. Ermutigung bedeutet dabei ein Hinführen zu einem gesunden Selbstwertgefühl, zu mehr Gemeinschaftsgefühl, Sachlichkeit und Aktivität.

Die **Bewußtmachung** als weiterer Schritt individualpsychologischer Therapie stammt zwar aus der Psychoanalyse, doch geht es dabei weniger um das Aufdecken vergangener Kausalfaktoren, sondern um die Analyse des gesamten Lebensstils, um das Enthüllen der Zielsetzung des Klienten, um den bis dahin unbewußten Lebensstil erkennen und korrigieren zu können. Ihre Mittel sind ähnlich wie bei der Psychoanalyse die Bearbeitung von Erinnerungen, Träumen, Fehlleistungen und Gegenwartsproblemen (vgl. Abschnitt 12.4.1), doch spielt vor allem das persönliche Gespräch zwischen Therapeut und dem Klienten von Angesicht zu Angesicht in einer gleichberechtigten Atmosphäre eine sehr entscheidende Rolle.

Einher mit der Bewußtmachung geht die **Korrektur** des Lebensstils: Abbau des Strebens nach einem mehr persönlichen Ziel und Aufbau eines neuen sachlich-gemeinschaftswilligen Strebens unter aktiver Mitwirkung des Klienten („Hilfe zur Selbsthilfe").

Erzielte Verhaltensänderungen bedürfen der Verfestigung durch **Übung,** deren Zweck es ist, den „neuen" Lebensstil fest zu verankern. Endziel ist dann die **Ablösung** des Klienten vom Therapeuten, die den Klienten befähigen soll, sein Leben und seine Probleme ohne fremde Hilfe in Selbstbestimmung bewältigen zu können.

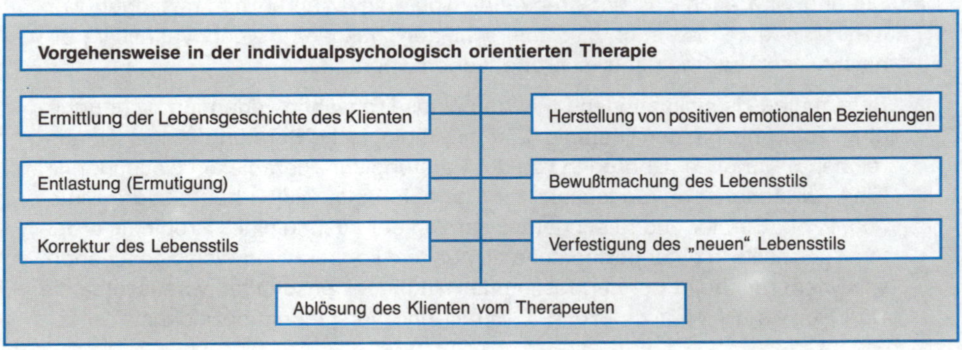

„Wenn sich die Klinische Psychologie nur als Reparaturbetrieb für unvermeidliche Reibungsverluste verstünde, gäbe sie jeden Anspruch auf eine Humanisierung unseres Lebens auf. Die politische Gestaltung unserer gesellschaftlichen, ökonomischen und ökologischen Lebensgrundlagen und Lebensformen und die der Psychologie zugewiesenen Aufgaben der Verbesserung unserer Selbst- und Fremderkenntnis und der Förderung unserer seelischen Gesundheit sind nicht unabhängig voneinander. So hat jede Gesellschaft die Psychologie, die sie verdient." *(Dieter Ulich, 1989)*

Zusammenfassung

- Psychische Störung ist eine Sammelbezeichnung für alle Erlebnis- und Verhaltensweisen von Menschen, die von der Norm abweichen und die für das Individuum selbst oder für seine Umwelt eine Beeinträchtigung darstellen. Zu den psychischen Störungen zählen Neurosen, Persönlichkeitsstörungen (Psychopathien) und Psychosen. Diejenige Disziplin der Psychologie, die sich mit den psychischen Störungen beschäftigt, ist die Klinische Psychologie.
- Die Definition von psychischen Störungen als Abweichung von der Norm wirft das Problem der Norm bzw. Normalität auf. Norm ist eine bestimmte Verhaltenserwartung, ein Maßstab, an dem das Verhalten des einzelnen gemessen wird. Normalität bedeutet die relative Übereinstimmung mit den vorgegebenen Normen, die sich in drei Gruppen einteilen lassen: in statistische, ideale und funktionale Normen.
- Die Neurose ist ein von der Norm abweichendes Verhalten, das aufgrund von Erfahrungen (Schockerlebnissen, unbewältigten Konflikten, einschneidenden Mißerfolgserlebnissen) entstanden ist und unter dem der Betroffene leidet. Die bekanntesten Neurosenformen sind Angstneurosen und Phobien, Zwangsneurosen, Depression und Hysterie.
- Die neurotischen Störungen lassen sich je nach zugrundeliegendem Persönlichkeitsmodell unterschiedlich erklären. Bewährte Theorien zur Erklärung der Entstehung neurotischer Erkrankungen sind das psychodynamische, das lerntheoretische und das humanistische Erklärungsmodell.
- Neurotische Störungen sollen jedoch nicht nur erklärt, sondern auch mittels Psychotherapie behoben werden. Unter Psychotherapie versteht man alle systematisch angewandten Techniken, mit denen versucht wird, psychische Störungen zu heilen. Die angewandten Techniken hängen vom jeweiligen Therapieverfahren ab. Je nach vorausgegangenem Erklärungsmodell zur Erklärung der Störung wird auch das entsprechende Therapieverfahren herangezogen werden. Man kann also auch hier unterscheiden zwischen psychodynamisch, behavioristisch und humanistisch orientierten Therapien.
- Bestimmte Krisensituationen im Leben eines Menschen verlangen nicht unbedingt sofort nach einer Therapie. Eine psychologische Beratung ist hier oft ausreichend, wobei der Übergang von der Beratung zur Therapie ein fließender ist. Eine Beratung ist im Gegensatz zur Therapie eine zeitlich begrenztere Situation, in der Berater und Klient gemeinsam an der Lösung eines Problems arbeiten. Dies sollte in einer partnerschaftlichen und kooperativen Weise geschehen, was wiederum beim Berater bestimmte Haltungseigenschaften voraussetzt, die Carl Rogers als Wertschätzung, Echtheit und Verständnis bezeichnet.

1. Beispiel einer Angstneurose

Eine Angstreaktion

Der Psychologe R. White präsentiert die folgende Zusammenfassung und Interpretation eines Falles von Angstneurose, über den ursprünglich H. Dicks berichtet hat.

Ein vierzigjähriger Mann kam wegen schwerer Angstanfälle zur Behandlung, die insbesondere durch Klaustrophobie, Atmungsschwierigkeiten (besonders nachts) und ein überaus unangenehmes Gefühl einer bevorstehenden Katastrophe gekennzeichnet waren. Er hatte für die Psychologie immer nur Verachtung übrig gehabt und suchte die Hilfe eines Psychiaters nur als verzweifeltes letztes Mittel. Er war soeben nach einer erfolgreichen Karriere als Regierungsbeamter in den Ruhestand getreten. Da ihm die Politik der Regierung zu liberal erschien, machte er seine Kündigung zu einer Grundsatzfrage. Er hatte sich ins Privatleben zurückgezogen und spielte mit dem Gedanken an einen neuen Berufsweg, als ihn die Angstanfälle zu überwältigen begannen.

Als seine berufliche Laufbahn zurückverfolgt wurde, stellte sich heraus, daß er auch schon früher gelegentlich unter Angst gelitten hatte. Der letzte derartige Anlaß war seine Entlassung aus dem Militärdienst nach dem Ersten Weltkrieg, in dem er als Bataillonskommandant gedient hatte und in sehr jungen Jahren ausgezeichnet worden war. Dieser Umstand veranschaulicht den fehlenden Zusammenhang zwischen neurotischer Angst und wirklicher Gefahr: Erst nach der Entlassung aus der Armee, als er in Sicherheit war, erlitt der Patient die Angstanfälle. Vor diesen Anfällen hatte er unter Schwierigkeiten gelitten, als er zu studieren begann. Eine Zeitlang konnte er nicht in Vorlesungen sitzen; wenn er überhaupt hinging, setzte er sich neben die Tür, damit er jederzeit weggehen konnte. Davor hatte er im Alter von sieben Jahren einen Angstanfall gehabt, als er in einer düsteren gotischen Kirche einen ganzen Gottesdienst lang stillsitzen mußte. Verschiedene Ängste in Zusammenhang mit der Ödipussituation wurden aufgedeckt, aber sie zeigten kaum Verbindungen mit den Inhalten seiner Angstattacken. Schließlich schloß sich die Kette der Vorfälle, als sich der Patient an eine Szene erinnerte, die in seiner Kindheit stattfand, als er an Bronchopneumonie erkrankt war. Er lag hustend und fast erstickend in einem Gitterbett, in akuter Panik, aber gleichzeitig wütend auf seine Mutter, die dabeistand und ihm in seiner Not nicht helfen konnte. Er erinnerte sich unter anderem an ein Zelt über seinem Bett und verschiedene andere Einzelheiten. Aus anderen Quellen konnte rekonstruiert werden, daß er tatsächlich im Alter von achtzehn Monaten an Bronchopneumonie erkrankt war und daß ein Zelt über dem Bett eine der Behandlungsmaßnahmen darstellte. Die Form der Angstanfälle des Patienten – die Atmungsschwierigkeiten und die Klaustrophobie – hing offensichtlich mit dieser (...) Panik zusammen. Sein Anfall in der Kirche scheint durch die massiven gotischen Bögen (die ihn an das Zelt erinnerten) und die Notwendigkeit, stillzusitzen (Hilflosigkeit und Bewegungseinschränkung) ausgelöst worden zu sein. Aber wir können seine späteren Anfälle, insbesondere diejenigen, die ihn schließlich zum Arzt trieben, nur verstehen, wenn wir etwas über die Entwicklung seiner Persönlichkeit wissen. Der Patient war der älteste Sohn und auch der Älteste im Kreis seiner Vettern. Seine Eltern drängten ihn in die Rolle eines großen Jungen. Er übernahm diese Rolle erfolgreich und wurde selbstbewußt und ausgesprochen unabhängig. Er identifizierte sich mit den Autoritäten und dem Moralkodex und wurde zum Anführer und Zuchtmeister seiner jüngeren Verwandten. Dieses Muster setzte sich in der Schule fort, zeigte sich an der Universität aufs Neue, verstärkte sich während seiner Dienstzeit als Armeeoffizier und blieb auch während seiner Beamtenzeit wirksam. Er wurde ein energischer und erfolgreicher Mann mit einem starken Bedürfnis nach Überlegenheit. Man merkt jedoch, daß seine Karriere etwas von der Getriebenheit hatte, die einen neurotischen Schutzmechanismus kennzeichnet. Immer dann, wenn seine Aktivität, seine Erfolge und seine Überlegenheit blockiert waren, fiel er den Angstanfällen zum Opfer: als er seine Primusrolle an der Schule verlor und an der Universität zum „Niemand“ wurde; als er seine militärische Führungsrolle verlor und bei der Abmusterung zum „Niemand“ wurde; als er seine Position als Regierungsbeamter verlor und zu einem „Niemand“ ohne Beruf wurde.

Dieser Fall veranschaulicht die frühe Entstehung eines neurotischen Kerns als Resultat eines zutiefst erschreckenden Erlebnisses (...) Als sich die Persönlichkeit des Patienten entwickelte, wurde sie ermutigt, eine Form anzunehmen, die ein ausgezeichnetes Mittel zur Kompensation seiner neurotischen Anfälligkeit war. Sein Entwicklungsmuster betonte Unabhängigkeit (Ablehnung der nutzlosen Sehnsucht nach Abhängigkeit), Aktivität (die einen passiven Zustand der Hilflosigkeit verhinderte) und Macht (das Gegenteil seiner Unfähigkeit, seine Mutter zu beeinflussen). Diese Bestrebungen waren effektiv, brachten ihm Befriedigung und ein konstruktives Leben. Sie hatten nur einen Fehler: sobald sie alle blockiert waren, so daß er zu einem „Niemand" wurde, entwickelte er nicht bloß die Frustration, die jeder unter solchen Umständen empfinden mag, sondern mehr als das – akute Angstanfälle.

Quelle: R. White, zitiert nach: D. Krech/R. S. Crutchfield u. a., Band 6, 1985

2. Eine Zwangsneurotikerin

Norman Cameron berichtet über diese Fallgeschichte einer Frau, die sich in ein Netz lähmender Zwänge verstrickte:

„Ramona M. war die 42jährige Frau eines Geschäftsmannes in Minnesota und Mutter von drei Kindern. Ihre Symptome traten plötzlich auf. Eines Abends servierte sie ihrer Familie das Essen, als ihr eine Schüssel aus der Hand fiel und auf dem Tisch zerbrach. Der Vorfall entsetzte sie. Während sie die Scherben aufwischte, wurde sie von einer irrationalen Furcht gepackt, daß Splitter in das Essen ihres Mannes gelangen und ihn töten könnten. Sie ließ nicht zu, daß das Mahl fortgesetzt wurde, bis sie alles abgeräumt und den Tisch mit einem frischen Tuch und sauberem Geschirr neu gedeckt hatte. Statt daß ihre Furcht dann nachließ, wuchs sie sich zu einer schrecklichen Angst vor der Möglichkeit aus, daß sie selbst und ihre Kinder an Glassplittern sterben könnten."

Die Ängste und Abwehrrituale der Patientin waren damit nicht zu Ende. Ramona entwickelte ein unwiderstehliches Bedürfnis, jeden gläsernen Gegenstand, den sie in die Hand nahm, genauestens zu untersuchen. Wenn sie die kleinste Absplitterung entdeckte, warf sie den Gegenstand weg: und sie mußte ihn selbst zur Mülltonne tragen, um sicher zu sein, daß er das Haus verließ. Dann begann sie auf den fehlenden Splitter Jagd zu machen, den sie natürlich selten fand. Sie hatte irgendwo gelesen, daß Kupfer- und Aluminiumtöpfe für bestimmte Gerichte nicht verwendet werden sollten. Jetzt machte sie sich auch darüber Sorgen. Es fiel ihr ein, daß ihr Ehering außer Gold auch etwas Kupfer enthielt. Zuerst nahm sie ihn jedesmal ab, wenn sie kochte oder Geschirr spülte; schließlich verlor sie ihn. Inzwischen hörte sie über andere Dinge, die neue Befürchtungen erweckten und bei ihr weitere zwanghafte Gegenmaßnahmen auslösten. Dazu zählte die Gefahr einer Übertragung von Viruskrankheiten von der Toilette auf die Küche, die Gefahren von Laugen und Pestiziden und des chemischen und organischen Düngers, mit dem der Rasen gedüngt wurde. Schließlich mußten alle potentiellen Gifte jeder Art von den Kochgeräten und dem Geschirr isoliert werden, indem sie sie in der Garage unterbrachte – sogar die Reinigungsmittel und Scheuerpulver, die zum täglichen Waschen und Saubermachen benötigt wurden.

Diese endlosen vorbeugenden Rituale trieben die Familie zur Verzweiflung, sie brachten aber auch Ramona keinen dauerhaften Frieden. Ihre Liste potentieller Gefahren wurde häufig länger, bis es ihr einfach nicht mehr möglich war, allem genügend Aufmerksamkeit zu schenken. Wenn sie nicht sicher war, ob sie etwas in einer bestimmten Weise getan hatte oder nicht, dann mußte sie einzelne Schritte wiederholen, um sich zu vergewissern, oder nochmals ganz von vorn beginnen.

Was war der Sinn dieses Netzwerks von Befürchtungen und Vorsichtsmaßnahmen? Warum benahm sich diese gewöhnliche Hausfrau, als seien ihr Mann und ihre Kinder in Gefahr, in ihrem eigenen Haus heimtückisch ermordet zu werden wie mittelalterliche Prinzen? Im Laufe der Therapie stellte sich heraus, daß Ramona alle Angehörigen vor sich selbst schützte. Allmählich wurde sie sich der Quelle ihrer gefährlichen Feindseligkeit bewußt. Einige Zeit bevor sie die Glasschüssel zerbrach, hatte sie entdeckt, daß ihr Mann eine Affäre hatte. Das demütigte und ärgerte sie, aber sie sagte nichts darüber. Was Ramona entsetzte, als sie die Schüssel zerbrach, war die kurz aufblitzende bewußte Hoffnung, daß er einen Splitter schlucken und sterben werde, ein mörderischer Wunsch, daß ihre Unachtsamkeit ihn töten werde. Sie verleugnete und verdrängte diesen Wunsch augenblicklich; aber von diesem Moment an richteten sich alle ihre zwanghaften Vorsichtsmaßnahmen gegen die Möglichkeit eines neuen Unfalls, durch den sie „versehentlich" ihren unbewußten Wunsch ausführen könnte.

In diesen wie in vielen anderen Fällen von Zwangsneurose dienten die Symptome mehreren verschiedenen Zwecken. Während ihre Sauberkeits- und Isolierungsrituale Ramona davor schützten, ihren Tötungswunsch auszuführen, erfüllten sie auch den Zweck, das Objekt ihrer Feindseligkeit, ihren Mann, bis zur Unerträglichkeit zu frustrieren, einzuschränken und zu reizen. Die Mahlzeiten waren niemals fertig. Es dauerte endlos lange, bis sie auf den Tisch kamen. Ständig wurde irgendwo saubergemacht. Ramonas Rache vollzog sich also auf Umwegen, in Form ihrer vorbeugenden Symptome. In der schützenden Obhut ihrer Neurose hielt sie die Familie gefangen. Sie bestrafte sie in einer solchen Weise, daß ihre Angehörigen – da sie selbst ja neurotisch krank und leidend war –

sich nicht einmal beklagen konnten, ohne sich selbst für herzlos halten zu müssen.
Ramona bestrafte sich auch selbst. Ihre gefährlichen Impulse zwangen sie, alle ihre wachen Stunden für Abwehrmaßnahmen aufzuwenden. Sie war in der Lage eines Dammwärters, wenn das Wasser gleichzeitig an vielen verschiedenen Stellen durchzubrechen droht. Ständig entdeckte sie neue Schwachstellen in ihrer Abwehr, während sie gleichzeitig auf der Hut sein mußte, daß die alten nicht zerbröckelten. Am Ende brach sie selbst zusammen.

Quelle: Norman Cameron, zitiert nach: D. Krech/R. S. Crutchfield u. a., Band 6, 1985

3. Erlernte Hilflosigkeit

Martin Seligman, Klinischer Psychologe an der Universität von Pennsylvania, beobachtete im zweiten Teil eines Experiments Hunde in einem sog. Pendelkäfig. Der Boden eines solchen Käfigs besteht aus einem Eisenrost, über das dem Versuchstier elektrische Schocks verabreicht werden können. Zwei Abteilungen des Käfigs sind durch eine kleine Hürde voneinander getrennt. Darüber findet sich jeweils eine Lampe, durch die einige Zeit vorher ein schmerzhafter Schock angekündigt wird.

Ein Pendelkäfig

Die unter Beobachtung stehenden Hunde unternehmen nichts, um dem Schock zu entgehen. Dabei brauchten sie bloß über die Hürde in die andere Abteilung des Käfigs zu springen. Statt dessen laufen sie anfänglich heulend umher; etwas später legen sie sich wimmernd in eine Ecke. Andere gleichaltrige Hunde verhalten sich ganz anders; sie lernen sehr schnell, sich durch einen Sprung auf die sichere Seite des Käfigs zu retten. Wie erklärt sich das Verhalten der zuerst genannten Hunde? – Sie hatten eine andere Lerngeschichte. Sie mußten 24 Stunden zuvor mehrere schmerzhafte, aber nicht verletzende Schocks über sich ergehen lassen. Dabei konnten sie nichts tun, um sich den unangenehmen Reizen zu entziehen. Die Tiere hatten gelernt, hilflos zu sein.
Seligman ist davon überzeugt, daß die Bedingungen des Pendelkäfigs zahlreichen menschlichen Alltagssituationen sehr wohl ähneln. Als Beispiel schildert er das Schicksal eines fünfzehnjährigen Schülers, der nur noch auf das Ende der Schulzeit wartet. Der Schulbesuch stellt für ihn nur noch eine Serie von „Schocks" dar. Die Fragen des Lehrers kann er nicht beantworten, weil er sie schon gar nicht erst versteht. Auch die Sozialkontakte mit den Klassenkameraden sind unbefriedigend, denn diese halten ihn für dumm. Irgendwann wird dieser junge Mensch die Schule verlassen, um den Pendelkäfig des Erwachsenenlebens zu betreten. Anstrengungen, um sich mit ihren Anforderungen erfolgreich auseinanderzusetzen, sind nicht zu erwarten; in der Schule hat er gelernt, wie sich ein Hilfloser verhält.
Es ist im Augenblick noch außerordentlich schwer, Menschen mit einer solchen Lerngeschichte zu helfen. Sie müssen wieder lernen, daß es von ihren eigenen Anstrengungen abhängt, welche Verstärkungen sie im Leben empfangen können. Ihnen müssen Erfahrungen vermittelt werden, durch die sie sich als Verursacher ihrer eigenen Handlungsergebnisse erleben und lernen, daß viele unangenehme Ereignisse durch aktives Tun vermeidbar sind. Eine solche Therapie – so meint Seligman – wäre auch geeignet, Menschen mit Depressionen zu helfen. Diese zeigen, wie seine „hilflosen" Hunde, tiefe Niedergeschlagenheit und ein völliges Desinteresse an der Umwelt.
Vielfach findet man in der Lebensgeschichte solcher Menschen Ereignisse, die als unüberwindbar galten und entsprechend unverarbeitet blieben wie Verlust eines Angehörigen, ernste Krankheiten, berufliche Fehlschläge und Altern. Solche Depressionen beobachtete Seligman auch gehäuft unter Studenten der Gegenwart. Wie konnte es aber dazu kommen? – Hierbei handelt es sich doch um Menschen, die – wie Seligman sagt – mit mehr Verstärkern als irgendeine frühere Generation aufgewachsen sind, mehr sexuelle Freiheit, mehr intellektueller Anreiz, mehr Kaufkraft, mehr Musik ... Warum sollten sie also depressiv sein? Seligman versucht gleich eine Antwort: Die Verstärker einer Überflußgesellschaft sind dem Nachwuchs unabhängig von seinen Handlungen angeboten worden; sie hätten ebensogut vom Himmel fallen können. Verstärkungen oder Bestrafungen, die sich unabhängig von den eigenen Anstrengungen einstellen, fördern aber die Entwicklung einer Depression.

Quelle: Gerd Mietzel, 1987[3]

4. Behandlung des Bettnässens durch klassische Konditionierung

Eine Ursache des nächtlichen Einnässens ist dadurch gegeben, daß der Reiz, der durch eine gefüllte Blase entsteht, unbemerkt bleibt und nicht – wie in einem normalen Fall – eine Weckreaktion hervorruft. Eine Behandlung nach der Methode des klassischen Konditionierens erfordert eine besondere Matratze, an der sich ein Stromkreis schließt, sobald die ersten Tropfen Urin sie benetzen. Der Strom läßt einen lauten Summer ertönen, der als unkonditionierter Reiz die Weckreaktion auslöst und somit die Voraussetzung zum Aufsuchen der Toilette schafft. Nachdem der Summton mehrere Male in kurzem Abstand nach dem ursprünglich neutralen Blasenreiz aufgetreten ist, vermag schließlich letzterer die Weckreaktion allein auszulösen; der Summer wird dann nicht mehr benötigt.
Es gibt viele Ursachen für nächtliches Einnässen, so z. B. fehlende Reifungsvoraussetzungen und emotionale Störungen, die mit der geschilderten Methode nicht zu beseitigen sind. Ihr Einsatz sollte deshalb unbedingt dem Fachmann vorbehalten bleiben.

Quelle: Gerd Mietzel, 1987[3]

5. Beispiel zur Münzökonomie

Ein Münzökonomieprogramm auf der Grundlage operanter Konditionierung wurde zuerst 1966 im Camarillo State Hospital in Kalifornien eingeführt. Es war dermaßen erfolgreich, daß innerhalb weniger Jahre 11 solcher Programme in verschiedenen Krankenhäusern liefen. Einige Verhaltenskriterien, für die Münzen ausgestellt oder abgenommen wurden, sind im folgenden aufgelistet (nach Montgomery u. McBurney 1970):

1. Ordentliches und gepflegtes Äußeres zu jedem angemessenen Zeitpunkt.
2. Beachtung hygienischer Erfordernisse wie Duschen und Baden ohne Aufsicht.
3. Bei Männern: Rasiert zum Frühstück erscheinen.
4. Bei Frauen: Mit gutem Make-up und ordentlicher Frisur zum Frühstück erscheinen, angemessene Kleidung.
5. Sozial akzeptierte Tischmanieren.
6. Möglichst wenig fluchen, spucken oder schlagen.
7. Bei jeder Gelegenheit aktiv sein.
8. Sozial angemessenes Verhalten: Sich ohne Aufsicht im Klinikgelände aufhalten können, in einer Gruppe das Gelände verlassen können, Beachtung der Gepflogenheiten der Gemeinschaft bzw. Erlernen derselben.
9. Kleidung selbständig in die Wäscherei geben.
10. Jederzeit den Schrank aufgeräumt haben.
11. Selber das Bett machen, den Schlafraum säubern, Flure fegen und aufnehmen und die Toilette putzen, ehe die Frühschicht erscheint.
12. Bei diversen Arbeiten und weniger geübten Leuten helfen, ohne dazu aufgefordert zu werden.
13. Regelmäßiger Schulbesuch bzw. Teilnahme an der Arbeitstherapie.

Quelle: Philip G. Zimbardo, 1983[4]

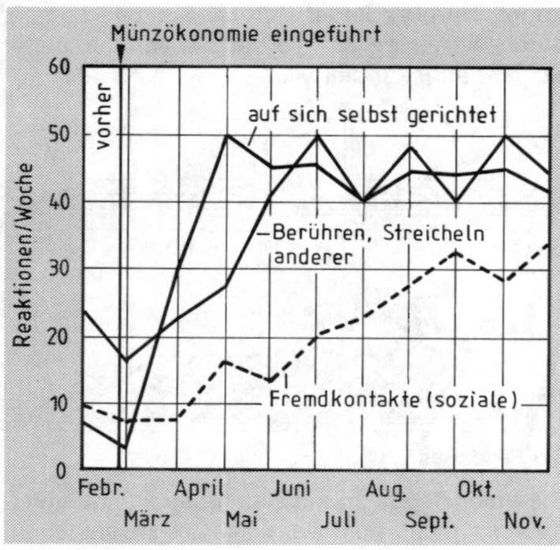

(Nach Rouse u. Reilly 1974)

Im allgemeinen verstärken die meisten Münzökonomien, die in Krankenhäusern eingesetzt werden, angemessenes Äußeres, soziales Verhalten, die Durchführung von Aufgaben auf der Station sowie das Bemühen um eigenverantwortliches Verhalten. Unerwünschtes Verhalten kostet den Patienten Münzen, damit die Frequenz solchen Verhaltens sich verringert. Die Wirkung einer Münzökonomie, die vor kurzem im Palo Alto Veterans Hospital durchgeführt wurde, wird in der Abbildung deutlich, die Verhaltensänderungen über 10 Monate von vor bis nach der Einführung der Münzökonomie zeigt. Ein bemerkenswerter Teil dieses Programms stellte die Gründung einer Patientenselbstverwaltung auf der Station dar, mit deren Hilfe die Patienten die Planung und Richtlinien ihrer eigenen Münzökonomie mitbestimmen konnten. Schließlich konnten sie zu Hause außerhalb der Klinik ihre eigene „Zweigstelle“ gründen.

Reproduktion von Informationen:

1. Bestimmen Sie den Begriff „Klinische Psychologie", und stellen Sie die Aufgabenbereiche der Klinischen Psychologie dar.
(Abschnitt 12.1)

2. Klären Sie die Begriffe Psychische Störung, Neurose, Persönlichkeitsstörung und Psychose.
(Abschnitt 12.1.1)

3. Erläutern Sie, was man unter statistischer, idealer und funktionaler Norm versteht.
(Abschnitt 12.1.2)

4. Beschreiben Sie die psychischen Störungen: Angstneurose, Phobie, Zwangsneurose, Hysterie und Depression.
(Abschnitt 12.1.3)

5. Stellen Sie verschiedene Modelle zur Erklärung psychischer Störungen dar.
(Abschnitt 12.2.1)

6. Erläutern Sie die Selbst-Theorie von Carl Rogers.
(Abschnitt 12.2.2)

7. Bestimmen Sie den Begriff Beratung, und stellen Sie Kennzeichen des Beratungsprozesses dar.
(Abschnitt 12.3, 12.3.1 und 12.3.2)

8. Zeigen Sie wichtige Techniken eines Beratungsgespräches auf.
(Abschnitt 12.3.3)

9. Erläutern Sie, was man unter Psychotherapie versteht, und stellen Sie die wesentlichen Elemente der psychoanalytischen Therapie dar.
(Abschnitt 12.4 und 12.4.1)

10. Stellen Sie die Schritte einer Verhaltensanalyse dar.
(Abschnitt 12.4.2)

11. Beschreiben Sie die Prinzipien der Gesprächspsychotherapie, und erläutern Sie mögliche Probleme der Gesprächspsychotherapie.
(Abschnitt 12.4.3)

12. Zeigen Sie das individualpsychologisch orientierte therapeutische Vorgehen auf.
(Abschnitt 12.4.4)

Anwendungsaufgaben:

13. Erläutern Sie an je einem Beispiel den Begriff „psychische Störungen“.
(Abschnitt 12.1.1)

14. Zeigen Sie an Beispielen auf, was unter statistischer, idealer und funktionaler Norm verstanden wird.
(Abschnitt 12.1.2)

15. Beschreiben Sie an einem Beispiel den Unterschied zwischen Angstneurose und Phobie.
(Abschnitt 12.1.3)

16. Bestimmen Sie den Begriff Zwangsneurose, und erläutern Sie an Beispielen verschiedene Zwangserscheinungen.
(Abschnitt 12.1.3)

17. Erklären Sie mit Hilfe einer tiefenpsychologischen Theorie (zum Beispiel Psychoanalyse oder Individualpsychologie) die Entstehung einer bestimmten psychischen Störung wie Phobie oder Depression.
(Abschnitt 12.1.3 und 12.2.3)

18. Erklären Sie die Entstehung einer psychischen Störung am Beispiel einer Phobie oder Depression mit Hilfe von lerntheoretischen Erkenntnissen.
(Abschnitt 12.1.3 und 12.2.3)

19. *Verdeutlichen Sie mit Hilfe einer Theorie, auf welche Weise negative frühkindliche Erfahrungen die Entwicklung abweichender Verhaltensweisen beim Kind begünstigen können.
(Abschnitt 12.1.3 und 12.2.3)

20. *Erklären Sie die Entstehung einer Verhaltensstörung mit Hilfe grundlegender Aussagen einer Theorie.
(Abschnitt 12.1.3 und 12.2.3)

21. Zeigen Sie an einem von Ihnen gewählten Beispiel Kennzeichen der Beratung und Techniken eines beratenden Gespräches auf.
(Abschnitt 12.3.2 und 12.3.3)

22. Stellen Sie am Beispiel einer Angstneurose wichtige Elemente der psychoanalytischen Therapie dar.
(Abschnitt 12.4.3)

23. Erläutern Sie an einem Beispiel Schritte der Verhaltensanalyse.
(Abschnitt 12.4.2)

24. Zeigen Sie am Beispiel einer Angstneurose das individualpsychologische Therapieverfahren auf.
(Abschnitt 12.4.4)

25. *Die Wirksamkeit sozialpädagogischer Arbeit hängt in einem nicht unerheblichen Maße von der Fähigkeit eines Sozialpädagogen/-arbeiters ab, wissenschaftliche Erkenntnisse über das menschliche Erleben und Verhalten in konkreten Fällen einzusetzen.
Verdeutlichen Sie die Anwendung wissenschaftlicher Erkenntnisse (zum Beispiel der Psychoanalyse, der Individualpsychologie, der Selbst-Theorie oder von lerntheoretischen Erkenntnissen) an einem von Ihnen ausgewählten Beispiel.
(Abschnitt 12.4.1 oder 12.4.2 oder 12.4.3 oder 12.4.4)

26. Fallbeispiel:
Felix, 11 Jahre alt, wird von seiner Mutter wegen Zwangserscheinungen bei der Erziehungsberatung vorgestellt. Sie berichtet:
Felix sei ein sehr braves und ruhiges Kind. So etwas wie eine Trotzphase habe er nicht durchgemacht. Allerdings sei er auch sehr ängstlich und langsam. Für das Anfertigen der Hausaufgaben brauche er im Vergleich zu anderen Kindern ungewöhnlich lange. Sorge machten ihr aber vor allem seine Ordnungszwänge. Wenn die Bleistifte auf seinem Schreibtisch nicht genau im rechten Winkel zur Tischkante lägen, gerate er in Panik. Er meinte, dann passiere ein fürchterliches Unglück.
Sie selbst sagt von sich, daß sie das Kind immer sehr streng gehalten habe. Vor allem die Sauberkeitserziehung habe sie rigoros durchgezogen.

a) Erklären Sie mit Hilfe der psychoanalytischen Theorie das Zustandekommen der beschriebenen Verhaltensweisen von Felix.
(Abschnitt 12.2.3 und Kapitel 11.4.2)

b) Stellen Sie am Beispiel von Felix wichtige Elemente der psychoanalytischen Therapie dar.
(Abschnitt 12.4.1)

27. Fallbeispiel: siehe Aufgabe 26

a) Erklären Sie mit Hilfe der individualpsychologischen Theorie das Zustandekommen der beschriebenen Verhaltensweisen von Felix.
(Kapitel 6.4.2)

b) Stellen Sie am Beispiel von Felix wichtige Elemente der individualpsychologischen Therapie dar.
(Abschnitt 12.4.4)

28. Fallbeispiel:

Frau M. kommt mit ihrem Sohn Robert zur Erziehungsberatung und schildert folgendes Problem:

Robert, 5 Jahre alt, sei oft sehr zornig und unbeherrscht und neige zu häufigen scheinbar grundlosen Wutausbrüchen. Besonders ihr gegenüber sei er oft sehr aggressiv. Wenn er etwas von ihr wolle und sie nicht gleich reagiere, fange er zu toben und zu schreien an. Sie habe lange zu tun, um ihn zu beruhigen. Sie versuche dies, indem sie schimpfe, ihn ablenke oder Belohnungen verspräche. Das nähme viel Zeit in Anspruch, die sie eigentlich gar nicht habe, da sie sich neben dem Haushalt um die Buchführung im Geschäft ihres Mannes kümmern müsse, so daß Robert eigentlich ein wenig zu kurz käme. Früher sei er ein braves Kind gewesen, das sich alleine zu beschäftigen wußte, was sie dazu verleitete, ihn auch oft alleine zu lassen.

a) Versuchen Sie, das Verhalten Roberts mit Hilfe von lerntheoretischen Erkenntnissen zu erklären.
(Abschnitt 12.2.3 und Kapitel 4.7.2)

b) Erstellen Sie eine Verhaltensanalyse.
(Abschnitt 12.4.2)

c) Zeigen Sie Möglichkeiten auf, wie man das Verhalten von Robert mit verhaltenstherapeutischen Maßnahmen ändern könnte.
(Abschnitt 12.4.2)

29. Stellen Sie Gemeinsamkeiten und Unterschiede der psychoanalytischen und der individualpsychologischen Therapie heraus.
(Abschnitt 12.4.1 und 12.4.4)

30. Vergleichen Sie die Gesprächspsychotherapie mit dem individualpsychologisch orientierten therapeutischen Vorgehen. Gehen Sie dabei auf Gemeinsamkeiten und Unterschiede dieser beiden Therapieformen ein.
(Abschnitt 12.4.3 und 12.4.4)

Anregungen:

31. Viele Schüler haben Schwierigkeiten, konzentriert und ausdauernd ihre Hausaufgaben zu erledigen. Sie räumen statt dessen lieber den Schreibtisch auf, träumen vor sich hin oder stellen den Fernseher an.
Überlegen Sie, wie man mit Hilfe von lerntheoretischen Erkenntnissen einen Verhaltensplan entwerfen könnte, um das Arbeitsverhalten zu ändern.

32. Sicher sind auch Sie schon einmal von irrationalen Ängsten geplagt worden oder werden es noch. Sammeln Sie diese Ängste, und erstellen Sie eine Angsthierarchie.

33. Bei der Beratung ebenso wie bei der Gesprächspsychotherapie kommt es sehr auf eine einfühlsame Gesprächstechnik an. Hierbei spielt das Verbalisieren der emotionalen Erlebnisinhalte eine wichtige Rolle. Versuchen Sie auf folgende Klientenäußerungen im Sinne dieser Technik zu reagieren:

a) *„Ja, ich kann tun und lassen, was ich will, immer steht meine Frau dahinter und sagt: Andere Männer in deinem Alter, was haben die schon alles geschafft! Ich habe dann gar keine Lust mehr, 'was Neues anzufangen."*

b) *... aber wirklich! Diese blöde Berufsschule! Verboten gehört so etwas überhaupt."*

34. Versuchen Sie in den folgenden Beispielen die förderlichen und hindernden Reaktionen herauszufinden. Kennzeichnen Sie die fördernden Reaktionen mit + und die hemmenden mit –.

a) *Also manchmal glaube ich, ich komme nicht mehr dagegen an. Von morgens bis abends immer nur rumrennen.*

- ☐ *a. Tja, das Leben ist eines der schwersten.*
- ☐ *b. Abends machst du aber noch einen munteren Eindruck.*
- ☐ *c. Manchmal fühlst du dich überfordert.*
- ☐ *d. Mach es dir doch mal etwas bequemer.*

b) *Gestern lief es richtig prima. Ich bin nach Hause gekommen und habe mich gleich an die Arbeit gemacht. Es lief wie von selbst.*

- ☐ *a. Na siehst du, es geht doch, wenn du willst.*
- ☐ *b. Das muß ja unheimlich schön für dich gewesen sein.*
- ☐ *c. Du bist richtig erstaunt über dich?*
- ☐ *d. Das ist gestern so gut gegangen mit deiner Arbeit?*
- ☐ *e. Das liegt wahrscheinlich an deiner Einstellung zur Arbeit.*

c) *Ich werde ihn nie wieder um einen Gefallen bitten, denn ich habe es nicht nötig, immer wie ein Bettler anzukommen.*

- ☐ *a. Du magst ihn gar nicht mehr bitten, weil dich das demütigt?*
- ☐ *b. Das hast du auch wirklich nicht nötig.*
- ☐ *c. Da machst du genau das Falsche, und er wird noch weniger von sich aus dir mal einen Gefallen tun.*
- ☐ *d. Du fühlst dich abhängig, wenn du ihn für jeden Gefallen bitten mußt?*
- ☐ *e. Wenn du ihn um einen Gefallen bittest, dann ärgerst du dich, daß du das tun mußt?*

d) *Solche Aufgaben zu rechnen ist doch der letzte Mist. Ich brauche das doch nie in meinem Leben.*

- ☐ *a. Das wirst du noch sehen, daß dir das Rechnen sehr wohl nützen kann.*
- ☐ *b. Das wird dein Lehrer ja wohl besser beurteilen können.*
- ☐ *c. Du empfindest die Aufgaben als sinnlos für dich, ist das so?*
- ☐ *d. Du magst die Rechenaufgaben nicht, ja?*
- ☐ *e. Sie fallen dir wahrscheinlich nur zu schwer und deswegen magst du sie nicht.*

Auflösung der Übungen

a)	**b)**	**c)**	**d)**
(–) a.	(–) a.	(+) a.	(–) a.
(–) b.	(+) b.	(–) b.	(–) b.
(+) c.	(+) c.	(–) c.	(+) c.
(–) d.	(+) d.	(+) d.	(+) d.
	(–) e.	(+) e.	(–) e.

Quelle: L. Schwäbisch/M. Siems, 1974

VERWENDETE LITERATUR

Alterhoff, G., u. a.: Psychologie. Stuttgart 1985
Anderson, J. R.: Kognitive Psychologie. Heidelberg 1988
Argyle, M.: Soziale Interaktion. Köln 1972
Argyle, M./Henderson, M.: Die Anatomie menschlicher Beziehungen. Paderborn 1986
Arnold, W./Eysenck, H.-J./Meili, R. (Hrsg.): Lexikon der Psychologie, Band 1, 2 und 3. Freiburg i. B. 1980
Asanger, R./Wenninger, G. (Hrsg.): Handwörterbuch der Psychologie. München 1988
Aureus, W.: Charakterkunde für alle. Bayreuth 1978
Bachmair, S., u. a.: Beraten will gelernt sein. Weinheim/Basel 1983[2]
Bastine, R. (Hrsg.): Grundbegriffe der Psychotherapie. Weinheim 1982
Benesch, H.: dtv-Atlas zur Psychologie, Band 1 und 2. München 1989[2] und 1987
Bierhoff, H.-W.: Sozialpsychologie. Stuttgart/Berlin/Köln/Mainz 1988[2]
Bornewasser, M., u. a.: Einführung in die Sozialpsychologie. Heidelberg 1986[3]
Bräutigam, W./Zettl, St.: Wie Angst entsteht. In: Psychologie Heute 9/1987
Brandstätter, H.: Sozialpsychologie. Stuttgart 1983
Brandt, G. A.: Psychologie und Psychopathologie für soziale Berufe. Neuwied/Darmstadt, 1979[11]
Brocher, T.: Gruppendynamik und Erwachsenenbildung. Braunschweig 1980[15]
Correll, W.: Lernpsychologie. Donauwörth 1983[17]
Danner, H.: Methoden geisteswissenschaftlicher Pädagogik. München/Basel 1989[2]
Davison, G. C./Neale, J. M.: Klinische Psychologie. München/Wien/Baltimore 1988[3]
Dietrich, K.: Stichwort Motivation. In: Warum 19/1976
Dollard, J., u. a.: Frustration und Aggression. Weinheim/Berlin/Basel 1972[4]
Dollase, R.: Entwicklung und Erziehung. Stuttgart 1985
Dörner, D./Selg, H. (Hrsg.): Psychologie. Stuttgart 1985
Doucet, F. W.: Psychoanalytische Begriffe. München 1973[3]
Erikson, E. H.: Kindheit und Gesellschaft. Stuttgart 1984[9]
Eysenck, H.-J./Rachman, S.: Neurosen – Ursachen und Heilmethoden. Berlin 1973[6]
Festinger, L.: Theorie der kognitiven Dissonanz. Bern/Stuttgart/Wien 1978
Fisseni, H.-J.: Persönlichkeitspsychologie. Göttingen 1984
Fisseni, H.-J.: Lehrbuch der psychologischen Diagnostik. Göttingen 1990
Fittkau, B./Müller-Wolf, H. M./Schulz von Thun, F.: Kommunizieren lernen (und umdenken). Aachen 1987[5]
Flammer, A.: Entwicklungstheorien. Bern/Stuttgart/Toronto 1988
Freud, S.: Das Ich und die Abwehrmechanismen. Frankfurt 1989
Freud, S.: Abriß der Psychoanalyse. Frankfurt 1989[39]
Freud, S.: Das Ich und das Es. Frankfurt 1988[8]
Freud, S.: Zur Psychopathologie des Alltagslebens. Frankfurt 1989
Fröhlich, W. D.: dtv-Wörterbuch zur Psychologie. München 1987[15]
Fthenakis, W. E.: Väter, Band 1 und 2. München 1988
Gardner, H.: In: Psychologie Heute 2/1985
Gardner, H.: Dem Denken auf der Spur. Stuttgart 1989
Geo-Wissen: Gehirn, Gefühl, Gedanken. Heft 1, Mai 1987
Gordon, Th.: Familienkonferenz. München 1989
Graumann, C. F./Heckhausen, H.: Pädagogische Psychologie – Grundlagentexte 1. Frankfurt a. M. 1973
Grefe, Ch./Kalberlah, F.: Sexualökologie: Unfruchtbar. In: Natur 6/1989
Haubl, R., u. a.: Struktur und Dynamik der Person. Opladen 1986
Heckhausen, H.: Motivation und Handeln. Berlin/Heidelberg 1989[2]
Heil, K. D.: Programmierte Einführung in die Psychologie. Reinbek bei Hamburg 1975
Heinerth, K.: Einstellungs- und Verhaltensänderung. München/Basel 1979
Hennenhofer, G./Heil, K. D.: Angst überwinden. Stuttgart 1975
Herkner, W.: Einführung in die Sozialpsychologie. Stuttgart 1988[4]
Herkner, W.: Psychologie. Wien/New York 1986
Hetzer, H. (Hrsg.): Angewandte Entwicklungspsychologie des Kindes- und Jugendalters. Heidelberg 1990[2]
Hierdeis, H.: Basiswissen Pädagogik, Band 1: Erziehungstheorie. München 1981[2]
Hobmair, H./Treffer, G.: Individualpsychologie, Erziehung und Gesellschaft. München/Basel 1979
Hobmair, H. (Hrsg.): Pädagogik. Köln/München, 1989
Hofer, M., u. a.: Pädagogische Psychologie, Teil 1: Basisteil. Weinheim/Basel 1976

Horton, P.: Die andere Saite. Würzburg 1979[2]
Huber, G.: Psychiatrie. Stuttgart/New York 1987[4]
Huber, M.: Vor lauter Angst. In: Psychologie Heute 8/1987
Hübner, P.: Einführung in die Methodenlehre der Psychologie. Darmstadt 1980
Irle, M.: Lehrbuch der Sozialpsychologie. Göttingen 1975
Janus, L.: Wie unser Vorleben uns bis ins hohe Alter beeinflußt. In: Psychologie Heute, 11/1989
Juchli, L.: Wiederentdecken der Ganzheit. Zürich 1985
Jung, C. G.: Typologie. München 1990
Kagan, J.: Wie Gefühle entstehen. In: Psychologie Heute 3/1987
Kausen, R.: Zur Theorie der Individualpsychologie. In: Pongratz, L. J. (Hrsg.): Handbuch der Psychologie, Band 8, 1. Halbband. Göttingen 1977
Keller, J. A.: Grundlagen der Motivation. München/Berlin/Wien 1981
Keller, J. A./Novak, F.: Kleines pädagogisches Wörterbuch. Freiburg i. B. 1988[6]
Kirschner, J.: Manipulieren – aber richtig. München/Zürich 1974
Klafki, W., u. a.: Erziehungswissenschaft 3. Frankfurt a. M. 1986
Kleber, E. W.: Abriß der Entwicklungspsychologie. Weinheim/Basel 1978[2]
Knehr, E.: Konfliktgestaltung im Szenotest. München 1982[3]
Kohnstamm, R.: Praktische Kinderpsychologie. Bern/Stuttgart/Wien 1984
Kraiker, Ch./Peter, B.: Psychotherapieführer. München 1988[2]
Krech, D./Crutchfield, R. S.: Grundlagen der Psychologie, Band 1 mit 6. Weinheim/Basel 1985
Kretschmer, E.: Körperbau und Charakter. Berlin/Heidelberg 1977[26]
Lagache, D.: Psychoanalyse. München 1971
Laucken, U.: Naive Verhaltenstheorien. Stuttgart 1974
Laucken, U./Schick, A.: Einführung in das Studium der Psychologie. Stuttgart 1985[5]
Laucken, U.: Denkformen der Psychologie. Bern/Stuttgart 1989
Legewie, H./Ehlers, W.: Knaurs moderne Psychologie. München/Zürich 1986
Luria, A. R./Judowitsch, F. F.: Die Funktion der Sprache in der geistigen Entwicklung des Kindes. Düsseldorf 1973
Mann, L.: Sozialpsychologie. Weinheim/Basel 1984[7]
Meinertz, F./Kausen, R.: Heilpädagogik. Bad Heilbrunn 1987[7]
Meyers kleines Lexikon: Psychologie. Mannheim/Wien/Zürich 1986
Meves, Ch.: Erziehen lernen aus tiefenpsychologischer Sicht. Ein Kursbuch für Eltern und Erzieher. Freiburg i. B. 1987[4]
Michel, Ch./Novak, F.: Kleines psychologisches Wörterbuch. Freiburg i. B. 1990
Mietzel, G.: Wege in die Psychologie. Stuttgart 1987[3]
Mietzel, G.: Wege in die Entwicklungspsychologie. München/Weinheim 1989
Mucchielli, R.: Einstellungen und Manipulation. Salzburg 1976
Mueller, E. F./Thomas, A.: Einführung in die Sozialpsychologie. Göttingen 1976[2]
Müller, K.: Kinder- und Jugendpsychologie für Erzieher. München 1984[7]
Mussen, P.: Einführung in die Entwicklungspsychologie. München 1986[6]
Nickel, H.: Entwicklungspsychologie des Kinder- und Jugendalters, Band 1 und 2. Bern/Stuttgart/Wien 1982[4] und 1981[3]
Nickel, H./Schmidt-Denter, U.: Vom Kleinkind zum Schulkind. München/Basel 1988[3]
Nolting, H.-P., u. a.: Psychologie lehren. München/Weinheim 1988
Novak, F./Finster, H./Heidenreich, K./Keller, J. A./Schneider, K.-H.: Psychologie 1 und 2. München 1985 und 1981
Novak, F.: Psychologieunterricht in der Sekundarstufe II. Würzburg 1981
Nuber, U.: Deprimierende Kindheit. In: Psychologie Heute 2/1990
Oerter, R.: Moderne Entwicklungspsychologie. Donauwörth 1987[21]
Oerter, R./Montada, L.: Entwicklungspsychologie. München 1987[2]
Oerter, R./Weber, E. (Hrsg.): Der Aspekt des Emotionalen in Unterricht und Erziehung. Donauwörth 1976[2]
zur Oeveste, H.: Kognitive Entwicklung im Vor- und Grundschulalter. Göttingen/Toronto/Zürich 1987
Perrez, M., u. a.: Was Eltern wissen sollten. Salzburg 1985
Pervin, L. A.: Persönlichkeitstheorien. München/Basel 1987[2]
Pössiger, G.: Wörterbuch der Psychologie. München 1982
Popper, K. R.: Logik der Forschung. Tübingen 1984[8]
Reinecker, H. (Hrsg.): Lehrbuch der Klinischen Psychologie. Göttingen/Toronto/Zürich 1990
Rempel, J. K./Holmes, J. G.: Trauen Sie Ihrem Partner? In: Psychologie Heute 4/1986
Richter, E.: So lernen Kinder sprechen. München/Basel 1989[2]
Rohner, P.: Anregungen für Gruppengespräche. München o. J.

Rosemann, H.: Persönlichkeitspsychologie. Arbeitshefte für Psychologie. Band 12. Bremen 1977
Roth, E. (Hrsg.): Denken und Fühlen. Berlin 1990
Roth, E.: Sämtliche Menschen. München/Wien 1986[5]
Rotter, J. B./Hochreich, D. J.: Persönlichkeit. Berlin/Heidelberg/New York 1979
Rush, J.: Depression überwinden. München 1985
Rutter, M.: Hilfen für milieugeschädigte Kinder. München/Basel 1981
Sarris, V.: Methodologische Grundlagen der Experimentalpsychologie, Band 1 und 2. München/Basel 1990
Schenk-Danzinger, L.: Entwicklungspsychologie. Wien 1988[20]
Schenk-Danzinger, L.: Entwicklung, Sozialisation, Erziehung, Band 1 und 2. Stuttgart 1988
Schermer, F. J. (Hrsg.): Einführung in Grundlagen der Psychologie. Würzburg 1988
Schmidbauer, W.: Jugendlexikon Psychologie. Reinbek bei Hamburg 1981
Schmidt-Denter, U./Manz, W. (Hrsg.): Entwicklung und Erziehung im ökopsychologischen Kontext. München/Basel 1990
Schneewind, K. A. (Hrsg.): Wissenschaftstheoretische Grundlagen der Psychologie. München/Basel 1977
Schönpflug, W./Schönpflug, U.: Psychologie. München/Wien/Baltimore 1989[2]
Schraml, W. J.: Einführung in die Tiefenpsychologie. Stuttgart 1976[6]
Schraml, W. J.: Einführung in die moderne Entwicklungspsychologie. Stuttgart 1990[7]
Schröder, E.: Vom konkreten zum formalen Denken. Bern/Stuttgart/Toronto 1989
Schwäbisch, L./Siems, M.: Anleitung zum sozialen Lernen für Paare, Gruppen und Erzieher. Reinbek bei Hamburg 1974
Schwarz, D./Sedlmayr, E.: Befreiung von der Neurose. München 1973
Schwertfeger, B./Koch, K.: Der Therapieführer. München 1989
Seiffert, H./Radnitzky, G. (Hrsg.): Handlexikon zur Wissenschaftstheorie. München 1989
Seiffge-Krenke, I.: Arbeitsbuch Psychologie. Düsseldorf 1988
Selg, H.: Menschliche Aggressivität. Göttingen 1974
Sieber, G.: Achtung Test. Reinbek bei Hamburg 1988
Spada, H. (Hrsg.): Lehrbuch Allgemeine Psychologie. Bern/Stuttgart/Toronto 1990
Spiel, O.: Am Schaltbrett der Erziehung. Bern/Stuttgart/Wien 1979
Spieth, R.: Menschenkenntnis im Alltag. München 1988
Spitz, R. A.: Vom Säugling zum Kleinkind. Stuttgart 1987
Staatsinstitut für Schulpädagogik München (Hrsg.): Handreichung für Psychologie an Fachoberschulen. München 1980
Steiner, G.: Entwicklungspsychologie. Weinheim 1984
Stroebe, W., u. a. (Hrsg.): Sozialpsychologie. Berlin/Heidelberg 1990
Swoboda, H.: Knaurs Buch der modernen Statistik. München/Zürich 1974
Tausch, R.: Lebensschritte. Umgang mit belastenden Gefühlen. Reinbek bei Hamburg 1989
Thomä, H./Kächele, H.: Lehrbuch der psychoanalytischen Therapie, Band 1 und 2. Berlin/Heidelberg 1988
Thomas, A.: Grundriß der Sozialpsychologie, Band 1. Göttingen 1990
Thomas, R. A./Feldmann, B.: Die Entwicklung des Kindes. Weinheim/Basel 1989[2]
Tölle, R.: Psychiatrie. Berlin/Heidelberg/New York/Tokyo 1988[8]
Traxel, W.: Grundlagen und Methoden der Psychologie. Bern 1974[2]
Trotter, R. J.: Die zehn Gefühle, die die Welt bedeuten. In: Psychologie Heute 10/1984
Trotter, R. J.: Babies sind klüger. In: Ernst, H. (Hrsg.): Klein sein, groß werden. Weinheim/Basel 1987
Tschamler, H.: Wissenschaftstheorie. Bad Heilbrunn 1983[2]
Ueckert, H./Kakuska, R./Nagorny, J.: Psychologie die uns angeht. Gütersloh/Berlin/München/Wien 1975
Ulich, D.: Das Gefühl. München 1989[2]
Ulich, D.: Einführung in die Psychologie. Stuttgart 1989
Watzlawick, P./Beavin, J. H./Jackson, D. D.: Menschliche Kommunikation. Bern/Stuttgart/Toronto 1990[8]
Watzlawick, P., u. a.: Lösungen. Bern/Stuttgart/Toronto 1988[4]
Watzlawick, P.: Anleitung zum Unglücklichsein. München 1983
Weber, E. J.: Der integrierte Mensch. Stuttgart 1987
Weber, M.: Grundfragen der Psychologie. München 1986[2]
Wehner, E. G.: Einführung in die empirische Psychologie. Stuttgart/Berlin/Köln/Mainz 1980
Weinert, E. F., u. a. (Hrsg.): Funk-Kolleg, Pädagogische Psychologie, Band 1 und 2. Frankfurt a. M. 1988[15] und 1986[11]
Wellhöfer, P. R.: Grundstudium Persönlichkeitspsychologie. Stuttgart 1977
Wendt, D.: Allgemeine Psychologie. Stuttgart/Berlin/Köln 1989
Wessels, M. G.: Kognitive Psychologie. München/Basel 1990
Wiesendanger, H.: Unbelehrbar. In: Psychologie Heute 5/1987
Zimbardo, P. G.: Psychologie. Berlin/Heidelberg/New York 1983[4]

Stichwortverzeichnis

Q

R

S

T